la petite vermillon

L'éternité plus un jour

Du même auteur

Poésie

UNE VOIX, édit. Gallimard, préface d'André Dhôtel (Prix Antonin Artaud).
PEUT-ÊTRE UNE DEMEURE, édit. Gallimard.
ÉVIDENCES, édit. Mercure de France.
TERRES DE MÉMOIRE, édit. Robert Laffont ; La Table Ronde, coll. « La Petite Vermillon ».
CHOIX DE POÈMES (avec une étude de M.-G. Bernard), coll. « Poètes d'aujourd'hui », édit. Pierre Seghers.
OSCILLANTE PAROLE, édit. Gallimard.
LE POÈME HANTÉ, édit. Gallimard.
LE PAYSAN CÉLESTE, suivi d'Écriture des jours, Poésie/Gallimard.
PASSAGERS DU TEMPS, édit. Gallimard (Goncourt de la poésie).
CONTRE-CHANTS, édit. Gallimard.
L'AUTRE VILLE, édit. Rougerie.

Critique de poésie

ANDRÉ FRÉNAUD, coll. « Poètes d'aujourd'hui », édit. Pierre Seghers.
PANORAMA CRITIQUE DE CHÉNIER À BAUDELAIRE, édit. Pierre Seghers.
PANORAMA CRITIQUE DE RIMBAUD AU SURRÉALISME, édit. Pierre Seghers.
LA POÉSIE ET SES ENVIRONS, édit. Gallimard.
DANS L'AVENTURE DU LANGAGE, édit. PUF.

Romans

LA COURONNE DE VIE, édit. E. Charlot (épuisé).
QUADRILLE SUR LA TOUR, édit. Mercure de France.
DERNIÈRE HEURE, édit. Gallimard.
SECOURS AU SPECTATEUR, édit. Robert Laffont (épuisé).
LE PAIN NOIR, édit. Robert Laffont ; Omnibus.
* LE PAIN NOIR
** LA FABRIQUE DU ROI
*** LES DRAPEAUX DE LA VILLE
**** LA DERNIÈRE SAISON
LES ARÈNES DE VÉRONE, nouvelles, édit. Robert Laffont.
LES INCERTAINS, édit. Robert Laffont.
L'ÉTERNITÉ PLUS UN JOUR, édit. Robert Laffont ; La Table Ronde, coll. « La Petite Vermillon ».
LA HALTE DANS L'ÉTÉ, édit. Robert Laffont.
L'ENFANT DE NEIGE, coll. « Plaisir des Contes », édit. Casterman (épuisé).
L'ENFANT QUI PRENAIT LE VENT, coll. « Plaisir des Contes », édit. Casterman (épuisé).
L'ENFANT DOUBLE, récit, édit. Albin Michel.
L'ÉCOLIER DES RÊVES, édit. Albin Michel.
UN JEUNE HOMME AU SECRET, édit. Albin Michel.
UNE OMBRE SARRASINE, roman, édit. Albin Michel.
LE PASSANT DE VÉRONE, récit, édit. du Rocher.

Essais

LA VIE QUOTIDIENNE EN LIMOUSIN AU XIXe SIÈCLE, avec la collaboration de Pierre-Sylvestre Clancier, édit. Hachette (épuisé).
TERRES DE MÉMOIRE, LIMOUSIN TERRE SECRÈTE, édit. J.-P. Delarge ; La Renaissance du Livre.

Georges-Emmanuel Clancier

L'ÉTERNITÉ PLUS UN JOUR

Roman

Edition nouvelle et définitive

SUIVI DE

Un homme à la recherche de son temps

Robert Laffont

ISBN 978-2-7103-2772-1.

Rosalind : Now tell me how long you would have her after you have possessed her.

Orlando : For ever and a day.

(Shakespeare, « As you like it » A. IV, S. I.*)*

Dans « Comme il vous plaira », Shakespeare fait répondre par Orlando à Rosalinde : « For ever and a day. » Traduisant ces paroles en français, François-Victor Hugo a eu le génie d'en faire : « L'éternité et un jour. » En 1908, un nouveau traducteur, M. Duval, améliore encore cette trouvaille qui devient sous sa plume : « L'éternité plus un jour. »

Par une heureuse rencontre poétique, M. Louis Amade, voici quelques années, donnait pour titre à son recueil de poèmes, publié aux Éditions Seghers, l'un de ses propres vers : « L'éternité + un jour. » Je le remercie, ainsi que Pierre Seghers, d'avoir amicalement accepté que le présent roman, à son tour, s'intitule : « L'éternité plus un jour. »

G.-E. C.

Les personnages et les situations de ce roman sont purement imaginaires. Toute ressemblance avec des faits ou des personnes privées que l'on pourrait y apercevoir serait entièrement fortuite, et indépendante de la volonté de l'auteur,

LIVRE PREMIER

L'OBSERVATOIRE

PREMIERE PARTIE

I

Nous habitions à flanc de coteau une maison banale. Mon père l'avait haussée d'un étage quelques années auparavant, sans doute vers 1925, lorsque son entreprise connut une certaine prospérité.

Dans ce quartier, depuis peu gagné sur la campagne, nombreux étaient les parcs avec leurs cèdres, leurs araucarias, leurs saules, leurs hêtres, leurs platanes derrière les grilles ou les hauts murs, avec la mélancolie de leurs automnes, le secret de leurs hivers, l'impatience de leurs printemps tout bruissants de vols, de chants de merles, de pinsons, de loriots, de bouvreuils, de moineaux et de rossignols, et, là-haut, du cri métallique des martinets.

Nombreuses aussi, les demeures imposantes ou élégantes qui rendaient la nôtre, par contraste, comme étrangère dans sa médiocrité. Du moins, lorsque nous étions chez nous, derrière nos fenêtres, ou, s'il faisait beau, sur le balcon qui dominait un étroit jardin, nous avions l'impression d'être au cœur d'un pays préservé. Ce luisant d'un meuble dans ma chambre, cette grappe de cytise sur les balustres, voilà que leur faisaient écho là-bas un éclat de soleil dorant la sculpture d'un porche ou, plus loin, la vigne vierge aux frissons d'incendie collée à la façade d'un pavillon. Ce qui, par-dessus tout, donnait son prix à notre modeste domaine, c'était de se tenir en face de l'Observatoire.

On appelait ainsi un long édifice vétuste qui s'étendait en retrait de la rue, au fond d'un parc en terrasses. Un original l'avait fait construire au siècle dernier, presque au sommet de la colline, alors au milieu des prés et des vergers.

Une galerie boisée précédait le rez-de-chaussée et, montée sur pilotis, une tour carrée à trois étages flanquait le corps de logis. Tout en haut courait le balcon de bois protégeant une plate-forme où se dressaient des appareils grêles : girouettes, pluviomètres, paratonnerre, anémomètres, arsenal désuet et rouillé. Là, sans doute, un astronome devait monter, aux nuits de juin, et, lunette à la main, scruter la lune et les étoiles. Du moins l'imaginions-nous ainsi. Ma sœur le décrivait même barbu, sourcilleux, vêtu d'une houppelande, un bonnet de fourrure sur le crâne. Près du portail qui commandait l'enclos à l'abandon, une plaque rappelait, en lettres dont l'or s'effaçait : « Jacques Garou (1832-1910) fit construire cet Observatoire. Il y étudia le régime hydrographique de la province. On lui doit le reboisement de la Montagne. »

« Peut-être, chuchotait ma cadette, peut-être le loup-garou revient la nuit sur sa tour. Souvent, je me lève, je vais à la fenêtre, je guette à travers les persiennes. J'arriverai bien à le surprendre : je crierai, je crierai ! De peur, il laissera tomber sa lunette, il s'envolera dans les nuages. »

« Cette petite est stupide », déclarait François, notre aîné. Il ajoutait : « Et toi, à ton âge, tu n'as pas honte de te prêter à ces sottises ! » Je haussais les épaules. Je ne croyais certes pas à ce revenant amoureux des étoiles, ni qu'il fût bête d'enfer ; pourtant, comme la petite Emilie, j'inclinais à faire de l'astronome un être de légende, et sa demeure orgueilleuse et branlante pour moi aussi participait de ce monde fantasque, sa demeure et ceux qui, après lui, y vivaient.

Je ne sais si l'Observatoire existe encore. Délabré comme il était, on aura dû l'abattre pour élever à sa place et à celle du jardin quelque boîte haute et blanche, comme il en est partout. Je plains alors les inconnus qui occupent notre propre maison. Mais, que leur importe, ils ne savent rien de ce qui fit, là-bas, nos joies, nos passions, nos songes peuplés d'arbres, d'oiseaux, de ciel autour de cette vieille construction où la pierre et le bois s'associaient avec grâce ; ils ne savent pas combien, en si peu d'espace — quelques arpents où les pelouses, les allées et les branches tenaient plus de surface que les maisons disséminées dans les feuillages — ils ne savent pas combien de départs, de voyages nous avons rêvés, nous avons vécus sans quitter la colline, ni combien de désirs, d'espoirs et de défaites sont nés ici, qui nous ont brûlés ensuite et nous laisseront bientôt pareils à la cendre.

Non, les enfants qui vivent où nous vivions, d'autres songes, d'autres amours les tourmentent, les enchantent ou les emportent, simplement parce qu'ils ont quinze, ou vingt ans. Puissent-ils ne pas retomber à leur tour, blessés ou las, ne comprenant plus pourquoi le monde soudain est si gris, avec cette traînée de ciel rouge dans le lointain, et le faible écho d'une musique dont à peine ils se souviennent.

> *Notes (égrenées) de la mémoire. Comme en rêve, tous les temps, tous les pays se mêlent pendant que j'essaye de refaire, de retracer le chemin que peut-être suivit, ou peut-être fraya ma vie. Il est vrai aussi que mon métier, parfois, me fait jouer avec l'espace comme avec un kaléidoscope : un jour, une semaine, un mois ici, l'autre aux antipodes. Où commencent les terres du souvenir ? Où finissent les terres du présent ?*
>
> *Notes de la mémoire et de l'oubli, notes du voyage, du passage.*

II

— Henri, je t'assure, cette nuit je l'ai vu ; il a une sorte de manteau blanc ou de voile, je ne sais pas au juste avec le vent qui gonflait l'étoffe. Au lieu de te moquer, tu ferais mieux de guetter avec moi.

— Promis, cette nuit, nous guetterons tous les deux.

François hochait la tête, nous considérait, Emilie et moi, avec une tristesse dédaigneuse, puis s'en allait. Il était un homme déjà ; ses études de médecine, à nos yeux et sans doute aux siens, lui conféraient cette dignité, bien qu'il ne fût mon aîné que de deux ans. Cette supériorité, cet air condescendant qu'il affichait à notre égard nous irritaient, encore que nous admirions sans nous l'avouer l'expression de douceur désabusée qui ne le quittait guère. Emilie avait beau lui faire des farces, cacher ses manuels, coller des photos de vedettes à la place des planches anatomiques qui ornaient sa chambre, barbouiller ses mouchoirs de rouge à lèvres subtilisé dans le sac de sa mère, jeter du poivre dans le pot de faïence où il puisait, avec des gestes nonchalants, le tabac pour sa première pipe, rien n'y faisait ; il ne se départissait jamais à son égard d'une indulgence un peu lasse, un peu méprisante, celle même dont il accueillait mes récits de voyages, ou de découvertes.

— Alors, j'irai là-bas, j'apprendrai à piloter ; au fond de la forêt, je trouverai des temples, je rapporterai des statues.

— Tu ferais mieux de réviser tes maths.

Et il me tournait le dos, ouvrait un livre, bourrait sa pipe. Je l'aurais frappé. Emilie, elle, se jetait sur lui, le bousculait, lui tirait les cheveux, lançait les manuels de médecine à travers la chambre. Il remettait en ordre ses vêtements, ses cheveux, ses livres, poussait calmement vers la porte Emilie qui suffoquait d'indignation.

J'ai mis longtemps à comprendre que, sous ce flegme qui nous agaçait tant, François cachait, et sans doute d'abord à lui-même, une inquiétude foncière. Si on la décelait en lui, il ne pourrait à son tour plus s'y dérober ; une telle perspective devait lui inspirer un sentiment de panique. La première fois où je pus soupçonner cela, ce fut précisément à cause de l'astronome qu'Emilie prétendait voir la nuit sur la tour de l'Observatoire.

J'avais accepté de guetter avec elle plusieurs soirs de suite. En vain. Rien n'était venu troubler les ténèbres transparentes de juin. Un rossignol chantait dans un parc. Emilie s'acharnait à demeurer penchée à la fenêtre. Je devais la menacer d'appeler François pour qu'elle consentît enfin à regagner son lit. Nos parents se demandaient ce qu'avait leur fille à bâiller toute la journée avec cette mine de papier mâché. Au bout d'une semaine, je renonçai à poursuivre cette garde que je jugeais absurde. Emilie déclara que j'étais aussi décevant que François. Elle dut continuer ses veilles, si j'en croyais ses somnolences aux repas et ses yeux battus. Une fois encore elle prétendit avoir de nouveau surpris l'astronome au manteau blanc. Je ricanai en la priant de me réveiller à la prochaine apparition. Elle me tint rigueur de cette ironie, affirma que finalement je ferais comme François, je ne saurais pas voir ce que cette vie avait d'imprévisible, de merveilleux, dissimulé sous l'apparence quotidienne. Elle ne m'adressa plus la parole pendant quelques jours. Je feignais de m'en moquer, au vrai j'en souffrais. Emilie et moi avions passé notre enfance à nous chamailler et à nous battre. Plus vieux qu'elle de trois ans, je n'avais pas si aisément admis que ce brimborion de fille vînt partager, voire supplanter la suprématie que jusqu'à sa naissance j'exerçais dans notre maison. Pour se venger sans doute de la perte de son propre empire que je dus provoquer en venant au monde, en lui enlevant ses privilèges de fils unique, François, sans avoir l'air d'y toucher, entretenait savamment nos querelles. A la fin, j'étais seul à recevoir les semonces familiales. François souriait d'aise. « Des gosses... » marmonnait-il. Au bout d'un moment, je sentais sur mon cou la petite main d'Emilie ; je me retournais pour repousser l'ennemie, mais elle s'accrochait à moi, et je lisais une telle désolation dans ses grands yeux, pour moi semblables à des papillons tantôt bleus, tantôt mauves, tantôt violets, que je la laissais m'embrasser et repartais jouer avec elle. Bien sûr, la dispute ne tardait guère à renaître. Ainsi, de bagarres en réconciliations, nous ne nous quittions guère.

Maintenant, Emilie avait quinze ans et croyait au fantôme. Nous appelions ainsi par dérision l'être improbable qu'elle prétendait voir la nuit sur la tour de l'Observatoire. Vinrent les vacances ; nous partîmes pour la mer, le fantôme fut vite oublié.

A la rentrée, les études reprirent. Nous n'avions plus le temps de rêver. D'ailleurs les nuits étaient déjà trop fraîches pour que nous songions à les passer à la fenêtre, guettant l'invisible. Du moins pensais-je ainsi, et il me semblait que les pensées d'Emilie devaient être identiques. François fit l'acquisition d'un crâne qu'il appela Thomas, et qui trônait dans sa chambre sur une pile de livres. Aux crayons de couleur le futur médecin soulignait les frontières des os. Le rictus de Thomas nous impressionnait ; François y gagnait à nos yeux quelque prestige.

— La mort, qu'est-ce que c'est ? disait Emilie en jetant un coup d'œil vers son reflet dans un miroir.

— Un processus de phénomènes chimiques qui conduisent à la décomposition du corps, tranchait François.

— Hou ! hou ! triste étudiant, protestait Emilie, la mort c'est... c'est un soleil !

— Un soleil ! gémissait François en levant les yeux vers le crâne comme s'il le prenait à témoin.

— Oui, parfaitement, l'envers du soleil !

— Tu lis trop, petite, vous lisez trop tous les deux, vous feriez mieux de potasser votre programme, ça vous jouera des tours... L'envers du soleil !

Nous quittions François et Thomas.

— Tu sais, j'ai dit n'importe quoi, pour le plaisir de l'entendre râler.

Il me semblait, même lorsqu'elle affirmait « dire n'importe quoi », que les paroles d'Emilie possédaient un sens caché : peut-être la vie plus tard nous le ferait-elle découvrir.

— Henri, Henri, viens vite ! il faut réveiller François !

Je bougonnais, tournais le dos, remontais la couverture sur mes épaules. Elle insistait, me tirait les cheveux.

— Henri, je t'en prie, vite.

Au fond de ma somnolence, je perçus l'angoisse dans la prière.

— Enfin, qu'y a-t-il ?

— Viens.

J'enfilai ma robe de chambre. Emilie me tira par la manche jusqu'au bureau de François ; nous eûmes du mal à le sortir du lit.

A présent, nous voici tous les trois pressés l'un contre l'autre à la fenêtre d'Emilie ; je suis entre eux deux, sous mes mains posées sur leurs épaules je les sens qui tremblent, comme moi-même. Ce n'est pas un frisson de froid, cette nuit de la fin octobre est douce avec son odeur de feuilles mortes. La lune éclaire en plein le parc et la demeure en face. Là-haut, sur la tour carrée, des formes se courbent, se tendent, se baissent, se relèvent, d'abord en silence, puis de cette mêlée fusent des gémissements, des jurons.

— Ils se battent, ils se battent... que lui font-ils ? chuchote Emilie ; ses doigts se crispent sur ma taille.

— Il faudrait appeler au secours, murmure François d'une voix méconnaissable.

Nous restons là, retenant notre souffle. Soudain, du groupe qui lutte, une forme, quelqu'un, une femme, se détache, court vers le balcon, une femme échevelée, on dirait, et maigre ; sa chemise de nuit blanche flotte derrière elle. Les autres, ils sont deux, un homme, une femme en noir, se jettent sur elle. De nouveau elle leur échappe, tente de se baisser sur la rambarde. « Mariette ! » C'est la femme en noir qui a dû crier, son cri nous a fait mal comme un coup dans le ventre. L'homme a bondi, arraché la femme blanche qui se cramponnait désespérément à la balustrade. Aidé de l'autre femme, il l'entraîne à l'arrière de la tour, là où doit s'ouvrir une porte. Des volets claquent, des fenêtres s'éclairent, des têtes y apparaissent. Là-haut, des pas précipités, quelqu'un supplie d'une voix d'enfant, puis un appel guttural nous glace, comme d'un animal fabuleux qu'on traquerait. De nouveau, c'est le silence, la nuit immobile ; la girouette tourne sur l'Observatoire, elle accroche des reflets de lune.

— Ça me rappelle... oh ! ça me rappelle... marmonne François, ce jour... autrefois...

J'attends pour la quitter qu'Emilie soit couchée. Elle sanglote, les poings sur les yeux.

— C'était donc ça, ton astronome !

J'ai dit cela pour essayer de l'apaiser.

— Oui, c'était *elle,* sans aucun doute, c'était cette chemise ou cette cape blanche que je voyais... Ils ont dû la surprendre ce soir... Pourquoi cette lutte ? J'ai cru qu'elle allait sauter pour leur échapper. Et ce cri, ce cri lorsqu'ils l'ont redescendue dans la tour... Elle ne faisait pourtant pas de mal lorsqu'elle montait voir les étoiles.

Je posai un baiser sur ses cheveux comme elle faisait jadis pour me consoler après nos disputes. Elle sortit ses bras du lit, les passa autour de moi, me pressa contre elle.

— J'ai eu si peur, Henri... Heureusement que toi et François vous étiez là... j'étais épouv... (elle baissa encore la voix et, comme prise de honte :) j'étais fascinée.

Je n'ai pas avoué que nous aussi nous avions tremblé, nous aussi fascinés dans l'épouvante.

En même temps que je me souviens, que je rappelle à moi les heures, que je les pose, l'une après l'autre, l'une sur l'autre, régulièrement, comme des pierres pour tenter de bâtir, d'avoir présente devant moi, ma vie non plus dispersée, éclatée, mais semblable à une muraille (à un rempart qui me protégerait ?) — en même temps, d'autres images montent du lointain, ou du présent qui est le mien pendant que je travaille à reconstituer les traits, les couleurs de ma jeunesse, et ces images, parfois, j'ai envie de les noter *elles aussi, qu'elles se réfèrent ou non au moment que je viens d'évoquer, surgissent d'un plus profond passé ou au contraire se situent dans un temps plus proche de l'homme que je suis devenu. Puisqu'elles viennent à moi, c'est que, d'une façon ou d'une autre, elles sont liées — même si j'ignore comment — à cet instant, à cette lumière, à cet être, à ce visage ou à ce geste que je décrivais.*

Ainsi, alors que je revoyais et que je dessinais à travers les mots la tour de l'Observatoire, d'autres tours — une surtout — se dressaient dans ma mémoire.

III

Plusieurs nuits de suite nous veillâmes, Emilie et moi, derrière la fenêtre de sa chambre. François nous priait de ne plus le tirer de son sommeil, quoi qu'il pût arriver. Il lui fallait, ajoutait-il, éviter toute fatigue inutile pour pouvoir mener à bien ses études. « Quel égoïste », soupirait Emilie. Pourtant, la troisième ou la quatrième nuit après celle de l'apparition, alors qu'avec ma sœur je m'apprêtais à quitter notre poste de guet et à regagner ma chambre, dans le couloir je heurtai François, pâle, agité, le cheveu en bataille, les yeux mal ouverts : « Que... que se passe-t-il, Henri ? » Comme je m'étonnais, il me bouscula, fonça dans la chambre d'Emilie qui le regardait stupéfaite, courut à la fenêtre. Il ne vit comme nous que la nuit épaisse et calme ; le ciel devait être chargé de lourds nuages de pluie, les réverbères ne jetaient qu'une vague lueur sur la façade de l'Observatoire. François se retourna vers nous :

— Vous n'avez rien entendu ? Ce cri, ce cri... comme l'autre nuit...

— Tu as rêvé.

— Ce n'est pas possible, c'est ce cri qui m'a réveillé !

François finit par admettre qu'il avait fait un cauchemar. Désormais, comme lui, ce ne fut plus qu'en nos rêves que nous entendîmes l'atroce appel et que nous visita cet être, cette femme au voile blanc qui avait hanté la tour de l'Observatoire.

Elle se métamorphosait dans nos songes. Tantôt c'était une enfant qui s'envolait du haut de la tour : grand oiseau blanc, dans un frémissement d'ailes, elle pénétrait par la fenêtre, rejoignait Emilie, se couchait près d'elle et sanglotait jusqu'à ce que, bercée dans ses bras, elle s'endormît et dans ce sommeil se confondît avec Emilie elle-même. Tantôt c'était une infirmière qui entraînait, malgré lui, François au sommet de l'Observatoire et là, sous les yeux horrifiés de l'étudiant, à coups de bistouri, se tranchait la gorge d'où montait un hurlement sans fin. Tantôt c'était un monstre informe et malheureux, à la fois cheval, femme, oiseau, poisson, reptile, insecte : il se tordait, lentement étouffé entre les bras de nos propres parents qui ahanaient sous l'effort ; au moment où il allait expirer je me réveillais suffoquant, à tâtons mes mains vérifiaient sur mon corps si ne subsistaient pas des moignons d'ailes ou de nageoires, des membranes, des élytres et des écailles. Le matin, nous nous racontions nos rêves, François sur le ton qu'il eût pris pour relater une observation effectuée à l'hôpital, Emilie et moi souvent avec une ironie ponctuée d'éclats de rire. François conseillait de rapporter aux parents la scène que nous avions surprise. Emilie se récriait : « Notre père se moquerait de nous, il nous reprocherait de perdre notre temps à épier les gens d'en face... Ou bien, au contraire, lui et maman s'inquiéteraient, parleraient à leurs voisins, la police finirait par apprendre la chose, on tracasserait les pauvres gens de l'Observatoire, on enfermerait à l'asile la femme ou la jeune fille qui criait, et peut-être aussi ses parents avec ! »

— Mais enfin, si c'est quelqu'un qu'ils séquestrent ? supposait François.

— Essayons de nous renseigner nous-mêmes, suggérait Emilie.

Nous lui donnâmes raison, et chacun reprit le train quotidien de sa vie. La *séquestrée* abandonna peu à peu nos pensées et nos songes. Du moins je le croyais. L'hiver était venu. Les parcs tendaient les branches nues de leurs arbres vers un ciel souvent chargé de neige. Il était rare pourtant qu'elle tombât, ornant d'une dentelle blanche les galeries, les poutres, les frontons et la tour de l'Observatoire, car, à quelques lieues de la ville, la montagne autrefois reboisée par l'astronome recueillait l'avalanche des nuées.

Un jour de cet hiver maussade, Emilie se risqua à franchir le portail de l'Observatoire. Elle avait décidé de se présenter aux occupants comme une journaliste désireuse de s'enquérir, en vue d'un article futur, des souvenirs familiaux sur le savant astronome. En fait, dès le portail passé, son courage l'abandonna ; elle dut se forcer pour suivre l'allée creusée d'ornières ; arrivée sous la galerie ménagée devant la porte, elle s'adossa à l'un des piliers qui supportaient la tour. Nul bruit, disait-elle, ne venait du corps de logis, sinon parfois le grincement de la girouette. Tout respirait l'abandon, la solitude. Les bâtiments paraissaient en piteux état ; sur les pilotis et les poutres, la couleur brune s'écaillait, des volets pendaient à demi arrachés, sur la terrasse des outils de jardinage achevaient de pourrir. Pendant quelques minutes. Emilie eut l'impression d'appartenir elle-même à ce monde mort. « Il me semblait, nous disait-elle en fronçant ses légers sourcils, que notre maison, de l'autre côté de la rue, à la fois si propre et si banale, jamais plus je ne pourrais y revenir. » Enfin, secouant sa torpeur, elle s'était contrainte à tirer le pied de biche près de la porte en grillage rouillé qui s'ouvrait sur l'arrière de la maison. Une cloche grêle retentit. Rien ne bougea. Emilie déjà s'en allait lorsqu'elle avait entendu derrière elle des déclics de serrures, puis le glissement et le choc de verrous. Elle se retourna ; un homme âgé, le visage gris mal rasé, demandait avec un accent méridional plein de sombres rocailles ce qu'elle voulait. Derrière lui était apparue une grande femme vêtue de noir. Tous deux dévisageaient la visiteuse. Elle bredouillait des excuses, s'accusait de s'être trompée d'adresse. Il lui avait fallu prendre sur elle pour ne pas s'enfuir en courant. Derrière elle, elle entendit la porte se refermer, puis tourner les clefs dans les serrures et glisser les verrous. Elle prit soin de ne pas rentrer à la maison avant la chute du jour, afin que les gens de l'Observatoire ne pussent la voir et ainsi l'identifier.

De cette incursion d'Emilie nous ne tirâmes guère de renseignements : la pauvreté ou l'avarice, la solitude et la méfiance des gens de l'Observatoire, nous pouvions déjà nous en douter ; quant à la *séquestrée*, le raid d'Emilie ne permettait de savoir ni si elle demeurait tapie dans un coin du vieil édifice, ni si elle avait pu s'en échapper. Du moins, cette aventure auréola notre sœur, non seulement à mes yeux mais à ceux de François, bien qu'il s'efforçât de n'en rien laisser paraître, de ce prestige que prenait naguère, dans nos jeux, celui d'entre nous qui bravait les interdits scolaires ou familiaux. Quant à l'Observatoire, il nous sembla que le malaise éprouvé par notre jeune téméraire, lorsqu'elle foulait le jardin abandonné ou reprenait souffle sous la galerie de bois, confirmait qu'il était un lieu maudit. Avec complaisance, durant quelque temps, nous pûmes nous repaître pendant nos entretiens du soir, autour du crâne de Thomas que François caressait d'une main paresseuse, de conjectures plus ou moins fantasques sur cette malédiction ; puis nous oubliâmes tout à fait, ou du moins nous le crûmes alors, ce voisinage qui depuis quelques saisons nous avait tant préoccupés.

L'étrange impression que tu me fais face et pourtant qu'à une vertigineuse allure tu recules, tu t'éloignes, Esther Zarev, ta face toujours tournée vers moi.

Que ta volonté soit faite. J'écris pour t'obéir, pour répondre à cet appel, à cet ordre que tu me lanças (toi qui t'éloignes de plus en plus vite, de plus en plus profond) et que je crois deviner encore sur tes lèvres closes.

IV

François attaquait sa deuxième année de médecine. Je venais de m'inscrire à la Faculté de droit. Emilie poursuivait tant bien que mal de capricieuses études.

Comme toujours, ce fut elle la première alertée.

— Vous n'avez pas remarqué, en face on a repeint les volets !

François leva un sourcil ; j'émis un grognement.

— Vous ne trouvez pas ça formidable ?

— Les filles, toujours prêtes à s'étonner... Les vieux en auront eu assez de leur crasse. Et puis après ?

— Vous verrez.

Emilie paraissait à la fois indignée, et sûre de sa victoire. Les semaines qui suivirent, son assurance s'estompa. Mise à part la couleur des persiennes, rien ne semblait changé à l'Observatoire : même silence, même absence de vie.

Nous passâmes une quinzaine de jours à la campagne pour les fêtes de Pâques. A notre retour, Emilie triompha. Sur la vieille demeure, les poutres apparentes, les colonnades, la galerie entière étaient repeintes à neuf ; la façade même avait été blanchie des deux côtés de la tour ; seule celle-ci gardait encore sa vétusté, mais bientôt, pensions-nous, elle serait restaurée. Autant que nous pouvions en juger, le parc lui aussi faisait l'objet d'un nettoyage et d'une mise en ordre délibérés. Nous en conclûmes que le vieux couple et la *séquestrée* avaient dû plier bagages, peut-être même vendre la demeure.

Nous feignions de nous réjouir devant la métamorphose que nous découvrions mais, en nous-mêmes, nous étions tristes, car notre enfance avait trouvé jusqu'alors dans la vision de cette demeure, de ce jardin sauvage, comme dans le drame qui les hantait, un prolongement, mélancolique sans doute, mais dont nous ne retenions à présent que le charme et le mystère sur lesquels s'étaient fondées notre commune rêverie, notre complicité.

Un matin de mai, Emilie s'écria : « Ça y est : les Barbares sont là ! » Ce mot, venu spontanément sur ses lèvres moqueuses, nous révéla à tous les trois ce sentiment de déception et de méfiance que, sans le savoir, nous nourrissions déjà pour ceux qui ne sauraient être à nos yeux que des intrus dans *notre* Observatoire. C'était bien cela : des barbares nous ravissaient, et transformaient à leur guise, ce lieu quasi sacré. Nous n'étions pas prêts à leur pardonner ce rapt ni cette profanation.

— Ils en ont une guimbarde !

De sa fenêtre, Emilie nous montrait dans le parc, arrêtée à quelques mètres du pavillon, une antique Ford, haute sur roues, d'où une bande de filles et un garçon s'employaient à extraire malles, valises et paquets, cependant qu'une femme maigre aux cheveux gris les interpellait de façon joviale.

— Vous savez, ils ont fauché l'herbe dans le parc. C'est le garçon, un grand blond du genre fil de fer, qui tenait la faux, les filles râtelaient le foin. Ça doit être des paysans qui lâchent leur brousse !

— Ils ont accroché un machin de plus là-haut, à côté des girouettes et des trucs de l'astronome.

— Ça doit être... mais oui, c'est une antenne ! Emilie, les Barbares ont la T. S. F. !

— La T.S.F ! dans cette maison !

— Aujourd'hui les Barbares se sont mis sur leur trente et un ; le garçon est sorti un moment sur la terrasse, il avait une cravate et un veston ; les filles cueillaient des fleurs : leurs robes sont mal taillées, elles doivent les faire elles-mêmes... mais enfin ce sont des robes. Ils doivent préparer quelque réception...

Ainsi Emilie tenait-elle pour nous une chronique des faits et gestes de nos nouveaux voisins.

— Hier soir, le jeune fil de fer m'a croisée dans la rue ; il m'a jeté un de ces regards ! J'ai eu envie de lui demander s'il se fichait de moi.

— Mais non, Emilie, il t'aura trouvée belle, tout simplement. Ce garçon, mets-toi à sa place, il vient de sa brousse et il a pour voisine une beauté.

— Si tu continues, Henri, je te casse en deux ! François, fais le taire !

— Mais je ne me moquais pas. Le type, mine de rien, quand il flâne dans son jardin, il n'arrête pas de zieuter vers ta fenêtre.

— Vous lui prêtez vos intentions, François et toi : vous vous pavanez à la fenêtre dans l'espoir qu'une des filles sortira et vous remarquera !

Ainsi les Barbares envahirent-ils peu à peu notre vie, sans même que nous sachions qui ils étaient, ce qu'ils faisaient. Nous leur portions d'autant plus d'intérêt que souvent, après dîner, leur jardin retentissait de voix jeunes et que les fenêtres de l'Observatoire restaient parfois éclairées jusqu'à l'aube : manifestement, les Barbares aimaient la jeunesse ; ils recevaient de nombreux amis. Nous entendions de notre lit les adieux, les claquements de portières. Nous imaginions des fêtes. Emilie parlait de bals, de cocktails, de garden-parties. En vain François lui faisait-il remarquer que nous n'entendions point de musique de danse, et que les voitures des visiteurs, que nous pouvions apercevoir entre les arbres du parc, n'étaient pour la plupart guère plus reluisantes que la vieille Ford des hôtes. « Mais si, du jazz, on entend du jazz ! protestait Emilie, et les voitures préhistoriques, c'est exprès, c'est un truc de snobs ! » Il était vrai que souvent, par les fenêtres que la belle saison laissait grandes ouvertes, nous parvenaient les échos de disques de jazz. C'étaient toujours les mêmes ; parmi eux *Some of these days...* que chantait la voix tragique, brûlante comme un vieux rhum, de Sophie Tucker, et *Tiger Rag*, avec les plaintes obsédantes de la trompette bouchée, semblaient être les favoris. Nous en arrivions à les fredonner, à les siffler sans même en prendre conscience. Le premier de nous trois qui s'en apercevait ne manquait pas de se moquer du chanteur ou du siffleur hanté par l'air du blues ou le rythme du rag-time. Peu de temps après, le moqueur était à son tour moqué, car ses lèvres venaient de chantonner ce que nous avions fini par appeler les hymnes barbares.

Un jour, Emilie nous déclara que nous étions, elle la première, de vrais idiots, complètement tourneboulés par les faits et gestes des gens de l'Observatoire. Si on l'en croyait, désormais nous éviterions de paraître aux fenêtres pour ne plus leur donner l'impression, qu'ils avaient certainement car c'étaient de fameux poseurs, d'être eux-mêmes des vedettes et de nous faire admirer — à nous minables spectateurs — le cinéma permanent de leur vie.

Elle m'avoua quelques jours plus tard avoir été excédée par « la muflerie du jeune Barbare blond ». « Il désherbait les allées. Je le regardais de la fenêtre. Il s'est arrêté, a levé la tête. Je ne sais pas pourquoi, je n'ai pu m'empêcher de sourire. Il ne bougeait pas, il me fixait de ses yeux froids. Je sentais mon sourire qui peu à peu se figeait, tordait malgré moi ma bouche, une minute encore et j'allais fondre en larmes comme une buse. Il a pivoté sur ses talons, m'a tourné le dos, il a recommencé son jardinage ! »

De ce jour-là je ne parlai plus de nos voisins à Emilie. J'invitai François à garder aussi le silence sur eux. Longtemps il ne fut plus question entre nous de l'Observatoire. Lorsque, là-bas, *leurs* voix retentissaient dans le jardin, ou que s'élevait un air de jazz, l'un de nous s'empressait de fermer la fenêtre malgré les protestations étonnées des parents, et quand, à notre tour, nous nous mettions à fredonner *Some of these days*, nous nous arrêtions net et enchaînions sur un autre refrain.

Aucun de nous cependant n'était dupe. Sous ce silence forcé, les Barbares résistaient ; nous n'arriverions pas à les déloger si aisément de notre pensée.

Tu l'as su, toi, Esther Zarev, plus que personne d'autre sans doute, combien nous demeurerions captifs de ces « étrangers ».

V

— Vous ne devinerez jamais d'où je viens !

François jubilait ; ses yeux gris brillaient, un sourire ouvrait ses lèvres minces.

Il rejeta la tête un peu en arrière, nous toisa : « Vous n'allez pas me croire. »

Il ouvrit la bouche, resta ainsi deux ou trois secondes avant de prononcer une parole, comme étonné lui-même de ce qu'il allait dire.

— De chez les Barbares !

Il lâcha ces mots à toute volée.

Je voyais le visage d'Emilie se colorer d'une onde rose, un frémissement me semblait naître aux coins des lèvres. Je croyais entendre toutes les questions qu'elle taisait mais que lançaient ses yeux dont les paupières battaient : « Comment as-tu pu ? Par quelle chance ? Qui t'a fait signe ? Et la maison ? Est-ce riche, est-ce beau ? Le garçon t'a-t-il parlé ? »

Cependant elle restait comme moi silencieuse. François en était tout décontenancé. Il se mit à répondre de façon embarrassée à ces questions que nous ne lui posions pas.

... Ça s'était fait par hasard... Qu'est-ce qu'il y a comme livres dans l'Observatoire, une salle pleine, des milliers, et aussi une salle de billard ! Une fille épatante, une « collègue », étudiante comme lui de deuxième année, vraiment une fille bien, très bien. Il y avait plusieurs filles là-bas, bien, très bien aussi, trois filles. Elle, c'était une amie. Ce serait quelqu'un... Ils s'appelaient Garou comme les Garou d'autrefois ; ils étaient cousins. Elle, l'étudiante en médecine, c'était Hélène Farge ; elle était très liée avec eux depuis l'enfance, elle est surtout l'amie de Betty. Betty c'est Elisabeth, une Barbare, la seconde des trois filles Garou. Il y a des pièces avec de beaux meubles, et ailleurs c'était la poussière, certaines avec des papiers neufs sur les murs, d'autres en désordre ou à l'abandon... Vraiment une fille calée, Hélène Farge ; ils avaient fait le chemin ensemble en sortant de l'amphi... Arrivés devant l'Observatoire elle s'est étonnée de voir qu'il était voisin... « Venez donc, les Garou sont toujours ravis de connaître des étudiants. » Pour une occasion, c'était une occasion, non ? Il avait suivi sa camarade... Et la mère, quelle femme, quelle branche ! Des cheveux gris, mais formidable, jeune, jeune ! Elle aurait aimé être médecin, seulement de son temps ça ne se faisait pas. Elle l'avait interrogé sur ses études, sur ses projets. Les filles aussi étaient comme ça ; le garçon, il ne savait pas, il n'était pas du genre parlant. Ils avaient pris le goûter dans la bibliothèque. Ils boivent du sirop d'orgeat...

— Du sirop d'orgeat !

Emilie prononçait ces mots avec une moue de dégoût qui me fit pouffer. Elle nous lança un regard sombre et s'enferma dans sa chambre.

— Qu'est-ce qu'elle a ? s'étonna François. Ah ! les filles !...

Et tout aussitôt il reprit son monologue embrouillé.

De cette confusion, il me semblait que les Barbares étaient la cause, et qu'ils devaient être eux-mêmes prodigieusement en désordre dans leur maison et dans leur existence ; sinon, comment comprendre que François, d'ordinaire si calme, si clair, si logique, revînt de l'Observatoire dans cet état d'exaltation brouillonne ? A l'entendre, on eût dit qu'il venait de connaître une extraordinaire aventure, de commettre un exploit, de remporter une victoire.

Le lendemain, Emilie demanda à François s'il pensait retourner à l'Observatoire, et dans ce cas le pria de l'emmener un jour prochain avec lui.

François reprit son air important : « On verrait, on n'entrait pas chez les Garou si facilement, il fallait montrer patte blanche. Lui, c'était l'étudiante en médecine qui lui avait permis l'accès de l'Observatoire, mais elle se liait difficilement, triait ses amis sur le volet... Enfin, il lui en parlerait quand il la connaîtrait mieux. »

Je vis Emilie se mordre les lèvres. Un peu plus tard, quand elle fut seule avec moi : « Tu as entendu, dit-elle en secouant sa chevelure, les Barbares lui montent à la tête... Qu'il continue donc à les voir seul si ça lui chante. On se passera bien d'eux. »

Cette visite, elle devait en rêver depuis longtemps, depuis ce jour où elle s'était risquée à sonner à la porte de l'Observatoire, et aussi depuis ce matin où, malgré elle, elle avait souri au jeune inconnu qui de son jardin la regardait. Je pris à part François, lui montrai quel plaisir il ferait à notre sœur s'il obtenait pour elle une invitation de ses nouveaux amis. Il promit de faire de son mieux.

D'autres tours que celle de l'Observatoire, une surtout, dans l'enfance.

Haute, si haute. Noire. Non, de pierres grises et rousses, et parfois dans les interstices du granit les touffes de giroflées sauvages. Comme un pieu énorme fiché dans le village, comme le poids des siècles, le cadavre érigé menaçant de l'Histoire en plein cœur du village. Et nous, bavant, peureux, à ses pieds, idiots. Nous les petits vieillards, les commères, les sabotiers, les gosses sales, malins ou malingres. Nous, mais j'étais l'étranger, en même temps mêlé à cette maigre race, et de cette race. La tour massive qui nous, qui me terrifie, nous, me fait rêver dans le bourg ancestral. Le donjon-ancêtre. Le totem d'où part la mort, jadis de flèche empoisonnée : occis le roi rôdant par-là, l'étranger. Tour de pierre, père de pierre, je suis l'étranger moi qui suis pourtant de leur race, moi l'enfant malingre exilé pour un jour, pour une saison, pour toujours ? jusqu'à ce que je renaisse gonflé de cet air campagnard ? jusqu'à ce que je reçoive la mort dans l'ombre de la tour ? Demeure de seigneur. Demeure de saigneur. Là-haut à sa tête la ronde nuageuse. Moi les yeux levés jusqu'au vertige, jusqu'à la nausée, jusqu'à tomber.

Quel être, quelle bête ? quelle femme ? quelle femme-bête, femme-louve, femme-aigle, quel monstre habite la tour ? A force de guetter la verrai-je un jour, une nuit, s'élancer, terrible, merveilleuse, de la cime noire ou solaire et fondre sur moi, s'écraser et m'anéantir ? Ou quelle légendaire captive qui gémit dans le vent ? et si je ne trouve pas le secret, si je ne parviens pas à délivrer la séquestrée, sûr qu'un soir elle se jettera dans le vide.

Je ne parle pas à François, à Emilie de ce village où

pourtant, avec ou sans moi, eux aussi sont allés dans l'enfance. Peut-être ne se souviennent-ils même pas de la tour ruinée, peut-être fut-elle pour eux sans maléfices. Ou bien, si la même pudeur les retenait quand nous regardions l'Observatoire, s'ils refusaient de jamais nommer ces signes qui nous poursuivent ou que nous poursuivons à travers le hasard de nos jours. Une vieille, toute tassée, toute cassée, nous attendait là-bas, arrière-grand-mère dont la mort ne voudrait pas, n'avait-elle pas toujours vécu, ne vivrait-elle pas à jamais, hors du temps, ou bloc de temps comme la tour. « Elle nous enterrera tous. » J'avais entendu ma mère prononcer ces paroles qui m'avaient frappé d'épouvante. Je voyais déjà François, la petite Emilie, moi enfin sous la tour.

Allons donc, comme s'ils ne se souvenaient pas : nous étions ensemble tous les trois — les yeux dilatés d'Emilie pour écouter, écouter, l'air sournois de François qu'il avait, enfant, pour déguiser ses moments de peur. « Quand j'étais jeune, nous disait la vieille, en robe blanche, avec mes nattes, je dansais là-haut sur la tour. » Ils n'ont pas pu oublier, et ces passages en nous de stupeur, d'incrédulité, de rêverie : comment l'enfant blanche, la danseuse aux nattes serait-elle devenue cet épouvantail ?

Il faudra me décider. « François, le village avec cette tour, autrefois quand nous étions enfants ? » Mais François grognera vaguement, et je ne saurai rien. « Emilie, toi, tu te rappelles n'est-ce pas, la vieille Carabosse, la mère de la mère de notre père, elle disait qu'elle avait dansé sur la tour ? » « Une tour ? Quelle tour ? » Emilie n'a pas de mémoire. Elle est née hier. Je ne saurai plus si j'ai rêvé, ou si j'invente, ou si vraiment un chemin nous menait ainsi des terreurs émerveillées de l'enfance à la rencontre de quoi, de quel secret déjà pressenti, dans cet

Observatoire à la fois un peu prétentieux, touchant et désuet.

Plus tard, bien plus tard, vous me disiez, Esther Zarev : « La tour, le fou ou la folle, et vous le cavalier qui sautez en zigzag d'un pays à l'autre, décidément, Henri, les signes de votre vie sont ceux d'un jeu d'échecs. »

VI

Des mois passèrent avant que François pût tenir sa promesse. Je ne lui en parlais plus, et lui ne faisait plus aucune allusion aux gens de l'Observatoire. Il changeait. Tout en se montrant aussi acharné dans ses études, voilà qu'il nous empruntait des romans, et de son côté nous proposait des livres de philosophie.

Un dimanche matin, avant que les parents fussent levés, Emilie m'appela. Dans ses yeux je croyais lire cette malice qu'ils reflétaient souvent lorsque, petite fille, elle s'apprêtait à jouer quelque tour à François ou à moi-même.

Comme je l'interrogeais, elle mit un doigt sur ses lèvres, me fit signe de la suivre. Sur la pointe des pieds, nous nous approchâmes de la chambre de François. Derrière la porte, une voix monotone s'élevait, s'arrêtait, reprenait son discours.

— Qui est-ce ? chuchotai-je.

De la main elle m'enjoignit de me taire. La voix reprenait, s'éteignait, épousait de curieuses ascensions, des chutes, des envolées. « Mais c'est François, c'est sa voix, n'est-ce pas ? Qu'est-ce qu'il peut bien raconter de cette façon ? »

Elle murmura : « Il est seul. Il déclame. »

Elle m'invita à m'approcher davantage. Nous collâmes notre oreille à la porte.

« C'est tant... C'est tant... C'est tant pis, si les fous... si les fous ne peuvent parler... C'est tant pis, si les fous ne peuvent parler sagement des folies... (de nouveau la voix hésitait) des folies... des folies que font... Merde et merde !... »

Emilie éclata de rire. La voix se tut, nous nous échappâmes de crainte que François n'ouvrît la porte.

— Tu l'as entendu ! non, mais tu l'as entendu !

— Qu'est-ce qu'il peut bien faire ?

— Je me le demande... Du théâtre ?

— Du théâtre ? François !

— Tu l'as entendu comme moi : « C'est tant... C'est tant pis si les fous ne peuvent parler sagement des folies que... »

Elle ne put continuer, reprise par son rire ; puis elle respira profondément, eut une expression mi-grave, mi-comique : « Je vais te dire, Henri : pour moi, il y a une histoire de fille là-dessous. » Je convins que cette hypothèse pouvait expliquer les changements survenus dans le comportement de notre frère : après les romans, après la philosophie : le théâtre.

— Pourvu qu'il ne plaque pas sa médecine !

Déjà Emilie voyait notre frère embarqué dans une troupe de comédiens ambulants, amoureux de l'ingénue. Elle me reprocha mon scepticisme, prétendit même que je devais être jaloux des succès féminins de François, car je n'aurais sans doute pas le courage de me lancer comme lui dans une telle aventure.

Un soir, François, rayonnant, nous convoqua dans sa chambre. A côté du crâne de Thomas, bien en vue, un livre portait ce titre : *Comme il vous plaira*. Emilie s'en empara, le feuilleta. Elle se contenta de dire en dévisageant notre frère : « C'est beau, le théâtre. »

— Justement, fit François.

J'échangeai un coup d'œil avec Emilie. Comme moi, elle devait penser : « Ça y est, il va nous parler d'*elle*. »

Il prit un ton solennel pour nous annoncer :

— Demain soir, vous êtes invités par Mme Garou.

— Mme Garou ?... Qui est-ce ?

— Voyons, Emilie, les Garou...

— Ah ! les Barbares ! (Elle sauta sur place.) C'est vrai, François, tu nous as fait inviter ?

Il fronça le sourcil : « Ecoute, Emilie, je t'en prie, ne dis plus

« les Barbares », sinon tu es capable de sortir ça chez eux sans t'en rendre compte, alors, tu imagines... »

Elle prononça à mi-voix : « Fini les Barbares... » Je ne sus si elle promettait ainsi de suivre le conseil de François, ou si elle s'attristait à la pensée que l'Observatoire et ses gens allaient passer pour nous de la légende au monde quotidien.

— Voilà, reprit François. (Il s'était emparé du Shakespeare qu'il tenait à hauteur de son visage.) Mme Garou, ses filles, son fils, leurs amis préparent une représentation. On jouera dans deux mois, pour la fête des Facultés. Mme Garou m'a dit de vous emmener demain soir : on cherche des garçons et des filles pour tenir des rôles. Hélène... Hélène Farge...

Il ne remarqua point le clin d'œil d'Emilie.

— C'est une étudiante de deuxième année, une fille vraiment...

— Une fille vraiment bien, reprit Emilie.

— Tu la connais ?

— Non, tu nous en avais déjà parlé.

— Ah ! oui ?... Elle joue le rôle de Phébé, on croirait une vraie comédienne... Et Betty aussi, Elisabeth Garou, elle, c'est la cousine de Rosalinde ; d'ailleurs, elle voudrait faire du théâtre réellement.

— Et toi ?

— Oh ! moi... je suis... j'étais... bredouilla-t-il... On m'avait confié le rôle d'un fou — d'un fou du roi, ou plutôt du duc ; mais ça ne marche pas, je n'arrive pas à me mettre le texte en mémoire. Je crois que je vais renoncer.

Je lui assurai que je ne me sentais pas plus doué que lui, et qu'en aucun cas je n'aurais la témérité de paraître en public : dans ce cas, il voudrait bien m'excuser demain auprès de notre voisine, ce n'était pas la peine que j'aille là-bas. Emilie protesta : « Henri, je t'en prie, il faut venir... Tu sais bien, l'Observatoire, ç'a été un peu notre... notre chose, à toi et à moi... » Elle se reprit en jetant un regard vers François : « Je veux dire à nous trois. Alors demain, il faut que nous allions là-bas, ensemble. »

VII

Nous attendions Emilie dans sa chambre. François regardait à chaque instant sa montre et bougonnait. « J'arrive, les garçons, j'arrive. » Mais elle ne se décidait pas à s'éloigner du miroir. Elle rectifiait d'un coup de crayon le dessin d'un sourcil, mettait un brin de rouge à lèvres, l'essuyait, recommençait, d'une main faisait bouffer ses cheveux ; ensuite elle tirait sur le bas de sa robe blanche semée de minuscules fleurs :

— Ça va ? Cette robe me va ?

— Oui, oui, oui, grognait François. Qu'est-ce que tu crois ? Les Garou se moquent pas mal de l'élégance, ils sont au-dessus de ça...

— Au-dessus ? s'étonnait-elle tout en passant le pinceau d'émail sur ses ongles.

Lorsqu'elle fut prête, et comme nous quittions sa chambre, elle se ravisa, voulut mettre un collier d'agates que je dus l'aider à attacher. Je la trouvais trop parée, trop fardée.

— Tu as l'air d'une vieille, d'une femme mariée.

— Justement, répondit-elle. Puis elle parla de changer de robe, d'effacer son maquillage, enfin de ne plus nous accompagner. Nous la prîmes chacun par la main et l'entraînâmes.

Une servante voûtée, la mèche en bataille, nous conduisit à travers un dédale de couloirs qui gardaient une odeur de moisissure et de campagne : odeur de tentures anciennes qu'imprègne l'humidité et senteur d'herbe coupée, de terre fraîche, de fruits. « Voici les retardataires », dit une voix vive et perchée lorsque nous entrâmes dans la bibliothèque. Tous les yeux se tournèrent vers nous, et une femme grande, maigre, à cheveux gris, au visage anguleux, aux yeux jaunes s'avança vers nous :

— C'est gentil, François, de nous amener du renfort, dit-elle de cette voix un peu trop aiguë mais pourtant chaleureuse, celle de quelqu'un qui aurait l'habitude de commander, ou plutôt d'entraîner une équipe. Et c'était bien *son* équipe, me sembla-t-il, qu'elle nous présenta : pour l'heure, une dizaine de garçons et de filles, les uns installés dans des fauteuils qui montraient la corde ou sur un canapé défraîchi, certains assis, jambes croisées, à même le tapis, d'autres adossés aux vitrines garnies de livres sombres ou accoudés à un piano à queue dont le couvercle, pour le moment rabattu, était chargé de piles de brochures. Elle nommait chacun des présents distinctement, le désignant du doigt, ce qui faisait parfois glisser le châle noir qu'elle portait sur les épaules malgré la chaleur ; toujours alors le garçon ou la fille le plus proche se précipitait pour l'aider à remonter le châle. Malgré la précision de notre hôtesse, je ne compris et ne retins ce jour-là, des noms ou des prénoms qu'elle prononça, que ceux de son fils et de ses filles : Guillaume, maigre et blond, le visage taillé à grands traits comme celui de sa mère ; il nous secoua la main avec une cordiale brusquerie ; Caroline, la benjamine, qui portait encore des nattes courtes et dont les yeux légèrement bridés me parurent pleins de malice ; Mathilde, l'aînée des filles, aux cheveux blond cendré peignés en bandeaux, jeune et calme Minerve, avec cette harmonie et cette force qui s'attachaient au corps svelte et au visage régulier ; Elisabeth enfin, un peu plus jeune que Guillaume et Mathilde, au teint mat de brune, et qui ne parut pas prendre garde à notre arrivée. Il fallut que sa mère lui tapotât l'épaule pour qu'elle interrompît la conversation qu'elle tenait avec sa voisine près de laquelle François vint aussitôt s'asseoir.

Les présentations achevées, Mme Garou se plaça près du piano. Elle frappa dans ses mains : « Allons, on reprend à la page... page 38, scène III. On reprend la scène ; ensuite nous nous occuperons de nos nouveaux amis... Orlando ! Adam ! »

Un jeune homme mince, aux cheveux bleu-noir, quitta le coin de fenêtre où il se tenait ; il rejoignit près du piano un garçon trapu qui feuilletait une brochure. Ils se firent face.

— Qui va là ? dit le jeune homme brun.

Il me sembla le reconnaître ; j'avais dû le voir à la Faculté de droit, il devait être parmi les étudiants de deuxième année.

— Quoi ! mon jeune maître ? disait l'autre.

Il se lançait dans une tirade à laquelle personne ne paraissait prêter attention ; à la fin il hésitait, prenait un air grave, et je voyais toutes les jeunes filles regarder avec une sorte de secrète compassion le jeune homme immobile et muet. « Oh ! que penser d'un monde où toute grâce empoisonne celui qu'elle pare ? »

concluait le serviteur. Oui, ce devait être cette phrase, elle dut me frapper car je lui trouvais je ne savais quel rapport avec la mine songeuse du jeune homme brun et les regards des jeunes filles tournés vers lui, mais je ne l'ai retenue que bien plus tard, à force de l'entendre répéter. Le jeune homme prenait un air étonné, l'autre continuait, le mettait en garde contre les dangers qu'il courait. La scène, assez brève, fut bientôt achevée. Mme Garou complimenta les deux acteurs. « Il faut que nous jouions dans le mouvement, dans le mouvement », répétait-elle en agitant les bras, et son châle glissait qu'Orlando lui remettait sur les épaules.

— Et maintenant, aux nouveaux, fit-elle en se tournant vers Emilie et moi-même. (Nous étions restés ensemble, sur un sofa, un peu à l'écart de l'assemblée.) Venez un peu par-là, vous, mademoiselle... Mademoiselle comment ?

— Emilie.

— Venez jusque-là, Emilie, qu'on vous voie un peu.

Ma sœur avança de quelques pas et se tint, gauche, au milieu du cercle des jeunes. Les garçons parlaient entre eux, comme s'ils ne la remarquaient point, mais je surprenais les regards de biais qu'ils jetaient vers elle. Les filles, elles, observaient manifestement la toilette d'Emilie, les unes avec envie, les autres avec quelque gêne. Seule Caroline, la plus jeune, semblait considérer ma sœur avec une rieuse malice.

— Vous êtes jolie, bien jolie, n'est-ce pas les enfants ? François ne nous l'avait pas dit ; il est vrai qu'il ne le sait peut-être pas, un frère sait-il que sa sœur est jolie ? Pas bavard, François ; du moins il nous a dit que vous dansiez, est-ce vrai ? je veux dire de la danse classique.

— Un peu, répondit Emilie d'un filet de voix.

— Comment ? mais on ne vous entend pas, ma petite. Il faut vous faire entendre.

— Je danse un peu, reprit Emilie de la même voix blanche. J'ai pris des leçons, mais je me suis arrêtée lorsque j'ai eu treize ans, quatorze ans.

Mme Garou parut déçue.

— Alors, ça fait déjà plusieurs années, quoi : six ans, sept ans ? que vous avez abandonné.

Emilie ne protesta point, trop intimidée pour le faire. Je pris la parole à sa place :

— Non, Madame, ça ne fait qu'un peu plus de deux ans.

Il y eut un chuchotement à travers la salle. Mme Garou regardait Emilie d'un air sévère. Elle sourit cependant pour déclarer :

— Eh bien, ma petite, on vous donnerait presque vingt ans. Je vous imaginais sinon de la génération de Mathilde, du moins de celle de Betty, ou de son amie Hélène, et vous pourriez presque donner la main à Caroline...

Elle leva les bras, le châle glissa, elle le rattrapa au vol : « Mais vous êtes une enfant, mademoiselle. »

Il y eut des rires, des hochements de tête. Emilie se retourna vers moi ; je lus la détresse dans le regard qu'elle me jeta. Je souris pour essayer de lui redonner courage. Elle seule ici était fardée, tirée à quatre épingles, montée sur talons hauts. Elle devait sentir la réprobation de Mme Garou, de ses enfants, de leurs amis. Plus doucement, Mme Garou ajouta :

— En tout cas, nous avons besoin d'une jolie danseuse pour l'épilogue. Je suis sûre que vous vous en tirerez très bien. En outre...

Elle sembla réfléchir.

— Il faudra aussi que vous appreniez le rôle de Rosalinde, on ne sait jamais : que Mathilde soit malade le jour de la fête, qu'elle se casse un bras...

Les garçons se récrièrent ; Mathilde demeura impassible.

— Hé ! les garçons, vous êtes drôles. Il faut tout prévoir ! Au théâtre comme au théâtre. Alors mademoi... alors, Emilie apprendra aussi le rôle de Rosalinde pour pouvoir remplacer Mathilde, si c'est nécessaire, au pied levé.

Un garçon que je voyais mal, car il était assis par terre — je ne pus qu'apercevoir un instant sa tête aux cheveux raides, mal peignés, il portait des lunettes à verres épais — s'écria :

— Madame... Madame... au pied levé, ça s'impose pour une danseuse !

— Couderc !... nous allons vous faire engager à l'Almanach Vermot.

— Je préférerais l'Almanach Vermouth.

Mme Garou s'adressa à Emilie et à moi :

— Ne vous y fiez pas... André Couderc (c'est celui-là, par terre, aux genoux de ma fille) c'est notre grand faiseur de calembours et calembredaines. Mais, ça, c'est pour donner le change ; son esprit vole nettement plus haut qu'il ne voudrait le faire croire.

— Bzzz... bzzz... fit le jeune homme aux lunettes, tout en simulant de la main à ras du sol le vol d'une mouche.

Mme Garou s'approcha de lui, feignant la colère ; d'une main elle fourragea dans les cheveux du jeune homme. Il fit une mine si comique, fronçant le nez, pinçant les lèvres, que le rire d'Emilie fusa soudain et se communiqua à toute l'assistance, sauf à moi qui m'inquiétais encore du rôle qu'on entendait me faire jouer. J'avais l'impression d'être un candidat au seuil de l'examen ; la joie nerveuse d'Emilie devait provenir de son soulagement d'avoir franchi ce cap. Pour lutter contre ma timidité, j'essayai de me persuader que les Barbares et leurs amis étaient gens futiles. Par souci de contenance, je devais avoir une mine bien revêche, car Mme Garou se tournant enfin vers moi me contempla avec perplexité.

— Et vous, Monsieur, avec un air aussi hautain (je me sentis rougir jusqu'au front ; la petite Caroline, tirant sur une de ses nattes, paraissait avoir du mal à contenir quelque fou rire devant ma sotte allure). Non, non, ne vous défendez pas, ce n'est pas un reproche que je vous fais : avec votre air, c'est un prince qu'il vous faudrait jouer. Malheureusement, plus de princes, ou plutôt de ducs, leurs rôles sont déjà pris. Le duc exilé, ce sera François — ah ! c'est vrai, il n'est pas encore au courant. Avant que vous n'arriviez, François, nous avons beaucoup discuté du rôle à vous confier ; nous avons été unanimes, n'est-ce pas, Guillaume ? (le maigre garçon approuva de la tête) nous avons tous pensé que celui du fou ne vous convenait pas... Allez, ne pleurez pas ; d'accord, vous vous êtes donné beaucoup de mal pour parvenir à apprendre ce rôle, mais vous verrez : celui du duc exilé vous ira comme un gant. Ce personnage, mais c'est tout à fait vous, mon cher François, avec votre... votre gravité, votre détachement, vos airs à la fois paternels et lointains... Si... si... Et ce n'est pas un reproche non plus, pas plus que ma remarque devant l'espèce de... l'espèce de fierté un peu, comment dire, je crois : un peu ombrageuse de votre frère...

Elle esquissa un pas vers moi et acheva :

— Oui, monsieur, donc, plus de duc... Alors voilà, si vous voulez bien, vous serez Olivier, le frère de Grimari, de René, je veux dire d'Orlando. Enfin, si vous avez un peu la fibre... théâtreuse ! On va voir. Tenez.

Elle me tendait une brochure écornée, aux feuillets à demi arrachés, avec des passages barrés de traits de crayon bleu, des notes d'une haute écriture rapide dans les marges.

— Allez, allez, monsieur, lisez. Je vais vous donner la réplique ; votre partenaire pour cette scène est absent ce soir.

J'essayais de lire, je bafouillais, comprenais à peine ce que je disais. Mme Garou me répondait ; elle tenait, me semblait-il, le rôle d'un lutteur, une sorte de tueur, et, peu à peu, si je ne me trompais, je devais être en train de monter la tête à cette brute pour l'inciter à tuer mon frère. J'arrivai à la fin de la scène, assez ahuri ; je supposais que ces sourires, ces rires contenus autour de moi se moquaient de ma maladresse.

— Je suis navré, madame, vous voyez... je ne pourrai pas, je ne serai pas capable de participer à votre spectacle.

— Comment ! vous l'entendez... pas capable ! Mais si, monsieur, mais si... Je ne vous dirai pas que c'est génial, mais, en vous appliquant un peu, vous arriverez à faire un traître fort honnête... Ne vous alarmez pas, ce traître n'est d'ailleurs pas si traître que ça. Vous connaissez la pièce, non ? Vous verrez, tout s'arrange à la fin... A la fin, vous n'êtes plus traître. Il vous suffira de travailler. (Elle chercha des yeux quelqu'un dans l'assemblée.) Elisabeth vous fera travailler ; n'est-ce pas, Betty, que ce jeune homme tiendra convenablement ce rôle ? Tu le feras travailler.

Je ne me souvenais plus si Elisabeth, que parfois sa mère appelait Betty, c'était cette brune au visage mince, aux yeux sombres, ou sa compagne dont le casque de cheveux châtains ne laissait qu'un doigt de front obstiné, et qui portait la même expression de tristesse sensuelle dans le regard et sur la bouche pareille à une fleur écrasée.

Le garçon qui tout à l'heure avait fait le pitre aux dépens d'Emilie déclara :

— Je ne sais pas s'il fera carrière au théâtre, votre Olivier, mais ce dont je suis sûr, c'est que vous, madame, en lutteur, vous auriez un de ces succès !

De nouveau ce furent des rires, des exclamations. La vieille servante entra avec un plateau, des verres, un broc de liqueur blanchâtre et des carafes d'eau. La petite Caroline l'aida à servir. Je ne connaissais pas ce breuvage fade et frais qui m'étonna.

Guillaume Garou, pendant cette pause, s'était approché de nous.

— Vous n'avez jamais fait de théâtre ?

Il s'adressait à Emilie. Elle ne daigna pas répondre. Un peu décontenancé il reprit :

— Nous, depuis qu'on sait marcher, je crois bien que notre mère nous a forcés à paraître sur toutes les scènes de patronages, de collèges ou de salons qu'elle a pu trouver. Notre grand-père déjà, paraît-il, avait la passion du théâtre ; pour un magistrat, c'était plutôt original ; ça n'a pas facilité sa carrière ; en tout cas, c'est ce que dit maman.

— Et votre père ? demanda Emilie en regardant le jeune homme dans les yeux.

— Notre père... mon père...

Guillaume prit un air ennuyé.

— Non, il ne s'intéresse pas au théâtre... Lui, c'est un Garou, un chercheur, un inventeur, un solitaire.

— Astronome ? fit Emilie.

— Oh ! ça, c'était l'arrière-grand-oncle. (Guillaume riait, et le rire enfonçait davantage encore ses yeux dont il plissait les paupières.) Non, plus d'astronome dans la famille... Mon père est chimiste, ingénieur chimiste ; il doit être dans son bureau à potasser des formules ; il y passe des nuits entières...

Il baissa la voix :

— Ma mère, elle, serait plutôt du genre alchimiste.

— Et vous ? demanda Emilie.

— Moi ? Que voulez-vous dire ?

A ce moment, Mme Garou frappa dans ses mains.

— On se croirait à l'école, me dit ma sœur à mi-voix.

Guillaume Garou s'éloigna.

— Il t'a entendue.

— Et il va cafarder... comme à l'école.

Du moins, pour le moment, le jeune homme n'avait pas rejoint sa mère. Installé dans un angle de la bibliothèque, il faisait mine de lire un texte ; ses lèvres remuaient, silencieuses. Mme Garou fit reprendre la répétition, tambour battant.

— Acte III, scène II. On saute le passage d'Orlando. Orlando sort. Entrent Corin et Pierre de Touche. Couderc, Pommier, allez, en piste !

On eût dit, en effet, deux clowns : le grand sec aux lunettes, au visage pâle marqué de taches de rousseur ; le petit grassouillet, au long nez, à la lourde paupière, aux cheveux crépus.

— Et que François n'en veuille pas à Couderc de faire le fou à sa place. Couderc n'y est pour rien, c'est moi qui ai décidé... D'ailleurs tout le monde, je dois dire, a été d'accord pour trouver que Couderc serait le fou idéal.

L'autre, pendant ce temps, se contorsionnait, grimaçait.

— Hé ! tout de même. André, n'en faites pas trop...

Les deux comiques philosophaient, bouffonnaient. L'assemblée écoutait, les regardait avec un évident plaisir. A mes côtés, Emilie elle-même se laissait gagner par le jeu cocasse des deux amis. A la fin de la scène, on applaudit.

— Ce Couderc, voilà un type sympathique, affirma Emilie.

— Tu ne lui en veux plus ?

— Et de quoi ?

— De son mot sur toi, sur tes talents de danseuse au pied levé...

— Pierre de Touche et Corin sortent ; Betty et Mathilde, enchaînez ! (Mme Garou faisait voler le châle sur ses épaules ; on eût dit un grand oiseau maigre et noir.)

Betty, c'était donc la jeune fille brune, à la figure allongée, avec de grands yeux d'eau sombre où jouaient des reflets. Je remarquai l'étroitesse des poignets, des chevilles, de la taille ployée ; je songeais à une fougère, à une liane. C'était donc elle qui me ferait travailler mon rôle de traître. Et l'autre, qui était près d'elle tout à l'heure, avec ce casque de cheveux, cet air à la fois rêveur et têtu, cette bouche mélancolique, j'avais supposé qu'elle aussi pouvait être Elisabeth Garou... Mathilde-Rosalinde était vraiment très belle, tous les garçons ici devaient en être amoureux. Très belle, trop belle même. On songeait à une statue animée, trop parfaite. Sur scène, en habits de cour, elle serait magnifique sans doute, et sa voix grave, musicale... Elle entrait peu à peu dans son personnage, et semblait devenir plus vivante que dans la vie.

— A la bonne heure, s'écriait Mme Garou, on commence à te croire amoureuse ! Tu l'aimes, bon sang, Orlando, tu l'aimes !

Betty Garou, son rôle était plus effacé, mais elle savait par une nuance, un frémissement imperceptible rendre pathétique ce personnage de confidente, comme si, au-delà des paroles et des silences que lui prêtait l'auteur pour répondre à Rosalinde, elle parvenait à exprimer autre chose, sa vérité à elle, à laquelle le poète n'avait peut-être pas clairement pensé, que je ne pouvais encore déchiffrer à travers cette seule scène, mais qui m'imposait sa présence. Je n'avais pu m'empêcher d'être ému, bien qu'Elisabeth mît un accent de gaieté ironique dans son lyrisme lorsqu'elle prononça cette phrase, ou quelque chose d'approchant, et sa voix s'était faite plus caressante : « O Seigneur ! Seigneur ! qu'il est difficile pour des amants de se rejoindre ! Mais n'arrive-t-il pas que des montagnes, soulevées par des tremblements de terre, se rencontrent ? »

Laquelle rejoindrais-je ? Au-delà de cette première rencontre, laquelle, peut-être, m'était promise ? De Mathilde, la jeune Minerve ? d'Elisabeth, la fougère pathétique ? ou de l'inconnue, leur amie à la bouche attristée ? Ou encore... non, bien sûr, pas Caroline, la petite, l'espiègle Caroline !

Des applaudissements me surprirent ; je vis Betty faire un léger salut. Déjà comme au théâtre, pensai-je ; les autres jouent à jouer, elle c'est une vraie comédienne.

— Pourquoi ris-tu ?

Emilie me regardait, étonnée. Je venais de voir sur une scène une haute fougère agiter ses branches comme pour saluer, et malgré moi, sans même le savoir, j'avais dû sourire à cette vision.

— Bien, disait Mme Garou. Bien. Mais, Betty, il faudra t'effacer un peu. Demain, on reverra cette scène. Demain... Ah ! bonté divine, mais savez-vous qu'il est plus de minuit ! Voulez-vous vite décamper ! à vos âges on dort, on a besoin de sommeil, bon sang !... Je vais avoir droit aux reproches de Philippe.

Elle nous prit le bras, à Emilie et à moi, nous regarda fixement : « Je ne vous ai pas trop bousculés, non ? pas trop terrifiés ? Vous verrez, nous serons bons camarades. »

Dès que nous fûmes sortis du parc, nous déclarâmes à François que nous ne remettrions plus les pieds à l'Observatoire.

— La reine mère, disait Emilie ; elle et son fils c'est la même engeance.

— Moi, ce rôle de traître, ça ne m'intéresse pas...

François paraissait tout triste ; cela rendait sa parole plus lente encore que de coutume :

— J'ai bien envie de faire comme vous. Je dirai... j'écrirai, je ferai dire que, décidément, pour mon examen, j'ai besoin de tout mon temps.

— Pour nous aussi, ça sera une bonne excuse.

— Avoir tant travaillé ce rôle de fou, et vlan !... Eh bien non, non et non.

Avant de nous coucher, nous pûmes dénicher une bouteille de cognac dans le buffet. Nous en bûmes une gorgée en prenant des airs.

— C'est autre chose que leur sirop d'orgeat, conclut François.

— Orgeat, orgeat, répétait Emilie en poussant la porte de sa chambre, comme si la larme de cognac l'eût grisée... Les Barbares font des orgies d'orgeat... Guillaume d'Orgeat et sa reine mère... Pouah !

Un voyage vient de me conduire pour trois jours en Italie. J'ai pu prendre sur mon temps de travail quelques heures : je suis allé jusqu'à la Villa Adriana. Elle m'est apparue dans une lumière de Corot, avec ses oliviers gris et leurs fruits verts. L'harmonie des ruines. L'île heureuse où s'enfermait Adrien après avoir fait relever les ponts. La piscine avec ses déesses, Mars, l'amazone blessée, le crocodile. Les pans de murs à petits losanges de brique rose et ocre. L'immensité du parc. Un homme semble avoir bâti cette villa, ce décor, ce théâtre pour appeler, retenir, abriter, élever un bonheur qui touche à la divinité.

Chaque fois que je découvre un lieu, comme celui-ci, conçu pour suggérer une certaine image (harmonieuse et trompeuse) de l'homme, surgit en moi, de nouveau, la vision de notre Observatoire et de son parc, pourtant bien pauvres à côté du moindre vestige de palais et de temple.

VIII

Le lendemain, nous fûmes les premiers arrivés à l'Observatoire.

Emilie était sans fard ; elle avait même pris soin d'enlever l'émail passé la veille sur ses ongles. Elle portait une simple robe bleue et des sandales blanches. Je vis, quand Mme Garou nous accueillit, s'allumer un instant dans le regard qu'elle posa sur ma sœur un éclair d'ironie, pourtant elle se montra courtoise à son égard comme au mien, et nous assura qu'elle était enchantée de pouvoir désormais nous garder dans sa « bande ».

Ce mot prenait sur ses lèvres une allure insolite, comme si une enfant intrépide s'était cachée dans cette femme à cheveux gris et jouait à la reine des brigands.

— Tiens, Philippe, je te présente de nouveaux amis, le frère et la sœur de François.

Elle nous poussait vers un angle de la bibliothèque ; dans la pénombre, se tenait un homme à l'allure effacée, aux yeux noirs sous des sourcils en broussaille.

— Mon mari, un scientifique... le savant de la famille.

L'homme retira la pipe de ses lèvres, nous adressa un salut distrait, puis recommença à fumer. Les filles, qui étaient en train d'installer sièges et coussins dans la salle, vinrent vers nous : l'aînée, majestueuse dans sa robe mal taillée, puis Caroline nous faisant une révérence bouffonne, un peu en retrait Elisabeth qui souriait, et dont je remarquai qu'elle avait les grands yeux sombres de son père.

A l'étage au-dessus on entendait, faible mais distinct, l'air de

Tiger Rag. Je dus à mon insu montrer que j'écoutais, car la benjamine leva la tête et dit : « Dès qu'il a une minute, il se fait passer un disque. » Elle planta le regard de ses yeux brillants dans les miens : « Venez, on va le chercher, sinon il nous fera perdre du temps avant qu'on puisse commencer la répétition... Venez aussi, vous », dit-elle à ma sœur, comme si elle s'apercevait soudain qu'elle ne pouvait pas se permettre d'*enlever* ainsi un garçon.

Par des escaliers qui craquaient — on y retrouvait cette odeur de vieux murs et de campagne qui flottait dans le corridor —, puis un couloir tapissé de gravures napoléoniennes, elle nous conduisit jusqu'à la chambre de Guillaume. Un grand désordre y régnait : piles de livres écroulées, disques entassés, vêtements jetés au hasard, dans un coin un attirail d'alpiniste, deux raquettes de tennis, et, posé sur le tout en équilibre instable, un saxophone. Au milieu de la pièce, le tourne-disque ; à plat ventre devant l'appareil, Guillaume. Caroline le tira par les pieds ; il se mit debout, regarda ma sœur.

— Ah ! dit-il.

Il nous serra la main avec force. Le disque venait de s'arrêter.

Dans le couloir, le jeune homme retint ma sœur près de lui. Il baissa la voix ; j'entendis cependant ses paroles : « Hier soir, j'ai eu peur qu'on vous ait déplu ; j'ai eu peur que vous ne reveniez pas. — Vous l'auriez regretté ? » demanda-t-elle. Je ne compris pas la réponse.

— Attention, les marches sont usées, cria Caroline. Cette bicoque ne tient vraiment plus debout.

— Comme vous avez de la chance de vivre ici ! protesta Emilie. N'est-ce pas, Henri ?

De la bibliothèque montaient des bruits de conversation ; quelqu'un essayait des notes sur le piano. Quand nous entrâmes, Mme Garou frappa dans ses mains :

— Les voilà, dit-elle. Tout le monde sur le pont !

Je reconnus les garçons et les filles de la veille. Le maître de maison avait dû regagner son bureau ; sa femme en effet arpentait la pièce comme un capitaine son pont. Elle nous présenta un gros rougeaud aux cheveux frisés, à la lippe pendante, dont les yeux bougeaient sans cesse derrière les lunettes : « Lachalle, Gaston Lachalle, alias Charles le lutteur dans notre pièce. Ce soir, Henri, vous aurez votre vrai partenaire dans la scène que nous avons lue ensemble. »

Malgré le ton de camaraderie de Mme Garou, je me sentais encore étranger ici. François était en grande conversation avec la jeune fille qui me faisait penser un peu à une Tahitienne de Gauguin. Betty restait près d'eux, attentive à chaque parole de son amie. Emilie semblait se partager avec Mathilde les faveurs masculines. Guillaume se tenait à sa gauche, un peu penché vers elle ; à sa droite Orlando aux cheveux bleu-noir ; et le clown, le fou, Pierre de Touche, René Couderc — non... André ? André Couderc faisait le pitre à ses pieds : « Une danseuse, disait-il d'une voix nasillarde, une étoile ! Je suis aux pieds de Mam'zelle Pied Levé ! » Emilie le regardait avec indulgence. Je pensais aux anciens occupants de l'Observatoire. Que ferait la fille ou la femme égarée, la tragédienne de la tour, devant cette frivole compagnie ? Mme Garou, Lucienne, Lulu, comme l'appelaient familièrement les acteurs en herbe, me tira de mon isolement en me demandant de répéter la scène d'Olivier et d'Orlando, puis d'Olivier et de Charles le lutteur.

— Eh bien, Henri, où êtes-vous ? c'est à vous ! criait Mme Garou. Vous dites à Orlando : « Savez-vous où vous êtes, monsieur ? »

— Savez-vous où vous êtes, monsieur ?

— Plus menaçant, sacré nom d'un chien, plus menaçant !

— Savez-vous où vous êtes, monsieur ?

— Je le sais parfaitement, monsieur ; je suis ici dans *votre* verger.

— Savez-vous devant qui, monsieur ?

Sait-il qui je suis ? Il s'en moque Orlando-Grimari, il n'a pas dû remarquer que je suis en première année de Droit, nous, on observe ceux de deuxième année comme lui, et lui, ceux de troisième. Il doit savoir que je suis le frère d'Emilie, il s'intéresse déjà à Emilie. La petite Emilie va faire des ravages chez les Barbares. Pauvre Orlando, elle fera blanchir tes cheveux aile-de-corbeau. Et elle, la petite sotte, voyez-la, tout émue, parce que ce grand dadais de Guillaume se penche vers elle...

Je me sentis meilleur dans mon duo avec le lutteur. Là je pouvais prendre des airs papelards, montrer ma ruse, vendre la peau du bel Orlando, et puis mon partenaire, ce gros... comment ? Lachalle, je crois, il était balourd à souhait, son naturel le servait dans ce rôle de gorille. Pourquoi ses yeux tournaient-ils toujours dans tous les sens ? Il me paraissait un peu demeuré, ce garçon. A la fin de notre scène, André Couderc applaudit très fort.

— Bravo Lachalle, cria-t-il. Le rougeaud se rengorgea.

— Bravo Lachalle de garde ! Ah ! les « Jeunesses patriotes », tous des Hitler et des Mussolini en herbe ! Comediante ! Comediante !

— Couderc, Couderc, gronda la maîtresse de maison en menaçant le moqueur de la brochure qu'elle brandissait.

Lachalle marmonna quelque injure et s'éloigna. Je vis Caroline se glisser derrière les sièges pour le rejoindre. Elle parlementa à voix basse et finit par l'apaiser. Elle s'assit près de lui, ses mains serrées sur le bras du jeune homme.

— C'est pas mal. Henri, concéda Mme Garou, je crois que ça ira... Avez-vous lu votre rôle avant de venir ? Non !... Et la pièce ? Non plus ! mais alors, comment voulez-vous ?... Oh ! nous allons y mettre le holà !... Elisabeth ! Betty, je te parle. A partir de demain, si Henri veut bien, il faudra me faire travailler ce paresseux.

Elisabeth se souleva de son siège ; elle me fit un léger signe de tête. Je trouvai de nouveau qu'elle avait des mouvements de plante, de tiges, de branches, pour se hisser au-dessus de ses compagnons.

Mme Garou ne suivait pas l'ordre de la pièce pour nous faire répéter. Elle choisissait les scènes à sa fantaisie, ou selon qu'elle jugeait que tel ou tel des assistants devait être prêt à lire ou à réciter sa leçon. Ses enfants étaient sans aucun doute ses meilleurs élèves, elle avait dû réussir à leur inoculer sa passion du théâtre. Guillaume se métamorphosa sous nos yeux ; il n'était plus l'étudiant taciturne, ironique et débraillé que nous avions surpris couché sur le plancher de sa chambre, mais un seigneur mi-sévère, mi-plaisant, mi-indulgent, mi-amer. Au cours d'une scène avec Rosalinde, il terminait une tirade sur ces mots : « A dire vrai, c'est la multiple contemplation de mes voyages que je vais remâchant sans cesse et qui m'empreint d'une fantasque mélancolie. » Ce n'était pas un garçon de vingt ans qui récitait une fable, mais bien le voyageur parvenu au milieu de sa vie, qui se retourne, riche d'expérience et hanté de nostalgie, sur son passé.

Je ne savais pourquoi, je me mettais à envier ce voyageur à la fois fervent et lointain. Ma vie m'apparaissait comme un vide à combler d'êtres et de pays, ma jeunesse me semblait vaine et prisonnière ; j'avais hâte de l'échanger contre ce long voyage dont Guillaume était parvenu à nous transmettre le charme un peu amer. En même temps qu'il achevait cette phrase et que me venait ce désir de devenir ce personnage qu'il incarnait, Emilie, comme malgré elle, car on vit bien quelle était sa confusion, applaudit.

— Notre danseuse est bon public ! s'exclama André Couderc.

A ce moment, Grimari-Orlando s'éloigna de ma sœur pour *entrer* dans la forêt où Jacques-Guillaume discutait avec Rosalinde. Instinctivement, Emilie, comme si elle avait besoin d'être protégée après la remarque d'André Couderc, quitta sa place et, pour me rejoindre, traversa l'espace où se tenaient les acteurs. Elle se heurta presque à Jacques qui saluait Rosalinde. Il y eut un instant de trouble. Jacques le voyageur redevint le jeune Guillaume et regarda ma sœur comme si son apparition imprévue dans le jeu le troublait. Mais déjà Emilie se tenait près de moi, toute rose et se mordant les lèvres, et Orlando, de sa voix chaude, lançait : « Bonjour, bonheur à vous, ô chère Rosalinde ! »

Je me souviens de tout cela, de ces détails si minimes, comme si j'avais quitté hier l'Observatoire. Sans doute y avait-il alors en moi une telle attente, une telle impatience devant la vie, que le moindre geste, la moindre parole devaient prendre une ampleur démesurée.

Je me souviens aussi de la scène qui suivait et que je comprenais mal. Orlando rencontrait Rosalinde.

— Dites-moi maintenant, Orlando ! demandait la princesse,

combien de temps voudrez-vous d'elle, quand vous l'aurez possédée ?

— L'éternité plus un jour.

— Dites un jour, sans l'éternité.

Près de moi, Emilie répéta :

— Un jour sans l'éternité... Oui, oui, elle a raison... Si j'aimais, un jour ce serait pour moi l'éternité. Lui aussi, je le comprends, l'éternité plus un jour, et ça ne doit pas être encore assez pour ceux qui s'aiment : l'éternité plus l'éternité... A moins que...

— Quoi donc ? demandai-je.

— A moins que, reprit-elle en chuchotant, et je fus frappé par sa soudaine tristesse. A moins qu'au bout d'un jour, le garçon qu'on aime ne vous aime plus.

— Tss ! Tss ! fit Mme Garou en pointant un doigt accusateur vers Emilie.

— ... Que le temps soit juge. Adieu !

Sur ces mots, Rosalinde fit une révérence à Orlando qui s'éloigna.

— Eh bien, Betty ! Elisabeth ! Ah ! ces jeunes pies, toutes les filles se valent, gronda Mme Garou. Elisabeth, tu reprendras tes confidences à Hélène à l'entracte. Et vous, François, vous n'avez pas honte de ne pouvoir imposer silence à ces deux bavardes ? Allez, vite, Betty, page 91.

La jeune fille eut des mouvements ondoyants pour quitter le coussin où elle était assise. Il lui fallut me frôler pour gagner le cercle ménagé par l'assemblée devant le piano. Ses paupières battirent sur ses yeux qui donnaient une telle impression de transparence, malgré le sombre iris, comme certaines fontaines profondes dans les prés. Et justement, je trouvais qu'il émanait d'elle une senteur d'herbe comme celle qui rôdait dans les couloirs de l'Observatoire. « Pardon », murmura-t-elle en passant devant moi. Ce mot de politesse, il me semblait qu'elle me le disait avec gravité, comme si elle m'eût offensé, comme si nous étions deux personnages de la pièce et qu'elle m'implorât d'oublier quelque affront ou quelque blessure qu'elle m'eût infligé. Mais comment eût-elle pu me faire mal, elle n'était pas

Rosalinde, je n'étais pas Orlando. Qui donc était-elle ? Ah oui ! Célia, la tendre cousine, la plus que sœur de Rosalinde. Comme hier, me venait l'impression que ses gestes, que ses mots avaient plus de nécessité que ceux des autres acteurs ; pourtant, Guillaume, Mathilde, leur jeu s'imposait déjà avec force ; mais Elisabeth c'était autre chose, comme si une expression, un mot prenaient avec elle, au-delà d'eux-mêmes, une frange de joie, ou d'inquiétude, ou d'ironie.

— Monsieur Verrier nous ferait-il la grâce de rejoindre nos filles ?

François s'avança.

— Non, pas vous, François. Votre frère, Henri.

— Henri, elle te parle.

Je regardais Emilie.

— Où es-tu ? reprit-elle à mi-voix ; c'est toi que la reine mère réclame.

Je rejoignis près du piano Mathilde et Betty ; Mathilde droite comme une pierre, Betty, rameau, roseau.

— Page 96, Henri. Je vous rappelle, pour le cas où vous l'auriez oublié — les Verrier me semblent de fameux distraits — je vous rappelle que vous êtes Olivier.

Mme Garou assura son châle sur les épaules.

... « Olivier, le frère d'Orlando, vous y êtes ?... »

Je fus morne. Je fus piteux. Mme Garou soupira plusieurs fois et finit par conclure :

— Mon pauvre Henri, je crains qu'il ne vous faille abandonner le rôle.

Je crus percevoir quelque colère dans les yeux d'Emilie ; là-bas François eut un rictus : était-il au fond satisfait de ma défaite semblable à la sienne, ou vexé de voir confirmer l'incapacité des fils Verrier à jouer la comédie ?

Betty, la jeune fille-liane, s'approcha de moi :

— Mais non, dit-elle en souriant ; je suis d'accord pour le faire travailler comme tu l'as proposé hier soir, maman, et je suis sûre que nous en ferons un Olivier très acceptable.

— Oh oui ! s'écria la petite Caroline.

J'étais à la fois ravi et courroucé, ravi de l'offre d'Elisabeth et du cri spontané de sa cadette, ravi de ne pas être condamné, exclu comme l'aurait voulu la reine mère — courroucé de cette volonté d'emprise qu'avaient les Barbares et que Betty venait de révéler en disant : « *Nous en ferons* un Olivier... » comme si j'étais une matière qu'elle, sa mère, sa famille façonneraient à leur guise, ou un animal auquel on apprendrait à faire le beau, un animal qu'on dresserait.

Caroline courut vers moi en secouant ses courtes nattes :

— Allez, allez, monsieur le futur grand acteur, mettez les bouts, c'est à mon tour de jouer ma scène d'amour avec André. Alors, Couderc, vous venez faire le fou ?

— Caroline, oh ! cette Caroline ! fit Mme Garou visiblement enchantée des malices de sa fille.

André Couderc enleva ses lunettes, les glissa dans la poche de son veston. Ainsi, il plissait les yeux qu'il avait petits ; cette grimace accentuait encore l'allure comique de son visage taché de son. Caroline était une paysanne aimée du fou. Tous deux faisaient les clowns à merveille. Après qu'on les eut applaudis, ils firent le tour de notre cercle en tendant la main comme des saltimbanques. Quand elle arriva devant moi, la petite me dit en retirant sa main : « Messire, puisque vous n'avez pas de sol à m'offrir, un baiser me donnerez. »

— Ah ! bonne idée ! s'écria le jeune homme en remettant ses lunettes. Et puisque les filles n'ont pas répondu à ma quête, à moi de me payer en baisers !

Il fit mine d'aller embrasser Mme Garou qui se cacha derrière son châle. Ensuite il posa des baisers sonores sur les joues de ses amies, puis, arrivé devant Emilie, se racla la gorge, hésita, enfin prit ma sœur par les épaules et mit un baiser sur son front.

Caroline passa de nouveau près de moi et murmura : « Ça vous choque ? » Je haussai les épaules. Déjà elle s'éloignait. Je crus l'entendre dire à Grimari : « Ça le choque. »

— Que fait-on ? demanda Mme Garou. Etes-vous fatigués ? On en reste là pour ce soir ? ou bien quoi, on voit une scène encore ?

— La scène d'Hélène, dit Betty ; la scène de Phébé et de Silvius ; nous l'avons travaillée cet après-midi, Hélène et moi, ce serait bien de la répéter maintenant.

— Hélène, ça vous chante ?

La jeune fille près de laquelle mon frère se tenait se leva, en même temps qu'un gringalet qui était arrivé tardivement. François quitta lui aussi son siège et vint me rejoindre.

— Tu vas voir, me dit-il, Hélène Farge ; elle aussi elle est allée au Conservatoire avec Betty. Elle pourrait faire du théâtre, si elle voulait. Elle dit que si elle ne se passionnait pas tant pour la médecine, elle aurait été actrice ; elles auraient fondé une troupe avec Betty.

— C'est elle qui t'a fait connaître les Barbares ?

— Les Garou, oui ; je vous l'avais dit : elle et Elisabeth, c'est comme deux sœurs.

Le gringalet se trémoussait, implorait :

— Serez-vous plus cruelle, Phébé, que celui qui, jusqu'à sa mort, vit de sang versé ?

— Je ne voudrais pas être ton bourreau ; je te fuis, pour ne pas te faire souffrir...

Elle n'avait pas l'air d'un bourreau, mais sévère, oui, et quelque chose d'irréductible dans sa beauté un peu lourde, dans son visage aux narines larges, à la bouche marquée d'une avidité douce-amère. Les yeux paille cerclés d'ombre atténuaient par leur regard tourné, semblait-il, vers l'intérieur, ce que cette détermination, qui paraissait entraîner la jeune fille même lorsqu'elle demeurait immobile, pouvait avoir de farouche. Pour l'heure elle jouait la cruelle, insensible à l'amour du berger Silvius, et d'ailleurs à tout amour. Sa voix avait des inflexions grêles qui contrastaient avec la gravité du visage.

A peine achevait-elle de proclamer son dédain de l'amour que Rosalinde lui reprochait avec insolence sa dureté de cœur ; et voilà que Phébé changeait de mine : comme si un élan dominé la faisait frémir. Hélène était-elle aussi capable de passion ? (François l'avait dite passionnée de médecine) de fureur amoureuse ? Ou bien était-ce seulement artifice de théâtre ? Le visage rajeunissait, les yeux s'éclairaient, sur les lèvres le désir chassait l'amertume. Mais je ne comprenais plus, car ce jeu semblait destiné non pas à un homme, mais à Rosalinde. Celle-ci d'ailleurs proclamait : « La voilà qui s'amourache de ma colère ! » — elle ajoutait : « ... Ne vous éprenez pas de moi. Et puis, vous ne me plaisez pas. » Ensuite Rosalinde sortait du cercle, Phébé continuait à parler d'elle comme d'un garçon pour lequel elle eût eu un coup de foudre. Je regardais les spectateurs, personne ne paraissait s'étonner de cet amour. Je fis part de ma surprise à François : « Mais dans la pièce Rosalinde est travestie en garçon ; d'où la méprise. » Je regrettai ma remarque, d'autant plus qu'à la fin de la scène François rapporta mon propos à Hélène Farge et à Mathilde. Les jeunes filles me lancèrent un regard gêné. André Couderc avait dû entendre François, car je le vis faire le tour de l'assemblée en jetant vers moi des coups d'œil furtifs ; ensuite, autour de lui, on me regardait, on regardait Mathilde et Hélène, et l'on riait. L'étudiante en médecine dut rabrouer les rieurs à voix basse. Je voyais ses fins sourcils s'arquer, se froncer la marge étroite et claire de son front. Puis, comme pour braver les garçons, elle vint vers Mathilde, l'enlaça par la taille ; toutes deux allèrent chuchoter dans un coin de la bibliothèque.

Je regarde votre portrait, Esther Zarev, pendant que j'esquisse celui de jeunes filles que vous n'avez pas connues (vos rencontres avec Betty, avec Hélène, combien d'années plus tard ? Douze ans ? Treize ans ?) Je regarde votre front large, pâle, et cette mousse de boucles noires — l'une d'elles se défait — qui pèse, enserre la tête (tu n'étais pas, non pas ainsi).

Le trait des sourcils comme la barre légère d'une signature, d'une décision, d'un bilan (non pas ainsi, ou du moins pas tout à fait : la vie, l'ombre et la lumière, le mouvement du sang sous la peau, de la pensée sous le front, dans les yeux, l'attention ou le sourire... ceci n'est que l'empreinte, le signe, l'allusion à un autre visage, au visage de la vie).

Et les yeux si précis, perles noires, moins noire, plus douce, plus triste la perle de gauche ; le double foyer du rêve et de la lucidité (mais la douceur en était plus douce et pourtant plus moqueuse, la lucidité plus extrême encore et pourtant voilée, attendrie par le tintement clair, clair de la voix).

Joues rondes, comme enfantines, blanches (je ne les

voyais pas aussi rondes, pas aussi blanches), et de nouveau le dessin net de la bouche, petite, étonnée, qui doit aimer le soleil, le rire, la grâce (seulement, quand elle demeurait ainsi immobile, on eût dit qu'elle écoutait, et bientôt l'air, le sourire, la parole pour répondre, pour éclairer, comme là-haut éclairait le regard).

Le menton, le fruit tendre du menton avec sa fossette. Il me semblait le voir volontaire, solide dans sa finesse, et là sur le portrait je ne sais quelle lassitude en bas du visage. Enfin le col blanc, bien tiré, bien repassé, le collet d'écolière avec autour un feston désuet.

Telle est sous mes yeux votre photo, Esther. L'étrange impression de cette image immobile, trop immobile, qui trahit votre vrai visage en même temps qu'elle l'appelle au fond de mon souvenir ; l'étrange impression que tu me fais face et pourtant qu'à une vertigineuse allure tu recules, tu t'éloignes, Esther Zarev, ta face toujours tournée vers moi.

IX

— En somme, Olivier et son frère Orlando sont dans une situation identique à celle du duc et de Frédéric...

Elisabeth continuait à analyser la pièce, à m'en montrer les rouages pour me permettre, disait-elle, de mieux comprendre et, par conséquent, de mieux camper mon personnage. Plus que ses mots, c'était sa voix que j'écoutais, cet accent d'Ile-de-France alors que les autres Barbares gardaient une pointe de chantonnement méridional dans leur parler, ce timbre de léger contralto, cette souplesse comme étaient souples le corps, les gestes de la jeune fille.

— Eh bien, vous vous décidez ?

Elle avait un rire bref qui montrait ses dents petites, irrégulières.

— Je continuais à réfléchir à vos remarques.

— Menteur, vous ne m'écoutiez pas, vous rêviez. Comme François, comme Emilie, vous êtes un rêveur ; mais c'est curieux, chacun de vous a sa manière particulière de rêver : François, comme s'il pesait en lui longuement une grave pensée ; Emilie, en virevoltant, en faisant voleter ses gestes, ses mains, son regard, ses paroles ou ses silences ; vous... vous, en prenant un air tellement attentif qu'on finit par comprendre que vous devez écouter non pas ce qu'on vous raconte, mais quelque chose que vous entendez, que vous voyez loin, au-delà de celui, de celle qui vous parle, ou au fond, tout au plus profond de vous-même... »

Je niais d'abord, puis j'avouais que sa voix m'inclinait ainsi à la rêverie, comme si, à elle seule, elle était un domaine où l'on aimait à se perdre.

— Flatteur ! grondait Betty en riant. Puis, de nouveau grave, un peu triste même : « C'est ça aussi le talent de comédie, ce n'est peut-être que ça : une voix, et peu importe ce qu'elle dit, et peu importe si en fait elle ne dit rien. »

Je protestais : elle devait être fière de posséder ce don et d'avoir su l'accomplir. Elle avait un sourire contraint.

— Je n'ai rien accompli du tout, et je n'accomplirai rien. Quand on est une Garou, on n'a que le droit de rester dans sa province... Du théâtre dans les salons, dans les fêtes de la bonne société, d'accord ; mais du vrai théâtre, jamais !

— Vous verrez, Elisabeth, vous verrez : vous jouerez à Paris, à Londres, dans le monde entier ; vous serez une grande actrice.

— Taisez-vous, flatteur et rêveur !

Je voyais s'illuminer d'immenses scènes, se lever des rideaux de velours rouge, cependant qu'entrait, sous les feux de la rampe, à la fois superbe et touchante, levant ses bras de fougère, ployant sa taille de jonc, Elisabeth.

— Allez, vous vous souvenez — ne regardez pas le texte : Orlando vient de confier au serviteur de son frère combien celui-ci se conduit mal à son égard, et Olivier entre. Vous entrez ; allez-y.

« Alors, monsieur, que faites-vous de bon ici ? »

— Non. Il faut faire sentir la suspicion d'Orlando. A ses yeux son frère ne peut rien faire de bon ; il faut marquer l'ironie.

Ainsi répétions-nous presque chaque après-midi dans la bibliothèque de l'Observatoire, qui paraissait plus sombre et plus vaste que le soir lorsque l'assemblée la remplissait et qu'on allumait les lustres. Je disposais souvent d'une heure après mes cours de droit, ces loisirs coïncidaient avec ceux de Betty qui n'était prise que peu d'heures chaque semaine au Conservatoire, et à la Faculté par quelques cours d'anglais (son père voulait faire d'elle une interprète).

« Une Garou ne peut pas faire métier de saltimbanque », marmonnait-il, en prenant garde que sa femme ne l'entendît pas.

Bien qu'il n'eût guère voix au chapitre pour diriger la maison, la reine mère dans cette occasion ne se rebellait pas. C'est qu'il lui semblait suffisant que ce goût de la comédie et du travestissement s'exerçât dans les limites du groupe familial ou amical. Et, surtout, ce qui la passionnait, c'était de diriger son monde ; elle n'envisageait pas que l'une de ses filles échappât à son autorité pour aller courir les théâtres de Paris ou de province, sur lesquels, elle, Mme Garou, ne régnait point.

Elisabeth m'avoua, en me faisant promettre de garder le secret que seule Hélène Farge jusqu'alors partageait avec elle, qu'à la faveur de stages à Paris dans une école d'interprètes elle s'était inscrite au cours dramatique de Roland Marcel. « Comment, je ne le connaissais pas ! Un acteur fantastique ! son Don Juan, son Misanthrope, son Henry IV avaient fait date. Un maître ! » Elle sortait de son sac une photo ; dans un coin, une signature à grand paraphe, au-dessus : « A Betty. » — « Il voulait mettre autre chose, une phrase d'amitié, mais j'ai préféré qu'il ne le fasse pas. Comme ça, si mes parents trouvent la photo, je leur dirai que je l'ai eue après une représentation... Ses leçons coûtent cher ; heureusement j'avais gagné un peu d'argent dans des travaux de traduction. Je ne le reverrai pas maintenant avant un mois... »

L'autre, sur sa photo, très brun, l'œil charbonneux, la bouche mince flanquée de rides profondes : un vrai cabot ! Et cette signature avantageuse ! Je taisais ces pensées, sans être sûr que Betty ne les ressentît point, car ses yeux aux limpides ténèbres me regardaient longuement, et elle soupirait : « Je vous ennuie avec mes histoires... » Elle m'invitait à reprendre notre répétition.

— *Ais*, non pas : *é*... Comme tout le monde ici, vous fermez le son *ais*. Je vous aimer*ais*, et non pas je vous aimer*é ;* vous prononcez comme si vous écriviez avec un *é*... la forêt... je te hais... Vous dites : la for*é*, je te *hé*... Non, ne vous découragez pas, je sais que c'est difficile. Roland... Roland Marcel se montrait cinglant quand je prononçais devant lui notre malheureux *é* fermé. Il a eu du mal, et j'ai eu du mal à me défaire... — tenez, vous voyez : malgré moi j'ai dit « déf*é*re »... — à me déf*ai*re de ce défaut. Allez... Où en étions-nous ?

— Oh ! si Votre Altesse connaissait à fond mon cœur ! De ma vie, je n'ai jamais aimé mon frère.

— Tu n'en es que plus infâme.

Elle me contemplait en souriant : « Pardonnez-nous. On vous flanque un rôle de traître, et je vous torture avec ces trucs de prononciation... Olivier. C'est un prénom qui vous va bien pourtant. Olivier... Olivier. Il ne fait pas penser à un sale type : au contraire, à quelqu'un de clair, de juste, de paisible : à quelqu'un comme vous précisément. Non, ne protestez pas, chacun de vous trois possède... semble posséder une espèce de paix : nonchalante chez François ; en vous, attentive, attentive aux autres ; c'est ça, attentive à la vie ; et chez votre sœur Emilie, une paix... mais comment dire : celle qui précède l'orage. »

Il me semblait que la jeune fille nous analysait comme elle le faisait des personnages de la pièce. Tout n'était-il donc pour elle que théâtre ? De même, sa voix parfois me paraissait trop belle, et ce qu'elle disait aussi comportait quelque chose de trop... pathétique, ou de trop gai — ou même de trop simple, comme si la simplicité elle aussi pouvait être suspecte, devenir une simplicité de théâtre. Plus exactement, depuis qu'Elisabeth m'avait montré la photo de son maître, je m'inquiétais de la sincérité de la jeune fille. J'imaginais que cet homme était installé dans le mensonge, qu'il en vivait, et qu'il devait contaminer ses élèves, qu'il devait ternir Betty. En même temps, j'écoutais passionnément Elisabeth, tantôt subjugué par sa seule voix, tantôt curieux des portraits qu'elle me faisait de ses amis.

— André Couderc, un tout fou, mais le cœur sur la main ; le cœur déchiré, car il tombe amoureux de filles que lui-même juge trop belles ou trop charmantes pour lui. Malheureux, et voulant l'être. Il a souffert pendant son enfance ; ses parents se haïssaient et il était pris entre les deux. Il a besoin de se jouer la comédie du paria, de l'incompris, de celui dont les filles s'amusent. Au lycée, il avait le prix d'excellence ; ses professeurs auraient voulu qu'il prépare Normale Sup. Au lieu de cela, son père l'a forcé à travailler dans sa quincaillerie ; du moins il aurait pu quand même préparer une licence, et, plus tard, sortir de l'impasse ; mais il a préféré s'enfoncer, se trouver précisément dans une impasse. Il fait la brute, il prétend qu'il ne lit pas, que rien ne l'intéresse que de transporter des caisses de quincaillerie ou de faire l'étalage. Ah ! si, tout de même, il y a le jazz, il en est fou, et, depuis quelque temps, la politique : il voudrait faire la révolution, sinon il dit qu'on sera les esclaves d'Hitler... Comme les autres, il est amoureux de Mathilde ; pour un peu il se roulerait à ses pieds, ferait le clown amoureux. Ça amuse ma mère ; elle ne pense pas un instant que cet amour puisse dépasser le cercle comique et douloureux dans lequel Couderc est enfermé, par lui-même enfermé, sinon elle le chasserait.

— Et le brun qui joue Orlando ?

— Grimari est un bel Orlando, un peu trop retenu peut-être, un peu trop froid. Je le vois tellement homme de loi à quarante ans, avec des lorgnons sur ses beaux yeux. On ne sait jamais, avec Grimari, s'il se moque de lui-même ou de nous, s'il est content ou s'il est blessé, ou si tout simplement il se fiche pas mal de ce qu'on dit, de ce qu'on fait. Couderc, Joë Pommier — le petit avec un long nez, les yeux globuleux — et Fergnac, Louis Fergnac — Adam, le serviteur de votre frère... — Qu'est-ce que je disais ? Ah oui : ces trois pitres, vous avez remarqué, un vrai trio de pitres, ils ne se quittent pas, Pommier et Fergnac étant les satellites d'André. Ils ont d'abord chahuté Grimari : « Il faut engorlander Orlando », proclamait Couderc ; puis ils l'ont adopté, ils s'attachent à ses basques, ou lui aux leurs ; eux-mêmes se sont baptisés les Trois Mousquetaires. Ils ne vous l'avaient pas encore dit ? A eux quatre, ils se sont cotisés pour acheter Rossinante, la vieille Citroën que conduit André. André, je l'aime bien ; je sais que mes sœurs et moi nous pouvons compter sur lui, il se jetterait dans le feu pour nous sauver. Mais il est jaloux.

— Jaloux ?

— Oui... et, tenez, de vous déjà.

— De moi...

— Oui, parce que je vous fais travailler votre rôle. Et puis de tout : que vous ayez la chance — c'est lui qui a dit « la chance » — d'habiter en face de chez nous ; la chance encore d'avoir pour sœur un être aussi merveilleux — il a dit : « un être aussi merveilleux » — qu'Emilie. Surtout ne le répétez pas à votre sœur, sinon elle serait troublée en présence d'André ; lui le sentirait — et allez, le voilà une fois encore amoureux et malheureux.

— Pourquoi être amoureux serait être malheureux ?

— Oh si ! (Elle restait grave malgré mon rire.) Pour lui, pour André, c'est comme ça. (Elle me regardait et je sentais mon rire se crisper, puis s'effacer de mes lèvres.) « Amoureux, malheureux », répétait-elle ; ce n'est pas seulement vrai pour notre Mousquetaire.

— Pour qui d'autre ?

Aussitôt je regrettais ma question, craignant d'avoir blessé la jeune fille qui pâlissait, j'essayais de lui faire oublier mes paroles.

— Et Gaston Lachalle, ça m'a l'air d'un drôle de garçon, celui-là ?

— Encore un malheureux...

De nouveau, je songeais à cet excès dont je m'étais méfié dans les propos d'Elisabeth : « Elle invente à présent le personnage du malheur. »

— Il n'est pas aimé de sa mère ; et qui l'aimera jamais ? Sa mère rêvait d'avoir un fils préfet, ministre, président de la République — que sais-je ? Elle a eu ce Gaston. Peut-être est-ce les fers à l'accouchement, d'autres disent : un microbe... il est un peu... un peu... Sa mère en public le vante : « Mon Gaston par-ci, mon Gaston par-là... On en fera un notaire comme son grand-père... » Il pourrait peut-être tout juste exercer quelque métier manuel aussi simple que possible. Alors Gaston échoue à tous ses examens, et quand il est seul à la maison, sa mère le traite d'innocent, d'idiot, de honte de la famille. Ma mère a pitié de lui... Mais je parle, je parle, et de vous nous ne parlons pas...

— De moi, il n'y a rien à dire.

— Oh ! si, j'en suis sûre ; mais vous êtes secret, vous ne vous livrez pas... Qu'est-ce que vous attendez de la vie ?

— Tout.

— Exactement comme moi !

Nous riions ; puis Betty redevenait sérieuse, presque sévère : « En fait, c'est comme si je n'attendais rien de la vie... »

— Qu'est-ce que vous dites ?

— Oui, je sais bien que je ne connaîtrai pas la vie que j'aimerais... le théâtre... Alors, hors de cela, rien... Et pourtant Roland, Roland Marcel, peut-être est-il trop indulgent, quoiqu'il se moque de nous à son cours, il nous mène durement : il faut nous écraser, dit-il, pour que nous n'offrions plus aucune résistance aux personnages que nous devons incarner ; un jour, il a dit : « Petite, tu pourrais faire quelque chose, pas tragédienne, non — je m'imaginais pouvoir jouer Phèdre ! — mais la comédie, la composition d'un rôle comique ; seulement, il faudrait flanquer en l'air ta famille de bourgeois, sortir de ton trou... Tu n'auras pas le cran pour plaquer tout ça... » Il rit, il a un rire méchant : « Tu te marieras, tu feras des gosses, et pour te consoler tu joueras Labiche au patronage ! »

Elle secouait la tête, faisait la moue de ses lèvres sans fard, couleur des framboises que nous cueillions parfois dans le parc.

> *« Vous avez de la chance que votre travail vous emporte ainsi autour du monde. Tout juste le contraire du nôtre ; nous sommes cloîtrées, vous ne trouvez pas ? Je ne regrette rien, mais j'aurais aimé... Nous rêvons tous de quelque Pérou, non ? » Le Pérou, vous avez fini par avoir peur, Esther Zarev, des rêves que j'en gardais.*
>
> *Après la luxuriance de Lima, l'affrontement de la beauté horrible des Andes. L'avion non pressurisé qui volait à hauteur des pics, des dents, des glaciers monstrueusement ridés, comme s'il filait, moucheron, à l'intérieur d'une gigantesque mâchoire. L'air vient à manquer : il nous faut sucer le tube qui délivre l'oxygène. Le dérèglement du rythme respiratoire et cardiaque. On doit donner des soins à l'un de nos compagnons de la carlingue. De nouveau quelqu'un m'explique : seuls des*

appareils de moyenne envergure parviennent à se poser sur l'unique piste d'atterrissage ou d'envol de Cuzco et cela à l'heure où le vent souffle dans le sens nécessaire. (Qu'arriverait-il donc si les vents n'obéissaient pas ici à l'horloge cosmique comme le soleil ou la mer ? J'imagine le retour forcé vers la Cordillère : aurions-nous assez d'essence ? et l'oxygène ?)

Dans la vallée de Cuzco le vent est au rendez-vous. On respire, débarrassé de cette angoisse. Pas pour longtemps ; l'air demeure raréfié à cette altitude, et la vision des Indiens accroupis et tragiques au pied des églises ou des murailles est pour le moins aussi éprouvante que celle des abîmes et des cimes.

Vivre à Cuzco. Vivre et mourir à Cuzco. Qui peut vivre ici ?

« Prenez de la Coramine mon ami, dit le vieux toubib. Ici la pharmacie n'en manque pas. Denrée de choix pour étrangers fatigués. » Corazon, corazon, amor de mi corazon, le corps, le cœur, l'amour, la mort. La statue de Pizarre, el conquistador. L'or des assassins, l'effigie des assassins, la gloire des assassins. Au pied des églises, de l'or des églises, les Indiens dans la crasse et la détresse.

X

Derrière l'Observatoire, le parc abandonné n'était plus que taillis où seul demeurait un sentier étroit, sinueux, souvent coupé de broussailles. Un soir, par jeu, avant de rejoindre la bibliothèque pour la séance de répétition, avec Emilie nous nous étions engagés sur ce chemin. Nous avancions difficilement. Il nous fallait écarter les branches et les ronces qui barraient le passage. Emilie qui marchait devant moi s'immobilisa.

— Qu'y a-t-il ? Avance donc.

Elle se retourna.

— Regarde.

Du bras tendu, elle me désignait quelque chose au-devant de nous.

— Regarde quoi ?

— Là, un pavillon.

A travers les branchages, je découvrais maintenant à une dizaine de mètres un bâtiment délabré, aux volets clos.

Nous fîmes les quelques pas qui nous séparaient de la clairière où se dressait la maison. C'était un pavillon carré sans étage. Des tuiles manquaient à ses toits en forte pente ; le crépi des murs par larges plaques s'en était allé. Une porte protégée par un contrevent de bois épais donnait de plain-pied sur la clairière ; deux fenêtres l'encadraient. Une glycine morte tordait son tronc le long de la façade. Le pavillon jouxtait le mur qui clôturait le parc ; dans ce mur, un portail en bois vermoulu devait donner sur une ruelle, car nous entendions des pas, et une voix d'enfant qui disait : « Oh là là ! quelle chaleur !... »

Dès que nous sommes rentrés dans la bibliothèque, Emilie s'est précipitée vers Betty qui parlait avec Hélène :

— Dites, Betty, mon frère et moi avons fait une découverte !

— Une découverte ?

— Oui, au fond de votre parc, après la forêt vierge, un pavillon.

Betty eut un sourire indulgent comme si elle parlait à une fillette :

— Autrefois, c'était une maison de garde ; l'entrée principale était là-bas.

— Vous devriez vous y installer, y faire un truc à vous, je veux dire à vous, à Guillaume, à Mathilde, à Caroline.

— Et pour quoi faire ? comme si la maison n'était pas assez grande !

— Je ne sais pas ; Guillaume y rangerait ses livres, ses disques...

Guillaume s'approcha :

— On parle de moi ?

— C'est Emilie ; elle a vu le pavillon.

— Quel pavillon ?

— La maison du garde ; on dirait que tu ne la connais pas.

— C'est vrai, je n'y pense jamais, à cette cahute.

— Une cahute où vous seriez fameusement bien pour lire, pour rêvasser, pour écouter vos disques...

— C'est que... en fait, ce ne serait pas possible, disait Betty comme à regret. Ce n'est pas à nous : nos cousins, ceux qui habitaient ici avant nous, nous ont loué l'Observatoire seulement ; ils ont gardé le pavillon ; ils y logent de loin en loin, quand ils viennent passer quelques jours en ville.

— Que sont-ils devenus ? demanda Emilie.

Toute la vivacité joyeuse qui semblait l'habiter depuis que nous avions joué les explorateurs la quittait d'un coup. Je crus qu'elle allait parler de la visite faite naguère au couple sombre, et aussi de l'apparition sur la tour. Mais Caroline arriva à ce moment et nous tira les uns après les autres vers le centre de la pièce, en affirmant que Mme Garou allait proclamer la faillite de notre illustre troupe si nous ne nous montrions pas un peu plus disciplinés.

Déjà Guillaume faisait à François l'éloge de la folie, Jacques proclamait devant le duc exilé la vanité du monde ou la gloire du simulacre : « Le monde entier est un théâtre, et tous, hommes et femmes, n'en sont que les acteurs. Tous, ils y font leurs entrées et leurs sorties, et chacun y joue successivement les différents rôles d'un drame en sept âges. » Je regardais tour à tour chaque fille, chaque garçon, attentifs aux paroles de Guillaume : Gaston Lachalle, qui d'un doigt se curait consciencieusement le nez ; près de lui, la reine mère, les yeux brillants fixés sur son fils en train de déclamer ; à l'opposé, le groupe des Mousquetaires debout près du quincaillier à califourchon sur une chaise, le menton appuyé au sommet du dossier — et je songeais à un cavalier comique prêt à lancer sur nous son coursier de bois et de paille — ; à mieux l'observer, il me semblait qu'il dévisageait à mes côtés Emilie avec une sorte d'intense curiosité ; plus loin, la petite Caroline qu'Orlando tenait par le bras et qui, je ne savais pourquoi, me regardait, un soupçon de sourire aux lèvres ; enfin, dans l'encoignure d'une fenêtre, se découpant en sombre sur un fond de verdure, celles que Couderc appelait parfois les trois Grâces : Mathilde, plus grande, la tête très droite, Elisabeth et Hélène de même taille, Elisabeth un peu ployée de côté, Hélène que je devinais tendue sous son masque impassible. « La scène finale qui termine ce drame historique, étrange et accidenté, est une seconde enfance, un drame d'oubli... » Jacques achevait sa tirade sous l'œil indifférent du duc exilé, et déjà redevenait Guillaume l'efflanqué. J'avais l'impression que Jacques disait trop vrai, que nous étions les acteurs de nos propres rôles de vivants et que nous tenions ceux-ci sans le savoir et sans savoir le sens de nos rôles. Qui de nous était réellement — ou, du moins, pour le théâtre du monde — le sage ? François ? Guillaume ? Qui, le fou ? Couderc ? moi-même ? Et qui le mal-aimé ? et qui le séducteur ? et qui la princesse ? et qui l'abandonnée ? qui les vivants ? qui les morts ?

J'ai entendu Emilie murmurer, alors que Guillaume revenait près d'elle : « J'avais beau résister, résister... votre jeu, votre façon de vous tenir, votre voix... J'étais avec vous dans les Ardennes, autrefois, et vous étiez un grand seigneur, si généreux et si... oh ! si amer... »

A la fin de la répétition, elle recommença à s'inquiéter du pavillon abandonné. Betty paraissait irritée. Comme pour changer de conversation, Guillaume proposa, en prenant soin de ne pas être entendu de sa mère : « Puisque vous aimez jouer à l'explorateur, un de ces soirs nous monterons sur la tour. »

Il nous y conduisit quelques jours plus tard, profitant d'une sortie de ses parents, car ils interdisaient l'accès de la tour : l'escalier en colimaçon qui y conduisait était en effet fort vétuste et ils craignaient qu'il ne s'effondrât.

— Au début, expliquait Guillaume, ils avaient l'intention de le faire réparer ; et puis, nous n'avons même pas pu achever de repeindre la baraque. Trop cher, vraiment trop cher. Nous avons bien mis la main à la pâte, mais à la longue le courage comme l'argent nous a manqué... Oh ! un jour ou l'autre, cette bâtisse, il faudra la flanquer par terre, et construire du neuf. Tout compte fait, ça reviendra moins cher que du rafistolage : il faudrait trop de travaux.

Elisabeth et Mathilde s'indignaient : pour rien au monde, elles ne voudraient voir disparaître l'Observatoire ! Quant à Caroline, elle se jetait, poings fermés, sur son frère et le bourrait de coups. Il feignait de recroqueviller un peu sa haute taille, rapprochait les épaules et se laissait faire en riant d'un rire sourd.

— Mais, Caroline, vous allez lui faire mal ! protestait Emilie.

— C'est bien ce que je veux ! cette espèce de matheux, ce destructeur...

Mathilde, avec un imperceptible sourire sous sa gravité coutumière, s'interposait entre Guillaume et Caroline.

Avant d'escalader l'escalier dangereux, Guillaume nous faisait visiter l'ensemble de la maison : la salle de billard attenant à la bibliothèque et qui témoignait des fastes anciens de l'Observatoire — aujourd'hui, le tapis du billard s'effilochait ; des piles de vieux papiers le garnissaient presque en entier ; dans un coin, un rocking-chair auquel manquait un bras semblait attendre les joueurs d'antan ; dans des vitrines, des queues de billard montaient la garde ; sur un autre panneau, des têtes de cerfs, de biches et de chevreuils, une hure de sanglier paraissaient crever le mur que d'ailleurs traversait une lézarde. On eût dit que les bêtes fonçaient sur nous depuis le parc, et que leurs cornes ou leurs crocs poussiéreux leur frayaient le passage. Dans une autre grande salle également à demi condamnée, Guillaume nous montra les collections d'insectes, de papillons, d'oiseaux empaillés que Jacques Garou, le fondateur, avait patiemment établies au cours de sa longue existence en parcourant la montagne qu'il s'employait à reboiser. D'un placard, il sortit d'immenses herbiers. Il voulut en feuilleter un qui s'ouvrit en craquant, exhalant très fort cette odeur de moisissure et d'humus qui hantait les corridors. Sur le palier jauni, une fougère dessinait sa fine arabesque. Je me surpris à penser : « L'astronome aurait aimé Elisabeth, sa petite nièce. »

— C'est un désastre, disait Mathilde, les collections de l'oncle tombent en poussière.

— Bah ! tout est poussière, déclarait Guillaume d'un ton doctoral et bouffon, les scarabées, les grillons, les capricornes, les coccinelles, les saxifrages et les fougères, et nos demeures, et nos travaux, et nos amours.

Il referma d'un coup sec le grand herbier, cela provoqua un nuage de poussière qui nous fit tousser et éternuer : « Vous voyez, fit Guillaume en se mouchant, poussière, poussière ! »

Emilie le regardait avec une attention telle qu'une petite ride marquait son ombre entre les sourcils. Pensait-elle que les paroles de Guillaume cachaient un sens sous leur emphase comique ?

Espérait-elle trouver cette autre signification, comme si celle-ci la concernait ?

Dans une pièce irrégulière, ici étroite et là s'élargissant, s'entassaient sur des rayons des caillous de toutes formes et de toutes couleurs ; devant certains, des étiquettes étaient restées : « Feldspath — La Jonchère », « Quartz — Gentioux », « Silex — Monédières », « Kaolin — Saint-Yrieix », « Schiste — Bort-les-Orgues », « Sodalite — Pradère. »

— Dans le fond, remarqua Betty, l'oncle, c'était un Petit Poucet qui avait grandi : il semait ses cailloux derrière lui comme d'autres des souvenirs.

Nous longeâmes un couloir entièrement tapissé de cartes de la province. Elles dataient du siècle dernier : les unes portaient les précisions démographiques ; d'autres signalaient la structure géologique ; d'autres encore, le relief et l'hydrographie ; sur l'une de ces dernières, des drapeaux restaient encore piqués, reliés par un fil noir.

— L'oncle menait le reboisement comme une guerre, dit Mathilde en enfonçant à la lisière de la vallée un drapeau qui menaçait de choir.

— Quelle vie, soupira Guillaume : pas de femme, pas d'enfants, rien que les insectes, les herbes, les cailloux, les arbres, la bataille des arbres...

— Vous le plaignez, ou quoi ? demanda Emilie (de nouveau la ride inquiète se creusait au bas du front).

— Je l'envie.

— N'écoutez pas mon frère, Emilie. Il dit ça et il est tout le contraire ! Betty hocha la tête puis reprit : Il est tout le contraire du bonhomme cloîtré dans sa science comme un moine dans sa religion.

— C'est papa qui est comme ça.

— Oh ! Caroline... Mathilde jetait sur la benjamine un regard sévère. La petite Caroline se mordit les lèvres.

— Enfin, je voulais dire : papa est un peu comme ça.

— Il y a deux traditions dans la famille : une de recherche, de savoir, c'est la lignée Garou (et d'une main Guillaume montrait les cartes du couloir) ; l'autre de bohème et de théâtre, c'est la lignée maternelle.

Il se frotta le menton d'un air comique.

— Moi, je suis à cheval entre les deux, à cheval entre la physique et le jazz, entre le goût de la retraite et le plaisir de palabrer, de parader... Autrement dit, jamais tout à fait moi-même.

Emilie marchait devant lui, la tête baissée ; elle se retourna :

— Mais non, Guillaume, il ne faut pas, je suis sûre, moi, que vous pouvez très bien, que vous pouvez être vous-même, entièrement vous-même, que vous pouvez étudier et vivre, et... aimer la vie.

Il me regarda, offrant son profil à Emilie : « S'il est exact que la vérité sort de la bouche des enfants, alors croyons votre sœur ! »

Emilie haussa les épaules : « Je ne suis pas une enfant. C'est vous qui... C'est vous qui vous trompez sur vous et sur les autres. »

— Vous n'allez pas vous disputer !

Caroline les prenait chacun par un bras et les entraînait.

Quand nous arrivâmes au pied de l'escalier en spirale, Guillaume prit la tête du cortège :

— Faites comme moi. Accrochez-vous sérieusement à la rampe, des deux mains, et placez vos pieds à chaque marche contre l'axe même de l'escalier. Si une planche cédait, il y a des chances pour que la cheville fixée dans la poutre centrale tienne le coup.

Pour suivre ce conseil, il nous fallait monter pliés sur le côté, bras tendus afin de tenir la rampe. Nous débouchâmes sans encombre sur la plate-forme. En son centre étaient groupés girouettes, pluviomètres, guérites d'abri pour les appareils de contrôle atmosphérique. Emilie courut vers la balustrade et s'y appuya. Guillaume poussa un cri, puis doucement il parla à ma sœur :

— Emilie, reculez-vous, ne vous appuyez pas à la balustrade, elle est pourrie en certains endroits. Vous m'avez fait peur.

— Eh bien, me dit Betty, il faut qu'il ait vraiment eu peur, car lui, pour s'émouvoir...

Emilie revenait vers nous, rayonnante : « Autrefois, dit-elle, sur la tour... »

— Autrefois quoi ? demanda Caroline.

— Oh ! rien, rien, je ne sais plus... Si, autrefois, de notre fenêtre, la nuit, n'est-ce pas, Henri, nous regardions la tour ; nous passions des heures à la regarder.

— Un fameux spectacle, marmonna Guillaume.

Il semblait maintenant mécontent, comme s'il nous en voulait ou s'il s'en voulait d'avoir tout à l'heure montré ce mouvement d'inquiétude devant le risque couru par Emilie.

Nous contemplions les frondaisons du parc, et celles des jardins qui cernaient l'Observatoire. Vue d'ici notre maison me paraissait singulièrement médiocre, encadrée par deux demeures bourgeoises en pierre de taille. La fenêtre de la chambre d'Emilie était restée ouverte. Emilie s'approcha de moi et chuchota : « Notre pauvre maison, elle la fiche mal, quand même, pour des gens qui la regardent de leur tour, de leur observatoire... » Elle soupira : « Pour les Barbares, qu'est-ce que nous sommes ? »

— Cœur qui soupire n'a pas ce qu'il désire ! s'écria Caroline.

— Crois-tu qu'ils aient entendu ? demanda ma sœur.

— Non, ton soupir seulement.

— Cœur content soupire tout le temps, ajouta Mathilde.

Il faisait bon ; une brise courait au-dessus des arbres et posait ses mille doigts frais sur nos visages, sur les bras nus des filles.

— L'oncle devait se plaire ici, dit Mathilde.

— Certainement, fit Guillaume, mais pas comme tu l'imagines. Il devait s'y plaire parce qu'il venait y relever les indications de ses appareils, y apprécier la force, la vitesse, l'orientation des vents, et non pas goûter comme nous la délicatesse ou le parfum de ce... de ce quoi ? de ce zéphyr ?

— Et les étoiles ?

— Quoi, les étoiles ?

— Il devait aimer les étoiles.

— Sans doute, Betty, mais là encore pas comme nous, pas comme vous : lui, c'était pour les observer, les étudier au bout de sa lorgnette... C'était un vieux garçon, Jacques Garou, à ne pas oublier, le vrai vieux garçon... C'est pourquoi il a fait quelque chose.

— Alors, il faut être vieux garçon pour faire quelque chose ?

— Un peu, Emilie, un peu. Voyez mon père : je suis sûr que s'il ne nous avait pas, s'il n'avait pas eu à nous nourrir, lui aussi, il aurait été un savant.

— Mais... c'est un savant ! s'écria Caroline.

— D'accord, d'accord, seulement, il ne fait pas de découverte, il ne peut pas, il n'a pas de temps pour ça.

— Rien ne dit qu'il ne fait pas de découverte, dit la jeune fille du même ton indigné.

— L'important, n'est-ce pas de jouer au savant, ou à ceci, ou à cela ?

— Ah ! bien sûr, toi, Betty, pour toi il n'y a que le théâtre.

— C'est toi-même qui le proclames dans ta scène avec François.

— C'est mon personnage qui parle, ce n'est pas moi.

Guillaume me prit à témoin : « Les femmes, hein, vous voyez un peu leur logique ! mettre à mon compte les paroles du personnage que je joue ! »

— C'est vrai qu'il vous va comme un gant...

— Tu as raison, Henri, approuva Emilie : comme un gant, comme un gant !

Nous restâmes un moment silencieux. Nous écoutions le faible bruit de l'air à la cime des arbres, et parfois un bref gémissement de la girouette au-dessus de nous. Un train passa au loin dans la vallée. Son grondement dura longtemps. Puis rien... Si, la note plaintive et pure d'un crapaud au fond d'un pré. Je me suis retourné, j'ai cru voir dans la pénombre, blanches, les mains de Guillaume et d'Emilie qui se dénouaient.

François donna le signal du départ. Caroline se précipita vers l'entrée de l'escalier : « Les femmes et les enfants d'abord ! » lança-t-elle en riant. Guillaume nous fit les mêmes recommandations pour la descente que pour la montée.

— Alors, les explorateurs ? nous dit-il au moment des adieux.

— On recommencera, répondit Emilie.

La tour de mon enfance, je l'ai retrouvée à l'autre bout du monde, la tour noire. Les blocs noirs, énormes, au-dessus de nous, leur dessin rude qui les fait s'emboîter les uns dans les autres, sans mortier ni ciment, inébranlables. L'air raréfié du plateau. La science barbare, précise dans l'architecture des pierres à quelques lieues de Cuzco. Passe un troupeau de lamas, la pure petite tête pointée haut (gentil peuple animal et cet air comique de snobs). L'air rare, la poussière, le silence, la solitude de nouveau, la muraille inca. Soudain, sorti d'où ? le couple enfantin. Le minuscule petit Indien, sa minuscule compagne. Pieds nus, nattes. La grâce de l'enfance indienne, la grâce sévère, triste, pour combien de temps encore, trois, quatre ans ? ensuite, ils seront comme les autres, sans âge, sans sexe, race de cauchemar, race de remords. Le garçon a tiré de sa manche une flûte aux notes aigres-douces, toujours répétées, et la petite danse, simulacre de quelle joie jadis au fond des siècles assassinée ! La fragilité, la fragile grâce de la fillette indienne au pied des blocs sombres, l'aigre douceur triste, ancienne, ancienne du pipeau, et la fierté, cette colère dans les sourcils du musicien de cinq ans. Soudain je me retourne, je l'ai vue là-bas la guetteuse, prompte à se cacher derrière une autre ruine, pas assez prompte, la mère qui guette ses petits Indios pendant qu'ils tendent la main, non : pendant que la danseuse aux minuscules pieds nus dans la poussière tend la main. Lui, le noble sourcil coléreux, regarde je ne sais quel dieu de vengeance au-delà de nous.

J'entendrai toujours résonner la flûte enfantine dans l'altitude près de Cuzco. Pourquoi ses notes frêles me font-elle songer à quelque appel de la mort, l'appel peureux, fascinant, comme si ces enfants, ces pierres des siècles, ce continent, et moi-même là-bas, comme si tout cela se passait dans la dimension de la mort ?

Haute, noire, la muraille, la ruine inca, la chute des blocs dessinant à sa cime des créneaux.

XI

Nous ne sommes pas remontés souvent sur la tour. Mathilde craignait que, si nous étions aussi nombreux à surcharger l'escalier en colimaçon, il ne finît par s'effondrer. Mais Emilie parfois s'échappait pendant les répétitions ; elle me confia qu'avec la complicité de Guillaume elle montait passer un moment, seule, sur l'étroite terrasse. Parfois le garçon, inquiet, la rejoignait. Il avait peur qu'elle pût commettre quelque imprudence. Ma sœur semblait prendre plaisir à provoquer ses craintes.

— Tu joues Sœur Anne, lui disait Caroline qui tôt s'était mise à la tutoyer. Qui est Barbe-Bleue ?

— Ça va, ça va, Chaperon Rouge ; méfie-toi des loups-garous.

— Hou ! hou ! faisait le quincaillier.

En grand mystère, il nous promit de nous faire connaître, lorsque nous serions libérés des répétitions et du spectacle, « la bande à Masari et les Russes ».

— Masari, un photographe et un tombeur de filles, précisait-il, alors, Mme Garou, rien à faire pour qu'elle le laisse se pointer à l'Observatoire. Dommage, parce qu'avec lui, Guillaume, Grimari, Joë, Louis Fergnac et ma pomme, on a monté un fameux jazz... Quant aux Russes, ils m'amusent... bien que, politiquement... l'aîné est Croix-de-Feu ! Vous vous rendez compte !... mais enfin, c'est des phénomènes. N'est-ce pas, Hélène ?

— Pourquoi des phénomènes ? Les Russes sont des Russes, un peu... enfin... des Russes.

— Oh ! oui, Hélénova, comme vous dites !

Furieuse, l'étudiante lui tourna le dos.

— Ce Couderc, quel malappris, me disait François. Il suivait Hélène qui s'éloignait.

— Savez-vous que notre Hélène est en train de pervertir votre frère ?

— Pervertir François ! pouffait Emilie.

— Parfaitement, mam'zelle Emilie, c'est comme je vous le dis, mais pas comme vous paraissez le penser, hé, hé, hé... Pour votre âge, z'avez de drôles d'idées. Je veux dire qu'Hélène se destine à la psychi... à la psychiatrie, et que sous son influence, François lui aussi a décidé de devenir psychi... psychi... à vos souhaits !

— Non ?

— Si, Emilie, si...

— C'est vrai, affirmait Betty. Hélène m'en a parlé.

— Nous pourrons être soignés, comme ça, remarquait Joël Pommier.

— Tous les psychiatres sont fous, grommelait Gaston Lachalle.

— Il sait de quoi il parle, avançait Couderc à voix basse. Je crois qu'il a dû passer par leurs mains.

— Ce François, quel cachotier... me disait Emilie. Elle concluait, pensive : « Et cette Hélène, quel pouvoir sur lui ! »

François avait été reçu chez son amie. Il nous dépeignait les parents comme un couple rigide, vêtu à la mode d'autrefois. Dans sa chambre, Hélène, ajoutait notre frère, possédait une photo de Mme Curie et la reproduction d'un portrait de Rembrandt par lui-même. Elle lui avait montré ces deux images : « Mes vrais parents... Pour ma mère, je suis un canard couvé par une poule. » Elle écartait les bras, se dandinait, les paupières baissées. « Un pauvre canard boiteux ! » Sa mère aurait voulu la garder toujours auprès d'elle, « à sa merci ». « Elle voudrait m'empêcher de poursuivre mes études, confiait Hélène à François. J'aimerais mieux mourir. »

— Personne, remarquait Betty, rien n'empêchera Hélène de suivre la voie qu'elle s'est tracée, jusqu'au bout.

Je devinais qu'elle songeait à sa propre vie, à son amour du théâtre.

— Elle sera bien avancée, faisait Couderc. Ceci ou cela, tout revient au même.

— Allons donc, si vous pouviez, est-ce que vous ne passeriez pas votre temps à faire du jazz ?

— Mais, Betty, le jazz, ce n'est pas un métier, ce n'est pas une ambition, c'est... c'est une façon de vivre.

— Pour Hélène aussi, soigner, sauver des malheureux, et surtout chercher à découvrir la raison de leur folie pour la guérir, c'est...

— La raison de la folie ! elle est bien bonne !... Couderc se tapait sur les cuisses.

— Clown, vous devriez vous faire clown.

— Eh ! qui sait ?... J'y ai pensé : avec les autres Mousquetaires, je crois que nous pourrions monter un numéro de cirque, quelque chose de pas mal, des clowns musiciens.

— Mais Couderc, vous aviez dit un jour que nous pourrions, tous ensemble, faire une troupe de théâtre, une troupe ambulante ?

— Hourrah ! un triple ban pour Betty ! nous formons la troupe de comédiens dont je rêve depuis longtemps, et nous aurons des numéros de clowns pour les intermèdes.

— Comment appellerons-nous la troupe ? demanda Grimari.

Tous parlaient, gesticulaient, riaient, feignaient de croire à ce projet ; seule Betty nous regardait avec tristesse. Caroline faisant voler ses nattes s'écria :

— Ça y est... Emilie a trouvé le nom de la troupe !

— Non... non... ne le répète pas.

— Pourquoi ?... C'est épatant... « Les Barbares ! » Notre troupe s'appellerait « Les Barbares » ! C'est comme ça qu'Emilie et ses frères nous appelaient avant de nous connaître.

Guillaume, Mathilde, Elisabeth, Caroline et leurs amis s'enthousiasmaient pour cette « trouvaille ». Couderc l'annonça triomphalement à Mme Garou. Je vis bien qu'elle se forçait pour rire avec nous.

— Voyez-moi ça, dit-elle un peu plus tard, cette Emilie, qui l'eût cru, cette façon de nous étiqueter...

Elle faisait voler son châle, allait au piano, prenait une brochure et nous appelait à tour de rôle pour que nous récitions la scène qui nous incombait.

— Ça avance ; bientôt vous pourrez essayer les costumes, jouer en costume ; puis nous irons répéter au théâtre, décrétait la reine mère.

— Oui, il me tarde d'être là-bas, dans les coulisses, me confiait Betty. Vous connaissez le théâtre, je veux dire ses coulisses, sa scène lorsque la salle est vide ? J'y ai joué tout enfant, c'était prodigieux — je veux dire : ce lieu, ces décors, ces machineries ; vous verrez, je vous le ferai visiter.

Quand nous fûmes de retour à la maison, Emilie demanda à François pourquoi il nous cachait son intention de devenir psychiatre comme Hélène. Il nous dit que sa décision n'était pas encore prise, que de toute façon il lui fallait d'abord terminer ses études de médecine. Il nous pria de ne pas en parler aux parents. « Médecin des fous », cela ne leur paraîtrait peut-être pas reluisant ; il faudrait qu'il les habituât peu à peu à cette idée.

— Comme si nous n'étions pas tous un peu fous, remarquait Emilie.

Le visage de François s'éclaira :

— C'est justement ce que dit Hélène Farge.

— Et ce qu'Hélène dit...

— Je ne vois pas pourquoi tu ris.

Emilie redevint grave :

— C'est vrai, ce que font les autres, leurs sentiments, je ne sais pas pourquoi, ça me donne facilement envie de rire, alors que je fais, que je sens exactement comme eux.

— Tu fais quoi ? demandai-je.

— Oh ! rien, rien. Elle regarda l'heure à sa montre-bracelet : « Diable ! qu'il est tard... Allez, bonsoir. »

Il me sembla qu'elle avait hâte de nous quitter.

Je rentrai dans ma chambre, fis ma toilette. Au moment de me coucher, j'eus envie de revoir Emilie, de lui demander si elle pensait vraiment que François fût amoureux d'Hélène. Je frappai discrètement à sa porte ; à ce moment, une voiture passait en ronflant dans la rue, aussi je ne pus entendre si Emilie avait ou non répondu. J'entrai. La chambre était dans l'obscurité ; en face, la fenêtre était ouverte ; j'y voyais Emilie de dos ; de temps à autre elle levait un bras comme pour faire signe. Je l'appelai à voix basse. Elle sursauta, se retourna :

— Tu m'as fait peur, souffla-t-elle.

— J'ai frappé, tu n'as pas entendu.

— Tu ne peux pas dormir ?

— Non, je voulais...

— Qu'est-ce que tu voulais ?

— Je ne sais pas... Qu'est-ce que tu penses d'Elisabeth ?

J'avais l'impression qu'elle me barrait le chemin pour m'écarter de la fenêtre. Et puis, soudain, c'était vrai, j'avais envie de parler de Betty, d'entendre parler de Betty.

— Betty... c'est quelqu'un de pas mal, mieux que sa mère, certainement, et que Mathilde, une statue celle-là... Tu vois, si j'étais un garçon, c'est la petite Caroline que je préférerais... Tu lui plais drôlement !

— Dis pas de bêtises... Et Guillaume ?

— Guillaume ?

Machinalement, elle se tourna vers la fenêtre. Je fis un pas.

— Je vais fermer les contrevents, la nuit est fraîche.

— Je vais t'aider, Emilie.

— Oh non !

Déjà je m'appuyais à l'accoudoir pour attraper le volet de droite, cependant qu'à mes côtés elle se penchait pour décrocher l'autre volet. Une clarté diffuse laissait deviner la façade de l'Observatoire. Mes yeux se portèrent vers le sommet de la tour : là-haut une forme, quelqu'un semblait faire des signes. Je m'entendis interroger, stupéfait :

— La femme ? celle qu'on avait vue autrefois ?

Emilie eut un rire gêné : « Non... non. Je suppose... C'est peut-être... ce doit être... c'est Guillaume. »

Elle se tourna vers moi dans l'ombre.

— Que veux-tu, Henri, je le disais tout à l'heure : nous sommes tous un peu fous.

XII

— C'est votre passage le plus difficile, à cause de ce changement qui est intervenu en vous, comme je disais, et que le spectateur ne doit pas connaître. En même temps, il faut pourtant qu'il sente, sans en prendre conscience, que vous n'êtes plus tout à fait le même. Du moins, pendant vos trois premières répliques. Le mieux c'est de prendre un ton neutre, sauf peut-être pour ces premiers mots : « Bonjour, belle jeunesse ! » Vous nous voyez, Mathilde et moi, je veux dire Rosalinde et Célia, et votre salut doit être celui de quelqu'un qui recouvre la vue. Pensez que vous étiez aveugle jusqu'alors, et que maintenant vous découvrez comme un jour peut être bon. Il faut que la bonté et la lumière soient dans ce « bonjour » ; et vous découvrez aussi la beauté, vous découvrez combien une jeunesse sans haine peut être belle, et cette découverte, bien sûr, qui est la découverte d'un autre vous-même, vous donne du bonheur : « Bonjour, belle jeunesse ! Dites-moi : savez-vous... »

J'aurais voulu que Betty continuât à parler, à éclairer ainsi mot à mot ce que j'avais à dire. Il me semblait qu'elle m'apprenait à parler, et que c'était m'apprendre à vivre. « Bonjour, belle jeunesse ! » Elle devenait vive, rayonnante, pour dire ces simples paroles. Je croyais la voir, dressée, un peu inclinée de côté, au sommet d'une route, le matin, et c'était sa jeunesse et la mienne qu'elle saluait.

— Allez, allez-y.

— Bonjour, belle jeunesse !

— Non, ne criez pas. Articulez, donnez de l'éclat aux syllabes.

Les leçons de Betty portaient leur fruit. Le soir, j'avais droit aux compliments de Mme Garou. Il arriva même une fois ou deux que l'assemblée applaudît ; j'étais alors heureux et fier pour Elisabeth, j'aurais voulu faire mieux encore pour devenir le personnage même qu'elle s'efforçait de façonner par ses remarques, ses conseils, son exemple.

De temps à autre, elle faisait travailler également Grimari ; de semaine en semaine nous le voyions rendre plus touchant, plus vrai cet Orlando qu'il incarnait. Je souffrais de ces progrès, je devinais tout ce qu'ils devaient à Betty, à son attention, à son savoir, à son acharnement, et j'étais jaloux de ce don qu'elle faisait ainsi à l'étudiant ; j'aurais voulu être seul à bénéficier de son enseignement. Sans doute, me disais-je, elle s'intéresse davantage à Grimari qu'à moi, et à Orlando qu'à cet Olivier quelconque. Je finissais par nous identifier à nos rôles ; j'enviais les charmes, les feux, la grâce du rôle d'Orlando, je souffrais du caractère ingrat du mien. J'en venais à éprouver la haine qu'Olivier était censé nourrir contre Orlando ; puis je me reprochais ce sentiment, et de nouveau, ainsi, j'épousais les fluctuations de mon personnage. J'avais beau me juger stupide de ne plus savoir démêler le théâtre de la vie, je n'en continuais pas moins à jalouser Grimari. Je finis par le dire à Elisabeth. Elle me prit les mains :

— Je suis contente. C'est le métier qui entre. Roland me le dit, un acteur digne de ce nom commence à attraper son rôle comme on attrape une maladie ; après il en guérit, et c'est alors qu'il possède à fond son personnage... Vous guérirez.

— N'empêche que vous devez vous intéresser bien plus à Grimari qu'à moi. S'il pouvait, il vous garderait pour lui seul. Sans doute vous reproche-t-il le temps que vous me consacrez. Sans doute il vous... il est amoureux de vous.

— Henri ! Elle m'observait, comme lorsqu'elle cherchait à corriger quelque intonation maladroite.

— Vous savez bien de qui Grimari est amoureux ?

Je ne répondis pas.

— Comme d'ailleurs tous ici.

— De Mathilde ?

Elle parut hésiter, releva une mèche de cheveux sur son front :

— Evidemment, Mathilde, tous l'admirent ; elle est si belle, et on voit son intelligence dans sa beauté même... Mais j'ai l'impression qu'en même temps, oui, elle leur fait un peu peur. Ils l'admirent de loin... C'est cela, elle est parfaite, et par cela même lointaine. Non, vous savez très bien ce qu'ils pensent, surtout Grimari, Couderc et... Guillaume : Emilie, voyons...

— Ma sœur ?

— Etes-vous aveugle, ou jouez-vous la comédie ? Le rôle d'Olivier devrait vous suffire pour cela.

— Grimari, Couderc...

— Guillaume. Pourtant, c'est le dernier dont j'aurais pensé qu'il pût tomber amoureux. Car c'est cela : il est tombé, il est tombé de ses nues de physicien en herbe qui ne daignait s'intéresser qu'aux femmes mariées, « pour le repos du savant », comme il nous disait.

— Emilie est une enfant !

— C'est pour cela justement qu'elle leur a tourné la tête. Dès le premier soir, ou plutôt dès le lendemain. Ils avaient vu apparaître une jeune femme fardée, jolie, très jolie ; le lendemain, la voici redevenue presque une petite fille : ça leur a chaviré la tête et le cœur !

Elle détourna les yeux pour ajouter : « Couderc, il est trop tordu, il s'arrangera pour échouer, même s'il plaît à votre sœur. Mon frère... oh ! mon frère, je le connais ; je m'étonnerais qu'il ne revienne pas à ses manières de... de scientifique célibataire, et à ses femmes mariées. Avec Grimari, Emilie serait heureuse ; et lui, elle le sortirait de son cocon, des jupons de sa famille, de son demi-sommeil bien élevé.

— Ma sœur, Grimari...

J'allais dire que j'avais vu la nuit Emilie à sa fenêtre et Guillaume sur la tour échanger des signaux ; je ne me sentis pas le droit de rapporter ce secret.

— Ma sœur, elle, ne m'a jamais parlé de Grimari.

Betty soupira : « Les amoureux se cherchent, ne se rencontrent pas. »

Elle se tenait la tête penchée en avant, une expression de lassitude la vieillissait à présent. J'avais envie de la serrer dans mes bras, de la bercer jusqu'à ce que cette peine qui l'accablait s'effaçât. Mais elle me repousserait, peut-être m'interdirait-elle de revenir à l'Observatoire.

— Plus tard, ils se rencontreront.

Je ne savais de quoi je parlais. Que cachait ce : « ils » ? Emilie et Guillaume ? Emilie et Orlando ? Moi et Betty ? Betty et... à qui songeait-elle, dont elle ne rencontrait pas l'amour ?

— Betty, Elisabeth, vous... vous m'êtes très chère.

Son rire s'envola sur trois notes, la dernière haut perchée : « Vous aussi, Henri ! » Elle ajouta aussitôt : « Savez-vous que Caroline, elle n'arrête pas de parler de vous quand vous n'êtes pas là ? »

— C'est une gosse.

— Vous avez dit la même chose de votre sœur.

Ses yeux se plissèrent un peu avec une expression à la fois de malice et d'indulgence.

— Allons, je vous taquine. Mais ce n'est pas sérieux, nous n'avons pas terminé notre scène. Reprenons : Olivier, Célia...

La leçon continuait, je m'appliquais, je voulais que Betty fût fière de son élève.

Une, deux journées dans la verte Allemagne. La petite vallée non loin de Baden-Baden qui descend de prés en bosquets, depuis le sommet que surmonte un château en ruine. Les prairies comme une rivière : sur l'autre « rive » une colline pointue couverte de sapins sur un côté, dénudée sur l'autre. J'écoute les roucoulades d'un oiseau et quelque cognée de bûcheron dans la forêt. Au loin, dans le prolongement du val une autre cime pyramidale, le mont Mercure. Verte Allemagne des dieux, quel poison a corrompu ton âme ?

XIII

Hélène qui suivait le soir les cours des Arts-Déco s'était chargée des décors et des costumes, du moins de leurs maquettes : les garçons peindraient ensuite les arbres, les murs du palais ; les filles, sous la direction de la reine mère, devraient tailler et coudre.

L'étudiante nous montra les premiers costumes achevés. Grossièrement taillés, faufilés à grands coups d'aiguille, ils me parurent d'un pauvre aspect. Betty m'assura que, sous les feux de la rampe, ils brilleraient comme vêtements de prince. Le lendemain, alors que François achevait de jouer une scène avec Guillaume, la porte de la bibliothèque s'ouvrit lentement et nous vîmes entrer deux jeunes seigneurs : le premier, très brun, en pourpoint perle et pourpre avec une cape jaune, le second, blond, mince sur ses hautes jambes, l'une verte, l'autre noire. Un « ah ! » de surprise et d'admiration monta vers eux. Le brun s'avança vers son gracieux compagnon :

— Ma belle Rosalinde, dit-il d'une voix veloutée, je suis en retard d'une heure à peine sur ma promesse !

Le prince à la jambe verte et à la jambe noire eut un sourire qui révéla des dents petites, luisantes :

— En amour, manquer d'une heure à sa promesse, s'étonna-t-il.

Cette scène, nous avions dû l'entendre répéter bien des fois : il me semblait pourtant la découvrir. Pour la première fois, Grimari était cet Orlando charmant : comme brillait le noir bleuté de ses cheveux, comme se dorait son teint basané aux reflets de la cape jaune ! Et l'autre garçon à la grâce ambiguë, j'avais beau me dire : « Eh bien ! c'est Mathilde travestie en page », je ne la reconnaissais pas, et malgré moi j'étais troublé par ce visage d'archange que l'habit masculin et les cheveux blonds tirés autour des tempes lui donnaient. Et ce dialogue amoureux, ce jeu étrange mené par les deux adolescents n'exerçaient pas seulement sur moi cette impression à la fois captivante et irritante : je voyais dans les regards que garçons et filles posaient sur Mathilde une lueur de plaisir et aussi une gêne, comme si le travesti transformait la pure, la parfaite, la lointaine Mathilde en un être trouble et troublant.

Emilie ne pouvait détacher les yeux d'Orlando, bien que Guillaume fût près d'elle. La reine mère poussait de petites exclamations de surprise et de joie. Le quincaillier et les Mousquetaires ne songeaient pas à lancer les quolibets qui, de leur part, eussent été de rigueur devant une telle scène si la beauté des deux adolescents ne les avait pas, comme nous tous, subjugués.

Le seigneur jaune et le prince vert se tenaient maintenant tout droits l'un contre l'autre, le pourpoint que gonflait la jeune gorge de Mathilde touchant la cape bouton-d'or.

— Je te prends pour femme, Rosalinde, disait Orlando.

— Orlando, je te prends pour mari.

Emilie s'approcha de moi : « C'est maintenant, dit-elle, la phrase que j'aime. Comme ils sont beaux... On se sent amoureux de leur beauté. Pas toi ? »

— Dites-moi, maintenant ! Orlando, combien de temps voudrez-vous d'elle, quand vous l'aurez possédée ?

— L'éternité plus un jour.

— Dites un jour, sans l'éternité.

Je réprimai un cri ; Emilie venait de me pincer le bras.

— Non, mais ça ne va pas ? fis-je à voix basse.

— Pardonne-moi.

A présent elle regardait Guillaume avec une application si intense que son visage prenait un air douloureux.

— Aussi religieusement que si tu étais vraiment ma Rosalinde. Sur ce, adieu !

Orlando sortait ; nous applaudissions.

— Nous tenons le succès, déclarait Mme Garou.

— Grimari jouait très bien ; il est beau, et vraiment sympathique.

— Oui, dans ce costume il a de l'allure, me répondait Emilie.

— Tu ne vois pas, tu ne crois pas qu'il est amoureux de toi ?

— Grimari ? Elle eut un sourire amusé. Peut-être... peut-être... oh ! ça lui passera !

— Betty me disait que c'est un type vraiment bien.

Emilie me jeta un coup d'œil méfiant : « Et c'est elle qui t'a dit que Grimari... »

— Non, non.

Elle semblait perplexe : « La reine mère serait bien capable de faire comploter ses filles contre... pour... enfin... et de pousser Grimari, d'essayer de... de l'intéresser à moi, et moi à lui, comme cela, n'est-ce pas ?... »

— Qu'est-ce que tu veux dire ?

— Oh ! rien, des bêtises.. Tu sais, reprit-elle en changeant de ton, je me suis baladée dans le parc, vers le pavillon ; les persiennes étaient ouvertes.

A présent pénétrait dans la bibliothèque un gringalet, jambes et pieds nus, vêtu d'une tunique taillée dans une peau de mouton ; il était bientôt suivi d'une belle fille brune, elle aussi en tunique courte de lin mauve qui laissait une épaule dénudée. Le quincaillier fit entendre un sifflement admiratif ; la bergère lui jeta un regard courroucé. François, qui s'était rapproché d'Emilie et de moi, grogna : « Quel sans-gêne, ce Couderc. » Emilie me fit un clin d'œil et je ne pus m'empêcher de rire avec elle.

— De quoi riez-vous ?

— Ne te fâche pas, dis-je à François. Que veux-tu, c'est vrai qu'Hélène Farge est à son avantage dans ce costume de bergère, alors Couderc exprime sa satisfaction à sa manière...

— Tout de même !

— Elle est bien faite, remarqua Emilie : ses épaules, son cou, sa taille, ses jambes... elle est mieux comme ça qu'habillée — je veux dire qu'en robe.

— C'est qu'elle est sportive, elle nage comme un poisson !

— Tu devrais dire : comme une sirène, François, dit Emilie. A ta place, je ne serais pas rassurée : les sirènes, ça vous entraîne Dieu sait dans quels abîmes...

— Tu dis n'importe quoi ! Je me demande quand tu auras l'âge de raison.

— J'espère bien jamais !

Hélène et le gringalet, ou plutôt Phébé et Silvius avaient rejoint Rosalinde. Phébé repoussait l'amour de Silvius :

— Les regards que je viens de te lancer ne t'ont fait aucun mal, et je suis bien sûre que des yeux n'ont pas la force de blesser.

Elle décochait en même temps au berger une œillade, et je pensais que, précisément, ces yeux changeants, où tour à tour l'été et l'automne l'emportaient, pouvaient demeurer en vous comme une blessure.

Rosalinde en jeune justicier volait au secours du pâtre, cependant qu'on lisait sur le visage de Phébé d'abord l'étonnement, puis une sorte de crainte, enfin l'admiration et l'amour qui se levaient lentement comme un soleil dans son regard. Comme tout à l'heure le duo d'amour entre Orlando et Rosalinde travestie en homme, nous troublait le dialogue entre Hélène, dont les jambes, l'épaule, les bras, la gorge dévoilés révélaient la grâce animale, et Mathilde transformée en ange androgyne.

— Je crois qu'elle a l'intention de me fasciner, moi aussi, se moquait Rosalinde. Non, vraiment, fière donzelle, ne l'espérez pas...

— Je vous en prie, beau damoiseau, grondez-moi sans relâche, implorait Hélène avec une passion contenue. J'aime mieux entendre vos gronderies que les déclarations de cet homme.

Soudain j'enviais François ; je l'enviais d'avoir su retenir l'attention d'Hélène ; il me semblait qu'elle devait réellement porter en elle-même cette sourde passion qu'elle feignait d'éprouver pour Rosalinde, et qu'auprès d'elle les autres êtres devaient paraître fades. Les Mousquetaires plaisantaient à propos de sa « vocation », de son « romantisme » : ils n'avaient pas su reconnaître cette force, cet astre souterrain qui brûlait en elle, ou bien ils en avaient eu peur. Et François, le calme François, lui, avait compris et ne s'était pas détourné de ce feu, n'avait pas craint de s'y brûler. Lui le paisible, le nonchalant, l'exaltation secrète d'Hélène devait enfin l'éveiller à la vie.

Lorsque s'acheva la scène, nous entourâmes les acteurs pour les féliciter. Caroline bondit jusqu'à nous. « Henri, c'était épatant, ce soir ! »

— Epatant, c'est vrai, répéta Emilie.

Elle entraîna Caroline à l'écart pendant qu'avec François nous faisions nos adieux à Mathilde, Hélène et Betty. J'entendis ma sœur interroger :

— Alors, ils sont revenus ?

Caroline acquiesçait en hochant la tête.

— Ah ! elle a quelque chose cette fille, Hélène, ses yeux, sa bouche, cette volonté, cette force... je ne sais pas, de la tristesse... Je comprends François.

— Vous êtes drôles, les hommes !

— Et toi ?

— Quoi, moi ?

— Justement, tous les garçons à te lorgner, comme des canards devant un cygne !

— Qu'est-ce que tu racontes ?

— La vérité. Guillaume, Orlando, ce fou de Couderc...

— Oh ! Guillaume... (Emilie levait une main, la laissait retomber.) Allez, bonsoir ; ils nous font coucher à des heures impossibles.

Elle ouvrait sa porte. On voyait en face la fenêtre grande ouverte sur la nuit claire, et, au-delà, au-dessus des arbres, la tour de l'Observatoire où, derrière les persiennes, une lampe brillait.

XIV

Betty insistait pour que les répétitions se fissent en costume. Sa mère contestait l'utilité de cette « mascarade » quotidienne. Mais Elisabeth affirmait que le jeu n'était pas le même selon que nous portions notre habit coutumier ou celui de notre personnage.

Mme Garou se laissa convaincre. Nos soirées à l'Observatoire ressemblaient aux coulisses d'un bal costumé. Les uns étaient vêtus en duc, en seigneur ou en berger, des pieds à la tête ; d'autres ne portaient qu'une partie de leur accoutrement de théâtre ; certains enfin restaient « en civil », car les couturières n'avaient pas achevé tous les costumes et leurs accessoires.

Ce soir-là, toute la troupe était présente et la plupart des acteurs avaient pu revêtir leurs atours. Les gris, les verts, les jaunes, les rouges, les bleus, les bruns, les ocres et les ors faisaient comme une fête de soleil sous les lustres. Hélène contemplait ce cortège de couleurs, son œuvre, à la fois avec inquiétude et plaisir. Gaston Lachalle, qui étrennait son costume de lutteur — un maillot d'arlequin où dominaient les taches violacées et rouges comme si le tueur déjà se teignait du sang de ses adversaires — se dandinait, les bras écartés.

— Est-il assez beau ! disaient les filles qui riaient autour de lui ; et le gros garçon se pavanait, roulant des épaules.

Quand ce fut mon tour de jouer avec lui la scène où je lui donnais libre champ pour tuer Orlando, mon frère, au cours d'un tournoi de lutte, j'éprouvai une sorte de malaise ; j'avais l'impression de livrer réellement à ce monstre en maillot bariolé le charmant Orlando ; je voyais le lourdaud l'étouffer, lui briser les membres, et je me sentais l'âme d'un fourbe en remerciant d'un ton doucereux le reître pour sa promesse de meurtre.

— Et l'intermède ! cria le quincaillier après quelques scènes.

Il appelait ainsi la répétition de danse que, depuis quelques jours, Emilie faisait parmi nous. Sur un air de Mendelssohn que la reine mère jouait au piano, Emilie répétait les figures qu'elle devait danser juste avant l'épilogue. Nous nous écartâmes du piano, Guillaume et Caroline roulèrent le tapis, Mme Garou s'installa sur le tabouret, prit la partition.

— Fermez les fenêtres, ordonna-t-elle ; il est tard, notre musique va réveiller toute la rue.

Plusieurs voix protestèrent : cette nuit était trop chaude, si chaude que personne ne devait dormir dans le voisinage ; d'ailleurs, il n'était pas bien tard, et puis elle jouait si délicatement que, l'entendrait-on, on ne pourrait qu'être ravi... Elle parla à voix basse avec Mathilde et Betty ; il me sembla entendre prononcer les mots de « prudence » ou d'« imprudence ». Enfin, elle céda, à contrecœur.

Par les baies ouvertes sur le jardin venaient des odeurs d'herbes où se mêlait parfois le parfum ancien des héliotropes et des flox.

— Allons, Emilie !

Emilie se détacha d'un coin de pénombre où elle parlait avec Guillaume. Son torse mince, moulé dans une soie grise chatoyante qui laissait les épaules nues, émergeait d'un tutu de tulle bleu. La reine mère plaqua les premiers accords. Emilie leva les bras au-dessus de sa chevelure coiffée en épaisse couronne puis, comme mue par un déclic, elle se hissa sur la pointe des pieds. Notre cercle multicolore la cernait ; elle sautait, se ployait, tournait, tournait, s'envolait loin du piano, revenait, bras écartés, tête courbée comme un oiseau blessé, se redressait, s'élançait à nouveau, à petits pas pressés, sur les pointes. Un moment, elle se balançait sur place comme un jeune arbre dans le vent. La même expression d'étonnement et de douceur se peignait sur le visage de Grimari et sur celui du quincaillier. Caroline assise par terre en robe paysanne de futaine, une coiffe blanche en arrière de la tête, mimait pour elle-même les mouvements de la danseuse. Hélène et Betty, chargées de régler le ballet, échangeaient des remarques. Le premier mouvement s'acheva sur quelques notes égrenées decrescendo, cependant qu'Emilie inclinée vers le sol semblait glisser lentement vers le sommeil ou le rêve.

Il y eut un instant de silence et de paix.

Mme Garou attaqua le deuxième mouvement, un allegro presto. Emilie courait, bondissait, battait des pieds, tournoyait sur place, allègre comme la musique. Sauts de l'ange, entrechats, arabesques et pirouettes donnaient un sentiment de joie naïve, de découverte enfantine de l'amour.

Avons-nous entendu un bruit de portes claquées, de course à pas précipités dans le couloir, un cri même, un appel ? Ensuite, quand nous nous sommes interrogés, certains l'ont prétendu ; mais la musique, ajoutaient-ils, et la danse leur avaient à peine permis d'en prendre conscience. Une chaise ou un fauteuil bousculés au fond de la bibliothèque ne me firent pas me retourner ; mais je vis soudain, en face de moi, de l'autre côté du cercle, des visages pétrifiés, bouches ouvertes sur un cri retenu. Hélène et Betty pâlirent ; le gros Lachalle porta ses poings à sa bouche comme pour les mordre.

— Mon Dieu ! fit Orlando ; il se dressa de son siège.

Le piano continuait à jouer, Emilie poursuivait sa danse de bonheur. Je me retournai. J'eus un mouvement de recul : tout près de moi un être, une femme, squelettique dans sa chemise de nuit, les cheveux sans couleur, taillés court, la peau et les lèvres grises, les yeux fixes, un rictus en guise de sourire, bras levés, dansait — ou du moins tentait des mouvements incohérents qui semblaient inspirés par la danse d'Emilie.

— Maman !

Le piano gronda sous les mains retombées. C'était Betty qui avait crié. Emilie, arrêtée net dans son élan, fit un faux pas, s'accrocha à moi : « Qu'y a-t-il ? » demanda-t-elle. Alors elle vit la femme qui restait maintenant immobile, bras levés.

— Henri ! Henri ! c'est elle, oh !... c'est elle !...

— Comment se fait-il ? Vous l'avez donc laissée échapper ? dit la reine mère ; elle restait calme mais on la sentait pleine de colère.

— Avec votre musique, et les fenêtres ouvertes, par-dessus le marché ! gronda une voix où roulaient les *r*.

Stupéfait par l'apparition de la malade, je ne les avais pas remarqués : vêtus de noir, ils se tenaient l'un près de l'autre contre la porte de la bibliothèque. Il y avait le même dégoût farouche dans leurs visages ridés aux cheveux blancs, lui un peu plus grand qu'elle, le teint blême.

— Des princesses, dit la femme en chemise, d'une voix métallique, des seigneurs.

Elle s'inclinait avec raideur, comme si elle allait se casser, devant chacun de nous. Je m'apercevais qu'elle devait être jeune malgré ces cheveux ternes, ce visage cireux.

— Moi aussi je suis belle, et reine, reine des reines ! (Elle eut un rire haletant.) Et aimée, comme je suis aimée... tous ces beaux mirliflores à mes pieds. Elle se mit à chantonner : « Mirliflore, mirliflorette, mirliflora, mirliflorou, tiou ! » En faisant « tiou », elle nous tirait une révérence grotesque.

— Mariette !

Hélène s'avançait vers la malheureuse, une larme perlait à ses yeux : « Mariette ! ma petite Marie… tu me reconnais ? Hélène, je suis Hélène. »

L'autre recula. On eût dit un animal apeuré. Elle montrait Hélène du doigt :

— Nue, nue, la vilaine bête nue…

Hélène se laissa tomber sur une chaise. François et Betty s'approchèrent d'elle ; Betty la prit par les épaules, lui parla à l'oreille.

La folle tournait la tête de tous côtés comme si elle cherchait du secours.

— Grégoire, emmenez-la, mais emmenez-la donc ! (Mme Garou tenait des deux mains son châle tout en marchant vers le couple en noir.)

— Marie, allons, il faut rentrer, fit la mère d'une voix plaintive.

— Mariette, reprit l'homme, ma petite fille, écoute ta mère. Il regarda de nouveau Mme Garou : « Votre sale musique, elle a entendu, il fait si chaud, pour une fois on avait laissé sa fenêtre entrouverte. Irma est sortie un instant, rien qu'un instant, de sa chambre, et Marie s'est sauvée par la fenêtre. »

— Et la musique, la misuque, la masaque ! Elle levait les bras en disant cela et tournait sur elle-même. Son père et sa mère avançaient lentement vers elle. Elle s'immobilisa, nous regarda l'un après l'autre. « Pourquoi ? » demanda-t-elle. Elle ferma les yeux.

— Dépêchez-vous donc, Grégoire ! ordonna la reine mère.

La folle rouvrit les paupières, elle se recroquevilla comme si la voix sèche de Mme Garou était une flamme jaillie jusqu'à elle.

— L'araignée du ciel, l'araignée du ciel, l'araignée du ciel ! répétait-elle très vite.

— Pauvre, la pauvre, oh ! la pauvre... murmurait Emilie contre moi.

Le père était sur le point d'atteindre l'évadée, mais, alors qu'il tendait le bras vers elle, elle fit un bond, se blottit derrière un fauteuil. L'épouvante luisait de nouveau dans ses yeux.

— Là... là... disait-elle d'une voix rauque, désignant de sa longue main décharnée son père, sa mère, Mme Garou et Hélène qui demeurait prostrée sous le bras d'Elisabeth. Là... là... toutes ces... oh ! ces araignées, ces araignées... Je ne veux pas... oh ! elles voudraient manger la libellule !

Elle écartait ses bras, les agitait comme des ailes : « Je vais m'envoler, il faut que je m'envole plus haut, plus haut que l'araignée du ciel ! » Elle se redressa, se hissa sur la pointe des pieds, eut une sorte de hennissement : « Ça y est, je me suis envolée... Adieu les princes, adieu princesses, adieu les pincettes ! »

Son père, traversant la salle derrière elle, de nouveau essayait de se rapprocher.

— Vole, volette, vole au vent, vole voleur, vole violette, vole violon... Les longs bras battaient l'air. Comme si elle avait senti la marche de son père derrière elle, parfois elle sautait et s'éloignait de l'homme. Pourquoi ne brusquait-il pas les choses ? Il lui eût suffi de courir et il la tenait. Mais peut-être voulait-il éviter de l'effrayer. Un de ses bonds amena la folle tout près de nous. Je vis Emilie faire un immense effort pour ne pas bouger. Elle parvint même à sourire à la malade. Celle-ci la contempla, d'abord étonnée, puis, peu à peu, avec une expression de tendresse. Elle inclina la tête.

— Toi, je te reconnais : tout à l'heure, comme tu volais, comme tu volais dans la musique ! toi aussi tu es une libellule, alors, alors... (Elle se remit sur la pointe des pieds, recommença à agiter ses bras.) Fais comme moi ! Qu'est-ce que tu attends ? vole, vole donc, vite ! T'es folle, t'es folle de ne pas voler, la fenêtre est ouverte, on va s'envoler toutes les deux par la fenêtre dans le ciel, plus haut que l'araignée du ciel. Vite, il ne faut pas que tu restes ici ; si tu ne t'envoles pas, avalée, avalée ! (Elle ouvrait grand la bouche et la refermait en faisant claquer ses mâchoires.) Avaler, les araignées du ciel, les araignées vont t'aval...

A ce moment les bras noirs se sont refermés sur elle et le hurlement a jailli comme autrefois la nuit sur la tour. Emilie nous a saisi la main, à François et à moi ; ses doigts s'enfonçaient dans ma chair. Caroline et Guillaume ont couru fermer les fenêtres. Le cri n'a pas cessé de nous déchirer cependant que le père, la mère et Mme Garou traînaient ou poussaient vers la porte la jeune fille. Tantôt sa forme blanche semblait prête à s'échapper de l'étreinte des trois parents, tantôt elle disparaissait, cachée sous leur masse sombre. Mathilde referma la porte derrière eux ; mais la plainte encore s'élevait, demeurait un instant qui nous semblait interminable sur un aigu strident, retombait, rejaillissait ; et ce sillage sinistre les suivit, dans la maison d'abord, dans le parc ensuite, jusqu'au pavillon où ils durent de nouveau cloîtrer la malheureuse. Alors le silence se fit ; mais en nous l'appel sans nom ne cessait de résonner : ducs, pages, princesses et bergers restaient figés, comme foudroyés au sein d'une fête maudite.

La maison, la tour sur le Neckar, le poète fou.

(Je ne comprends guère l'allemand, pourtant j'aimais quand vous lisiez, Esther Zarev, de votre voix musicienne, de cette voix qui me semblait faire chanter la nuit, la forêt, la roche et la source dans la langue allemande, quand vous lisiez les vers du poète foudroyé.)

Douceur du génie. Comment tant de vestiges : le ciel, le fleuve, les arbres, les toits, l'air, l'indéniable destin, l'indéniable présence d'une terre, de cités, d'un peuple, d'une langue (parole, songe, approches d'un âge d'or, souffle d'Hölderlin), comment tant de vestiges d'une patrie de savoir et de poésie demeurent-ils : tout frais, tout près, tout colorés, engageant, poursuivant on ne sait quelle promesse par-delà la monstrueuse pourriture ? Ici, face à tant de signes d'une harmonie perdue, le Crime paraît plus abominable encore. O poète fou, comme si la folie se fût seule échappée de ta tour et s'était emparée de ton peuple.

XV

— Nous étions inséparables, Mariette et moi. Elle est plus âgée d'un an, mais elle semblait au contraire ma cadette, très blonde, des yeux si clairs. Je la protégeais contre les attaques des chipies au pensionnat Jeanne-d'Arc. Facilement blessée, elle n'avait pas de défense, les autres le sentaient, elles se plaisaient à la tourmenter. Moi, on me craignait ; aussi je pouvais la prendre sous ma protection. Elle était musicienne, tellement ! la musique en personne...

Hélène nous parlait de son amie que, sans doute, nous ne verrions plus jamais. L'étudiante en médecine et Betty avaient accompagné François à la maison. Avec Emilie, nous les avions rejoints dans la chambre de notre frère. Machinalement, en écoutant Hélène, il jouait avec le crâne de Thomas.

— Nous rêvions à plus tard : elle serait une grande virtuose, elle ferait le tour du monde ; elle m'emmènerait avec elle. Elle s'est fait coller au bac. Qu'importait ? Au Conservatoire, elle remportait des prix ; un jour elle se présenterait à Paris ; la vie devant elle, devant nous, était facile, pleine de gloire...

Hélène se tenait penchée en avant ; elle se pressait les mains, une sorte de tic tordait sa bouche. Parfois elle levait les yeux sur nous.

— Je protégeais Mariette contre les teignes du pensionnat, mais c'était elle qui m'aidait à vivre, elle m'aidait à supporter ce fardeau que ma mère a fait peser sur moi dès qu'elle a senti que je m'éloignais, que je devenais indépendante. Deux sœurs, nous étions mieux que deux sœurs. Heureusement que Betty... C'est Mariette qui m'a fait connaître sa cousine.

— Trop fragile, elle était trop fragile, disait Elisabeth, mais comment l'aurions-nous su ? Son père, sa mère aussi, tous deux la couvaient ; ils étaient trop près d'elle, trop liés, agrippés à elle... Alors elle ne pouvait pas prendre de la force, de la distance ; seulement dans la musique, elle s'évadait, elle puisait cette joie.

— C'est ça, oui, c'est ça, reprenait Hélène : trop fragile, trop exposée, sans cuirasse, sans secours. Il a suffi que ce garçon flirte avec elle, un camarade du Conservatoire, un pianiste aussi : elle n'a plus eu d'autre horizon, d'autre vie que cet amour qu'elle lui donnait. Un dieu pour elle, plus qu'un dieu. Il est tombé entre les pattes d'une femme, la femme de leur professeur d'harmonie, une vieille qui avait plus de trente ans. Un jour il est parti avec sa maîtresse. Mariette n'a pas pu tenir, elle a craqué ; quelque chose a craqué en elle, tout, son corps d'abord : elle a maigri ; elle ne voulait plus voir personne, à peine si elle me parlait lorsque sa mère me faisait entrer dans sa chambre. Comme cela pendant des mois, des mois... Un matin, elle s'est mise à rire, elle a dit qu'elle était la reine de la musique et qu'elle allait s'envoler. Plusieurs fois elle s'est échappée de sa chambre ; elle montait sur la tour de l'Observatoire, elle disait que de là elle prendrait son vol...

— Crois-tu qu'elle était vraiment folle ? demandait Betty. Je pensais dans ce temps qu'elle songeait à se tuer, à se jeter du haut de la tour, et qu'elle préférait simuler la folie pour qu'on ne crût pas à son suicide.

— Je ne sais pas. Elle voulait s'envoler de cette vie qui, pour elle, n'était plus rien ; elle voulait s'envoler d'elle-même... Ses parents l'ont mise à l'asile, puis ils l'ont reprise avec eux.

— Dans le pavillon ? interrogea Emilie.

— Non, dans une maison de campagne, et ils viennent deux ou trois fois par an pour la montrer au médecin de l'asile. Ils logent alors dans le pavillon. Ils s'imaginent toujours qu'on trouvera un remède, quelque chose...

— On trouvera, affirmait Hélène. Pourquoi ne trouverait-on pas ? Elle se leva, nous tourna le dos, marcha vers la fenêtre. « C'est à cause de la maladie de Mariette que j'ai décidé de devenir médecin et de soigner les... de soigner les fous. »

François fit tourner le crâne dans sa main, hocha la tête : « Sûr, qu'on trouvera, dit-il ; sûr. » Hélène revint vers lui. J'eus l'impression que des larmes brillaient dans ses yeux, elle regardait François avec une tendre gratitude.

— Elle ne m'a pas reconnue et je lui ai fait peur ; elle m'a prise pour je ne sais quoi, pour une bête, pour un monstre. Je me demande, si je n'avais pas été en costume de théâtre, peut-être qu'elle aurait pu me reconnaître... oh ! je regrette...

— Penses-tu, Hélène, elle ne reconnaît plus personne.

L'étudiante observa Betty. « Peut-être, peut-être, répéta-t-elle lentement. Oui, elle a voulu tout oublier avec son amour, faire sombrer le monde entier pour ne plus rien savoir de son amour.

— Il vaudrait mieux mourir, dit Emilie.

— Mais non ! protesta François.

— Je pense comme Emilie, remarqua Elisabeth.

— Mais non, redit François, parce qu'enfin, si on trouve un remède, si on la guérit...

— Comment veux-tu qu'on la guérisse ? elle ne veut pas, elle refuse certainement de revenir à la vie.

— Il faudrait... Hélène parut hésiter, comme si ce qu'elle voulait dire l'effrayait. Il faudrait entrer dans son monde, entrer, la suivre dans sa folie, pénétrer dans ce piège où elle est perdue...

— Quand elle m'a appelée, quand elle m'a suppliée de m'envoler avec elle... j'ai senti quelque chose un peu comme cela, dit Emilie. J'ai eu un recul, une horreur en moi, et en même temps, oui, l'envie de me lever, de la suivre, de feindre d'avoir des ailes en battant l'air, en agitant mes bras ; j'ai eu le sentiment que si je faisais cela, je ne sais pas, je l'aiderais, je volerais, je volerais à son secours...

— N'est-ce pas, Emilie !

Hélène s'était tournée vers ma sœur. Elle lui prit les mains. Elle ajouta :

— Et la musique, par le chemin de la musique, ne pourrait-on pas ? Pourquoi ne pas tenter de la rejoindre, de lui permettre de rejoindre celle qu'elle était autrefois ?

Elle lâcha les mains d'Emilie.

— Elle avait votre âge, à peu près, lorsque son fiancé l'a quittée, lorsque la vie a pris fin pour elle. C'est sans doute pour cela qu'elle est venue vers vous, vous êtes la seule qu'elle ait remarquée.

— C'est parce que je dansais..

— Aussi parce que vous dansiez, et surtout que vous deviez ressembler, à ses yeux, à cette jeune fille qu'elle a été et qui s'est envolée au loin, là où elle voudrait pouvoir s'élever en battant des ailes. Elle vous a vue comme une libellule qui vole dans la musique.

— Pour la musique, tu sais, Hélène, on a essayé ; ses parents ont essayé. Ils l'amenaient devant le piano, sa mère commençait à jouer quelques mesures, mais Marie tapait à coups de poing sur le clavier, puis s'éloignait comme si ce tintamarre qu'elle déclenchait lui faisait peur.

— Il aurait fallu être patient, recommencer.

— Ils ont recommencé. Ils l'ont placée loin du piano et sa mère jouait les morceaux que Mariette avait travaillés. Ils ont dit que finalement la musique la rendait plus malade : d'abord ça l'exaltait, elle voulait courir, elle criait, ensuite elle retombait, elle restait des heures et des heures sans parler, refusant toute nourriture. Vous avez bien entendu son père : il nous a reproché de faire de la musique et de ne pas avoir fermé les fenêtres. Il avait déjà fait des reproches comme cela à ma mère, lors d'un de leurs séjours au pavillon ; il prétendait qu'en jouant on aggravait l'état de la pauvre Marie.

— Il a dit : « Avec votre saleté de musique », remarqua François.

— Si je vivais avec elle...

— Vous auriez ce courage ?

Je regrettais d'avoir posé cette question, je craignais de décevoir Hélène.

— Je crois, je le crois, dit-elle d'une voix humble. Du courage, de la patience surtout, de l'amour. Ses parents l'aiment, bien sûr, mais ils représentent une existence à laquelle l'amour allait l'arracher et dans laquelle elle s'est retrouvée plongée, engluée. Vous avez entendu : elle les voit comme des araignées qui la capturent.

— Quand ils seront morts, elle finira dans un asile, dit Betty.

— Je serai médecin des hôpitaux psychiatriques, alors je pourrai la prendre dans mon service.

— Avec la chimie, avec les progrès de la chimie, dit François, on arrivera bien à agir sur le cerveau, à chasser les hallucinations, les délires.

— Est-ce le cerveau qui est malade ? demanda Hélène comme se parlant à elle-même. C'est le cœur qui a mal, c'est l'esprit qui sombre. C'est un cauchemar qui ne finit plus. Votre chimie, je ne dis pas, ça pourra aider ; mais ce qu'il faudra, c'est trouver le chemin pour rejoindre celle qui s'est perdue, et avec elle refaire ce chemin, pas à pas, du fond du noir jusqu'au jour.

— Eurydice, prononça Betty.

Je trouvais qu'elle et Hélène parlaient bien, trop bien parfois, comme au théâtre. J'étais sensible à leur façon de raconter ce qu'elles faisaient, ce qu'elles pensaient, et en même temps inquiet devant ce plaisir que me donnaient leurs voix et leurs phrases, comme si je craignais de m'habituer, de m'attacher à cette sorte de ravissement.

Lorsqu'elles furent parties, François chanta la louange d'Hélène : « N'est-ce pas que c'est une fille comme ça, formidable ! cette volonté de vouer sa vie à découvrir le secret, les secrets de la folie pour sauver son amie ! » Emilie jugeait cela bizarre ; elle pensait qu'Hélène avait quelque chose d'obscur en elle, qui devait la pousser à chercher pour se sauver elle-même. Je partageais au contraire l'enthousiasme de François ; j'enviais mon frère de pouvoir suivre la même voie qu'Hélène. J'affirmais qu'elle et Betty étaient des êtres d'exception, Hélène avec son grand dessein, Elisabeth avec sa passion du théâtre.

— Ce n'est pas ça, la vie, disait Emilie.

— Et qu'est-ce que c'est, alors ?

— Je ne sais pas... c'est... attendre...

— Attendre quoi ?

— Tout... tout ce qu'un amour pourra vous apporter, vous donner... (Elle secouait sa chevelure, fronçait les sourcils, l'air désemparé.) Non, je ne sais plus... Est-ce qu'il ne faut pas... est-ce qu'on ne peut pas avoir peur, maintenant... Comment cette pauvre folle a-t-elle pu être jeune, belle, aimer, être aimée... Il aurait mieux valu qu'elle tombe de la tour, qu'elle disparaisse. Et lui, comment a-t-il pu ne plus l'aimer ? Oh ! la vie... »

XVI

Pour la première fois, nous allions répéter sur la scène. Elisabeth et moi étions arrivés plus tôt pour accueillir les autres. La gardienne du théâtre nous ouvrit la petite porte qui donnait accès, par un escalier en colimaçon, aux coulisses. En même temps, elle abaissa la manette d'un compteur électrique qui commandait l'éclairage. Je n'avais encore jamais visité des coulisses. Instinctivement je baissais la voix, comme si les hauts portants, les cintres, les cordages qui se perdaient dans les hauteurs évoquaient pour moi une cathédrale. Betty au contraire parlait fort, avec une sorte de volonté joyeuse. Elle me montrait les décors désuets, les accessoires entassés dans les coins, la place du régisseur, celle du pompier de service ; elle essayait des éclairages en actionnant au hasard des manettes, et nous étions tour à tour plongés dans le feu, dans une eau verdâtre, dans un soleil blafard, dans le crépuscule. Le rideau était levé et la salle me semblait un gouffre noir où brillaient çà et là des ors et des pourpres. Jamais Betty ne m'avait paru si animée. A un moment, elle se planta au milieu de la scène, fit une révérence vers la salle.

— N'est-ce pas merveilleux ?

— C'est impressionnant.

— Vous voyez ! D'ailleurs, Henri, avez-vous remarqué, vous ne parlez pas, vous chuchotez.

— Oui, un peu comme dans une église.

Elle me saisit le bras. « Une église ! vous l'avez dit, Henri : une église ! » Puis, sans me lâcher, elle ajouta : « Dites, si on s'habillait ! »

Elle me tira derrière un cintre où nous avions laissé les valises contenant nos costumes. Elle s'éloigna un peu. J'entendais le bruissement des étoffes pendant que je troquais mes vêtements de ville contre pourpoint et haut-de-chausses. Sa voix résonna de nouveau ; il me semblait qu'elle emplissait l'abîme sombre au-delà de la rampe :

— Et voici Célia, la fille du duc, la fille de l'usurpateur, la fidèle amie de Rosalinde. Approchez, noble Olivier... Elle changea de ton : « Venez m'aider à boutonner ma robe, elle a une rangée de boutons dans le dos. »

Par l'échancrure en V je découvrais ses épaules, son dos mince et brun ; elle était nue sous la robe de princesse. Comme son torse paraissait souple, un peu ployé à la taille si étroite ! Troublé, je restai un instant immobile ; j'avais follement envie d'embrasser, de mordre cette chair délicate.

— Eh bien ! s'étonna-t-elle.

Avec des doigts tremblants, je boutonnai la robe. « Merci, Olivier : vous êtes un noble personnage, mais un bien mauvais habilleur ! » Elle se retourna, me prit la main : « Venez. »

Elle m'entraîna sur le devant de la scène ; les feux de la rampe m'éblouissaient.

— Vous êtes Olivier et je suis Célia, dit-elle en riant ; les lumières faisaient briller ses dents humides. « La pièce est finie, le public nous acclame, nous saluons. » De sa main libre elle fit bouffer la jupe orange où scintillaient les bandes de papier argenté, esquissa une révérence : « Allez ! allez ! faites comme moi : il vous faut apprendre à saluer... » Elle fit une grimace qui fronça les ailes de son nez : « C'est la rançon de la gloire... »

Elle marqua deux pas en arrière ; je reculai aussi, puis elle revint vers la rampe en redressant sa taille.

— Maintenant, vous êtes Othello et moi Desdémone ; et vous êtes aussi Roméo et moi Juliette, le Cid et votre Chimène... Ce pourpoint rouge à crevés jaunes vous va comme un gant, et je vous vois très bien en Cid-Roméo-Othello... Pour Othello, il faudrait bien sûr qu'on vous passe la figure au brou de noix ! » Elle s'esclaffait, redevenait grave, riait de nouveau.

— Comme vous êtes enfant !

Elle lâcha ma main, s'écarta un peu. Je craignis de l'avoir blessée.

— Vous ne croyez pas si bien dire. Elle se mit à marcher sur la scène. « Ici, au théâtre, je retrouve une âme d'enfant... » Elle s'arrêta devant moi : « Vous comprenez, ici, on peut être ce qu'on veut. Lorsque vous étiez enfant, vous avez dû jouer à être un Indien, un explorateur, un brigand, un roi, un cheval... Non ? »

J'approuvai de la tête. « Et, au bout d'un moment, ce n'était plus un jeu : vous deveniez pour de bon cet Indien, ce bandit ou ce roi... Le théâtre, c'est la même chose, c'est aussi merveilleux que les histoires d'enfant. Vous verrez, dans quelques jours, quand la salle sera pleine et vivante, que vous sentirez l'ombre comme un être immense qui vous regarde, qui vous écoute ; vous verrez, vous serez ce traître, ce fourbe d'Olivier, vous vous apprêterez à faire tuer votre frère, puis vous serez ce garçon envahi par la grâce et par le repentir. Et moi, moi, Henri, je ne serai plus la fille de Mme Garou, je ne serai plus la petite bourgeoise condamnée à vivoter dans la maison familiale qui se déglingue ; non, je serai Célia, la fille du duc, et je serai la fidélité, le dévouement incarnés, la parfaite amie, la sœur par le cœur et l'esprit de Rosalinde... »

Elle fit deux ou trois pas, s'immobilisa, tendit les bras avec un mouvement ondoyant des épaules ; sa voix s'éleva comme un chant, et pourtant on croyait entendre un langage de tous les jours.

— Tu ne ressens donc pas, Rosalinde, l'amour qui te dit que toi et moi ne faisons qu'une ! Quoi ! nous serions arrachées l'une à l'autre ? nous nous séparerions, ma chérie ? Non. Que mon père cherche une autre héritière ! Et décidons ensemble le plan de notre fuite, le lieu où nous irons, et ce que nous emporterons avec nous. Ah ! n'espère pas garder ton malheur pour toi, supporter seule les chagrins et m'en exclure : car, par ce ciel déjà tout pâle de nos douleurs, tu auras beau dire, je te suivrai partout.

Elle sembla écouter une réponse, laissa retomber les bras, ferma les yeux. J'allai vers elle.

— Comme vous êtes belle, Célia, et touchante.

Elle me regarda. Se demandait-elle si mes paroles s'adressaient à elle ou à son personnage ? Et sans doute ne le savais-je pas moi-même. Je poursuivis ce qui était et n'était pas un jeu : « Oui, Célia, si belle qu'on voudrait ne plus vous quitter, vivre pour vous. »

Un instant, une expression de peur assombrit son visage, puis elle éclata de rire : « Eh bien, Henri, vous êtes doué, vous m'en remontreriez pour le théâtre ! » Elle redevint grave pour dire :

« Vous voyez, j'avais raison : le théâtre, c'est comme l'enfance ; nous ne savons plus qui nous sommes ; ou plutôt nous avons échappé à la fois à la pièce que nous jouons et à notre existence : Célia et Olivier pendant cette minute se sont mis à vivre pour leur propre compte. » Elle sourit de nouveau : « Et si j'ai bien compris, Olivier faisait bel et bien une déclaration à Célia. »

— En effet, c'était ainsi, dis-je sérieusement.

Comme si elle avait oublié nos propos, Betty me fit signe : « Venez, on va un peu dans la salle. »

Nous passâmes entre les praticables installés sur le côté de la scène. Betty me conduisit à quelques marches par où nous descendîmes au parterre.

— Par-là... Attention, ne manquez pas la dernière marche. Tenez, là : nous allons entrer dans cette loge.

Elle prit place à mes côtés. Nous appuyions nos coudes sur le bord de la loge. La lumière de la scène jetait une lueur égale sur les fauteuils de velours rouge, sur les arabesques dorées des balcons, et accrochait des reflets dans les yeux et sur les cheveux d'Elisabeth.

— Quand j'étais petite, vraiment toute petite, ma mère venait souvent louer des places à la gardienne que vous avez vue. Elle m'emmenait avec elle ; parfois même, elle me laissait avec la femme le temps de faire quelques courses dans le quartier. Mme Judith — c'est la gardienne — quelquefois, en grand mystère, me montrait le théâtre, les coulisses, la scène qu'elle illuminait pour moi, la salle sombre. Mon cœur battait de crainte et de joie. Je me demandais ce que devaient être ces drames que ma mère venait admirer ici. Un jour, il y eut une représentation de *Michel Strogoff*. Ma mère m'y amena avec Guillaume et Mathilde. Je me mordais les poings pour ne pas hurler de terreur ou d'enthousiasme, bien que je n'aie pas compris grand-chose à l'histoire qui se déroulait sur la scène. Ensuite, pendant des semaines, à la maison, notre plaisir favori fut de jouer à Michel Strogoff...

Tout en parlant, Betty posait sa main sur les miennes agrippées au rebord de velours. Je me rendais compte qu'elle n'avait même pas eu conscience de son geste, et je n'osais bouger, de crainte qu'elle ne cessât de faire glisser sa main étroite sur mes poignets, selon les mouvements hésitants ou prompts de la confidence.

— Mais ce qui dépassa toute expression, ce fut lorsque Mme Judith me conduisit de nouveau dans le théâtre. Ah ! je croyais voler sur la scène, j'étais le héros menacé et triomphant. Ensuite, dans la salle, peut-être dans cette loge même, à moi seule j'étais toute une foule trépidante qui m'acclamait.

Elle pencha un peu la tête de côté : « Peut-être, le théâtre, pour moi, ce n'est que mon enfance, ce n'est qu'une enfance que je ne voudrais pas quitter... Même si, un jour, même si j'avais pu devenir une véritable, une grande actrice, jamais je ne retrouverais ce... cette flamme, ce bonheur presque insoutenable, que j'éprouvais à me sentir sur cette scène le héros admiré ; et je ne retrouverais pas non plus, c'est impossible, le sentiment de gloire — c'est le mot — que me donnait le public imaginaire, le public en délire devant mon... eh bien, devant mon génie ! »

Elle avait eu un rire saccadé sur ce dernier mot, et maintenant elle se tenait, silencieuse, avec un air qui me semblait bizarrement hostile comme si elle m'en voulait de m'avoir livré ces secrets à la fois graves et puérils.

Quelle était cette jeune beauté en robe orange rayée de traits d'argent ? Comme il jaillissait, gracile, gracieux, de l'échancrure, son long cou paré d'un collier ancien ; comme il était pathétique, si proche, si lointain, si vrai, si irréel, sorti, eût-on dit, d'une toile de Titien, et vivant, mobile, mobile des vagues du sang, des vagues du songe, son fin visage, mobile dans son repos, dans sa paix, son fin visage mangé par les yeux d'ombre !

— Célia ! Célia... qui êtes-vous, Célia ?

Elle me regarda, retira sa main. Je me penchai vers elle. Elle ne bougea pas. Mes bras se fermèrent sur ses épaules. Elle ploya la tête, la laissa toucher ma joue. Je tournai un peu sur ma chaise et commençai à couvrir de baisers son front, ses joues, ses yeux ; je les sentais bouger à peine sous mes lèvres. Elle dégagea ses bras de mon emprise, les passa autour de mon cou. Sa bouche était douce.

— Où peuvent-ils être ?

La voix du quincaillier nous arracha à cette douceur. Il me

sembla qu'Elisabeth, furtivement, d'un doigt, s'essuyait les yeux.

Couderc, au milieu de la scène, agitait ses bras ; la lumière mettait des éclats à ses lunettes, elle devait l'aveugler.

— Ils ont dû s'évanouir, se transformer en fumée ; ils se sont volatilisés dans le noir !... Hé ! Betty ! hé ho ! Henri ! Mme Judith nous a dit que vous étiez déjà là ! Il se tourna vers quelqu'un qui devait se tenir dans les coulisses : « Peut-être qu'ils sont repartis ? »

Betty se leva, me fit signe d'éviter de faire du bruit ; elle me prit la main. Sur la pointe des pieds, nous sommes sortis de la loge ; par les marches étroites nous sommes remontés sur la scène. Elisabeth me fit passer derrière un rideau de fond, et nous sommes apparus de l'autre côté de la scène sous le nez du quincaillier éberlué.

Mes gisants — en ai-je parlé à Esther ? Non. A elle ni à personne. Jamais. Et pourtant, au déclin du jour, ou bien au moment du repas de midi, lorsque le jardin derrière l'abbatiale de Saint-Georges-des-Lions est désert, tant et tant de fois je suis venu, comme à un rendez-vous donné par-delà les siècles, me recueillir devant le jeune couple. Ils sont là couchés, côte à côte, sagement, tendrement ; le temps, la pluie, peut-être les outrages de la foule ou des enfants, ont effacé à demi les traits de leurs visages, cependant, toujours il m'a semblé lire sous le poli et l'usure de la pierre leur double sourire.

« C'est le tombeau du bon mariage », disait-on. Jeunes époux, de quelle ville du Nord venaient-ils, que j'imaginais toute dorée et rose au long de ses canaux ? Comme tant d'autres alors ils voulaient faire le pèlerinage de Saint-Jacques ? Etait-ce l'accomplissement d'un vœu ? Le saint avait-il béni, permis leur union ? (je supposais deux familles ennemies, Montaigu et Capulet des Flandres). Ils voulaient donc se rendre à Compostelle où demeurait leur sauveur, et ma ville natale, avec ses abbatiales, ses prieurés, ses monastères, était sur leur longue route une étape médiane.

Lui, peut-être avait-il vingt-six, vingt-huit ans, elle, était sa cadette de quelques années. Prit-elle froid à la traversée des forêts et des landes qui précèdent ma ville ou bien... ou bien sa famille à lui — n'avait-elle point pardonné l'amour, le mariage ? — dépêcha un gredin à la poursuite des époux. Le tueur les rattrapa aux portes de la cité, se glissa dans leur auberge, versa un poison dans le hanap de la belle. Ou si M. saint Jacques dans sa grande mansuétude voulut sauver une fois encore leur amour en leur envoyant la mort avant que ne meure leur passion ?

La belle à l'agonie fit jurer à son malheureux époux, qui voulait périr avec elle, de poursuivre seul le pèlerinage, puis de revenir prier sur sa tombe, où, dit-elle, elle l'attendrait.

Lorsque, bien des mois plus tard, ayant atteint Saint-Jacques-de-Compostelle, puis repris le chemin des Flandres, le jeune veuf fut de retour dans la ville, il alla s'étendre en pleurant sur la pierre qui recouvrait la morte : le long voyage, la douleur l'avaient miné ; au soir, des passants essayèrent en vain de ranimer ce pèlerin couché sur la tombe. Le lendemain, on l'enterra. Quand on eut soulevé la dalle et que les fossoyeurs commencèrent à faire glisser le long de leurs cordes le maigre cadavre, on vit, au fond de la tombe, la jeune morte, aussi belle dans sa tunique bleue qu'au matin de ses noces, se tourner de côté pour faire place à l'époux revenu.

Maintenant, ils sont là comme en ce jour de miracle, étendus, l'un contre l'autre, sagement, tendrement, changés en pierre par l'art et la foi des hommes, et je caresse leurs fronts de pierre, leurs épaules de pierre, j'effleure d'une main timide le jeune sein de l'épousée sous lequel, malgré le gel de la mort, l'amour put faire un instant battre à nouveau le cœur, juste un instant pour accueillir dans l'éternité l'époux fidèle.

XVII

Je ne fis de confidences à personne. Mais Caroline, me dit Betty, devinait que sa sœur et moi n'étions plus seulement des amis. Et je fus tout étonné d'entendre Emilie à son tour faire des allusions à cet amour que je sentais peu à peu m'envahir.

La petite Caroline me fuyait. Elle toujours si vive et gaie devenait souvent irascible ou boudeuse. Je l'imaginais orgueilleuse sous ses dehors primesautiers ; peut-être m'estimait-elle indigne de retenir l'attention de sa sœur. Hélène, au contraire, devenait à mon égard plus confiante et plus proche. Sa profonde affection pour Elisabeth, elle l'étendait à ceux que celle-ci aimait. Mais Betty m'aimait-elle ? Si ses baisers avaient perdu la timidité du premier jour, elle sortait de nos caresses souvent lointaine, et je lisais dans ses yeux, dont elle détournait le regard, je ne savais quelle détresse.

— Que ferez-vous plus tard, Henri ?

— Je terminerai mon Droit ; après le service militaire, j'espère devenir journaliste ; je voyagerai... nous voyagerons.

Elle ne répondait pas.

— Hélène vivra comme une nonne dans son hôpital...

— Comme une nonne ?

— Oui, même si elle se marie, si votre frère et elle se marient. Cela paraît probable, il a déjà épousé la vocation d'Hélène, si je puis dire. Eh bien, ils soigneront les fous dans leur hôpital, mais vous verrez, ce sera comme s'ils étaient entrés dans les ordres.

— Et vous, Betty ?

— Ne parlons pas de moi.

— Mais si. Je voudrais que vous... que le bonheur...

— Qu'est-ce que c'est, le bonheur, Henri ? Vous le savez, si je n'avais pas eu cette famille, j'aurais fait du théâtre... Enfin, c'est pourtant à cause de ma mère, de cet amour qu'elle m'a donné pour le théâtre, que je suis comme ça, et en même temps c'est à cause d'elle, de ses préjugés et de ceux de mon père, de Guillaume, de Mathilde, que je renoncerai.

— Il ne faut pas, Elisabeth. Vous ne devez pas renoncer. Je vous aiderai.

Elle avait un sourire mélancolique : « M'aider ? Vous êtes gentil, Henri ; comment voulez-vous m'aider ? Dans le fond, je critique ma famille, mais je lui appartiens, je suis habituée, il me faut cette existence à la fois bohème et bourgeoise, à la lisière de deux mondes... Roland Marcel a raison... Il me dit que je n'ai que ce que je mérite. »

— Je n'aime pas cet homme.

— Vous avez tort. C'est un grand artiste ; et lui, il sait ce qu'il veut.

— Il vous fait du mal, Betty.

Elle me regardait avec méfiance. Je voulais m'approcher, la prendre dans mes bras ; elle me repoussait, m'échappait en tournant sur elle-même et en ployant sa taille qui glissait entre mes mains.

Parfois, je pouvais emprunter la voiture de mon père. Nous partions, Betty et moi, vers les collines qui entourent la ville. Nous revenions souvent dans un bois de pins situé sur la hauteur d'où l'on dominait un horizon bleuté, avec une chaîne montagneuse à l'ouest, et devant nous, à quelques kilomètres, la masse claire de la ville étendue comme un lac dans la vallée. L'odeur de la résine, le soleil entre les branches, un frémissement du vent aux cimes des arbres suffisaient à nous combler. Nous ne parlions pas, perdus dans la joie de nos caresses et de l'été.

— Betty, je vous voudrais toute à moi.

Elle faisait non de la tête, les yeux clos à demi ; un long trait d'ombre filtrait entre ses cils. Pourquoi se refusait-elle ? Mathilde et Caroline étaient pieuses, Elisabeth non. Je comprenais mal qu'elle se livrât à mes caresses sans réticence, avec une sorte de violence pure, et qu'ensuite elle refusât de se donner tout entière. Sans doute aurais-je pu la prendre dans le vertige que creusaient nos baisers et cette mollesse de la terre de juin, mais je ne voulais rien d'elle qui ne fût consenti de sa part. Nous rentrions, silencieux, ivres ; le soir, à l'Observatoire ou au théâtre, nous évitions de nous regarder, il nous semblait que les autres devaient lire sur nos visages, dans nos gestes, la trace de nos caresses. Caroline avait une façon boudeuse de nous dévisager qui me mettait mal à l'aise. Lorsque nous restions en ville, nous nous retrouvions dans les églises. La vieille abbatiale de Saint-Georges-des-Lions nous plaisait entre toutes. Son porche donnait sur une place toujours déserte, et deux autres portes ouvraient sur des rues différentes. Cela nous permettait d'arriver chacun de son côté sans risquer d'être surpris. Nous restions longtemps sous la voûte aux piliers un peu inclinés ; les vitraux tachaient l'ombre de flaques rouges, vertes, oranges et bleues. Nous nous tenions assis l'un près de l'autre sur les chaises basses derrière un fût de colonne, la main dans la main. Quand nous étions sûrs d'être seuls dans l'église, nous nous embrassions. Mais il était rare que la nef n'abritât quelque personne agenouillée, plongée dans ses prières. Elisabeth chuchotait (les dévotes pouvaient croire qu'elle aussi priait).

— Si je n'avais pas eu la passion du théâtre, sans doute aurais-je été plus pieuse encore que Mathilde et Caroline. Le ciel aurait été mon théâtre ; je me serais fondue en Dieu comme une bête de théâtre se confond avec son personnage. Hélène aussi, si elle n'avait pas cette vocation, cette folie de soigner les fous, je me demande si elle ne serait pas entrée en religion. Il faut bien, n'est-ce pas, il faut bien échapper à soi-même, si l'on ne trouve pas une passion terrestre, il reste le ciel...

— Et l'amour, Betty ?

Elle levait la tête, comme si quelque réponse à ma question dût s'inscrire là-bas, sur la verrière multicolore au-dessus de l'autel.

— L'amour... répétait-elle. (Le noir de ses yeux se teintait d'un reflet rouge dans la lumière tombée d'une rosace.) Est-ce que l'amour nous délivre de nous-même ?

— Je vous aime, Betty. Et vous ?

Elle restait un moment comme absente avant de murmurer :

— Henri, moi aussi je vous aime ; il faut bien que je vous aime pour être ici maintenant, et dans le bois de pin, et l'autre jour au théâtre lorsque vous m'avez embrassée... Mais aimer, qu'est-ce que c'est ? que peut-on faire d'un amour ?

— Mais, Elisabeth, le vivre ! vivre cet amour, donner sa vie à notre amour...

— La vie... Elle baissait la tête, lâchait ma main. « Je ne suis pas sûre, Henri. Je ne suis pas sûre de moi. »

Nous nous taisions. J'étais tourmenté de ce trouble que je sentais en elle. Nous étions séparés. Je me levais, préférant m'éloigner. Elle me rejoignait et, souvent, sans s'occuper des femmes en oraison, elle se jetait contre moi, m'obligeait à refermer mes bras sur elle comme si elle voulait se mettre à l'abri, et ses lèvres cherchaient les miennes.

Avait-elle parlé à Hélène ? Elle m'assura que non lorsque je lui rapportai ma conversation avec l'étudiante. Après une répétition, alors que nous descendions les marches qui précédaient le théâtre, Hélène s'était approchée de moi.

— Ne faites pas de mal à Betty, me dit-elle rapidement. Je veux dire : vous pouvez la rendre heureuse, vous pouvez lui apporter la paix. (Elle tourna la tête pour s'assurer qu'on ne pouvait l'entendre.) Ne vous laissez pas... ne vous découragez pas si Elisabeth... ne la croyez pas si elle prétend ne pas croire dans son bonheur... Il ne faut pas céder à ses démons. Il y a des... il y a des gens mauvais pour elle, elle ne le sait pas ; et vous, vous pouvez l'aider à... vous pouvez l'aider.

Elle ne me laissa pas le temps de répondre ; à peine étions-nous au bas de l'escalier qu'elle me quitta pour rattraper un groupe où le quincaillier s'agitait et provoquait les rires.

— Hélène se fait des idées, se contenta de dire Betty le lendemain. Depuis le malheur de Mariette, elle tremble pour moi. Mais moi, je suis solide.

Je n'osai lui demander quels étaient ces gens qui pouvaient lui faire du mal.

— Attention, si hier, dans vos scènes, vous étiez un traître, ce soir, hop, revirement complet : la bonté d'Orlando à votre égard vous a désarmé : donc, faites sentir, pressentir ce changement. Mais pas trop vite, pas trop tôt. Il ne faut pas, à mon sens, il ne faut pas que le spectateur sache immédiatement, puisse se dire dès l'entrée d'Olivier : « Tiens, le gredin est à présent un bon jeune homme ! »

Ma brochure ouverte à la main, je pensais que, pour l'heure, je ne devais avoir l'air ni d'un traître ni d'un héros, mais d'un nigaud. Betty poursuivait ses remarques, je continuais à les trouver irritantes, cependant que sa voix m'était douce.

— Il ne faut pas non plus, bien sûr, que le monsieur du fauteuil d'orchestre songe : « Ah ! celui-là, je le reconnais : c'est le traître » — ou plutôt si, il faut qu'il pense cela, donc Olivier en apparence doit être le même ; et pourtant sa voix, son regard, son maintien doivent avoir quelque chose de plus tendre, de plus clair, afin que tout à l'heure, lorsque la salle va enfin comprendre qu'Olivier ne hait plus son frère, qu'au contraire il le vénère, on ne soit pas incrédule.

« C'est à mon personnage qu'elle s'intéresse, pas à moi. » J'étais jaloux de cet Olivier auquel il me fallait prêter vie.

Jaloux de celui que j'aurais pu, ou que j'aurais dû, ou que j'aurais voulu être, je l'ai été si souvent. Comment auriez-vous appelé cela, Esther Zarev, ce travers risible ? le complexe du double ? le complexe de l'ombre ?

XVIII

— Non ! Ta — ta-ta-ta — ta !

Le quincaillier dessinait dans l'air, de sa main ouverte, une arabesque syncopée. Guillaume au saxophone essayait de reproduire la phrase musicale indiquée par son ami.

— C'est mieux, mais ça n'y est pas encore tout à fait. — Ta... une note longue, soutenue, puis bien vite, comme trois balles de revolver, crescendo : ta-ta-ta ; un silence bref mais fort, mais vertigineux d'être à contretemps de la batterie, et la note heurtée, déchirante !

— Quand il parle du jazz, quand il parle comme ça, il devient presque beau, me soufflait Emilie.

— Comment dire, marmonnait le quincaillier — une sorte de rage semblait l'habiter — je le vois, je vois Louis, sa bonne tête de soleil, et cet amour qui le prend à la gorge, au ventre, qui éclate, qui le déchire !

Ses yeux gris qui semblaient étinceler derrière ses lunettes fixaient Emilie. Furieux, c'est cela : il y avait en lui une fureur sacrée. « Mais il brûle ! D'amour ? De haine ? » C'était pour moi une soudaine évidence. Puis cette autre pensée qui s'imposait, non moins absolue : « Ce n'est pas d'Armstrong qu'il parle, c'est de lui, de son amour pour... pour Emilie, bien sûr ! Il ne compte pas pour elle, il n'est qu'un camarade à ses yeux, un bon camarade, et lui, il brûle, il brûle en la regardant. Et il crie sa jalousie, sa souffrance, son appétit de mort... ta-ta-ta, les trois balles de revolver, pour qui ? pour lui ? pour Guillaume ? pour se tuer et pour tuer l'amour ?

— Allez ! la batterie !

A l'ordre donné par Couderc, Grimari lâcha la clarinette et se lança dans une danse forcenée. On ne reconnaissait plus le garçon calme, « l'eau-qui-dort », comme l'appelait parfois Emilie, le noble Orlando désenchanté. Il jonglait avec ses baguettes, les rattrapait au vol, se précipitait sur les cymbales, cognait dans la grosse caisse.

— Allez ! allez ! du swing ! criait le quincaillier tapant dans ses mains. Du swing !

Des mèches de cheveux noirs volaient sur le front d'Orlando, sa bouche s'entrouvrait sur une plainte ou un appel. Il se couchait sur le tambour, y battait une course haletante. Sa frénésie nous gagnait. Nous commencions à nous balancer sur place et à taper dans nos mains comme Couderc pour marquer la cadence. Emilie, toute rose, reprenait la plainte, l'appel de Grimari.

« C'est lui, c'est Orlando qu'elle devrait aimer. Couderc est trop attaché à sa propre défaite ; mais Grimari est beau et sage. Et ne voit-elle pas que cette danse, cette lutte, cette fête du rythme, c'est pour elle, c'est en son honneur, c'est la façon de l'eau-qui-dort de se faire tempête pour essayer de la séduire, de l'emporter ?... »

Sur un dernier crépitement du tambour, le quincaillier avait bondi, ressaisi sa trompette posée devant lui sur le piano, et, tantôt baissant la tête comme si, entraîné par la musique, il voulait plonger tout au fond de l'ombre, tantôt la secouant en arrière dans un défi au ciel, à la fatalité, ou encore dans une tentative désespérée pour atteindre la lumière, pour forcer la joie à lui sourire enfin, il brandissait le cuivre, s'époumonait à en tirer des sons lugubres ou stridents.

— Pauvre Couderc, me dit Hélène. Il poussait son charreton, l'autre jour, pour livrer une commande à un client ; comme d'habitude il avait sa blouse grise et déchirée, une voiture l'a doublé : par la vitre arrière il a vu trois visages se retourner et le regarder en riant. Entre Guillaume et Grimari, Emilie lui a fait un petit signe pendant que l'auto s'éloignait. Il aime souffrir ; il souffrait de nouveau en me racontant cela ; il s'humiliait de nouveau. « Cette voiture pleine de jeunes qui riaient, qui filaient vers leur plaisir, et le petit signe d'adieu d'Emilie qui s'éloignait, voilà : c'est l'image de ma vie ! » J'avais l'impression qu'il saignait en disant cela, mais il voulait que ce fût ainsi ; on aurait dit qu'il en avait rêvé avant que cela ne fût vrai.

— Ainsi vous croyez que nous sommes tous fous, Hélène ?

En disant cela, et auparavant en écoutant l'étudiante, je n'avais pas cessé de battre la mesure du blues qui s'achevait dans une coda où saxo et trompette alternaient leur chant doux-amer. Nous avons applaudi. Le quincaillier nous contemplait, essoufflé, ahuri ; il sortait d'un autre monde.

— On passe un disque ? proposait Guillaume.

Le disque tournait, la voix s'élevait et nous n'étions plus à l'Observatoire, mais dans une ville de délire, au fond d'une gorge entre les gratte-ciel noirs. Elisabeth s'approchait de moi.

— Peut-être, oui, nous sommes tous plus ou moins aliénés, plus ou moins étrangers à nous-mêmes...

— Qu'est-ce que tu racontes, Hélène ? demandait Betty.

— Assez, mes enfants, assez ! dit une voix douce.

Nous levâmes tous les yeux en même temps. Guillaume arrêta le disque. La tête ébouriffée et blanche de M. Garou passait par l'embrasure de la porte.

— Comment voulez-vous que je poursuive mes recherches avec ce tintamarre ! Votre mère n'est donc pas là ?

— Elle a eu une course à faire, répondit Mathilde en allant vers lui. Elle ajouta : « Promis, père, nous arrêtons le jazz. Excusez-nous. »

La tête ébouriffée s'inclina, esquissa un sourire et disparut.

Elisabeth me confia : « Pauvre père, il croit que nous sommes dupes. »

— Comment cela ?

— Oh ! je ne devrais pas vous le dire, Henri. Jurez de ne pas le répéter.

— Bien sûr, Betty.

— Un soir, Caroline, c'est un vrai démon, et curieuse comme une pie, elle est montée sur la pointe des pieds jusqu'au laboratoire de papa ; elle a poussé la porte : au milieu de ses bocaux, de ses cornues, de ses éprouvettes, la lumière allumée, il dormait ; le lendemain soir elle a recommencé, mais cette fois le verrou était mis ; chaque soir elle est remontée secrètement, jusqu'à ce qu'elle trouve de nouveau la porte non verrouillée. Père est si distrait qu'il doit oublier bien souvent de se barricader. De nouveau, Caroline l'a surpris en train de dormir. Nous avons ri lorsqu'elle nous a raconté sa découverte ; et après, dans ma chambre, j'ai pleuré. Et peut-être que mon frère, et Mathilde, et Caroline, ont pleuré, eux aussi...

Elle leva les yeux vers moi, mais je sentis qu'elle tournait son regard à l'intérieur, vers le lieu très loin enfoui de ses espoirs, de ses tourments.

— Comment croire en soi, quand on a rencontré la défaite de ses parents, l'agitation tyrannique et vaine de notre mère, la solitude inutile de notre père ?...

La lumière me sembla remonter du fond de sa pupille. Elle eut un sourire imperceptible :

— Après tout, le laboratoire de mon père, c'est son théâtre ! c'est le théâtre qu'il joue pour nous et sans doute pour lui-même.

— Moi, je crois en vous, Betty.

Elle effleura ma main d'un doigt : « C'est vrai ? » Puis la clarté dans ses yeux s'éteignit de nouveau : « Ça vous passera. »

Elle s'éloigna, appelée par Caroline.

Dans un coin, le quincaillier reprenait sa démonstration devant ses amis privés de leurs instruments de musique :

— Alors, là, c'est le saxo. Tu as bien compris, Guillaume ? c'est toi qui pars : ta — ta-ta-ta — ta !

Sur une feuille de bristol, au cours d'une répétition, Hélène avait jeté ces quelques traits, ces quelques taches de couleur, ce maigre personnage au pourpoint gris et rouge, Olivier, moi-même tel qu'elle me voyait en jeune traître shakespearien.

Vous prétendiez le « portrait » ressemblant, Esther Zarev, quand, vingt ans plus tard, nous vous montrions ce croquis. Vous ajoutiez en riant : « Un joli traître ma foi, on le sent déjà prêt à se trahir lui-même. »

XIX

Ce fut une nuit, peu après la Saint-Jean. Le théâtre était comble. Derrière le rideau, nous entendions la rumeur ronde et chaude de la salle. Dans les coulisses, la reine mère donnait d'ultimes conseils. Le quincaillier essayait de plaisanter encore ; il était vert. Elisabeth ne pouvait tenir en place ; elle allait vers Hélène, lui prenait les mains, la quittait, revenait vers moi :

— Vous verrez, Henri, ce n'est rien ; dans un moment le trac va passer. Vous serez Olivier, je serai Célia, et plus rien d'autre, plus rien !

— Allez ! allez ! regagnez vos places ! dans une minute on frappe les trois coups !

Mme Garou nous chassait devant elle, son châle noir voltigeait. Déjà Grimari, Orlando et Louis Fergnac grimé en vieux serviteur se tenaient au centre de la scène, près d'un fauteuil de bois sombre. C'était sur eux que devait se lever le rideau.

La petite Caroline traversa toute la scène.

— Caroline, vous êtes folle ! cria sa mère. Mais la jeune fille courut jusqu'à moi : « Henri, j'ai un fichu trac ! Dites-moi « merde », je vous en prie ! »

Je lui dis le mot porte-chance qu'elle répéta à mon intention. Elle fit demi-tour, se retourna d'un bond : « Vous êtes beau ! » me cria-t-elle, et elle s'enfuit.

Le quincaillier, de toutes ses forces, frappait les trois coups. Le rideau se leva ; le temps se mit à passer à une vitesse folle. Déjà une main, celle sans doute de Mme Garou, me poussait en scène. Dix fois j'avais dû répéter ici même, mais ce surgissement dans la lumière et dans les centaines de regards dont était faite l'ombre, là-bas, c'était, effrayante et exaltante, une naissance.

— Alors, monsieur, que faites-vous de bon ici ? J'entendais ma voix ; elle résonnait, forte, impérieuse. Je l'entendais comme si elle ne m'appartenait pas. D'ailleurs était-ce moi qui jouais ? Je continuais à penser à Betty, à cette sensation de bond, de plongée dans un autre univers qu'elle devait elle aussi ressentir quand elle entrait en scène et qui avait dû lui devenir indispensable comme le vertige d'une drogue. En même temps, j'entendais ma voix se faire méchante : « Ma foi, monsieur, employez-vous à mieux et allez au diable ! »

Je regardais Orlando. C'était lui qui était beau, légèrement bistré, la lèvre charnue et rouge, le cheveu bleu, le costume de perle et de pourpre sous la cape jaune. De quel tableau ancien était-il descendu ? J'avais envie de lui dire, comme tout à l'heure à moi-même la petite Caroline : « Orlando, tu es beau », et je lui lançai avec mépris : « Savez-vous où vous êtes, monsieur ? » Peu après, je devais faire un geste de menace et Grimari, comme prévu, me sauter à la gorge ; mais sans doute, ému plus que de raison lui aussi, il me fit mal. Cette douleur m'exaspéra et me fit coller avec rage à mon personnage : « Oses-tu porter la main sur moi, manant ? » Je détestai soudain ce « frère » et le chassai avec le véritable accent de la haine.

Lorsqu'il fut sorti et que lui succéda, inquiétant, quelque peu obscène dans son maillot aux taches aubergine et rouges, Gaston Lachalle, le lutteur, j'étais prêt à trouver la parfaite intonation de la traîtrise pour le pousser à tuer mon frère. Mais je m'aperçus que le gros garçon tremblait et suait de peur, et je crus bien que nous allions tous deux rater notre scène.

— Le bon... bonjour à vo-votre Hon-neur ! bégaya-t-il. Des rires fusèrent dans la salle. Je crus tout perdu. Cependant je tentai instinctivement de m'accorder à ce comique imprévu. Tant bien que mal nous arrivâmes au bout de notre dialogue. Dégrisé par l'effort que j'avais dû faire pour rattraper les bévues de Lachalle, j'avais l'impression maintenant d'être le vrai traître de mélodrame. Cependant, quand je sortis de scène, quelques applaudissements me saluèrent.

— Ça marche, ça marche ! me dit Mme Garou dans les coulisses.

Près d'elle Caroline déclara : « Il a été formidable quand Lachalle a déraillé ! »

— Ça oui ! acquiesça Couderc, pour dérailler, le Croix-de-feu-en-herbe, il a fameusement déraillé, sans Verrier c'était foutu. Les Mousquetaires hochèrent la tête avec lui.

Je me retournai pour ne pas montrer mon contentement. De l'autre côté de la scène, Elisabeth entrait, suivie de Mathilde.

— Je t'en prie, Rosalinde, ma chère cousine, sois gaie.

— Chère Célia, je montre plus de gaieté que je n'en possède, et tu voudrais encore que je fusse plus gaie !

Je vis Hélène s'approcher de moi. Je lui saisis le bras et dus le serrer sans m'en rendre compte. Elle étouffa un cri.

— Oh ! pardon, Hélène... Elle me montra son bras nu : mes doigts y avaient marqué une trace rouge.

— J'ai eu le trac de nouveau pour Elisabeth... Excusez-moi !

— Ecoutez-la : regardez... comme elles rayonnent toutes deux !

Adossée à un portant, Mme Garou, brochure en main, articulait silencieusement chaque syllabe du rôle de ses filles.

Un peu plus tard, la rencontre des jeunes filles avec Orlando, sa lutte victorieuse avec Gaston Lachalle, l'éveil de l'amour entre Rosalinde et lui firent passer sur la salle un frémissement.

J'aurais voulu alors être Orlando et que Betty fût Rosalinde. J'aurais voulu que notre amour se déclarât à la face du monde sous le travestissement des personnages.

Lorsque le rideau tomba sur la fin du premier acte, quand Célia déclara : « Partons en toute sérénité, non vers l'exil, mais vers la liberté », et que les applaudissements éclatèrent, brisant l'ombre de la salle en mille battements d'ailes, il me sembla que le temps était passé en un clin d'œil depuis le moment où j'avais surgi dans l'éblouissement de la scène, et que, pourtant, des jours et des jours nous séparaient à présent du début de la soirée. Je regardais Betty se pencher, étaler des deux mains sa jupe, se redresser, souriant comme je l'avais vue faire le premier soir où elle m'avait conduit sur la scène et où elle s'amusait à saluer la salle noire et vide. « Elle est heureuse, elle est heureuse... me répétais-je. Sa vie culmine en cet instant comme la vague au moment où elle éclate en gerbes, en crinières, en arbres d'étincelles. Elle est merveilleusement seule, elle ne connaît plus personne, ni ses sœurs, ni Hélène, ni moi. »

Au second acte, nous avons guetté la réaction de la salle lorsque Mathilde et Betty sont revenues, non plus en princesses, mais la première habillée en jeune page à la taille bien prise, aux jambes gainées, l'une de soie verte, l'autre de soie noire, et Betty en bergère court vêtue.

Nous étions tous attentifs ainsi à cette métamorphose de Rosalinde et de Célia et au nouvel élan qu'elle donnait à la pièce, tous, sauf Emilie et Guillaume : ils restaient en retrait, comme le champion et son manager qui se préparent au combat. Quand ce fut le tour de Guillaume, il serra derrière lui la main d'Emilie puis fonça sur la scène.

— Quand j'ai entendu ce fou en livrée moraliser ainsi sur la vie, mes poumons se sont mis à chanter comme un coq, à l'idée qu'il y ait des fous aussi riches en pensée contemplative ; et j'ai ri, sans interruption, une heure à son cadran. Oh ! noble fou ! O digne fou ! L'habit bariolé est le seul qui soit de mise.

— C'est d'une douce, d'une agréable folie que parlait Shakespeare !

Je me retournai. Hélène venait de descendre de sa loge, dans le costume de sauvageonne qui avait effrayé Mariette.

— Il devrait dire : fantaisie et non pas folie, continuait-elle.

Elle se tenait à demi nue si près de moi. Son odeur brune que surmontait une pointe de parfum s'exaltait sous la chaleur des projecteurs. Elle hésitait, poussant du pied un bout de ficelle qui traînait sur le sol.

— Il est vrai qu'il y a des fous heureux, il y en a qui trouvent le bonheur dans leur folie.

Mon frère, le duc exilé, paraissait à son tour. L'effort qu'il faisait pour être sûr de sa mémoire lui donnait un air furieux alors qu'il eût dû avoir une expression indulgente. Il récitait vite ses répliques. Sa maladresse m'était pénible, et je voyais bien qu'elle irritait Hélène. Je voulus lui trouver une excuse aux yeux de l'étudiante.

— François a le trac, dis-je. C'est pour ça qu'il joue... qu'il ne joue pas très...

Orlando, une épée à la main, nous bouscula pour entrer en scène. Hélène dut se raccrocher à moi. Son bras nu frôla ma bouche. J'eus un instant le poids de son corps sur ma poitrine. Avais-je malgré moi trahi mon trouble ? Un feu sombre marqua les joues d'Hélène, elle fronça le front et la frange brune de ses cheveux toucha presque ses sourcils.

— Quelle brute, ce Grimari !

Elle esquissa un sourire qui plissa ses lèvres épaisses. Je pensais à un œillet qu'on froisse dans la main pour qu'il embaume. J'imaginais François collant ses lèvres minces à cette fleur, à ce fruit.

Le rideau en s'abaissant me délivra. Dans le bruit des applaudissements, puis du brouhaha du public se levant pour l'entracte, Guillaume, Grimari, Louis Fergnac et François revinrent vers nous. Ils furent vite entourés des autres acteurs. Je voyais Emilie, les paupières battantes, parler très vite à Guillaume qui souriait, sa perruque à la main.

Mme Garou fit servir sur des tréteaux tout au fond de la scène des limonades. Les garçons vidaient verre sur verre, altérés par le jeu et l'enthousiasme.

Au troisième acte, j'avais une seule phrase à dire, dès le lever du rideau : « De ma vie je n'ai jamais aimé mon frère. »

— Comme vous avez bien craché votre haine, remarqua Elisabeth.

Un peu plus tard elle entrait en scène.

Ou plutôt, Rosalinde et Célia étaient de nouveau seules dans la forêt d'Ardennes.

— C'est vrai que Mathilde a l'air d'un beau jeune homme, murmura Hélène.

— Si mon frère vous entendait, il serait jaloux.

— Vous pouvez donc être bête vous aussi !

— O Seigneur ! Seigneur ! s'écriait Célia sur la scène.

Et, en même temps qu'elle, je me disais intérieurement : « Pour des amants, se rejoindre est chose bien difficile ; mais il arrive que des montagnes, déplacées par des tremblements de terre, se rencontrent. » Nous n'avions pas eu besoin de tremblements de terre pour rencontrer les Barbares et leurs amis, mais à présent que nous avions rencontré l'amour, nous tremblions que le moindre événement vînt séparer ceux qui s'étaient rejoints.

— O sinistre présage ! gémissait Mathilde-Rosalinde, il vient pour me percer le cœur.

Qui jamais lui percerait le cœur ? Elle était faite, comme une jeune Minerve, pour être admirée, mais aimée ? Nul jamais ne se sentirait digne d'elle, et elle, on la devinait trop sage pour tomber dans les pièges de l'amour.

Lorsque entrèrent Orlando et Jacques, les deux jeunes filles s'écartèrent, feignant de se cacher. Betty fut ainsi tout près du portant qui me dissimulait. Elle tendit un bras en arrière, je saisis sa main qui tâtonnait à ma recherche et, m'inclinant, posai un baiser au creux de la paume. Il me sembla qu'elle frissonnait lorsque mes lèvres touchèrent sa peau. Je relevai la tête, très vite elle se tourna vers moi, me sourit, puis reprit pour les spectateurs sa mimique de curieuse aux aguets.

Ainsi la salle croyait voir Célia et Rosalinde guetter les propos et les gestes d'Orlando et de Jacques, mais nul ne soupçonnait que Célia n'était plus Célia, qu'elle était redevenue Elisabeth et qu'au lieu d'Orlando c'était moi, son ami, qu'elle guettait pour me donner comme un défi aux yeux de tous, et pourtant invisible, un signe de tendresse.

A présent, Rosalinde se tournant vers Célia lui parlait en aparté, et Betty la regardait, l'écoutait comme si elle était seule avec elle, autrefois, en pleine forêt d'Ardennes, bien des siècles avant que je ne vienne au monde ; Elisabeth-Célia, comme si je n'existais pas, comme si sa main ne venait pas de quitter mes lèvres et ma propre main.

Et si ce manège de la part d'Elisabeth n'était que coquetterie d'actrice, jeu dans le jeu, goût de la difficulté, la comédienne exaltant en elle les caprices de la femme ! « Je suis cette princesse de jadis, j'incarne la fidélité à mon amie, à ma sœur d'élection Rosalinde, et je suis la jeune fille dont rêve Henri, et chacun croit voir la seule vraie, la seule qui lui importe. » N'avait-elle pas encore d'autres personnages en elle, de telle sorte que je ne connaissais d'elle que l'un d'entre eux et qu'elle me demeurait inconnue, aussi inconnue que sa sœur Mathilde. Lui dirais-je cela ? Lui livrerais-je ces doutes ? Ce serait en vain, car il lui suffirait de jouer le personnage de l'innocente injustement soupçonnée. Je n'aurais plus alors qu'à implorer son pardon. Et elle jouerait le personnage de la clémence, à moins qu'elle ne lui préférât celui de l'outragée et de l'impitoyable. Je tournai le dos à la scène pour ne plus voir Célia. J'aperçus dans un coin, vers la porte donnant sur l'escalier, assis sur le sol, François et Hélène. Têtes basses, ils chuchotaient sans s'occuper de la pièce. Une fois encore, j'enviais mon frère : du moins avec Hélène, il savait qui il aimait. J'entendais derrière moi Rosalinde :

— L'amour est pure démence, je vous le déclare, il mériterait la chambre noire et le fouet, au même titre que la folie ; et si les amoureux ne sont pas traités et guéris de cette manière, c'est que leur folie est si commune que les bourreaux eux-mêmes en sont atteints.

J'allai jusqu'à François et Hélène. Ils relevèrent la tête en même temps.

— Avez-vous entendu, Hélène ? Vous me disiez que dans cette pièce la folie n'était que fantaisie, avez-vous entendu ce que Mathilde vient de dire : « l'amour est pure démence », et il est question, pour les fous, de chambre noire et de fouet.

— Parle pas si fort, dit François.

— Oui, j'avais déjà remarqué ce passage. Je le trouve atroce et prophétique.

— Pourquoi prophétique ?

— Quand je pense à Mariette.

— Nous sortons à peine du temps où les fous relevaient du bourreau, dit François.

— Je me demande, fit Hélène, si les douches, les camisoles de force, l'internement, ce ne sont pas encore des formes de la chambre noire et du fouet ?

Une expression tragique abaissa les commissures de ses lèvres

— Je me demande même si certains psychiatres et certains infirmiers ne sont pas des bourreaux. Comment les pauvres malades pourraient-ils le dire ? On ne les croirait pas.

Mme Garou vint vers nous, la mine défaite.

— Avez-vous vu Caroline ? Elle doit entrer en scène d'un moment à l'autre, et on ne la trouve pas. Cette enfant est terrible. Pourvu qu'elle se souvienne.

« L'amour est pure démence », me répétais-je.

— Me voici !

Caroline surgit comme un diable de sa boîte. Avec sa peau de mouton sur les épaules, ses jambes nues, ses cheveux défaits, elle avait l'air d'une fillette, et le fard de théâtre, sur ses lèvres, ses paupières, ses sourcils, semblaient plaquer un masque comique.

— Où étais-tu ? Tu m'as donné des émotions.

Pâle de colère, la reine mère était obligée de chuchoter. Calmement, Caroline montra du doigt l'endroit de sa cachette, une sorte de loge ménagée entre deux portants des coulisses afin de permettre de surveiller à la fois celles-ci, la scène et la salle ; une toile mince dissimulait l'ouverture par laquelle, dans l'ombre, le guetteur voyait, seul, l'envers et l'endroit du théâtre. Je pensai aussitôt que, de sa cachette, Caroline avait dû surprendre tous nos jeux en contrepoint de celui que nous menions à tour de rôle devant la salle.

— Caroline, serez-vous une comédienne dans la vie, vous aussi, quand vous aurez vingt ans ?

Mme Garou me jeta un regard sévère.

— Quelle est l'autre ? dit Caroline en me faisant une grimace.

— Allez, Couderc, allez-y ! ordonna la reine mère.

Le quincaillier et Caroline bondirent en scène, main dans la main. Bientôt, nous entendîmes les rires.

— Elle est mignonne, elle est drôle, non ?

Je n'avais pas entendu Betty s'approcher.

— C'est d'elle, c'est de Caroline, Henri, que vous devriez être amoureux. Vous seriez plus heureux et elle aussi.

Elle me fit signe de me taire en portant un doigt à ses lèvres.

— Vous ne m'aimez plus, Betty ?

Elle haussa les épaules.

— Bien sûr que si.

Elle éclata de rire devant une nouvelle grimace du fou et de sa bergère, puis, redevenant sérieuse :

— Mais j'aurais voulu, je voudrais que vous soyez heureux.

Elle ne me laissa pas répondre.

— Il faut que je revienne près de Mathilde, c'est à nous de nouveau.

Qu'avait-elle voulu dire en parlant de mon bonheur ? Et pourquoi cette allusion à Caroline, cette provocation ? Etait-ce encore coquetterie de sa part ? Ou bien plaisantait-elle pour me signaler, en s'épargnant un aveu, une faille dans notre amour, un danger qui, malgré elle mais par elle, le menacerait ? Elle déclarait maintenant à Rosalinde : « Au fait, ses baisers sont baisers de Judas. » C'était d'Orlando qu'elle parlait ; mais ces mots ne pouvaient-ils s'appliquer à ses propres baisers ?

Hélène sur scène malmenait son partenaire, le berger gringalet.

— Je ne voudrais pas être ton bourreau, je te fuis, pour ne pas te faire souffrir, disait-elle. Tu me dis que mes yeux sont meurtriers.

Ses yeux d'ambre au cercle sombre, l'étroite et blanche marge du front, sa bouche œillet froissé, l'avidité mélancolique de sa bouche, la force douce de ses bras, de sa gorge, de ses jambes. Meurtrière Hélène, sa beauté, oui, pouvait faire souffrir ; qui ? Quelle victime ? François ? Mais non, c'était encore moi qui souffrais, qui me reprochais d'être trop sensible à la beauté de ce visage au dessin un peu lourd, à ce corps dévoilé.

Les applaudissements qui marquèrent la fin du troisième acte me surprirent au fond de cette rêverie.

Emilie descendait des loges revêtue de son costume de danseuse. Elle voulait savoir ce que je pensais de sa tenue, de son maquillage. Elle avait peur de rater sa danse, je la rassurai de mon mieux. La reine mère ne tarda pas à faire relever le rideau. Mathilde et Guillaume ouvraient le jeu. Emilie appuyée sur mes épaules faisait des exercices de jambes tout en marquant par des soupirs ou de brèves exclamations l'intérêt qu'elle prenait au discours de Guillaume. Nous arrivions au pseudo-mariage entre Orlando et Rosalinde déguisée en garçon.

— Je n'ai plus qu'à mourir, disait Orlando sous le prétexte que Rosalinde ne voulait pas de lui, et Rosalinde-Ganymède assurait :

— Non, croyez-moi, mourez par procuration. Ce pauvre monde est vieux d'à peu près six mille ans, et pendant tout ce temps-là, il n'y a pas un homme qui soit mort pour son compte : j'entends pour cause d'amour.

— Et Mariette, me souffla Emilie à l'oreille (elle se tenait sur une jambe, l'autre tendue en arrière), n'est-elle pas morte à la raison pour cause d'amour ?

— Lâche-moi, c'est bientôt mon tour.

— Il y a encore deux scènes. Laisse-moi faire quelques exercices. Orlando n'a pas encore dit à Rosalinde : « L'éternité plus un jour. »

— Dites un jour, sans l'éternité, enchaînai-je machinalement.

— A nous deux, on pourrait jouer toute la pièce. C'est très mal, mais tu sais, j'ai souhaité parfois que Mathilde se casse une jambe ou tombe malade ; comme j'avais appris son rôle sur ordre de la reine mère, j'aurais été Rosalinde.

— Pauvre Orlando, murmurai-je.

— Pauvre Orlando ? Qu'est-ce que tu veux dire ?

— Oh ! rien.

— Si, si.

Elle me pinçait les épaules.

— Je veux dire, c'est pour le coup que Grimari aurait été fou de toi.

— Dis pas de bêtise.

— C'est comme ça.

— Non, ce n'est pas comme ça, personne ne deviendra fou pour moi.

Elle me lâcha, se remit d'aplomb et ajouta vite :

— Heureusement.

— L'éternité plus un jour, disait en même temps Orlando.

Je fermais les yeux, me répétais intérieurement mon texte : « Bonjour, belle jeunesse. »

J'entrai en scène, me dirigeai vers Célia et Rosalinde. « Bonjour, belle jeunesse. » Betty, tournant un instant la tête pour ne pas montrer son visage aux spectateurs, me sourit des lèvres, elle forma en silence ces mots : « Ça va », puis elle fit face de nouveau au public pour me répondre. Sous mes répliques, je songeais à d'autres mots. « Orlando vous salue toutes deux », disais-je, et je pensais : « Vous êtes belle Célia, si belle avec vos yeux noirs et pourtant légers de lumière. » Je prononçais avec l'expression de l'accablement : « Ma honte, si vous tenez à savoir de moi qui je suis, et comment, et pourquoi, et où ce mouchoir a été taché de sang », et j'aurais voulu que mes regards puissent dire : « Oui, Célia, je doute, j'ai douté de vous, mais c'est fini, je vous aime Betty, telle que vous êtes, et tant pis si je dois souffrir par vous. »

— Je vous en prie, parlez, demandait Célia avec une expression inquiète, et il me semblait entendre : « Je vous en prie, ne doutez pas, je vous en prie, mon amour. » Je faillis manquer le début de ma tirade, j'eus l'impression de suffoquer comme celui que tout à l'heure la mer portait paisiblement et qu'un faux mouvement fait plonger sous la surface, et l'eau envahit sa gorge. Je me ressaisis, je m'efforçais d'être entièrement présent dans mon rôle. Betty avait remarqué ma défaillance. Cette inquiétude que tout à l'heure elle feignait, restait maintenant peinte sur son visage. Je la vis peu à peu s'effacer au fur et à mesure que je m'assurais dans ma tirade. Puis Betty joua l'étonnement pour lancer : « Vous êtes donc son frère ? » La voix de Rosalinde lui fit écho : « C'est donc vous qu'il a sauvé ? » Célia me contempla avec une sorte de dégoût. « C'est donc vous qui si souvent avez conspiré sa mort ? »

— C'était moi, mais ce n'est plus moi.

Pourquoi le poète avait-il arrêté si vite les rôles de Célia et d'Olivier ? A la fin, comme Orlando et Rosalinde, Pierre de Touche et Audrey, Sylvain et Phébé, ils s'épouseront, mais la naissance et la floraison de leur amour, l'auteur les avait laissées dans l'ombre, dans le silence. On ne s'étonnerait donc pas de me voir mettre trop de ferveur dans les paroles que j'adressais à Célia. Cette passion soudaine, que sans doute ne semblait pas justifier le texte, la conclusion de la pièce, après coup, la rendrait plausible. Lors de ses leçons, Betty n'avait jamais conseillé cette nuance. Peut-être me reprocherait-elle tout à l'heure cet excès, pourtant il me sembla qu'elle-même, instinctivement, s'était mise à mon diapason, lorsqu'elle dit, avec une lente douceur qu'elle n'avait pas eue dans nos répétitions : « Vous, mon bon monsieur, venez avec nous. »

Nous quittions ensemble la scène. A peine arrivés dans les coulisses, Betty me tapa sur l'épaule. « Henri, murmura-t-elle, qu'aviez-vous ? En fin de compte vous avez été très bien, pourtant votre jeu... Allez, on revient saluer. » Nous nous inclinâmes sous les applaudissements cependant que le rideau tombait sur la fin de l'acte.

— Oui, reprit Betty, quel drôle de jeu... à un moment vous m'avez fait peur, vous n'étiez pas là, ensuite vous étiez, vous étiez pathétique, tellement.

— Je vous trouvais belle, je vous disais mon amour.

Elle se mit à rire.

— Quel acteur ! Mais vous êtes dangereux Henri !

— Pourtant vous avez changé votre ton, vous-même, et c'était juste après tout, puisque Olivier et Célia vont s'aimer.

— J'ai changé de ton ?... Alors, vraiment je n'en ai pas eu conscience. C'est cela le théâtre, chaque acteur est une couleur d'un tableau, si l'une de ces couleurs change, les autres changent aussi...

Elle hocha la tête et répéta :

— Ah ! c'est cela le théâtre.

— Aux yeux du public nous avons été unis dans cette même couleur de notre voix, comme vous dites, nous avons dû être vraiment, réellement, Olivier et Célia qui vont s'aimer.

— Et nous avons été ensemble sous leurs applaudissements. La vie ne donne pas de tels moments de... je ne sais pas... de communion.

— Mais, Betty, mais si, et plus purs.

— Pas pour moi.

Le cinquième et dernier acte a été mené à vive allure, ballet de fiançailles dont la danse d'Emilie serait la dernière figure.

Nous nous sommes tous retrouvés sur le plateau, nous tenant par la main, les ducs, les pages, les bergers, les bergères et les princesses. La salle debout nous acclamait. La main d'Elisabeth tressaillait dans la mienne.

Parmi les plans, les croquis, les projets, dessinés ou peints, de décors, de costumes, extraits d'un carton sur lequel se lit encore, inscrit d'une encre violette :

Comme il vous plaira,

j'ai trouvé quelques images, quelques gouaches de la côte vendéenne. La fraîcheur de leurs couleurs, la grâce un peu gauche des formes donnent une impression de matin du monde. Je m'étonnais, je me souviens, de voir ces pochades d'une si lumineuse allégresse sortir des mains de celle qu'en moi-même j'appelais « la sombre Hélène ».

— Est-ce beau, est-ce beau ! répétait mon frère.

Un jour, devant une nouvelle gouache qu'Hélène Farge avait faite de l'Observatoire (la tour avait un élan naïf sur un ciel transparent), je dis : « Vraiment, c'est la maison de la joie ; d'ailleurs toutes les maisons que vous peignez, toutes les plages, tous les arbres, on voudrait y entrer, ou s'y baigner, ou dormir à leur ombre, pour goûter... je ne sais quoi... oui, le bonheur. »

Hélène leva vivement la tête, comme si elle s'apprêtait à faire front, à livrer bataille : « Vous, vous ne vous moquez pas ? » Je songeai à ce moment que sa voix frêle, elle aussi, appartenait au même univers de grâce préservée que ses peintures.

Elle passa de la méfiance, de la colère naissante au sourire :

— Je ne sais pas pourquoi, même si je suis contrariée, ou triste, dès que je commence à peindre, j'oublie tout et je fais ces maisons, ces paysages que vous trouvez heureux.

Son sourire s'effaça. « Mais moi, ensuite, je n'arrive pas à voir ce bonheur dont vous parlez. »

XX

Nous avons terminé la soirée chez Masari, le photographe. Après la représentation il avait pris plusieurs clichés de la troupe. Nous avions sablé le champagne avec lui dans le foyer du théâtre. Ses cheveux bruns bouclés, ses yeux bordés de longs cils, sa nonchalance, sa voix molle accentuaient en lui quelque chose de féminin. Il nous invita tous à nous rendre dans son studio. Le quincaillier insista pour que nous acceptions. Mme Garou n'autorisa pas Caroline à se joindre à nous, et je vis bien qu'elle eût estimé convenable qu'Emilie non plus ne fût pas de la partie. Caroline nous regarda nous éloigner, l'air maussade. Dès notre arrivée chez Masari, nous avons bu vite et beaucoup, un punch que la femme de l'Italien, une blonde maigre, puisait à la louche dans une soupière de faïence. Sur les murs, on devinait dans le peu de lumière que laissait filtrer un éclairage indirect, de grandes photos noir et blanc : qu'elles soient images de nus, de barques, ou de longues plages de sable courbes, ou de maisons laiteuses dans un pays marin, de toutes émanait la même clarté voluptueuse.

Le photographe souriait aux filles. Il reprochait à sa femme de ne pas servir assez généreusement le punch et lui-même remplissait de nouveau nos verres.

— Il m'agace, dis-je à Hélène.

— Bah ! Une fois qu'on l'a remis à sa place, une fois qu'il a compris qu'on serait camarade avec lui et rien de plus, il devient un ami très agréable, très serviable, toujours drôle.

Elle sourit.

— Henri, ne faites pas cette tête, si vous vous voyiez... Betty n'est pas fille à tomber dans les filets de Masari. Je vous assure, il en sera pour ses frais.

J'entendais des fadaises, des compliments que Masari débitait à Elisabeth :

— Admirable... franchement admirable... grande actrice... et si... et tellement et si captivante. Ce visage... ces yeux... ce corps.

Une jeune fille que je n'avais pas encore remarquée se leva

d'un divan, vint vers nous, nous toisa de bas en haut, et posa familièrement sa longue main sur le cou de Masari.

— Théodora, je vous présente, Théodora Valenkov, susurra-t-il.

C'était une grande fille élancée, son cou paraissait ployer sous le poids de la tête aux pommettes saillantes, aux yeux marron pleins de défi, à la chevelure châtain épaisse et taillée à la diable.

— Des mensonges, Masari comme d'habitude vous embrouille dans ses salades, dit-elle d'une voix étonnamment grave mais qui, à la fin de la phrase, poussa une pointe vers l'aigu.

— Toujours excessive Théodora, roucoula Masari. Ah ! ces Russes !

Il s'agita, tourna sur lui-même.

— Au fait, où sont-ils ? Dans cette pénombre, dans ces divans profonds comme des tombeaux, allez reconnaître un Russe d'un Français. Il faut pourtant, il faut absolument que je vous présente les frères de Théo.

J'aperçus Claire Masari qui, à quelques pas, tout en servant une nouvelle tournée de punch, observait son mari et la jeune Russe.

Hélène me chuchota à l'oreille :

— Théodora, c'est sa maîtresse, il l'a prise quand elle avait à peine seize ans, maintenant il ne sait plus comment s'en défaire.

— Ah ! les voilà, s'écria Masari.

Il rompit le cercle que Guillaume, Emilie, Mathilde, le quincaillier, Grimari et les Mousquetaires faisaient autour d'un petit homme noiraud aux yeux bridés.

— Nicolas, annonça le photographe, ou, plus exactement, Nicolaï Ivanovitch Valenkov, Kolia pour les dames.

Le petit homme s'inclina et claqua des talons.

— Pour vous servir, dit-il, en roulant terriblement les r, d'une voix de basse qui avait la même couleur chaude que celle de Théodora.

Un long adolescent blond assis par terre se leva, se déplia à regret, semblait-il, et s'inclina à son tour.

— Serge, prononça-t-il.

Théodora lui mit la main sur l'épaule.

— Mon petit frère... (Elle eut un étrange rire qui raclait le fond de sa gorge.)

— Tu bois trop, lui reprocha Masari à voix basse.

Elle ricana, fit tourner ses yeux en tous sens.

— Ils sont drôles, me confia Emilie.

Décoiffée, les yeux rêveurs, elle s'appuyait à Guillaume. Je m'étonnais de le retrouver si jeune après l'avoir vu, pendant tout le spectacle, sous l'apparence de l'homme d'expérience au milieu de son âge et qui tire de toutes choses une riche et mélancolique leçon.

— Regarde, continua Emilie. Il est fort.

Le petit homme reprenait les tours de prestidigitation qu'il avait dû commencer avant que Masari nous amenât jusqu'à lui. De ses courtes mains prestes il faisait apparaître, disparaître, une carte, deux cartes, un éventail de cartes. Il sortit l'as de cœur de l'oreille d'Emilie qui pouffait de rire, le valet de trèfle du nez de Guillaume. C'était ensuite une cigarette qu'il faisait voyager toute allumée de sa bouche aux cheveux ou aux poches de ses voisins.

Emilie nous entraîna, Guillaume, Elisabeth et moi dans un coin.

Théodora vint se planter devant nous.

— Mon frère, c'est le diable.

Le prestidigitateur dut entendre car en deux bonds il fut à ses côtés.

— N'écoutez pas elle, moi pas diable. C'est elle qui vient d'enfer. Et si de l'enfer elle vient pas, tout droit elle y va.

Il frisa ses moustaches, sortit un monocle de sa poche, le vissa à son œil droit.

— Ça c'est vrai qu'une gitane a sauvé ma vie, elle m'a trouvé moi après la bataille avec les Rouges, sur la steppe, moi ouvert de là à là, et là.

D'un doigt, il traça un trait oblique sur son ventre de l'aine au thorax puis désigna une balafre qui zébrait de rose sa joue basanée.

— Une espèce d'ours, un ours bolchevik, il me l'avait fait ça avec le sabre. Mort, j'étais mort, et la gitane elle a recousu ma viande, elle a collé des tisanes avec de la prière dessus. Et moi guéri.

— Quand je disais le diable, répéta Théodora.

— Toi, Théodora te taire, ordonna le petit homme. Au Caucase si tu étais, les filles elles se taisent, et un jour vient le fiancé, il les enlève, hop, hop ! sur son cheval ; sur son cheval, Mamouchka, comme ça, notre père, il l'enlève. Pauvre Mamouchka, elle à Paris, elle a pu arriver après la guerre avec ceux-là.

Du doigt il désignait la jeune fille puis se tournait vers son frère qui s'était de nouveau assis par terre, là même où nous l'avions vu au milieu du cercle d'amis.

Le magicien se fit servir un verre de punch qu'il vida d'un trait.

— Ici, dans sacré pays à vous, pas de femme à enlever à cheval, hop !

— Il a servi dans les cosaques, nous dit Hélène, capitaine je crois.

Le petit homme sauta sur place, poussa un cri sauvage.

— Capitaine, oui ! Et des têtes de sales Rouges j'en ai fait tomber, des caboches.

— Nicolas, tu nous casses les pieds, décréta le quincaillier qui s'approchait très raide.

— Casses les pieds ? qu'est-ce que c'est : casses les pieds ?

— Ici, tu le sais bien, nous sommes des Rouges.

— Ah ! ah ! ricana le Russe, ils savent pas, ils disent n'importe quelle chose.

— Parfaitement, reprit le quincaillier. Masari et moi, nous appartenons au mouvement Amsterdam-Pleyel.

Et il désignait à sa boutonnière un insigne.

— Et moi, Croix-de-Feu ! vociféra le Russe.

— Les voilà partis, déplora Claire Masari. Ça promet.

Masari vint s'accouder à une console.

— Ecoute, Nicolaï Ivanovitch, dit-il sur un ton langoureux, on t'aime bien, tu le sais, mais demain si c'est la Révolution et qu'on me commande de te faire fusiller, qu'est-ce que je ferai ?

— Toi, rien faire du tout, parce que moi, d'un coup de sabre, kric, ton ventre je l'aurai ouvert, et là pas de Gitana pour te faire miracle.

Masari blêmit.

— Eh bien... eh bien... balbutia-t-il ; il porta les mains à son ventre.

Betty et Emilie éclatèrent de rire. Je m'efforçais de ne pas montrer ma joie devant la défaite du photographe.

Appelé par les Mousquetaires, le Russe s'éloigna.

— C'est vraiment un fasciste, dit Hélène, mais il est si drôle, et sa sœur n'a pas du tout ses idées.

Pendant toutes les semaines de répétitions, nous n'avions jamais parlé politique. Maintenant que nous sortions de cet univers théâtral qui, si longtemps, nous avait dominés, nous retrouvions avec surprise le monde partagé, haineux de notre temps.

— Ça suffit avec votre politique, décréta Claire Masari. Nous sommes là pour fêter le succès de nos amis, si nous dansions !

— Hip ! Hip ! Hip ! Hurrah !

Gaston Lachalle, que nous avions laissé dans un coin à notre arrivée, se dressait, les bras levés — il touchait presque le plafond assez bas du studio.

— Qu'est-ce qui lui prend ? s'inquiéta Claire Masari.

— Il ne faudrait pas lui donner trop de punch, conseilla Hélène, il a les nerfs fragiles.

— Hurrah ! cria encore le garçon. Vivent les Jeunesses patriotes ! Et mort aux Rouges !

Le quincaillier s'avança vers lui, menaçant. Le Russe pivota sur ses talons et en un clin d'œil se trouva aux côtés de Lachalle.

— Ils sont fous, gémissait Claire Masari.

— Ils vont se battre, fit Théodora d'un air gourmand.

Le pick-up se mit en marche, une trompette bouchée attaqua les premières mesures d'un slow.

— Dansez, nous dit Claire Masari d'une voix suppliante.

Elle-même se glissa jusqu'au quincaillier qu'elle entraîna malgré lui dans la danse.

Hélène s'excusa auprès de François et lui demanda la permission d'aller « calmer Gaston Lachalle ». Emilie et Guillaume avançaient avec une extrême lenteur, elle, la tête appuyée au cou du jeune homme. Masari et Théodora dansaient sur place, rythmant d'un déhanchement paresseux le slow ; la cavalière, les yeux clos, la bouche entrouverte, lui, un sourire avantageux aux lèvres. Je pris Elisabeth dans mes bras et nous entrâmes nous aussi dans la rêveuse mélodie.

— N'est-ce pas merveilleux ce que nous avons vécu pendant des semaines ? (Je la serrai plus fort contre moi en guise de réponse.) Et n'est-ce pas dommage que cela finisse maintenant ?

Elle reprit un peu plus tard :

— Au théâtre, au vrai théâtre, cela ne ferait que commencer. Cette première soirée, beaucoup d'autres la suivraient, et vous verriez : chacune aurait sa couleur, sa chance ou ses risques, vous seriez chaque soir plus à l'aise dans votre personnage, et nous vivrions chaque jour dans l'enchantement de la soirée passée et dans celui de la soirée à venir.

— Vous êtes lyrique Célia, (je posai un baiser dans ses cheveux).

— Tsst, soyez sérieux. On peut nous voir.

— Et quand on nous verrait ?

— Je n'aime pas ces gens, dit-elle encore. Ce Masari comme du miel où il voudrait qu'on tombe, et cette Théodora, cette excentrique, elle a l'air impérieuse et si méprisante, comme si d'être la maîtresse de...

— Hélène vous a dit ?

— Oui, Hélène les connaît depuis longtemps, et Guillaume aussi, par Couderc qui a commencé à faire du jazz avec Masari. J'ai même l'impression que la femme de Masari, à un moment...

Elle n'acheva pas sa phrase et se mit à chantonner le refrain du slow : *Stormy weather*.

— Vous disiez, la femme de Masari ?

— Oh ! rien... Et puis, je peux bien vous le dire, vous ne le répéterez pas : j'avais l'impression qu'elle s'intéressait beaucoup à Guillaume, peut-être par représailles contre Théodora... Mon frère ne m'a pas dit grand-chose, il parle si peu, mais enfin, il m'a semblé... Et les deux autres... Oh ! ces Russes.

— Nicolas Valenkov a tout de même de l'allure, son jeune frère, je ne peux rien en dire.

— Le prestidigitateur ! C'est bien ça, vous, les gens qui n'avez pas l'habitude du théâtre, il suffit d'un rien pour vous éblouir. Ce Nicolas, ce Nicolaï, comme dit Masari pour faire snob, je crois le voir sur une scène, il ne la quitte pas, il parade, c'est un bateleur.

La danse finissait, je raccompagnai Betty près du bar. Nous prîmes place sur un coin du divan près de Mathilde, de François et de Grimari. En face de nous, assise sur un pouf, Hélène nous souriait. Elle avait gardé sur son visage le fard du théâtre. Elle paraissait ainsi plus âgée, une vraie femme avec sa large bouche rouge sombre. Je la revis soudain dans son costume de bergère, je revis ses épaules, ses jambes nues, je crus sentir ce poids de sa gorge contre moi dans les coulisses, et son odeur. Je fermai un instant les yeux sur cette image ; quand je les rouvris, il me sembla qu'Hélène m'observait comme si elle eût deviné mes pensées et mon trouble.

— Le soir du « grand soir » ! s'écria le quincaillier.

— Ah ! vous n'allez pas recommencer, protesta Claire Masari.

— Bon, on va faire un jeu, proposa l'hôte. Si on jouait aux gens pétrifiés. J'éteins la lumière...

— Evidemment, fit Claire Masari, avec toi, ça s'imposait.

— J'éteins la lumière, reprit-il lentement. A ce moment, vous vous mettez tous à changer de place dans le noir.

— Je ne vois pas à quoi ça rime.

— Tu vas voir, Théo, tu vas voir. Vous embrassez l'homme que vous rencontrez si vous êtes une femme, ou la femme que vous rencontrez si vous êtes un homme. Enfin, en principe, après tout, tous les goûts sont dans la nature, bref, vous embrassez qui vous voulez. Comme il fait noir vous ne savez pas qui c'est... Bien, au bout d'un moment, brusquement, j'allume et vous devez rester immobiles, comme si la lumière vous pétrifiait.

— Et alors ?

— Alors, Théo, c'est tout. Les uns seront ravis de leur rencontre, les autres non, ça se lira sur leurs mines. Ça sera curieux, ça donnera des amours ou au contraire des drames en perspective.

— Je me demande toujours si tu es un vicieux ou un naïf, conclut Théodora. Je me le demande vraiment.

— Alors, on y va ? s'écria Claire Masari sur un ton faussement enjoué. Elle se dirigea vers le bouton électrique.

A peine avait-elle éteint que je me levai et marchai droit devant moi.

En quelques pas, j'arrivai au pouf sur lequel tout à l'heure j'avais vu Hélène. Je l'ai saisie aux épaules. Elle s'est levée. J'ai senti ses seins s'écraser contre ma poitrine. J'ai baisé ses lèvres. D'abord elle est restée inerte dans mes bras. On entendait dans le noir des chaises déplacées, des meubles heurtés, de brefs rires, des jurons qui éclataient. Plusieurs fois des mains tâtonnantes nous frôlèrent. Peu à peu les lèvres d'Hélène s'entrouvrirent, elle me rendit mes baisers avec une fougue grave. Puis elle m'écarta. « Essuyez vos lèvres », chuchota-t-elle. Ce que je fis avec mon mouchoir et je m'éloignai en m'appuyant d'une épaule contre le mur. Lorsque la lumière revint et que Masari cria : « Que personne ne bouge ! » je devais avoir l'air d'un voleur qui fuit en rasant les murailles. Tous d'ailleurs paraissaient des coupables. Seuls Masari et Théodora riaient, se moquant de nous tous. Le photographe se trouvait à présent à côté de Betty qui le regardait avec dégoût. Près de Claire Masari, Gaston Lachalle se tenait penché, les mains écartées, la bouche ouverte, il semblait prêt à étrangler sa voisine qui se tenait tournée vers Guillaume. Emilie et Mathilde n'avaient pas changé de place, assises sur leur divan, mais un groupe de statues semblaient menacer Emilie : c'étaient le quincaillier, Grimari et Serge, le jeune Russe. François s'était levé et s'adossait contre le mur. Avait-il cherché Hélène ? J'évitais de le regarder, comme j'évitais de regarder Hélène, là-bas, seule près de la bibliothèque contre laquelle s'appuyait aussi, l'air sardonique, un éclair de lumière dans son monocle, le capitaine cosaque.

— Vous les voyez, non mais vous les voyez, s'écria Théodora sans quitter sa place au centre de la pièce... Vous, Couderc, et toi, Serge, et ce beau ténébreux, Orlando je crois, voulez-vous me dire ce que vous faites, ou ce que vous avez fait, là-bas aux genoux de cette jeune pucelle ? Et toi Masari tu t'intéresses au théâtre à ce que je vois... Et l'autre, devant Claire ! Non mais,

Claire, il ne t'a pas violée celui-là ? En tout cas, tu as dû l'échapper belle avec ce gaillard.

Se tairait-elle ? Si les regards avaient pu la réduire au silence : le regard d'Emilie embué de larmes, le regard las de Betty, le regard hautain de Mathilde, le regard aux aguets de Claire Masari.

— Et me dira-t-on comment notre psychiatre en herbe, dite la belle Hélène, a pu aller échouer là-bas à deux pas de mon illustre frère ? Je ne savais point que Nicolaï était attiré à ce point par les livres.

Ainsi elle n'avait rien soupçonné à propos d'Hélène et de moi-même. Nul d'ailleurs ne pouvait nous soupçonner.

— Et vous ?

L'index de la jeune Russe se pointait vers moi.

— Vous qui avez l'air d'un petit faune.

Elle se tournait vers les autres.

— Vous ne trouvez pas qu'il a l'air d'un petit faune avec ses oreilles pointues, sa bouche sinueuse, ses yeux brillants, et ses tifs bouclés... Eh bien quoi, on dirait que je l'accuse ! Il n'y a pas de honte à être un faune. C'est plutôt du genre sympa...

Elle fronçait ses sourcils épais qui ainsi se rejoignaient, la faisant ressembler à je ne savais quel animal.

— Mais regardez-le, de quoi donc se sent-il coupable ? Cela se voit comme son nez, un peu long le nez, sur sa figure. Et cette façon qu'il devait avoir dans le noir de raser les murs.

Je l'aurais giflée. Betty là-bas me regardait. Pourvu qu'Hélène n'allât pas me trahir en se troublant.

Claire Masari voulut-elle me venir en aide, ou faire cesser les extravagances de sa rivale ? Elle mit un nouveau disque sur le pick-up, et, pour donner l'exemple, entraîna dans la danse son voisin, Gaston Lachalle.

J'ai invité Betty, mais elle a refusé, prétextant la fatigue. « Tenez, allez donc chercher Hélène. Voyez, elle a l'air de s'ennuyer, votre frère ne danse pas. »

Je fis la sourde oreille. Betty insista. Il me fallut céder et inviter Hélène. Nous dansions aussi loin que possible l'un de l'autre, comme si nous avions peur de l'entente, malgré nous, de nos corps. Au milieu de la danse pourtant, un instant notre vigilance s'est assoupie, quelques secondes nous avons été l'un contre l'autre et une vague brûlante, m'a-t-il semblé, nous submergeait ; vite nous nous sommes repris, nous tenant de nouveau à distance. Hélène a murmuré : « Tout à l'heure, dans ce jeu stupide, je ne sais pas ce qui vous a pris — elle rectifia — ce qui nous a pris. Nous étions, nous n'étions plus nous-mêmes, vous entendez. Il faut oublier, absolument oublier cela. Ce n'est pas à nous, n'est-ce pas, ce n'est pas à nous que cela est arrivé. Promettez, Henri. » J'ai promis. Elle a ajouté, plus doucement : « Il le faut, pour Betty, pour... pour votre frère. »

Le ciel se teintait de gris rose lorsque nous sommes sortis. Nous étions tous somnolents, sauf le quincaillier et Nicolas Valenkov qui se querellaient au bord du trottoir. Les mots de « révolution », de « communistes », de « fascistes », de « terreur rouge » d' « avenir », de « bandits » éclataient dans l'aube, tantôt poussés par la voix aiguë et âpre du quincaillier, tantôt pleins de rocailles sur les lèvres du Russe.

Théodora prit son frère par le coude et l'entraîna. Elle se retournait, levait son bras et, de la main, nous faisait adieu, comme si nous partions chacun de notre côté pour un long voyage.

— Elle n'est pas si antipathique qu'on le croirait, dit Emilie. Elle me confia :

— Et tu sais, Henri, le jeune Russe, Serge, il n'est pas bête du tout. Lui on ne l'entend pas, il parle dans un soupir, mais il m'a raconté des choses, des choses, je ne sais pas, ce doit être un fieffé menteur, lui aussi, mais voilà on part, il vous fait partir avec lui, au milieu de ses contes ; c'est cela, des contes sans queue ni tête, mais on l'écouterait sans fin.

Au carrefour, Hélène, Grimari, Couderc, les deux autres Mousquetaires, et Gaston Lachalle nous ont quittés. Avec les Barbares nous avons pris le faubourg qui conduit aux quartiers de l'ouest. Devant le portail de leur parc nous allions nous séparer, lorsque Guillaume nous a proposé de monter sur la tour de l'Observatoire guetter le lever du soleil. Emilie et moi avons accepté avec enthousiasme. François grogna d'abord qu'il tombait de sommeil, mais nous le tirâmes avec nous. Le parc endormi se couvrait de rosée, la cime du cèdre se découpait noire sur le ciel pâle. Guillaume a ouvert la porte de la maison en prenant des précautions de voleur. Avant d'entrer, nous nous sommes déchaussés. Nous sommes ainsi montés sur la pointe des pieds à travers les corridors et les escaliers jusqu'à la plate-forme, là nous nous sommes assis en rond autour du pluviomètre. Il faisait presque froid. Emilie s'est pelotonnée sous le bras de Guillaume, Mathilde et Betty se sont blotties contre moi, la première à droite, l'autre à gauche. François bougonnait, nous l'écoutions en souriant sans lui répondre. Guillaume surveillait le ciel. Un coq chanta dans la campagne, un autre lui fit écho plus loin encore. « Il ne devrait pas tarder », chuchota Guillaume. Il lâcha Emilie, se leva. Nous l'imitâmes. Il nous conduisit au balcon. « Ne vous appuyez pas, le bois est pourri. » Nous dominions notre maison en face et les parcs qui l'environnaient de toutes parts.

— C'est dans ces parages, dit Guillaume en tendant le bras vers une ligne de collines sombres à l'horizon.

Betty se détacha de notre groupe.

— Je reviens, dit-elle.

Nous la regardâmes étonnés se diriger vers la trappe et y disparaître. Les collines devenaient d'un violet de plus en plus sombre, au-dessus d'elles le ciel jaunissait et rougissait. Nous avions l'impression d'être des naufragés sur un radeau, celui de la plate-forme qui dominait l'océan nocturne de la ville et de sa campagne, mais des naufragés enthousiastes, heureux d'avoir échappé au monde enseveli. J'en fis la remarque à haute voix, tous proclamèrent que c'était la vérité même.

Elisabeth revint, accompagnée de Caroline en chemise de nuit sous son peignoir bleu. « C'est dommage, dit-elle, qu'Hélène ne soit pas là, Hélène et aussi tous les autres. Il fallait du moins que notre Caroline puisse fêter avec nous cette nuit mémorable. »

La petite encore somnolente grelottait, les bras croisés sur la poitrine. Un liséré doré dessina le contour des collines.

— Ça y est, dit Betty avec une joie retenue. Puis, ouvrant les bras face au soleil qui montrait son front rouge (et vite le cercle flamboyant comme une fête surgit en entier et monta), elle feignit de déclamer : « Et voilà, le rideau du ciel se lève sur un autre jour. »

Moi aussi, je ressentais cette joie douloureuse. Un nouveau jour apparaissait pour nous, pour les Barbares et pour leurs amis ; une nouvelle vie à l'horizon, avec ses amours, ses espoirs, ses pièges aussi; une nouvelle vie à conquérir, mais dont, en cet instant, nous ressentions, tous ensemble, la promesse et le désir également illimités : serait-elle victorieuse ou connaîtrait-elle la défaite ?

En même temps, quelque chose, une vie, un jour s'achevaient : la longue journée qui nous tenait réunis, depuis tant de semaines, pour préparer, pour accomplir en commun cette nuit où nous avons vécu, avec passion, les destins inventés par un poète mort voici bien des siècles, et plus vrais, plus pesants sur nos épaules, que notre propre existence encore indécise.

Au moment de redescendre, je dis à Betty et à Mathilde :

— Adieu Célia, adieu Rosalinde.

— Adieu Olivier, répondirent-elles, l'une après l'autre, et, quelques secondes plus tard, en écho, la petite Caroline reprit d'une voix engourdie par le sommeil :

— Adieu, adieu, mon Olivier.

DEUXIEME PARTIE

XXI

Nous avons continué à nous réunir presque chaque soir avec les Barbares et les Mousquetaires chez Masari. Là, les disputes recommençaient avec les Russes. Nicolas Valenkov nous traitait de fous. Nous nous apprêtions, disait-il, à livrer notre pays au diable, nous préparions notre suicide. Il affirmait avec une telle véhémence que les bolcheviks étaient des satans que nous nous demandions s'il ne les voyait pas réellement sous la forme de démons cornus, crachant des flammes et bondissant sur leurs pieds fourchus. Il nous promettait un sort funeste : à l'en croire ou bien il nous trancherait lui-même la gorge avec son poignard de cosaque au manche incrusté de nacre si la révolution, dont il nous accusait de faciliter l'avènement, éclatait et qu'il pût nous capturer comme il l'espérait, ou bien nous serions fusillés par les Rouges comme de nuisibles petits-bourgeois.

Nous avions beau rire des menaces du petit homme au monocle, elles ne laissaient pas de nous impressionner. Le quincaillier reprochait à Masari de continuer à recevoir cet « ennemi du peuple ». Le photographe avait un sourire embarrassé. Il ne voulait pas déplaire à Théodora qui se moquait des idées de son frère mais l'imposait à son amant. Il en était arrivé à détester l'étranger et parvenait mal à cacher cette haine sous des grimaces ou des quolibets. Pourtant nous eûmes l'impression un jour, nous aussi bouleversés soudain, qu'il allait demander pardon à Nicolas, lorsque celui-ci, quittant son ton de colère ou de fanfaronnade, nous conta la mort de son père, le colonel, assassiné sous ses yeux, à coups de piques et de pelles, par une bande de partisans qui avaient fait irruption une nuit dans leur datcha. Le jeune aspirant faisant feu de ses deux pistolets sur les tueurs, avait pu couvrir la fuite de sa mère : elle emportait sur le cheval la petite Théodora et en elle-même un bébé qui naîtrait huit mois plus tard.

Théo, pour une fois taciturne, et Serge, comme d'habitude assis aux pieds d'Emilie, écoutaient leur frère. Nous croyions voir dans les prunelles du Russe trembler encore les images de la terreur. Pendant une semaine plus personne n'osa lui parler politique. Puis les querelles reprirent. Mais, plus d'une fois, en pleine discussion il nous arrivait d'abandonner le terrain, cependant que le cosaque continuait seul à chercher vainement le combat. C'est qu'alors resurgissait en nous le souvenir du meurtre avec le poids d'horreur, de sang, de désespoir, de cruauté dont étaient chargés les mots du Russe, tandis que notre langage, nous le sentions bien, demeurait celui d'adolescents qui s'amusent à manier leurs idées comme à l'escrime des fleurets mouchetés.

— Tout de même, disait le quincaillier, quand son adversaire était parti, ce colonel ça devait être une belle vache, un boyard qui devait maltraiter ses esclaves ; alors, les paysans, après tout, ils se sont rendu justice.

— Bien sûr, acquiesçait Masari de sa voix langoureuse. D'ailleurs on ne fait pas d'omelettes sans casser des œufs, ni de révolution sans trucider quelques privilégiés.

Claire Masari et les jeunes filles se récriaient.

— Une injustice n'efface pas une injustice, disait Elisabeth.

Seule Hélène se ralliait à notre opinon.

— C'est très triste, disait-elle, mais c'est ainsi. Il faut accepter ces larmes et ce sang pour plus de bonheur sur la terre.

— Et puis, ajoutait le photographe en clignant de l'œil, ce qu'elles ne disent pas c'est que Nicolaï Ivanovitch leur plaît, le charme slave, ah ! si j'étais russe.

Il était vrai que Nicolas Valenkov avec ses manières à la fois mondaines et sauvages, ses récits fantastiques, son visage féroce et souriant, plaisait aux femmes. Betty, Emilie étaient pleines d'indulgence pour ses mensonges. Hélène même prenait sa défense, tout en reconnaissant qu'il était un « vestige » d'un monde disparu. Elisabeth, qui l'avait d'abord accusé de faire dans sa vie du mauvais théâtre, lui reconnaissait du panache, de la drôlerie.

Valenkov, qui se disait architecte, décrochait de temps à autre une place de dessinateur industriel. Il arrondissait sa paye par des gains quelquefois considérables qu'il faisait au jeu. Il avait pour partenaires des industriels, des marchands, des médecins de son bord politique. Nous qui connaissions ses talents de manieur de cartes nous ne nous étonnions guère de sa chance au jeu. Parfois les trois Russes nous invitaient tous à des repas fastueux, frétant des taxis pour conduire notre cortège à des auberges de campagne (nous en déduisions qu'une partie de bridge ou de poker avait dû particulièrement réussir au cosaque). Plus souvent, ils vivaient affamés et transis, mais toujours avec le même orgueil.

— Je me demande, disait Hélène, si les critères de la folie ne varient pas selon les peuples. Ce qui est la vie quotidienne pour les Valenkov, bien des gens chez nous seraient tentés de l'appeler folie. Et peut-être nos fous paraîtraient-ils moins malades en Russie, enfin dans la Russie d'autrefois.

— Je n'aime pas ces façons de Théodora de tourner autour de vous, de vous provoquer, c'est sa manière de faire la cour aux garçons, me confiait Betty.

J'étais ravi qu'elle se montrât jalouse, d'autant plus que les avances ou les attaques de Théodora, loin de me séduire, ne faisaient que m'agacer.

Les églises, les collines — quand je pouvais emprunter l'auto paternelle — quelquefois, la nuit, le parc de l'Observatoire, tels étaient les lieux de mes rendez-vous avec Elisabeth. Odeur d'encens, pénombre trouée des taches colorées de vitraux, chaleur blonde des bois de pins, soleil de la résine, senteur des roses dans la nuit, autant de lumières ou d'ombres qui passent dans ma mémoire, sur le jeune visage de l'aimée, autant de parfums qui se mêlent secrètement à l'odeur de ses cheveux, de sa nuque, de son corps.

— Il me semble que Célia m'appelle, que son silence appelle ma voix, qu'elle me reproche de lui avoir donné mon existence, son existence, un seul soir, et puis... fini... Je vous assure, Henri, chaque soir j'appréhende le moment où, normalement, nous devrions partir au théâtre, nous maquiller, nous habiller, entrer en scène... Je regrette maintenant de m'être occupée de cette pièce, d'avoir connu les mêmes difficultés, les mêmes craintes, les mêmes joies que pour préparer un vrai spectacle, apprendre un vrai rôle que j'aurais retrouvé chaque soir avec le même plaisir et la même angoisse pendant un mois, pendant des mois.

Je faisais en vain remarquer à Betty qu'il pouvait arriver aussi bien qu'une pièce s'arrêtât au bout de quelques représentations. Elle prétendait alors que je n'entendais rien au théâtre, que même si une pièce échouait, ç'avait été une véritable aventure courue par toute une équipe jusqu'au bout des possibilités. Elle ne tardait pas à me citer quelque réflexion de son maître Roland Marcel, ce qui m'exaspérait. Nous nous quittions fâchés. Le lendemain il n'y paraissait plus, ou plutôt si, nos baisers étaient plus graves et plus tendres, comme si nous attendions d'eux qu'ils pussent effacer tout à fait l'ombre qui nous avait séparés.

XXII

Le quincaillier avait battu le rappel : un rassemblement réunirait le soir, dans les hangars d'une scierie, en lisière des beaux quartiers, plusieurs centaines de Croix-de-Feu et de « Jeunesses patriotes ». « Il fallait que des milliers de républicains viennent montrer aux factieux la faiblesse de leur entreprise. »

Nous sommes allés là-bas comme à une fête. Par toutes les rues qui descendaient vers le carrefour où se tenait la scierie coulait une foule épaisse, silencieuse, d'hommes et de femmes, parfois même d'enfants. Les visages étaient las, sévères ; nous-mêmes nous sommes sentis soudain plus vieux et plus graves. J'ai demandé à Betty et à Hélène, qui nous accompagnaient, si elles ne préféraient pas revenir à l'Observatoire. Elles ont refusé. Maintenant elles avaient la même expression, à la fois de fatigue et de volonté, que les ouvriers qui nous entouraient.

Quand la foule s'est avancée, énorme et noire vers le carrefour, des huées ont jailli et des menaces. J'ai pu grimper sur un perron. De là je voyais notre armée se heurter aux grillages qui protégeaient les cours de la scierie. Des pancartes, un drapeau, dont le rouge dans le soir s'assombrissait, s'agitaient. Derrière les grilles, une autre foule attendait. Le silence est revenu plus angoissant que les cris. Un mot d'ordre a retenti : « Enfoncez les grilles ! » La masse, avec lenteur, a commencé à avancer, piétinant l'esplanade. Du premier rang, les couplets de *l'Internationale* se sont élevés, d'abord presque timidement, repris bientôt par des milliers de voix, par nous tous qui n'étions plus qu'une seule et même, terrifiante, triste et souveraine Voix ; et la ville, et la nuit, et le ciel, et le monde entier devenaient notre chant de lutte, d'espoir, et pourtant (je le sentais au profond de moi-même, et je le lisais aussi bien sur les poings tendus, sur les yeux sans regard, sur les bouches crispées), d'un désespoir immémorial.

Elisabeth chantait, et Hélène, et le quincaillier dont la misère remontait de son cœur à son front comme la chaleur remonte de la terre à la fin d'une journée d'été, et même Grimari, Joël Pommier, Louis Fergnac, sans le savoir, chantaient eux aussi l'hymne de l'impossible triomphe. Elle chantait, Elisabeth, et que voyait-elle en prononçant les paroles de promesse et de combat ? Ou plutôt qu'est-ce qui chantait à travers elle ? Le désir d'une vie où elle serait libre, ouvrière de son propre destin ? N'était-elle pas sur une scène acclamée par cette foule sans fin, cette foule ivre d'elle-même et enivrante ? N'était-elle pas, fragile, menacée, invulnérable, au-dessus d'eux tous, admirée, appelée, suivie, hantée par eux tous, la Révolution même, la vie enfin véritable pour qui il eût valu la peine de vivre ou de mourir ? Elle chantait, Hélène : n'était-ce pas la promesse d'un monde où les prisons, toutes les prisons de la folie s'ouvriraient, où toutes les jeunes filles, toutes les femmes seraient ses sœurs pour secourir celles qui souffraient, où plus nulle part enfin, dans les usines, les villages aussi bien que dans les asiles, il n'y aurait plus, non, plus jamais d'aliénés, mais rien qu'un monde juste et libre ? Et la bouche crispée du quincaillier, criant le refrain, criait sa peine et criait son rêve, il devenait un homme semblable à ces ouvriers, frère parmi ses frères, et non plus ce pitre qui se jouait la comédie de l'ironie et du malheur ; il chantait, il n'était plus un raté, il n'y avait plus en lui cet amour maudit de l'échec, seulement le tendre, le frêle sourire d'Emilie comme un fil d'Ariane brillant à l'horizon du chant noir. Et avec eux tous je chantais ; en moi, chantait le souvenir oublié d'ouvriers, de paysans affamés, traqués, qui du fond de leur nuit peut-être avaient songé qu'un jour un enfant né de leurs pauvres amours connaîtrait un monde meilleur. Je chantais comme on plonge dans une eau merveilleuse et sombre qui nous porte, je chantais la fin de la solitude, la découverte de nos vingt ans, la fin du monde ancien. « C'est la lutte finale... » Je chantais mon amour pour Elisabeth, notre amour passé de nous au cœur de tous ces hommes et de toutes ces femmes ; notre amour unique, adorablement unique, et pourtant multiplié à l'infini par ces milliers de cœurs qui battaient au rythme du chant. « Groupons-nous et demain... » Mais nous savions (ou plutôt la lenteur, la tristesse de nos voix savaient pour nous) que ce lendemain nous étions condamnés à aller vers lui sans l'atteindre jamais, et nous tomberions, d'autres reprendraient la route, mais la victoire, la dignité, la paix, ce serait toujours et toujours pour demain.

Une haute clameur a recouvert le chant. Les grilles cédaient. J'ai vu, du perron où j'étais juché, notre foule s'engouffrer dans la cour de la scierie et, en face, les rangs des fascistes reculer, s'écarter. Soudain, des coups de feu, la panique, les ouvriers qui s'enfuient, des femmes tombent, piétinées. Puis les fuyards refluent, arrachent des pavés, arrachent les barreaux des grilles, foncent de nouveau sur les gens de la scierie. « Les assassins ! Ils ont tiré ! Il y a des blessés ! » « Des morts », reprend une voix. « A mort ! » crient maintenant des centaines, des milliers de voix. On se bat sur l'esplanade devant la scierie. Cette fois ce sont nos adversaires qui fuient. Ils courent vers les ruelles derrière la scierie. « Partons », supplie Betty. Guillaume, François, Masari et le quincaillier ont disparu, happés par le tourbillon. « Je devrais aller soigner les blessés », dit Hélène. Mais Betty ne lâche pas le bras de l'étudiante. Nous nous éloignons du carrefour. Au tournant, nous sommes rejoints par un groupe de manifestants. Ils nous injurient. « Des fascistes ! » crie une femme en nous désignant du doigt. Ils s'avancent menaçants. Ma voix s'étrangle dans ma gorge pour dire : « Nous étions avec vous. » Ils ne me croient pas, continuent à avancer. « Vous pouvez voir nos insignes d'Amsterdam-Pleyel ! » déclare Hélène doucement. « Amsterdam-Pleyel? Non mais, ils se foutent de nous, ces graines de bourgeois ! » Un ouvrier sort du groupe. « Laissez-les, ordonne-t-il. C'est vrai, Amsterdam-Pleyel, c'est les antifascistes ! Excusez camarades ! » Les autres n'ont pas l'air décidés à nous abandonner. A ce moment deux ombres débouchent d'une rue adjacente. « Et ces deux ! » glapit la femme qui nous accusait. « Ceux-là, je les ai vus, de mes yeux vus, de l'autre côté des grilles. Même que c'est peut-être eux qui ont tiré. — A mort, tuez-les ! — On va leur couper les couilles ! » crie la femme en hoquetant. Ils se précipitent sur les deux hommes, attrapent le plus grand et le plus gros qui implore ses bourreaux. Nous reconnaissons la voix. « C'est Lachalle, souffle Betty. — Je vais aller leur dire de le lâcher, leur dire que c'est un pauvre diable, un demi-fou. — Non, Hélène, n'y va pas » supplie Betty. Le petit homme qui avait réussi à s'échapper revient en trois bonds vers son compagnon. D'un croc-en-jambe il envoie au sol les gaillards qui tenaient Gaston Lachalle, assomme un autre assaillant ; et les deux hommes s'enfuient sous les yeux médusés de leurs ennemis. Quand ils passent devant nous, nous reconnaissons Nicolas Valenkov, le visage ensanglanté ; il tire par la manche Gaston Lachalle, le force à courir. Les ouvriers sortent enfin de leur stupeur, quelques-uns font mine de poursuivre leur chasse à l'homme.

— Ils ne les rattraperont pas, ai-je dit à voix basse, Nicolas est trop malin.

— Comme j'ai eu peur, avoue Betty. Elle ajoute à mon oreille : « Si Valenkov avait été armé et qu'il eût tiré, j'aurais pensé : bien fait, c'est bien fait. Ces gens, cette femme surtout, étaient ignobles. »

Je songeais : « Toi, Betty, pourtant, tu chantais avec eux », mais je sentais que devant les deux hommes traqués, comme elle, j'avais haï leurs possibles bourreaux.

Hélène avait été admise comme interne à l'hôpital psychiatrique bâti sur une hauteur boisée aux abords de la ville.

« La première, la principale condition est d'aimer les malades, remarquait-elle. Alors on peut essayer d'entrer dans leur « jeu », dans le labyrinthe de leur névrose, parfois même d'une psychose, d'y entrer avec eux, en leur parlant, surtout en les laissant parler, se confier ; ensuite, toujours avec eux, on essaye de sortir du dédale, ou du moins d'en trouver, d'en pressentir l'issue... Certains prétendent que tout cela, c'est du temps perdu, qu'il faudrait qu'une psychothérapie n'ait pas de fin, sans quoi, au bout de quelques mois, le malade retombe, et alors tout est à recommencer. Eh bien, il faut accepter d'être Pénélope.

« De toute façon, notre lutte pour le mieux-être des malades, c'est un combat sans fin. »

Est-ce un tel combat, qui s'est soldé par votre défaite, Pénélope Zarev ?

XXIII

— C'est étrange, me disait Elisabeth, cette nuit de haine m'a fait horreur, la haine que moi-même j'ai ressentie pour les fascistes d'abord qui avaient tiré puis pour les manifestants qui menaçaient Lachalle et Valenkov. Eh bien, au théâtre, je pourrais parfaitement supporter l'expression de la haine, je pourrais aussi la jouer, la jouer pleinement, avec plaisir, être entourée et être habitée par la haine.

— Et l'amour ? Je m'efforçai de sourire.

Elle garda le silence longtemps, enfin, détournant les yeux :

— L'amour, je me demande ? Oui, c'est comme cela, c'est un peu comme cela aussi.

— Que voulez-vous dire ?

— Ce que j'ai dit... Enfin, non, bien sûr, je n'ai pas horreur de l'amour dans la vie. Mais... Oh ! C'est difficile à comprendre, à faire comprendre... Parfois j'ai presque peur...

— Comment peur, Betty ?

— Peur, ou du moins une crainte d'être aimée, d'aimer... Ah ! je ne sais pas, pourquoi parler de cela ?

— Et au théâtre vous voulez bien aimer et être aimée...

— Oui.

Elle me fit face.

— Mais pourquoi avez-vous cet air mauvais ?... Oubliez cela, reprit-elle avec douceur, on parle, on dit n'importe quoi. Je vous ai dit des bêtises.

— Vous ne m'aimez pas, Betty.

— Qu'allez-vous chercher ! Vous voyez, au théâtre, on peut dire : « M'aimes-tu ? je vous aime. » Dans la vie, les mots... ils ne se présentent pas de la même façon, ils sont incertains, ou trop... trop arrêtés, moins justes, moins vrais...

Qu'importaient l'amour ou l'absence d'amour : il y avait devant nous la mort.

Guillaume, le quincaillier, les Mousquetaires et Masari, presque toute la bande pensait à présent que la guerre, à la fois à l'intérieur et à l'extérieur, la guerre totale, paraissait dorénavant promise à notre jeunesse. C'était, à entendre le quincaillier, la seule promesse qui nous fut faite. Depuis les émeutes, nous évitions de parler politique devant le Russe, mais celui-ci n'observait pas la même prudence, ou plutôt la même répugnance. Il répétait volontiers que Lachalle et lui avaient failli être lynchés et que, dans ce cas-là, leur sang fût retombé sur nous puisque nous étions là, parmi les sanguinaires. Le rictus qu'il prenait pour prononcer ce dernier mot eût été comique si nous n'avions alors, malgré nous, pensé à la fois à cette scène, qu'il nous avait complaisamment décrite, de l'assassinat de son père, et aux menaces de lynchage dont nous avions été les témoins.

Nicolas Valenkov m'avoua en outre que Théo était sur le point de le trahir.

— Trahir moi, trahir le père égorgé, Théodora, elle, ma sœur, ma petite fille. Si c'est comme ça, de mes mains, là, vous voyez, couic.

De ses courtes mains noueuses il faisait mine d'étrangler quelqu'un. Il accusait Masari d'être à l'origine de cette « trahison » : Théodora entraînée par le photographe voulait aller à notre manifestation de « bandits », il avait dû l'enfermer à clef avant que lui-même ne se rendît au rendez-vous des Croix-de-Feu.

Il continuait cependant à venir chez Masari, me confiait-il, pour éviter que sa sœur ne tombât tout à fait dans les pattes des « bandits rouges ».

Nous poursuivions nos discussions sans fin sur les livres, sur le jazz, sur l'amour, sur la vie, sur ce que devrait être le monde, sur ce que nous le ferions devenir, mais la nuit de violence avait changé le son et le sens de nos paroles. Même quand nous l'eûmes oubliée, nous n'avons plus retrouvé le jeu léger qui, auparavant, marquait chacune de nos paroles, chacun de nos gestes ; et les disques, quand nous les écoutions, ce n'était plus la même musique, ce n'était plus le même enchantement. Le quincaillier nous paraissait moins extravagant lorsqu'il mimait et commentait la peine, le tourment du nègre, sa misère, sa solitude, la nostalgie de sa savane ancestrale, de la liberté, de la paix, de l'amour simple et heureux ; tous ces aveux, ces douleurs, ces plaintes, ces révoltes qu'il disait entendre dans la trompette bouchée, le saxo ou la voix de cuivre et de nuit, nous croyions nous aussi vraiment les entendre maintenant, les comprendre, pour avoir frôlé une autre peine et une autre fureur puissantes, terrifiantes comme le feu, l'eau, le vent.

Il y eut la nuit de novembre où Emilie nous réveilla, François et moi, comme elle faisait au temps où sur la tour la jeune folle était apparue. Sans doute devait-elle guetter une fois encore quelque signal que lui ferait Guillaume. La lune froide éclairait la rue. Un homme que nous voyions de dos, planté sur la chaussée face à la terrasse des Barbares, levait les bras et criait. Emilie pensait que ce devait être Gaston Lachalle. En effet, un peu plus tard, lorsque le passant se retourna vers notre maison avant de s'en aller, nous le reconnûmes. Il appelait, mais sans donner toute sa voix, aussi devions-nous être les seuls à l'entendre, et peut-être Guillaume s'il guettait dans l'ombre là-bas après avoir échangé de silencieux adieux avec Emilie.

— Madame Garou, oh ! Madame Garou, appelait la voix entrecoupée de sanglots, madame Garou je vous en prie, répondez-moi. Dites-moi, ma mère est-ce qu'elle m'aime ?

Il répétait indéfiniment sa question : « Est-ce qu'elle m'aime ? Dites : est-ce qu'elle m'aime ? Est-ce qu'elle m'aime ? »

Emilie nous persuada que nous devions parler à Gaston Lachalle, mais à ce moment, lassé, le noctambule quitta la place. Nous le vîmes s'éloigner en titubant. Le lendemain, Emilie, Betty, Hélène et Caroline purent joindre Lachalle. Il leur avoua être parti de chez lui la veille et avoir bu dans maints cafés, parce que sa mère s'était moquée de lui alors qu'il rentrait tout satisfait d'avoir réussi un examen. « Pauvre idiot, tu es reçu parce que j'avais pu convaincre ton professeur de te repêcher. Tu as la chance d'avoir une mère qui sait faire jouer ses relations, sans moi tu serais une épave. » « Une épave », elle a dit : « une épave », répétait-il à ses confidentes. « Comme les mères peuvent faire du mal ! » dit Hélène.

« Hélène fait sa vie contre la volonté de sa mère, me confiait Elisabeth. Et moi, je ne ferai jamais de théâtre à cause de ma mère. Elle m'a donné cette passion de la scène, mais en même temps, elle a tout fait pour que je n'aie aucune confiance en moi. Elle m'a toujours assuré que devenir actrice ce serait désespérer mon père, et que d'ailleurs, je n'arriverais à rien, qu'à crever de faim et à me ridiculiser, et toute ma famille avec moi, en tenant les derniers rôles dans des troupes sans talent... Et mon frère, Guillaume, cette façon qu'il a de ne voir que par les yeux de la reine mère, comme vous dites. »

Nous nous sentions tous solidaires de l'infortune de

Gaston Lachalle, tous ligués contre sa mère, contre les mères, tous prêts à jurer qu'elles nous empêchaient de nous envoler à tire-d'aile vers notre destin, et même qu'elles mutilaient ces ailes d'ange ou de démon que nous sentions frémir à nos épaules.

XXIV

— Suppliée, il m'a suppliée.

Emilie, assise sur un coin de son lit, me regarde et se frotte le bout du nez. Je me demandais si elle avait envie de rire ou de pleurer, ou bien avait-elle honte ?

— Il avait sa blouse grise, sa blouse déchirée attachée avec une ficelle, ses cheveux en broussaille. Il était pâle. J'ai eu l'impression qu'il se cassait en deux. J'ai eu un jouet autrefois, un bonhomme en bois qui avait cette façon de se plier, crac.

Ainsi le quincaillier la suppliait de devenir sa femme, et elle devait avoir le même air embarrassé, enfantin, que maintenant pour lui répondre que non, qu'elle l'aimait bien mais que non, il était un ami, un ami formidable, mais voilà, c'était tout.

— Je crois, tu sais, qu'il avait bu pour se donner du courage, pour avoir la force de me dire ça. J'ai vu la sueur perler à son front. Il a secoué la tête, ou plutôt sa tête s'est secouée comme malgré lui, et il est parti à reculons, il s'est cogné dans la porte. J'aurais voulu faire quelque chose pour lui, j'aurais voulu lui dire, je n'avais rien d'autre à lui dire... Pauvre quincaillier. Il m'a paru tout d'un coup si jeune, un gosse qui se retient pour ne pas éclater en larmes.

Elle se leva, marcha vers la fenêtre ; de là, le dos tourné, elle continua à me parler.

— J'ai tout raconté à Guillaume — et je lui ai dit aussi que Grimari, plus tard sans doute, et puis il n'ose pas boire, lui, pour se donner courage, mais enfin lui aussi — je m'attendais à ce qu'il me dise des choses comme ça un jour ou l'autre. Et si ce n'était pas lui, si ce n'était pas Grimari, eh bien ce serait ce jeune fou de Serge Valenkov : il me raconte des contes de fées qui se passent dans des châteaux, des forêts, des isbas en Russie, et c'est moi la fée, c'est moi la reine.

C'était bien de rire qu'elle se retenait tout à l'heure en se frottant le nez, c'était sa joie dont elle avait honte, sa joie innocente et cruelle qu'elle cherchait à me dissimuler en allant à la fenêtre.

— Qu'a dit Guillaume ?

Cette fois, elle ne put plus contenir son allégresse. Elle se retourna, les bras ouverts.

— Il m'a demandé de nous fiancer.

Ainsi le bonheur d'Emilie était né grâce au malheur de ceux qui l'aimaient, mais ce n'était pas elle la cruelle, c'était la vie.

— C'est pour bientôt ces fiançailles ? ai-je fini par demander.

— Ça y est ! s'écria Emilie.

Devant mon étonnement, elle éclata de rire, pivota sur un talon en faisant voler sa jupe. Elle vint tout près de moi, me regarda droit dans les yeux.

— Oui, des fiançailles secrètes.

— Des fiançailles secrètes ?

— Guillaume estime que nous sommes trop jeunes pour nous fiancer officiellement puisqu'il lui faudra terminer ses études avant que nous nous mariions. Dans un an, nous ferons des fiançailles en famille, nous fiancerons nos familles comme il dit, mais en attendant, nous sommes des fiancés secrets.

Elle mit ses mains sur mes épaules.

— Ecoute, Henri, ne te moque pas de nous, et ne le répète pas. C'est la petite Caroline qui a reçu nos serments de fiancés.

J'embrassai Emilie puis la contemplai un moment sans rien dire. Comme elle était belle avec la blondeur pleine de lumière de son visage, l'éclat mauve de ses yeux qui par intermittence se voilaient sous une tendre grisaille. Je m'entendis lui dire, et en même temps je regrettais ces paroles :

— Et Mme Garou ?

Emilie baissa les paupières.

— Guillaume lui a parlé de moi.

Elle revint s'asseoir au pied du lit.

— Elle est d'accord. Seulement, c'est elle qui nous trouve trop jeunes, elle a conseillé à Guillaume de terminer ses études avant notre mariage.

Comme si j'avais émis quelque critique, elle lança vivement :

— Après tout, c'est normal de sa part, non ? En tout cas, elle est d'accord, elle est d'accord.

Puisse ma sœur dire vrai ! Qu'elle soit heureuse et que son bonheur me rapproche encore d'Elisabeth. Ce ne serait pas seulement l'amour ainsi qui nous unirait aux Barbares, mais une jeune fraternité. En même temps, j'enviais la chance d'Emilie : Betty était plus fuyante pour moi que son frère pour Emilie. Je rêvais de ces fiançailles secrètes qui nous auraient promis l'un à l'autre.

Un après-midi ensoleillé de décembre, je me promenais dans le parc de l'Observatoire avec Betty et Caroline. Nos pas nous conduisaient sur le chemin couvert de feuilles mortes qui menait au pavillon où la jeune folle avait logé. Un rayon de soleil tombait sur le double perron qui précédait le seuil. Nous nous sommes assis, Elisabeth et moi, sur la première marche, Caroline sur la seconde. Est-ce la dalle de granit qui m'a fait songer à un autel ? Est-ce la voûte au-dessus de nous des branches nues qui m'a rappelé les églises où je donnais rendez-vous à Elisabeth ? Je lui ai pris les mains et, levant la tête vers la petite Caroline toute rose dans ses fourrures, j'ai dit d'une voix mal assurée :

— Caroline, je sais que vous avez fiancé ma sœur et Guillaume.

Je vis les yeux noisette de la jeune fille tourner au noir, pourtant je continuai :

— Aujourd'hui, Caroline, je vous prie, je vous demande de recevoir un autre serment de fiançailles secrètes.

La petite blêmit. J'eus peur, mais je me forçai à achever, cependant que Betty me regardait avec colère et essayait de me reprendre ses mains.

— Oui, devant vous Caroline, votre sœur et moi, comme vous avez fiancé Emilie et...

Caroline s'était dressée ; un instant elle nous regarda fixement, comme si elle ne nous reconnaissait plus. Elle s'enfuit vers l'Observatoire.

— Qu'avez-vous fait ! me jeta Betty.

Elle s'arracha à mes mains, s'élança sur les traces de sa sœur. Elle l'appelait :

— Caroline, Caroline, attends-moi. C'était un jeu, Henri disait n'importe quoi !

Elles disparurent dans la maison. Je restai seul un moment assis sur la dalle de granit. Je ne comprenais pas ce qui venait d'arriver. Quel crime avais-je donc commis aux yeux de Caroline et de Betty ? Toutes deux m'avaient fui comme si j'étais brusquement devenu sous leurs yeux un monstre.

Le lendemain, je reçus un mot d'Elisabeth me demandant d'éviter de paraître à l'Observatoire pendant quelque temps : elle essaierait de me donner rendez-vous.

J'attendis en vain toute une semaine. Puis, je me risquai à écrire à mon amie. Je la priais de me pardonner si, sans le savoir, je l'avais blessée ou offensée ; seul mon amour, mon désir d'être à jamais lié à elle m'avaient poussé à vouloir répéter les fiançailles secrètes de Guillaume et d'Emilie. Qu'elle-même et Caroline me pardonnent donc si j'avais eu tort, si j'avais sans le savoir mal agi. La réponse vint non pas d'Elisabeth mais de Caroline.

« Cher Henri, me disait-elle à peu près, ma sœur m'a parlé de votre lettre. Je n'ai pas, et Betty n'a pas à vous pardonner. Vous avez fait ce que vous croyiez devoir faire. C'est moi qui dois vous prier d'oublier ma sotte humeur. A vos yeux, comme aux yeux d'Emilie et de Guillaume, je ne suis que « la petite Caroline », alors on peut jouer avec moi, faire de moi une confidente, et même une sorte de prêtre, de prêtre des amours. Et moi qui oubliais cela, qui n'ai plus su jouer ! Mille pardons pour cet oubli, et vous, oubliez cette sotte de petite Caroline. » En lisant, je voyais les yeux espiègles, les nattes, les bonds, les mines malicieuses de notre amie, et, soudain, cet air traqué, cette pâleur qu'elle avait eus sur les marches, devant le pavillon.

Je chassai de ma pensée cette image d'une douleur qui me gênait. Je me disais qu'à présent, puisque Caroline avait des mots de paix, Betty ne s'opposerait plus à mon retour à l'Observatoire. Je jugeai toutefois prudent de me faire annoncer par l'intermédiaire d'Emilie et de Guillaume. Ils n'eurent pas de réponse à me communiquer. Ce fut Hélène, venue emprunter un livre de médecine à François, qui me parla. Elle me demanda de la raccompagner. Une fois dans la rue, elle me conseilla d'attendre encore pour revenir à l'Observatoire. La petite Caroline avait été malade. Le savais-je ? Oui, maintenant elle allait mieux ; elle avait été mal vraiment et le médecin ordonnait de faire ce qu'elle demandait, de la mettre en pension dans un établissement religieux, dans une ville lointaine où les Garou avaient de la famille ou des alliés. La petite allait partir bientôt pour sa pension. Elle était si jeune, une fois là-bas, elle penserait à autre chose. Mais voilà, Betty songeait à sa cousine folle ; elle s'accusait, elle m'accusait d'avoir fait souffrir sa cadette. Hélène me conseillait donc d'attendre avant de chercher à revoir Elisabeth. Il fallait d'abord que s'apaisât le remords de la jeune fille, et sa rancune et sa crainte. Cependant l'étudiante ne me cachait pas qu'elle redoutait que ce malheureux dissentiment entre son amie et moi ne poussât Betty à retomber sous des influences... (elle hésitait, puis concluait :) « sous des influences discutables. » Je la pressais en vain de me dire ce qu'elle entendait par-là. Elle me prit le bras dans un mouvement d'amitié et remarqua, avec un sourire un peu triste :

— Oh ! vous, les hommes, quels maladroits vous faites !

Je m'étais arrêté. Elle s'immobilisa elle aussi sans lâcher mon bras. Nous nous regardions. Ses yeux ne cillaient pas sous leurs paupières un peu lourdes ; sa bouche aussi, me semblait-il, sa bouche sans fard, gercée par le froid, me regardait. Je sentis remonter en moi ce vertige qui m'avait jeté contre elle le soir de la représentation. Le devina-t-elle ? Elle retira vivement sa main de mon poignet comme si mon contact l'eut brûlée. Elle me quitta en balbutiant un timide adieu.

XXV

Un mois peut-être s'écoula sans qu'il me fût donné de revoir Elisabeth. En rentrant de la Faculté, un soir, Emilie m'a appelé : Betty était dans sa chambre. Elle se tenait à contre-jour devant la fenêtre. Je la trouvai amaigrie, et ce désarroi qui se lisait sur sa silhouette un peu gauche me bouleversa. Emilie nous laissa seuls. Nous sommes restés longtemps sans parler. Enfin je me suis approché d'elle mais elle a reculé jusqu'à la fenêtre. Je me répétais intérieurement : « Elle m'aime puisqu'elle est venue, elle m'aime. » Pourtant je n'osais tenter aucun geste vers elle ni le moindre mot qui eût enfin effacé ce long divorce. Sur son visage émacié, les yeux paraissaient plus grands encore avec leur noire transparence. Plus le temps passait, plus devenaient intolérables ce silence, cette immobilité. L'heure bientôt sonnerait de nous séparer, ou encore Emilie ou François reviendraient et ce serait fini, nous n'aurions pas su nous rejoindre. Soudain elle se dirigea vers la porte. Là, elle se retourna.

— Ainsi, nous n'avons plus rien à nous dire ! Sa voix me sembla pleine de colère.

Je ne sais pourquoi me vint alors l'idée d'appeler doucement : « Célia. »

Elle lâcha la poignée de la porte. Je fis un pas, elle courut enfin jusqu'à moi. Je refermai sur elle mes bras. Elle gémissait faiblement, des sanglots la secouaient.

Notre vie a repris comme par le passé, ou plutôt avec plus d'élan : celui de l'amour que la menace a failli détruire, qui se sait maintenant fragile et d'autant plus merveilleux !

Lorsque nous allions chez Masari, malgré moi je guettais l'attitude d'Elisabeth. Je me demandais si cette influence mauvaise à laquelle Hélène faisait allusion, c'était celle du photographe. Il continuait à faire la cour à Betty, lui parlait de théâtre, de son talent qu'il admirait, prétendait-il, de la carrière qu'elle pourrait connaître si elle avait un peu d'audace. Elle l'écoutait distraitement, l'air amusé.

Le quincaillier ne venait plus guère à l'Observatoire ni chez Masari. Sans lui, plus de jazz, plus de discussions politiques. Tout le groupe, que d'habitude il animait de sa faconde et de sa verve, paraissait désemparé. Je ne le disais pas à Emilie mais je pensais qu'elle était la cause de cette absence : le jeune homme la fuyait et fuyait les lieux où il eût pu la rencontrer. Elle semblait à peine en prendre conscience. Blottie dans le silence de Guillaume, elle laissait Serge Valenkov nonchalamment lui faire la cour sous les regards noirs de Grimari.

* * *

— Caroline a écrit.

Nous étions assis sur le perron du pavillon, Betty et moi, là même d'où Caroline s'était enfuie, voici plusieurs mois de cela, blessée par mes paroles. Nous n'étions plus revenus sur ces lieux, en écartant nos pas lorsque nous nous promenions dans le parc. Mais ce matin, sans que je m'en fusse aperçu, par des sentiers détournés, Betty m'avait conduit à cet espace cerné de broussailles, à cet îlot de soleil, que nous nous étions interdits.

— Depuis quelque temps, Caroline a commencé à m'écrire des petites lettres griffonnées à la hâte et dans tous les coins.

— Elle se plaît là-bas ?

— Elle a l'air. Elle parle de ses compagnes, de ses professeurs, avec malice, avec gentillesse.

Je sentais Betty embarrassée, comme si elle voulait et ne voulait pas dire autre chose, quoi donc ?

— Elle parle aussi, elle me parle aussi de Dieu.

— De Dieu ?

— Eh bien oui, pourquoi vous étonner ?

— On doit lui faire la leçon, dans un pensionnat tenu par des religieuses.

— Peut-être, mais il y a autre chose, je vous assure.

Elle mordillait un brin d'herbe arraché entre les dalles du perron.

— C'est étrange...

Elle me regarda longuement et je voyais se refléter en ses yeux les frondaisons du parc derrière moi.

— Qu'est-ce qui est étrange, Betty ?

— Il me semble qu'elle parle de Dieu, un peu comme vous parlez parfois de ce bonheur que vous croyez, comment dites-vous ? promis à chacun de nous... On dirait qu'elle ne... que Caroline ne souffre pas, ou ne souffre plus, elle parle du ciel avec... elle parle de Dieu non pas comme d'une personne, d'un ami, non, mais quand même avec familiarité, c'est cela, pour elle, on croirait une présence familière.

Betty me prit la main, la garda dans les siennes.

— Je ne crois pas qu'elle phrase, qu'elle parade, dit-elle

doucement. Elle est sur un chemin, elle monte, marche par marche, vers une paix, vers la paix.

Ses mains eurent un tremblement imperceptible. Je la vis rougir.

— C'est bizarre, il me semble maintenant qu'elle devient, qu'elle est mon aînée. A ses premières lettres je me disais : c'est une crise, la crise mystique des filles à quinze ans, mais non, il n'y a pas de fièvre, de cris... Une tranquille assurance.

— C'est peut-être dommage. Caroline était de vif-argent.

Elisabeth eut un mouvement d'irritation.

— Elle reste toute vive, du moins je l'espère, je l'espère bien. Que nos histoires ne lui aient pas fait perdre son élan, son déclic de petit diable !... Quand elle était tout enfant, nous l'appelions « diablotin » et elle venait vers nous de toute la vitesse de ses petites jambes, elle fonçait...

Cette image la fit sourire, puis ce sourire s'effaça comme un coin de ciel s'obscurcit degré par degré.

— Dans sa dernière lettre...

Elle lâcha ma main, détourna les yeux.

— Elle parle, Caroline parle de nous.

Elle se leva, enfonça les mains dans les poches de son trench-coat, se mit à faire les cent pas devant le perron où je demeurais assis ; la ceinture serrait étroitement sa taille si mince. En la regardant, je pensais à des voyages, il me semblait qu'elle était en tournée à travers les villes et nous nous rencontrions au lendemain d'une représentation qu'elle avait dû donner, à la veille d'un nouveau départ. « Ma jeune étoile », me disais-je intérieurement, et je remarquais le nimbe doré que le soleil à contre-jour accrochait à ses cheveux bruns. Ainsi me paraissait-elle fugitive et sa présence d'autant plus désirable. Elle revint s'asseoir près de moi, gardant les mains dans ses poches.

— Caroline m'a écrit cela : « Je vous unis dans ma prière comme deux fiancés. » Elle m'a demandé de vous le dire, de vous dire qu'elle exauçait ainsi le vœu que vous lui aviez présenté.

— Oh ! Caroline, Betty, Caroline, je vous aime. Je t'aime Betty, oh ! la petite Caroline ! Oh merci !

Je ne savais ce que je disais : je couvrais de baisers les

cheveux, le visage de Betty, son front, ses paupières, ses lèvres qu'elle gardait closes.

A la fin, je m'étonnai de son silence, de son immobilité. Je répétais, sans croire d'abord à mes mots : « N'êtes-vous pas heureuse ? N'êtes-vous pas heureuse ? »

Elle se retourna lentement vers moi ; ses yeux, fixés sur les miens, je le sentais, ne me regardaient plus.

— C'est tout de même étrange, vous ne trouvez pas, Henri ?

— Qu'est-ce qui est étrange ?

— Que d'autres que nous, qu'une petite avec sa prière, veuille inscrire, je ne sais où, dans son ciel, se permette de tracer notre destin.

Cette fois elle m'observait avec une attention presque douloureuse.

— Ainsi je serais sa prisonnière ! Votre prisonnière !

Ma gorge se serra. J'ouvris les bras. Qu'elle s'échappe, qu'elle s'échappe donc, qu'elle s'envole puisqu'elle ose me reprocher le poids, la prison de mon amour. Un sourire encore inquiet passa sur les yeux, sur la bouche tout à l'heure angoissés ; Betty se jeta contre moi, m'enlaça.

— C'est vrai, je suis impossible, pauvre Henri, pauvre petit Henri.

Ses lèvres cherchaient les miennes, tournaient, glissaient, s'écrasaient contre elles. Je mourais de détresse et de joie.

— Mariette, disait Emilie, il aurait mieux valu qu'on la laissât tomber de la tour la nuit, quand elle montait là-haut pour s'envoler.

— Mais non ! mais non ! protestait François. Si un jour on la guérit, tout cela ne sera plus qu'un triste souvenir, comme un cauchemar qu'on finit par oublier.

— Tout de même, quel salaud ! reprenait Emilie. Avoir abandonné Mariette.

— Il n'a pas dû se douter qu'elle ne pourrait pas supporter.

— Vous, les garçons, vous ne vous doutez jamais de rien !

— Eh bien, si tous ceux qui sont plaqués par une fille devaient devenir fous...

— Et si Hélène te plaquait ?

Elle avait dit cela presque rageusement.

— Mais moi... mais Hélène...

François balbutiait ; Emilie allait vers lui.

— Je te demande pardon. D'ailleurs, Hélène, elle doit être fidèle. Elle a un fichu caractère, mais elle n'a rien d'une girouette.

« Et Betty ? » avais-je envie de demander. Les filles, pensais-je, devaient bien mieux se connaître entre elles, se deviner, que nous ne pouvions le faire.

— Et Guillaume, que pense-t-il de sa cousine ?

Emilie me regardait avec une sorte de crainte :

— Guillaume ? les Barbares ? peut-on savoir ce qui leur passe par la tête ?

XXVI

La mère d'Hélène parcourut la ville en proclamant son chagrin.

« Hélène, ma fille Hélène, ah ! madame, il n'y a plus de jeunesse, et dire qu'on se prive pour ses enfants ! Je l'avais bien prévu, si mon mari m'avait écoutée, mais il a voulu faire comme tout le monde, Hélène est allée au lycée, et maintenant, oh ! non, je ne peux pas, je ne peux pas y penser... Moi qui n'ai quitté ma mère que le jour de mon mariage... » Enfin Mme Farge lâchait son secret : « Après le lycée, pas moyen d'empêcher cette malheureuse enfant de faire sa médecine, et aujourd'hui, elle nous apprend qu'elle est reçue, oh ! je ne pourrai pas le supporter, la voilà reçue externe des hôpitaux de Paris, de Paris. » A tout hasard, les confidentes osaient de timides félicitations, mais les pleurs redoublaient. « C'est affreux, vous ne comprenez donc pas, Hélène prétend qu'elle doit se rendre à Paris, elle travaillera là-bas, dans les hôpitaux, Hélène loin de moi, jamais, ce serait ma mort ! »

A la fin de la journée, Hélène s'est réfugiée chez nous. Déjà nous savions. Mme Farge avait rencontré le quincaillier le matin ; il était sorti de sa retraite pour aller conter l'incroyable scène aux Mousquetaires, puis à Masari, enfin aux Barbares et à nous-mêmes. « C'est trop bête, c'est trop bête », répétait l'étudiante. Nous comprenions mal qu'elle se montrât si affectée puisque rien ne changerait sa détermination et que dans quelques mois elle prendrait son poste à Paris.

Elle se tenait sur un coin du divan dans la chambre de François ; nous ne savions que dire pour l'arracher à cette hébétude. Il était déjà tard lorsque mon frère lui a proposé de sortir dans la nuit de printemps. Elle le suivit sans rompre son silence.

A dater de ce jour, Hélène prit l'habitude de venir passer chaque après-midi à la maison. Souvent elle revenait du cours avec François. Tous deux s'installaient dans la chambre, de chaque côté de la table campagnarde qui servait de bureau, le crâne de Thomas posé entre eux sur leurs cahiers et leurs livres. Ils travaillaient, traçant des schémas d'anatomie ou s'interrogeant à tour de rôle sur une question du programme. Parfois, Hélène arrivait alors que François était encore retenu à la Faculté : elle prenait place à la table-bureau et commençait d'étudier. Si j'étais à la maison je venais la saluer. Je ne m'asseyais pas, craignant de la déranger dans son travail, mais volontiers elle me priait de rester avec elle jusqu'au retour de mon frère. Je feuilletais les livres de médecine, m'arrêtais parfois sur les images de squelettes, d'écorchés rougeâtres, de réseaux bleus ou rouges des vaisseaux sanguins. Je disais en riant à Hélène que je ne pourrais pas supporter de telles études, que la connaissance des mécanismes de la vie me rendrait la vie impossible, et qu'aussi bien j'aurais peur de vivre avec une femme pour qui serait familier ce fragile et terrifiant agencement de nos nerfs, de nos veines, de nos glandes. « Me supporterez-vous au moins comme amie ? » me demandait-elle avec une inquiétude feinte. Je l'assurais que je ferais mieux, que déjà elle devenait pour moi une autre sœur. Elle gardait le silence ; je croyais y entendre résonner sans fin mon dernier mot qu'elle n'avait ni accepté ni refusé. « Une autre sœur. Une autre sœur. » Je chassais en moi cette saveur soudain resurgie des lèvres d'Hélène sous ce baiser volé dans la nuit, le soir du spectacle. Je parlais vite, pour me retrouver ici, maintenant, avec *la fiancée de mon frère :*

— François va être malheureux lorsque vous allez partir à Paris, Hélène.

— Lui aussi va préparer l'externat, l'an prochain il me rejoindra.

— C'est long, une année.

— Pas lorsqu'on étudie, lorsqu'on va vers un but.

— Quel but, Hélène, l'externat ou vous ?

Elle riait de son rire étouffé.

— C'est la même chose, en somme.

— Comment pouvez-vous dire ça ? Un examen et l'amour, c'est même le contraire.

— Qu'est-ce que c'est donc, l'amour ?

— C'est... je ne sais pas. C'est vrai, je ne sais pas...

— Vous voyez.

— Mais je sais que je ne pourrais pas supporter d'être loin d'Elisabeth pendant un an.

— Il faudra bien, quand vous ferez votre service militaire, par exemple, et puis...

Elle me jeta un coup d'œil, se plongea de nouveau dans ses livres.

— De toute façon, dit-elle sans relever la tête, chacun doit rester libre.

— Il me semble qu'Elisabeth...

— Elisabeth ! s'écria-t-elle en me regardant avec une expression anxieuse.

— Il me semble qu'elle aussi appréhende beaucoup votre départ.

— Oui, peut-être, ah ! oui, vous pensez...

Elle eut l'air soulagée. Elle reprit :

— Betty a toujours rêvé de Paris.

— Pourtant notre vie ici, nos amitiés, aurions-nous connu cela à Paris ?

Elle resta un moment songeuse.

— Je ne sais pas... Mais enfin, maintenant, enfin pour moi, la voie est tracée... Le plus tôt sera le mieux.

— Vous êtes si pressée de nous quitter...

— Non, mais tous les jours, vous savez, ma mère continue à se tourmenter ou à menacer.

Une ride se creusait à la base de son front dont la marge nette et blanche sous la frange brune était comme un trait que rien ne pourrait fléchir.

— Un jour, conclut-elle, nous nous retrouverons tous à Paris, vous verrez.

Ce besoin de quitter notre ville, notre vie, m'étonnait. Je ne songeais à rien d'autre au fond qu'à poursuivre l'existence que nous menions ici, où le réel et le rêve s'alliaient. J'épouserais Elisabeth, alors je connaîtrais plénitude et bonheur, cependant que tout continuerait autour de nous comme par le passé, dans cet étroit espace entre notre maison et l'Observatoire, auprès d'Emilie, de François, et des Barbares dont je serais devenu le frère. Mais Hélène la première allait rompre le pacte de notre jeunesse. Son départ ne marquerait-il pas la fin de cette heure de grâce qui nous avait réunis ? Voici peu de temps, avec une fierté et une gêne également sensibles : « Tu sais, Henri, m'avait dit mon frère, maintenant, Hélène, maintenant elle est devenue... elle est... ma maîtresse. »

C'était le soir où il l'avait raccompagnée, après cette journée dont elle avait honte, lorsque sa mère parcourait la ville, se lamentait. Par vengeance ? par désarroi ? Hélène s'était donnée à lui ; ou bien, pensais-je, pour marquer dans sa chair qu'aujourd'hui une nouvelle vie commençait, celle qui l'emmènerait loin de cette famille où elle se sentait à la fois étrangère et esclave, celle qui ferait d'elle une femme enfin.

Une fois encore j'enviais, sans oser me l'avouer tout à fait, la chance de mon frère. Lui aussi devenait un homme, dans le sillage d'Hélène qui le conduisait vers son métier et vers l'amour. Pourquoi Betty se dérobait-elle ? Incertaine dans son amour comme dans sa vie ? Sans doute, ni elle ni moi ne savions distinguer nos songes de la réalité, elle toujours à imaginer et à regretter un impossible avenir de théâtre et de gloire, moi mal dépris des soleils brumeux de l'enfance.

Je m'étais trompé, nul bonheur ne nous était promis, et surtout j'étais bien présomptueux de me croire porteur de joie, de paix pour les autres. « Cependant, disait Hélène, l'Histoire, parfois, semblerait vous donner raison. Ainsi les peuples, un jour, finissent par décider que pour eux le temps du malheur est fini. Alors on peut dire qu'ils décident d'être heureux et ils luttent pour cela, et nous luttons, nous lutterons avec eux pour les aider à vaincre. On peut donc aussi dire qu'avant ils avaient choisi d'être malheureux. »

Oui, oui, Hélène avait raison, j'avais raison. Chaque être, me semblait-il, avait un sens particulier qu'il devait, et que les autres devaient aussi, déchiffrer, un sens pour lui, pour les autres, pour le monde. Il était fait pour cela, pour chanter ou pour danser, pour écouter ou pour se taire, pour la bonté ou la beauté, pour la raison ou la force. Chacun avait à réaliser ce pour quoi il était ici, et chacun devait savoir qu'il était fait pour le bonheur. Si quelqu'un était cruel ou blessant, c'était parce qu'il le voulait, parce qu'il préférait ses monstres — ceux de l'orgueil, ceux de la peur, ceux de la complaisance au mal ou au malheur — à la joie, à ses yeux trop simple, de la paix avec lui-même et avec ses semblables.

— Vous croyez donc en Dieu ? s'étonnait Hélène.

— Non.

— Pourtant, croire que chacun de nous est prédestiné, n'est-ce pas remonter à Dieu pour notre origine ?

(Pourquoi, au lieu de m'inciter à partir — afin de me sauver — à la recherche de moi-même et de mes premières espérances, ne m'avez-vous pas plutôt dirigé *vers Dieu ? Mais sans doute, cette* direction *vous était-elle à vous-même interdite Esther Zarev ?)*

XXVII

Betty ne me cachait pas que le prochain départ d'Hélène lui donnait un sentiment de panique. Je me demandais si c'était là le tourment d'une amitié pour la première fois menacée par l'absence ou bien le désespoir de ne pouvoir agir comme son amie et quitter cette famille, cette existence qui lui pesaient, pour se vouer au théâtre ? Nous partions parfois vagabonder dans les collines que nous avions abandonnées depuis l'automne dernier. Nous marchions côte à côte dans les chemins où pointait l'herbe, un goût de neige demeurait au fond de l'air printanier. Betty laissait le silence peu à peu s'épaissir entre nous, elle ne répondait pas lorsque je lui montrais quelque oiseau dans la haie ou bien l'horizon au détour du sentier, ou encore lorsque j'essayais de parler de nos amis. Bientôt je devenais à mon tour aussi taciturne, je me disais que je devrais arrêter notre marche et prendre Betty dans mes bras, et lui crier tout à la fois ma colère, ma tristesse, mon amour, la réveiller, la ramener à elle, à moi, à nous deux. Au lieu de cela, nous continuions à aller sur les crêtes, entre les touffes de genêts, regardant sans le voir le vaste horizon mauve où par places luisait, lointaine, la rivière. Quand le soleil touchait à l'ouest aux monts d'Ambazac, nous revenions en dévalant la pente, une fois retrouvée la route, nous la parcourions à grands pas jusqu'à la voiture. Nous rentrions en ville impatients de rencontrer nos amis dont les paroles, les rires nous délivreraient enfin de nous-mêmes et de ce malaise en quoi s'étaient changés la joie, l'élan des anciens jours. Parfois, pourtant, au moment où nous allions quitter les prés ou les taillis, Elisabeth, avec une sorte d'effroi, se jetait sur moi, me suppliait de la serrer dans mes bras, couvrait mon visage, mes lèvres, mes mains de baisers, et ses doigts s'affolaient sur mon corps cependant qu'elle balbutiait des phrases brèves, hachées, inachevées où revenaient les mots de prière, de pardon. « Oh ! Henri, mon petit Henri, mon petit ! Oh ! pardon, pardonnez-moi. Il ne faut pas Henri, il ne faut pas m'en vouloir... Je vous aime pourtant. Oh ! je t'en prie, petit, si tu savais... » Je ne parvenais pas à savoir ce dont elle s'estimait coupable, sinon de cette étrange attitude qui en effet me rendait malheureux mais la faisait souffrir tout autant que moi. Peu à peu, elle se calmait, ses paroles et ses caresses se faisaient plus lentes ; elle me souriait enfin et je croyais trouver dans la transparence du regard qu'elle levait vers moi la même paisible, totale et profonde tendresse que jadis. Nous nous étendions au pied d'un arbre ou d'un buisson sur le manteau que j'avais jeté à terre. Blottis l'un contre l'autre, nos lèvres jointes, nous n'étions plus que le seul et même bonheur de nos sangs battant d'un rythme unique, éternel.

Ce n'étaient là que des accalmies. Le lendemain je retrouvais Elisabeth de nouveau insaisissable, irritée autant contre elle-même que contre moi. « Mais enfin, Betty, il faudra bien de toute façon qu'Hélène et vous, que ce soit demain, après-demain, dans un an ou dans cinq, il faudra bien que vous soyez séparées. — Et pourquoi ? » Elle prononçait ces mots avec une sorte de méfiance hostile. « Parce qu'Hélène se mariera. Et vous-même... — Ainsi, le mariage devrait rompre l'amitié ! Votre mariage bourgeois. Et pourquoi, même mariées, deux amies ne continueraient-elles pas à lier leurs destins ? » Je reconnaissais mal Elisabeth dans cet être de défi.

Peu à peu se forma en moi la conviction que je devais exiger d'Elisabeth une prise de conscience franche et totale de son changement d'attitude à mon égard. Peut-être notre amour ensuite serait-il condamné ; il le serait plus certainement encore si nous continuions à vivre dans ce mensonge ou cette lâcheté. Elisabeth m'écouterait, m'avouerait la cause de sa souffrance ou de son égarement, et nous retrouverions enfin la lumière qu'avait notre amour aux premiers jours, nous serions de nouveau sauvés.

Un après-midi, au lieu d'aller à mes cours, je décidai de me rendre à l'Observatoire ; je savais y trouver Elisabeth seule à cette heure-là. La vieille servante en m'accueillant me dit en effet que mon amie était dans la bibliothèque ; elle s'excusa de ne pouvoir m'y conduire, mais je savais le chemin, j'étais un familier, n'est-ce pas. Quand j'arrivai à la porte du salon-bibliothèque, au moment d'en franchir le seuil, je m'arrêtai un instant.

Je me répétais les paroles que j'allais prononcer vite, sans regarder Elisabeth, pour être sûr de les dire jusqu'au bout : « Elisabeth, il faut en finir, nous ne pouvons pas continuer à vivre ainsi... » Cependant que je restais immobile, le cœur battant, j'entendis parler derrière la porte. Celle-ci n'était que poussée, je l'entrouvris davantage. Un homme parlait que je ne voyais pas. « La promenade est belle. » Je reconnaissais la voix sourde de Guillaume et la voix chantante de Betty lui répondait, une voix plus claire, plus allègre que de coutume, jeune, si jeune : « Fort belle. » « Le beau jour ! » Il avait grogné cela comme en colère. « Fort beau. » Etait-ce bien Elisabeth, n'était-ce pas une enfant qui répondait ? Par la porte entrebâillée je passai la tête. « Quelle nouvelle ? » marmonna la voix d'homme. Betty se tenait debout à contre-jour au milieu de la pièce, la tête penchée de côté, les mains jointes contre la poitrine. Elle était si absorbée qu'elle ne me découvrit pas. Elisabeth. Mais était-ce elle ? Cette attitude, cette voix quasi enfantines, cette mine innocente, ces grands yeux écarquillés, ce geste des mains qui s'ouvrent comme étonnées de laisser choir cette réponse : « Le petit chat est mort. » Toute la désolation, la puérilité, le secret délice de l'enfance dans ce ton de surprise. Pourquoi en moi ce mélange de désir et de colère, la soif de posséder cette autre jeune fille, cette acide ingénue révélée par Betty, et la fureur de savoir en même temps que ce n'était qu'ombre fugitive, mirage, et cette rancune contre Betty, comme si elle me dupait et m'avouait qu'aucun de ses visages n'avait plus de réalité que celui d'Agnès, choisi en cet instant parmi tant d'autres qu'elle pourrait à sa guise prendre et rejeter. « Le monde, chère Agnès, est une étrange chose. » Et celui-là, avec sa voix grotesque, comme s'il me montrait l'aspect risible de ma propre jalousie, cet Arnolphe. N'étais-je pas semblable à lui, amoureux et jaloux de Betty qui m'échappait, jouant de ses mystères, de ses tourments comme Agnès de son innocence, « Quoi ? c'est la vérité qu'un homme ? »

Il y avait tant de gentillesse, de drôlerie dans la naïveté d'Agnès, dans le récit que faisait en son nom Elisabeth de la rencontre avec un galant, de la naissance imperceptible de l'amour, ou du complot amoureux, que j'oubliais mon ressentiment. Voilà que je me sentais plein d'indulgence pour Agnès et d'admiration pour Elisabeth capable d'oublier et notre temps et sa vie pour devenir cette petite fille ignorante, candide et rusée, cette adorable Agnès du monde ancien, cette inquiétante Eve de toujours. Elle mimait la rencontre coupable, ponctuant sa tirade de timides révérences, regardant en elle-même un jeune homme qui allait la ravir, et l'on croyait le voir près d'elle dans le salon. Quand elle s'inclina dans une ultime révérence, je ne pus m'empêcher d'applaudir. Elle se figea ; son visage redevint anxieux et sévère. Sa pose, le buste penché, les bras écartés, était encore celle d'Agnès ; sa tête, son regard lui appartenaient de nouveau. Elle se redressa, cependant que j'allais vers elle et que Guillaume quittait le fauteuil à haut dossier qui l'avait dissimulé. Tous deux paraissaient gênés, comme si je les prenais en faute. Je sentais leur trouble, bien que mes paroles et les leurs feignissent la désinvolture. Je me reprochais le ton un peu mondain des compliments que j'adressais à Betty, comme si elle était vraiment une actrice dont je venais d'apprécier le jeu et non mon amie, mon amour, ma secrète fiancée. Je m'en voulais d'affirmer ainsi implicitement cette distance décelée entre nous. L'air embarrassé de Betty depuis l'instant où j'avais révélé ma présence ne la quittait pas, et Guillaume ne paraissait guère plus à l'aise. Je finis par me sentir avec eux coupable de je ne savais quel péché.

— Voilà, dit Elisabeth, nous répétions *l'Ecole des femmes.*

— Pourquoi m'avoir caché que vous prépariez un nouveau spectacle ?

— Non, non, c'est pour... simplement pour le plaisir.

J'étais persuadé qu'elle mentait.

Au lieu de la suivre dans le parc comme elle me le proposait, je prétendis être attendu à la maison et m'enfuis, aussi mécontent d'elle que de moi-même.

Emilie, il suffisait de la regarder, de voir cette façon qu'avaient ses yeux de s'ouvrir comme si leur lumière allait s'étendre sur les êtres, sur les choses, pour finir par se poser, captive, sur le visage, sur les mains, sur les épaules de Guillaume, il suffisait d'un simple regard pour s'assurer qu'elle n'était qu'attente et amour, un amour immobile, opaque, absolu, au-delà du bonheur ou du malheur.

XXVIII

La politique, c'était pour nous un moyen de posséder le monde, de le faire naître avec notre jeunesse. La fièvre montait en Europe, en France ; il nous semblait qu'elle était la chaleur même de notre sang. Le quincaillier trouvait dans la foi révolutionnaire quelque réconfort afin de surmonter son amour malheureux pour Emilie. Il commençait à réapparaître de loin en loin dans notre groupe. Chaque fois, il annonçait la révolution ou la guerre, parfois les deux ensemble. Cette perspective ne semblait pas déplaire à Nicolas Valenkov. Il jurait que la révolution serait noyée dans le sang et que la guerre permettrait aux siens de reconquérir la sainte Russie et d'en chasser les diables rouges. Son cadet Serge confiait à Emilie qu'il était prêt à suivre Nicolaï Ivanovitch au combat, à moins qu'elle lui demandât de n'en rien faire : alors il lui obéirait, et même, affirma-t-il un jour, si elle lui ordonnait de rejoindre les rangs de la révolution, eh bien, il le ferait. Il ne disait pas d'où lui venait ce besoin de servitude, et ma sœur feignait de ne pas le deviner cependant que d'une voix égale et l'air faussement étonné elle me rapportait, devant Guillaume, ces paroles de Serge. Je voyais la mine de Guillaume s'assombrir. J'avais envie de lui demander s'il ne trouvait pas que ma sœur, elle aussi, serait une excellente Agnès. Elle ne manquait pas non plus de faire allusion à la jalousie dont témoignait le jeune Russe, lorsque Grimari était près de nous. Je lui reprochais sa coquetterie, sa cruauté. Ses yeux s'embuaient de larmes. « Tu ne comprends pas, protestait-elle. Tu ne comprends pas que j'ai peur... Oui, peur, j'ai l'impression que je ne peux pas plaire à Guillaume, que je ne peux pas être aimée de lui, que je suis désarmée, que je suis sans pouvoir. Si je ne lis pas quelque chose, que ce soit du désir, ou de la tendresse, ou de l'intérêt dans les yeux des autres garçons, je ne suis rien, il me semble que je ne suis rien, alors comment l'attacher, comment le garder ? Mais si les autres me remarquent, paraissent me remarquer comme si l'on pouvait m'admirer ou m'aimer, alors je me dis qu'après tout, peut-être, je ne suis pas absolument insignifiante, inexistante, et que les yeux aussi de Guillaume, que ses yeux pourront sans doute avoir plaisir eux aussi à me regarder. »

Comment croire les filles ? Comment les comprendre ? Elisabeth m'était chère de ne pas jouer les coquettes à la ville, d'être avec mon frère, avec Couderc, avec Grimari, une amie simple, une camarade. Fallait-il maintenant, si Emilie disait vrai, et si ses craintes et ses ruses ne lui étaient pas strictement personnelles, fallait-il au contraire m'inquiéter de ce qui m'avait paru être la droiture, la netteté d'Elisabeth, et penser que si elle ne se montrait pas coquette envers les garçons qui nous entouraient, elle qui pouvait être une Agnès modèle, c'était parce qu'elle ne craignait pas de perdre mon amour, ou que celui-ci comptait bien peu pour elle ?

Couderc, debout dans le studio des Masari, se réjouissait de la création du Front populaire. Il gardait pour proclamer sa joie un air parfaitement désespéré, et montrait le poing à Nicolas Valenkov en lui enseignant que c'était là le signe de l'union des prolétaires. Nicolas ricanait. Théodora, un doigt sur ses lèvres, semblait inviter son frère au calme.

— En Espagne, grognait le quincaillier, nous avons déjà le pouvoir...

— Ouais, le Frente Crapoular, raillait le Russe.

— Les crapules, ce sont les fascistes !

— Allons, je vous en prie, suppliait Claire Masari.

Théo gloussait de joie.

— Ils vont se battre, ça sera drôle, non ?

— Théo, ne jette pas de l'huile sur le feu, conseillait mollement Masari.

— Dans le sang, cette insurrection de la populace sera écrasée, dans le sang et dans l'œuf, déclarait Gaston Lachalle en bombant le torse.

Le quincaillier lui faisait la grimace.

— Pauvre idiot, pour parler d'œuf, tu t'y connais.

— Tss ! tsss ! faisait Théo.

Claire Masari allait de groupe en groupe : « Si on écoutait un disque ? »

Le quincaillier repris par le rythme du jazz se mettait à battre la cadence d'un balancement de tout son corps. Je regardais Betty. Ecoutait-elle le disque ? Ne suivait-elle pas plutôt en elle-même, sur le chemin qu'ouvrait la musique, je ne savais quel personnage, qui la hantait. Répétait-elle intérieurement quelque propos d'Agnès ? Inventait-elle un avenir d'où je serais absent ? Je lui prends la main. Ses doigts restent immobiles, comme si elle ne sentait pas même la pression, la chaleur de ma paume. Puis, peu à peu, la vie revient dans cette main qu'elle m'abandonne sans le savoir : d'abord de simples tressaillements des doigts comme si un rêve de loin les agitait, puis le poignet tourne doucement comme pour se caresser à ma peau, enfin, en même temps que le visage de Betty s'incline vers moi, qu'elle me regarde avec une attention implorante, sa main s'agrippe à la mienne ; on dirait que, ses doigts enlacés à mes doigts, elle se retient au bord de quelque vertige.

— Quand je vous dis qu'il viendra, vous pouvez me croire !

Masari avait crié cela. Sa voix brusquement claironnante nous tirait Betty et moi de cette mutuelle hypnose où nous venions d'être plongés.

— Paris n'est pas si loin, continuait le photographe, à peine quelques heures de train et le tour est joué. Pourquoi alors, pourquoi ne viendrait-il pas faire la conférence qu'il m'a promise, et une fois qu'il sera venu, il nous enverra d'autres camarades.

Masari nous avait proposé de monter un club culturel qui organiserait des séances de cinéma, des expositions, des conférences, et sans doute avait-il trouvé un romancier ou un poète antifasciste pour la première soirée. Je m'apprêtais à lui demander le nom de l'orateur, mais Elisabeth répéta à mi-voix :

— Paris n'est pas si loin.

Théo vint nous regarder sous le nez.

— Alors, comme ça, on se voit déjà à Paris ?

Betty lui lança un regard effrayé.

— Allons-nous-en, vous voulez ? murmura-t-elle.

Je l'accompagnai sans plus m'occuper de l'assemblée qui fit silence pour nous regarder partir.

Dans la rue Betty se serra contre moi.

— J'ai dû vous faire honte. Tu dois avoir honte d'une amie aussi sotte.

Je caressais lentement ses cheveux ; des boucles effleuraient ma joue, mes lèvres.

Nous nous tenions dans l'ombre contre le mur d'un jardin voisin de la maison des Masari.

— Petit, mon petit, petit Henri, psalmodiait Elisabeth.

Je voulus relever son visage et l'embrasser, il y eut sur ma bouche le sel des larmes. Quelqu'un sortit de la demeure du photographe, d'autres le suivirent bientôt. J'entendais leurs voix indistinctes.

— Elisabeth, je ne veux pas, je ne veux pas que vous... que tu pleures. Pourquoi cette peine ? Pourquoi ?

« La révolution » dit plus fortement une voix là-bas.

Leur groupe passa dans la clarté d'un réverbère. Devant se détachait la silhouette gesticulante du quincaillier.

Ai-je rêvé ? Est-ce déjà l'aurore ? Pourtant les veilleuses (quelles veilleuses ?) accusent la nuit au-dehors. Cahots, un coq chante. Ce pourrait être un voyage en carriole avant l'aube dans ma campagne. J'ai connu ces heurts, ces soubresauts, ce poids du sommeil dont on ne peut se défaire, et l'appel des coqs, (ce devait être dans mon enfance) ; mais alors, à présent, je rêve ? Je suis de nouveau dans ce temps lointain des chevaux, des fermes, du monde menaçant mais délicieusement, juste pour faire peur, pour faire goûter plus pleinement la protection maternelle. Maintenant il faut se lever, se diriger vers la sortie : le sourire de l'hôtesse, la passerelle, je vois bien que je suis en avion où je viens de me réveiller, pourtant je ne le sais pas encore tout à fait, le voyage en carriole se poursuit : peut-être suis-je dans cette voiture sur une route des collines, nous allons vers la ferme où chante le coq, et au rythme lent du cheval, je rêve que je suis parti en avion, que je viens d'atterrir. La bouffée chaude et parfumée de l'air, comme une boisson. Alors que je descends la passerelle, c'est la nuit, et lorsque je prends pied sur le terrain cette nuit s'enfuit comme un voile noir, le jour éclate, on le dirait traîné par ces grands nègres en vêtements de toile blanche qui se précipitent en riant vers l'avion. Le coq s'est tu. Nous sommes sur l'aéroport de Pointe-à-Pitre.

En traversant la nuit nous sommes passés de l'hiver affairé de février au printemps. Comme ils rient, comme ils dansent — on dirait que leurs gestes de travail composent une danse — ces Noirs qui s'occupent de l'énorme oiseau.

Un peu plus tard, je les verrai encore rire ou sourire au seuil des cabanes de tôle où ils sont parqués. « Liberté, égalité, fraternité », la déesse au bonnet phrygien règne bien mal sur l'île, « liberté, égalité, fraternité », seuls les cœurs des Noirs battent à ce triple rythme, seuls ils pourraient nous réapprendre le sens de cette divinité en trois personnes.

Sous le ciel rose et vert, dans une crique où s'étalait, miroitante, la mer, j'ai vu un voilier. L'heure ressemblait soudain à quelque livre d'images qui nous avait longtemps envoûtés dans l'enfance. Toutes les couleurs de l'aventure.

TROISIEME PARTIE

XXIX

« Je sais que ma famille, ma mère ne me pardonnera pas, j'ai accepté déjà cette condamnation, cette haine peut-être, mais toi, Henri, je ne veux pas, je ne veux pas croire qu'un jour, lorsque tu auras oublié la peine que je vais te faire... j'aurais tant voulu ne pas te faire souffrir ainsi : je sais que je vais mériter ta haine, toi que j'aime. Je t'en supplie Henri, crois-moi, je t'aimais... »

Hélène m'avait apporté la lettre. Je tenais l'enveloppe, je relisais mon prénom écrit par Elisabeth. Les yeux baissés, Hélène était revenue vers moi. Le front obstiné, toute la volonté passionnée du visage de l'étudiante, je ne savais quelle curiosité anxieuse les recouvrait.

— Elisabeth.

J'avais prononcé à voix basse le nom de mon amie, il me semblait pourtant avoir crié. Hélène leva les yeux.

— Oui, il ne faut pas... il faut lui pardonner. Elle aurait dû vous parler, vous dire... elle n'a pas eu le courage.

Je déchirai l'enveloppe ; je lisais les lignes sans comprendre. Mon esprit ne comprenait pas, mon corps, lui, recevait l'incroyable blessure. Je dus chanceler sans m'en apercevoir, car Hélène s'approcha, me pressa contre elle pour me soutenir.

« Je ne pouvais plus continuer ainsi à sacrifier ma vie, notre amour même serait mort dans cette prison... »

Quel amour ? Quelle mort ? Quelle prison ? La chaleur d'Hélène contre moi, son odeur.

— Il faut lui pardonner Henri, sans le théâtre elle n'est plus elle-même, elle n'est plus rien.

La voix se faisait plus grave, plus lente, comme entendue au fond d'un rêve.

— Vous verrez... plus tard, j'en suis sûre... vous vous retrouverez.

« Mon ancien professeur organise une tournée, je serai Agnès, je ne pouvais pas laisser passer cette chance... »

La chance !

Agnès, une enfant, une innocente, Agnès-Elisabeth dans le salon de la vieille demeure. La grosse voix d'Arnolphe, la voix angélique, la voix endormeuse d'Agnès : « le petit chat est mort », la chance de sa vie, le petit amour est mort. Arnolphe-Guillaume. Arnolphe-ancien-professeur, ancien ravisseur, le barbon séducteur, le barbon vainqueur. Mais c'est moi le pauvre, le ridicule Arnolphe. La chance passe, Betty-Agnès la suit, adieu amour. Quel amour ? Il n'y a pas eu d'amour sinon dans la folie d'Arnolphe ; c'était du théâtre, n'est-ce pas, il n'y a de vrai que le théâtre, que le théâtre où l'on rit d'Arnolphe à en pleurer. La voix effrayée, suppliante.

— Henri... qu'avez-vous... ne riez pas comme cela, arrêtez-vous de rire... vous vous faites mal.

Que croit-elle l'étudiante des fous, l'amie inconsolable de la folle par amour ? Que va-t-elle imaginer ? qu'Arnolphe va monter lui aussi à la tour de l'Observatoire, à la tour de la folie, et guetter là-haut sous les nuages le retour de l'infidèle, le retour du bonheur, le retour de la vie, le retour de la raison ?

— Nous resterons auprès de vous, Henri, avec vous. François, Emilie, moi, tous vos amis.

— Je n'ai pas d'amis. Elisabeth m'a menti.

— Elle n'a pas eu le courage de... Et puis jusqu'au dernier moment elle n'arrivait pas à se décider, à accepter la proposition de Roland Marcel.

— Salaud.

Les cheveux calamistrés, la longue ride profonde aux coins des lèvres minces, la ride du cabot, du mâcheur de mots, du crieur de mensonges. Salaud. Comment haïr une photographie ? Je ne connais de lui que cette image avec sa dédicace ridicule. Ridicule Arnolphe, sale chien, admirable cabot. Elle m'a préféré une image. Le mensonge appelle le mensonge.

« J'aurais tant voulu garder notre amour et le théâtre. Ne me déteste pas. Oh ! peut-être, sans doute, je me perds. Je quitte ce monde qui te ressemble, ce monde tendre de la vieille maison, de nos jeux, de nos rêveries. Je te quitte pour un monde impitoyable. Je connaîtrai la faim peut-être, le froid, l'échec. Je voudrais que mon souvenir du moins demeure dans ta pensée, moi je garderai en moi si vivant ton souvenir, je voudrais pouvoir auprès de lui me réchauffer, me réconforter, me consoler quand les jours de doute ou de détresse viendront. »

— L'idiote !

Cette fois j'avais crié, vraiment. Hélène me regardait apitoyée, choquée.

Idiote, idiote. Craindre l'échec, la solitude, et les préférer à notre bonheur, y courir tête baissée. A moins que ce ne soit encore un mensonge. Mais bien sûr : on ne court pas au danger, on court au plaisir. Agnès impatiente de retrouver son maître... Et cette crainte, cet appel à ma fidélité, à un brin de fidélité comme si c'était moi l'infidèle, l'envieux, le cruel, ruse de comédienne pour m'attendrir, pour se transformer, elle, la coupable, en victime.

— Ne soyez pas méchant. Injurier Elisabeth, c'est la salir dans votre souvenir, c'est abîmer votre souvenir.

Le souvenir ! Mais pour moi, il n'y avait pas de souvenir. Hier encore Elisabeth était dans mes bras. Hier encore, comme tous les soirs, nous nous quittions à peine puisque seul l'étroit espace de la rue nous séparait, puisque, moi près d'Emilie et de François, elle chez les Barbares, dans sa chambre à la droite de la tour de l'Observatoire, nous continuions à respirer le même air où passait parfois l'odeur d'herbe et d'eau venue de la campagne proche, à écouter la même nuit que ponctuait de loin en loin l'horloge ancienne de Saint-Georges-des-Lions, et nous nous endormions dans la même attente du matin qui nous redonnerait l'un à l'autre. « Le souvenir. » C'était impensable. Le vertige me saisissait rien qu'à prononcer en moi-même ce mot : souvenir, alors que tout en moi, la pente de mes songes et de mes pensées, les battements du sang, tout ressentait la présence d'Elisabeth en ce moment de l'autre côté de la rue, entre les murs où hier encore je l'avais laissée, et il me suffirait d'appeler, d'ouvrir la fenêtre, d'appeler le nom de mon amour, le nom de ma vie, et là-bas une fenêtre s'ouvrirait : rieuse, Elisabeth apparaîtrait, m'interrogeant du regard, ou bien elle s'avancerait dans le parc jusqu'à la terrasse et me ferait signe de la main.

— Quelque chose me dit que vous vous retrouverez.

Qui retrouverais-je ? Cette Elisabeth qui venait de mourir avec le monde enchanté de ma jeunesse ? Car je le sentais, sous ma douleur, sous ma stupeur : ce monde brusquement bafoué, détruit, avait été pareil à quelque enchantement que les autres, que la vie banale, quotidienne ne pouvaient longtemps tolérer. Ou bien était-ce moi que je retrouverais ? Mais comment le pouvais-je, puisqu'il me semblait ne plus exister, ne plus être à la fois que cette douleur butée, stupide, et cette incapacité à comprendre ce qui m'arrivait. Non, nous ne retrouverions plus, plus jamais, ces deux êtres, graves et légers, heureux et malheureux, distraits et attentifs au moindre message de l'ombre ou du jour, ardents et chastes, tourmentés et capables d'une sérénité imprévisible, ces deux adolescents que nous avions été, chargés par l'amour de changer l'amour, et de rendre la vie, notre vie, pour la première fois éternelle.

Ce fut Emilie qui m'arracha à l'hébétude dans laquelle j'étais tombé. Il faisait nuit. Je devais être seul depuis longtemps, le front contre la vitre. En face, l'Observatoire détachait à peine sa masse sombre de l'obscurité environnante, seul un reflet demeurait accroché là-haut à un angle de la tour. Ma sœur me prit par les épaules, me conduisit comme un aveugle jusqu'à ma chambre : « Je dirai aux parents que tu es malade, une grippe, et que tu veux dormir, simplement dormir. »

Plus tard, François vint s'asseoir au bord de mon lit, prit mon pouls comme si réellement j'étais malade. Les yeux mi-clos, je regardais sa silhouette et celle d'Emilie à ses côtés. J'avais l'impression d'être revenu des années en arrière, au temps de notre enfance, lorsque parfois ainsi une fièvre m'abattait, et qu'il m'était doux de sentir près de moi la présence de mon frère et de ma sœur, de les entendre chuchoter mon prénom. Je laissai cette réminiscence m'envahir jusqu'à ce que s'engourdît en moi la douleur de ce jour, l'inacceptable déchirure provoquée par la fuite d'Elisabeth. J'étais l'enfant malade recroquevillé sur lui-même, veillé par l'aîné et la cadette ; et la fièvre le plonge dans des rêves qui l'arrachent à cet instant, le projettent loin dans l'avenir, et il se voit au-delà de son enfance, il a vingt ans, il marche dans un parc avec une jeune fille, ils sont beaux, ils vont dans une lumière qui n'aura pas de fin. Mais la fièvre monte encore et tout d'un coup c'est la nuit, la jeunesse est morte, l'amour est mort, celle qui marchait, qui rayonnait auprès de ce garçon dans le futur, elle grimace affreusement, loque, sorcière, figure de cauchemar ; quelqu'un sanglote au fond du noir.

XXX

Des jours, des semaines, avec la haine ou la peur de tout ce qui n'était pas ma maison, ma famille. Les persiennes de ma chambre toujours fermées pour ne pas apercevoir l'Observatoire. Je me barricade si j'entends dans le corridor la voix d'Hélène. Seuls m'apaisent les propos bougons de François, le silence d'Emilie. Encore en voulais-je à mon frère de voir Hélène, à ma sœur de demeurer fidèle à Guillaume, comme s'ils portaient ainsi en eux, par leur amour, un peu de la présence d'Elisabeth. François parvint pourtant à me décider à reprendre mes cours à la Faculté. Il me conseillait aussi, mais en vain, de revenir aux soirées des Masari.

Un matin, je trouvai au courrier une enveloppe à mon nom. Dans le couloir, je dus m'appuyer au mur : j'avais reconnu l'écriture d'Elisabeth. Je montai jusqu'à ma chambre, me jetai sur le lit, la tête enfouie sous mes bras repliés. Quand les battements de mon cœur se furent un peu calmés, je me levai, verrouillai la porte. Enfin, j'ouvris l'enveloppe avec une crainte superstitieuse. « Très cher Henri. Décidément les Barbares sont de pauvres barbares. » Ce n'était point Elisabeth qui m'écrivait, alors, que m'importait ce bavardage. Pourtant, ces hauts jambages penchés, ces lettres qui paraissaient danser une farandole ressemblaient, en plus joyeux, en plus aérien, à l'écriture de mon amie.

« J'ai appris l'erreur de Betty ; car c'est une erreur, j'en suis sûre. Comment a-t-elle pu ainsi détruire, perdre son bonheur pour des chimères, des vanités. Je suis sûre aussi qu'elle reviendra. J'implore le Seigneur : que tout pour vous deux redevienne comme avant. »

J'avais envie d'écrire à la petite Caroline qu'elle garde sa pitié et ses prédictions, envie de lui crier que dans sa famille on ne savait que s'enfuir : vers la folie comme sa cousine, dans un couvent comme elle-même, ou sur les routes, de tréteaux en tréteaux, comme Elisabeth. Non elle ne reviendrait pas ! Je le savais et je voulais qu'il en fût ainsi, que ce qu'elle avait détruit demeurât ruine. Qu'elle reste avec son baladin. Que jamais plus je ne retrouve la transparence mensongère de ses yeux, ni l'élan trompeur de son visage incliné vers moi comme si elle attendait que je lui apporte, avec la connaissance d'elle-même, le bonheur. Finie la comédie. Oh ! que la petite pensionnaire puisse dire vrai, que ses prières soient exaucées ! Pauvre Caroline, pourquoi n'était-ce pas elle mon amour ? Qu'au moins sa souffrance vienne nous sauver! Peut-être écrirait-elle à Elisabeth et peut-être celle-ci l'écouterait et me reviendrait.

Je me promis de ne pas répondre à Caroline. Pourtant, une semaine après avoir reçu sa lettre, je lui écrivis. J'essayais de me persuader que c'était par politesse, par souci de ne pas blesser une amie à qui déjà, sans le vouloir, j'avais fait du mal. En fait, j'espérais qu'elle enverrait ma lettre à Betty ou tout au moins lui en parlerait. Je disais à Caroline que tout était bien ainsi, que mieux valait qu'enfin sa sœur se fût révélée sous son vrai jour. J'ajoutais qu'elle, Caroline, et moi, appartenions au monde de l'enfance, que nous ne pouvions donc que souffrir de l'impureté, du mensonge des autres.

A peine la lettre jetée à la poste, je m'avisai de son ambiguïté. Caroline n'y verrait-elle pas comme un regret de ma part d'avoir autrefois méconnu son amour ? N'irait-elle pas se laisser prendre à un tel piège et souffrir de nouveau, ou plutôt se préparer de nouvelles souffrances. Je rejetais cette crainte. Qui sait même, si secrètement et bassement, je n'acceptais pas que la douleur de l'innocente vînt me venger de celle que m'infligeait sa sœur.

J'attendis avec impatience un nouveau mot de Caroline. Je m'arrangeais pour me trouver toujours à la maison lorsqu'Hélène venait voir mon frère. Aucune lettre n'arrivait, et l'étudiante, craignant sans doute d'aviver mon mal, ne me parlait plus d'Elisabeth.

En moi, peu à peu, la rancœur, la rancune l'emportaient sur la tristesse, elles ne s'adressaient pas seulement à Betty mais à toute sa famille et à ses amis.

Pour ne pas m'irriter, Emilie n'invitait pas Guillaume à la maison. Elle éteignait même, en ma présence, la joie amoureuse dont s'éclairaient son front, sa bouche, ses yeux. Plus d'une fois, je la vis à ma rencontre baisser les paupières, pincer les lèvres, comme pour tenter de ressembler à ma maussade figure. J'avais l'impression, près d'elle et de François, de les voir poursuivre sans moi un voyage qu'ensemble nous avions commencé, mais j'avais été rompu puis rejeté par la tempête, et je les regardais s'éloigner de la rive déserte où j'étais échoué ; eux tournaient vers moi des yeux étonnés où le bonheur, qu'ils auraient par pitié voulu me cacher, malgré eux triomphait et me confirmait dans ma déchéance.

Alors que je m'étais résigné à son silence, une lettre de Caroline arriva. La jeune fille avait été sermonnée à cause de ma propre lettre, on écartait d'elle ses compagnes afin qu'elle demeurât sans secours pour faire expédier quelque billet. Elle profitait enfin du départ d'une élève quittant le collège pour faire poster ce mot griffonné en cachette. Elle demeurait sans nouvelles d'Elisabeth, mais peut-être les régentes, alertées par ma lettre, interceptaient-elles dorénavant la correspondance de la sœur scandaleuse. Caroline me demandait de ne pas lui écrire si je ne voulais pas lui attirer de nouveaux ennuis. Que du moins je sache que chaque jour elle continuerait à prier pour moi.

Me voici pour la seconde fois dans la Ville — celle à laquelle, peu à peu, toutes les autres rêvent de ressembler. (La première fois, à mon retour, vous m'appeliez Thésée,

Esther Zarev ; j'avais échappé de peu au Minotaure ; aujourd'hui je sais qu'il ne fait qu'un avec son labyrinthe.) Les tours du labyrinthe, l'Observatoire du monde, les tours de Manhattan, la nuit, pleines d'or et de feu dans la brume, la petite pluie chaude de juillet. Mais où sont les Noirs ? Quelle flèche les a couchés dans la tombe profonde et sombre des rues ? Haute cité de délire, fragile cité de la toute-puissance, où sont les fous ? Par millions ils se pressent, obsédés, obscènes, maudits maudissant la chair. Pauvre fous, pauvres Noirs : le sexe, l'or, la drogue, démoniaque trinité qui les fouette. Plus vite, plus vite, plus fort, plus fort. Nous sommes les plus forts donc les plus sages. Après les Rouges, que meurent les Noirs sous notre force, que meurent les Jaunes sous nos bombes, que meure tout homme qui ne reconnaît pas pour suprême notre pouvoir donc notre sagesse. Pauvres Noirs, pauvres fous impuissants à la Reine frigide asservis, la Reine, la Veuve qui bientôt vous fait embaumer dès que vous êtes à bout de souffle, à bout de course.

Tristes bâtisseurs des écuries sous-marines, souterraines ou célestes où déjà hennissent les chevaux de l'orage, les chevaux noirs et blancs de la fin du monde.

XXXI

Ce devait être un après-midi de mai. Il y avait cette lumière allègre, dans les coulées de ciel entre les rives rapprochées et sombres des toits, qui fait parfois ressembler notre ville, pour une heure ou deux, à quelque cité méditerranéenne. Après les cours suivis dans les amphithéâtres anciens et obscurs, les jeunes gens retrouvaient avec un étonnement qui, un instant, leur imposait silence pour exalter ensuite leurs paroles et leurs gestes, cette grâce du jour. Seul je restais parmi eux taciturne bien que sensible, malgré moi, à cet air de fête que prenait la place ensoleillée. Et soudain, à un tournant de rue, quatre ou cinq garçons avaient surgi qui me cernaient en riant, me bousculaient avec des bourrades amicales, me poussaient vers une vieille Bugatti rangée le long du trottoir. Abasourdi je ne les avais même pas reconnus, croyant à quelque farce d'étudiants.

Plantée un peu en arrière, à quelques mètres de là, Théodora encourageait la manœuvre :

— Allez Couderc ! Allez les Mousquetaires, ramenez-le vivant !

Par les portières d'autres automobiles passaient les têtes à la fois rieuses et inquiètes d'Emilie, d'Hélène et de François, de Guillaume et de Mathilde. Déjà je me trouvais jeté sur le siège défoncé de la Bugatti, Couderc sautait à mes côtés, s'emparait du volant, faisait hurler le moteur.

— On ne va tout de même pas te laisser moisir dans cette ville de cons, avec un soleil pareil.

Il criait cela à mon oreille pendant que l'auto démarrait avec un hoquet qui me fit me cramponner à mon siège, et que je voyais les Mousquetaires bondir dans la guimbarde des Barbares.

— Pour être tassés, ils vont être tassés ! cria le quincaillier. Vise un peu la princesse Mathilde, elle est plutôt coincée.

— De temps à autre, Couderc débrayait et donnait de grands coups d'accélérateur, pour faire s'écarter la foule. Au passage, les étudiants nous lançaient des quolibets. Je me retournai : la voiture des Masari où prenaient place Emilie, Hélène et François, celle des Russes avec Lachalle assis à l'arrière avec Théo, la Ford de Guillaume et de Mathilde avec leur chargement de Mousquetaires suivaient tant bien que mal. Je voulais protester, ordonner au quincaillier d'arrêter, de me laisser descendre, mais déjà il accélérait, protégeait ses yeux avec d'énormes lunettes jaunâtres. Le vent me suffoquait. Bientôt nous atteignîmes les faubourgs. Les ménagères renfrognées regardaient passer cette bande de jeunes voyous dans leurs voitures aussi folles qu'eux.

Au sortir de la ville, la Bugatti fonça. En vérité son moteur défaillant, rafistolé tant bien que mal par le quincaillier et ses Mousquetaires, ne devait plus faire des prouesses, il était cependant encore assez puissant pour nous faire distancer bien vite la Ford des Barbares, la Peugeot des Masari, la Citroën des Russes et nous donner l'illusion d'une dangereuse vitesse dans la fureur du vent, la fuite des arbres en rangs serrés de part et d'autre de la route, le crissement des pneus dérapant aux virages. Pour pouvoir un peu respirer, je devais m'enfoncer sur mon siège afin de m'abriter de l'air qui se jetait sur nous comme un énorme, jeune et joyeux animal. Impossible de tenter un mot, une parole. Ainsi serais-je dispensé de jouer la colère ou l'indignation. Prisonnier, j'étais prisonnier de cette équipée, de cette jeunesse, de ce printemps. Malgré moi je me laissais peu à peu envahir par cette effervescence de la vitesse, de la lumière et de l'air que notre course déchirait. Je jetais un coup d'œil de côté sur le quincaillier : cramponné au volant, les cheveux dressés en broussaille, il semblait épouser les mouvements de son bolide de quatre sous. Qu'avait-il à grimacer : ouvrant, fermant, tordant ses lèvres ? Je ne compris pas tout de suite qu'il chantait car dans le vacarme aucun son ne semblait sortir de sa bouche. Une sorte de gratitude me venait pour ce compagnon tout rude, tout fou, tout malheureux, comme moi dédaigné par celle qu'il aimait ; rude, fou, malheureux ; et tendre, sage, heureux dans cette bataille contre l'espace, contre le vent, dans cette bataille pour rien, pour la joie. J'avais envie de chanter comme lui en silence dans le bruit et le vent.

Le quincaillier arrêta sa voiture à la lisière d'un bois. Nous étions sur un plateau qui dominait la vallée et, au-delà, un horizon de collines. Il me fallut un moment pour reprendre souffle. Je fis quelques pas en titubant comme si j'avais bu. André Couderc adossé à la Bugatti m'observait ; un sourire goguenard tirait les coins de sa bouche, un éclair d'ironie brillait derrière ses lunettes. Pourtant sa moquerie ne m'atteignait pas. Je tournais sur place pour découvrir le vaste pays bleu et vert. Dans le bois proche, sifflets des merles, trilles des pinsons, appels du pic-vert, pépiements des moineaux entrelaçaient leurs notes que brisait parfois, aigu, le cri fugitif des pies. Sans que rien n'eût permis de le pressentir, voilà que cette lumière, ces couleurs, cette musique, cette allégresse, cette beauté familière du printemps tournèrent à la nuit, au malaise, à la mort comme un piège qui s'entrouvre sous l'herbe et les fleurs, comme un meurtrier surgi parmi les amis. Elisabeth n'était pas là pour recevoir avec moi, pour partager tant de simples trésors, Elisabeth des chèvrefeuilles, des marronniers en fleur, des prairies hautes comme la mer, des collines matinales, de la rivière et des étangs, Elisabeth écureuil, Elisabeth roitelet, Elisabeth stellaire, Elisabeth des nuages ! Je dus m'affaisser, me ployer comme celui qu'on frappe au ventre.

— Hé !... Alors quoi ! Ça va pas ? Hé !

Le quincaillier me soutenait, me traînait vers la voiture.

— Excuse-moi... Je ne sais pas... Ce n'est rien... C'est passé... Je ne sais pas ce que j'ai eu... Ça doit être la vitesse, et tout ce vent... c'est cela, j'ai suffoqué, la vitesse...

La bourrade amicale, les jurons pour dissimuler la pitié.

— Tiens, bois ça... Je l'ai fauché au paternel, un fameux cognac pour arroser le pique-nichose, le sauciflard, la bidoche, et les frometons que les filles apportent... Allons avale. T'as peur de quoi ! Il en restera assez pour saouler toute la compagnie. D'ailleurs je vais pas te laisser siffler le gobelet en suisse... A ta santé, tu m'as foutu la trouille avec ta façon de te casser en deux. Ça alors, tu peux dire... Ouf ! Je me sens mieux... Et toi ? Oui, t'as plus l'air de vouloir tomber dans les pommes. Sacrée petite nature, va. Bien sûr c'est la vitesse, c'est comme si t'avais bu la tasse, l'air à ce régime-là, c'est aussi fort que l'océan, ça te noie... Allez encore un coup.

Il avalait d'un trait un second verre de cognac tandis que je buvais le mien à petites lampées. Etait-il dupe ? Croyait-il vraiment que ce vertige, le voyage en était responsable ? La chaleur, le sang, la clarté revenaient dans mes veines, dans mes regards. « Encore un peu, rien qu'une gorgée pour trinquer avant de remettre la fiole dans le coffre. » L'alcool me brûlait, me parfumait. J'avais envie de serrer le quincailler contre moi, de lui crier : « Hé ! vieux frère, t'as raison, sautons dans ta bagnole, et filons, tous les deux, à travers les arbres en fleurs, à travers le printemps. C'est bon l'alcool du printemps, l'alcool de l'amitié ! » Non, décidément, il n'était pas dupe. Il replaça la bouteille de cognac, me tendit une cigarette, l'alluma, sortit de la poche de son blouson jaunâtre une pipe qu'il prépara méticuleusement. Il tira enfin quelques lentes bouffées.

— Dans le fond, tu sais (il aspirait la fumée, la rejetait en essayant de former une suite d'anneaux), ce qu'il y a de mieux (il recommençait son manège), je vais te le dire (l'anneau bleuté se dissipait dans l'air, un autre le suivait seulement à demi fermé). Le quincaillier écartait la pipe de sa bouche ; faisait mine de chercher quelque chose sur le sol qu'il grattait de la pointe d'un pied.

— C'est ça (il se retournait à demi et d'un signe de tête montrait la Bugatti), ça (il élevait la pipe à hauteur de ses yeux et la contemplait avec une moue narquoise), aussi le cognac comme tout à l'heure.

Il baissa la tête.

— Et puis les copains.

Il s'étira, grimaça, me bourra les épaules de coups de poing. Il riait. Serrant les dents, pour ne pas lâcher la pipe, il marmonnait :

— Sacré farceur, va.

Il pivota sur les talons, et, comme s'il ne s'adressait plus à moi mais aux chênes, aux châtaigniers, à un geai qui volait vers le taillis :

— Les femmes, on s'en balance, on s'en balance ! Pas une qui vaille la peine...

Il s'interrompit : au sommet de la côte venait de surgir enfin le cortège motorisé. L'arrivée se fit dans des grincements de freins, un tourbillon de poussière, des jurons, des appels, des rires.

Le quincaillier leva le bras. « Allez, à l'assaut ! » criait-il en désignant le bois derrière nous. Tous les garçons, gesticulant, hurlant, bondirent des voitures et se précipitèrent à la suite de Couderc jusqu'au sommet d'un monticule planté de pins. Là, ils se laissèrent tomber, roulèrent sur le tapis d'aiguilles rousses. Ils s'esclaffaient, toussaient, s'étranglaient de joie. Les femmes, debout près des voitures, les bras chargés de provisions et de bouteilles, les contemplaient avec une expression maternelle. Je restais près de la Bugatti. Je ne savais si j'allais rejoindre mes compagnons ou me diriger vers Hélène et Emilie. Je pris le parti de grimper à mon tour vers le sommet boisé. D'abord je fis mine de courir mais dus vite reprendre un pas tranquille car déjà le cognac du quincaillier rendait ma démarche peu assurée. Les garçons m'accueillirent, enthousiastes. Ils tournaient autour de moi, jouant les gangsters. « Voici notre kidnappé ! » disait

Lachalle fronçant les sourcils, roulant les épaules. « Quelle rançon va-t-on exiger pour le rendre ? — Le rendre à qui ? » susurra Masari d'une voix douceâtre. Le quincaillier lui jeta un regard furieux. Penaud, le photographe se tint coi. Sa question avait brisé le jeu. Tous paraissaient gênés. Seul je gardais une sorte d'euphorie. « Me rendre à qui ? en effet. Nul ne me réclamerait. Elisabeth ne m'appellerait pas, ne demanderait rien à mon propos. » Je pensais cela comme s'il s'agissait non pas de moi-même, mais d'un étranger. Pourquoi ces mines tristes ? Que leur avait fait Masari ? Personne ne s'intéressait, aucune femme ne s'intéressait à Henri Verrier, et après ? Qu'ils prennent donc exemple sur moi : je souris au photographe, je vais vers lui, je lui tends la main. Je répète, goguenard : « Le rendre à qui ? Le rendre à qui ? » Quelle drôle de tête, il fait, de plus en plus embarrassé, et les autres autour de nous, raides, mornes. On se croirait à un enterrement. Enfin le quincaillier s'agite, tous respirent, soulagés ; les femmes arrivent, porteuses de pain, de fruits, de victuailles, de bouteilles. Couderc s'est jeté sur un cabas, il en sort, triomphal, une fiasque de Chianti. « Qui a soif ? Qui a soif ? » crie-t-il en tournant sur place, sa fiole à la main. Théodora distribue des verres, le quincaillier les emplit. Nous buvons. Je bois. Je bois. Je me sens de plus en plus lié à ces visages, à ces corps autour de moi, à ces arbres, à ces fragments de ciel entre les branches, à cette chaude odeur de la résine où s'insèrent des courants plus frais venus des champs en bordure ; et je me sens de plus en plus étranger à moi-même. Pourquoi cette mélancolie, cette tendresse dans les regards d'Emilie, d'Hélène, de mon frère ? Qu'observent-ils ainsi sur moi ? en moi ? Ils se trompent, ils rêvent, je veux les réveiller. Mais plus je parle, plus je remue, aussi bavard, aussi agité que le quincaillier, plus leurs yeux s'attristent. Ils m'énervent à la fin. Je vais vers d'autres yeux, qui eux brillent comme les silex épars dans le chemin : Théodora avale un gâteau qui tache de rouge ses lèvres sans fard, je crois entendre rire ses prunelles fixées sur moi. Elle tend jusqu'à ma bouche un autre gâteau ; j'y mords, la crème gicle. Cette fois le rire de Théo éclate. Je me plonge dans ce rire, il me rend invulnérable. Une seconde, rien qu'une seconde la terre se dérobe sous moi : là-bas, vers ce bosquet, le regard apeuré, apitoyé d'Elisabeth. Non, non, le gouffre sous moi a disparu, le rire à dents de scie continue à m'exalter. Ce n'était là-bas que le regard de Mathilde, de la sage Mathilde ; pour un instant je l'avais confondu avec celui qui me hante, ou plutôt qui me hantait avant ce rapt qui m'a arraché à moi-même. Riez, riez, Théo, vous ne rirez jamais assez de votre rire de pierre, d'étincelle comme sont vos yeux. Il fait si bon dans ce feu vif de votre joie pour celui qui ne veut plus rien savoir d'hier ni de demain, et je ne veux pas non plus me souvenir de cette fêlure soupçonnée parfois dans la fièvre et l'entrain de Théo. Est-ce plus tard, est-ce à l'instant, nous ne sommes plus avec les autres sur le lieu du pique-nique, mais au creux d'un chemin, en contrebas derrière une haie de roseaux qui cernent une mare. Nos visages rapprochés tremblent dans l'eau, traversés par les joncs, couronnés de nénuphars. N'existe-t-il pas un monde ainsi au fond des eaux où le reflet de Théo et le mien vivent, s'aiment ? où ils ne connaissent qu'eux seuls, où Masari, où Elisabeth n'ont jamais eu, n'auront jamais accès ? Théodora, grave au fond de la flaque, et ce jeune inconnu qui me ressemble, comme ils ont l'air lointains, marqués dirait-on par le même tourment.

— Henri !

Quelle est cette voix qui a crié près de moi ? Que me veut cette fille qui se dresse, lève les bras, penche la tête, me secoue, me secoue, pousse encore un cri effrayé.

— Henri ! Réveillez-vous, bon sang ! Qu'est-ce qui vous a pris ? J'ai cru que vous alliez tomber, j'ai cru que vous alliez m'entraîner dans la mare.

Elle me tire par la main, me force à la suivre. Nous repartons dans le chemin. Un peu plus loin, sur la gauche, s'esquisse une clairière ; Théo m'y conduit, me fait m'étendre près d'elle. Ma main qu'elle n'a pas lâchée, elle la pose sur sa poitrine. Je sens son cœur qui cogne et cogne.

— Vous sentez, vous m'avez fait peur, vous sentez comme il bat.

Ma main glisse sur un sein, le presse. Je ne reconnais plus le rire menu, étouffé de la jeune fille. Ma main la cherche, la ploie, la caresse. Théo roule sur moi, mordille mes lèvres et mes joues, mes oreilles, mon cou. Mes mains affolées sur son corps, mes mains... Et moi je continue à me pencher vers le ciel brouillé, au fond de l'étang, je reste là-bas si calme, si lointain, près du calme reflet de Théodora coiffée de joncs et de nénuphars.

Quelles sont ces larmes mêlées aux baisers ? Qui pleure ? Cette grande fille étendue sur mon corps, entre mes bras ? ou bien les yeux qu'elle embrasse, mes yeux ?

Oubliée la clairière, oublié l'étang, nous sommes de nouveau dans le chemin qui grimpe, déjà nous entendons les voix : celle traînante de Masari, celle caillouteuse du quincaillier, les autres indistinctes ; si : l'accent âpre de Nicolas — et Théo se moque de la voix fraternelle — puis la voix d'ailes, de feuilles froissées d'Emilie. Théodora se plante devant moi, ses longs doigts arrangent mon col, peignent mes cheveux. « Quoi, Henri, non mais, tout de même, vous avez l'air complètement saoul, complètement. Les autres vont s'imaginer, je les connais, que c'est d'avoir fait l'amour... Vous êtes saoul de tout ce que vous avez bu. »

Elle me tire de nouveau par la main jusqu'au sommet. Tous se retournent vers nous. Elle me pousse au milieu d'eux, ne leur laisse pas le temps de parler :

— Regardez, regardez-le. A peine s'il tient sur ses jambes. Je lui ai fait faire un brin de marche pour le dégriser. Fûû, je crois qu'il aurait mieux valu le laisser pioncer dans un coin.

Est-ce vrai que j'étais ivre ? Oui, j'ai dû boire, beaucoup, depuis le premier cognac offert par le quincaillier. Maintenant, elle ment, je me sens tout à fait lucide. Les regards ne m'échappent pas qui se posent sur nous : celui de Claire Masari comme si elle cachait une sorte de jubilation ; celui qui passe de l'indulgence à la pitié, à la surprise, à la sévérité, de nouveau à l'indulgence, tour à tour dans les yeux d'Hélène, de François, de Guillaume, de Mathilde, d'Emilie ; le regard amusé du quincaillier ; ironique et irrité des autres garçons, escamoté dans un sourire, le coup d'œil haineux de Nicolas.

Théodora de nouveau près de moi, comme si elle devait me soutenir, comme si j'étais encore ivre, mais son regard ne quitte pas Masari ; elle guette en vain un mot, un geste, une expression de son amant, cependant qu'elle me dépeigne, me prend par le cou. Brusquement elle m'abandonne et va s'asseoir derrière le photographe, tout en elle d'un coup s'est éteint, elle ne bouge plus, ne parle plus, ne semble plus nous voir ni nous entendre. Elle paraît à peine respirer, et voilà que je me reconnais en cette statue de l'absence, je reconnais celui que j'étais avant cette journée, pétrifié dans le ressentiment et le regret.

Au retour, je me suis retrouvé dans la Bugatti du quincaillier. Le vent a fini de me dégriser. Le vent, je savais maintenant m'accommoder de lui, éviter que son déferlement ne m'étouffe. Nous glissions dans la trouée ouverte par les phares, sous les voûtes d'ormeaux, nous zigzaguions au flanc des collines ; sur la route toute droite de la vallée, je croyais voler.

La voiture avec un dernier vrombissement s'arrêta devant l'Observatoire. Couderc me tapa sur l'épaule.

— Sans rancune hein ? Avoue que nous avons bien fait de te kidnapper. La vitesse, les copains, un bain de nature, un coup de cognac (il hésita), à la rigueur une fille dans le genre de... une fille sans histoire quoi, et puis le jazz, ah ! le jazz !

A peine étais-je descendu qu'il démarrait dans un vacarme du diable. Il leva un bras en riant et hurla : « Adios. » La nuit, le silence me parurent d'une étrange profondeur lorsque l'auto eut disparu et son grondement. Qui donc, là-bas, dans le bois de pins, parlait d'Elisabeth ? Etait-ce Hélène, ou Mathilde, ou peut-être Guillaume ? Que disaient-ils ? La tournée théâtrale avec Roland Marcel n'avait guère réussi. Elisabeth cherchait du travail ; la reine mère se refusait à lui venir en aide. Oui, ce devait être cela que j'avais entendu, sans doute avant que Théo ne me conduisît à l'étang. Ces nouvelles alors, je les avais écoutées comme si elles concernaient quelque inconnue. Maintenant elles effaçaient d'un coup toutes ces heures passées hors de moi-même : oubliée la course dans le vent, la fête du crépuscule, les baisers de Théodora. Adossé à ma maison, je regarde sur la façade de l'Observatoire la fenêtre noire d'Elisabeth. Je me répète sans fin : « Elle va revenir, elle va revenir, elle va venir. »

Dans le jeu de l'amour, autour du bien-aimé, les filles ne dédaignent pas de conserver des « figurants ».

Ainsi Emilie : elle aimait Guillaume mais laissait les autres faire la ronde autour d'elle. Passait le tour du quincaillier, passait le tour de Serge, sonnait l'heure de Grimari ; Emilie lui demandait des livres, des journaux, des disques. Les cheveux noirs de Grimari devenaient plus noirs, plus veloutés encore ses yeux bruns, plus rouges ses lèvres au dessin de fruit dans son visage mat, celui plus que jamais d'Orlando saisi dans sa jeune éternité par un peintre ancien. Voletaient de l'un à l'autre, les lentes ailes de papillons mauves, les yeux d'Emilie.

XXXII

Les Russes habitaient une ancienne ferme aux abords de la ville. Ils n'en occupaient qu'une partie, celle qui demeurait encore à peu près à l'abri sous le toit de tuiles romaines. Dans les autres pièces abandonnées où la pluie et le vent pénétraient, les planchers pourrissaient, les murs se lézardaient.

— Cette maison finira par s'écrouler, vous serez ensevelis !

— Pensez-vous, Monsieur le pessimiste, ce qui reste debout tiendra assez d'années pour que Serge et moi ayons le temps de déguerpir, quant à Nicolaï, eh bien, au fur et à mesure qu'un mur, qu'une pièce s'effondrera, il se retirera dans les autres, la baraque est grande vous savez, et ainsi de suite ; à la fin, il vivra dans la cave.

Elle rejeta la tête en arrière, lança son rire.

— Je le vois d'ici, ce vieux Nicolaï, comme un rat dans sa cave. Oh ! je vois ses yeux pointus, ils brillent, ils brillent dans la cave. C'est un retranchement sa cave, il s'est fait un blockhaus des murs démolis, et là pas moyen de le dénicher, il a des armes ; papapapapa, celui qui s'approche, liquidé. C'est partout la révolution et lui, Nicolaï Ivanovitch, il est le dernier Blanc, le dernier Russe blanc, le rat qui se rend pas, et depuis son trou, il vous tue des dizaines, des centaines de Rouges.

Elle me tirait par la main à travers les corridors aux planchers disjoints.

— Souvent je lui dis, tu sais Nicolaï, je vais prendre ma carte du P. C., comme tous les autres, et je fais la révolution. Alors,

alors ses yeux, on dirait qu'on y met le feu. Il bégaye de colère. « Je te tue ! » Il crie, il tremble. Serge s'interpose, une fois il s'est fait à demi assommer ; Nicolaï me tuerait vraiment ; ce que je peux rire !

Nous étions arrivés dans une petite pièce aux murs nus blanchis à la chaux. L'espace, autour du lit bas et étroit couvert de bleu, était encombré de piles de livres. Théo marchait avec dextérité entre ces piles que mes pas au contraire firent s'écrouler.

— Maladroit, me cria-t-elle, et elle me poussa brusquement ; des romans glissèrent sous mes pieds, je tombai en travers du lit bleu. Là-haut je voyais le visage renversé de Théo qui riait. Comme j'essayais de me relever, elle se jeta à mes côtés.

— C'est ma chambre bien sûr. Un jour je ficherai en l'air tous ces livres, je me cloîtrerai dans cette cellule. Je serai une nonne sans dieu.

J'attendais son éclat de rire mais elle resta silencieuse, la tête couchée sur mon épaule. Je pensais à la petite Caroline dans son couvent, je la revoyais dans le parc de l'Observatoire, devant le pavillon de la folle, je revoyais, je ne voulais pas, je ne voulais pas, je voyais Elisabeth assise près de moi sur la dalle. Théo releva son visage, me regarda.

— Tu pourrais me sauver.

Elle attendit. Peut-être espérait-elle une question. Je me taisais, j'étais bien. j'oubliais Caroline, Betty, j'étais loin de moi-même comme l'autre jour avec la jeune Russe au bord de l'étang ; pourtant aujourd'hui nous n'avions pas bu. Théo commença à m'embrasser. Je lui rendais ses baisers. Puis elle s'est agenouillée sur le lit ; violemment elle tenta d'arracher sa robe. Dessous elle était nue ; le bas de la jupe avait dû s'accrocher au collier de pierres que portait la jeune fille, le visage demeurait emprisonné sous l'étoffe grise. Il me semblait que les aréoles brunes des seins me regardaient et aussi, sur le ventre lisse, le nombril comme un œil d'ombre. Je dus aider la jeune fille à se délivrer du piège. Contre moi, sur moi, le jeune corps bruni ; dans mes yeux, sur ma bouche, les cheveux aux bloucles courtes qu'elle passait le long de mon visage et de mon cou. Ses doigts maigres se glissaient entre mes vêtements puis sur ma peau qu'ils effleuraient de leur tremblement. Elle défit mon col, ma ceinture. J'achevai de me dévêtir. Elle me guettait du coin des yeux. Elle eut un petit rire au fond de la gorge.

— Henri, Henri, vous n'êtes pas encore un homme, il y a encore la douceur, le lait de l'enfance, là, là, et là, ici.

D'un doigt elle touchait mes épaules, ma poitrine, mes hanches, mes genoux.

— Habillé, vous êtes un monsieur déjà, grave, tiré à quatre épingles, un monsieur qui pense. Nu, vous voici un gosse avec du tendre, du fragile sur vous, en vous. Ah ! la, la, si des femmes de... de trente ans vous voyaient comme cela, elles seraient folles de vous, elles vous mangeraient.

Elle se jetait sur moi, mordillait mes bras, mon ventre.

— Mais moi je ne suis pas une vieille ogresse de trente ans, moi je suis votre amie.

Il me semblait que ses baisers avaient plus de violence que d'ardeur, que ses caresses naissaient d'une volonté délibérée comme celles que je lui rendais et non pas de l'élan qu'elles simulaient. Pourtant, à un moment de cette longue lutte masquée de tendresse, je la sentis se blottir et comme s'assoupir un peu, balbutier mon nom comme du fond d'un rêve. Alors, une bouffée de pitié animale m'envahit pour nos deux corps désespérément accrochés l'un à l'autre dans l'espoir d'un répit sinon d'un salut. Théo l'orgueilleuse, la fantasque, la rebelle, livrée comme un grand oiseau somnolent à ma merci, en cet instant oui, je l'ai aimée, quelque chose en moi l'aimait, et en même temps je l'enviais d'avoir pu s'échapper d'elle-même pour rejoindre l'abandon, le plaisir, l'oubli, sous mes baisers ; je l'enviais et je restais inerte, crispé, insensible à ses caresses. Sa voix dans mon cou se faisait suppliante, m'appelait, m'implorait ; dans la chaleur qui nous baignait, veillait en moi un froid mortel.

— Henri, il n'y a plus que nous deux, nous deux...

A la fin elle s'est écartée de moi, s'est soulevée sur un coude, a cligné des yeux comme pour remonter de la nuit au jour, elle a pris son souffle plusieurs fois, longuement. La douceur qui modelait son visage l'a quitté peu à peu comme une buée s'évapore. Vieillie d'un coup, la jeune fille me regardait sans songer même à reprendre son masque de solennelle ironie.

— Vous l'aimez donc tant que ça, dit-elle entre ses dents.

Ses lèvres s'écartèrent sur un sourire cruel. Je crus qu'elle allait se moquer, m'injurier peut-être. Le sourire s'effaça.

— C'est plus fort que nous, murmura la jeune fille. Moi non plus je n'arrive pas à me délivrer.

Nous sommes restés ainsi un long moment, puis elle s'est étirée, a bâillé.

— Eh bien ! bonsoir, Henri, moi j'ai sommeil. Vous tirerez la porte derrière vous lorsque vous partirez, fort n'est-ce pas, elle ne se ferme pas facilement.

Elle hocha la tête, s'approcha de moi, posa un baiser sur mon front.

— Ne prenez pas cet air. Nous resterons amis... Et peut-être... qui sait... Allez, il me semble que je vais dormir, pouvoir dormir. Une chance à ne pas manquer, non ?

Elle me tourna le dos, le visage vers le mur.

Je me levai, m'habillai sans bruit. Elle était belle, avec le mouvement de vagues, de collines que dessinaient sa tête enfouie sous le bras replié, l'épaule soulevée, le creux profond du dos jusqu'à la hanche, le renflement puissant de la croupe, la longue descente de la cuisse, de la jambe jusqu'au pied effilé. Dormait-elle ? N'espérait-elle pas plutôt me tenter en feignant de s'absenter de son corps, en offrant à mes regards son seul corps comme un animal aveugle. Et c'était vrai que le désir naissait en moi en même temps que l'impression de me trouver avec une inconnue. J'hésitai, prêt un instant à m'étendre de nouveau, à m'emparer enfin de cette chair. Mais, dès qu'elle s'animerait sous mes caresses, dès que Théo m'apparaîtrait dans cette femme anonyme, ne redeviendrai-je pas moi-même ce condamné auquel un amour perdu interdisait l'amour ?

Je m'enfuis. Dehors me poursuivait la vision voluptueuse et dérisoire de la jeune fille en vain offerte.

« Tu pourrais me sauver », j'entendais ces mots en traversant le faubourg. Je m'efforçais d'y voir une ruse, seulement une ruse de Théodora pour m'aider à sortir de ma solitude et à m'intéresser à elle.

Au lieu de regagner ma maison, je descendis vers les quartiers des quais. Nos monômes d'étudiants s'y achevaient bien souvent.

Dans les bistrots, sur la rive gauche du fleuve, nous y rencontrions des filles ; elles semblaient, malgré leur lassitude, préférer notre jeunesse à la clientèle des bourgeois venus là s'encanailler, et même à celle quotidienne des mariniers. Je savais où trouver l'une d'elles, petite, brune, moins hardie que ses compagnes et dont le sourire un peu triste me rassurait.

> *La tombée de la nuit au bord et au-dessus du forum illuminé de lumières blanches, comme voilées. Devant cette sorte de vaste mausolée, j'attends avidement (ému, admiratif, irrité) une présence. Ne percevrai-je pas quelque trace ? quelque ombre de ceux qui vécurent dans ces pierres ? Je ressens jusqu'à l'angoisse l'absence de ces vivants alors que les ruines de leur œuvre, belles, solennelles, fortes, nous défient, nous qui, à notre tour, vivons près d'elles, mais déjà nous sentons disparaître, devant ces vestiges qui pour des siècles et des siècles encore, demeureront.*
>
> *Cette présence de demeures, de monuments ruinés où nous ne pouvons ni effacer ni ressusciter la vie qui fut liée à leurs pierres, cette présence est insoutenable. Elle semble appeler entre ces ruines et nous, comme le vide appelle la chute, la trace des êtres qui vécurent ici, leur fantôme, seul médiateur possible — quasi sensible dans le vide tragique qui nous sépare des pierres, qui sépare notre temps de leur temps, pour un instant affrontés.*
>
> *Vous auriez pu être une de ces chrétiennes vêtues de blanc qui marchaient vers les lions dans l'arène, avec ce visage illuminé, ce sourire qui devaient donner une telle envie de rugir et de déchirer, de déchirer. Ainsi ai-je pensé à votre sourire, Esther Zarev, devant le Colisée, ainsi eus-je envie de le déchirer au fond de moi.*

XXXIII

Le quincaillier fit irruption à la maison. Nous venions de dîner. Il avait encore sa blouse de travail. Ses cheveux en broussaille, son col déboutonné, sans cravate, ses yeux, clignotant derrière les lunettes, nous donnaient l'impression qu'il venait de se lever, mal éveillé encore d'un cauchemar.

— Avez-vous, avez-vous... avez-vous pris la radio ?

Mes parents l'observaient avec une indulgence amusée.

— En Espagne, le fascisme, les fascistes attaquent.

— Qu'est-ce qu'il va y avoir encore, gémit notre mère.

— L'Espagne ce n'est pas là, et puis, il faudrait savoir les choses exactement. Sait-on si le Front populaire...

Le jeune homme ne laissa pas mon père achever sa phrase.

— L'Espagne c'est ici !

Il toussa, se racla la gorge.

— Ils veulent assassiner la République.

Sur le visage de mon père une rougeur subite éclaira les pommettes. Emilie dut remarquer ce signe avant-coureur des colères paternelles ; c'était la plupart du temps des colères pour le plaisir, comme nous disions : quelque mot, quelque geste maladroit de François suffisaient pour les déclencher cependant qu'avec Emilie, j'échangeais des clins d'œil complices. Cette fois, ma sœur dut craindre que Couderc ne s'offensât des attaques de notre père.

— Nous allons monter chez François, n'est-ce pas, François ? dit-elle. Hélène doit venir aussi.

Les parents nous regardèrent partir à regret, manifestement mon père se sentait frustré, on lui avait volé sa discussion comme on prive de dessert un enfant turbulent.

Quand nous fûmes installés dans la chambre de François, le quincaillier donna libre cours à son indignation et à ses espoirs. Nous l'écoutions à demi sceptiques. Nous savions combien il ajoutait d'ombre et de lumière, de gloire ou de misère au moindre événement, aussi pensions-nous qu'il fallait atténuer l'importance des nouvelles qu'il nous rapportait. Cette fois, déclarait-il, l'heure de vérité venait de sonner ; le monstre de la tyrannie, de la réaction se démasquait. « Mis à mort, répétait-il, il sera mis à mort comme un mauvais taureau ! » Ensuite le feu purificateur s'étendrait à l'Italie, à l'Allemagne, le Front populaire ferait de la France la France enfin, le pays de notre jeunesse, de l'audace, de la liberté. Nous croyions l'entendre parler une fois encore d'un roman ou d'un disque. Mais Hélène, toujours si réservée d'habitude, arriva elle aussi, émue, impatiente. Elle nous confirma la nouvelle. Elle se montrait plus pessimiste que Couderc, elle craignait que le complot fasciste ne réussît en Espagne : alors nous serions encerclés, les bêtes de proie de Berlin, de Rome, de Madrid fonceraient sur nous.

— Et l'U. R. S. S. alors, qu'en faites-vous ? grognait le quincaillier.

Emilie voulait savoir si Guillaume et Mathilde étaient au courant. Elle nous entraîna dans sa chambre et là, trois fois de suite alluma et éteignit la lampe. Quelques secondes plus tard une fenêtre de l'Observatoire où brillait une lumière, à son tour s'obscurcit et s'éclaira trois fois.

— Un vrai film d'espionnage, remarqua le quincaillier s'efforçant de sourire.

Je surpris en même temps le regard douloureux qu'il jetait vers Emilie.

— Venez, Guillaume va descendre sur la terrasse.

Elle nous entraîna à la fenêtre, se pencha entre Hélène et François. Je restais en arrière avec le quincaillier. Il ne soufflait plus mot, prenait un air absent. « Ne souhaite-t-il pas un incendie à la taille du monde où il s'engloutirait lui et son amour manqué, son amour refusé ? Et dans ce brasier sa passion inutile trouvera le salut ; il ne brûlera plus pour une fille indifférente mais pour un peuple, une idée, une image exaltante de la mort ! Et moi, en secret, est-ce que je ne pense pas comme lui ? »

— Qu'y a-t-il ?

La voix lointaine de Guillaume me tira de ma rêverie. Couderc et moi nous nous soulevâmes sur la pointe des pieds, nos mains appuyées sur les épaules devant nous. Malgré cela nous n'apercevions que les masses, sombres dans la nuit, des arbres de l'Observatoire.

— Tu sais la nouvelle, Guillaume ?

— Non, tu as réussi ton examen ?

— Il ne s'agit pas de moi. C'est grave, grave. Le quincaillier l'a entendu à la T. S. F.

— Qu'est-ce qu'il a entendu ? La guerre ?

— Presque.

— C'est en Espagne, ajouta Hélène.

« La guerre, grogna Couderc à mon intention. Ils la voudraient bien les fascistes, ils ne l'auront pas les salauds ; leur complot va être étouffé dans l'œuf ! Qu'est-ce que je disais tout à l'heure : un taureau mis à mort, leur clique ! un pou plutôt, cric crac. »

— C'est Hélène qui a parlé ? demandait la voix de l'autre côté de la rue.

— Oui, nous sommes tous les cinq, Hélène et Couderc. Tu veux venir avec Mathilde ?

— J'ai un problème à terminer.

— Un problème, il a un problème, ricana le quincaillier.

Emilie se retourna vers lui. Il se tut. Un peu plus tard, comme nous quittions la fenêtre, il me dit, cependant que les autres parlaient entre eux :

— Il préfère ses petits problèmes, il s'enferme comme son père dans leur tour de l'Observatoire, il n'observe qu'eux-mêmes dans leur tour d'ivoire.

Il guettait mon approbation. Je dus le décevoir.

— Après tout, Couderc, n'ont-ils pas raison ? Le monde va comme il veut, comme il peut. Qu'on se mêle de le changer ou qu'on s'enferme dans une tour, le résultat n'est-il pas le même !

Il me traita de défaitiste, de petit-bourgeois, d'ennemi du peuple. Pourtant, je devinais un fond d'indulgence dans ses reproches. Au moment de nous quitter, il me retint à l'écart et dit sans me regarder :

— Tu dis n'importe quoi, mais je sais que tu es avec nous ; ce n'est pas parce qu'une fille se fout de nous qu'on ne va plus croire en rien.

Il me donna une tape.

— Au contraire, vieux frère, au contraire.

De nouveau seul dans ma chambre, je ne trouvais pas le

sommeil. Je ne savais s'il fallait partager l'enthousiasme de Couderc ou les craintes d'Hélène. J'aurais voulu parler encore de cela qui arrivait, qui arrivait à notre jeunesse : cette intrusion de l'histoire dans notre vie. Jusqu'alors, tout ce qui était survenu avant nos dix-huit ans, nous semblait appartenir à un passé qui ne nous concernait pas. Les révolutions, les guerres, cela se passait du temps de nos parents et de nos ancêtres ; pour nous ce n'était que sujets de leçons et de devoirs au collège. Avec notre naissance, il nous semblait que l'Histoire avait pris fin. Et voilà qu'elle recommençait, ou plutôt qu'elle commençait, que débutait notre histoire : celle des garçons et des filles de vingt ans, là-bas, à quelques centaines de kilomètres, en Espagne.

Je me levai, m'accoudai à la fenêtre : la nuit était claire ; au-dessus des arbres et de la tour de l'Observatoire le ciel paraissait respirer ; une lente glissade de l'air apportait des odeurs de campagne. Je guettais, malgré moi je tendais l'oreille comme si, au-delà de cette paix, j'avais dû percevoir l'écho d'une bataille, la lueur d'un brasier. Je n'entendais que le bruissement du cèdre, des mélèzes et des chênes, l'aboiement d'un chien dans la vallée, je ne voyais que la clarté lunaire à l'horizon. Les paroles du quincaillier et d'Hélène, cette nuit semblait les démentir, cette nuit toute pareille à tant d'autres nuits qui m'avaient ainsi vu à la fenêtre, humant, avec une sorte de joie au bord des larmes, le repos de la terre délivrée des hommes. Je fermais les yeux, alors je revoyais des défilés d'hommes en béret près de centaines d'automobiles alignées dans les rues avoisinantes des beaux quartiers ; ils arboraient une allure militaire, marchaient au pas, faisaient claquer leurs talons, allaient se masser au bas de la ville, saluaient leurs chefs le bras tendu. Bientôt une foule sombre, immense, au-dessus de laquelle vacillaient des drapeaux rouges, par toutes les rues comme une marée noire, descendait, flot hurlant et chantant. Des coups de feu explosaient, dérisoires comme des jeux enfantins ; des hommes, des femmes tombaient, la foule se tordait, se retirait d'un trait comme la mer après l'éclatement des vagues, et comme la mer fonçait de nouveau ; Elisabeth se blottissait contre moi sur les marches où nous nous tenions, dominant la mêlée comme au sommet d'un récif...

J'allumai la lampe, m'installai à mon bureau. J'écrivis à Elisabeth une lettre que j'étais sûr de ne pas lui envoyer, je ne parlais pas de notre amour, de ma peine ni de mon ressentiment, je racontais l'arrivée du quincaillier ce soir-là et la nouvelle qu'il nous apportait. Je demandais à Betty si elle savait l'événement, ce qu'elle en pensait ; je lui avouais que Couderc, malgré notre réserve, nous avait fait partager son trouble et son exaltation. Sans doute, si elle s'était trouvée avec nous, eût-elle connu elle aussi cette impression qu'au loin s'annonçait un drame qui nous concernait, qui concernait notre jeunesse. J'employais ce mot de « drame » et je voyais la jeune fille jouant à grands gestes une scène silencieuse, cependant que derrière elle ne cessaient de se croiser des défilés et des armées. Je terminai cette lettre en m'inquiétant du travail de mon amie dans les théâtres parisiens.

Le lendemain, ma première pensée fut de déchirer la lettre. Pourtant, je la mis dans ma poche : avant de la détruire, je la relirais, me disais-je, pour me rendre compte dans quel état de confusion puérile je devais me trouver la veille grâce aux effets d'éloquence du quincaillier.

En m'efforçant de rire, je fis part à Emilie de ces intentions.

— Donne la lettre.

Je la lui tendis.

— Tu veux la lire ?

Elle fit non de la tête.

— Alors, c'est pour la jeter ? Merci, comme ça tu m'épargneras d'ajouter ce geste ridicule au ridicule de l'avoir écrite.

Emilie prit une enveloppe, y glissa la lettre, inscrivit avec application une adresse sur l'enveloppe qu'elle cacheta, mit un timbre.

— Emilie, je te défends ! Emilie, tu n'as pas le droit !

Je m'avançai vers elle ; d'un pas de côté elle se déroba. Déjà elle passait la porte. Je m'élançai. Nous étions dans la rue. A une cinquantaine de mètres était accrochée la boîte postale. Emilie courait vite, pas assez cependant pour m'échapper si vraiment je le voulais. Tout en l'appelant, je me disais que cela n'avait aucun sens : qu'importe que j'aie écrit ou non cette lettre, que je l'aie ou non déchirée, qu'Elisabeth la reçût ou jamais ne pût se douter de ce signe que j'avais failli lui lancer à la faveur d'une révolution.

Au moment où j'allais l'atteindre, ma sœur jeta le pli dans la boîte.

Théodora proposait des jeux. Son favori, c'était le jeu de la vérité. Elle paraissait goûter un vif plaisir à dire à chacun ce qu'elle pensait de lui. En général, celui qui était sur la sellette prenait un air détaché, il essayait de rire ou au moins de sourire sous les « vérités » assenées par Théo d'un ton comique et doctoral. Toute l'assistance était gênée comme si la jeune fille eût en public déshabillé sa victime, sauf Masari qui, lui, gloussait de joie à chaque nouvelle piqûre infligée au modèle dont Théodora prétendait faire le portrait. Nous nous défendions maladroitement contre les accusations portées par la jeune Russe. Les garçons cachaient mal sous leur air faraud leur dépit. Quant aux jeunes filles, elles s'en allaient les larmes aux yeux, et l'on entendait le grand rire hennissant de Théodora. Un soir Hélène excédée se leva.

— A mon tour de faire votre portrait, Théodora.

La Russe grimaçait.

— Théodora, je vais vous dire, moi, la vérité. Vous êtes une pauvre fille, vous ne vous êtes pas remise de votre enfance qui n'a dû être que désordre, abandon, vous ne pensez qu'à la revanche. Il vous faut une revanche sur tous les êtres. Les hommes, vous voulez qu'ils rêvent de coucher avec vous, et vous pensez ainsi les mener à votre fantaisie, les rendre bêtes asservies. Ce n'est pas un homme qu'il vous faut, c'est tous les hommes, parce que vous n'êtes capable d'en aimer aucun, et sans doute vous plaisez à tous avec vos manières de jeune démon, les hommes sont si naïfs, mais aucun sans doute non plus ne pourrait vous aimer.

— Voilà, conclut l'étudiante, voilà la vérité, Théodora.

XXXIV

C'étaient les vacances, mais nous ne partirions à la mer que dans quelques semaines. Les Barbares — du moins Guillaume, Mathilde et leurs parents —, avaient déjà quitté l'Observatoire, emmenant avec eux en Languedoc Caroline arrivée la veille de son « couvent ». Malgré l'interdiction de la reine mère, l'écolière profita d'un moment où elle restait seule dans la maison pour venir sur la terrasse et m'appeler. Je l'ai rejointe dans le parc, nous avons gagné le pavillon de la folle, de plus en plus délabré derrière les broussailles. Je reconnaissais mal l'espiègle complice de nos répétitions, de nos jeux, dans cette grande fille pâlotte qui m'entraînait, me tirant par la main.

Elle parlait vite, s'arrêtant parfois au milieu d'une phrase pour reprendre haleine.

— Ce que j'aime là-bas, c'est le silence. Il y a une chapelle ancienne, elle est belle, elle serait belle si elles ne l'avaient pas garnie de bondieuseries. C'est bon le silence. Il n'y a que ça qui puisse, comment vous dire, qui puisse remplacer, équilibrer cette espèce de, cette lumière, cette couleur, il me semble, que ma vie, que la vie possédait ici il y a longtemps, très longtemps, quand j'étais pas plus haute que ça, et ensuite de nouveau, ici encore, pendant ces semaines où nous préparions, où nous répétions *Comme il vous plaira.* Vous comprenez ? Vous ne pouvez pas comprendre.

J'affirmais que si, que pour moi aussi, pendant ces semaines, à la fois fiévreuses et légères, un peu irréelles, la vie, eh bien, comme elle le disait, avait un air, une couleur, quelque chose que je n'oublierais plus, que je ne retrouverais plus. Mais du moins elle, Caroline, possédait ce recours à la prière, à un recueillement qui la portait, qui la sauvait, tandis que moi...

Elle me ferma la bouche de sa main, sa main petite aux ongles courts tachetés de points blancs. Je blasphémais, disait-elle, je n'avais pas le droit de penser que rien maintenant ne viendrait, ne refleurirait dans ma vie.

Elle a jeté un coup d'œil sur la montre à son poignet : sa mère allait rentrer, il fallait que nous nous séparions. Je devais garder confiance, absolument. Ce jour où nous étions tous les trois assis sur cette dalle et où elle s'était enfuie en courant, elle avait senti, elle avait vu que sa sœur et moi, nous étions l'un à l'autre. Rien, même pas nous, ne pouvait empêcher cela quoi qu'il advînt. Elle répéta : « Quoi qu'il advînt » d'une façon presque solennelle. Puis elle eut un rire étouffé comme pour se moquer d'elle, se jeta contre moi, aussitôt s'écarta, pivota sur les talons, courut jusqu'à l'Observatoire. Elle resta sous la galerie cependant que je quittais le parc.

Sa voix continuait à résonner en moi comme celle même d'Elisabeth ; j'entendais encore les paroles de Caroline mais c'était sa sœur qui les prononçait, et mon cœur battait, battait.

Bientôt il ne resta plus dans la ville avec nous qu'Hélène, les Russes et le quincaillier. Tous les autres étaient partis pour la mer, la montagne ou les champs. Les Masari même avaient levé le pied sans que, pour la première fois depuis des années, Théodora les rejoignît. Emilie assurait qu'une nouvelle maîtresse partageait la villégiature du photographe.

La somnolence, le vide de la ville nous rapprochaient les uns des autres. Nous nous retrouvions vers la fin du jour à la piscine, ou bien le soir nous allions chercher un peu de fraîcheur au bord de la rivière. Hélène la silencieuse prenait de plus en plus d'emprise sur notre groupe. Emilie, désemparée maintenant que Guillaume n'était plus là, semblait chercher refuge et protection auprès de l'étudiante en médecine, comme si du couple grave, mûri sans doute par les études et la vocation commune, que formaient Hélène et François, émanait une image exemplaire. Je sentais qu'il en allait de même pour Théodora, le prestige d'Hélène un moment l'apaisait ; si elle se moquait encore des « écolières perpétuelles », des « femmes savantes », on devinait que c'était par souci de maintenir malgré tout son personnage, peut-être aussi par jalousie à l'égard d'une réussite amoureuse, mais au bout d'un moment elle rendait les armes et considérait Hélène avec un respect un peu triste qui nous étonnait. Le quincaillier nous disait d'Hélène : « Elle ne me force ni à me défier d'elle ni à me défier de moi, je ne songe ni à lui plaire ni à craindre de lui déplaire, elle n'est pas de la race ennemie, de la race haïssable, de la race adorable. »

La présence d'Hélène arrivait même à atténuer la querelle, pourtant de plus en plus violente, entre Couderc et Valenkov. Devant la jeune fille, si la guerre d'Espagne venait à être évoquée, le quincaillier et l'exilé s'efforçaient de garder le silence, prêts à s'insulter et à se battre, on le sentait, si Hélène de son calme regard, et comme sans y penser, ne les eût amicalement domptés. Quant à moi, j'éprouvais auprès de l'étudiante un mélange indéfinissable de quiétude et de rancune, d'estime et d'irritation, d'amitié et de désir.

Elisabeth n'avait pas répondu à ma lettre.

— Nous nous baignons, nous dormons au soleil, nous rions aux jolies filles, et pendant ce temps, on tue, on torture nos frères en Espagne.

Je pensais : « Le quincaillier a raison. Et toi, « pendant ce temps », tu t'enfonces dans le ressentiment et le regret, tu ne connais pas de plus grand malheur que le tien : être dépossédé de cet amour sur lequel la vie s'ouvrait, avec lequel la vie se confondait. »

— Heureusement pour vous, que les nôtres, ils vont te nettoyer tout ça.

De la main Valenkov tranchait l'air autour de lui. Ses yeux luisaient de plaisir et de fureur.

— Sans ça, demain, ici, votre Front populaire ça sera comme là-bas, Front crapulard, la même chose ça sera : religieuses violées, empalées, églises pillées, brûlées, vous, petites demoiselles, comme les religieuses. Partout assassins, bandits, comme on fait chez moi en Russie. Mais heureusement Franco, et demain peut-être amis allemands et amis italiens...

— Salaud. Oh ! je sais, tous ces porcs, ils sont capables de s'allier, d'y aller ces boches, ces macaronis, ces bicots, ces bourreaux, ces généraux, ces curetons-flics pour massacrer les innocents, les ouvriers, les mineurs, les paysans, mais monsieur le Blanc de Blanc, vous en oubliez la France, l'U. R. S. S., peut-être même l'Angleterre, peut-être même l'Amérique. Qu'est-ce que tu t'imagines, qu'on va vous laisser égorger le peuple espagnol, et bien sûr après vous feriez joujou ici. Et nous qui sommes là vautrés, les doigts de pieds en éventail.

— Sans doute, c'est notre dernier été ici, disait Hélène, nos dernières vacances, si cette guerre ne finit pas. Couderc a raison : nous ne pourrons pas continuer à ne rien faire, à flâner, à rêver dans notre île, à ne pas aller au secours des Espagnols.

Nicolas Valenkov blêmissait. Il crachait quelques mots russes, des injures à notre égard, pensions-nous. Il obligeait Serge et Théodora à le suivre. Nous les voyions de loin s'entasser dans leur petite voiture. « Le Russe a envie de me trucider, c'est clair, affirmait Couderc. Si Madrid tombe, si Barcelone tombe, lui et ses acolytes, ils ne me ratent pas, ils ne nous ratent pas. »

— Malheureux pays, marmonnait Hélène, malheureuse époque.

— Demain, heureuse Espagne, heureuse France, le Front popu partout, et le bonheur pour tous, ripostait le quincaillier.

— Tant de meurtres, tant de sang, tant de crimes des deux côtés, reprenait la jeune fille.

Couderc s'indignait.

— Comment pouvez-vous comparer !

François prenait la défense de son amie.

— Je crains bien... croyait-il devoir dire.

Le jeune partisan lui coupait la parole.

— Tu ne vas pas me dire que les mineurs ou les dockers ou les paysans qui crèvent de faim depuis des siècles, qui n'étaient que des esclaves jusqu'à cette année, et qu'on veut réduire de nouveau à l'esclavage au nom de l'Armée et de l'Eglise, tu ne vas pas me dire, et vous Hélène qui plaignez tant les dingues, vous n'allez pas me dire que c'est de leur faute, aux ouvriers, aux paysans, s'ils deviennent fous, fous de rage, fous de douleur.

— Théodora aurait bien voulu rester, remarquait Emilie d'une voix claire comme si ce soir n'était que douceur au bord de la rivière.

Le quincaillier sidéré par tant d'audace ou tant d'ingénuité ne trouvait plus le fil de son plaidoyer.

— Serge aussi, ajoutait ma sœur.

Elle soupirait :

— Les Barbares, ils doivent être près des étangs ou dans la

garrigue ; Guillaume m'a dit qu'ils vont jusqu'aux étangs, près de la mer, ils y passent souvent leurs soirées, assis, allongés dans des barques, parfois comme ça, tard, jusqu'au milieu de la nuit.

Tous nous devions penser : « Elle est innocente du péché du monde. Elle n'est pas avec nous, elle est là-bas avec son amour, allongée près de Guillaume dans la barque, et le monde autour d'elle, autour de son amour peut crouler, peut brûler, peut saigner, elle ne le sait pas. Jamais elle ne le saura. Et nous, sommes-nous ici ? Nos corps sont ici dans ce jour qui va finir, et nous avons honte de cette lâcheté, honte de cette apparence de bonheur, honte de vivre, parce que notre pensée, notre pensée seulement, est là-bas avec ceux qui meurent à Madrid, qui vont mourir pour Madrid. »

> *Sans doute, Théo trouvait-elle en moi un frère de malchance comme devait le faire le quincaillier. Je me révoltais parfois contre ce qui me paraissait une fausse amitié. Couderc, Théodora se trompaient : Dieu merci je n'étais pas de leur race, je n'étais pas un vaincu. Libre à eux de se complaire dans leur échec sentimental. La souffrance que m'avait imposée Elisabeth ne me détruirait pas ; j'avancerais dans la vie seul, sans amour mais sans amertume, et peut-être, un jour, dans combien d'années ? ferais-je alliance avec une femme égale à ma fierté, ni blessante ni blessée, portant dans sa chair comme dans son âme la même vérité sans faille, sans leurre.*

XXXV

Je reçus une lettre de Caroline. Les Barbares, disait-elle, se morfondaient faute d'avoir près d'eux leurs amis. Les garrigues qui entourent là-bas leur maison lui tenaient lieu maintenant d'église, elle s'y sentait plus proche encore de Dieu. En post-scriptum, elle ajoutait qu'elle avait pu convaincre sa mère de pardonner à Elisabeth et que celle-ci, épuisée par ses mois d'épreuve, viendrait sans doute se reposer un peu à la campagne avant de repartir à Paris. Ainsi je ne reverrais pas Betty, elle ne resterait pas avec sa famille, elle ne reviendrait pas à l'Observatoire. Une fois ses forces retrouvées, elle regagnerait Paris, elle rejoindrait sa misère, ses planches, son âme damnée, son Roland Marcel. D'ailleurs, son silence, après la lettre que je lui avais envoyée, témoignait de sa volonté d'oublier le passé, de m'oublier. Ce soir-là, je dis à Couderc que nous devrions partir tous les deux pour l'Espagne. Il me serra dans ses bras, déclara qu'il fallait fêter un tel projet ; ce que nous fîmes de bistrot en bistrot. Je rentrai chez moi à demi ivre. Le lendemain, je ne me souvenais plus de la promesse faite. Le quincaillier m'en parla. J'invoquai mes études à terminer. « Bien sûr, tes études. » Il a marmonné : « A Burgos les rebelles triomphent, à Saragosse, à Pampelune ; à Valladolid ils ont massacré les cheminots, Ségovie leur appartient ; on se bat dans les faubourgs de Séville. » Je baissais la tête. Il me donna une bourrade sur l'épaule. « Fais pas ce nez. *No pasaran*. Madrid tiendra, Madrid les a matés, et Barcelone. Moi je n'ai pas d'études à terminer, alors pourquoi attendre. » Il marquait une pause. « Il faut quand même, je voudrais quand même amener mon paternel à se faire à cette idée. » Il me regardait du coin de l'œil. « Après, plus tard, tu me rejoindras. » Je n'osais répondre. « A moins qu'à ce moment, ce soit fini », grogna-t-il.

De plusieurs jours, nous ne le vîmes à la maison. D'abord j'en fus affecté, puis un événement survint qui effaça pour nous quelque peu l'absence de notre ami. Au pavillon de l'Observatoire, la folle et ses parents étaient de retour. Alors qu'Hélène assurait son service à l'asile, elle avait vu la jeune malheureuse conduite devant le médecin par le couple en noir. Décharnée, disait l'étudiante, livide, les cheveux comme une broussaille.

— Marie, ma pauvre Mariette. Je voudrais lui parler, je voudrais leur parler. Ils l'ont laissée en observation à l'asile pour quelques jours. Je leur parlerai, j'irai les voir dans leur pavillon, je les forcerai à m'écouter.

S'armant de courage, elle se risqua en effet à affronter les parents. Presque aussi fermés dans leur désespoir que la démente, ils écoutèrent pourtant le plaidoyer passionné d'Hélène. Elle ne put les convaincre de laisser leur fille à l'asile, du moins acceptèrent-ils que l'étudiante vînt la visiter dans le pavillon de l'Observatoire, le temps qu'ils resteraient encore en ville.

Emilie essayait de persuader Hélène qu'elle devrait l'emmener avec elle près de la malade. D'abord l'étudiante refusa, puis elle finit par céder.

La folle commença par montrer de l'effroi devant Emilie ; du sol où elle se traînait, elle la menaça même en gesticulant et en poussant des sortes d'aboiements ponctués de crachats. Emilie trouva le courage de sourire à la malheureuse. Aussitôt celle-ci se tint immobile, silencieuse ; au bout d'un long moment, elle esquissa de ses lèvres blêmes et tordues quelque chose qui semblait un rictus mais où Hélène croyait pressentir l'essai d'un sourire en réponse à celui d'Emilie. Un peu plus tard, elle se leva.

Dans leur coin, aux aguets, les parents surveillaient leur fille, prêts à intervenir si les deux visiteuses paraissaient de nouveau l'inquiéter, et à les chasser. Marie s'approcha lentement d'Emilie, la regarda avec application. De nouveau, ma sœur s'efforça de sourire ; pourtant, nous disait-elle, le visage creux, comme aspiré de l'intérieur, les yeux fixes bordés de rouge, l'haleine fétide lui faisaient malgré elle évoquer comme une source pourrie, comme une pourriture de l'esprit.

La recluse est restée ainsi longtemps à contempler Emilie, puis ses paupières ont battu plusieurs fois, elle a reculé. Hélène et ma sœur se sont imaginées qu'elle repartait dans son effroi et qu'elle allait crier. Déjà, dans leur coin d'ombre, les parents bougeaient. La malade s'est arrêtée, s'est penchée en avant, a pincé de ses mains les côtés de sa jupe, relevé le buste, et, dans cette pose, a commencé à tourner lentement sur elle-même. Hélène et Emilie n'ont compris qu'au bout d'un moment qu'elle dansait. L'étudiante a serré le bras d'Emilie. Elle a murmuré : « Elle t'a reconnue. » Ma sœur ne voulait pas le croire. Elle a dû se rendre à l'évidence lorsque Marie est revenue près d'elle et, le regard implorant, a recommencé plusieurs fois une sorte de pas de danse. « Elle te demande de danser, elle se souvient de ta danse le soir de la répétition. Fais lui plaisir, je t'en prie, va... » Ma sœur refusait. « Tu comprends Henri, j'avais l'impression de vivre un cauchemar, avec cet épouvantail dont les yeux me suppliaient. Pourtant, je n'ai pas pu résister, il y avait une telle force, une telle prière dans ces yeux, alors je me suis mise à danser tant bien que mal, au risque de me prendre les pieds dans le tapis troué. Je fredonnais une valse pour avoir le rythme, et Marie hochait la tête, avec des saccades à contretemps, pour essayer de marquer la mesure. »

Hélène, enthousiaste, déjà entrevoyait une guérison grâce au concours d'Emilie.

— Vous voyez, disait-elle, Marie ne reconnaît personne, ni ses parents qu'elle déteste ni moi-même qui étais son amie préférée, mais Emilie si, pour elle, Emilie, tu es une image heureuse de la vie, peut-être la seule image qu'elle accepte.

— Pourquoi veux-tu qu'elle s'intéresse à moi ?

— Parce que tu as l'âge, tu as la beauté qu'elle avait lorsqu'elle a sombré. Comment me reconnaîtrait-elle puisque je ne suis plus celle que j'étais lorsqu'elle me faisait ses confidences, lorsque nous rêvions ensemble de l'avenir. Même si elle sait qui je suis, je ne suis qu'une morte pour elle, une morte comme elle, tandis que toi, Emilie, elle s'identifie à toi, elle le voudrait du moins. Ta danse qu'elle avait surprise, c'était sans doute son seul moment d'allégresse, d'espoir depuis tant d'années ; elle croyait qu'elle allait s'envoler avec toi, elle se revoyait à ton âge, avec cet air étonné, craintif et pourtant assuré, curieusement assuré sous ses craintes, elle aurait voulu devenir, redevenir pareille à toi et s'envoler.

— Mais je ne veux pas qu'elle se prenne pour moi, qu'elle me prenne pour elle, c'est effrayant. J'ai l'impression qu'elle va se substituer à moi, que sa démence va se loger en moi.

Hélène souriait.

XXXVI

Ma sœur, après avoir juré qu'on ne la reverrait plus au pavillon, accompagna chaque jour Hélène. Et chaque jour la même scène se repétait : Mariette lui faisait comprendre qu'elle attendait sa danse et de nouveau reprenait à sa façon les gestes, les pas de la ballerine.

Hélène prétendait ensuite qu'un soupçon de souplesse ou de

grâce progressait dans les mimiques de la folle. Emilie nous assurait qu'elle ne voyait rien de ces progrès.

François s'enthousiasmait : Hélène était en train de découvrir une thérapeutique. En faisant rencontrer aux aliénés des personnes susceptibles de leur rappeler ce qu'ils étaient eux-mêmes au moment où le mal les avait métamorphosés, Hélène renouait ce dialogue entre la déraison et la raison indispensable pour sauver, pour sortir de lui-même, pour arracher à sa démence le malade.

Devant cette exaltation si contraire à son flegme habituel, nous taquinions François sur les pouvoirs de l'amour qui lui faisait découvrir une vocation à laquelle, jusqu'alors, il n'avait jamais songé.

— En êtes-vous sûrs ? demanda-t-il et sa gravité nous surprit. Hélène m'a permis de prendre une route qui était la mienne déjà, mais je ne le savais pas.

Nous nous amusions de ce lyrisme inattendu dans la bouche de notre frère. Cependant il restait insensible à nos plaisanteries ; il semblait regarder en lui-même quelque image inconnue de nous qui justifiât ses affirmations.

— Aujourd'hui, disait Emilie, elle ne m'a pas reconnue, ou du moins elle n'a pas semblé me reconnaître. Comment peut-elle un jour avoir cette possibilité de faire un pas hors de sa folie pour s'approcher un peu de moi et le lendemain être de nouveau engloutie tout entière dans son mal ? On dirait que la folie, on dirait qu'être fou c'est vouloir être fou, c'est accepter, ou même... oh, non !... si, ou même on dirait que Mariette... on dirait qu'elle choisit la folie.

— La nuit où elle courait, où elle criait sur la tour, remarquait François, vous vous souvenez, quand ses parents se sont jetés sur elle, il y a eu en moi, quelque chose est apparu en moi, j'ai eu mal pour cette femme qu'on empêchait de tomber, de se tuer bien sûr, mais qu'on capturait comme... comme une bête, j'ai eu mal pour elle et en même temps pour... j'ai eu envie de vous demander si vous vous rappeliez vous aussi, et puis, je ne sais pas, je n'ai pas osé.

— Si on se rappelait quoi ?

— Vous deviez être trop petits. Moi, quel âge je pouvais

avoir ? Huit ans ? Neuf ans ? Alors vous ? Je n'y avais jamais plus pensé, et cette nuit quand ils ont entraîné leur fille, quand ils l'ont traînée dans l'escalier, qu'elle a disparu de la tour, qu'elle a crié, j'ai tout revu comme si j'y étais.

Emilie prit François par les revers de sa robe de chambre. Il se recula, arrangea son désordre vestimentaire avec dignité.

— Enfin, François, tu le fais exprès ? De quoi parles-tu ?

— Ce devait être un dimanche, un dimanche d'hiver, nous étions à la campagne, chez les cousins de Mézières. On avait dû beaucoup manger, des gâteaux, des tartes comme ils font là-bas. Tout à coup, il y a eu un brouhaha, des gémissements, des remuements de chaises ; ils se sont tous levés, la cousine, vous savez bien, Ilda, comme elle me paraissait grande, et maigre et pâle, toujours vêtue de noir. Elle se tordait les mains, elle disait de quelqu'un : « Il... le pauvre... le malheureux... mon petit. » Je croyais comprendre que quelqu'un était parti, avait fui, s'était sauvé, avait dû s'enfuir, par une fenêtre, en passant sur le toit de la grange, en sautant dans le jardin. Et qu'allait-il devenir ? On ne le découvrirait pas. Ou bien il serait tombé dans une mare, par mégarde, par ignorance, ou il se serait jeté dans la rivière. Peu de temps après nous nous sommes retrouvés, toi Emilie, toi Henri, et moi, entassés dans l'automobile des parents, avec les cousins à l'arrière nous portant sur leurs genoux. Elle n'arrêtait pas de gémir, Ilda. Je détestais son odeur. « Nous le trouverons plus, il est perdu, mon petit, il va se faire écraser, ou il va se noyer, il est mort. — Mais non, Ilda, n'ayez pas peur », disait maman. Je croyais que nous poursuivions un enfant comme nous, un enfant que les cousins emprisonnaient à notre insu et qui s'était sauvé en passant par les toits. J'avais une envie terrible d'apercevoir le fugitif, mais il aurait fallu que je sois le seul à le découvrir, blotti dans un taillis. Il tremblerait d'effroi mais je le rassurerais, je lui promettrais de ne rien dire, et même peut-être, à mon tour, je m'enfuirais avec lui. On s'arrêtait dans des hameaux, dans des fermes. Notre père descendait de l'auto avec les cousins, ils allaient décrire le fugitif et demandaient aux gens s'ils l'avaient vu. Au fur et à mesure que le temps passait, et les kilomètres de route, la cousine se tassait de plus en plus sur elle-même ; elle, si grande, finissait par avoir la taille de nos parents, elle ne parlait plus, des larmes coulaient le long de ses rides.

— Ah ! j'essaye, j'essaye de me souvenir, mais rien.

— Tu étais si petite Emilie.

— Ou plutôt, en t'écoutant, je ne sais plus si je vais me souvenir, ou si je vais prendre tes paroles pour mes souvenirs.

— Moi non plus, disais-je, je me rappelle bien quelques séjours que nous faisions chez les cousins, la fumée qui sentait les pommes de terre, le froid du pays, et nous, nous trois, pelotonnés au fond de l'automobile, mais cette affaire...

— A la fin de l'après-midi, entre chien et loup, comme ils disent là-bas, après un tournant, sur une route étroite, entre des haies, un homme est apparu, il traînait les semelles, nous voyions son dos voûté. La cousine a poussé un cri. « François, mon petit », elle a dit ensuite. Et moi je me suis senti révolté, dégoûté, je n'étais pas son petit, je n'étais pas le fils de cette vieille sorcière noire. « Le voici, le voici, mon petit », elle a répété, alors que nous n'étions plus qu'à quelques mètres du vagabond qui continuait sa marche maussade. J'ai cherché en vain sur la route le petit fuyard dont elle parlait. L'auto a dépassé l'homme. Il a essayé de courir en arrière, mais il était épuisé, ils l'ont tout de suite rattrapé. Les bras levés, il protégeait sa tête comme si on allait le frapper. Ils l'ont ramené dans la voiture. J'étais serré contre lui. Il haletait, la bouche ouverte, les mains pendantes entre les jambes. J'étais médusé. Ainsi cet homme qui ressemblait à une bête traquée, capturée, ainsi il s'appelait François, comme moi. « Mon petit François », marmonnait la cousine. Et je croyais qu'elle me confondait sous ces mêmes mots avec le vagabond. Plus tard, dans la nuit, lorsque nous sommes revenus vers la ville, les parents pensaient sans doute que nous dormions, tous les trois, à l'arrière de la voiture, mais comment aurais-je pu dormir, après ce que j'avais vu. Maman a dit : « Ce pauvre François, ce pauvre fou. » Je me répétais : « C'est pas de toi qu'elle parle, c'est de l'autre », mais je tremblais, je tremblais.

Maintenant notre frère se taisait. Il se tenait, le buste penché en avant, les mains entre ses genoux, comme le fou autrefois.

— Et moi rien, je ne me souviens de rien, soupira Emilie.

— Moi non plus, dis-je, mais peut-être, c'est quand même

resté au fond de nous. En même temps je songeais à cette immense tour en ruine, celle du village de notre arrière-grand-mère, dont l'image demeurait au fond de ma mémoire, et peut-être aussi de la mémoire de mon frère, de ma sœur, bien que nous n'en parlions jamais, et à laquelle parfois me faisait penser la tour de l'Observatoire.

— Je me demande, oui, je me demande, répéta François à voix basse. Emilie jouait avec le crâne de Thomas, elle le faisait passer doucement d'une main à l'autre comme une balle.

— La vocation d'Hélène, reprit François, elle m'en a parlé dès notre première rencontre, et aussitôt je me suis senti, je ne sais pas, j'ai pensé comme elle... Enfin, ce choix que j'ai fait avec Hélène de devenir, de travailler, d'étudier la psychiatrie... Je me demande si cela, tout cela... le fou autrefois qui s'appelait François, et qu'on poursuivait, et puis la folle poursuivie sous nos yeux au sommet de la tour, je me demande...

Nous laissâmes François dans sa chambre, il devait réviser une question d'anatomie. La nuit n'avait pas encore trouvé sa fraîcheur. Je m'accoudai près d'Emilie à sa fenêtre. Le ciel noir et chaud semblait peser sur la tour de l'Observatoire.

— Comme c'est étrange, disait Emilie.

Un peu plus tard elle désignait le parc, la demeure en face d'un geste de la main.

— La vie de François, sa vie commandée, toute sa vie, son amour, son travail par cette rencontre autrefois.

Elle baissait la tête, j'avais du mal à entendre ses paroles.

— Et nous, et nous-mêmes, on se souvient de rien, tu te souviens pas, toi non plus ? Pourtant qu'est-ce qui nous a donné cette... ce besoin, cette passion de connaître cette baraque là-bas et ces gens ?... Quoi, c'est parce que je voyais cette forme blanche monter la nuit sur la tour, vous ne vouliez pas me croire, hein, vous ne vouliez pas, c'est pour ça que j'étais, que j'étais intriguée, je ne pensais qu'à ça, et puis ce drame quand ils ont rattrapé de justesse la pauvre Marie prête à sauter. Ce cri... Nous ne l'avons pas su, mais peut-être nous étions préparés, nous étions alertés, nous attendions ça, nous reconnaissions, non, nous retrouvions, nous étions plongés dans quelque chose de terrible, qui était, qui demeurait en nous...

— Alors, ai-je soufflé, alors Guillaume, Elisabeth, le chemin qui nous a conduits vers eux... passerait par cette frayeur, cette scène d'autrefois, ce pauvre fou, ces trois enfants menés à la chasse au fou ?

— Oui, Henri... Comme François pour Hélène... Savoir ! C'est peut-être ce qu'elle sent la pauvre Mariette — leur instinct ne devient-il pas plus fort à la place de la raison perdue ? — elle sent peut-être que je suis liée, que ma vie est liée à la sienne.

XXXVII

— En somme c'est ce qu'on appelle l'amour fou !

Le quincaillier accompagnait sa trouvaille de grimaces. Nous regrettions de lui avoir confié les propos de François. Hélène riait pourtant des mots de Couderc, nous pensions qu'elle le faisait pour dissimuler son trouble.

— L'amour fou, répéta Théodora, et elle prit un air égaré, titubant, les yeux au ciel, puis elle se ploya en deux comme si elle partageait la joie du quincaillier.

— Quels pitres ! lança Emilie. Ils ne connaissent ni l'amour ni la folie, ils ne connaissent rien, ils se moquent de tout.

— Parce que comme ça, murmura la jeune Russe dont le rire s'était cassé net, Mlle Emilie, elle, connaît l'amour, et Mlle Hélène connaît la folie ?

Elle proféra, presque dans une plainte : « Qui connaît l'amour tant qu'il n'en meurt pas ? Qui connaît la folie tant qu'on ne l'enferme pas ? »

Le quincaillier tenta une diversion.

— Devinez un peu, devine Henri qui ils ont nommé Capitaine Général de Saragosse, ces cons de fascistes.

Nous ne savions pas.

— La Vierge ! La Sainte Vierge ! la statue de la Vierge del Pilar. S'ils comptent là-dessus pour écraser la République !

— La mère du Christ, la pauvresse chargée de patronner les crimes des nantis, le massacre des miséreux, quelle farce !

— Quelle farce, vous pouvez le dire, Hélène, reprenait le quincaillier, mais elle n'ira pas loin leur farce.

Comme nous émettions des doutes sur les raisons de cet optimisme, il allait à sa Bugatti, en revenait avec une carte des routes d'Espagne qu'il déployait devant nous, sur le sol. Il nous invitait à nous agenouiller à ses côtés, nous montrait du doigt le tracé du front qu'il avait crayonné.

— Vous voyez, en Aragon cette ligne qui descend des Pyrénées — ces salauds ils tiennent Huesca, Saragosse, Teruel, mais nous, nous tenons la côte, et le Sud, et les Valenciens devant Teruel, le POUM est solidement établi au nord-ouest de Saragosse, le long de l'Ebre les anarchistes...

— Avec qui es-tu ? demandait Théo ; elle ne paraissait pas remarquer notre surprise devant ce tutoiement.

— Comment avec qui ?... Avec les Républicains, grognait le quincaillier.

— Je veux dire : avec les anars ou avec les cocos ? Remarque, aux yeux de mon frère, c'est tout du gibier de potence... Mon frère il a fini par suivre mes conseils, par ne plus venir avec nous, un jour il t'aurait étranglé.

— M'étrangler ! ricanait Couderc. C'est plutôt moi qui l'aurais étendu.

— Vous, les hommes, c'est toujours à qui se vantera d'être le plus doué pour trucider le voisin... En attendant tu n'as pas répondu à ma question.

— Tantôt anarchiste, tantôt marxiste, marmonnait le quincaillier. Certainement plus proche des premiers, ni dieu ni maître, et cette sorte de, cette grande soif du néant, cet arrière-goût de mort dans la liberté...

— Je ne sais pas ce que signifie leur tutoiement, me disait Emilie, ils font peut-être semblant de s'aimer, en tout cas, ils ne s'aiment pas.

Je cueillis une marguerite attardée, fis mine de l'interroger sur les amours supposées de Couderc et de Théo.

— Dis-moi la vérité, s'ils s'aiment un peu (j'arrachais un

pétale), beaucoup (un second), tendrement (un troisième), passionnément (un quatrième), à la folie (un cinquième).

Je répétais avec un clin d'œil à Emilie :

— A la folie, à la folie... Pas du tout (un sixième).

— Ils parlent encore de la folie, s'exclamait Théo.

Je continuais à effeuiller la marguerite : deux fois, trois fois, revinrent sur mes lèvres qui les prononcèrent en silence ces mots qui provoquaient l'ironie de Théo et du quincaillier : « A la folie... à la folie. » Lorsque j'arrachai le dernier pétale et dis en moi-même : « Pas du tout », je m'aperçus que je ne songeais plus à la liaison de Couderc et de Théodora mais à Elisabeth.

— Je me demande, je me demande... disait François.

Personne ne s'inquiétait de savoir ce qu'ainsi il se demandait, mais chacun sans doute devait compléter la phrase pour son propre tourment.

Hélène devait se demander quand elle pourrait reprendre cette route droite qu'elle avait choisie pour elle et pour son compagnon, ce combat pour soigner, pour aider, pour délivrer les aliénés, cette guerre sainte qu'elle reprendrait sans réserve lorsque enfin cesserait la folie que des gens bien-pensants, des gens d'ordre jetaient, hurlante, sanglante, sur l'Espagne. Le quincaillier, je croyais entendre sa question intérieure : « Je me demande, je me demande quand la vie ressemblera de nouveau à un air de jazz, à un blues ou à l'élan, à la joie à perdre haleine d'un rag-time. » Ou plutôt ne se demandait-il pas si, enfin, le monde allait lui offrir l'épouvante et l'espoir, qui seuls l'arracheraient à lui-même, à cet échec qu'il croyait à la fois subir et choisir, à ses amours manquées ? Alors, que dure aussi longtemps que possible, que dure au moins jusqu'à son propre anéantissement l'apocalypse ! Et moi, quel écho donnais-je à la question de mon frère ? Sinon cette seule phrase qui résonnait en moi avec le bruit monotone de la rivière : « Quand donc la vie ? » et qu'il fallait entendre : « Quand donc la vie sera-t-elle de nouveau ma vie, comme si rien n'avait eu lieu, ni la trahison d'Elisabeth ni cette épreuve collective, tragique, de vérité et de mort. Quand donc Elisabeth, ma vie, et le monde réconciliés ? »

XXXVIII

Sur cette plage de Vendée, les journées étaient belles. François avait trouvé un prétexte pour ne pas nous accompagner : un interne de l'hôpital psychiatrique qui devait rentrer de vacances était tombé malade, il lui fallait donc, disait-il, le remplacer. Sans doute, ne s'était-il pas résolu à quitter Hélène.

A peine installés avec les parents dans la villa louée, nous avions couru, ma sœur et moi, jusqu'à la dune. C'était la fin de l'après-midi. Au-dessous de nous la plage s'étendait, parsemée d'algues et de rochers, les baigneurs se massaient loin de là, à l'ouest, dans la partie de la baie où le sable sur un vaste espace était lisse et pur.

Emilie, dressée sur la pointe des pieds, les bras ouverts, les cheveux soulevés par le vent, respirait profondément.

— Si tu savais, avait-elle dit.

Puis, brusquement, dans un bond de côté, elle m'avait poussé, j'étais tombé, roulant sur la dune. Cette fois, le rire d'Emilie éclatait, cependant que je dégringolais la pente jusqu'à la plage. Elle m'avait rejoint, s'était assise près de moi. Je partageais sa gaieté.

— C'est bon de rire ?

D'un signe de tête, j'acquiesçais.

La joie s'effaçait sur le visage d'Emilie, ses traits se tendaient, son regard paraissait fixer un point sur l'océan.

— Je n'en pouvais plus, Henri... C'est moi qui ai demandé, c'est vrai, à voir Mariette, mais je n'en pouvais plus. Hélène joue les gardes-malades, c'est sa vie. Moi j'avais peur. Il y avait comme une corde qui nous reliait, la folle et moi, et nous tirions toutes deux, chacune de notre côté. Peut-être Hélène disait vrai, peut-être je gagnerais, je faisais gagner parfois un pas, un pouce de terrain vers moi, vers la raison. Mais je sentais qu'un jour, il me semblait que j'allais trébucher, que j'allais céder, et que c'était l'autre qui me tirerait jusqu'à elle, qui me ferait tomber dans le trou.

Nous nous sommes baignés. Emilie a retrouvé sa joie, et moi un peu de paix. Pendant deux ou trois jours nous nous sommes confondus ainsi avec les vagues, avec le vent et le soleil, avec la chaleur du sable. Puis Emilie a commencé à s'ennuyer, à s'inquiéter parce qu'une lettre de Guillaume n'arrivait pas. La lettre arrivée, elle n'a point paru pourtant reprendre beaucoup de plaisir à nos bains et à nos promenades. Au début de l'été, les airs de martyr du quincaillier lorsqu'il la contemplait, les galanteries désuètes de Nicolas Valenkov, la présence de Serge la consolaient un peu, bien qu'elle s'en défendît, de l'éloignement de Guillaume. Maintenant que nous étions exilés dans ce coin de Vendée, la gaieté des groupes de jeunes autour de nous l'attristait. Elle n'osait pas se rapprocher d'eux et faire leur connaissance malgré les regards d'insolence admirative ou de timide supplication que lui lançaient les garçons. Sans doute, l'abattement dans lequel j'étais retombé l'encourageait-il, ou peut-être, malgré elle, la contraignait, à tenir, elle aussi, le rôle de la fiancée esseulée, mélancolique et fidèle.

Quant à moi, j'avais honte de ce qui m'apparaissait, plus fortement encore ici qu'auprès de nos amis, comme une désertion.

Je lus dans un journal qu'à Grenade un poète venait d'être fusillé par les franquistes. Quelques jours après, une lettre du quincaillier nous criait que Franco assassinait ce qu'il y avait de plus beau au monde, la poésie, que ce Lorca tué à Grenade était l'un des plus grands, peut-être le plus grand poète actuel de l'Espagne. Ses « amis » lui avaient passé quelques vers traduits du poète martyr, il en inscrivait un à la fin de sa lettre.

Verde que te quiero verde
Vert que je t'aime vert

Nous nous le répétions avec Emilie. Verte était la lumière parfois sur l'océan, verte la couleur de l'été ; autrefois ciel vert, la vie, quand nous étions tous dans ce printemps de notre jeunesse, réunis avec les Barbares, tous dans le parc, dans le théâtre, un monde de grâce ouvrait alors ses allées vertes devant nous, ses allées d'espoir et de paix. (« Les verts paradis » de mon amour pour Elisabeth). Verte encore aujourd'hui l'eau de l'océan qui me lavait un instant du remords, de l'ennui aussi, de l'inutilité d'avoir vingt ans, de garder dans son cœur un amour manqué, de traîner sur le sable son indolence pendant qu'ailleurs on fusille l'amour.

Emilie finit par faire connaissance avec les jeunes gens qui jouaient sur la plage, puis sautaient à bord d'un petit voilier. Je ne me sentais pas responsable lorsque ensuite elle m'entraînait avec elle, avec eux. « Tu viens, Henri ? Ils m'emmènent à la pêche. Ils ont dit que tu pouvais venir. » « Tu viens, Henri. On va pique-niquer au phare. » « Ce soir on se baladera sur le port. On dansera. » Je me faisais prier. Je croyais jusqu'à la fin que j'allais refuser. Et puis je les suivais. Vacances, amours de vacances, vie de vacances. Ils ne paraissaient point savoir qu'il y avait la guerre, ils ne semblaient pas savoir qu'il y avait l'amour, qu'il y avait la mort, qu'il y avait la mort de l'amour. « Vert que je t'aime vert ». Je fermais les yeux, allongé au fond d'une barque.

Quelquefois, sans même nous être concertés, Emilie et moi restions muets lorsque la bande passait devant notre villa et nous appelait. Nous nous regardions avec un sourire complice dans la pénombre ménagée par les persiennes closes, cependant qu'ils criaient nos prénoms. Lorsqu'ils étaient partis, longtemps après, nous sortions. Nous gagnions la dune où le premier jour de notre arrivée, impatients, délivrés (du moins alors le croyions-nous) nous avions couru. Nous nous asseyions dans un creux à l'abri du vent, nous n'apercevions que la crête de sable et, par une échancrure bordée d'œillets minuscules, l'horizon glauque. Emilie arrachait un œillet, le portait à sa bouche, soupirait. Au bout d'un moment, elle se renversait en arrière, les mains sous la nuque, les yeux mi-clos.

— Ils m'ennuient, voilà, ils m'ennuient. Et toi ?

Je faisais un geste de la main.

— Oui, voilà, ils nous embêtent.

Au loin, la mer changeait de couleur ; au-dessus de nous, très haut, des nuages passaient venant du large.

— Henri, tu ne crois pas ? Nous avons, nous sommes allés

avec cette bande, pourquoi ?... Tout simplement... n'est-ce pas ? Tout simplement parce que nous pensions aux Barbares.

Elle avait un rire apeuré.

— Crois-tu que nous les oublierons jamais, les Barbares ?

Je ne répondais pas. Peut-on oublier sa jeunesse ? Peut-on oublier les êtres, les visages avec lesquels la vie, comme pour une seconde naissance, s'est une fois confondue ?

Un matin que je la rejoignais tardivement sur la plage, Emilie me regarda, perplexe.

— Qu'est-ce que tu as ? Qu'est-ce qu'il y a ? La guerre est finie ? La République a gagné ?

Je fis non de la tête.

— Pourtant Henri, tes yeux, tes lèvres, c'est comme si... tu... tu chantais.

Je sortis une lettre de ma poche. Elle demanda :

— Elisabeth ?

— Elle m'écrit de leur campagne. Elle me dit, elle me propose de la voir à l'automne, lorsqu'elle sera rentrée à Paris.

Emilie voulut s'approcher, elle me tendit les bras ; le bonheur faisait battre ses paupières, éclairait ses yeux violets, le bonheur de me voir enfin de nouveau heureux. Je dus m'enfuir et courir, courir le long de la grève pour ne pas éclater en sanglots.

Elle ne disait que bien peu de chose la lettre si longtemps, si désespérément attendue et que je n'attendais plus. Des phrases banales, un peu tristes, comme appliquées à cacher une blessure. Mais quels mots pourrions-nous retrouver. Il nous faudrait réapprendre la valeur des paroles, et celle du silence entre nous. Ni le langage de l'amour, ni celui de l'amitié, ni celui de l'indifférence. Comme il serait difficile, douloureux sans doute, le chemin à faire pour nous rencontrer de nouveau. D'avance je bénissais ses obstacles, ses souffrances, c'était malgré tout le seul chemin.

Septembre arriva. La bande qui voltigeait autour de nous se dispersa. Nous restions presque seuls sur la plage. Nous faisions de longues promenades dans l'arrière-pays sablonneux et plat, nous arrêtant de loin en loin dans une auberge basse à la façade blanchie à la chaux. Les gens nous jetaient des regards méfiants, les jeunes paysannes rougissaient en nous croisant.

« Ils nous prennent pour des amoureux », remarquait Emilie

en riant. Elle me prenait le bras. « Et c'est vrai que nous le sommes. Mais pas comme ils le pensent, ces nigauds... Amoureuse moi d'un Barbare enfoncé dans son silence, dans ses taillis, dans ses fourrés de mathématiques (elle baissait la voix, perdait un instant son sourire), enfoncé dans l'ombre de sa reine mère. (Elle riait de nouveau.) Mais je le secouerai, je le secouerai (et elle tirait mon bras). Toi, amoureux d'une autre Barbare.

Elle poussait un caillou du bout du pied, feignait de s'absorber dans ce jeu. Le vent marin tombait sur nous par rafales sur la route blanche.

— Je suis bien contente, Henri, tu sais... Je n'ai jamais douté qu'Elisabeth et toi...

— Oh ! ce qui est passé est passé... Ce ne sera jamais plus comme avant, alors à quoi bon.

Emilie arrêtait sa marche.

— Tu vas bien aller la voir à Paris le mois prochain ?

— Je ne sais pas... Je crois qu'il vaudrait mieux que non...

Une colère — ou bien était-ce les bonds du vent qui fonçait sur nous ? — faisait trembler la voix d'Emilie.

— Comment peux-tu penser ainsi ? Tu l'aimes. Il n'y a que ça qui compte. Tu l'aimes, et elle ne t'a pas oublié.

— Sa lettre était... n'avait pas... C'était une lettre banale, sans accent, sans chaleur.

— Pauvre idiot, et son orgueil qu'en fais-tu ? Comment veux-tu qu'elle t'avoue qu'elle s'est trompée ? qu'elle est malheureuse sans toi ?...

— Elle reste des mois et des mois sans me faire le moindre signe, après quoi elle m'envoie une lettre comme on écrit à n'importe qui un jour de vacances où l'on ne sait que faire.

— A n'importe qui ? Et c'est à n'importe qui, ce n'est pas à toi qu'elle demande de venir, ce n'est pas toi qu'elle appelle ?

— Tu crois vraiment cela, tu crois que c'est un appel ?

— Ecoute, Henri, ou bien tu es devenu sensible comme... comme cette pierre... ou bien tu joues encore mieux la comédie qu'Elisabeth.

Nous reprenions notre marche.

— Henri, promets-moi que tu reverras Elisabeth, que tu vas aller à Paris.

Je promettais. Déjà, alors que nous revenions sur la côte, le soleil s'écrasait, énorme et rouge au faîte de l'océan. Je songeais aux flammes sur l'Espagne, au poète assassiné.

Vous aussi, plus tard, beaucoup plus tard, Esther, vous réciterez de votre voix trop frêle des vers du poète assassiné :

No te conoce tu recuerdo mudo
Porque te has muerto para siempre
Como todos los muertos de la tierra...

Comme tous les morts de la terre...

QUATRIÈME PARTIE

XXXIX

Jusqu'alors, je n'avais fait à Paris que de rares séjours avec mes parents. A présent, marcher seul sur les quais, dans les allées des Tuileries, sur les boulevards, me donnait une impression d'allégresse, de liberté. Mes pas, mon ombre, mon corps étaient changés. J'allais revoir Elisabeth.

Je ne lui avais annoncé mon arrivée que pour le lendemain. Je profitais de cette journée clandestine pour m'imprégner de ces rues, de ces mouvements, de ce fleuve, de cette lumière pâle et fine, de cette rumeur qui servaient maintenant, depuis des mois, de décor à la vie de mon amie ou plutôt qui faisaient partie de cette vie, qui avaient dû la modeler, la colorer, la transformer. Il me semblait que je ne retrouverais pas Elisabeth, que je ne la reconnaîtrais pas, si d'abord je ne parvenais pas à me familiariser avec la ville, à comprendre son rythme à la fois affairé et flâneur, ses alternances de majesté et de gentillesse, de luxe et de misère ; si je ne plongeais pas dans cette torpeur hallucinée du métro, si je ne participais pas à la bonhomie des bistrots, si je ne me mêlais pas aux curieux assis aux terrasses, si les regards des femmes qui passaient, rapides, vives, ne se posaient pas sur moi comme une parure invisible mais magique, si je ne traînais pas, harassé et ravi, dans les ruelles provinciales où, pensais-je, Elisabeth parfois devait venir chercher le souvenir, le calme de notre cité.

Je tournais longtemps autour du café, sur le quai Voltaire où elle m'avait fixé rendez-vous pour le lendemain. J'allais errer vers les Invalides dans la rue qu'elle habitait, je passais devant sa maison. (Comment pouvait-elle accepter de vivre dans cette ruche, elle qui avait aimé son vieil Observatoire ?) Je m'éloignai à regret. Comme demain était loin.

Emilie avait pu savoir qu'Elisabeth tenait un rôle dans *l'Ecole de la médisance*, qui ouvrait la saison. Je trouvai, dans un magazine, le théâtre où se jouait la pièce, mais cherchai en vain dans la liste des acteurs le nom de mon amie. Celui de Roland Marcel y figurait au contraire en bonne place. Ma sœur ne m'en avait pas parlé. Au vrai, je m'attendais bien à le trouver auprès de Betty, pourtant, après avoir lu ce nom, une envie panique me prenait de fuir, de retrouver ma ville, mes amis, d'oublier pour toujours ce monde où Betty s'était perdue. Il y avait un train vers 20 heures, je décidai de le prendre.

Au lieu de cela, à l'heure du dîner, grignotant un sandwich, je faisais les cent pas devant les grilles closes du théâtre. Sur les affiches, je découvrais en lettres hautes le nom qui me narguait ; de celui d'Elisabeth nulle trace. Tantôt je me disais qu'Emilie devait être mal renseignée, tantôt j'imaginais une querelle entre Betty et l'acteur ; elle avait rompu avec lui, elle m'attendait, plus rien ne nous séparerait. Plusieurs fois je m'éloignai du théâtre, mais toujours je revenais devant la grille, devant l'affiche.

J'entrai le premier dans la salle. Avec ses velours passés, ses ors, ses rocailles, son rideau rouge, elle me rappelait à s'y méprendre celle où nous avions donné la comédie dans notre ville. A mon étage, des jeunes arrivaient en bandes joyeuses. Je n'avais pas songé à acheter un programme, maintenant je le regrettais, ne sachant si même je pourrais reconnaître le maître d'Elisabeth. La pièce devait être bien jouée, du moins si j'en juge d'après le souvenir qui m'est resté d'une vivacité de mouvements qui animait la scène, et aussi des rires, des applaudissements. Je n'essayais même pas de suivre l'intrigue ; je guettais l'instant où l'ennemi apparaîtrait. Je m'enhardis assez pour demander à mon voisin, un gros garçon blond à la joie expansive, de me désigner

Roland Marcel lorsqu'il entrerait en scène. Malgré l'état de stupeur et de haine qui m'enlevait à moi-même, je voyais en bas, dans le rectangle des feux un vieux barbon s'inquiéter des malheurs que ne manquerait pas de lui attirer son mariage avec une jeune belle. Je songeais vaguement à Agnès et Arnolphe, j'entendais, je voyais à l'Observatoire Betty répéter le rôle d'Agnès. J'imaginais Arnolphe-Roland Marcel dans le rôle de ce gémissant et vieil époux britannique.

Tout à coup, le rectangle de lumière, en bas, au fond de la caverne rougeoyante, tournoya, et les balcons, les loges d'ombre, le lustre suspendu à quelques mètres de nous tournaient aussi. Non, rien ne bougeait, c'était en moi que tout vacillait autour de cette image mince, au fond de mes yeux, au fond de la scène, de cette figure étroite, de ce corps un peu ployé, de cette jeune fille pour tous insignifiante et pour moi : bouleversante, autour d'Elisabeth habillée en soubrette, avec perruque, crinoline, et qui se tenait immobile, silencieuse, après avoir dit un mot peut-être, derrière une marquise de carnaval qui jacassait. Ainsi, nul signe sur l'affiche parce que le rôle dépassait à peine la figuration. Sans doute étais-je le seul dans la salle à voir cette silhouette esquissant une révérence ou portant un plateau, et pour moi, elle effaçait tous les autres acteurs, ils n'étaient plus que des objets mobiles sur la scène, parmi lesquels elle évoluait comme pour tracer les figures d'un ballet. Quand elle disparut dans les coulisses, je me renfonçai dans mon fauteuil. Je ne voyais plus que des personnages falots s'agiter vainement là-bas sous les projecteurs. Mon voisin, le gros jeune homme blond, d'un coup de coude me tira de ma torpeur : « Monsieur, vous demandiez qui était Roland Marcel, le voici. » Ce bonhomme avantageux sous ses dorures de marquis, sa perruque poudrée, son gilet chatoyant que gonflait la bedaine, cet « oncle » à héritage revenu inopinément des Indes pour confondre son hypocrite de neveu et justifier le frère de celui-ci, ce cabot à la voix sonore et flatteuse, c'était donc lui, lui qui avait entraîné dans ses filets ma légère, ma fragile, ma pure Elisabeth. Il avait endossé à ses yeux les prestiges éphémères des feux, des couleurs, des clameurs du théâtre, et la voilà condamnée à jouer les soubrettes dans son ombre, à guetter dans les coulisses, un sourire, un compliment ou un reproche de son grand homme. Lorsqu'il quitta la scène, je ne pus supporter l'idée qu'Elisabeth l'attendait, qu'elle allait vers lui, que sans doute, comme chaque soir, elle le louait de ses gestes, de ses intonations, de ses mimiques, cependant qu'elle le suivait dans sa loge. Indifférent aux protestations des spectateurs, je quittai mon fauteuil et m'enfuis.

Dehors, une pluie fine, qui s'était mise à tomber, alors qu'au début de la soirée, la nuit d'automne était belle et tiède, caressa mon visage. Les gouttes que je laissais d'abord humecter mon front, mes sourcils, mes paupières puis ruisseler sur ma face, m'empêchaient de savoir si je pleurais ou si ma tristesse ressemblait à ce glissement sans fin du ciel mouillé sur la ville, sur mon front, sur mes yeux, sur mes joues, sur mes lèvres.

Je suis resté longtemps dans la pluie menue, tantôt immobile, tantôt longeant la façade du théâtre. Puis, j'ai contourné l'immeuble, j'ai remarqué une étroite porte ancienne, où une inscription s'effaçait. Il m'a semblé y lire le mot : « Artistes. » J'ai pensé qu'Elisabeth sortirait par-là. Des voitures étaient rangées le long du trottoir. Je me suis placé derrière l'une d'elles. J'allais partir, du moins je me disais qu'il fallait, que j'allais partir, lorsqu'il s'est fait un grand brouhaha, comme si le théâtre se réveillait, éclatait. Je voyais la foule envahir la place où je m'étais tenu sous la pluie. Quelques groupes contournaient à leur tour le bâtiment, rejoignaient les voitures. Il me fallut remonter sur le trottoir. Une dizaine de garçons et de filles s'installèrent devant la porte. Ils riaient, parlaient de la pièce, critiquaient ou louaient les acteurs. J'attendis avec eux. Ils s'impatientaient, relevaient le col de leur manteau ou de leur ciré, battaient la semelle. Enfin, des comédiens, des comédiennes sont apparus sur le seuil, les filles leur tendaient le programme pour avoir une signature, les garçons essayaient d'inviter les jeunes actrices, mais ils s'en allèrent seuls, feignant de rire de leur échec. Je m'adossai au mur, dans l'ombre. Plus personne ne passait dans la rue. Elisabeth et Roland Marcel sont enfin sortis. Ils ont hésité un instant, levant la tête sous la pluie. Elle portait un trench-coat clair, serré à la taille, un chapeau rond aux bords étroits laissait bouffer ses cheveux. Lui, se drapait, me donnait l'impression de se draper dans son manteau jaune, jaunâtre, comme il l'eût fait dans une loge ou sur les planches. Les cheveux bleu calamistré, un foulard de soie blanche bouffant autour du cou accrochaient quelques reflets des réverbères. J'étais à quatre mètres du couple, plaqué contre le mur. S'ils allaient me voir ! Mais, ils regardaient l'asphalte mouillé, puis le ciel, de nouveau la rue, indécis. Ils me paraissaient las, un même fardeau semblait à la fois s'appesantir sur eux et les séparer, emprisonner chacun d'eux dans sa fatigue, dans l'ennui. Ils ont échangé quelques mots. Elle a relevé le col de son trench-coat. Lentement ils ont traversé la rue, sont entrés dans une brasserie où s'attardaient quelques spectateurs. A mon tour, j'ai traversé la rue, je me suis placé juste dans l'encoignure de la vitre, là où le rideau intérieur mal tiré laissait suffisamment d'espace pour que je pusse voir la salle. Ils s'étaient installés de part et d'autre d'une table sur laquelle un garçon était en train de placer une nappe en papier. Lui, avait enlevé son pardessus mastic. Elle, les coudes sur la table, n'avait quitté ni imperméable ni chapeau. Ici, défait de son pourpoint, de sa perruque, de son air avantageux, l'acteur me paraissait moins vieux que le personnage qu'il venait de jouer, moins vieux, mais aussi moins vivant. Ses longs cheveux (il devait les teindre, ils n'auraient pu être de ce noir trop soutenu, trop luisant) lui tombaient dans le cou ; une ride profonde creusait ses joues, encadrait la bouche. Parfois il jetait un regard sur les clients du café, juste à cet instant il se redressait, relevait la tête comme s'il plastronnait, comme s'il guettait quelque bravo, puis de nouveau, ses traits s'alourdissaient, son corps se tassait. Immobile en face de lui, Elisabeth remarquait-elle cela, ces bouffées de vanité qui une seconde ou deux le regonflait, puis cet effondrement ? Si elle le voyait, pouvait-elle faire autrement que d'en rire ? Oh ! j'espérais ce rire en elle, cruel, amer peut-être, mais salubre. Ou bien avait-elle pitié ? pitié et dégoût ? Mais non, elle ne voyait rien, elle-même accablée, morne. Ils mangeaient maintenant. Lui, goulûment, elle, grignotant plutôt, maigre, les épaules voûtées. Elisabeth que j'avais admirée, aimée, détestée, regrettée, voilà qu'elle m'inspirait pitié, et, en même temps, un sentiment de terrible allégresse me venait, d'avoir échappé, miraculeusement échappé à une catastrophe dont je n'avais pu soupçonner la menace et que ce couple, derrière la vitre, rendait flagrante. Ce couple sans âge, sans avenir, ce couple mort était l'image même, me semblait-il soudain, de ce qu'aurait été un jour notre vie à Elisabeth et à moi-même, si nous ne nous étions pas écartés l'un de l'autre. Elle était allée vers l'acteur parce que, secrètement, il lui ressemblait, parce que tous deux ne retrouvaient un peu de vie, un simulacre de vie, qu'en mimant sur la scène des destins imaginaires. Avec moi, Betty n'aurait même pas eu cette ressource, et loin de lui communiquer mon goût naïf pour la couleur et la saveur de chaque instant, je me serais laissé gagner par cette puissance du vide que je lisais en ce moment sur ces deux visages, face à face, épuisés, démasqués.

Je m'arrachai à cette contemplation et partis à la recherche d'un taxi. En moi le désespoir et la délivrance. Demain je m'enfuirais, je ne reverrais plus Elisabeth.

Les lacs, les îles de la Finlande, les nuages, le soleil qui ne se couche pas, qui feint de descendre à l'horizon mais la nuit ne viendra qu'à peine, la nuit arctique de juin si transparente comme une frange du jour. Quand je me penche sur la gauche pour mieux voir Helsinki dans le lointain, l'aile d'argent qui brille. Une radio en sourdine au fond de l'avion. Saari : île, seul mot finnois que je connaisse. Je l'ai deviné en regardant la carte, la Baltique toute semée d'îles, et tous leurs noms qui se terminent par ces syllabes : saari.

Une île encore et qui s'éloigne dans le froissement soyeux de la Caravelle, une île de ma vie, une île de la terre. Si je puis survoler ma vie comme en ce moment ces landes, ces lacs, ces clairières, ces forêts du Nord, cet entrelacs d'arbres, de rochers et d'eau, n'est-ce pas comme un archipel qu'elle m'apparaît : une poignée d'instants jetés dans la mer à la fois immense et dérisoire des jours et des nuits, ou plutôt d'un seul jour, d'une seule nuit qui n'en finissent pas — ici le jour violent de la Saint-Jean, la nuit de glace noire de la Saint-Sylvestre, l'un et l'autre sans fin — et pourtant, ce jour, cette nuit interminables tiennent entre deux battements de cils, entre deux battements de cœur.

Nous avons gagné l'altitude de croisière. Est-ce là-bas éparpillement de minuscules nuages, ou tout au fond un semis d'îlots sur la mer ? J'aime ces métamorphoses, ces pièges des voyages célestes : l'autre jour cette fusée blanche qui partait dans le bleu loin au-dessous de l'avion de Naples, et, soudain, ce que j'avais pris pour un autre appareil rayant le ciel du sillage de ses réacteurs, je voyais que c'était un navire et son cortège d'écume. Ce sont des fragments de terre qui émergent de la Baltique, on devine le relief avec le trait d'ombre mince qui cerne quelque plateau. Vu d'en haut, le globe prend cet air familier des vieilles cartes de l'école, jadis, avec le mouvement des collines ou des montagnes, et les taches forestières en vert, en brun, et le liseré bleu des côtes.

Un de ces jeunes écrivains dont parlaient les Finlandais sur la pelouse, dont ils doivent parler encore en ce moment même, et les oiseaux entrelaçaient leurs trilles aux paroles, décrirait à perte de vue, à perte d'haleine, à perte de mots ces découpures vertes et brunes dans l'infini d'air et d'eau passant du cobalt marin, à la verticale de la carlingue, au bleuté pâle du zénith, ceci, cet infini de fluide dans une courbe heureuse, le creux d'une demi-sphère, celle du monde qui glisse à ma gauche avec lenteur, avec majesté, encadré dans l'ovale du hublot. Il compterait les dés jetés à la mer, les onze figures échancrées, là s'avançant d'un doigt ou d'un bras, là rentrant leur flanc, telle une huître vivante qui se rétracte au contact d'un couteau. J'ai compté, je me suis efforcé de compter les onze saari déjà si loin derrière dans le temps et l'espace, dans l'infinie courbure bleue qui glisse et glisse à ma gauche ; et lui continuerait de les déchiffrer l'une après l'autre, brin par brin, trapèzes, triangles, carrés, arcs et rectangles s'ajoutant, s'emboîtant, se contrariant pour former cette géométrie inépuisable, les onze figures où vivent, travaillent, rêvent, aiment, haïssent, souffrent, meurent ou crèvent des hommes, si loin déjà derrière le sillage des réacteurs, et l'écrivain ne les voit plus mais continue de les décrire, de feindre qu'il les décrit, ligne par ligne, point par point, comme s'ils demeuraient présents pour toujours et pourtant disparaissaient mieux sous les mots, sous l'amoncellement des mots qu'ils ne le font dans le passé si proche et qui si vite grandit et qui si vite s'amenuise, ou qu'ils ne le feraient si la Baltique vague par vague, comme l'auteur mot à mot, patiemment, démentiellement les recouvrait. Moi qui lirais plus tard, qui survolerais ces milliers de mots, ces millions de lettres, peut-être apercevrais-je, parfois, l'éclat, le signe, la tache d'un être, peut-être soupçonnerais-je qu'une trace de vie humaine s'y hasarde, peut-être enfin je saurais qu'à ces onze figures insaisissables ma vie ressemble, ma vie qu'aucun angle, aucune géométrie ne dessine, oui, ressemble à leur archipel perdu, perdu sous les regards, sous les paroles, sous le silence et sous le temps, Esther Zarev, dans la demi-sphère bleue du monde qui glisse, glisse et glisse à ma gauche, au-delà de l'aile d'argent.

XXXX

Derrière la vitre du café, comme elle m'avait paru vieille, une vraie femme, fardée, usée. Maintenant, à cette terrasse sur les quais où je l'ai rejointe à la fin de la matinée, c'est Betty de nouveau, plus lasse sans doute, plus distante que naguère à l'Observatoire, mais quand même une fille dont l'enfance n'est pas encore si loin en arrière. Mon âge, un peu moins même. Si ses parents, si la reine mère avaient voulu, ils pouvaient la faire appréhender comme mineure. Ils ont dû avoir peur du scandale. Les yeux noirs et pourtant limpides, la voix chantante mais blessée comme le sourire. Le corps toujours un peu ployé mais, à présent, avec un soupçon de raideur, de cassure. Ma fougère, ma liane, mon mouvement de branches, de prairie sous le vent. Non, une étrangère presque, un instant une étrangère qui m'irrite, ou m'émeut, une autre Betty, la plus proche quand même, la plus tendre, la plus éclairante. Elle parle vite pour surmonter notre trouble ou notre déception : Caroline, les vacances, Guillaume, Emilie, la cousine folle, Hélène, François, et que devient le quincaillier ? Et les Russes ? Et Théodora ? N'ai-je pas un penchant pour cette extravagante ? (Le doigt pointé vers moi, la bouche rieuse : jalousie ? taquinerie ? mimique de comédienne pour donner le change ?) Qui lui a parlé ? Hélène ? Elle est heureuse de me voir, elle avait peur que je ne veuille plus. Depuis longtemps elle voulait m'écrire, elle n'osait pas, Caroline l'a décidée. Non, elle ne regrette rien. Si, de m'avoir fait de la peine. Mais c'est oublié n'est-ce pas, oublié, nous sommes amis ? Qu'ai-je à faire de son amitié ! Son amour pour ce guignol, ce fat ; son amitié pour moi ! Vais-je lui dire que je les ai vus hier soir, et jugés et jaugés ? Elle mériterait... Cette blessure dans le sourire. Lui faire avouer qu'elle s'est trompée, qu'elle est vaincue. De quel droit ? « Voyez Henri, malgré tout, ici, quand je m'ennuie, je viens sur les quais, je regarde la Seine, je regarde ses reflets, son ciel, ses péniches, ses ponts, son mouvement gracieux, royal, et je suis (elle a eu comme un recul puis a repris très vite, baissant la voix et déjà enchaînant sur une autre phrase comme pour effacer l'aveu), je suis sauvée. Vous savez Henri, tu sais, tu aimerais Paris toi aussi. »

S'éloignant, s'approchant, parlant de l'Espagne, du théâtre, de notre ville, de sa sœur Mathilde toujours aussi sage, aussi souveraine, une vraie Minerve, de moi. « Vous ne changez pas, toi aussi tu es toujours le même, Henri, ton air calme, comme si tu m'écoutais et en même temps, tu rêves. »

C'était vrai, je l'écoutais, et je rêvais. J'écoutais sa voix qui lui ressemblait, souple comme elle, ployée et redressée, tige qui se courbe dans les graves, qui se relève dans une note d'étonnement ou de gaieté, et ses paroles vives, au-dessus de la mélancolie, de la fatigue, de l'abandon. « Oui, bien sûr, j'aimerais Paris, je l'aimerais avec elle, mais comment faire ? Pour le moment les études à terminer là-bas. Betty pourquoi ne pas revenir avec nous. Votre famille, vos parents, je sais, ne demandent que cela. Alors ? — Plutôt crever ! » (Elle disait « crever » et sa bouche avait eu un pli vulgaire, Roland Marcel devait dire cela et de cette manière.) L'envie de la gifler, le silence entre nous, hostile, impossible à chasser.

Nous sommes descendus sur le quai. Nous marchions côte à côte, nous écartant l'un de l'autre si par mégarde nos corps venaient à se frôler. L'étrange impression, d'être non plus moi-même mais l'acteur, avançant à côté d'elle, tous deux sans but, accablés du même ennui. Cependant au bout d'un temps, d'une marche sans fin, alors que nous nous asseyions sur le parapet : « Tu te souviens, Henri, nos promenades sur les collines, nos rendez-vous dans les églises. » Sa tête s'est ployée, s'est posée sur mon épaule, mon bras est passé derrière elle, l'a enlacée. La fatigue, devenue bienheureuse, effaçait tout mouvement d'humeur, de colère, de doute.

Plus tard, dans la chambre qu'Elisabeth occupe au dernier étage près des Invalides : la fenêtre sur les toits et les cours, le lavabo-cuisine, des photos épinglées au-dessus du divan : Marlène, Greta Garbo, Clark Gable, des jeunes que je ne connais pas, ah ! si, Michèle Morgan. Hier soir, Betty ne s'était-elle pas habillée comme elle, ce trench-coat, ce chapeau de pluie, ces cheveux bouffants ? Sur la table, près de quelques fleurs, encadré, le portrait de Roland Marcel, le cheveu noir, la lèvre ironique, toutes rides gommées. Betty parle enfin d'elle, de son travail : elle tient un bout de rôle dans une pièce, non, elle préfère ne pas me dire où, elle préfère que je n'aille pas la voir, je serais déçu, c'est un rôle de rien du tout. Pas un mot sur Roland Marcel. Gênée lorsqu'elle surprend mon regard malgré moi accroché par le portrait. Elle fera mine de ranger les romans, les cahiers, un peu de vaisselle laissés sur la table et s'arrangera pour dissimuler le cadre derrière une pile de livres. Nous avons écouté des disques. Entre chaque chanson de *l'Opéra de quat' sous*, je tournais la manivelle pour remonter le ressort du phono. « Je t'imagine en joueur d'orgue de Barbarie. » J'étais heureux de la voir rire, de la voir rajeunir auprès de moi. « Si nous nous faisions tous les deux musiciens ambulants. Tu ne veux pas Betty ? La jeune Barbare, son orgue du même pays et son captif. »

Elle feignait l'indignation.

— Pourquoi « son captif » ! Tu es libre, je te veux libre, Henri... La liberté...

Elle n'achevait pas sa phrase, ce mot de liberté lui rappelait-il quelque défaite ? De nouveau, la tristesse affaiblit sa voix, cependant que nous sommes allongés sur le divan.

Quand j'ai voulu me rapprocher d'elle, elle s'est éloignée. Je n'ai plus osé bouger. Alors elle est revenue près, tout près de moi. Son visage blotti contre mon cou, elle a murmuré quelque chose. Je n'ai pas compris, l'ai prié de répéter : « Tu sais toi Henri, l'amour ce que c'est ? » Je n'ai pas répondu. Elle a repris : « Je ne sais pas. Je ne sais plus ce que cela signifie, si même cela a un sens. » Redressée à demi sur un coude, elle me regarde. « Je t'ai fait de la peine ? » De la tête je nie. « Je ne veux pas que tu aies de la peine. » Elle s'allonge de nouveau, la joue contre ma joue. « Je suis bien avec toi, Henri, ça je le sais. » La douceur de sa peau, de sa chaleur, de son souffle, de son silence. La douceur de ses lèvres immobiles telles les ailes imperceptiblement tremblantes d'un oiseau prêt à fuir, puis l'ardeur, la violence de nos baisers comme pour effacer ce qui hier nous séparait, ce qui demain nous séparerait de nouveau, ce qui sans doute en ce moment même creusait un abîme entre nous, en dessous de notre étreinte. Elle n'a pas résisté lorsque j'ai commencé à dégrafer son corsage. J'ai posé mon front, mes yeux, le battement de mes paupières, ma bouche, ma joue sur les seins arrondis, plus clairs que le visage, double offrande d'innocence ; aucune caresse n'avait pu, ne pourrait jamais les souiller. La timide enfance, aussi bien que la jeunesse impétueuse et tendre, je les sentais frémir dans leur attente. Betty est venue au secours de mes gestes gauches pour la dévêtir. La découverte de son corps au torse gracile — les hanches n'en semblaient que plus voluptueuses —, aux longues jambes encore brunies du soleil des vacances, m'affolait. A mon tour, je quittai mes vêtements. Nu, je restais allongé contre elle, perdu dans le baiser qui nous joignait. Quand je l'ai prise, ce fut avec la lenteur de la vénération et du désespoir. Ce plaisir dont elle me comblait était à goût de larmes, et pourtant plus profond encore peut-être, plus vif de l'amertume à laquelle il demeurait lié. Je ne la faisais mienne enfin qu'après l'avoir perdue. Cette inconnue, cette terre, cette sylve, cette vague où je m'enfonçais, où j'oubliais mes tourments, mon nom, ma vie, où je n'étais plus qu'élan de désir, de passion, d'éternité originelle, elle m'était promise depuis le premier jour où j'étais venu dans la maison des Barbares, elle m'était promise pendant les semaines, pendant les mois qu'avait duré notre amour là-bas, et je n'avais pas su empêcher que la promesse ne me fût dérobée ; pour un autre, par un autre, s'était accomplie la femme qui m'avait été en vain promise. A goût de larmes et de vertige, à goût de mort, la joie qu'échangeaient nos corps.

Après l'amour, Betty s'étonna de cette tristesse dans mon regard. Je lui assurai qu'elle se trompait. Elle gémissait : « Tu vois nous n'aurions pas dû nous revoir, puisque ça te rend malheureux. Ou alors, rester amis, seulement amis. » Elle eut un mouvement d'effroi, se rejeta en arrière, vers le mur, au bord du divan, le plus loin possible de moi. « Je ne fais que du mal aux autres et à moi-même. Je devrais vivre seule, seule, travailler aux répétitions, le soir jouer et ne voir personne. »

Le jour était tombé, à peine un reflet rougeâtre s'accrochait encore au sommet de la vitre. Betty se tenait lovée dans l'encoignure du divan et du mur, pareille à quelque animal fabuleux, menacé ; de sa nudité semblait rayonner une pâle lumière dans la pénombre qui envahissait la pièce. Des mains, elle a tenté de me repousser lorsque je suis revenu vers elle. Cette résistance m'irritait, m'enlevait ce regret résigné qui était réapparu sous nos lentes, avides caresses. Je tordais les bras rebelles, j'avais envie de frapper, de mordre, je mordais les épaules, le cou, les lèvres. Ma colère éveilla la colère de la jeune fille. Nous nous sommes aimés de nouveau avec une espèce de haine. Quand je suis retombé sur elle, à bout de souffle, un rire spasmodique m'a secoué, et Betty a ri de cette apparente gaieté : ce masque que les nerfs venaient de nous imposer, voilà qu'il nous façonnait ; délivrés de notre affrontement, de notre violence du désir, nous connaissions véritablement cette gaieté légère, celle qui nous venait autrefois, le soir, à l'Observatoire, lorsque la répétition achevée, nous allions dans le parc, souriant et riant d'un reflet de la lune, d'un souffle de la nuit, d'une ombre, de tout et de rien.

Elisabeth passa une robe de chambre jaune à larges fleurs violettes qu'une cordelière de soie serrait à la taille. Elle allait à poseurs, d'être eux-mêmes des vedettes et de nous faire admirer — à nous minables spectateurs — le cinéma permanent de leur vie.

Elle m'avoua quelques jours plus tard avoir été excédée par « la muflerie du jeune Barbare blond ». « Il désherbait les allées. Je le regardais de la fenêtre. Il s'est arrêté, a levé la tête. Je ne sais pas pourquoi, je n'ai pu m'empêcher de sourire. Il ne bougeait pas, il me fixait de ses yeux froids. Je sentais mon sourire qui peu à peu se figeait, tordait malgré moi ma bouche, une minute encore et j'allais fondre en larmes comme une buse. Il a pivoté sur ses talons, m'a tourné le dos, il a recommencé son jardinage ! »

De ce jour-là je ne parlai plus de nos voisins à Emilie. J'invitai François à garder aussi le silence sur eux. Longtemps il ne fut plus question entre nous de l'Observatoire. Lorsque, là-bas, *leurs* voix retentissaient dans le jardin, ou que s'élevait un air de jazz, l'un de nous s'empressait de fermer la fenêtre malgré les protestations étonnées des parents, et quand, à notre tour, nous nous mettions à fredonner *Some of these days*, nous nous arrêtions net et enchaînions sur un autre refrain.

Aucun de nous cependant n'était dupe. Sous ce silence forcé, les Barbares résistaient ; nous n'arriverions pas à les déloger si aisément de notre pensée.

> *Tu l'as su, toi, Esther Zarev, plus que personne d'autre sans doute, combien nous demeurerions captifs de ces « étrangers ».*

V

— Vous ne devinerez jamais d'où je viens !

François jubilait ; ses yeux gris brillaient, un sourire ouvrait ses lèvres minces.

Il rejeta la tête un peu en arrière, nous toisa : « Vous n'allez pas me croire. »

Il ouvrit la bouche, resta ainsi deux ou trois secondes avant de prononcer une parole, comme étonné lui-même de ce qu'il allait dire.

— De chez les Barbares !

Il lâcha ces mots à toute volée.

Je voyais le visage d'Emilie se colorer d'une onde rose, un frémissement me semblait naître aux coins des lèvres. Je croyais entendre toutes les questions qu'elle taisait mais que lançaient ses yeux dont les paupières battaient : « Comment as-tu pu ? Par quelle chance ? Qui t'a fait signe ? Et la maison ? Est-ce riche, est-ce beau ? Le garçon t'a-t-il parlé ? »

Cependant elle restait comme moi silencieuse. François en était tout décontenancé. Il se mit à répondre de façon embarrassée à ces questions que nous ne lui posions pas.

... Ça s'était fait par hasard... Qu'est-ce qu'il y a comme livres dans l'Observatoire, une salle pleine, des milliers, et aussi une salle de billard ! Une fille épatante, une « collègue », étudiante comme lui de deuxième année, vraiment une fille bien, très bien. Il y avait plusieurs filles là-bas, bien, très bien aussi, trois filles. Elle, c'était une amie. Ce serait quelqu'un... Ils s'appelaient Garou comme les Garou d'autrefois ; ils étaient cousins. Elle, l'étudiante en médecine, c'était Hélène Farge ; elle était très liée avec eux depuis l'enfance, elle est surtout l'amie de Betty. Betty c'est Elisabeth, une Barbare, la seconde des trois filles Garou. Il y a des pièces avec de beaux meubles, et ailleurs c'était la poussière, certaines avec des papiers neufs sur les murs, d'autres en désordre ou à l'abandon... Vraiment une fille calée, Hélène Farge ; ils avaient fait le chemin ensemble en sortant de l'amphi... Arrivés devant l'Observatoire elle s'est étonnée de voir qu'il était voisin... « Venez donc, les Garou sont toujours ravis de connaître des étudiants. » Pour une occasion, c'était une occasion, non ? Il avait suivi sa camarade... Et la mère, quelle femme, quelle branche ! Des cheveux gris, mais formidable, jeune, jeune ! Elle aurait aimé être médecin, seulement de son temps ça ne se faisait pas. Elle l'avait interrogé sur ses études, sur ses projets. Les filles aussi étaient comme ça ; le garçon, il ne savait pas, il n'était pas du genre parlant. Ils avaient pris le goûter dans la bibliothèque. Ils boivent du sirop d'orgeat...

— Du sirop d'orgeat !

Roland Marcel que je vois mais moi à sa place, je marche à côté d'Elisabeth, je suis cet homme las, morne, ce survivant. Alors je dis très vite :

— Oui, demain, je pars.

Les mains s'agrippent à mes bras, me tirent. Je me penche vers elle.

— Si tu veux, cette nuit, tu peux rester... Reste.

Nous nous sommes couchés. Nous sommes restés dans le noir, côte à côte comme deux gisants, les doigts de sa main droite aux doigts de ma main gauche enlacés. Nous étions redevenus comme avant, comme au temps où, sur les collines qui cernent notre ville, après avoir couru, main dans la main, à travers les landes, les prés ou les bois, sans nous lâcher nous tombions sur l'herbe, à bout de souffle, et nous restions ainsi étendus, face au ciel. Nous appelions cela ensuite, en nous moquant, faire la planche sur la terre. Le monde nous portait avec une tendre, immense puissance, et, sans bouger, sans penser, nous demeurions comblés par notre seule présence et l'accord de notre amour avec la lumière, le vent qui glissaient sur nous. Oui, comme avant, presque comme avant, mais c'était une femme et non plus une enfant près de moi, mais nous avions cherché la terre et le vent et le feu au fond de nos deux corps mêlés, mais nous étions dans la nuit et non plus dans le jour, c'était elle la nuit qui nous portait, maternelle, trompeuse ; tant qu'elle durerait nous pourrions croire à cette paix entre nous, en nous-mêmes, à cette apparence d'un bonheur passé. Reviendraient avec l'aube, le désir, mais aussi le regret, et peut-être dans l'amour, la haine. De nouveau, sur chacun de nous, se refermerait la solitude.

Paroles de B...

« Il ne faut pas m'en vouloir, Henri. Tu comprends, le théâtre, ce qui m'attire dans le théâtre, c'est, comment te dire, c'est la possibilité d'avoir dix, vingt, cent vies, toutes les vies sauf la mienne que je n'aime pas. »

XXXXI

Chaque fois que j'en trouvais l'occasion, j'allais à Paris ; mais, entre chacun de ces voyages, pendant des semaines, parfois des mois, je ressassais des souvenirs, je recherchais en moi les images d'Elisabeth : une image, mille images : tantôt comme une couleur, comme une lumière éparse sur des visions de rues, de jardins, de terrasses, de couloirs de métro, la couleur, la lumière de son regard sur Paris, tantôt des fragments obsédants de son corps, de ses lents mouvements sur le lit comme ceux d'une nageuse qui flâne sur la mer, tantôt une forme, une teinte d'un chapeau, d'une jupe qui dansent au fond de mes yeux clos ; et derrière eux se reforme, merveilleuse, la présence, douloureuse, l'absence de mon amie.

Le souvenir de sa voix, de sa voix traversant, eût-on dit, des zones d'ombre, elle d'habitude si claire et juste, pour me confier : « Non, Henri, ne me demande pas cela. Tu sais bien que je le quitterai un jour, et je le sais aussi, mais ne me le demande pas. Il est au seuil de la vieillesse, là où la vieillesse s'approche d'un homme. Il ne parle jamais de son âge, mais peut-être a-t-il trente ans de plus que moi. Alors nous n'avons qu'une... qu'une saison à vivre ensemble. Ce n'est pas à toi que je dérobe quelque chose en l'aimant, c'est lui au contraire que je blesse en t'écoutant, en acceptant de te voir, de t'aimer. »

Des souvenirs de théâtre aussi. Elle se prive de manger pour payer sa place si elle n'a pu profiter d'une invitation. Lorsque je suis à Paris, au lieu de rester seule avec moi comme je le voudrais, elle me traîne au spectacle. Je la sens aux aguets, à l'affût, les yeux fixés sur ces frères qui s'agitent, qui parlent sur la scène et que je n'écoute pas, que je déteste, car ils la ravissent, ils me la prennent, elle n'est plus avec moi, elle est à côté d'eux, elle est eux-mêmes, elle est cette amoureuse, cette esclave, cette sauvageonne, cette reine, cette putain, cette sainte, là-bas, dans l'éclat des projecteurs, mais elle n'est plus Betty, elle n'est plus avec moi, tout aussi absente, plus absente d'être à mes côtés, sous mon regard, que lorsque la distance nous sépare. Puis, à son tour, elle s'aperçoit de mon humeur, s'en irrite, me reproche de détester ce qui lui plaît, ce qui est sa vie, de vouloir l'arracher à ce qu'elle aime. Nous quittons le théâtre, ennemis, nous devons ressembler, et cette idée m'accable encore davantage, à ce couple usé, prisonnier de lui-même, pitoyable, qu'elle formait avec l'autre lorsqu'au sortir de leur travail je les avais surpris. Notre étreinte ensuite, son plaisir à goût de tristesse ne font que nous désunir. Le retour dans ma ville est celui d'une défaite. Cette fois, le désastre est consommé.

Cependant, qu'une lettre de Betty me parvienne et retrouve le ton doux-amer de nos dialogues où l'amour et la guerre, l'espoir et le désespoir échangent leurs armes, et je reviens, jusqu'au prochain voyage, à ma fumée de souvenirs.

— Votre frère, il est tourneboulé, on lui parle, il ne répond pas. S'il pleut, il se balade le nez au vent, comme s'il se croyait au soleil. Au contraire, fait-il chaud pour le mois, il se couvre comme en plein hiver.

Emilie riait des propos du quincaillier. Je voyais qu'il était heureux de ce rire, un instant. Il devenait pourtant de plus en plus sombre, ou, s'il plaisantait, grimaçait, c'était, nous le voyions bien, tant que l'alcool le poussait. Je l'apercevais parfois derrière la vitre de quelque bar, Théo installée auprès de lui. Si l'on faisait allusion à sa tristesse, le quincaillier s'emportait. « Pouvait-on ne pas être dans le noir, dans la merde, quand Madrid assiégée avait froid, avait faim, mais elle tenait, elle tiendrait, ils ne passeraient pas ! »

Vers la fin d'octobre, Hélène était partie à Paris prendre son poste d'externe des hôpitaux. Elle quittait notre ville avec soulagement. La fin de l'été et le début de l'automne (nous confia François, tout désemparé par l'absence de l'étudiante) avaient été pénibles pour elle qui ne se consolait pas du départ de la jeune folle. Les cousins des Barbares avaient emporté de nouveau leur fille au fond de la campagne. Hélène affirmait à François que si Emilie était restée quelques semaines de plus auprès de la malade, celle-ci aurait connu sinon la guérison, du moins une éclaircie, un répit dans son martyr. C'était seulement à moi que mon frère rapportait ces propos. Nous ne voulions pas avec eux tourmenter Emilie. Depuis notre retour, elle nous paraissait fébrile, riant trop fort et trop vite, à tout propos, puis aussi bien s'enfonçant dans le mutisme.

Elle le voyait bien, me dit-elle un jour, Guillaume ne l'aimait plus, il se détachait d'elle, la reine mère l'influençait, devait se moquer « de cet amour de collégiens ». Elle l'avait entendue se gausser ainsi à propos d'un camarade de Guillaume, de « ces amours de collégiens » qui risquaient de compromettre la carrière d'étudiants promis sans cela à un brillant avenir. « La vieille taupe, elle creuse, j'en suis sûre, elle sape, elle mine patiemment, implacablement, notre amour. Elle a dû décider que son Guillaume épouserait qui elle voudrait, quand elle voudrait, quelque riche héritière, de surcroît fille d'un prof de Fac, d'un recteur, ou d'un industriel ; comme ça, son Guillaume deviendra plus vite à son tour prof de physique à la Fac, ou directeur des laboratoires du beau-père... Et moi... Fû (elle faisait d'un doigt une chiquenaude sur sa paume ouverte). A dégager, la collégienne... Comme si un Barbare allait s'embarrasser d'une fille qui ne lui apporterait ni dot ni avantages de carrière. »

— Mais il t'a parlé ? Que dit-il ?

— Guillaume est un taciturne. Oh ! il reste gentil... En apparence... rien n'est changé. Mais, moi, je sens, je sais qu'à l'intérieur il s'éloigne. Autrefois, avant l'été, il suffisait que je le regarde : ses yeux devenaient plus brillants, ou plus sombres, ses lèvres s'entrouvraient comme pour respirer plus fort, ou pour prononcer un appel. Finalement il ne disait rien, mais c'était comme s'il m'avait crié son amour, sa joie, son trouble, comme si sa joie était si immense qu'il ne pouvait pas l'exprimer, que rien d'autre ne pouvait l'exprimer que ce silence, que cette façon de se maîtriser !

Je me sentais devant elle inutile, maladroit, malheureux de sa peine.

— Tiens, autrefois, lorsque Guillaume achetait un nouveau disque, vite il fallait que je l'écoute. Il guettait mon plus léger signe d'approbation ou au contraire d'indifférence. Cette plainte du saxo, cet éclat de la trompette, c'était encore sa manière de me parler, de me dire qu'il rêvait à moi, que je lui manquais, qu'il était triste de ne pas me voir, ou bien que je lui plaisais, que j'étais belle, que je serais sa femme ! Maintenant...

La vie, notre vie ne ressemblait-elle pas à cette danse où l'on voit cavaliers et cavalières brusquement se séparer et chercher affolés à reformer un autre couple ? Aux premiers jours, alors que se préparaient — le savions-nous ? — les jeux, un instant nous avions pu croire qu'une harmonie s'annonçait sous les regards qui s'appelaient, se mesuraient ou se défiaient, et qu'elle ferait de notre jeunesse une fête où les cœurs secrètement s'accorderaient : Elisabeth comme un feuillage s'inclinerait vers moi, ses sœurs Mathilde et Caroline combleraient l'attente du quincaillier ou de Grimari, Guillaume répondrait à Emilie comme Hélène à François !

Seuls Hélène et mon frère demeuraient calmes, forts, unis au centre de l'amour, au centre de la danse qui nous emportait, désemparés, séparés, ombres courant après des ombres.

Paroles d'Hélène :

« Betty ne s'est pas reconnu le droit de vous entraîner dans cette aventure. Pour elle, le théâtre c'est une religion, elle peut accepter la pauvreté, la faim, l'échec même pour répondre à cet appel. Mais vous, elle a pensé qu'elle n'avait pas le droit. C'était encore plus sûrement, enfin, oui, tuer votre, risquer de tuer votre amour. Vous en auriez voulu à Elisabeth de vous avoir fait gâcher votre vie. Vous vous imaginez, sans emploi, traînant dans les coulisses ?... Ou bien elle réussira et vous vous retrouverez libres, égaux, et rien ne vous empêchera de vous aimer alors, sans que ni l'un ni l'autre n'ait besoin de se sacrifier, ou bien, vite, elle vous reviendra guérie, je veux dire : convaincue que sa passion pour le théâtre, ce n'était qu'un caprice. »

XXXXII

Elisabeth trouva dans son immeuble une chambre pour Hélène. Maintenant, quand je pouvais passer à Paris quelques jours, je sortais avec les deux amies. Elles me demandaient des nouvelles de notre ville, et si l'automne portait encore, sur les collines environnantes, son pelage chamarré. Je mesurais à ces questions la nostalgie qu'elles gardaient des couleurs, des saveurs, de l'air à la fois sylvestre et marin quand souffle le vent d'ouest, de notre pays. Mais peut-être était-ce notre rencontre qui tendait à recréer ainsi, loin de l'Observatoire, dans notre souvenir, comme la trace terrestre de ces journées de notre jeunesse où une même lumière semblait venir des feuilles du parc, des nuages, et de nos regards, où nos voix, tantôt enthousiastes, tantôt marquées d'une lenteur paysanne, nous paraissaient tenter de dire la même chose, le même secret tendre, un peu douloureux qu'énonçaient aussi bien le silence de la nuit que les bruissements des branches.

Betty, Hélène demeuraient songeuses comme si elles essayaient de voir en elles-mêmes ce paysage familier qu'elles recherchaient dans mes réponses. Puis Elisabeth la première se redressait, à la façon qu'ont parfois dans nos châtaigneraies les fougères pour se relever après le passage du promeneur, et elles font à sa marche un bref et vif sillage. Hélène nous contemplait, de ce regard qui paraissait lentement éclore dans ses yeux comme s'il lui fallait traverser des distances, des ombres épaisses avant de remonter d'abord jusqu'à la surface des prunelles puis enfin de là s'élancer et nous atteindre. Elisabeth proposait le restaurant ou le café, ou le théâtre, ou le cinéma où nous pourrions nous rendre, puis elle laissait toujours le soin à Hélène de choisir. J'avais du mal à surmonter cette sorte de panique qui me prenait dès que j'entrais dans un théâtre, cependant la présence d'Hélène m'aidait à me ressaisir, et, peu à peu, je parvins à partager l'émotion, ou la joie que ressentaient les jeunes filles. Betty « faisait » maintenant un peu de radio. Il m'arrivait de l'accompagner au studio. Je n'appréciais guère ces marques d'affection démonstratives, ces baisers, ces tutoiements que les acteurs, jeunes ou vieux, prodiguaient à mon amie. Après l'enregistrement, elle me reprochait mes airs de « croquemitaine ». Je garderais donc toujours les préjugés de la province !

Hélène me conseillait : je devais m'intéresser au travail d'Elisabeth, au lieu de cela, je paraissais réprouver, mépriser, condamner ses camarades de théâtre. Je donnais raison à l'étudiante :

n'aurais-je pas dû quitter ma maison, mes études, et me faire moi aussi baladin auprès de Betty ?

— Je vous l'ai déjà dit : vous n'êtes pas fait pour ce genre de vie.

— Quel genre de vie ?

— Le théâtre, le voyage de salle en salle, les chamailleries des acteurs.

— Et Betty ?

— Betty non plus... Donnez-moi une cigarette.

Depuis qu'elle est à Paris Hélène fume. Elle tire de courtes bouffées de fumée, cligne les yeux. Elle ne sait pas fumer.

— Betty ce qu'elle aime, ce qu'elle aimerait... Sait-on jamais ce qu'on aime.

— Vous, Hélène, si, vous aimez votre... Vous aimez François et vous aimez votre métier.

Les yeux soleil et ombre d'Hélène, les yeux un peu las, les yeux d'orient avec leur chaude somnolence, et la fumée monte, tremble devant eux comme devant le visage trouble, un peu trouble, d'un jeune sphinx.

— Bien sûr, votre frère, mes études, l'espoir de faire des choses, de trouver des choses, de guérir, de délivrer...

Elle fronçait les sourcils, la lueur blanche, étroite, du front s'éteignait à demi sous la frange des cheveux.

— Savez-vous que j'aimais presque autant, que j'aurais pu moi aussi me vouer au théâtre... Mais trop difficile, déjà la médecine vous avez vu, avec ma mère, quel drame... Et vraiment, moi j'aurais aimé cette vie, de tournée en tournée, cette vie de forains, médiocre, exaltante. Quand j'étais gosse, je rêvais d'une roulotte, aller de village en village, de pays en pays, tant pis pour la pauvreté le jour, si le soir, voilà, on est reine, on aime, on tue, on est tuée au nom de ces gens dans la salle qui vivent par vous, qui meurent par vous, qui vous appartiennent, à qui vous appartenez...

— Et Betty ?

— Betty serait d'accord pour cette partie du programme, mais la mansarde, les voyages en dernière classe, le voisinage des cabots, leurs cancans, leur petitesse une fois quittés les masques, les oripeaux de la scène, non, elle ne le supportera pas. Il vous suffit de patienter, Henri, c'est vous qui gagnerez.

Il me sembla percevoir dans sa voix un accent de regret.

— Cela vous ennuie qu'Elisabeth me revienne ?

Un sourire fait paraître plus mélancolique la sensualité de son regard, de sa bouche.

— Je souhaite le bonheur d'Elisabeth, et je souhaite votre bonheur, alors pourquoi cela m'attristerait-il ? Non... Mais cela est un peu triste, vous ne trouvez pas, de savoir que ce que nos amis appelaient, promettaient, ce qu'ils voulaient, ce qu'ils voulaient faire... Hélas ! de savoir qu'ils n'y parviendront pas, de le savoir avant eux.

Elle eut une expression de colère contenue.

— Et peut-être quelqu'un... Vous-même, ou Betty ? Non ? Quelqu'un dit la même chose à mon propos, sait la même chose sur moi... sait que je n'arriverai peut-être pas, que je ne peux pas, peut-être, arriver là où je sens pourtant que je dois aller.

Je lui pris les mains pour l'apaiser, pour lui faire comprendre qu'elle avait ma confiance, qu'elle n'était pas abandonnée sur ce chemin où parfois le doute, le vertige l'assaillaient. Mais, dès que je sentis sous ma paume la chaleur de ses mains, j'eus envie de les lâcher, de m'enfuir, comme si je commettais une faute.

Une lettre d'Elisabeth et je recommençais à espérer, cherchais l'occasion qui me permettrait de repartir à Paris, ne serait-ce que pour deux ou trois jours. Cette fois, l'humeur de Betty aurait peut-être changé, je feindrais de prendre plaisir à l'accompagner au théâtre, nous irions écouter dans un restaurant hongrois la musique, les chants tziganes qu'elle aimait ; avec des camarades d'études d'Hélène, après un déjeuner à la Cité universitaire, nous jouerions les prophètes dans les allées du parc Montsouris, je me montrerais aimable, indulgent envers les nouveaux amis des deux jeunes filles, couples d'étudiants, acteurs affamés, filles ou garçons d'Europe centrale, juifs pour la plupart, communistes souvent ; je les écouterais, un sourire d'excuse à mes lèvres, stigmatiser Paris, la France, les Français, et notre ignoble-

petite-vie-radicalo-socialiste-bourgeoise. (Théodora pour lancer de telles malédictions avait une autre allure, un autre charme, un autre humour, une autre grâce. D'ailleurs, ce groupe autour d'Elisabeth et d'Hélène me semblait être la caricature de ce clan chaleureux que nous avions formé avec les Barbares.) Je me montrerais poli, je jouerais le jeu. Je ferais tout cela et plus encore pour qu'Elisabeth, à la dérobée, dans l'après-midi, ou si la chance me souriait, la nuit, après le spectacle, me gardât près d'elle, me permît d'oublier dans nos caresses, dans la fureur ou la langueur de nos corps, cette blessure, toujours prête à se rouvrir, qu'était devenu notre amour.

Du moins, tant que duraient le plaisir et l'émerveillement de voir Elisabeth, de toucher, d'éveiller, d'apaiser son corps (cet arbre jeune, étroit, à la claire et tendre écorce, abattu sur le lit), le monde, les astres, et demain disparaissaient.

Revenu dans ma ville, je me nourrissais du souvenir de ces heures brèves.

XXXXIII

Ses études permirent à François de rejoindre à son tour la capitale.

— Je me demande, disait Emilie, les cheveux sur les yeux, ce que vous avez tous, les garçons, on dirait que vous ne pouvez vivre que là-bas.

Elle se reprenait :

— Il est vrai que vous, que toi c'est Elisabeth qui t'attire là-bas, et François, Hélène.

Elle se regardait dans le miroir sur la cheminée de sa chambre.

— Peut-être faudrait-il que moi aussi je parte.

La colère étranglait sa voix.

— Mais oui, parfaitement, que je parte...

Elle jetait sur son reflet un coup d'œil haineux.

— Il faut croire que mes cheveux, que mes yeux, que mon visage, il faut croire que je ne suis pas assez belle.

Elle se retourna vers moi, fit voler ses cheveux, d'une main les écarta de son front, et soudain, elle dégrafa son corsage. Ses seins très blancs, jeunes bêtes tendres, heureuses, avec leur pulpe rose, parurent.

— Ne suis-je donc pas belle ?

Belle comme cette allégresse des fleurs sur la montagne après l'adieu de la neige, belle comme l'impudique, la bouleversante apparition d'une femme et de sa volupté sous la neige encore de l'enfance. Et moi voyant, admirant cette beauté et plein de honte devant elle.

Elle baissa le front, ses cheveux retombèrent, la cachèrent de nouveau ; elle referma son corsage.

— Je suis folle, je ne sais pas ce qui m'a pris... J'enrage, c'est cela, j'enrage. Je sens que Guillaume m'échappe. Alors, il me semble que je suis sotte ou laide pour ne pas mieux lui plaire... C'est sa mère, c'est la reine mère qui l'influence. Je me dis que si je partais, si je pouvais partir, il comprendrait qu'il tient à moi, que je lui suis indispensable, et il me rejoindrait. Au lieu de cela c'est lui, un jour ou l'autre, qui va s'enfuir, oh ! je le sens, comme... sa sœur a fait pour toi.

J'essayais de la rassurer. Elisabeth, c'était sa passion pour le théâtre qui l'avait égarée, mais lui, un futur ingénieur, il ne pouvait qu'être d'une gratitude infinie envers elle, elle était toute la beauté, toute la lumière qu'il pourrait jamais espérer.

En prononçant ces mots, je sentais leur étrangeté, je me demandais comment je pouvais les penser et les dire, mais l'attitude d'Emilie, son audace, sa brutalité pour se dévoiler, pour me prendre à témoin de sa grâce, je n'échappais pas encore à l'émotion dont elles m'avaient envahi.

— Ton Guillaume devrait être fou de toi, de ce que tu es, de la vie en toi.

Je revoyais le double surgissement, le double gonflement de blancheur marquée de rose.

— Fou, il l'est peut-être, mais pas de moi... Fou comme ils le sont tous, je crains, dans cette famille, de leur cousine folle à...

Je devinais qu'elle avait pensé à Elisabeth. Comme si j'enchaînais ma réponse à sa phrase inachevée, je repris :

— Betty, tu vois bien, je l'ai retrouvée.

Ma sœur redressa la tête, je ne pus soutenir son regard à la fois impérieux et angoissé.

— Mais moi, je ne veux pas, tu entends, je ne veux pas perdre Guillaume. Si jamais il partait, si jamais je le perdais, plutôt mourir que de le retrouver, comme tu dis... Retrouver... Je ne retrouverais rien du tout, il serait un autre, je ne le reconnaîtrais plus, je ne voudrais plus de lui, même si lui, plus tard, me cherchait, me suppliait.

Elle dut lire sur mes traits la souffrance que, sans le vouloir, elle m'infligeait. Elle avança la main vers moi, je l'écartai...

— Que veux-tu, je dois être de la race de cette pauvre Marie. Sans doute est-ce pour cela qu'elle me reconnaissait, qu'elle croyait me reconnaître quand elle est venue vers moi le soir de la répétition, et qu'elle acceptait ma compagnie cet été, avant les vacances... Toi, Elisabeth, ce n'est pas la même chose, peut-être même, oui, peut-être les blessures que vous vous portez... Vous vous perdez pour mieux vous retrouver. Je crois que vous vous aimerez mieux, que vous vous aimez mieux maintenant, parce que chacun de vous doit mieux se connaître, et mieux connaître l'autre.

De nouveau elle tendit le bras.

— J'ai confiance pour toi, Henri... Tu... Tu as eu mal, mais c'est fini maintenant... Tu seras heureux un jour, avec Elisabeth... Pour moi, ce n'est pas possible, ce chemin... ce chemin traversé. Pour moi, comme pour Mariette sans doute, c'est tout ou rien.

Ses doigts se crispèrent sur mon épaule.

— Et je crois que je vais tout perdre.

Cette volonté dans les yeux bleu-mauve et cette panique, ce geste, cette impudeur, cette épouvante ! La folle sur la tour, la délaissée, et la cruauté, l'indifférence des Barbares pour nous qu'ils avaient captivés, capturés !

J'eus peu de sommeil cette nuit-là ; et coupé de cauchemars. Mais, le lendemain, Emilie paraissait calme, chantante, comme si rien ne s'était passé. Le quincaillier, Grimari, Serge, ses esclaves : « Couderc passez-moi un disque », et le quincaillier tourne le dos à Théo, se précipite, vide sa discothèque pour satisfaire le désir de l'infante. « Oh ! Grimari, avec vos cheveux bleu-noir, tenez, si j'accroche cette fleur rouge au-dessus de votre oreille, ne bougez pas, un vrai portrait ancien. » Et le jeune homme, immobile, retient son souffle, prêt à devenir le portrait dont parle la voix si jeune, si frêle. « C'est vous Serge le plus gentil. Vous du moins, on sait que vous êtes fidèle, sans arrière-pensée, menteur, comme tous les Russes, taisez-vous, ne protestez pas, vous n'allez pas me contrarier, menteur même dans votre silence, fidèle pourtant, pas encore homme, pas encore gâté par la vanité, par leur stupide vanité, leur prétendue indépendance ! » « Merci Couderc, merci pour ce blues, il vous ressemble, sombre, sombre ; ne faites donc pas cette tête, que vous ai-je fait ? »

Innocente Emilie, cruelle Emilie. Et je souriais, j'étais heureux de la voir subjuguer, égratigner mes amis. J'avais eu peur pour elle, mais non, ce n'était qu'un moment de peine, un caprice parmi ses autres caprices.

Théodora m'inquiétait davantage. On disait, on chuchotait qu'elle avait tout à fait rompu avec Masari. Le quincaillier et la jeune Russe devaient se consoler mutuellement de leur infortune amoureuse, ce que Nicolas Valenkov voyait d'un fort mauvais œil. Maigre Théo, grise, cendreuse, et pourtant la brûlure de son regard, et parfois le scandale de son rire aux dents claires, pointues, comme autrefois au temps de son règne insolent.

N'était-ce pas l'hiver, un dur hiver à passer ? Ainsi notre vie connaissait des saisons désertiques, et de nouveau le printemps, la promesse, la joie. Cet hiver, Madrid luttait dans le froid, dans le sang, dans la mort, mais demain le soleil, la victoire, peut-être, et nous tous de nouveau au faîte de notre jeunesse. Je m'enfermais ainsi, me protégeais dans la chaleur égoïste de mon amour. Un voyage à Paris, quelques heures auprès d'Elisabeth, et j'oubliais tout ce qui n'était pas la lente approche du temps où mon amie, de nouveau tout entière, et à jamais, m'appartiendrait.

Au retour de l'un de ces voyages, la nuit, je me trouvai seul dans le compartiment avec une femme encore jeune, blonde, aux beaux yeux bruns marqués de lassitude. Je ne sais quoi, à la fois de voluptueux et de flétri, attirait mon regard sur l'inconnue.

Belle, mais déjà des rides s'étoilaient au coin des yeux aux paupières lourdes, sous le menton la chair à peine fléchissait, quelque chose pesait sur la voyageuse solitaire, une fatigue mais aussi une volonté, un souci au-dessus, sans doute, de ses forces.

Je lisais une revue littéraire achetée au moment du départ ; à chaque instant mon regard quittait la page qu'il ne parvenait pas à déchiffrer et glissait vers ma voisine à présent pelotonnée dans le coin opposé, le visage tourné vers la vitre noire.

Je me reprochais et m'étonnais de ne pas songer plus fortement aux derniers instants passés avec Elisabeth, et de laisser mes pensées divaguer autour de cette inconnue emportée, comme moi, avec moi, à travers la nuit.

Pour quelques heures, on eût pu croire, quelqu'un qui nous eût observés du couloir aurait pu s'imaginer que cette femme et ce jeune homme, silencieux dans leur compartiment, partaient ensemble vers une ville où les attendait leur amour.

De son sac, la voyageuse a sorti un paquet de cigarettes, un briquet. Elle a surpris mon regard une fois de plus écarté de la revue. Elle m'a souri, m'a tendu les cigarettes. J'ai failli refuser, comme si ce geste banal et mon acceptation pouvaient renforcer cette étrange impression, que je réprouvais mais à laquelle je ne pouvais échapper, d'être arraché à ma vie, aux êtres qui peuplaient ma vie, et prêt à partir, en train de partir avec cette femme. Elle me demanda à quelle heure nous arriverions à la frontière. A ce mot je me sentis rougir. Je répondis que je l'ignorais, je n'osais ajouter que je descendrais du wagon vers minuit, que je revenais dans ma ville, simplement dans ma ville. Elle eut une sorte de moue comique, ou bien était-ce la fumée qui la faisait un peu grimacer.

— Vous ne savez pas ? Vous descendez avant, bien sûr.

Je sentais le mépris, la pitié aussi, et, me trompais-je ? la déception, qu'il y avait dans ce « bien sûr », et je remarquais encore la pointe d'accent qui prolongeait l'r final.

— Oui, je rentre chez moi.

Comment prononcer de si sottes paroles... J'avais envie de me lever, de changer de compartiment ; je ne pouvais plus supporter l'image stupide que je donnais de moi à cette étrangère, car je ne doutais plus qu'elle ne fût pas française. Mais les beaux yeux fatigués me parurent soudain indulgents, presque tendres, et c'est elle, dans un sourire, qui parla de mon accent. Elle jeta ensuite plusieurs noms de villes méridionales, s'étonnant qu'aucune d'elles ne fût ma ville.

— Pourtant j'aurais pensé, avec cet accent, cet écho, dans votre français, de la langue d'autrefois. Cousins, après tout, ne sommes nous pas cousins un peu, même si votre ville décidément est loin de la frontière, la frontière n'est quand même pas si loin dans votre voix qui chante.

Je ne sus pourquoi, mais à cette femme que je ne reverrais plus, l'envie me vint de raconter l'Observatoire, les Barbares, notre vie. Je parlai d'Hélène à Paris, du quincaillier, des séances de jazz. Une dernière prudence me gardait de nommer Elisabeth. Une tristesse s'était abattue sur le visage de l'étrangère, tirait ses traits, annonçait déjà un masque tragique sous la jeunesse menacée. Je n'avais pas remarqué combien sa voix pouvait être grave, et les r se faisaient plus durs, les s chuintaient légèrement.

— Ainsi on va à Paris, on va à ses amours et l'on revient chez soi.

Comment devinait-elle cet amour que je taisais ? Sans doute devais-je bien mal le cacher.

— Petite vie, petite jeunesse.

Elle ne me regardait plus, semblait fixer une image au loin, derrière la vitre, au bout de la nuit où fonçait le rapide.

— On rentre à la maison, on lit de la littérature, pas le journal, c'est sale le journal, ça pue le sang, tandis que la littérature...

Elle se retourna d'un coup vers moi, je ne pus soutenir son regard. Sa voix au contraire se fit douce.

— Pourtant on a en soi quelque chose de pur, de juste. On voudrait bien que la jeunesse, que le monde ressemble à la jeunesse, n'est-ce pas ?

De nouveau, la blessure, l'âpreté dans la voix.

— Seulement, rien, on ne fera rien, pour cela.

Ne pas descendre lorsque retentirait le nom de la gare, laisser le train repartir, disparaître dans la nuit jusqu'à l'aube, jusqu'à la frontière, et là, l'étrangère, j'en étais sûr, saurait le passage. Je me retrouverais avec elle dans la guerre, et dans un amour qui me changerait, qui me vieillirait, m'arracherait à cette frange lumineuse de l'adolescence où je m'attardais, me rapprocherait de cette force, de cette violence que je lisais dans les yeux las, sur les lèvres épaisses, dans cette blondeur rayonnante, dans cette beauté sur le point de périr.

— En Espagne aussi, il y avait, il y a des jeunes. Ils auraient bien voulu eux aussi garder leur jeunesse, leurs amours, leur maison, la mer, les livres, la guitare. Mais eux, ils meurent pour vous !

Elle avait presque crié, ou bien était-ce le bruit du train qui la forçait à élever la voix pour que je pusse l'entendre ? Je détournai la tête. La sueur, je le sentais, perlait à mes tempes. Cette femme belle, encore belle, que je désirais peut-être, qui me désirait peut-être, elle était mon juge, elle me criait, au-dessus du grondement des roues, ma lâcheté, mon sommeil.

— Ils meurent tous. Vous ne comprenez donc pas, vous les Français ! Après leur jeunesse, c'est votre jeunesse qui va être assassinée. Réveillez-vous, mais réveillez-vous !

Elle se recroquevilla dans son coin, ramena sur elle les pans de son manteau blanc. Elle tira plusieurs bouffées de sa cigarette, l'écrasa ensuite contre la vitre.

— Bientôt, il sera trop tard.

Nous restâmes longtemps sans plus échanger ni regards ni paroles. Elle sortit des papiers de son sac, s'absorba dans leur lecture. De temps à autre, elle inscrivait hâtivement quelques mots dans une marge. Nous ne devions plus être loin de ma ville. Elle rangea ses notes, bâilla, demanda l'heure.

— Bientôt vous allez descendre ?

J'entendais encore : « Bientôt, il sera trop tard. »

— Demain, je serai à Barcelone. Vous dans votre maison. Tous deux retour de Paris, n'est-ce pas ! (nulle ironie dans le ton, pourtant ces mots me brûlaient).

Elle reprenait, quelque douceur songeuse dans la voix :

— Paris, si beau, si libre, encore libre. Pour combien de temps ?

Le train devait maintenant s'enfoncer sous les tunnels qui perçaient les premières collines de ma province.

— On m'envoie à Paris pour expliquer, pour obtenir... (elle

marqua un temps tout en m'observant) des armes, des armes pour vous défendre (elle appuya sur les deux derniers mots), et aussi pour organiser le voyage des volontaires.

La honte ne me quittait pas, je demeurais le coupable ; en même temps, à présent, je me sentais plein de rancœur et de défiance envers l'étrangère. Ses paroles, ses sourires, et même la manière qu'elle avait de jouer du silence, de me regarder et de ne plus me regarder, tout cela n'était-il pas feint ? Tout cela ne visait-il pas, professionnellement, à me séduire, pour voir si son charme ne vaudrait pas une recrue supplémentaire à la cause espagnole, une médiocre, une misérable recrue, mais qu'importait, tout pouvait devenir arme : même ce jeune provincial à qui elle avait fait croire, sans rien promettre, sans allusion, mais avec cette seule façon d'être belle et blasée, arrogante et pitoyable, qu'elle serait à lui, pourvu, simplement, qu'il abandonnât pour elle, pour finir le voyage avec elle, tout ce qui jusqu'alors avait été sa vie.

Quand le train tressauta sur les aiguillages et que parurent les feux de la gare, je balbutiai des paroles où il devait apparaître que je demandais pardon à l'étrangère, pardon de devoir la quitter, mais je la reverrais, je voudrais la revoir. Elle haussa les épaules. Puis elle fixa un moment sur moi un regard à la fois volontaire et las, rouvrit son sac, en sortit une carte sur laquelle elle griffonna quelques mots, me la tendit.

— Si jamais vous, si vous vous souveniez de moi, de ce que je vous ai dit. Cet homme est mon ami, il vous ferait passer, il vous dirigerait sur Barcelone, nous nous retrouverions, enfin... si je suis toujours, si je suis encore...

Elle leva les yeux sur moi, mais me voyait-elle ?

— Je m'appelle Manuela.

Elle m'accompagna jusqu'à la portière.

— N'oubliez pas, dites-le à tous, c'est pour vous là-bas, pour vous aussi que nous luttons... Si nous... Si jamais ils gagnaient...

Le train s'arrêtait. Revenir avec elle dans le compartiment, attendre deux minutes, juste deux minutes, et ce serait fini de ma jeunesse nonchalante, de nos rêveries à l'Observatoire, de mon amour manqué, de mon amour ressuscité, un autre destin commencerait, Manuela.

Elle me tendit sa main que je baisai, une main blanche, un peu grasse, ornée de bagues et de bracelets.

Déjà j'étais sur le quai. Elle agita sa main, les bracelets tintèrent. Je restais immobile, face au wagon, ma valise à mes pieds. Un sifflet retentit. Le convoi s'ébranla. Un mètre déjà, deux mètres, l'étrangère se pencha par la portière, elle tendait son poing fermé, elle riait, il me semblait qu'elle riait pour crier : *No pasaran.*

> *Je revoyais mon amie nue, écartelée sur le divan bas, j'étais heureux et je souffrais, heureux d'avoir cette vision secrète en moi, de la voir réapparaître à l'improviste et m'éclairer de cette lueur qui cernait dans l'ombre le corps de la jeune fille, ou au contraire d'aller la chercher au fond de ma vision en fermant à demi mes yeux, et de la faire remonter lentement, doucement, de très loin en moi-même, et sans le savoir je devais sourire encore si j'allais à sa rencontre, car plus d'une fois Emilie, ou François, ou le quincaillier, dont je venais d'oublier la présence, s'étonnaient, et me parlaient de ce sourire inconscient sur mes lèvres. Je souffrais aussi de ne pouvoir répondre à cet appel de la chère, lancinante image, et aussi de supposer que je n'étais pas seul à la garder, qu'elle habitait, qu'elle hantait d'autres mémoires d'hommes, qui la profanaient, qui la souillaient, qui me la rendaient soudain vaine et cruelle, qui me donnaient envie pour m'en délivrer de tuer ou de me tuer.*

XXXXIV

Sur la carte, ces mots gravés : « Manuela del Rio », et, au crayon : Joé Bescousse, 12, rue du Canigou, Perpignan. J'ai donné la carte au quincaillier. A présent je détestais l'étrangère : elle avait dénoncé le traître en moi, celui qui était prêt à trahir son amour, et celui qui trahissait sa jeunesse, la jeunesse, en n'allant pas la défendre face aux assassins.

Des semaines, des mois plus tard, ce fut le printemps. Un dimanche de la fin d'avril nous étions partis en balade avec la Bugatti de Couderc et la guimbarde des Barbares. Nous avions mangé sur l'herbe. Dans un village nous avons bu avec les paysans endimanchés, dans un autre, sous une tonnelle, nous dansions. Emilie, Mathilde, Théo étaient jolies, de cette grâce qui rend les filles plus vives, plus roses, plus blondes et plus brunes, plus graves et plus légères, comme baignées de fraîcheur et de soleil après l'engourdissement de l'hiver. Les noms des villages chantaient une paix venue du fond des siècles : Saint-Priest-Taurion, Saint-Laurent-sur-Gorre, Verneuil, Oradour, Saint-Victurnien, la Chapelle-Blanche. Nous entrions dans leurs églises, nous regardions jouer aux quilles sur le foirail, nous souriions à leurs filles, elles regardaient avec envie ces demoiselles de la ville en partie de campagne. Les enfants nous tendaient des brassées de jonquilles, des bouquets de violettes ; ils partaient en criant et en riant dès qu'ils avaient troqué leurs fleurs contre quelques sous. Nos automobiles ressemblaient au retour à des chars fleuris. Dans les faubourgs, sur le pas de leurs portes, les ouvriers regardaient, mi-amusés, mi-sévères, ces deux voitures pleines de jeunes fous qui chantaient à tue-tête.

Avant de nous séparer, nous sommes entrés dans un bar. La radio faisait entendre une java. Le quincaillier et Théo la dansèrent en prenant des airs canailles et comiques. Puis la musique cessa, un speaker annonça : « Voici nos dernières informations. En Espagne, le village basque de Guernica a été soumis à un bombardement massif de l'aviation fasciste pendant plusieurs heures. C'était jour de marché. Il semble que tous les habitants : hommes, femmes, enfants aient été tués. »

— Guerre, comment ? demanda Théo.

— Tous les habitants, dit le quincaillier.

— Un village, reprit Emilie, un village comme ceux que nous avons traversés aujourd'hui.

— Tous, répétait Couderc, tous, ces paysans que nous avons vus, ces filles, ces enfants avec leurs fleurs, tous.

Guillaume s'écarta d'Emilie, prit le bras du quincaillier.

— Que dis-tu ? Ce n'est pas ici.

Couderc repoussa son ami. Il nous regarda avec une expression d'épouvante.

— Ici, c'est ici ! (Il hurlait.) Je les vois, l'église, le marché, les femmes, les gosses avec les fleurs, écrasés, brûlés, déchiquetés !

Deux ou trois clients attardés nous jetaient des regards réprobateurs. J'entendis l'un d'eux maugréer : « Ils ont bu. » Je craignis que le quincaillier lui aussi n'ait entendu et ne se jetât dans la bagarre. Mais, les poings sur les yeux, comme pour ne plus voir, il s'effondra sur la banquette.

Avec Guillaume nous dûmes le reconduire chez lui. En bas, Mathilde, Emilie, Théo nous attendaient, anxieuses.

Trois jours plus tard, à la fin de l'après-midi, Théo vint à la maison. Elle nous annonça que la veille, Couderc était parti pour l'Espagne. Il lui avait laissé un mot, il demandait que nous pensions à lui lorsque nous écouterions des airs de jazz. Dès qu'il le pourrait, il enverrait des nouvelles.

Cependant que je raccompagnais Théo, elle me parla de la carte de l'Espagnole, Couderc la lui avait montrée. Comme nous arrivions aux abords de sa maison, elle s'accrocha à mes épaules, posa sa tête contre mon cou.

— Henri, murmurait-elle, Couderc n'a pas pu supporter cette histoire de village écrasé, mais si vous ne lui aviez pas donné la carte de votre Espagnole, il ne serait pas parti, pas encore.

Elle caressait son visage, son front, son nez contre mon cou.

Sans me lâcher, elle se redressa, fixa sur moi un regard que je devinais dans l'ombre à la fois plein de crainte et de défi.

— Ce soir, cette nuit, mes frères ne sont pas là, partis je ne sais où, à une réunion Croix-de-Feu. Il ne faut pas, vous m'entendez, Henri, il ne faut pas me laisser seule cette nuit. Sans vous, Couderc serait là, encore, il me rejoindrait.

Je raisonnais la jeune fille, je n'avais pas le droit, lui disais-je, de profiter auprès d'elle du départ de notre ami. Elle cria presque :

— Vous savez bien que je ne l'aimais pas !

Comme je me taisais, elle ajouta :

— Nous associions nos infortunes ; je le consolais, j'essayais, cela me faisait du bien de le consoler. Si votre sœur avait voulu : il vaut dix fois, cent fois mieux que son Guillaume.

De nouveau elle implorait :

— Restez, Henri.

— Mais moi non plus, vous ne m'aimez pas.

Elle pesait sur ma nuque où ses deux mains se joignaient. J'avais envie de la soulever dans mes bras, de la porter dans sa chambre. Je la poserais sur son lit. J'embrasserais son front, je lui souhaiterais bonne nuit.

— Je n'ai aimé qu'un seul homme comme vous pensez qu'on aime.

Le sourire fat de Masari, sa voix molle. Comment avait-elle pu ?... Comment pouvait-elle encore souffrir pour une ombre, pour un mannequin ?

— Vous, Henri, c'est autre chose. Vous êtes, vous m'apportez la paix, comme un songe paisible où l'on voudrait se tenir, toujours.

Elle se pencha vers moi, chercha mon oreille, chuchota :

— Henri, il faut, je voudrais, je veux un enfant de vous.

Je dénouai ses mains derrière mon cou.

— Théo, vous dites n'importe quoi.

Elle protesta avec une sorte de tendre fureur.

— Je dis ce qui est vrai.

Elle reprit de sa voix plaintive, de sa voix malade :

— Je veux être votre enfant, je veux que tu me donnes un enfant.

Le quincaillier avait dû passer la frontière, il roulait maintenant à travers la Catalogne, il allait venger les enfants de Guernica. Je revoyais les gamins des villages traversés dimanche dernier, les bras tendus vers nous, les bras pleins de jonquilles.

— Un enfant, un petit enfant de toi, répétait la voix comme entendue au fond du sommeil.

— Vous savez bien que j'aime Elisabeth.

La jeune fille s'est jetée en arrière. Elle s'est enfuie en courant. J'ai entendu là-bas, au bout du jardin, claquer la porte. J'ai attendu un moment. Lorsque la fenêtre s'éclairerait, je partirais. La façade est demeurée sans lumière.

Un vent frais venait de la campagne environnante. J'ai relevé le col de ma veste, j'ai tourné le dos à la maison des Russes et suis revenu vers la ville.

Emilie secouait la tête, ses cheveux volaient sur le côté, retombaient sur son front. Elle parlait plus lentement, avec peine, comme si chaque mot l'essoufflait.

— Puisque je dois perdre Guillaume, qu'au moins cette perte soit mon œuvre. Ce ne sera ni lui ni sa mère qui l'auront décidée, préparée. Ce sera moi, moi seule.

Je redoutais ce goût orgueilleux de l'échec, parfois je l'avais soupçonné en moi, tapi dans les profondeurs, mais je me tenais au loin, me refusant, pour ne pas les libérer, à nommer les ténèbres. Etait-ce courage ou vertige, était-ce trop de jeunesse ou au contraire étrange savoir avant les années, qui menait ainsi Emilie sur ces sombres chemins ? Ou encore se montrait-elle, était-elle à ce point fraternelle qu'elle épousât mes élans et mes chutes ? Et mon amour pour Elisabeth comme ensuite mon échec avaient-ils pour elle préfiguré son amour pour Guillaume puis la condamnation de cet amour ? Il était bien vrai que la découverte de l'Observatoire et de ses habitants, c'était en commun, François, Emilie et moi, que nous l'avions faite ; et l'attrait exercé sur nous, le ravissement opéré sur nous trois par les Barbares et par leurs amis, aurait-ce été le songe même de notre fraternité ? Obscurément, je sentais encore qu'Emilie se montrait la plus fidèle de nous trois à ce songe, en faisant tout, maintenant, pour le conduire à la mort.

Elle n'admettrait pas que ce qu'ensemble nous avions poursuivi pût se dégrader, ou simplement même changer, cette lumière, cette musique, qui nous paraissaient venir des êtres aimés (mais peut-être était-ce dans nos regards seulement cette lueur, dans notre façon d'écouter en nous, hors de nous, cette musique). J'avais envie de serrer ma sœur dans mes bras, très fort, comme je faisais jadis pour la consoler de quelque chagrin trop vaste pour elle.

XXXXV

J'ai écrit à Caroline. Il me fallait avouer ma peur et mon remords. Sans doute est-ce à Elisabeth que j'aurais voulu me confier ; je n'ai pas osé, ou bien ai-je pensé qu'elle ne comprendrait pas, qu'elle me condamnerait, ou encore qu'elle s'éloignerait de moi ? Et puis, seule l'innocence pouvait m'entendre et m'apaiser.

Caroline me répondit. Elle estimait que le quincaillier serait parti en Espagne même sans la carte de Manuela, quant à Théodora, que pouvais-je faire pour elle, puisque j'aimais Elisabeth. D'ailleurs, même si cette nuit-là, comme elle m'en priait, je ne l'avais pas laissée seule, qu'y aurait-il eu pour elle de changé ? Le lendemain, les autres jours, elle aurait retrouvé la solitude. Ou bien, achevait la petite Caroline, Théodora, comme elle-même, rencontrerait Dieu, ou bien elle se meurtrirait sans fin contre la vie.

Serge avait prévenu Emilie par téléphone. Tous deux, nous avons couru vers la maison des Russes. Serge et son frère rentrés le matin de leur tournée politique n'avaient pu réveiller Théo. Etendue tout habillée sur son lit, elle respirait à peine, la tête retombée sur le côté dans le vide. Le médecin appelé n'avait pu se prononcer une fois faites les piqûres. Depuis des mois, elle ne dormait plus qu'à l'aide de somnifères. On n'avait pas retrouvé le tube vide. Lorsque nous arrivâmes, à bout de souffle, une ambulance attendait au bas du perron. Sur une civière, deux infirmiers sortirent notre amie de la maison, le visage bouffi, la peau cireuse. Je la crus morte. Sur le perron, Serge pleurait. A ses côtés Nicolas me fit songer à quelque fauve trapu, immobile avant l'attaque. La double porte de la voiture s'est refermée sur Théodora. Quand la voiture a démarré, Serge a bondi appelant « Théo ! Théo ! » L'ambulance atteignit la route avec précaution, puis fila, rapide. Serge a remonté le chemin jusqu'à nous. Emilie l'a attiré contre elle. Elle lui arrivait à l'épaule, lui, se penchait vers elle, la mèche blonde de ses cheveux cachant ses larmes. Elle, si jeune, maternelle, semblait le protéger.

Hélène, Elisabeth m'ont écrit. Pour Hélène, la tentative de suicide de la jeune Russe n'était pas une surprise ; elle connaissait, elle et François connaissaient, ce genre d'êtres, tendus, fantasques, exaltés : que tombe la fièvre qui les mène et ils ne résistent guère à la tentation de se détruire. « Hypomaniaque » écrivait Hélène. Je lui en voulais de ranger la malheureuse Théo sous une étiquette médicale.

Elisabeth parut émue profondément par la double nouvelle : celle du départ de Couderc, celle de cet autre départ de Théodora. Elle s'accusait d'avoir mal jugé la jeune fille, de n'avoir pas su deviner sous l'extravagance et la provocation la blessure et le tourment. Elle regrettait enfin que tant d'ombre, déjà, vînt recouvrir cette saison si claire et vive que nous avions connue tous ensemble à l'Observatoire. Elle comprenait, comme une douce et cruelle évidence, qu'elle n'oublierait jamais ces heures passées dans la vieille demeure, dans le théâtre désuet de notre ville, dans les églises où nous nous rencontrions. N'était-ce pas dire que moi non plus, jamais elle ne m'oublierait ? Je sentais un injuste mystère dans le fait que l'acte désespéré de Théo me valût de retrouver si proche, si attentive celle que j'avais naguère perdue.

Chaque jour, Serge passait nous voir. Le médecin, disait-il, ne se prononçait pas encore. Du moins, chaque heure gagnée augmentait le nombre des chances. Théo ne mourut pas. Nous ne pûmes pas la revoir ; de la clinique, on la transporta dans une maison de repos, en montagne. Elle-même avait tenu à ne voir personne d'autre que ses frères. Désemparé, Serge continua à venir chez nous. Il ne nous révéla qu'après plusieurs semaines, le départ de son frère pour l'Espagne.

Nicolas Valenkov avait déclaré qu'il allait « venger sa petite sœur », et qu'il demanderait à Dieu la faveur de lui laisser trouer la peau, là-bas, de ce bandit rouge, de ce chien de quincaillier. Il ne voulut pas que Serge l'accompagnât, lui ordonnant de rester en France pour veiller sur Théo.

En fait, c'était Emilie qui veillait sur Serge. Bien que le jeune homme dominât ma sœur par sa haute taille, il donnait l'impression d'être son page que tantôt elle décourageait à force de caprices, tantôt elle protégeait. Je gardais le sentiment qu'elle se servait de lui dans l'espoir d'éveiller la jalousie de Guillaume, mais aussi qu'elle éprouvait une véritable, indulgente affection envers le jeune Russe abandonné. Par ses prévenances, sa courtoisie excessive, héritée sans doute, bien qu'avec plus de grâce, des manières de son frère, il plaisait à ma mère qu'irritait au contraire la froideur de Guillaume. Elle défendait Serge lorsque mon père critiquait sa paresse : il était vrai qu'il ne semblait apporter à ses études — quelles études ? parfois il prétendait faire du Droit, or je ne le voyais jamais à la Faculté, parfois il parlait de se consacrer aux Beaux-Arts — qu'une bien légère attention.

Souvent, Emilie le gardait avec nous pour déjeuner. D'autres fois, elle bourrait ses poches de friandises ou de fruits. Il affirmait qu'il prenait ses repas au restaurant universitaire. Mais, disait-il, manger l'ennuyait, sauf en compagnie d'Emilie. A ce régime, malgré la sollicitude de ma sœur, il devint maigre comme un échalas. Nous le soupçonnions de n'avoir plus un sou vaillant, car la plus grande partie de sa solde, Nicolas Valenkov la destinait à la maison de santé où Théo se rétablissait lentement.

Influencé par ma mère et par Emilie, mon père finit par confier à Serge un petit emploi dans son commerce. Le jeune homme s'acquittait non sans fantaisie de ces nouvelles tâches, confondant plus d'une fois les commandes, oubliant de transmettre les messages qu'il recevait ; cependant, il s'accusait ensuite de ces bévues de si bonne grâce qu'il était difficile de lui tenir rigueur.

Il nous lisait les lettres de Théo, du moins ce qu'il jugeait pouvoir nous confier. Je soupçonnais qu'elle ne devait guère me ménager car parfois il s'arrêtait au milieu de sa lecture, une brusque rougeur montait à ses joues, il feignait de ne pouvoir déchiffrer le passage commencé, passait à un autre paragraphe.

Nous nous réunissions encore, quelquefois, le soir, chez les Barbares, mais seulement lorsqu'il arrivait à la reine mère de s'absenter. En apparence, ces soirées n'étaient pas si différentes de celles des années passées. Mêmes rires, mêmes bouffonneries des Mousquetaires — le quincaillier parti, ils s'efforçaient de se montrer plus grotesques encore comme s'ils voulaient, en accumulant farces et calembours, remplir la part de drôlerie abandonnée par leur ami — mêmes discussions sur la vie, le jazz, la politique, mêmes disques, cent fois écoutés. Il y avait là Guillaume et Mathilde, nos hôtes, Joël Pommier, Louis Fergnac, Grimari, Gaston Lachalle, Serge enfin qu'Emilie avait introduit timidement à l'Observatoire. Tous nous parlions et riions trop fort, comme pour combler le vide laissé par les disparus. Au bout d'un moment, cette joie, cette activité factices tombaient ; alors, dans le salon trop grand, nous nous observions les uns les autres, avec une sorte de méfiance, et nous écoutions, nous regardions en nous-mêmes cette joie d'autrefois où résonnaient les vrais rires d'Elisabeth, de Caroline, les exclamations de François et de Couderc, où le silence même d'Hélène était celui de la jeunesse et de l'espoir.

Ce matin d'octobre, l'odeur de vase et de buis dans les jardins de la villa d'Este où les fontaines sont arrêtées.

Rongées, mangées, vêtues de mousse et de fange, les statues semblent en proie à une pourriture émouvante qui les ramène au limon, ou bien, au contraire, on peut avoir l'impression de déceler dans le limon une obscure volonté de se faire femme, sphinx, monstre, visage.

Mangé par le limon du temps, le limon de l'oubli, le visage d'Esther Zarev... Pourquoi remonter ainsi les épaves de l'eau noire, de l'eau de l'oubli ? C'est vrai, Esther, je ne vous avais jamais parlé du geste désespéré de Théo, ni de cette prière qu'elle m'adressait auparavant, ce soir-là. La raison de ce silence ? Qu'importe ! L'oubli, je vous assure, l'oubli.

Ces visages dans la fange, celui d'Esther et celui de la jeune Théo confondus, je ne veux pas, je ne veux plus les voir !

XXXXVI

Ce qu'Emilie avait si longtemps appréhendé arriva. Guillaume annonça brusquement (pour compléter ses études, disait-il) son départ à l'étranger. Pendant les quelques jours qui restaient avant ce départ, Emilie ne laissa rien paraître. Au contraire je la trouvais plus enjouée et plus belle, comme si en elle les derniers feux de l'amour s'exaltaient, l'éclairaient jusqu'à transparaître dans son regard, sur son visage, sur tout son être. La veille du départ de Guillaume, une scène pourtant éclata entre elle et notre mère. Maman eut l'imprudence de demander si Guillaume avait fait part de ses intentions à Emilie, de la date prévue pour son retour, et s'ils pensaient alors se fiancer. Emilie cria qu'elle se moquait pas mal que Guillaume revînt ou non, et que d'ailleurs, il n'avait jamais été et ne serait jamais question de fiançailles ni de mariage entre eux, que seules les familles pensaient au mariage, ridicule caricature ou piège ou tombeau de l'amour, et qu'elle en avait assez des familles, de toutes les familles ! Elle sortit sans un regard pour sa mère qui se tenait courbée sur sa chaise, le visage dans les mains. Elle ne rentra que tard dans la soirée. J'étais parvenu à convaincre mon père de ne pas lui adresser de reproches. Nous l'attendions dans la salle à manger ; maman s'était enfermée dans sa chambre. Emilie embrassa son père et monta. Un peu plus tard, je me hasardai à entrer dans sa chambre. La pièce était sans lumière. Je voyais la silhouette d'Emilie se découper dans le rectangle un peu moins sombre de la fenêtre. Je m'approchai d'elle. Elle ne parut même pas remarquer ma présence. Là-bas, en face, des raies de clarté filtraient à travers une persienne. J'ai dit à ma sœur qu'elle devrait se coucher et dormir. Elle n'a pas répondu. Je n'osais pas la quitter. Lorsque la lumière de l'Observatoire s'éteignit, Emilie poussa un oh ! étouffé, comme si elle eût reçu un coup. Elle respira profondément, se tourna vers moi.

— Voilà, c'est fini.

Sa voix résonna dans la nuit avec une netteté de métal.

Nous nous écartâmes de la fenêtre qu'elle ferma. Elle alluma une lampe.

— J'ai passé la soirée avec Guillaume.

Elle me tourna le dos, s'arrêta devant un miroir et commença à enlever son collier, son bracelet, à dégrafer sa robe.

— Je lui ai fait avouer, je l'ai forcé à m'avouer que c'était fini, qu'il partait sans espoir de me revoir. Je lui ai dit que c'était mieux ainsi : puisque notre amour n'avait pas d'avenir, mieux valait se séparer maintenant, avant qu'il ne soit terni, souillé, épuisé. Il s'attendait à des larmes, à des cris. Il était médusé, pâle. C'est lui qui me semblait une épave, loin, si loin de moi. J'ai eu la force de lui donner longtemps un dernier baiser, ses lèvres tremblaient sous les miennes, et puis, je me suis arrachée, je suis partie en courant.

Elle revint vers moi. Ses yeux agrandis, fixes, son visage soudain vieilli me faisaient peur. Elle répéta.

— Voilà, c'est fini.

Elle est tombée d'un coup sur le sol, je n'ai pas eu le temps de faire un geste pour la retenir. Je l'ai portée sur son lit. J'allais appeler lorsqu'elle est revenue à elle. Je lui ai dit que j'allais chercher de l'alcool, mais elle s'est accrochée à moi, convulsivement, m'a tiré vers elle. J'avais l'impression qu'elle voulait me parler, ses yeux suppliaient, ses lèvres bougeaient mais il n'en sortait que des sons inarticulés. Je me suis assis sur le lit. Ses mains ont desserré leur étreinte, elles ont glissé sur la couverture, cherchant les miennes. Nous sommes restés ainsi pendant des heures, sans doute. De temps en temps, son corps allongé près de moi avait des soubresauts, ses doigts alors serraient mes mains puis se détendaient de nouveau. Je devinais qu'elle pleurait sans fin. Je n'ai pas su quand le sommeil m'a pris. C'est le froid de l'aube qui m'a réveillé, je ne comprenais plus où j'étais. Je me voyais tout habillé auprès de ma sœur endormie. La lumière électrique blessait mes yeux. Comme le visage d'Emilie était douloureux, crispé dans le sommeil. Mais n'étais-je point en train de rêver ? Lentement le souvenir m'est revenu de la soirée, du malheur d'Emilie. En prenant soin de ne pas l'éveiller, j'ai ramené sur elle l'édredon qui était tombé à terre, puis, la lumière éteinte, je suis sorti sur la pointe des pieds. Dans ma chambre, j'ai cherché en vain à retrouver le sommeil. Je me suis relevé. L'idée m'était intolérable qu'Emilie tout à l'heure rouvrirait les yeux, courrait sans doute à la fenêtre, regarderait avec stupeur, avec épouvante la maison, le parc où n'apparaîtrait plus jamais pour elle un grand garçon blond, nonchalant et dédaigneux. Enveloppé dans une robe de chambre, j'ai repris ma garde auprès d'Emilie. Recroquevillée sur elle-même, la bouche entrouverte, on l'eût dite tombée de quelque escalade et restée là, gisante, sans connaissance.

De la Trinité-des-Monts à la place d'Espagne, sur les deux volées d'escaliers, filles et garçons également chevelus — ceux-ci beaucoup plus nombreux — font les lézards. Lézards à barbe souvent et parfois porteurs de guitares.

Tout à l'heure, dans l'église partagée en deux par une grille, entre cette dernière et l'autel rayonnant de colonnes blanches, de dorures, de cierges, les sœurs en voiles noirs chantaient : des voix fines de jeunes filles, des voix paisibles, presque gaies comme un vol d'oiseaux clairs au-dessus des vagues ténébreuses de l'orgue. A ma droite, un jeune couple : la fille de vingt ans tient dans la main gauche un mouchoir de dentelle qu'elle porte parfois à ses lèvres. Ce geste (romantique ?) suffit à me donner l'impression d'un carrousel du temps. Là-bas, l'autel semble être un fragment captif, apprivoisé, du soleil qui, dehors, couvre de sa tiédeur fruitée la Rome de tous les siècles.

XXXXVII

Je n'osais pas revenir à Paris tant qu'Emilie ne surmontait pas sa peine. Elle errait tout le jour de pièce en pièce. J'avais proposé aux parents de lui donner la chambre occupée naguère par François. Ainsi elle n'aurait plus constamment sous les yeux l'Observatoire et la fenêtre d'où Guillaume autrefois lui lançait des signaux. Nous regardions ensemble la suite de jardins et de parcs qui descendaient dans la vallée jusqu'à la rivière. De l'autre côté, à flanc de coteau, nous apercevions le château, annexe de l'asile psychiatrique, destiné aux pensionnaires plus fortunés.

— Cet Observatoire était maudit, tu ne crois pas ! Cette Marie, cette folle sur la tour, et moi à la regarder des nuits entières. Et maintenant je connais son sort, enfin ce qui l'a rendue comme elle est. Si j'allais devenir comme elle ? Nous nous retrouverions peut-être un jour, elle et moi, là-bas dans le château des fous.

Je lui disais de se taire, d'oublier ces bêtises, mais elle continuait d'une voix détimbrée, monotone. J'avais envie de plaquer ma main sur sa bouche.

— Peut-être Hélène et François seront médecins là-bas. Ils me soigneront. Tu viendras me voir, Henri, n'est-ce pas, tu viendras. Vous ne me laisserez pas toute seule avec ces malades.

Elle étouffait un gémissement.

— Oh ! et si je ne vous reconnais pas, si je ne vous connais plus.

Elle se tournait vers moi, pressait ma tête entre ses mains, me regardait avec application. Elle suppliait :

— Ce n'est pas vrai, n'est-ce pas ? Je ne vais pas me perdre ? Tu m'en empêcheras ?

Son visage émacié faisait un mince triangle sous l'épaisse chevelure dépeignée. Devinait-elle ma pitié ? Elle me lâchait, se détournait.

— Je sais bien que je suis laide. Plus personne ne m'aimera.

Je protestais. Elle était simplement fatiguée. Qu'elle retrouve enfin le sommeil, qu'elle s'oblige à manger, et à sortir, et elle serait tout aussi jolie qu'auparavant.

Elle faisait non de la tête, obstinément.

— Demande un peu à Grimari ou à Serge, s'ils ne te trouvent pas jolie.

Enfin elle souriait, ou plutôt un pli aux bas de ses joues tirées se creusait un peu plus, comme le chemin d'un sourire.

— Ils sont gentils, ils mentiraient pour me faire plaisir.

Ses traits se durcissaient.

— Et puis je m'en moque d'être laide ! Pourquoi ? Pour qui serais-je belle maintenant ?

— Pour toi, Emilie.

— Mais, seule, je ne suis rien, je ne suis plus rien.

— Ecoute, tu n'as même pas dix-huit ans et tu parles comme si... comme si tu n'avais pas toute la vie devant toi.

— Je suis vieille. La vie, qu'est-ce que c'est la vie !

Elle se voûtait, s'agrippait à la barre de la fenêtre.

— Oh ! je sais, je n'ai pas le droit de me plaindre, Couderc... Peut-être est-il mort, est-il tué déjà... Il a de la chance.

Parfois, elle s'enfermait dans sa chambre, ne voulait plus en sortir. Maman et moi devions la supplier pour qu'à la fin elle acceptât d'entrouvrir la porte par laquelle nous passions quelque nourriture. Quand enfin elle consentait à revenir parmi nous, la présence de Serge paraissait lui être douce. Elle le regardait de temps à autre, pensive. Lui, baissait la tête, ne parlait pas, esquissait à son intention un sourire. Quelques heures ou quelques jours passaient où nous recommencions à respirer ; les parents échangeaient entre eux des regards où je surprenais, me semblait-il, une lueur encore bien fragile de confiance. « Emilie guérirait, elle ne deviendrait pas semblable à cette morte vivante qui hantait naguère la tour de l'Observatoire. Elle oublierait ce garçon. Tout rentrerait dans l'ordre. » Et puis un soir, de nouveau, ma sœur manquait à la table familiale, en vain nous montions heurter à la porte de sa chambre. J'essayais de tranquilliser mes parents en leur disant que j'avais, à travers la cloison, perçu les pleurs ou les plaintes d'Emilie. Serge eut l'idée dans ces moments-là de glisser sous la porte de la cloîtrée des billets où il contait des histoires saugrenues, ou bien notait des sortes de poèmes, à la fois gentils et abracadabrants, que plus tard ma sœur me montra et qui, me dit-elle, étaient parvenus parfois à la distraire de sa douleur.

Je souffrais pour Emilie, et je m'inquiétais pour mon amour. Betty ne m'échapperait-elle pas une seconde fois et à jamais ? Peut-être n'avions-nous été pour les Barbares qu'un moment, une heure passagère de leur jeunesse ? Les regards que tournaient vers eux, admiratifs, timides, conquis, les enfants de la maison d'en face avaient pu faire naître en eux, en retour, un mouvement d'intérêt, ou de curiosité, de gratitude amusée, et nous avions pu croire ainsi, pendant quelques mois, à cette harmonie sans soupçonner son ambiguïté. L'amour paraissait accroître encore et magnifier cette tendre unité que nous avions connue, Emilie, François et moi, au sortir de l'enfance, comme la connaissaient sans doute dans le même temps Elisabeth, Mathilde, Caroline et Guillaume. Mais le jeu ne pouvait demeurer sur cette unique et naïve scène de l'enchantement. Déjà le départ de Caroline annonçait la fêlure. Elisabeth — j'y songeais maintenant seulement — la fuite de sa cadette ne l'avait-elle pas incitée elle-même, un peu plus tard, à quitter la place, comme si elle ne se pardonnait ni ne me pardonnait d'avoir provoqué la douleur de la petite Caroline ? Mais alors — si mes yeux s'ouvraient enfin sur la vérité, la désolante vérité — à son tour la résolution d'Elisabeth n'avait-elle pas appelé comme un écho, un an plus tard, celle de Guillaume à l'égard d'Emilie ?

N'étions-nous pas semblables à ces tourbillons d'atomes qui soudain se jettent à la rencontre l'un de l'autre, un moment forment une seule et même fête tournoyante, puis se séparent, se désagrègent et se perdent ?

Après une nuit blanche j'entrai dans la chambre d'Emilie et lui annonçai que j'allais rompre avec Elisabeth. Alors qu'elle paraissait à peine percevoir mes paroles du fond de sa torpeur, elle se redressa sur son lit et me regarda avec un étonnement si vif qu'il colora de nouveau son visage et ranima l'éclat de ses yeux. Je tentai de lui expliquer ce que je pensais de la défaite commune de nos amours, comment il m'était apparu qu'ensemble nous avions rêvé de lier notre vie à celle du clan de l'Observatoire et qu'ensemble nous avions échoué, je lui dis encore ce sentiment de faute qui s'était emparé de moi.

Elle m'écoutait et, peu à peu, cet air de surprise qui éveillait son visage, se changeait en une sorte de crispation qui durcissait ses traits, fermait sa bouche, fronçait ses sourcils. D'une voix étouffée, elle me demanda si sa maladie ne m'avait pas gagnée. Elle m'affirma que si cela eût pu lui conserver Guillaume, elle n'eût pas hésité à nous quitter tous, à ne plus jamais nous revoir. Sacrifier mon bonheur, ce qui pour moi était le seul bonheur possible, serait monstrueux, et d'autant plus monstrueux que cela ne servirait à rien, n'allégerait en rien sa souffrance ! Elle tendit les mains, empoigna les revers de mon veston.

— Ecoute... Henri... Il faut... Tu entends... Il faut... (Ce halètement dans ses phrases, cette volonté qui paraissait la traverser, la dépasser.) Il faut... garder ce que tu peux tenir... de bonheur... de promesse peut-être de bonheur... férocement.

Je voyais bien que Grimari aurait accueilli avec une gratitude sans bornes la moindre attention d'Emilie, le moindre espoir qu'elle eût pu lui donner. Je voyais combien il devait, depuis les premiers jours, l'aimer, et il me semblait qu'il lui apporterait davantage de tendresse, de force, de dévouement que Serge, trop longtemps subjugué, croyais-je, par la capricieuse et tyrannique

Théo. Même lorsque le jeune Russe s'empressait auprès d'Emilie, je le soupçonnais de tenir un rôle, de jouer, avant que ne sonnât pour lui l'heure d'une autre vie, de sa vie. J'essayai d'amener plus souvent Grimari à la maison mais Emilie lui adressait à peine la parole. Un jour qu'il la contemplait avec cet air d'admiration et de tristesse qu'il ne savait dérober, Emilie sortit de son mutisme pour se moquer de ses cheveux trop noirs, de son teint trop coloré, qui lui faisaient penser, prétendait-elle, à une réclame de coiffeur. Grimari ne répondit pas. Après un silence qui me parut interminable, il prit congé en balbutiant ses adieux. Comme il sortait, Emilie les larmes aux yeux me dit : « Pauvre Grimari, nous ne le reverrons plus. Il m'aimait, et je l'aimais bien, mais je ne peux plus, non, je ne peux plus supporter ses regards, ses yeux... Ils m'ont vue heureuse avec Guillaume. Ils étaient toujours attachés sur moi, sur nous dès que nous étions près l'un de l'autre. Non, je ne peux, je ne voulais plus voir ces yeux. »

Avec l'exil de Grimari, s'acheva pour moi, définitivement, le temps de l'Observatoire. Sans doute m'arrivait-il encore de rencontrer à la Faculté, au cinéma, dans un café, sur le stade, les Mousquetaires, Gaston Lachalle ou Masari ou parfois même Mathilde Garou. Mais ces rencontres me mettaient mal à l'aise. Je ne retrouvais un peu de l'harmonie perdue qu'à travers les lignes que m'adressait, de loin en loin, la petite Caroline, ou bien lorsqu'un voyage à Paris me ramenait auprès d'Elisabeth, d'Hélène et de François.

Assis près de Betty au théâtre, ou bien étendu contre elle sur son divan, je me retenais pour ne pas crier ma joie et ma frayeur : ma joie de la retrouver après avoir failli deux fois la perdre : la première par sa volonté, la seconde par la mienne ; ma frayeur à l'idée que notre amour pouvait un jour périr.

Que je devine à ma gauche le fin profil, la taille ployée, que je respire le soupçon de lavande sur la nuque, dans les cheveux derrière l'oreille, que je pose, craintive, ma main sur le sein qui lentement s'apprivoise, que je morde ce corps mince à goût de source, toujours alors s'éveille en moi l'une de ces heures de crépuscule ou de nuit au printemps, dans les odeurs d'herbe, de fleurs, d'écorces qui entrent par les fenêtres ouvertes de l'Observatoire ; mon amour pour Betty à l'amour d'Olivier et de Célia s'enlace ; Hélène et François, Emilie et Guillaume, Caroline, la sage Mathilde, le quincaillier, Grimari-Orlando et les autres, tous les autres, les Russes, la dansante Théo et même la malheureuse Mariette, tous mes amis sont là, avec leur jeunesse, avec notre jeunesse vive et fragile, si avide, si légère et si vite blessée, comme si le monde avec nous, un instant, brillait dans la fraîcheur, dans la lumière, et soudain mourait.

LIVRE DEUXIÈME

LES DÉFAITES

PREMIERE PARTIE

Ah ! pourquoi me contraindre à revivre ce qui désenchanta ma vie ! Pourquoi Esther Zarev, pourquoi ? Et si vous vous étiez trompée, si le chemin que vous avez cru devoir me désigner pour ma sauvegarde ne m'acheminait, ombre après ombre, qu'à la nuit et au vide ?

1

Nous avions faim, nous avions froid. Nous vivions épuisés, irrités. Les gestes du travail, les gestes de l'amour, ce n'était pas vraiment nous qui les accomplissions, mais des somnambules qui nous ressemblaient. La guerre perdue, c'était aussi cela, cette façon de camper, étrangers et mornes, au milieu de notre existence. En face, l'Observatoire lui aussi n'était plus qu'un campement souillé de linges suspendus aux fenêtres, encombré de malles, d'objets hétéroclites qui s'amoncelaient sous les galeries, de vieux meubles déglingués qui encombraient les allées du parc. Les Garou s'étaient installés dans leur campagne, ils espéraient y trouver l'abri et la nourriture ; pendant ce temps, leur demeure était réquisitionnée. Des familles de réfugiés s'y entassaient, de même que dans le pavillon de la folle. On avait dû installer des poêles ou des cuisines dans le salon, dans le bureau et la galerie de l'astronome, dans la tour même, car un peu partout, par les fenêtres dont un carreau était remplacé par une plaque de tôle, sortaient des tuyaux. On eût dit que d'énormes vers perçaient ainsi de l'intérieur le cadavre de l'Observatoire et se traînaient le long de ses façades noircies çà et là de traînées de suie.

Je surprenais Betty, plantée derrière une fenêtre et contemplant la déchéance de sa demeure. J'hésitais longtemps avant de toucher son épaule. Elle ne bronchait pas, me regardait, et j'avais peur de ce regard. D'autres fois, elle s'écartait de moi comme si ma main l'eût brûlée, elle courait jusqu'à notre lit, s'y jetait en sanglotant. Je ne reconnaissais pas plus mon amour dans cette femme égarée, que l'ancienne, adorable maison des Barbares dans ce taudis saccagé par les familles faméliques et criardes. A peine me reconnaissais-je moi-même dans ce garçon triste qui attendait il ne savait quoi, debout au milieu de la chambre. Enfin je m'approchais du lit, me penchais vers Betty. Je la sentais se crisper sur sa douleur ; puis, malgré elle sans doute, elle se détendait, se blottissait dans mes bras. Une immense pitié m'envahissait, qui me ramenait à moi-même en même temps qu'à mon amour. Elisabeth s'accusait de se plaindre, alors que tant d'autres connaissaient réellement, dans leur chair, dans leur vie, le malheur, prisonniers comme François, comme son frère Guillaume en Allemagne. « Henri, moi qui gémis alors que tu es là, avec moi, que nous sommes du moins tous les deux ! » — Tous les deux... S'il n'y avait pas eu la guerre à peine étions-nous mariés, aurais-je su faire oublier à Elisabeth les rêves qui me l'avaient un moment arrachée ? Tous les deux dans une vie nouvelle, à Paris peut-être, cela lui aurait-il suffi pour oublier l'aventure du théâtre et cette dévotion ambiguë, mi-filiale mi-amoureuse, pour son maître Roland Marcel ? Ou bien tous les deux retrouvant dans les chambres, les couloirs, les salons de l'Observatoire, dans leur odeur de bois ancien, dans leur pénombre chargée de souvenirs, toute une vie fidèle à la saveur de notre adolescence ? Au lieu de cela, captifs de nous-mêmes, dérisoirement enchaînés devant cette demeure et ce parc, autrefois sources de notre bonheur, qui sous nos yeux s'en allaient à la ruine.

— Pourvu qu'Hélène ne m'ait pas entendue !

Dans la chambre voisine, où François, naguère, étudiait, Hélène vivait avec sa petite Sylvie (Sylvie dont la proche naissance avait contraint mon frère et son amie au mariage). Je me demandais si cela n'avait pas décidé aussi un peu plus tard Elisabeth à m'épouser : la vue quotidienne du bonheur de ses amis — ils logeaient à Paris dans le même immeuble —, l'envie d'avoir un enfant comme cette petite fille, le poids de la solitude à côté de cette alliance et de cette grâce.

— Tu crois vraiment qu'Hélène... ?

— Mais Betty, Hélène n'est pas encore rentrée.

Elle sautait du lit, s'approchait du mur, y collait l'oreille, d'un doigt m'invitait au silence. « Je n'entends rien... Ah ! il me semble... je crois que la petite... » Elle se tournait vers moi. Cette clarté sur son visage, ce sourire qui déjà s'adressait à l'enfant de l'autre côté du mur.

— Henri, si nous allions la voir ?

— Tu sais bien, Hélène n'est pas contente, elle dit que Sylvie ensuite... qu'il lui faut toujours de la compagnie.

— Nous ne resterons qu'une minute, juste pour voir si elle dort, si elle n'est pas découverte.

Je cédais ; j'étais aussi heureux qu'elle d'aller à la rencontre de ces yeux couleur de paille dans leur cercle d'ombre que Sylvie, si elle ne dormait plus, tournerait vers nous.

Hélène est souvent retenue par son travail à l'asile. Sylvie passe de main en main, de celles de ma mère à celles d'Emilie, à celles d'Elisabeth, pour le repas, pour la toilette, pour le jeu. La jalousie guette dans le regard de ma mère ou d'Emilie quand Betty prend la petite dans ses bras.

La chaleur, l'odeur du petit corps contre moi, l'odeur de lait, les couleurs, la transparence de pétales des doigts, des tempes... Comme si mon cœur allait s'arrêter, s'empêcher de battre pour que le silence, l'immobilité atteignent aussi à quelque perfection et soient enfin dignes de cet être minuscule, oh ! si frêle, qui me contemple et qu'intérieurement je vénère et je prie.

— Sylvie et toi, c'est le grand amour, dit ma sœur. Et Betty : « Vraiment, Henri, je ne comprends pas. Si tu te voyais quand tu tiens la petite... Alors pourquoi ne veux-tu pas d'enfant ? »

Comment la convaincre ? Un enfant qu'elle me donnerait me comblerait, mais nous n'avons pas le droit de jeter cet enfant dans ce monde de meurtre. Plus tard, si la paix revient... Sylvie, peut-être m'est-elle d'autant plus chère qu'elle est pour moi, non seulement la fille de François et d'Hélène, mais aussi cet enfant absent, cet enfant que je refuse à mon amour.

Je mesure la cruauté de la vie à laquelle, malgré moi, je condamne Elisabeth dans cette maison. N'y ressent-elle pas la sourde hostilité de ma mère et de ma sœur ? Elles ne lui font aucun reproche — et que lui reprocheraient-elles ? — pas plus qu'elles ne m'ont fait la moindre remarque lorsque j'ai annoncé mon mariage, mais je crains qu'elles ne pardonnent pas à Betty l'affront fait par Guillaume à Emilie. Un matin, quelques semaines avant la guerre, ma mère a croisé l'infidèle alors qu'il sortait de l'Observatoire (il n'y faisait que de brefs séjours depuis son départ) ; elle est allée vers lui — elle nous a dit qu'il la narguait ; je n'en ai rien cru — elle l'a giflé. Nos deux familles, enfin ma mère et la reine mère, se haïssent.

Il me faudrait parvenir par mon amour, par la force de mon amour, à guérir Elisabeth des blessures que lui inflige cette vie où je l'ai entraînée. Je ne sais que trop mon impuissance : cette fatigue où j'erre, mécontent de tout, des autres et de moi-même, au long des jours. Parfois je pense : « Déjà, elle ne m'aime plus, elle ne m'a jamais aimé. » D'autres fois : « Que peut l'amour ? Je lui croyais tous les pouvoirs. Il a seulement celui de leurrer quand ce n'est pas de tourmenter. » Et puis, la nuit, dans notre chambre, ce goût de défi, cette merveilleuse, cette furieuse âpreté de nos caresses, comme pour détruire l'autre, comme pour nous détruire ou nous retrouver. Avec la crainte que, de l'autre côté du mur, Hélène ne nous entende, Hélène seule dans son lit, dans le lit où dormait François. D'autres nuits sans pouvoir fermer l'œil : Sylvie crie, pleure. La voix, la rumeur douce que fait la voix d'Hélène parlant à la petite, essayant de la calmer. Le lendemain, nos mines défaites, les regards hostiles que, malgré nous, Betty et moi nous nous jetons.

Je travaille dans un bureau. Les premiers jours où je me suis trouvé ainsi enfermé, j'ai regretté les mois de guerre, ces patrouilles buissonnières en Alsace, ces nuits sous un ciel dont la beauté s'avivait encore de la menace, ce rêve perpétuel de mon amour qu'avivaient l'absence et la mort rôdeuse. Comment en vouloir à Betty de se sentir prise au piège dans notre maison, alors que ce bureau me fait horreur ? Je me répète en vain : « François est dans son camp, séparé d'Hélène pour combien de mois, pour combien d'années, et nous sommes ensemble, nous vivons, Elisabeth et moi qui l'ai retrouvée, ramenée : alors c'est le bonheur, malgré tout, le bonheur ! »

Il m'arrive de surprendre Betty et Hélène, quand je rentre du travail, dans notre chambre, ou dans celle de mon frère, penchées l'une vers l'autre, parlant à voix basse. Elles se taisent, me regardent. Elles doivent poursuivre leurs conversations d'avant, du temps de l'Observatoire, de jeunes filles pour qui nous étions l'étranger, l'ennemi, l'énigme. J'essaye de le croire, ou bien qu'Elisabeth console, tente de consoler Hélène. Pourtant, c'est elle, Betty, qui a les yeux trop brillants ou rougis comme si les larmes...

Le commerce paternel périclite : ma femme aussi va devoir travailler. Hélène lui a trouvé un emploi à l'hôpital psychiatrique, mi-infirmière, mi-secrétaire. J'ai cru que ce serait bien, que ce serait mieux pour elle que de passer les jours à contempler sa demeure envahie. Au lieu de cela, elle supporte mal son travail, abandonne toute coquetterie : les cheveux tirés sur la nuque, les lèvres sans fard. La plupart du temps elle refuse à présent nos jeux nocturnes. Sans doute n'étaient-ils que drogue, qui nous permettait sinon d'effacer les meurtrissures du jour, du moins de les écarter un instant, quitte à les retrouver ensuite à vif ; mais, aussi, parfois, comme malgré nous, notre étreinte s'achevait en une telle bouffée de tendresse qui nous jetait l'un contre l'autre, sans ombres, délivrés.

— Betty, si ton travail te fatigue, il faut cesser. On cherchera autre chose. Cette présence des aliénés autour de toi doit t'éprouver ? A peine ai-je dit cela que je le regrette. De nouveau, je découvre dans les yeux de Betty ce regard traqué qui me fait mal. Je voudrais la prendre contre moi, la serrer dans mes bras, je ne bouge pas et je vois le visage aimé pâlir encore, se figer, et j'entends, je ne veux pas entendre, j'entends les paroles comme criées à voix basse : je la crois folle, n'est-ce pas ? c'est cela :

folle, et j'ai peur, comme si les malades de l'asile allaient réveiller en elle cette folie qui doit sommeiller dans la famille, puisqu'il y a eu déjà cette pauvre Mariette ; alors pourquoi pas elle maintenant ? C'est ma mère, n'est-ce pas, qui me met ces belles choses en tête ? Ma mère la déteste, ça saute aux yeux : la sœur de Guillaume, la cousine de la folle, comment ne pas la haïr, une actrice, une cabotine ! Ma mère doit l'accuser de faire mon malheur, et peut-être moi, déjà, je regrette mon mariage ? Eh bien, qu'on la laisse, qu'on l'abandonne ! Elle étouffe ici, parmi nous, surveillée, entourée, ligotée ; elle préfère encore cette sorte de guerre étrange où elle pénètre chaque jour lorsqu'elle va travailler à l'asile ; les haines, les peurs des fous sont absurdes, mais elles ne sont ni mesquines ni hypocrites ! Où était la voix musicienne, le chant de Célia, le murmure d'Agnès ?

— Tais-toi, Elisabeth, je t'en prie.

— C'est cela, tu trembles ! Si ta chère mère, si ta chère sœur allaient m'entendre. Je les vois d'ici : mon pauvre petit, mon pauvre Henri, tu n'as pas de chance ! Eh bien, chassez-moi, jetez-moi dehors !

Elle se laissait tomber sur le sol.

— Betty, Betty... Henri, que se passe-t-il ?

Hélène se précipitait, les cheveux dépeignés.

— Betty, petite Betty, je suis là ; qu'y a-t-il, calme-toi !

Sous les paroles, sous les mains d'Hélène agenouillée, ma femme continuait à se tourner, à gémir, mais plus lentement, plus doucement. Je voyais les pieds nus d'Hélène sous la longue chemise de nuit, une chemise de tissu blanc et lourd. Comment pouvais-je à la fois me sentir comme au seuil de la mort, vidé de sang, de vie, de pensée par la panique de ma femme, et chercher à deviner, sous l'étoffe paysanne, le corps d'Hélène agenouillée ?

Elisabeth se taisait, son amie l'aidait à se relever : « Tu n'as guère plus de raison que ma Sylvie ! » Le sourire soupçonné dans le ton de ces paroles, et le chuchotement tendre de Betty : « Oh ! j'ai honte... »

Il m'arrivait de demander conseil à Hélène. Je voyais se froncer le trait clair du front sous la haie sombre des cheveux. Ses yeux, un instant, semblaient appeler leur regard des profondeurs où il veillait jusqu'à leur surface. Je me sentais rougir. Hélène esquissait un mouvement d'épaules. Je songeais : « Que va dire le sphinx ? » Je savais qu'elle ne dirait rien de ce qui importait.

— Que voulez-vous, Henri, nous sommes tous, nous sommes tellement écrasés, arrachés... Cette vie...

— Mais vous...

— J'ai ce métier, ces malades à soigner, ma fille. Betty n'a plus son métier, vous n'avez pas d'enfant.

— Du moins, je suis auprès d'elle !

Etait-ce un sourire qui étirait un peu les paupières lourdes, plissait les lèvres : « Justement, vous êtes là ! Moi, pour qui ? devant qui je me plaindrais, je pleurerais ? » De nouveau le visage grave, sévère même : « C'est à vous de réagir. Betty pense que rien ne vous atteint, que vous êtes enfermé dans votre coquille, indifférent, lointain. »

Cette voix qui se détimbre, qui se dépersonnalise. Ainsi doivent résonner, un peu métalliques, les paroles qu'elle prononce dans son bureau de l'asile aux familles qui la consultent : « C'est à vous de faire sentir à Betty qu'elle se trompe. » Elle se lève, range ses affaires. Dans un instant, après un dernier coup d'œil jeté à Sylvie dont elle me confie la garde, elle partira à son travail. « Elisabeth a besoin de se sentir aimée, protégée. »

— Justement, elle fait tout pour me décourager, pour m'éloigner ; elle m'accuse de l'étouffer.

Hélène rectifie comme un professeur corrige l'élève : « De la laisser étouffer. » Après son départ, je remâche amèrement ses propos. *Elles* nous méprisent. Mon frère, Guillaume, Grimari captifs avec des millions d'autres ; moi qu'elles accusent de n'avoir guère plus de présence qu'eux au loin dans leurs camps, que sommes-nous à leurs yeux, sinon des vaincus ? Et nous les laissons dans cette boue, dans cette misère qu'est devenu notre pays, seules, en proie à la faim, aux menaces du monde et à leur propre tourment.

Betty dans l'ombre d'Hélène, comme autrefois Célia dans l'ombre de Rosalinde.

Elle rougissait, la mine inquiète, cependant que je la complimentais.

— Tout de même, j'aurais pu être meilleure. Je veux dire : c'est plus fort que moi, je devrais jouer en retrait par rapport à Rosalinde, je dois rester dans son ombre, et mon admiration pour elle doit être, c'est ça, comme l'ombre qui exalte la lumière à son contact. Au prochain acte, je vais faire attention. Excusez-moi, Henri, il faut que j'aille changer de costume.

Elle s'enfuyait en soulevant un peu sa jupe. Derrière moi mon frère répétait la tirade du duc exilé.

Le quincaillier frappait de nouveau les trois coups. Vers la lumière, Elisabeth-Célia suivait Rosalinde.

II

Couderc, lorsqu'il vient nous voir, Hélène, Elisabeth, Emilie s'animent, retrouvent leur grâce, leur bonheur.

Le quincaillier est revenu d'Espagne boiteux, et désormais ennemi de toutes les sectes politiques. Sa blessure ne l'a pas empêché d'être mobilisé — juste le temps de troquer un uniforme contre un autre. Nous nous sommes retrouvés dans la même section. Ma guerre s'est passée, ou presque, à écouter Couderc me raconter la sienne sur le front de Madrid. Et soudain, nous voici encerclés par les Allemands. Le quincaillier s'est dit que le petit lieutenant bordelais qui le tenait à l'œil — « Un " rouge ", dix balles dans la peau, voilà le tarif idéal », déclarait ce « patriote » — était bien capable de le recommander à l'attention des nazis. Avec un autre copain, il m'a invité à tenter de franchir les lignes ennemies. A ce jeu, le copain, une rafale de mitraillette l'a étendu. Couderc m'a fait tomber à plat ventre près de lui dans un fossé ; nous avons entendu les voix aboyer au creux d'un bosquet, en contrebas. Le quincaillier s'est agenouillé, encore caché par la haie ; lentement il a tiré une grenade de sa ceinture : « Arfant — c'était le nom de notre camarade — Arfant a son compte. Les salauds ! » Il a dégoupillé la grenade, s'est dressé, a lancé l'engin. Une explosion, des cris. « Allez, Henri, là, par-là ! » Une sorte d'étroite et longue crevasse dévalait à flanc de coteau. Nous y avons couru sans reprendre haleine. Ensuite, dans les broussailles, derrière des éboulis de rocs, nous nous sommes terrés jusqu'à la nuit.

— Quand je me suis soulevé derrière la haie, j'ai vu le pauvre Arfant, on aurait dit qu'il nageait sur son sang. Je ne sais pas ce qui m'a pris, fallait être dingue pour lancer cette grenade, de quoi nous faire descendre en vitesse ; il aurait beaucoup mieux valu filer illico derrière la haie jusqu'à la ravine. En tout cas, j'avais envie de gueuler de joie quand j'ai entendu la grenade éclater et les fridolins hurler. J'aurais voulu voir leurs tripes voltiger en l'air !

Ce soir-là, assis dans notre salle à manger, entre Hélène et ma sœur, roulant une cigarette avec ses économies de mégots de la semaine, le quincaillier racontait une fois encore notre « exploit ». — « Si l'on pouvait — il tirait deux bouffées de sa cigarette informe ; on remarquait le point de braise avivée dans la pénombre ; à peine étions-nous éclairés par une faible ampoule, tous rideaux tirés pour ne pas être sifflés par les veilleurs de la Défense Passive — si l'on pouvait inventer, fabriquer une grenade de je ne sais combien de tonnes, une super-super-bombe, quoi, et la lâcher au centre de l'Allemagne, et qu'elle les bousille tous, tous les fridolins et leurs gretchens et leur marmaille... Ouf ! »

— Mais, André, je croyais que vous étiez revenu d'Espagne dégoûté de toutes les nations, de tous les peuples.

— Ma petite Hélène, avant, je pensais déjà que les Noirs valaient cent fois mieux que nous ; maintenant je crois que c'est mille, dix mille fois mieux que nous ! Ou plutôt, à part quelques Blancs, vous, nous bien sûr (et il faisait une grimace comique), on pourrait tous les foutre avec les fritz, les visages pâles, et hop ! une grenade géante dessus !

— Il est vrai que les Russes, par exemple, disait mon père, leur pacte avec Hitler, leur curée sur la Pologne, sur la Finlande...

— Attention, ce que je voulais dire : en Espagne ce ne sont pas les peuples qui m'ont écœuré, dans les « brigades », il y avait même des Allemands, des gars drôlement bien. Non, c'est la connerie, c'est la saloperie (il se tournait vers ma mère :) Je vous demande pardon, madame, mais il n'y a pas d'autres mots, et encore ils sont bien au-dessous de la vérité, le côté crétin et ignoble des manitous, leurs rivalités, les arrière-pensées, les calculs des cocos, leur côté jésuite jusqu'à la mort, la folie doucement furieuse des anars et pendant ce temps les autres qui montaient leur machine toujours de plus en plus forte, de plus en plus horrible, leur mécanique à broyer, à torturer, à saigner, messieurs les Tueurs associés...

Il se donnait une tape sur sa jambe blessée.

— Tueurs de tous les pays, unissez-vous ! Elle n'est pas bonne, celle-là ?

Il riait, s'étranglait de rire, toussait. De nouveau grave :

— Je vous dis, une grenade à faire sauter la terre.

— Dans le fond, les anarchistes espagnols, vous êtes devenu leur frère.

Il regardait Hélène, les sourcils froncés. Un éclat luisait sur ses lunettes.

— Madame la Psychiatre, voilà une chose à laquelle je n'avais pas pensé.

Timidement, ma mère demandait :

— Et monsieur Couderc, avez-vous pensé qu'en Allemagne il y a tous ces prisonniers ? Quand je pense à mon, à notre François, les bombardements...

— Allons, allons, affirmait mon père, les Anglais n'iront pas bombarder les camps de prisonniers... A propos c'est l'heure !

Il allumait le poste de radio. Nous nous groupions autour de l'appareil, têtes rapprochées, tendant l'oreille.

— Attention, murmurait ma mère, on pourrait entendre de la rue.

— Quelquefois, marmonnait Couderc, je me dis : « Qu'est-ce que tu fiches là ? Tu as passé les Pyrénées, qu'attends-tu pour passer la Manche ? » D'autres fois, bien plus souvent : « Encore des boniments, mais ils ne m'auront plus. »

Lorsque le quincaillier était reparti, maman avouait ses craintes.

— J'ai toujours peur qu'un jour, devant Serge, votre ami

raconte ses histoires, et que Serge le répète à son frère et que vous êtes tous des gaullistes, des communistes. Je ne sais pas du tout, alors, ce que Nicolas Valenkov est capable de faire, peut-être de vous dénoncer, ou de faire subir des représailles à François. Il passe souvent en zone occupée, vous le savez. Il va voir les Allemands.

Emilie s'indignait. Comment oser parler ainsi de Serge ? Serge pensait comme nous. Jamais il ne disait quoi que ce soit à son frère. Il avait changé, Dieu merci, depuis qu'il la voyait chaque jour ou presque. La conduite de Nicolas lui faisait horreur.

— Mais justement, s'il pense comme vous, il ne prendra peut-être pas garde, il le dira à son frère, et celui-ci vous rendra responsables, il voudra se venger. Vous savez bien comme il... à quel point, il déteste le quincaillier, il vous prendra en haine vous aussi.

Tous nous protestions. Nous avions confiance en Serge, maintenant. Quant à la haine de Nicolas, eh bien quoi, c'était plutôt un honneur pour nous, non ? D'ailleurs, nous ne pouvions pas croire, nous nous refusions à croire, que Valenkov, tout fanatique qu'il fût, pût être capable de dénoncer des gens, et surtout des gens qui avaient été ses amis.

— Je ne sais pas, je ne sais pas, reprenait maman d'une faible voix.

Mon père la regardait en riant.

Ces soirées que le quincaillier animait de ses colères, de ses passions ou de ses souvenirs, donnaient à Betty comme un regain de jeunesse et de vie. Dans notre lit, elle me faisait raconter de nouveau la mort d'Arfant, la grenade, les cris des Allemands, notre fuite sous le couvert. Elle se pressait contre moi. « Henri, mon petit Henri, quand je pense que j'aurais pu te perdre, qu'une balle à ce moment où Couderc t'a jeté sur le sol, ou plus tard, quand vous couriez dans cette crevasse... et puis, ils auraient pu vous rattraper, ils auraient pu vous trouver dans votre cachette. Oh ! mon chéri ! »

Nous retrouvions ces caresses, cette tendre violence qui effacent la nuit, le monde, le temps, qui nous redonnent, tant que nos corps s'enlacent, se confondent, se brisent, vagues douces et fortes qui l'une contre l'autre montent, s'élancent, s'écrasent, éclatent, gerbes d'écume, qui nous redonnent cette joie sans nom promise autrefois, lorsque nos regards échangèrent leur ombre et leur lumière, lorsque nos mains dans le théâtre ancien, les mains de Célia et d'Olivier nouèrent, malgré elles, leurs doigts glacés de bonheur et de crainte, lorsque la voix et les yeux de la jeune Barbare avaient le même chant limpide. « Vert, que je t'aime vert. » Je ne sais pourquoi cette image du poète fusillé me vient, cependant que mes lèvres appellent le plaisir et l'oubli aux lèvres, aux seins, au ventre de l'aimée, et cette autre chanson de Lorca où les cuisses de l'amante sont truites fuyantes sous l'étreinte, une moitié brûlante, une moitié de gel.

Pourquoi ne serait-ce pas un rêve, un cauchemar, notre difficile affrontement quotidien, et au contraire, la seule réalité, cet instant de notre amoureuse guerre, où nous cherchons à faire crier grâce à l'autre, à le forcer jusqu'à ce qu'il ne sache plus s'il est encore lui-même, ou s'il n'est pas devenu ce corps, ce sang, ce feu, cette vie qui l'assaillent et que lui aussi envahit.

Après, cette chute, ensemble, du haut de la nuit. Ma main sur son ventre, lourde, heureuse, sur ces tremblements, ces ondes encore de loin en loin et qui se calment, et il ne reste plus que la chaleur, que la souplesse de cette peau, de cette chair, de cette île.

Je songe à Hélène dans la chambre voisine. Elle surprend nos disgrâces, cette misère qui s'empare de Betty parfois, et ma défaite muette, figée, ridicule. Alors, tant pis, si elle devine aussi d'autres orages plus secrets. Non, il ne faut pas. Hélène seule dans son lit, Hélène la vaillante, la dure, qui peut-être pleure en silence, loin de son mari. Je crois voir mon frère dans son oflag, la sentinelle qui marche dans la nuit germanique, qui guette au mirador. Je crois voir toute l'Allemagne dans la nuit, monstre énorme qui prépare ses nouveaux carnages, et là-bas les villes flambent, les sirènes, les bombes, les maisons s'écroulent, les femmes, les enfants écrasés, asphyxiés, les Anglaises roses et blondes, les enfants aux taches de rousseur, et la Pologne où l'on dit que les S. S... Et nous qui demain peut-être serons une autre Pologne. Cette marée de terreur, de flammes, de cris, de douleur et de sang, cette marée illimitée, noire, autour de l'île minuscule, tendre et chaude et confiante, du ventre aimé, apaisé sous ma main.

Images d'avant le déluge, d'avant la guerre d'Espagne. Souvent, le soir, nous voyions apparaître le quincaillier à la maison. C'était peu de temps après notre course dans sa Bugatti ; il me portait un livre ou un disque qui provoquaient son enthousiasme. A grands gestes, d'une voix un peu haletante, il commentait le roman, dépeignait le personnage dans lequel il avait dû sans doute se reconnaître, avec ses misères, la fatalité acharnée, croyait-il, à le tourmenter, et aussi la gloire qu'il devait tirer secrètement de ses malheurs. Quant à l'héroïne, il avait beau la dépeindre, grande, brune, arrogante, ou petite, espiègle et charnue, il me semblait toujours découvrir un portrait travesti d'Emilie. Ma sœur venait d'ailleurs volontiers écouter notre ami. Elle lui trouvait, disait-elle après son départ, une sorte de génie pour transfigurer la moindre histoire ou le blues le plus banal. Tout récit devenait chef-d'œuvre où se poursuivaient les êtres comme des ombres et des lumières au fond d'un étrange univers. Mieux valait s'en tenir là, à en croire Emilie, et ne pas ouvrir le livre si l'on ne voulait pas être déçu. De même, écouter un disque en compagnie de Couderc, c'était pénétrer dans un domaine d'une violence ou d'une tendresse, d'une joie ou d'un désespoir démesurés. « Quand il parle, quand il bat le rythme, il en devient presque beau, ou plutôt sa laideur s'accentue jusqu'au pathétique. » Elle ajoutait en s'observant du coin de l'œil dans un miroir : « Mais voilà, le reste du temps il est gris à un point, il ne fait qu'un avec sa blouse grisâtre de quincaillier ; ses cheveux en bataille, ses lunettes, ses yeux, sa bouche, ses mains, l'air autour de lui, tout est grisaille, poussière. »

III

Dans les rues, une foule nombreuse, bruyante s'attardait, nous y trouvions peu de visages de connaissance. Belges, Alsaciens, gens du Nord et de Paris, Israélites s'affairaient à la recherche d'improbables logements, de travaux incertains, ou de ravitaillement de plus en plus rare.

Parmi ces réfugiés, Théo trouva un pianiste flamand, encombré d'une femme et d'enfants en bas âge. Il lui donnait des leçons. Du moins le prétendait-elle, car jamais je ne vis chez elle de piano. Je pense qu'elle avait ainsi inventé un prétexte, afin de porter secours à l'artiste qu'elle déclarait méconnu et auquel elle eût voulu, me confia-t-elle un jour, se « dévouer corps et âme », pour le sauver, pour l'enlever à son sort misérable, indigne du génie — elle criait presque ce mot — qui l'habitait. En fait, Karel Wonsler me paraissait surtout paresseux et ivrogne. Théo déclarait avec mépris que, décidément, je jugerais toujours selon les apparences, au lieu de chercher à découvrir la vérité. Elle ajoutait que mon mariage avec une femme qui avait renoncé au théâtre pour retomber dans la médiocrité bourgeoise aurait vite fait de mettre un caillou à la place de ma cervelle, cependant qu'elle, Théo — cela elle ne le disait pas, mais sa mimique et son silence même l'affirmaient — demeurait fidèle au destin que je n'avais pas su partager avec elle. Je ne sais où, ni comment, le pianiste se procurait le cognac, la fine ou les liqueurs nécessaires à son malheur et à son génie. Sans doute Théo, l'argent des leçons de Théo, devait l'aider pour cette quête. Le pianiste méconnu ne partageait pas seulement avec son élève sa passion musicale, il l'entraînait aussi à connaître cette exaltation qu'il lampait à longues gorgées brûlantes d'eau-de-vie, que Théo — une fois les liqueurs disparues du marché noir — allait quérir pour lui dans les fermes. Une ou deux fois je les rencontrai, le maître et l'élève ; lui marchait trop droit, trop raide, les yeux fixes, sans s'écarter d'un pas de la ligne tracée par les carrelages du trottoir, elle, comme de coutume, plus que de coutume, gesticulait des mains, de la tête, du corps entier qui se penche, se redresse, se déhanche, et elle rit, le visage renversé en arrière, elle chuchote ou elle crie. « Non mais, Karel, regardez ce nigaud, regardez ce pauvre Henri, quelle mine il prend ! N'est-il pas drôle ! Vous savez, Karel, ce garçon promettait. S'il avait voulu, on aurait pu faire quelque chose de lui ! Quoi, je n'en sais rien, mais quelque chose, quelque chose... Au lieu de cela, il a épousé Elisabeth Garou... vous savez bien les Garou... je vous en ai parlé, Karel. Oh ! vous oubliez tout ! Vous vivez enfermé dans votre musique... » Son haleine, cette odeur chaude, ces bouffées qu'elle me souffle sous le nez. « Ah ! le ma-ri-age, articule le Flamand. J'aurais pu être un Stravinsky, monsieur, mais le ma-ri-age et les moutards, monsieur. »

Je voyais Théo assez rarement. Je sentais au ton de voix, à l'air indifférent que prenait Betty pour parler de la jeune Russe, que « sauvée », celle-ci lui devenait de nouveau antipathique. D'ailleurs je n'aurais pas voulu revenir dans la maison des Russes, maintenant que Nicolas Valenkov y était de retour. Ses propos sur « sa guerre pour la chrétienté » en Espagne, et ses éloges des nazis, « qui allaient rénover l'Europe », nous étaient odieux. Il le savait. Pourtant il se risquait parfois à accompagner Serge qui poursuivait sa cour, discrète et nonchalante auprès d'Emilie. « Nettoyer », s'écriait-il, cependant que chacun de nous évitait de le regarder et que nous nous taisions. Seul mon père lui répondait, comme s'il espérait la ramener à la raison. Mais le Russe n'écoutait que cette rage, cette haine à présent joyeuse en lui-même. D'un geste de sa main carrée, il sabrait l'air autour de lui. « Nettoyer l'Europe des Juifs ! » Il nous scrutait l'un après l'autre, de ses petits yeux de diamant noir. « Nettoyer, comme nous en Espagne on a fait, communistes, ta-ta-ta-ta-ta. » (Il nous visait et faisait le geste du tireur avec sa mitraillette.) Rouges, et camarades et complices, les Allemands, ils ont commencé à Paris, ce sera le même dans la France toute, et puis, vlan sur les English, pleins de Juifs là-bas, et alors Hitler... » Il se redressait de toute sa courte taille, faisait claquer les talons. « Sûr, Nicolaï Ivanovitch il vous le dit, Hitler en Russie à son tour, les Soviets Kapout ! quelques semaines seulement, ah ! ah ! Les tanks dans la plaine, les stukas dans le ciel, ça flambe partout, ah ! voir ça, je veux moi. Et après, tremblez tous, vous, les bourgeois blancs-rouges et les diables, les sales diables, les rouges, flambés, tranchés, pendus, ah ah ah ! Tout nettoyer, partout, Ukraine, Caucase, Sibérie ! Moi je m'engage, hop ! hop ! à cheval à travers la plaine, Mamouchka et mon père et toute ma famille, je venge. »

Il riait à la pensée de sa vengeance, puis il regardait Emilie et Serge, quelque tendresse passait dans ses yeux.

— Finie la guerre, nous retrouverons la vieille Russie, nous avions domaine dans vieille Russie, dans château près Caucase. Théo sera heureuse là-bas, pas faite pour votre pays, Théodora, là-bas, elle aimera la vie. Et Serge, Serge aussi, n'est-ce pas Serge, petit frère, belle vie là-bas.

Nicolas Valenkov, un sourire au coin de ses lèvres sombres, contemplait ma sœur.

— Emilie, jolie Emilie, vous verriez, aimeriez là-bas beaucoup, la maison, les gens, toute la, ma vieille, vieille Russie.

Emilie prenait un air détaché, comme si elle n'entendait pas. Je voyais pourtant, au battement rapide de ses paupières, qu'elle avait écouté et que, malgré elle, elle devait maintenant imaginer cette vie avec Serge, au loin.

Hélène allait et venait dans la pièce, rangeait des objets, les changeait de place. Je sentais son irritation gagner Elisabeth et je craignais que toutes deux ne me tinssent rigueur de mon silence.

— Je comprends, Nicolas, que vous regrettiez votre pays, je le comprends. Mais vos Allemands, que font-ils ? Des esclaves et des morts, par milliers, par millions. Eh bien, vous verrez, ce sera leur tour d'être esclaves ou morts.

Le petit homme pâlissait sous son teint basané. Ma mère toussotait, comme si elle eût voulu effacer mes paroles. Le Russe lui baisait la main, ainsi qu'à Hélène et à Betty qui tendaient les leurs de mauvaise grâce ; il partait après m'avoir mis en garde contre ma légèreté et mes fréquentations dangereuses.

D'autres fois, je me contentais, si c'était l'heure, de chercher sur le poste de radio l'émission de la B. B. C. On eût dit alors que le sifflement des ondes, le ronron du bruitage, ou les coups de l'indicatif brûlaient Nicolas Valenkov plus vivement que jadis, le diable, une goutte d'eau bénite. Il bondissait de sa chaise, s'en prenait à mes parents : « Fou, votre fils, fou, vous devez pas laisser faire, pour écouter mensonges de ces gredins. Ces provocations. Vous entendez, provocations, et injures au Maréchal ! » Mon père se contentait de hausser les épaules. Le Russe filait en maugréant on ne savait quelles menaces.

Nicolas Valenkov ne faisait la joie chez nous que d'une seule personne. Quand il apparaissait, claquait les talons, frisait ses moustaches, roulait des yeux, se cassait en deux pour baiser les mains, ou bondissait de côté, les pieds joints. Sylvie riait aux larmes. S'il approchait d'elle son visage, elle tendait ses doigts pour toucher le nez court, tirer les moustaches, ou arracher le monocle. « Après tout, il n'est peut-être pas si méchant, soupirait ma mère, pour plaire ainsi à la petite. » Hélène avait du mal à réprimer crainte ou colère, lorsqu'elle le voyait approcher de sa fille. « Vous oubliez, maman, qu'il est l'allié, le complice des... Un enfant, qu'est-ce que c'est pour eux ! » Maman se lamentait, s'épouvantait de nouveau : « Et François qui est entre leurs mains. Quand le lâcheront-ils ? Pauvre petit, il doit avoir froid et faim, pourvu qu'il ne tombe pas malade !... Il faut penser à ton papa, Sylvie, ton pauvre papa qui est si loin, qui voudrait tant voir sa petite Sylvie... » « Pa...pa... », répétait l'enfant, les yeux tournés vers moi. Mon cœur battait plus fort. N'était-ce pas moi qu'elle appelait ? N'étais-je pas pour elle un père, son père ? Tant que François demeurerait prisonnier, c'était vrai, elle était ma fille. Emilie et ma mère ne disaient-elles point qu'elle me ressemblait. Je cherchais sur le petit visage la mystérieuse alliance de mes traits à ceux d'Hélène.

Sylvie, que de fois m'auras-tu aidé à m'arracher, une fois encore, une fois encore, et demain sans doute, et de nouveau de jour en jour, à l'insoutenable, à l'obsédante idée qui ne cessait de croître, masquée de mille pensées anodines ou médiocres dont je ne songeais pas d'abord à me méfier, comme on ne saurait se méfier d'une simple égratignure de ronce au passage, ou d'une brève, infime suffocation dans la chaleur, ou d'un banal, imperceptible frisson dans le vent d'hiver, mais soudain les masques tombent, l'estafilade devient plaie par où s'enfuit le sang, la gêne de la gorge, asphyxie, le tremblement, gel qui gagne de place en place le sang jusqu'au cœur ; ainsi, cette fatigue au réveil ou au milieu du jour, ou cet à quoi bon qui s'insinuait soudain et me faisait honte alors que j'écoutais avec les miens l'appel à la résistance ou la promesse d'espoir sur les ondes britanniques, ainsi ces ombres s'écartaient d'un coup, feuillages abattus qui laissent paraître le mufle du monstre, et je me cognais à l'idée : ton amour pour Elisabeth, me répétais-je, puisqu'il est vain, puisqu'il ne la préserve ni du malheur en elle ni du malheur et du mal autour d'elle, ton amour c'est la mort, ton amour déjà mort et toi avec. Tu te croyais au seuil de la vie, tu es de l'autre côté. Comment ne voit-on pas que tu n'es qu'un mort puisque tout ce que tu attendais de la vie, la guerre l'a tué, et que ton amour lui-même n'est que défaite. Syl, ton regard, ton souffle seuls m'arrachaient à cette hantise.

IV

Sylvie, si frêle, Hélène a tenu à l'allaiter. Le sein brun, entre deux doigts, le bourgeon brun-rose tendu, je songe aux mains de mon frère, à la bouche, aux dents de mon frère sur ce sein ; je ne sais quelle colère ou quel trouble fait soudain couler cette lave brûlante dans mes veines ? Les lèvres de l'enfant happent le bouton de chair, le rejettent bientôt. Est-ce le lait trop vite tari — où prendre la force vive, en ces jours de faim et de désespoir ? Hélène épuisée, vaillante, mais épuisée par les veilles, la solitude, le travail, l'angoisse, le courage — ou bien est-ce dans l'enfant un refus de la vie, de ce monde, comme si elle en pressentait l'horreur ? Pourtant, ce regard aigu, malicieux et tendre, bien avant qu'aucun mot ne vienne nommer cet esprit, cette promptitude, cette espiègle tendresse, et aussi, en deçà de ces lueurs changeantes des yeux, l'eau sombre du rêve. Le doux toucher de ce regard sur mon front, sur mes lèvres qui parlent, qui répètent : « Sylvie, petite, ma petite », pareil au toucher des doigts minuscules, serrés autour de mon doigt. Tout menu brimborion de femme, aimerais-je jamais aucune femme autant que je t'aime ? Plus que ma femme, mieux peut-être, et que ma mère ou ma sœur, ou bien, si je devais quelque jour en avoir une, que ma fille. Et toi, oh ! je te souhaite... je voudrais tellement, plus tard... — tu seras belle, tu auras ces yeux, ceux de ta mère, mais en leurs prunelles ces fêtes et ces ombres qui n'appartiennent qu'à toi, et non plus démesurés dans ce visage, cette sorte de tête de poupée, fragile, effarouchée, mais harmonieux sous le front pur, secret, de tes vingt ans, au-dessus de la bouche enfin décidée à mordre dans la vie (ressemblera-t-elle, ta bouche, à celle d'Hélène ?) Je souhaite qu'il s'éprenne si fort de toi, celui qui devra t'aimer, qu'au-delà de sa passion et de son désir, il puisse t'aimer aussi profondément que moi. Je ne te suis pourtant rien, Sylvie, tu n'es pas née de mon sang mêlé au sang de l'aimée, je ne suis pas ton père. Ne suis-je pas plus que ton père ? Rien jamais entre nous de cette force terrible, trouble, toujours oubliée, toujours présente, des liens charnels, non, rien que cette élection de l'âme et du cœur, et du souffle aurais-je envie de dire, qui a porté ma jeunesse déjà rompue, toute vive encore et pourtant marquée d'une absurde, incurable blessure, vers ta future jeunesse, vers ce nouveau, si fragile, adorable et bouleversant visage que prenait la vie, que tu donnais à la vie. En toi, Sylvie, toutes les chances, qui me semblaient, pour moi, pour Betty, pour Hélène, pour nous tous, perdues, se faisaient de nouveau promesses. Petit bout de femme, miracle vagissant, titubant ou blotti au creux de mon bras, tous et toutes étaient jaloux de cette entente entre nous, de cette... (où trouver les mots pour ce qui est d'avant les mots ?) de cette complicité et de cette vénération réciproques... Dieu n'est pas, hélas ! Mais je sais bien, s'il était, quelle forme il prendrait, il ne pourrait pas ne pas prendre. Syl, lorsque je te contemplais, te prenais dans mes bras, tu étais Dieu, tu étais un pauvre petit dieu, si menacé, et j'avais le vertige à te regarder ; je me serais jeté à genoux pour te prier, pour prier le ciel vide, le ciel troué d'avions et de bombes, de te protéger, de changer le monde pour toi, pour qu'il soit digne de ton sourire et de ton amour. Et toi, sans doute, Sylvie, pendant ce temps, toi qui ne savais pas, de la fleur de tes doigts, de l'étoile de tes yeux, tu touchais, tu dessinais cet immense visage, le mien — ces yeux géants, ce nez géant, cette bouche géante, cette forêt de cheveux — penché au-dessus de toi ; à tâtons tu le découvrais, tu le reconnaissais, tu croyais découvrir, parmi ces autres, vagues, grands visages aimés qui t'entouraient — celui de ma mère, celui d'Emilie, de Betty, de ta mère, et la tête mal peignée, les joues mal rasées de mon père — tu croyais voir, manger des yeux, toi qui refusais le lait de la vie, tu croyais toucher quoi ? sinon la face de Dieu. J'étais Dieu, n'est-ce pas ? (je le sentais bien), au bout de tes doigts, au fond de ta prunelle, et rien jamais ne pourrait t'arriver de mal, puisque je veillais sur toi, puisque je t'aimais. J'étais Dieu, ô dérision, moi que tu aidais à avancer, à tenir, malgré tout.

Hélène et moi, restions parfois seuls auprès de Sylvie endormie, sans rien dire, sans bouger, envahis par une bienheureuse torpeur, celle sans doute de la halte imprévue où nous nous étions pour un instant arrêtés, rencontrés. Nous repartirions chacun de notre côté, dans notre difficile, obscur voyage, du moins il y aurait eu entre nous deux cette minute d'alliance au-delà des mots.

Pourtant, ce trouble lorsque nos doigts se touchaient au moment de l'adieu.

V

Comme autrefois pour l'Espagne, nous avons compté, de semaine en semaine, la maigre chance d'abord d'espérer. Le quincaillier passait en coup de vent, sa grimace était joyeuse : « Grillés ! criait-il, ils ont grillé dans la Manche les chleuhs ! Les Englishs, ils avaient arrosé l'eau de pétrole et quand les fridolins ont rappliqué dans leurs canots, je t'allume le pétrole et ça flambe. Un fameux punch ! » Comme pour l'Espagne naguère, mais cette fois nous y étions. La voyageuse du Paris-Barcelone, si quelque bombe ou douze balles ne l'avaient pas déchiquetée, devait se dire que les jeunes Français mesuraient à présent la vérité de ses prophéties. « Ils ont grillé répétait ma mère, ah ! s'ils pouvaient tous griller et que François revienne vite... Ton papa, ton pauvre papa, Sylvie ». Hâve, barbu, je voyais mon frère hésiter sur le seuil. La lumière dans les yeux d'Hélène, Syl, ma petite Syl qui se blottit contre moi apeurée par cet étranger, Syl, qu'il faudra lui remettre. Je resterai seul avec Elisabeth.

« Je vous dis que les Russes, un jour ou l'autre, ils leur tomberont dessus. Oh ! en Espagne, ils menaient un drôle de jeu, mais quand même, c'est pas possible, il faudra bien qu'ils aient la peau d'Hitler. »

— Je l'espère André, je le souhaite... (Que le monde entier se ligue enfin pour mettre fin à cet enfer ! que le monde entier vienne au secours de Sylvie.) Dis André, Manuela del Rio, sais-tu ce qu'elle est devenue ?

Il m'avait raconté son arrivée à Barcelone, sa visite à la maison ombreuse où logeait l'Espagnole. La figure du quincaillier se ridait comme s'il avait vieilli d'un coup.

— Je ne suis pas sûr, pas tout à fait... Quand je pense, nous avons fait cela, nous. Dans des camps, nous les avons fichés dans des camps, ils ont froid, ils sont malades. Voilà ce que la République française a fait pour la République espagnole en attendant que Pétain les livre aux chleuhs... mais, du moins, elle, je saurai bientôt le camp où elle... Je la tirerai de là... » L'Espagnole dans un camp, dans la boue, la saleté, la rage. L'Espagnole captive des vaincus. François dans son oflag, vivant du souvenir d'Hélène, de l'image de Sylvie. Partout des camps, des prisonniers, des vaincus et des bourreaux. Syl, je ne veux pas de cette chiourme pour toi, pour tous ces enfants qui ont ton regard et ton souffle. L'autre jour, le vieillard en uniforme est venu dans notre ville, on l'a fait acclamer par des milliers d'enfants ! Qui comprendra un jour, qui voudra dans chaque pays soumettre tout acte, toute décision à un seul absolu devoir : celui de respecter, d'accroître le bonheur, les chances égales de chaque enfant ? Alors le monde sera sauvé. On dit qu'ils ont d'autres camps encore, et, peut-être, les enfants eux-mêmes vivent, meurent dans ces bagnes.

Si Betty, sans le savoir, était malade de tant d'horreur, si mon amour était sans force ni espoir pour elle, parce que la haine, le désespoir nous submergent ; si sa révolte contre moi, contre elle-même, contre notre vie, si ce malaise n'était que le reflet d'un autre, d'un suprême dégoût, inavoué par pudeur, par crainte, devant ce monde, ce bagne de pus et de sang.

« Les Japonais ont coulé la flotte américaine. L'Amérique entre en guerre. »

Mon père nous annonce cela comme il l'eût fait d'une bonne farce. Ma mère esquisse un pas de danse. Cette mimique imprévue déclenche le rire de Sylvie.

« Tu as raison, Syl, lave-nous de la fraîcheur de ton rire. Il coulera encore le sang, ils couleront encore les pleurs, mais tu as raison, c'est une lueur de plus, devant toi ; ris à l'avenir Syl, mon enfant, ma sauvegarde. »

VI

— Quand je pense, quelle sottise tout ça, Caroline confite en dévotion, Caroline le petit diable ; de nous quatre, celle qui visiblement était faite pour la joie : maintenant presque religieuse.

— Tu exagères, Betty, professeur dans une école libre, ce n'est pas le couvent.

— Ce n'est pas le couvent, au Puy ? D'ailleurs, il vaudrait mieux peut-être pour elle qu'elle soit religieuse. Elle a eu peur de se tromper sur sa vocation, peur de ne pas être digne d'épouser son Dieu.

— Ecoute, sois logique, comme cela elle reste libre. Pourquoi ne se marierait-elle pas ?

— Parce qu'elle t'aimait !

Elle a crié cela, ou plutôt elle m'a semblé le crier car en fait nous parlons à voix basse dans notre chambre. De l'autre côté du mur Hélène travaille, Sylvie dort dans son berceau.

J'essaye d'apaiser Elisabeth.

— Il y a longtemps qu'elle a oublié.

— Tu crois, toi tu crois qu'on oublie.

Que veut-elle dire ? Veut-elle me rappeler qu'elle n'oublie ni Roland Marcel ni le théâtre.

— Crois-tu qu'Emilie oublie Guillaume malgré son flirt avec Serge, et le quincaillier Emilie malgré Théo, malgré l'Espagne, malgré la guerre ?

Elle me regarde avec une tendresse amère.

— Vois-tu, Henri, j'ai gâché la vie de Caroline, c'est elle que tu devais aimer, je l'ai engagée vers cette fausse vocation, et toi je ne te rends pas heureux... Si... Je sais bien, ne proteste pas, ça se lit sur ta figure, et ta mère, et Emilie le lisent encore mieux que moi.

— Je t'assure, Elisabeth...

Ce pli las au coin de la bouche, ce déhanchement comme si le corps ployait, sans force.

— Mon pauvre Henri, tu as épousé une fille qui rêvait de théâtre, comme Caroline rêvait qu'elle serait religieuse, mais elle c'était par dépit, et moi par enthousiasme.

Elle rit, et ce rire me blesse plus encore que ses mots.

— Par enthousiasme...

Elle a posé la main sur mon épaule et je me raidis, étonné, presque choqué par ce geste insolite, ce signe de paix alors que je la croyais ennemie.

— François est prisonnier, Guillaume est prisonnier, et moi que suis-je ? vaguement infirmière, vaguement secrétaire à l'asile, en fait prisonnière dans ta maison qui n'est pas ma maison, qui n'est pas notre maison. Et toi, toi Henri, prisonnier de cette vie qu'il te faut mener avec moi, avec cette femme impossible... Oh ! ne nie pas, je me rends compte, va... Et Caroline prisonnière dans son couvent, enfin dans son école... dans le souvenir qu'elle garde de toi.

« Ce n'est pas vrai. » J'ai envie de crier, au lieu de cela, je reste muet, crispé sous le léger toucher d'Elisabeth. « Ce n'est pas vrai ! Tu es libre, ce n'est pas de moi ni de cette maison que tu es prisonnière, c'est de ce rêve que tu avais, de cette vie imaginaire de théâtre, de gloire, d'amour avec un « grand acteur » ! C'est de cela que tu es prisonnière ! Qu'y puis-je si le théâtre, au lieu de ce triomphe, de ce bonheur, c'était la fatigue, la médiocrité, et l'ennui avec un cabot sans génie, un don Juan sur le retour. Et tu m'as épousé pour fuir cela, pour te raccrocher à quelqu'un qui t'aimait. »

Je me tais, je ne bouge pas. Ces pensées que j'ai hurlées en moi-même, voilà que j'en ai peur comme si je les avais exprimées, comme si j'en avais frappé, déchiré Elisabeth. Je suis sûr qu'elles rôdent en elle, qu'elle ne parvient pas à leur échapper, et je ressens une bouffée violente, étrange, de haine, de pitié infinie et d'amour pour ma femme.

N'est-ce pas le même sentiment, le même élan sans nom qui la jette vers moi ? N'est-ce pas pour me cacher et se cacher un insupportable éclat de haine, de terreur qu'elle se blottit contre mon épaule, qu'elle implore mon aide pour que je la protège d'elle-même, de cette force en elle de destruction.

— Oh ! je t'aime Henri, pourtant, si tu savais. Si je te perdais je ne pourrais plus vivre.

Je prends sa tête dans mes mains, la lève vers moi. Les yeux d'eau sombre, je m'y baigne, je crois descendre en eux jusqu'à la source transparente de l'âme ; nulle ombre, nulle menace, la lumière même de la tendresse. Ah ! que finisse cette guerre, que nous puissions partir, loin, Betty et moi, seuls. J'ai cru apercevoir dans ses yeux le souvenir de ce regard qu'elle a dû avoir jadis, comme Sylvie, et qui créait autour d'elle le monde aussi neuf et brillant que sa propre enfance.

— La guerre finira, Betty, nous partirons. Nous irons où tu voudras, à Paris si tu veux, et si tu veux, tu feras du théâtre.

Elle fait non de la tête doucement.

— Tu crois, Henri, c'est vrai ? tu crois que cette guerre finira ?

Je l'affirme, et je sens en moi la pitié encore ; je me dis que non, nous serons morts avant, sous les bombes ou massacrés. Je trouve la force de sourire. Betty s'accroche, s'éclaire à ce signe menteur.

— Alors nous aurons des enfants ? Tu voudras, n'est-ce pas ?... Un fils, une fille, non, deux garçons, deux filles.

Je continue à sourire à ces enfants qui ne naîtront pas de nous.

— Puisque nous aurons des enfants, je me moque du théâtre. Ce n'est pas à Paris que nous vivrons, notre maison sera devant la mer, ou dans une forêt des Alpes, ou dans la campagne, sur les collines. Notre fils, c'est un fils que nous aurons d'abord, nous l'appellerons,... Comment l'appellerons-nous ? Gérard. Tu veux ? Nous avions un arrière-grand-oncle, tu ne te souviens pas de son portrait dans le couloir de l'Observatoire ? Avant d'entrer dans la salle des pierres, un grand avec des cheveux frisés, des moustaches, des yeux rieurs, j'en étais amoureuse quand j'avais dix ans, Gérard. C'était le maire d'un village sur le plateau, c'est lui qui a fait prisonnier Burgou, un chef de brigands, il l'a terrassé, il l'a attaché à la lourde table de sa salle à manger en attendant les gendarmes.

A quoi ? A qui sourit-elle ? A moi ? ou bien à cet aïeul de légende ?

— Notre Gérard (son sourire lie le passé fabuleux à un avenir de songe) il sera fort lui aussi, à la fois sévère et rieur. Tu veux bien qu'on l'appelle Gérard ?

Je promets. Elle me serre dans ses bras. J'ai envie de chanter. Je la fais tourner, mes mains à sa taille. Elle m'aime, Elisabeth m'aime. Malgré les pires moments, malgré les ténèbres entre nous, mon amour est le plus fort, elle le sait, elle le sent, et c'est ainsi qu'enfin elle peut me retrouver. Ne me donnerait-elle que le temps d'un éclair, la joie, cette certitude doit suffire à nous faire vivre, à nous permettre d'attendre au delà de nos heurts, de nos blessures, le moment où elle réapparaîtra. Je veux porter Elisabeth sur le lit, mais elle m'échappe en riant. Tentant de la rattraper, je renverse une chaise. Nous nous arrêtons, interdits. Nous guettons derrière la paroi le cri de Sylvie que ma maladresse aura réveillée. Rien, si, des plaintes, des appels, la voix d'Hélène qui rassure.

Dans le silence et l'ombre je défais ma femme de ses vêtements. Nu à mon tour, j'ai sa chaleur et sa fraîcheur, son poids et sa souplesse, son souffle, contre moi, sur moi. Je chuchote : « Tu avais raison, mon amour, tu as raison, pourquoi attendre, pourquoi ne pas avoir d'enfants ? »

Elle me repousse — ses deux mains, dures, petites arc-boutées au-dessus de mes seins.

— Ce n'est pas possible, Henri, j'aurais trop peur maintenant que tu m'as persuadée, tu m'as tellement dit que ce serait mal tant que cette guerre... que ce serait une folie, une lâcheté... Si, si, tu l'as dit, ou en tout cas, c'était ça que tu voulais dire, qu'il arrive malheur à notre enfant à cause de la guerre, je ne me le pardonnerais pas.

Elle a retiré ses mains, je suis tombé sur elle. Ses doigts dans mes cheveux, sur ma nuque, sa bouche qui tourne, se glisse sous la mienne, mord mes lèvres, me provoque, m'apaise. Sous nos caresses, cette certitude que j'avais tout à l'heure de l'amour retrouvé, intact, je la sens fuir, je harcèle le corps livré comme si j'espérais ainsi rattraper cette joie qui s'éteint, qui s'évade de nous alors que nous nous étreignons à nous briser, comme si nous voulions la piéger entre nos corps. Est-ce danse de la passion ou bien combat, agonie du dernier espoir, et après nous nous saurons plus seuls que jamais ? A travers les soupirs d'Elisabeth il m'a semblé, mais n'était-ce pas ma femme encore à qui le plaisir, ou la détresse dans le plaisir, arrachait ce lamento, il m'a semblé percevoir la voix, la plainte ou le chant d'Hélène berçant son enfant dans l'autre chambre, et cette présence, cette alliance de la voix d'Hélène au gémissement d'Elisabeth achevait de me perdre.

> *Pour toi, encore, le jour était le jour, Sylvie ; pour toi encore, peut-être dans quinze ans, dans vingt ans, l'amour donnerait au monde les couleurs dont je l'avais cru, dont nous l'avions cru paré, et peut-être pour toi l'arc-en-ciel, le soleil de l'amour donnerait, redonnerait à ta vie une force, une chaleur, une douceur, un éclat dignes de ce pur, de ce calme regard que du fond de ton enfance tu posais sur nous.*

VII

La reine mère écrivait parfois, plus rarement nous faisait parvenir quelque victuaille de sa campagne. Rituellement, à la fin de ses lettres elle nous demandait des nouvelles de l'Observatoire. Betty lui cachait la dégradation de leur demeure, le saccage du parc (les réfugiés coupaient les branches pour se chauffer, bientôt ils abattraient les arbres).

— Après tout, disait Betty, peut-être cela vaut mieux, cette déchéance, sinon, après la guerre, j'aurais été tentée de m'installer avec toi à l'Observatoire, et le passé nous aurait englués, engloutis.

Une lettre de Mme Garou nous apprit la mort de sa cousine, la mère de Marie la folle ; une autre, un peu plus tard, que la malade allait entrer à l'asile de notre ville ; seul, son père ne pouvait plus la garder.

Hélène, Elisabeth, Emilie s'exaltaient à la pensée de revoir bientôt la malheureuse. Elles la guériraient. Emilie parlait de se faire engager à l'asile pour les aider dans cette tâche. L'arrivée de la visiteuse tragique semblait reformer cette complicité de jeunesse, d'enthousiasme qui nous unissait au temps de l'Observatoire.

Ce fut Hélène qui vit Mariette la première. Au visage défait de l'étudiante, lorsqu'elle revint de l'hôpital pour le repas de midi, nous sûmes que nous avions divagué. « C'est une bête, une pauvre bête malade. » Elle n'eut pas le courage de nous dire autre chose.

Le soir, nous nous sommes retrouvés sans les parents ; Hélène a décrit l'hébétude de son amie, ses yeux sans couleur, sans regard, la broussaille de ses cheveux, la bave perlant aux commissures des lèvres, le teint terreux, le corps informe, et ce grognement, pas même : ce ahan comme venu des entrailles, qui accompagnait chaque souffle de la folle cependant qu'elle se balançait sans fin, d'un pied sur l'autre.

— Les métamorphoses de l'amour, a ricané le quincaillier.

Tous nous l'avons regardé avec horreur. Emilie s'est levée et a quitté notre chambre. Serge l'a suivie, baissant les yeux sous le regard du blasphémateur. Elisabeth a hoché la tête puis a rompu la première le silence.

— C'est pourtant vrai, Couderc a raison.

Hélène a continué :

— Peut-être, tout délire, c'est un amour qui a... pourri.

— Il y a pourtant bien des gens qui n'ont pas eu d'amour malheureux et qui finissent à l'asile, et, aussi bien, d'autres pour qui l'amour a mal tourné et qui restent sensés... ou à peu près.

— Je ne veux pas dire seulement l'amour entre homme et femme.

— Hé, hé ! entre qui et qui alors !

— Vous êtes stupide, André. Je veux dire aussi cet amour de l'enfant pour ses parents.

— Ah ! oui, Œdipe et compagnie !

— Si vous voulez...

Hélène nous regardait sans nous voir. Il me semblait souvent qu'une invisible taie descendait ainsi en ses yeux, et les rendait aveugles à tout ce qui n'était pas son propre tourment, son étude ou son rêve.

— Je me demande... J'ai longtemps pensé, comme toi, Elisabeth, que Marie, c'était l'abandon, c'était d'avoir été abandonnée par son fiancé, c'était l'échec de son amour qui l'avait rendue folle...

— Mais c'est cela, Hélène, ça ne peut être que cela !

Ma belle-sœur releva la tête.

— Bien sûr, Betty, s'il n'y avait pas eu cette affaire, cette rupture, peut-être Marie serait-elle aujourd'hui parmi nous, pareille à nous, peut-être... Mais qui sait, ce doit être plus profond, beaucoup plus profond, la racine du mal en elle. Sinon elle aurait, nous l'aurions guérie, nous l'aurions tirée de ce gouffre. Oui, je me demande, la rupture, l'amour déçu, n'est-ce pas le prétexte seulement ?

— Un prétexte ! s'étonna ma femme.

— Si tu veux : le vent, l'orage qui abat un arbre, mais l'arbre était depuis longtemps miné à l'intérieur, sinon il aurait tenu.

— Qu'est-ce qui aurait miné notre amie, et quand ?

Hélène se leva, fit un geste vague.

— Sait-on jamais ? Il faudrait chercher loin, dans son enfance, sa mère, son père ?

Elle se tassa sur elle-même.

— Comment voulez-vous, dans ces asiles ? Tu as vu, Betty, les malades entassés dans les dortoirs, deux médecins quand il en faudrait six, les infirmiers bien braves en général, mais il faudrait les enseigner, faire un tri. Et les cours, les couloirs, les salles, une vraie prison.

— Alors, demanda Betty (je la sentais au bord des larmes), Marie ?

Hélène s'approcha d'elle, je crus qu'elle allait l'embrasser, mais elle se détourna.

— Mariette, je regrette à présent qu'elle ne soit pas restée là-bas, dans sa campagne ou qu'elle ne soit pas morte.

Elle atteignait la porte lorsqu'elle s'arrêta, il me sembla qu'elle parlait maintenant pour elle-même.

— A l'asile, il y a un interne, un nouveau, Robert Calande. Je lui ai raconté l'histoire de Marie, il voudrait que nous essayions quelque chose, ne pas l'abandonner. Il est bien, il croit à son travail.

Elle sortit. Ainsi, il y avait encore, dans ce pays condamné, des êtres qui « croyaient à leur travail ».

Le quincaillier se leva à son tour. Il nous serra la main.

— Cette semaine, des centaines d'avions qu'ils ont abattus, les English ! Bientôt les chleuhs ne pourront plus les bombarder, et bientôt ce sera le tour de Berlin, de Cologne ou de Hambourg de déguster.

Il baissa la voix.

— On dit qu'à Paris, ils ramassent les Juifs, enfants compris. Les collabos trouvent ça bien. Des Nicolas Valenkov, ça ne manque pas chez nous, et ils n'ont pas l'excuse d'être russes.

Il feignit de cracher.

— Saleté... On leur apprendra quelque jour.

Il se mit à nous parler de Théo. Elle faisait du marché noir, histoire de ravitailler en alcool son pianiste. « La salope, disait-il, la pauvre salope. » Sa voix prononçait l'injure avec une tendre pitié. « Pourvu qu'elle ne fasse pas l'idiote, qu'elle ne se laisse pas entraîner dans les histoires de son frère ! Sinon... espérons que je serai là au moment du règlement de comptes pour... pour la protéger... Elle peut faire des conneries, ça oui, mais elle n'est pas mauvaise, pas du tout... »

Sur le palier nous entendions Hélène et Sylvie. Elles riaient derrière la porte, puis la mère chantonnait, l'enfant gazouillait. Elle se mit à crier quand sa maman sans doute commença sa toilette pour la nuit. C'était l'heure où les enfants de Londres, de Liverpool, de Manchester descendaient dans les abris, où les petits Juifs à Paris se pressaient contre leurs parents qu'on emmenait dans la nuit, où les garçons et les fillettes de Pologne se réveillaient affamés, et où bientôt, comme l'annonçait le quincaillier, les enfants de Hambourg, de Brême, de Cologne, de Francfort ou de Berlin connaîtraient eux aussi la terreur et la mort.

Je vous ai dit, Esther Zarev : la beauté, frêle comme une fleur perdue dans la lande, de la petite, petite Indienne qui dansait pieds nus, et l'air farouche de son frère le musicien. « Ça pullule cette pouillerie », grognent les Blancs. Ah ! comment rebâtir ! comment refaire pour vous, enfants échappés par miracle, par hasard, parce que le bourreau à la fin se fatigue, à Hérode et à ses tueurs de siècle en siècle, pour toi, petite Indienne du plateau de Cuzco, et pour ton frère qui joue toujours sur son pipeau, depuis le fond du temps, les mêmes notes monotones de la détresse, comment refaire un monde digne de vous ?

VIII

La première fois qu'Hélène nous amena Robert Calande, interne comme elle à l'asile, je jugeai sympathique ce jeune garçon, au teint mat, aux cheveux noirs, à l'œil impassible et sombre. « Ne dirait-on pas un Goya ! » demandait Hélène. L'étudiant bénéficia de la même sympathie de la part des femmes de la maison.

Betty fut tout à fait conquise lorsque Robert Calande raconta qu'il avait hésité entre le théâtre et la psychiatrie. Elle se mit en tête que c'était un mari comme lui qu'il eût fallu à Caroline, et que si tous deux pouvaient se rencontrer, ils auraient une chance de s'aimer. Ainsi Caroline serait arrachée à cette morne existence où elle s'enterrait. Hélène essaya de dissuader son amie : Betty oubliait-elle la foi de sa cadette et l'athéisme du futur médecin ? Et puis, Robert Calande s'était confié à elle, son idéal féminin ne ressemblait certes pas à Caroline. Enfin celle-ci pour rencontrer l'étudiant devrait traverser deux fois la ligne de démarcation, à l'aller puis au retour. Si elle n'obtenait pas de laissez-passer, et qu'elle voulût quand même traverser clandestinement pour répondre à l'appel de Betty, elle prendrait de grands risques.

Intérieurement, je donnais raison à Hélène. J'appréhendais la venue de Caroline. Ne serions-nous pas mal à l'aise quand nous nous retrouverions tous les trois : Betty, Caroline et moi ? Et si le projet de Betty échouait, si l'interne et Caroline ne se plaisaient pas, lorsque la jeune fille devrait repartir vers son école, quelle serait alors la réaction de ma femme ? Sans doute serait-elle plus abattue, plus tourmentée d'avoir espéré en vain... Mais si au contraire elle réussissait ! Ne serait-ce pas une grande ombre entre nous qui se dissiperait ? Libérée du remords, de cette absurde idée qu'elle avait de causer le malheur de Caroline en m'aimant, en m'épousant, Elisabeth pourrait enfin se rapprocher de moi. Peu à peu, ses autres craintes, ses autres regrets qui la rendaient triste et hostile s'effaceraient aussi, plus rien ne nous séparerait. Puisque Betty s'entêtait à faire venir sa sœur, mieux valait alors aider sa victoire.

Je renchérissais sur les éloges qu'elle faisait de Caroline devant l'étudiant, et j'en voulais à Hélène de manifester des réticences sous le prétexte d'apporter plus de mesure à nos propos. Je voyais bien que Robert Calande nous observait avec quelque ironie lorsque nous dressions ainsi le portrait de Caroline. Hélène l'avait-elle averti ? Dans ce cas, quel était son jeu ? Je la soupçonnais, sous son extrême discrétion, de posséder une volonté peu commune et d'aimer diriger les êtres qui l'approchaient. Peut-être alors, l'idée d'Elisabeth la contrariait-elle par le seul fait que ce projet, elle-même ne l'avait pas conçu.

Caroline arriva un matin après un interminable voyage. Betty et moi l'attendions sur le quai. Nous n'avions pas de suite remarqué cette mince silhouette bleu sombre nantie d'une vieille valise entourée de ficelles. Ce n'est que lorsque l'inconnue, les yeux plissés, est venue vers nous, qu'Elisabeth s'est précipitée.

Les deux sœurs se sont embrassées. Caroline m'a serré la main et j'ai cru retrouver dans son geste cette brusquerie garçonnière qu'elle avait autrefois, cependant que sa robe sombre, son chapeau rond, son air plein de réserve contrastaient avec ce vestige de son ancienne liberté.

Les jours qui suivirent, au contact d'Emilie, d'Hélène, de

Betty, et aussi du quincaillier et de Gaston Lachalle qu'elle avait souhaité revoir, Caroline perdit un peu de cette grisaille sous laquelle elle semblait s'être volontairement ensevelie. La grâce de Sylvie surtout exerçait sur elle un évident pouvoir. Il m'arrivait de la surprendre jouant avec l'enfant : alors j'avais l'impression que la fille espiègle et vive de jadis allait réapparaître sous le masque humble et austère.

Du moins Caroline n'imposait pas aux autres sa règle sévère, elle semblait même prendre plaisir, si l'on en croyait le soupçon de sourire sur ses lèvres ternes, aux facéties du quincaillier, s'efforçait de convaincre Gaston Lachalle qu'il avait un sort enviable : sa réforme pour troubles nerveux lui avait valu d'échapper à la guerre, et maintenant, s'il déplorait de ne point trouver sa place dans la société, croyait-il qu'il n'en allait pas de même pour des milliers de jeunes en ces temps de misère ?

Serge ne voyait pas d'un bon œil la présence de la jeune fille parmi nous, comme s'il sentait qu'avec elle l'Observatoire s'édifiait de nouveau ici même et non plus, en face, dans cette bâtisse à l'abandon qui n'était plus que la caricature de la demeure prestigieuse. Il se sentait exclu de nos discussions comme de nos silences, il devait songer que l'ombre de Guillaume accompagnait Caroline et risquait de lui enlever Emilie.

Quant à Robert Calande, il ne prêtait nulle attention à l'invitée, et elle ne nous cachait point, le soir, une fois nos hôtes repartis, qu'elle voyait mal ce qui dans l'étudiant nous séduisait. Hélène prenait la défense de son camarade, comme si elle eût voulu maintenant redonner chance au projet de Betty. Celle-ci approuvait mollement, elle mesurait sans doute ce qui séparait le méridional un peu avantageux qu'était l'apprenti psychiatre de l'âme claire de sa cadette.

Avant de repartir, Caroline nous prit à part, sa sœur et moi. Nous nous sentions devant elle intimidés comme si elle eût été notre aînée. Elle nous dit que sans cesse, dès que ses cours lui laissaient quelques loisirs, elle priait pour nous. Elle ajouta : « S'il m'arrivait malheur... » ce qui nous fit nous récrier ; elle nous regarda alors gravement et demanda si en une telle époque il ne fallait pas se savoir plus que jamais en sursis ; elle reprit : « C'est de ma faute, je me suis sottement exprimée, qui parle de malheur pour moi ? je voulais dire : si je disparaissais, au ciel je continuerais à veiller sur vous, vous entendez, je vous protégerais ! »

Serge Valenkov fut-il inquiet du souvenir ranimé par la venue de Caroline ? Emilie lui donnait-elle alors l'impression de regretter Guillaume ? Ou bien, je le croirais plutôt, ma sœur eût-elle peur d'elle-même ? S'alarma-t-elle de retrouver en elle, encore vivant, son amour pour le frère de Caroline ? Toujours est-il qu'Emilie et Serge annoncèrent leur intention de se marier aux premiers beaux jours. Cette nouvelle me fit prendre conscience que jusqu'à présent j'avais traité le jeune Russe un peu comme un animal familier qu'on a l'habitude de voir près de soi, dans la maison, mais auquel on ne prête guère attention. Je découvrais qu'il était beau, que son regard bleu-vert pouvait avoir de l'éclat et tranchait avec son indolence habituelle. Dans cette lueur qui parfois traversait ses yeux semblait s'être réfugié le brin de fougue laissé, semblait-il, à leur cadet, comme maigre héritage, par Nicolas et Théodora — car eux avaient pris toute la fièvre, l'exaltation, la fureur, que paraissait charrier le sang familial.

Cependant, lorsqu'il arrivait à Serge de parler, (ma sœur assurait qu'avec elle, il ne s'en privait pas), il y avait dans ses paroles, dans leur débit nonchalant, une sorte de don, celui peut-être du conteur oriental. D'ailleurs, qu'il parlât de ses projets d'avenir, d'une rencontre avec un camarade de lycée, ou d'un emploi qu'il espérait, tout prenait dans sa bouche allure de conte : à trente ans, à l'entendre, il posséderait voitures, résidences princières, écurie de course. Comment hésiter à lui donner la main d'Emilie, puisque la fonction qu'un inconnu rencontré dans un bar lui avait promise ferait de lui, « après la guerre », le plus jeune et le mieux payé des directeurs d'entreprise ?

Certes, mes parents se méfiaient autant de ses paroles que de sa coutumière flânerie, mais ils voyaient bien qu'il distrayait leur fille de son ennui, qu'il la suivait fidèlement, comme un page élégant jusqu'en sa paresse, souriait de ses caprices, bref, la consolait mieux que tout autre de ses amours manquées. Aussi acceptèrent-ils la demande en mariage. Toutefois, le petit emploi que Serge remplissait dans l'affaire de mon père ne suffisait pas à faire vivre le jeune ménage ; mon père put trouver à Bordeaux, dans une industrie maritime qui s'était mise à la fabrication d'ersatz, un poste d'agent commercial pour son futur gendre.

La noce eut lieu à la mi-avril sans cérémonie. Cependant, autour d'une tasse de café mêlé d'orge, et de quelques biscuits à la saccharine, Emilie tint à rassembler les deux familles et les amis des anciens jours.

Ce fut un morne après-midi, mais je songeais qu'Emilie avait voulu que tous, amis ou ennemis, tous ceux qui connaissaient son amour pour Guillaume, et son échec, fussent témoins de son nouveau bonheur et assurés que plus rien en elle ne subsistait de ses regrets, de sa tristesse.

Quelques jours plus tard, les jeunes époux purent franchir la ligne de démarcation et s'installèrent à Bordeaux.

Caroline, me disais-je alors, si elle pouvait rester vivre avec nous, même dans cette médiocrité présente et cette angoisse qui étaient notre lot commun, elle retrouverait ces forces vivaces, généreuses, pour le moment endormies en elle-même. Sa renaissance nous eût peut-être tous réveillés, elle eût fait rejaillir notre jeunesse avec son espoir naïf. Elle nous eût fait honte de renier cette promesse que nous nous étions faite à l'Observatoire de vivre toujours ce qui dans la vie était lumière, feu, soleil : l'amour, l'amitié. Mais Hélène, mais Couderc, mais François ne tenaient-ils pas à leur manière cette promesse ? Seuls Betty et moi, et, par malchance, Emilie, l'avions reniée.

IX

Le quincaillier caressait encore le rêve de monter avec Betty une troupe ambulante. En choisissant certaines œuvres, il ne doutait pas d'éveiller les consciences.

« Les Barbares ! s'écriait Couderc, Emilie avait trouvé un fameux titre, il serait merveilleux pour une troupe de théâtre aujourd'hui. Quel crachat à la figure des bons apôtres. « Travail, famille, patrie », qu'ils susurrent, nous répondrions : « Vivent les

Barbares ! » et nous monterions des pièces où la vraie barbarie serait dénoncée. »

Elisabeth ne se rendait pas vite aux arguments du quincaillier auquel Hélène et Robert Calande donnaient raison. Elle le laissa cependant faire des démarches avec moi pour savoir comment nous pourrions, le cas échéant, fonder cette troupe, organiser des tournées dans les petites villes avoisinantes, dans les villages mêmes. Nous avons vite compris que Couderc était suspect aux autorités et que celles-ci ne goûteraient guère non plus cette appellation que nous voulions donner à notre groupe. Sans même ces obstacles qu'on se gardait de nous avouer, il n'eût certes pas été facile d'obtenir les bons d'essence, les matériaux destinés aux décors et aux costumes.

Nous renonçâmes donc à notre projet de théâtre ambulant ; pas tout à fait cependant, car Betty elle-même suggéra d'organiser de temps à autre, dans les environs, des veillées où nous lirions des poèmes, des contes, des monologues.

On nous vit ainsi quelque temps, Elisabeth, Hélène, le quincaillier et moi, le samedi ou le dimanche, déambuler dans la vieille voiture de mon père, de sous-préfecture en chef-lieu de canton, de bourg en village, d'école en mairie, de gymnase en patronage. Quelquefois Robert Calande se joignait à nous, Hélène prétendait qu'il avait un don pour déclamer les vers ; il possédait certes une voix chaude et grave, mais son débit était d'une monotone emphase.

Nous n'avions pas osé garder l'étiquette des « Barbares ». Nous nous faisions annoncer par des prospectus que le quincaillier expédiait aux maires ou aux instituteurs. « Les quatre, pouvait-on y lire, se proposent de vous faire connaître les poètes de ce temps » ; suivaient quelques noms de ces poètes : « Aragon, Fargue, Jouve, Eluard, Prévert, Emmanuel, Lorca ». En bas de page cette affirmation « Poésie et Vérité ». Lorsqu'il arrivait que l'étudiant psychiatre nous accompagnât, Couderc disait : « Bah ! les trois Mousquetaires étaient bien quatre, pourquoi « les quatre ne seraient pas cinq ». Une fois seul avec moi, il ajoutait : « Je ne comprends pas qu'Hélène puisse apprécier ce garçon, il a une façon d'écrabouiller la poésie ! Un vrai mastodonte ; quand je l'écoute, il me semble entendre « La Comédie-

Française de Romorantin ». A la place d'Hélène, je me dirais, un garçon capable de massacrer comme ça Aragon ou Eluard, qualité douteuse ! »

Pour alléger le programme, nous avions une seconde partie intitulée : « Poésie, Rire et Liberté. » Des monologues de Charles Cros, des textes de Prévert et de Queneau permettaient au quincaillier de s'assurer un succès qui à la fois le flattait et l'agaçait. « Si seulement ils comprenaient qu'ils n'auront droit de rire qu'après avoir reconquis le droit de vivre. »

Nous lisions devant de maigres salles : quelques femmes, dans le fond un groupe de jeunes qui commençaient par chahuter puis peu à peu se taisaient, émus malgré eux, au fur et à mesure qu'Hélène apportait le chant précieux et grave de Lorca, que la voix d'Elisabeth éveillait la lumière d'Eluard, que Couderc jetait les sarcasmes tendres de Queneau ou de Prévert, que moi-même j'essayais de redonner la plainte et l'espoir du « Crève-Cœur ». Au premier rang, l'instituteur, l'institutrice, plus rarement le maire. « Dire qu'en Espagne, grondait le quincaillier, Lorca pouvait rencontrer son peuple, vraiment, lorsqu'il partait sur les routes avec son théâtre !... Et son peuple, les salauds l'ont tué, nous l'avons laissé assassiner. Maintenant, comment réveiller le nôtre. Aragon, Emmanuel, Max-Pol, Seghers et les autres auront beau faire... »

Pourtant, il suffisait qu'une fille, un garçon, après la séance, s'approchât timidement, nous demandât le titre d'un poème, le nom d'un poète, ou comment se procurer ces vers que nous avions dits, pour que le quincaillier alors manifestât son enthousiasme : tous les espoirs étaient permis ! nous avions semé le bon grain, notre pays renaîtrait plus jeune, plus vrai de l'épreuve ! nous ne serions plus une nation de boutiquiers mais enfin la France, la France, et les jeunes sauraient que l'amour, le jazz, la poésie, la vie c'est la même chose ! Il s'enquérait du nom de nos spectateurs, leur distribuait quelques numéros de revues qui nous étaient chères, où nous puisions en partie nos programmes : Poésie 41, les Cahiers du Sud, ou Fontaine. Nous nous amusions de son exubérance, de son entrain, et notre ironie nous permettait de voiler notre propre émotion, notre fierté aussi naïve que celle de notre compagnon. Saint-Léonard, Eymoutier, La Rochel'Abeille, Bellac, Saint-Yrieix, Oradour, Pierrebuffière, nos cités, nos villages, nous découvrions la beauté de leurs noms, comme si leurs syllabes sourdes et chantantes, et leurs légendes de sainteté ou de magie, leurs images de rocs, d'églises ou de vent, tissaient un ancien et secret poème en filigrane des strophes que nous venions offrir, non sans maladresse, à leurs enfants.

Mon père gentiment se moquait de notre bande de « troubadours », ma mère s'inquiétait car Nicolas Valenkov prétendait que notre équipe finirait mal, « ils camouflent, disait-il, sous les tournées artistiques, sale travail, propagande antieuropéenne, eh bien, c'est jouer avec le feu. »

Comme au temps de l'Observatoire, Betty m'aidait à corriger ma prononciation, elle faisait travailler également Hélène et Couderc. Le soir, nous choisissions les poèmes, mesurions sur nous-mêmes leur pouvoir d'émotion, de colère ou d'apaisement. Au début, Betty habituée au jeu théâtral avait du mal à se défaire des gestes, des intonations dramatiques, des effets de mimique et de voix ; c'était à son tour de me demander conseil ; Hélène et Roger Calande faisaient de même. J'étais à la fois fier et inquiet de cette confiance qu'Elisabeth avait commencé à me témoigner et que tous trois me gardaient, comme s'ils découvraient en moi, je ne savais quel accord avec cette voix seconde qui me semblait résonner tantôt en deça, tantôt au delà des chants, des plaintes, des cris, des proférations ou des souffles des poètes que nous aimions.

J'avais l'impression que, grâce à ce don qu'ils me reconnaissaient sans que je puisse le percevoir, je bénéficiais à leurs yeux d'un prestige pourtant bien usurpé : que serait le sourcier sans la source. Mais qu'importait ? Ce qui comptait c'était le regard attentif, tendre qu'Elisabeth posait sur moi, et cette façon qu'elle avait de retrouver, que son corps avait de retrouver ces flexions de graminée, de jeune arbre, de liane, selon les courbes, les rythmes et la respiration des vers. Il me semblait que tout son être m'écoutait lorsque, en hésitant, je lui suggérais plus de retrait, de distance, d'égale coulée dans le verbe.

Comprenait-elle que c'était moi qui l'aimais, que c'était mon amour qui la chantait lorsque par ma bouche parlaient ces poètes, comme jadis Olivier chantait mon amour à Celia.

Elle est debout sur mes paupières
Et ses cheveux sont dans les miens,
Elle a la forme de mes mains
Elle a la couleur de mes yeux,
Elle s'engloutit dans mon ombre
Comme une pierre sur le ciel

Elle restait un moment songeuse, les yeux mi-clos.

— Henri fais mieux entendre, ou plutôt efface moins, un peu moins les e muets : « Elle s'engloutit... une pierre sur le... »

Intérieurement je lui disais :

Tu es debout sur mes paupières
Tes cheveux sont dans les miens
Tu as la forme de mes mains...

Et voilà qu'elle se levait et que je la sentais trembler et souffrir, et que je croyais souffrir et revivre avec elle la souffrance et la force, la nuit et la brûlure de notre amour. De la main, je lui faisais signe de baisser la voix, de rester en arrière des mots.

« *Amour tremblant, Crainte de proie* », disait-elle, et je sentais la fragilité de notre amour, la cruauté autour de lui, en lui, la peur, l'effroi que marquait le dur redoublement des consonnes commandant les r de « cruauté » et de « proie » :

Amour tremblant, Crainte de proie
J'aime vos deux instincts frappants
Cruauté tenace. Amour tremblant
Je sais ton style heureusement
Je suis le maître dans la nuit
Amour tenace. Amour tremblant
Tu t'es posé sur le rebord
De l'âme la plus misérable
Comme un aigle sur le balcon !

Misérables nos âmes, orgueilleuses, aigles féroces à s'entre-déchirer, souveraines nos âmes, prêtes à voler de nouveau souveraines. Tremble mon amour, tremble de peur, tremble de joie.

— Atténue, ma chérie, cette exclamation.

Betty me regardait, je croyais qu'une lumière (était-ce celle de mon reflet ?) tremblait dans ses yeux ; puis elle se tournait vers Hélène, vers le quincaillier, comme si elle les interrogeait sur ma remarque et sur sa diction. Couderc me donnait raison, Hélène se prononçait pour quelque accent en faveur de l'aigle ! Betty recommençait. Cette fois elle savait demeurer en retrait de l'image, en même temps elle trouvait le moyen de faire passer l'ampleur et l'inquiétante puissance de l'oiseau de proie dans ce mezzo voce.

« *Adieu, Meuse endormeuse* » murmurait Hélène.

« Notre Jeanne d'Arc », l'appelait Couderc, et parfois l'étudiante se vexait, quittait la répétition. Il fallait que Betty allât auprès d'elle en ambassade. « Fichue Jeanne d'Arc, marmonnait le quincaillier, il est vrai que la Pucelle ne devait pas être commode... Manier l'épée, porter l'armure ! Une femme de fer, notre Hélène toute crachée. » Qu'elle était douce, pourtant, et touchante, et obstinée, habitée par un profond dessein qui faisait se froncer la marge blanche du front sous la frange des cheveux, qu'elle était pure Hélène psalmodiant :

Adieu, Meuse endormeuse et douce à mon enfance
Qui demeures aux prés, où tu coules tout bas.

Si son collègue, si Robert Calande était là, il la contemplait, les yeux fixes, sérieux comme un pape. Il m'agaçait.

Que de la Meuse paysanne, elle passât à la Seine, et de la bergère au mal-aimé, la voix d'Hélène, de l'enfance passait soudain à l'âge voluptueux.

Passent les jours et passent les semaines
Ni temps passé
Ni les amours reviennent
Sous le pont Mirabeau coule la Seine.

« Apprenez la géographie et l'histoire par la poésie, me soufflait Couderc, les fleuves par les poètes. » Je le devinais malgré lui ému. A quoi, à qui songeait-il ? lorsque Hélène, avec un air têtu et tragique, égrenait ces litanies :

Il n'y a pas d'amour qui ne soit à douleur
Il n'y a pas d'amour dont on ne soit meurtri
Il n'y a pas d'amour dont on ne soit flétri
Et pas plus que de toi l'amour de la patrie
Il n'y a pas d'amour qui ne vive de pleurs
Il n'y a pas d'amour heureux

« Elisabeth ma douleur, ma meurtrissure, ma patrie... » Non, non je ne veux pas, je ne voulais pas. « Un jour, notre amour, Elisabeth, la joie, la clarté, la paix. » A qui répondait-il le quincaillier, tout cassé, semblait-il, tout gris dans ses grimaces ? A l'enfant, à l'héroïne enfantine de la Meuse ? A Emilie la femme-enfant qu'il avait perdue ? A l'obstinée, la tragique, la charnelle Hélène du mal-amour ? A notre couple d'aube et de ténèbres ? A l'Espagne, à la France, pareilles maintenant à deux femmes exsangues, enchaînées ?

Il est un temps pour la souffrance
Quand Jeanne vint à Vaucouleurs
Ah ! coupez en morceaux la France
Le jour avait cette pâleur
Je reste roi de mes douleurs.

Ou bien, d'autres soirs — et lorsqu'il disait ces vers dans quelque salle d'école, les mouchards de Nicolas Valenkov devaient lui rapporter que le Rouge, l'ancien des Brigades internationales, racontait des choses qu'on ne comprenait pas, mais qui devaient en dire long, allez, peut-être des messages clandestins, et c'était bien vrai que gaullistes et communistes et volontaires de l'Espagne du Frente crapular, c'était la même racaille à fusiller.

Tu te penches
Sur le chemin des étoiles de mer

Mes frères hurlent de douleur à l'autre bout
Il faut les prendre intactes
Ce sont les mains de la mer
Que l'on offre aux hommes de rien
Glorieux chemin sur le chemin des étoiles de mer
« Alcachofas, alcachofas » c'est mon beau Madrid
Aux yeux d'étain à la voix fruitée
Qui est ouvert à tous les vents...

Je le voyais bien, le quincaillier allait tomber, allait crier, allait pleurer. Non, il tenait. Mais, à peine terminions-nous nos critiques, nos conseils, il sautait à pieds joints dans l'humour, et cette fois son corps, s'il se contorsionnait, se cassait, c'était de rire.

La puce porte son pied droit à son oreille gauche
Sa main gauche dans sa main droite
Et saute sur son pied gauche par-dessus son oreille droite.

— Ça marchera, disait Betty. Mais vous voyez il faudra intervertir l'ordre des poèmes, passer Aragon à la suite de Péguy, André juste après Hélène, puis revenir à Henri, ensuite moi avec Fargue, terminer par les choses d'humour : Max Jacob, Queneau, Arp.

— Et si, au contraire, suggérait Hélène...

Ainsi discutions-nous longtemps pour mettre au point notre programme, quitte à le changer encore si à l'épreuve des villages il ne nous paraissait pas toucher notre public comme nous l'avions espéré.

Parfois, quel froid nous étreignait, lorsque les vers, les images, les musiques, que nous avions essayé de servir du meilleur de nous-mêmes, se heurtaient aux visages fermés, aux regards ennuyés ou distraits, demeuraient des mots, rien que des mots ! Un maigre applaudissement à la fin lorsque le quincaillier, raide, sinistre, achevait le dernier vers que nous avions trouvé si drôle, si chargé d'humour noir, gris, vert ou rose ; la dizaine de spectateurs s'en allaient, les uns somnolents, d'autres goguenards, d'autres encore l'air vexé ou méprisant. Nous rangions nos affaires, sans oser nous regarder, épuisés. Dans la voiture que je conduisais, Hélène et Betty feignaient de dormir. A mon côté Couderc grognait de vagues jurons. Nous détestions cette poignée de sourds, de « morts-vivants », prétendait Couderc... Nous leur en voulions de nous donner le sentiment, qui nous accablait, que nous étions ridicules, inutiles ; et, plus encore, de nous faire douter nous-mêmes de la poésie et de notre pays. Nous décidions d'abandonner. Pendant un jour ou deux nous n'ouvrions plus nos livres, nous ne répétions plus. Puis l'un d'entre nous, timidement se demandait si le hasard, la malchance n'avaient pas joué, ou si ce soir-là, nous n'étions pas, sans en avoir conscience, moins en forme, ou encore si des jeunes n'avaient pas été empêchés de venir, dont la présence aurait tout changé, et la poésie alors serait passée, aurait éveillé quelqu'un, un artisan, un écolier, une femme, à la vraie vie et à la France.

Nous nous laissions convaincre. « Mais, c'était juré, cette fois s'il y avait échec ce serait le dernier. » Le samedi suivant nous abordions avec un trac que nous parvenions à peine à dissimuler les quelques curieux assemblés dans la salle des fêtes. Nous lisions, nous récitions des phrases. Je trébuchais dans une strophe, Betty disait faux, Hélène n'était plus Jeanne aux bords de Meuse, la voix de Couderc grinçait. La catastrophe. Il nous tardait de finir, de partir. Et puis, soudain, que s'était-il passé, une jeune fille, un garçon, leurs yeux, plus grands, plus sombres, cette attention, ce corps, ce visage, ce souffle qui écoutent. Sur un autre rang, un homme qui se racle la gorge, ses mains se crispent sur le dossier de chaise devant lui. Ainsi, de proche en proche, la vie, la mort, l'amour, le chant passent dans les regards, dans la respiration, dans le sang. Et les paroles, toutes les paroles s'ouvrent, qui portent le monde, et le monde s'échappe de ces mots comme de fruits ouverts, éclatés, et nous disons, des poètes en nous disent le malheur, la honte, la colère, et nous sommes heureux, nous sommes fiers, nous sommes apaisés.

Le soir du « gala », dans les coulisses, Elisabeth et Hélène se tenant par la taille. Ce costume de bergère de théâtre, dont elles étaient affublées, cette tunique courte d'où émergeaient leurs jambes nues, longues et fines pour

Betty, rondes et musclées pour Hélène, comme je les réprouvais. J'accusais de vanité stupide Mme Garou pour oser ainsi exhiber sa fille ; en même temps, je continuais à respirer en moi l'odeur d'Hélène et à sentir la fraîcheur de son bras sur ma bouche, la pression de son corps, comme celle d'une vague vive et chaude, lorsque, trébuchant sur la scène, elle s'était raccrochée à moi.

X

Lorsque l'étudiant psychiatre nous accompagnait dans nos déplacements, il tenait un peu le rôle de régisseur ; nous lui confiions également le soin de prononcer quelques mots de présentation au début du récital. Bien qu'Hélène s'obstinât à lui trouver un talent pour lire les œuvres lyriques, notre commune critique la dissuadait d'insister.

Ce soir-là, contrairement à notre habitude, nous avions terminé le programme par l'audition d'Hélène. Elle avait dit : « Il n'y a pas d'amour heureux », avec une force poignante. Un écho voluptueux et amer demeurait dans sa voix au delà des mots. La salle, après un moment de stupeur, comme s'il lui fallait se remettre, reprendre haleine, avait applaudi notre amie si fort que ces bravos, nous le sentions, étaient le merci d'hommes, de femmes à la fois blessés et délivrés par cette blessure et cette plainte enchantée qu'Hélène leur avait transmises. Il n'y avait plus le poème, l'interprète, le public, mais Hélène qui inventait le poème de sa propre vie déchirée et le donnait à vivre à ces Français meurtris qui se reconnaissaient en elle. Nous étions nous-mêmes très émus, et dans les coulisses — car cette cité ancienne possédait un théâtre — nous avons à notre tour applaudi Hélène. Elle nous a regardés, à la fois incrédule et troublée ; brusquement elle s'est enfuie dans sa loge.

Un peu plus tard, une fois nos valises bouclées, je me suis donné le prétexte d'aller voir si ma belle-sœur était prête, — nous la plaisantions volontiers sur la lenteur de ses préparatifs, le moindre déplacement prenait pour elle allure de voyage au long cours, et ses retards devenaient proverbiaux. En réalité, j'avais besoin d'être seul avec elle pour lui dire, pour lui faire comprendre combien ce soir, moi aussi, moi plus que tous les autres, sa voix, pas seulement sa voix, elle-même, elle tout entière m'avait, comment... ah ! que lui dirais-je ? m'avait arraché à moi-même. Non, sans doute ne lui dirais-je rien, ou seulement, en détournant la tête, que nous l'attendions, que ce soir, grâce à elle, vraiment, c'était un succès.

La porte était entrouverte par où venait un rai de lumière. J'ai pensé qu'Hélène était déjà sortie sans éteindre et qu'elle devait nous attendre sur le perron du théâtre. J'allais partir lorsque j'ai cru entendre dans la loge un soupir. J'ai souri, où avais-je la tête ? Hélène était là, elle se débattait avec tous ces objets inutiles qu'à chaque fois elle emportait et qu'elle avait si grand mal ensuite à loger dans sa valise. Je poussai la porte, m'arrêtai. Une seconde, — mais combien me parut-elle durer ? Toute une vie ! — j'ai vu un homme et une femme s'embrasser, un couple inconnu, et en même temps, pendant cet instant interminable, cet instant qui n'a jamais pris fin, une douleur profonde, sourde, comme un coup que l'on m'aurait porté dans le sommeil, une douleur incompréhensible, sans raison, sans cause devant ce couple étranger, me déchirait. J'ai eu le temps, dans cette seconde éternelle, de songer : « Je me suis trompé de porte. » La douleur s'est faite plus forte, là, au creux de l'estomac, à ma gorge, et j'ai reconnu l'homme, et j'ai failli crier. Robert Calande, que je voyais de trois quarts, dissimulait à ma vue celle qu'il tenait dans ses bras, sur laquelle il se penchait. Aucun son n'est sorti de ma bouche et j'essayais en vain d'aspirer une bouffée d'air. La douleur, le cri silencieux, la suffocation. J'ai dû broncher, les autres se sont retournés, se sont écartés l'un de l'autre. J'ai crié cette fois, je me suis senti crier : « Hélène », comme si toute cette douleur en moi voulait s'échapper par ce cri, mais ce n'était pas un cri, seulement l'ombre d'un cri que formaient mes lèvres mortes, et la douleur restait, devenait maintenant un voile noir à travers lequel je voyais Hélène s'approcher de moi, tendre à demi son bras. Qu'est-ce qui m'aveuglait ainsi ? Quel voile de larmes ? A-t-elle prononcé mon nom ? Il m'a semblé, cependant que je m'enfuyais.

Betty et Couderc qui attendaient déjà devant le théâtre, près de la voiture, ne remarquèrent pas ma panique. Au bout d'un moment, Robert Calande arriva, portant la valise d'Hélène, celle-ci le suivit bientôt.

Sur le chemin du retour, je conduisis avec rage. Betty à mes côtés se cramponnait à son siège, plusieurs fois elle me supplia de ralentir, ce qui ne me faisait qu'accélérer davantage. A l'arrière, le quincaillier lui-même, séparé de l'étudiant par Hélène, se montrait inquiet. Il plaisantait : « Non mais... cet Henri, le succès le rend fou, le succès d'Hélène. Hé là ! écoute mon vieux, ce n'est pas une raison pour nous fiche dans le fossé. » Les deux autres se taisaient. J'aurais voulu entendre Hélène crier de peur, et son — comment devait-on dire ? — son ami ? son amant ? me prier de cesser cette course contre la mort.

— Non, mais, il se croit dans mon ex-Bugatti ! Remarque, tu as beau appuyer sur le champignon, ta guimbarde n'a rien d'un bolide, seulement tes pneus, tes freins, quoi, tu sais bien qu'ils menacent ruine, alors ça va, vieux, laisse tomber.

Quand, arrivés en ville, nous nous sommes séparés, Couderc a déclaré en riant : « Ma parole, je ne connaîtrais pas Henri et je ne saurais pas que l'alcool c'est plus rare à présent que le beurre et le bifteck, je me dirais le frère, ou il a bu, ou il est cinglé. » Je refusai la main que me tendit Robert Calande. Un peu plus tard, à la maison, je ne répondis pas à Hélène lorsqu'elle nous souhaita bonne nuit.

Dans notre chambre, Betty s'approcha de moi, prit le revers de mon veston, me secoua comme si elle avait affaire à un somnambule.

— Henri, Henri, mais enfin qu'est-ce qu'il t'arrive, moi aussi j'ai cru comme Couderc, je me suis dit quelqu'un l'a fait boire, quelqu'un dans les coulisses pendant que nous l'attendions. Henri, enfin, réponds-moi. Tu ne te rendais pas compte ? Je me demande comment nous n'avons pas eu d'accident... Henri, si tu voyais ta tête... Tu es malade ?

Je me suis raccroché à cette idée.

— Oui, c'est ça... je ne sais pas, je suis malade... malade.

Les gestes maternels d'Elisabeth pour m'aider à me dévêtir, à me coucher, enfouir mon visage dans sa poitrine, laisser l'ombre chaude de son odeur m'ensevelir avec ma peine. La longue, étroite main, si douce sur ma tête, sur mon front, la voix qui berce, qui caresse, qui calme.

— Petit... mon petit Henri.

Elle se lève, s'écarte du lit. Qu'elle ne me quitte pas, pas encore. Je gémis — j'ai bien le droit de gémir puisqu'elle me croit malade, puisque je suis malade, pareil à une bête malade qui ne sait ce qui lui arrive.

— Où vas-tu ?... Reste avec moi...

— Je vais chercher Hélène. Elle t'examinera, je serai plus tranquille.

— Non !

Je me suis dressé sur le lit.

Betty revient vers moi.

— Non, je ne veux pas !

— Mais pourquoi, Henri ?

Sa main de nouveau sur mon front.

— Tu as, tu dois avoir la fièvre... Hélène...

Je m'accroche à elle... Pourvu que je n'aille pas sangloter. Je dis :

— J'ai vu Hélène, je l'ai vue, je l'ai surprise dans les bras de Calande.

Betty m'observe. Elle ne comprend pas. Maintenant que, malgré moi, j'ai parlé, la douleur s'assoupit, oh ! toujours présente, prête je le sens à s'embraser de nouveau dès que l'image se reformera, sous mes paupières closes, des amants enlacés.

— Hélène, Robert Calande, répète lentement Betty comme si elle cherchait quelque chose.

Enfin elle passe ses bras autour de mon cou, m'oblige à m'étendre, pose un baiser sur ma joue.

— Oui, bien sûr, elle ne devrait pas... Tout de même, te mettre dans des états pareils pour ton frère...

Elle se relève, me borde comme un enfant.

— Et puis tu sais, quoi, c'est sans doute une passade, un flirt. Hélène est désemparée, alors... Cela ne veut pas dire qu'elle n'aime pas François. Surtout que ton frère ne sache rien, jamais, ni ta mère.

Mon frère ? Mais oui, mon frère, au loin, prisonnier, malheureux. Je n'avais pas songé à lui quand je les ai surpris. Mais bien sûr, c'est pour lui, pour lui, que j'ai eu mal, que je les aurais écrasés. Je ne le savais pas, mais c'est de lui que me venait ce sursaut de dégoût et cette souffrance. La femme d'un prisonnier, comment ose-t-elle ?

Je m'agrippais à cette idée : j'étais le frère de l'offensé, de l'oublié, dans la mesure même de son absence, de son épreuve, de l'impuissance où il se trouvait de se défendre, je souffrais pour lui, je m'indignais pour lui.

Betty se déshabillait, vaquait à sa toilette. Ces mouvements, ces bruits familiers me rassuraient. Ma femme était là près de moi, alarmée par mes angoisses, fidèle. Ce n'était pas moi qui étais bafoué, abandonné, c'était mon frère.

J'eus du mal à trouver un sommeil entrecoupé de cauchemars. J'étais couché ligoté, sur un désert, en Espagne, sous un soleil gris de fournaise. Un être mi-bête, mi-homme, une sorte de chien à tête humaine — c'était Robert Calande, je le savais — tenait contre lui Betty et Hélène à demi nues. Tous trois riaient en me regardant. Il avait de gros yeux en feu. Les pattes velues se baladaient sur les seins, sur le ventre, sur les cuisses des femmes. Je voulais échapper à mes liens. Je voulais insulter le trio qui maintenant, haletant, forniquait devant moi. Je demeurais immobile, muet. Les autres me narguaient, obscènes. Soudain je les voyais passer du plaisir à l'effroi, les deux femmes grimpaient sur le dos de la bête humaine qui fuyait et les emportait, cependant que mon frère, surgi de l'horizon, immense, les visait de son fusil et tirait sur eux. Mais ses balles ne les atteignaient pas, c'était moi qu'elles transperçaient. A la fin mon corps était tout troué, je voyais le sable à travers. Mes liens avaient disparu, je me levais, je glissais au ras du désert vers un point noir qui grossissait vite, bientôt c'était une femme en noir, assise sur un roc, et qui pleurait. Je reconnaissais Emilie. Elle me disait, et sa voix résonnait étrangement comme si nous étions dans une grotte : « Je pleure sur nous, sur nos amours perdues. » « Perdu... Perdu... » répétait l'écho sépulcral. Ce soleil gris, énorme toile d'araignée au centre du ciel, comme il brûlait ! Je voyais revenir la bête, Robert Calande, il était seul. Je me disais : il a *perdu* Hélène et Betty. Cette évidence me clouait de nouveau au sol : il les a dévorées.

Je m'éveillais en sueur. Quelqu'un me touchait, me parlait. Où étais-je ? La lumière de l'ampoule me blesse les yeux. Betty me prend la main. « Je t'ai réveillé. Tu rêvais, tu te plaignais. »

Ayant repris mon souffle, je souriais à Betty, lui demandais pardon pour cette mauvaise nuit que je lui infligeais.

Elle éteignait la lampe, dans le noir me tenait la main. Elle chuchotait :

— Tu vois, hier soir, quand je t'ai parlé de François, je n'aurais jamais cru que tu puisses prendre si mal, à ce point, au point de t'en rendre malade, ce qu'Hélène... enfin son attitude avec Calande... Je te disais cela, dans le fond parce que je ne croyais pas... il ne me semblait pas qu'il puisse y avoir d'autre... d'autre explication à ton état. Et puis tout à l'heure quand tu rêvais, tu as appelé François, j'ai compris, j'ai senti combien c'était profond en toi, cette blessure en toi pour ton frère, parce qu'Hélène...

Je l'ai embrassée, nous nous sommes tournés chacun d'un côté pour dormir de nouveau. Au bout d'un moment j'ai perçu le très léger sifflement, si lent, si calme, que produit la respiration de Betty lorsqu'elle dort. Je suis resté les yeux ouverts dans le noir. Si c'était Elisabeth que j'avais trouvée avec Calande ou un autre, aurais-je eu plus mal ? J'essayais d'imaginer la scène, mais toujours Hélène se substituait à ma femme. Je pensais : « Tant que François est exilé, je le remplace auprès de Sylvie, je l'aime comme si elle était ma fille, elle est mon enfant, ma Sylvie, elle ne pourrait pas m'être plus chère si elle était née de mon sang et du sang d'Elisabeth, alors, sans m'en apercevoir, j'ai dû étendre à sa mère ces mêmes liens qui m'attachent à Sylvie et que rend si forts, et si fervents, l'absence de mon frère. Je ne le savais pas tant que rien ne paraissait menacer cet exercice de ma responsabilité, de mon affection, de ma protection sur Hélène, et il m'a fallu le découvrir en même temps que la faillite de mon pouvoir. »

Je songeais à Hélène dans la chambre voisine. Dormait-elle ? Sinon, elle devait en ce moment même, qui sait, penser à moi elle aussi, mais c'était pour me détester, pour me maudire. Et si elle dormait, ne rêvait-elle pas à son étudiant, n'était-elle pas dans ses bras ? Mes doigts se crispaient sur le drap, le plissaient. Elle n'a pas le droit, elle n'a pas le droit ! J'écrirais à mon frère ! Non, ce serait un crime. Betty voit-elle juste ? Est-ce une simple passade, un accident, parce qu'Hélène se sent seule, « désemparée » comme dit encore Betty. Seule ! mais elle a Sylvie ! Et si elle est désemparée pourquoi ne se confie-t-elle pas à moi ? Pense-t-elle que je ne vaux pas son étudiant ridicule ? Oui, ridicule avec son air avantageux, et cette voix de basse, emphatique, contente d'elle-même. A en pleurer. Quand je pense qu'elle nous l'a imposé quelquefois dans nos tournées. Si on l'avait écoutée, en permanence nous l'aurions eu. « Et la voix de Robert, le talent de Robert », elle qui est toute poésie, être sourde et aveugle à ce point. Mais quand on aime. Elle l'aime ! Elle l'aime ! Non je ne veux pas, c'est impossible. Elle n'a pas le droit ! et toi ?

Etendu sur le dos, les bras écartés, les doigts agrippés au drap, je me scrute, m'observe, comme un insecte par lui-même cloué au sol, comme mon image tout à l'heure étendue, clouée sur le désert, sous l'œil gris, terrible du soleil. Je voudrais échapper à ce regard sans pitié de moi-même sur moi-même. Je voudrais m'échapper dans le noir.

C'est au nom de mon frère, c'est pour mon frère que je me révolte, que je la condamne, que je la hais ! Lâche, tu ne reconnaîtrais donc pas la vérité ! Quelle vérité ? Je hais cette femme couchée de l'autre côté du mur, je la hais parce que mon frère est prisonnier et qu'elle l'a trahi. Pourquoi ruser ? Il est trop tard maintenant. Tu l'aimes, comme tu aimes ta femme. Voilà ce que tu as appris hier soir lorsque tu as poussé la porte de sa loge.

Je ne luttais plus, j'avais le sentiment de désespoir insolite, presque apaisant, qui peut naître au terme d'un désastre, lorsque tout est consommé, que seule nous reste l'acceptation lucide et que nous mesurons, on dirait d'un autre astre, d'un astre mort tant la moindre vie s'est retirée de notre vie, toute l'étendue de notre défaite. Dans cet état de résignation au cœur du vide, j'entendais la voix d'Hélène, celle qu'elle avait hier soir au théâtre et qui nous avait tous si violemment saisis, psalmodier inlassablement : « Il n'y a pas d'amour heureux. Il n'y a pas d'amour heureux. »

A l'aube, anéanti, un sommeil sans rêve m'a terrassé.

XI

Le lendemain je m'éveillai le cœur brouillé, la tête vide. Je ne revis Hélène qu'au repas du soir. Elle avait cet air un peu absent, un peu boudeur qui lui était familier. A l'observer à la dérobée, s'occupant de sa fille assise sur une haute chaise à sa droite, l'encourageant à force de mines, de récits, à avaler sa bouillie, j'avais du mal à me persuader que cette jeune mère était la même femme que celle, si belle et tragique, si seule dans sa beauté et sa blessure, qui la veille récitait le poème de l'amour et de la douleur, et qu'ensuite j'avais surprise dans les bras de Robert Calande.

Elle évitait de me regarder, de me parler, malgré les appels de Sylvie qui s'adressaient souvent, à la fois, à sa mère et à moi.

Ce jour-là, je dis à Betty que je ne participerais plus aux tournées poétiques. Elle essaya en vain de fléchir ma résolution. Je répondais qu'ils étaient libres de continuer sans moi, ou même, ajoutais-je, avec une ironie amère, il leur était loisible de me faire remplacer par Robert Calande. A la fin, lasse de me combattre, Betty déclara qu'alors c'en était fini de notre quatuor et de ses veillées.

Le temps viendrait où j'aurais la nostalgie de ces études, de ces lectures, de cette fraternité avec les poètes, mais pour lors, j'étais soulagé à l'idée que je venais de condamner notre entreprise. Je savais qu'Hélène en souffrirait, ainsi me sentais-je un peu vengé.

J'en vins peu à peu à me persuader que la poésie était la vraie responsable de cette crise qui m'éprouvait si fort, que ces vers qui rendaient Hélène si redoutable dans son charme portaient en eux un maléfice. Les chants, les cris ou les plaintes qui passaient par nous, qui nous traversaient, comment ne nous eussent-ils pas exaltés, portés au-delà de nos terres quotidiennes et par-là amenés à plus aisément nous perdre ? Cet amour que chantaient les mots voluptueux et douloureux, son image, sa musique comme un poison glissaient dans les veines et les rêves d'Hélène ; et ce philtre qui l'envoûtait, qui la faisait rayonner de cette lueur, de ce feu couvert insinué dans sa chair, à son tour ce poison elle nous le versait, sa voix, ses gestes, l'élan comme brisé, comme sur place foudroyé, de son corps, nous le versaient ; par nos regards, par nos oreilles, par notre souffle, il pénétrait en nous et nous subjuguait.

Il n'y a pas d'amour qui ne soit à douleur.

Je croyais entendre, j'entendais Hélène, je la voyais, statue rouge sombre et c'est son sang qui parle, qui me parle.

Il n'y a pas d'amour heureux
Mais c'est notre amour à tous deux.

Bien sûr le venin, goutte à goutte, mot à mot, depuis tant de soirs, sans le savoir, je l'ai bu, sans le savoir cet amour à douleur qui n'était ni celui d'Hélène ni le mien, voilà qu'il est devenu « notre amour à nous deux », voilà que la statue rouge sombre, son image s'est substituée en moi à celle d'Hélène, à celle de cette jeune femme que je connais depuis des années, qui est devenue presque ma sœur. Sans le savoir, j'ai fait mienne cette image, sans le savoir, nuit et jour, j'ai porté en moi la statue de pourpre et de nuit, l'image d'Hélène divinisée par le poème. Et elle, n'est-ce pas un même piège qui s'est refermé sur elle ? A force de redire, et de toujours mieux dire, et pour cela de s'efforcer de toujours mieux vivre, les litanies de l'amour meurtri et leur refrain lancinant, Hélène n'est-elle pas devenue autre que la jeune mère, la jeune étudiante, la jeune femme qu'elle est en vérité, attendant, fidèle, le retour du prisonnier ? Sans le savoir, elle aussi, n'est-elle pas devenue cette déesse de sang et de songe en quoi le poème la changeait à nos yeux, que tourmentait, que brûlait le malheur de l'amour et qu'enchantait la chanson de l'amour malheureux.

Ainsi a-t-elle pu tomber dans les bras de ce vaniteux psychiatre, ce n'était pas lui qu'elle voyait, qu'elle sentait contre elle, mais cet être qui parlait dans le poème et à qui elle répondait par le poème. Et moi ce n'est pas d'Hélène que j'ai souffert, mais d'une ombre.

Betty avait dû parler à sa belle-sœur bien qu'elle m'eût promis de n'en rien faire. Parfois, un regard attristé, anxieux ou au contraire moqueur qu'Hélène en passant me jetait, me laissait à penser que toutes deux s'étaient entretenues de la démesure maladive — j'imaginais qu'elles avaient dû trouver cette qualification à l'égard de ma peine — avec laquelle, à leurs yeux, j'avais pris le parti et la défense de François, pour un simple flirt, un caprice d'Hélène.

Robert Calande ne remit pas les pieds à la maison. Hélène déclarait qu'il devait terminer sa thèse et n'avait plus une minute de libre, et que d'ailleurs il était sur le point de regagner sa ville natale.

Devant notre décision de ne plus poursuivre les tournées des « Quatre », le quincaillier accusait l'humour changeant des femmes qui « ruinait, disait-il, les meilleurs efforts ». Il se refusait à croire que j'étais en fait le coupable. Déçu, ses visites se firent rares. Hélène le vit à plusieurs reprises déambuler, en compagnie de Théo et de son pianiste flamand ; tous trois, disait-elle, lui avaient semblé à demi ivres. Elle rapportait cela en me lançant un bref regard courroucé. Manifestement, elle me rendait responsable des fréquentations nouvelles de notre ami et de ce penchant à la boisson qu'il paraissait retrouver auprès de Théo. Je le regrettais certes pour lui, moins pourtant que le retour de Betty à ses heures d'abattement, de révolte ou de détresse depuis qu'avaient cessé nos voyages.

Après l'un de ces affrontements, qui me laissaient sans force et sans goût, avec la misère, avec le dénuement total de cœur et d'âme que connaissait ainsi parfois, au milieu d'un jour, au début d'une nuit, ma femme, et alors qu'Hélène, une fois de plus, était venue au secours de son amie, je sortis de la chambre derrière ma belle-sœur cependant qu'Elisabeth, rompue, dormait enfin, ou semblait dormir, tout habillée sur notre lit.

Ce devait être un dimanche, Sylvie sans doute était en promenade avec les parents. Je suivis Hélène dans sa chambre. Elle s'assit devant la table encombrée de livres de médecine.

— Vous voyez, me dit-elle, tant que Betty s'occupait de ces soirées de poésie, elle allait beaucoup mieux.

Elle eut une intonation amicale.

— Allons, ne faites pas cette tête. Tout cela n'est pas bien grave.

Elle quitta sa place, s'assit sur la table en face de moi.

— Bon sang, secouez-vous, Henri ! Que voulez-vous, il y a des hauts et des bas, de bons et de mauvais moments, c'est comme ça pour tous les couples, non ?... Enfin, je suppose.

Elle ferma les yeux à demi.

— Souvenez-vous : « Il n'y a pas d'amour heureux. »

Je crus qu'elle cherchait à me faire mal, malgré moi j'eus un mouvement de recul. Elle me regarda, surprise. Son visage ne portait trace d'aucune dureté, il y avait même une sorte de tendresse dans son étonnement.

— Quand je pense — elle semblait se parler à elle-même — pour un simple baiser, ce drame !

Elle m'observait de nouveau, mi-amusée, mi-mélancolique.

Elle répéta, songeuse :

— Quand je pense.

Puis (était-ce moi qui prêtais ironie, un soupçon d'ironie à sa question ?) :

— Vous l'aimiez, vous l'aimez tant que ça votre frère ?

Cette fois, sans aucun doute, elle se moquait, mais sa voix, la douceur de sa voix corrigeait le défi de ses paroles.

— Vous vous identifiez à ce point avec lui... Quand il... quand il est absent ?

Je fis mine de partir. Elle me retint.

— Vous avez bien le temps. Laissez Betty se reposer. Elle a besoin d'être seule, vous ne comprenez pas qu'elle ait besoin d'être seule parfois ?

Son regard reprenait cette opacité qui lui était coutumière, qui faisait dire à ma mère pour la critiquer : « Elle regarde en dedans, elle ne veut pas nous voir. »

— Et vous ne comprenez pas que, parfois, moi je n'en peux plus d'être seule ?

Elle me jeta un coup d'œil comme effrayée de ce qu'elle venait de dire.

Elle sauta à terre, déplissa sa jupe.

— Mais je vous embête avec tout ça, Henri... Des bêtises tout cela, des bêtises...

J'avais envie de lui dire : « Chacun de nous est seul, comme vous. Croyez-vous que François loin de vous, et vous loin de lui, croyez-vous que vous êtes plus seuls que je ne le suis près de Betty parfois, que je ne vais l'être dans un instant quand je vais la rejoindre ? »

J'avais envie aussi de lui dire que j'étais son ami, que je l'aimai comme...

J'ai dit :

— Et Sylvie ?

Hélène m'a interrogé du regard cependant que je me dirigeais vers la porte.

— Ah ! oui, vous voulez dire... (Elle a hoché la tête.) Bien sûr, j'ai Sylvie.

Elle m'a souri. Je suis resté quelques secondes sur le seuil. Avant que je ne referme la porte derrière moi, elle m'a adressé un geste de la main comme si elle lançait, je ne sais quoi, en l'air, une plume invisible, notre destin.

Sa voix légère :

— Courage, Henri.

En aurais-je jamais assez pour effacer en moi la découverte de l'impossible amour ? ou plutôt pour vivre désormais, pour supporter de vivre avec en moi cette double plaie, ce double amour meurtri : celui du rêve, celui qui demeurerait rêve interdit, et l'autre, maintenant d'autant plus accablant, celui de l'échec quotidien auprès d'Elisabeth.

> *Ecrire, n'est-ce pas lire ? lire en moi vainement, dangereusement, puisqu'il est trop tard ? Et vous qui pensiez, Esther Zarev, qui vouliez ainsi me prévenir contre un danger à mon image.*

-:-

> *Le mal que me donnait la phrase unique qu'il me fallait prononcer dès le lever du rideau du troisième acte : « De*

ma vie, je n'ai jamais aimé mon frère. » Elisabeth prétendait que je ne savais pas charger ces mots de la haine nécessaire, si bien qu'ensuite on pouvait difficilement saisir la transformation de cette haine en repentir et en amour.

Un jour, j'avouais : « J'ai l'impression que je parle de mon vrai frère. Ça me paralyse. »

— Seriez-vous jaloux de François ? fit Betty en riant.

Je m'efforçai de rire avec elle. Je sentais en moi une crainte et une amertume qui me demeuraient incompréhensibles.

C'était au temps heureux de l'Observatoire.

XII

Il faisait beau ce jour de novembre. En sortant du bureau à midi j'ai fait un crochet par le parc de l'ancien évêché, désert à cette heure-là. J'ai flâné sur les terrasses au-dessus de la rivière. Le ciel était d'un bleu léger. Peu à peu, au loin, un bruit vaste et sourd a envahi le ciel. J'ai levé la tête, je ne voyais que l'azur et le soleil. Puis des points sont apparus. Ils avançaient en triangles. Toute une armée noire a glissé dans le vacarme au-dessus de ma tête. Je n'ai pu compter les avions. Peut-être une centaine, peut-être plus. Je restais là, cloué sur place. Je m'attendais à voir tomber les bombes. L'escadre a filé vers le sud-est. Longtemps après qu'elle eut disparu à l'horizon, son bruit remplissait encore l'espace. J'ai couru jusqu'à la maison. Le quincaillier m'y avait devancé. « Ça y est, me criait-il, joyeux, ils vont occuper aussi la zone Sud. Ça va leur faire les pieds à nos légionnaires, à nos vichyssois, à nos attentistes. Ils vont comprendre ; comme ça, il n'y aura plus qu'une France sous la botte, une France qui s'unira... Ils vont voir, nos vainqueurs si corrects. »

Soudain sa jubilation tomba. Il m'attira à l'écart.

— Je n'ai pas encore réussi à sortir Manuela de son camp. Les salauds vont la livrer aux boches... Il faut, coûte que coûte, il faut que je la tire de là, le plus vite, le plus tôt possible. Pourvu qu'il ne soit pas trop tard.

Quand il fut parti, ma mère s'inquiéta : qu'est-ce nous complotions ? Mon Dieu, maintenant que les Allemands étaient là, qu'allions-nous devenir ?... Cette guerre ne finirait donc jamais ? Le pauvre François resterait prisonnier toute sa vie ! Et Sylvie ? Ne serions-nous pas bombardés maintenant que l'armée allemande allait s'installer dans notre ville ?

Le lendemain, les troupes sont arrivées. Des camions de jeunes soldats bronzés. Des aboiements sortaient de la gorge de leurs chefs. Nicolas Valenkov passa en trombe à la maison, enthousiaste : « Quelle armée ! Et la beauté de ces hommes, beaux comme des armes ! » Nous étions d'autant plus irrités par ses éloges, que c'était vrai : ces guerriers étaient beaux, lui disait comme des armes, nous aurions plutôt dit comme des enfants, des enfants au regard clair, dressés pour un jeu atroce.

Je m'inquiétais car je n'avais pas trouvé Couderc à son domicile. A la quincaillerie, son père me dit qu'André avait laissé un mot qu'il me montra : « Je reviens dans quelques jours. Rien de grave. »

Les Allemands s'installaient dans la ville. Une nuit, la Gestapo procéda à de nombreuses arrestations dans toute la région. Les Allemands étaient passés au domicile du quincaillier, ils saccagèrent l'appartement désert. Notre mère se lamentait : pour qu'il se fût ainsi éloigné, Couderc devait se savoir menacé, mais alors, nous-mêmes, ces tournées que nous avions faites avec le quincaillier, cette « propagande » comme nous le reprochait Valenkov, certainement ils allaient venir nous arrêter : moi, Betty et Hélène. Nous devrions quitter la ville, nous cacher, rejoindre par exemple la maison de campagne de ma belle-famille.

Lorsqu'un soir, à la nuit tombée, la sonnette a retenti en deux coups brefs, nous avons bien cru que ces prophéties se réalisaient. Déjà mon père dressait une échelle dans le jardin, derrière la maison, pour que nous puissions fuir en escaladant les petits murs qui séparaient des cours et des vergers. De nouveau la sonnette, deux coups encore mais prolongés. Seuls les familiers sonnaient ainsi, mais à cette heure nocturne qui eût pu venir ? Ma mère, plus morte que vive, est allée entrouvrir une vitre de la porte grillagée. A son exclamation, nous avons compris que l'alerte était vaine. Nous sommes tous venus jusqu'à la porte. Couderc est entré, il tirait derrière lui une lourde femme, coiffée d'un fichu.

— C'est Manuela, a dit Couderc, Manuela del Rio. Je vous présente...

Cette femme sans âge, obèse, qui se déplaçait péniblement, comme si les pieds menus avaient du mal à soulever la masse informe du corps, c'était la voyageuse du Paris-Barcelone, la blonde Espagnole, la blonde aventurière qui avait tancé, avec sévérité, avec douceur, avec tristesse le jeune Français qui rêvait, qui lisait, pendant qu'on préparait son tombeau ou sa prison à Madrid. Je la regardai mieux et remarquai la beauté de ses yeux ; cette beauté paraissait étrange à présent dans le visage blafard et bouffi.

Un peu plus tard, Couderc devait me confier que lui-même avait eu du mal à reconnaître son amie lorsqu'il était parvenu, en soudoyant les gardiens, à la faire évader du camp. La nourriture infecte, l'absence d'hygiène, le désespoir avaient ainsi transformé l'étrangère. Elle-même parla à ma mère de l'anémie graisseuse qui faisait d'elle ce « fantoche de baudruche » (elle prononçait *tché* le *che* final, et cela donnait deux mots bizarres qui correspondaient bien, hélas, à l'être difforme et fantastique qu'elle était devenue).

Couderc nous demandait d'abriter Manuela pour cette nuit, en attendant qu'il pût lui aménager une chambre dans sa propre maison. Il ignorait les arrestations et celle dont il était menacé. Nous eûmes du mal à le convaincre de rester lui aussi sous notre toit. On l'installa sur un divan du salon, et l'Espagnole prit l'ancienne chambre d'Emilie.

Le lendemain matin, le quincaillier alla aux informations cependant que Manuela demeurait cloîtrée dans sa chambre ; nous craignions en effet la visite toujours possible de Nicolas Valenkov. Il était convenu avec Couderc qu'il reviendrait à la nuit tombée. A l'heure dite, il y eut bien les deux coups de sonnette prévus, mais, à la place du quincaillier, ce fut un inconnu au collier de barbe et aux cheveux noirs qui se présenta.

Il portait des lunettes de verre fumé. L'étranger nous regardait l'un après l'autre. Il éclata de rire.

— Eh bien, je peux être tranquille. Vous ne m'avez pas reconnu.

C'était la voix de notre ami, c'était Couderc.

Il me prit à part. Plusieurs professeurs arrêtés par les Allemands faisaient partie d'un réseau auquel il appartenait et qui s'était constitué quelques mois plus tôt. Il lui faudrait vivre désormais sous un faux nom et un faux visage.

Lorsque les parents furent couchés, nous nous sommes retrouvés dans notre chambre — sa fenêtre donnait sur le jardin ; ainsi, de la rue, nulle lumière ne révélerait notre veillée — Betty, Hélène, l'Espagnole, le quincaillier et moi.

Notre ami nous assura que d'ici peu de jours, Manuela aurait gîte et couvert dans une ferme où travaillaient déjà des paysans aragonnais. Quant à lui, bientôt il recevrait des faux papiers, il lui fallait cependant trouver un refuge et un métier. Il souhaitait ne pas s'éloigner bien que la prudence l'eût commandé.

Contrairement à ce qu'il espérait, Couderc ne put ni se procurer pour lui des faux papiers ni loger Manuela dans la ferme qu'il avait repérée. Ce fut Hélène qui dépanna notre ami. Très estimée par le médecin-chef de l'hôpital psychiatrique, elle lui parla des risques courus par quelqu'un qui lui était cher. Sans chercher à savoir le nom du rebelle ni la nature de ses difficultés, le Dr Villanet permit à Hélène de passer à Couderc les papiers d'un malade décédé. Dorénavant le quincaillier s'appellerait Jean-Baptiste Lecoin. Ce Lecoin n'avait plus de famille, par conséquent l'usurpateur de son identité ne serait pas inquiété. De plus, le quincaillier pouvait loger à l'asile où lui serait confié un vague emploi. Couderc demandait plaisamment si cet emploi ne serait pas celui de fou. Il serait, disait Hélène, un peu comme faisait Elisabeth, mi-secrétaire, mi-infirmier, travaillant tantôt à l'économat, tantôt à l'infirmerie. Cette perspective ne semblait guère sourire à notre ami, d'autant plus qu'il craignait de ne pouvoir qu'assez difficilement aller et venir, une fois logé à l'asile. Or il prévoyait que son action clandestine exigerait par période de fréquents déplacements. Hélène le rasséréna quelque peu en lui assurant que le médecin était l'homme le plus indulgent qu'elle connût.

Elle pensait que, pour un certain temps, l'Espagnole, elle aussi, aurait pu trouver refuge à l'asile. Mais nous avions remarqué une expression de détresse sur le visage de Manuela lorsque Hélène énonçait cette hypothèse, et je m'étais écrié avec Betty qu'il était plus simple que la voyageuse continuât à loger et à se cloîtrer dans la chambre d'Emilie tant que sa place ne serait pas prête à la ferme.

Quand nous annonçâmes aux parents que l'Espagnole devrait rester chez nous plus longtemps que prévu, ma mère protesta, gémit. On n'était plus chez soi. On ne savait même pas au fond qui était cette femme, ce qu'elle avait pu faire en Espagne, il s'en était passé des choses affreuses là-bas et des deux côtés. Et pour finir, on risquait la prison, ou pis encore, pour cette étrangère.

Une fois terminée sa tirade, maman se résigna, et quand elle revit l'Espagnole lui fit bonne figure.

Notre invitée se trouvait d'ailleurs astreinte à une vie cloîtrée, car nous redoutions toujours quelque passage à l'improviste de Nicolas, et il ne fallait pas que la petite Sylvie se doutât de la présence de l'Espagnole, sans quoi elle eût bavardé devant le Russe ou tout autre visiteur. Parfois, dans l'après-midi, lorsque l'enfant était en promenade, après s'être assurée que de la rue nul ne pourrait soupçonner que quelqu'un restait à la maison, ma mère, qui s'était prise d'amitié pour l'exilée, montait la chercher et la conduisait dans le minuscule jardin derrière notre demeure. L'Espagnole lui racontait sa vie aventureuse.

— C'est étrange à dire, nous confiait maman, mais Manuela, sa vie me fait penser à celle de Nicolas. Il ne peut pas y avoir pires ennemis, chacun des deux détruirait l'autre s'il en avait le pouvoir, et pourtant, ils sont de la même race.

Lorsque le Russe passait nous voir — nous avions l'impression que du fait du mariage de Serge et d'Emilie, il se considérait de la famille et se croyait du même coup obligé de maintenir quelque contact avec nous — il nous paraissait de plus en plus excité par la présence des Allemands. Il ne faisait pas état de ses rapports avec la Kommandantur, mais nous savions par le quincaillier — il l'avait dit à Hélène — qu'on avait vu le Russe dîner à diverses reprises avec des officiers de la Wehrmacht.

Nicolas Valenkov s'enquérait des nouvelles de Serge et d'Emilie, ma sœur nous écrivait chaque semaine : le jeune ménage paraissait heureux. Souvent, après avoir annoncé la défaite prochaine de la judéo-ploutocratie anglo-saxonne et des bandits soviétiques, Valenkov affectait de se moquer des « gaullistes-bolcheviques, espèces de moustiques qui s'imaginaient quoi, en faisant péter leurs bombes, en distribuant honteusement tracts dans boîtes à lettres ? ça forçait, voilà tout, les vainqueurs à faire représailles méritées ».

— A propos, lançait-il parfois, en nous observant d'un œil ironique, il devient quoi ce Couderc, ami à vous. Il paraît que le joli monsieur plus chez lui, envolé quand troupes d'occupation arrivent. Frousse, ah ! ah ! frousse comme tous les Rouges. Mais pas prudent, car si, comment vous dites, conscience tranquille il serait là resté, tandis que, maintenant, si Allemands trouvent cache où il est... ah ! ah !...

Un soir où il nous narguait ainsi, je vis Hélène blêmir, ses lèvres s'entrouvrirent. Je sentis qu'elle allait se perdre. Pour détourner d'elle l'attention du Russe, je m'avançai vers lui, feignant d'imiter son ton et son charabia.

— Et vous, quand amis à vous fichent le camp, quand amis à vous Kaput ?

— Jamais Kaput !

— Si, si, Kaput un jour, parce que le monde entier contre eux... Alors, quand Ordre nouveau fichu, vous, frousse, non ?

Le petit homme me toisa puis se tourna vers mes parents.

— Vos enfants, fit-il avec un air où le mépris cherchait à se tempérer de tristesse et de déception, ne pas les laisser, vous entendez, chère mamoutchka, vous devriez. Sur pente mauvaise vos enfants, moi j'aime aussi vos enfants. Si, si, mais...

— C'est cela, criai-je, achtung ! achtung !

Il ne sembla pas prendre garde à ma moquerie.

— Chère, bien chère mamoutchka, écoutez Nicolaï Ivanovitch, il vous dit, vos enfants, avec le feu ils jouent.

Il fit claquer ses talons, baisa la main de ma mère, sortit après nous avoir fait un léger signe de la main.

— S'il avait pu crever en Espagne, dit Hélène.

— Tu es fou, Henri, complètement fou de l'attaquer. Vous serez bien avancés quand il vous fera arrêter.

Mon père essayait de rassurer maman. Il ne croyait pas le Russe capable d'une telle vilenie. Betty pensait de même, elle faisait confiance à « notre beau-frère ».

— Je me demande ce qu'il vient faire ici, maugréait maman. Il vient nous provoquer et nous espionner.

— Je ne crois pas, protestait Betty. Pour moi, il garde la nostalgie de sa famille, c'est une famille, l'illusion d'une famille qu'il vient chercher ici.

— Moi, je crains que maman n'ait raison, remarquait Hélène.

Il me semblait que toutes avaient raison. Nicolas venait ici pour échapper à sa solitude, pour manifester sa revanche d'exilé (de vaincu qu'il était, il prétendait passer dans le camp de la victoire) et peut-être aussi pour déceler d'éventuelles traces de son ennemi, le quincaillier.

Et vous petite juive, Esther, petite étudiante à l'étoile jaune qui aviez pu rejoindre la zone Sud, qu'êtes-vous devenue quand le Sud comme le Nord n'a plus été que le territoire de vos bourreaux ?

Si discrète, à peine nous avez-vous parlé de votre détresse traquée. Vous la souriante, l'apaisante, la consolatrice, nous n'avons pas songé, puisque vos yeux ni vos lèvres trop pudiques ne le demandaient, nous n'avons pas songé à vous consoler, à tenter de réduire en vous la plaie creusée par ces années où vous n'étiez, à chaque heure du jour et de la nuit, qu'une tremblante proie aux aguets.

XIII

Un soir que nous tenions compagnie à Manuela, elle alla prendre dans un coin l'un des deux balluchons qu'elle avait emportés du camp, le posa sur la table, commença à défaire les ficelles et les courroies qui entouraient ce paquet noirâtre. Il s'en échappa une dizaine de rouleaux de longueur et d'épaisseur diverses. Nous regardions les mains enflées de l'Espagnole manier ces rouleaux avec une sorte de délicatesse, de respect et de fièvre. Elle déroula l'un d'eux. Nous nous pressions autour d'elle.

— Mais... c'est une peinture ! s'étonna Betty.

Des couleurs fraîches et franches par grands aplats, des formes naïves, comme volontairement gauches, une lumière de fête solaire, de pain doré, de raisin mûr. Les simples mots de Betty exprimaient bien notre surprise de voir apparaître toute la puissance, toute la grâce et tout l'éclat de la peinture au sortir de ce pauvre balluchon de tissu noir, entre ces mains gonflées par la maladie, comme si, à travers ses épreuves et sa misère, l'Espagnole eût pu sauver et emporter avec elle un trésor.

Maintenant notre regard s'habituait et savourait chacune des toiles que, l'une après l'autre, l'Espagnole étalait devant nous. La tendresse de ces verts, de ces jaunes, de ces roses, de ces gris juxtaposés forme par forme comme pour un manteau d'arlequin. Des maisons basses et blanches, le figuier, l'âne gris, l'âne blanc, le puits, le blé, le rocher, le ciel, les visages taillés à coups de serpe, simples triangles mais où luisent avec une chaude douceur, avec un songe clair, avec l'étoile du souvenir, les yeux. Un village : ses toits, ses terrasses, jeu de cartes ocre, mauves ; la roue des sillons autour ; le serpent du chemin. Ailleurs la charrette, les filles aux longues jupes mordorées comme éventails ouverts, la pauvreté du fichu sur les épaules, l'anneau de la taille, la blancheur des bas à la cheville, la danse des espadrilles. L'homme maigre, brun, angles du visage, de l'épaule, du genou, les longs doigts maigres, branchés sur la guitare. Partout cette lumière qui s'était d'un coup répandue dans la pièce, sur nous, dans nos regards, lorsque l'Espagnole avait déroulé les premiers rouleaux. En bas des toiles, à droite, Hélène a épelé le nom : « Modesto Cadenas. »

— C'était mon frère.

La voix rauque pour dire cela comme à regret.

Il était peintre. C'était sa joie à lui, il peignait comme nous parlons, non, comme nous respirons, avec cette lumière tendre qu'il voyait dans chaque chose, dans chaque être, sa joie de peindre la promesse de joie dans les gens des villages, fiers et craintifs, écrasés de labeur, élevés par cet amour en eux qu'il sentait, qu'il voyait, qu'il peignait avec ces formes un peu gauches, ces teintes unies, plates et rayonnantes. Il était jeune, Modesto, les poètes aussi bien que les gitans chanteurs, les filles villageoises aussi bien que les critiques l'aimaient, l'assuraient de son étoile. Il était socialiste et il peignait. Le village où il s'était installé pour peindre certaines de ces toiles aujourd'hui à demi dépliées sur notre table, les Franquistes l'ont pris un des premiers. Avec les paysans, les bergers, les filles, les fermières, avec ces villageois qu'il aimait tant, Modesto, ils l'ont fusillé. Un garçon qui avait pu échapper au massacre traversa les lignes, plus tard, les toiles de Modesto sous le bras, il apporta à Manuela ces derniers morceaux de lumière et la nouvelle de l'assassinat.

— Jusqu'alors, la politique, moi, disait Manuela, j'étais journaliste, j'écrivais dans les pages républicaines bien sûr, mais les voyages, mes amours, et l'œuvre de mon frère, cela m'occupait beaucoup plus. De ce jour où le garçon m'a apporté les toiles, où j'ai appris, j'ai décidé, non, je n'ai pas eu à décider, j'aurais voulu être le chef, tout de suite, diriger notre peuple, notre armée ouvrière et paysanne, et venger Modesto, le venger...

Elle repliait lentement, minutieusement les toiles, les enfermait de nouveau dans le tissu noir qu'elle ficelait. Elle semblait suffoquer, sa voix traversait mal la prison de graisse.

— D'abord... c'est tuer que je voulais, tuer les assassins de mon frère... et je pense, je sais qu'ils ont été abattus... Ensuite j'ai compris autrement. Je voulais, ah ! j'aurais voulu aider, tellement, à faire venir un monde, une Espagne pareille, toute pareille à celle que peignait, que voyait Modesto, une Espagne qui ressemblerait à cette justice, à ce bonheur, à ce... n'est-ce pas ? à cet amour qu'il y a, vous avez vu, dans les yeux, dans les mains des hommes, des femmes qu'il a peints.

Nous n'osions dire un mot. La découverte de ces champs, de ces villages, de cette terre, de ce ciel ensoleillés comme une fête, comme une fête pudique, cette gerbe de lumière sortie du balluchon noir de la misère, de l'exil et du deuil, cette découverte nous ravissait à nous-mêmes en même temps qu'elle nous déchirait.

Le plus vivant d'entre nous dans cette chambre, et peut-être dans toute la nuit de meurtre qui l'entourait et couvrait l'Europe, n'était-ce pas ce peintre fusillé ? Sa vie continuait à rayonner, à chanter loin de son sang qu'avait bu la terre d'Espagne ; la chaleur, la cadence de son cœur étaient restées et resteraient dans ces ocres et ces roses, dans ces verts et ces mauves, dans cette géométrie passionnée, immobile, des corps, des arbres, des demeures, des fontaines et des places.

Maintenant que les toiles étaient repliées, il nous semblait qu'un peu de leur grâce, comme une lueur, demeurait sur les mains de l'Espagnole.

— Non, vraiment, Mère de Dieu, c'est trop, ils me rendent malade. Je ne peux plus, je ne peux plus les voir : cette misère, cet accablement, ce malheur... Vous les avez regardés : ces yeux fixes, hagards, ces faces de la faim, de la maladie, de la mort. Je ne mange plus, je ne dors plus, vivement qu'on parte.

Francisco de Maral de la Torre : l'œil noir, le teint vert, journaliste délégué du Caudillo dans ce voyage aux Amériques bien des années après la guerre. Est-ce bien lui qui parle ? le phalangiste, le défenseur de la Chrétienté, de l'Ordre, de l'Occident. Cette incursion au pays pillé par les Conquistadores ses ancêtres suffirait-elle à le changer ? L'épouvantable misère indienne aurait donc attendri son cœur ? Il parle, l'hidalgo, il parle comme un de ces Républicains en train de pourrir encore vingt ans après dans les prisons du Caudillo « ... Cette misère, cet accablement, ce malheur... » Nous allons ramener en Europe un chrétien devenu vrai par la grâce de l'enfer indien.

Francisco de Maral de la Torre, l'œil noir, le teint vert, toise les Indiens accroupis au chevet de l'église. Miracle, le chemin de Cuzco est chemin de Damas, l'Espagnol s'ouvre enfin au message de ce Christ dont le bourreau ose se réclamer.

— Oui, trop, c'est trop.

Il explose, la main fébrile, le cheveu noir sur l'œil noir.

— Ah ! Pizarre... Pizarre...

Ça y est, il va renier l'ancêtre, le soudard. Jamais je n'aurais imaginé...

— Pizarre (l'âpreté rageuse du r), il est venu ! et au lieu de les tuer, tous ! ces Indios, il les a laissés là et ils ont forniqué, forniqué, alors à présent, ils grouillent, ah ! je ne peux plus les voir grouiller comme ça dans leur sale misère.

XIV

Lorsque enfin l'Espagnole put rejoindre la ferme que lui avait trouvée le quincaillier, en souvenir elle nous laissa une toile de son frère. C'était une scène de moisson. Elle avait remarqué combien cette peinture me plaisait. Je lui disais l'étrange sentiment que j'avais devant cette toile : bien que je ne fusse jamais allé en Espagne, je croyais avoir connu ces moissonneurs qui se reposent au coin du champ. Je n'osais pas ajouter que ce jeune homme au visage anguleux, aux longues mains, et sa compagne mince, bronzée, qui s'appuie et se ploie contre lui, que ce couple, il me semblait que c'était nous, Elisabeth et moi, devenus ces paysans, graves, amoureux et las, à l'orée d'un champ de blé en Navarre, et le peintre a saisi le jour éternel de notre jeunesse et l'a rendu captif de ses couleurs et de ses ligues.

J'ai encadré le tableau d'une simple baguette brune et l'ai accroché dans notre chambre. Nous le regardions de notre lit. Au réveil, instinctivement, nous nous tournions vers ce qui nous paraissait être un mystérieux mais fidèle reflet de nous-mêmes, ou du moins de ce que nous aurions voulu être — car, sur Betty aussi le tableau exerçait son apaisant prestige. Je lui avais murmuré un soir en lui désignant le couple au centre de la toile, abrité du soleil par un grand parapluie de berger : « Si c'était nous. »

L'Espagnole nous envoya une carte de sa ferme. Le pays lui plaisait. Elle aimait flâner, chaque jour, le long d'une petite rivière, la Glane, qui coulait par-là. Elle imaginait les tableaux que son frère aurait eu plaisir à peindre dans cette campagne.

Hélène et Betty voyaient le quincaillier presque chaque jour. Maintenant le Dr Villanet l'appréciait beaucoup. Hélène me confiait que Couderc était en train de persuader le médecin de l'aide qu'il pourrait, grâce à ses fonctions et à son hôpital psychiatrique, apporter à la Résistance.

Le médecin-chef ne demandait qu'à se laisser convaincre : son asile devint bientôt un refuge pour le temps d'une halte à des camarades du quincaillier, et quelquefois pour de longs mois à des Juifs traqués. Parfois, en attendant que les mesures nécessaires fussent prises à l'hôpital, nous logions dans l'ancienne chambre d'Emilie ces passagers clandestins. Maman continuait à gémir et à prédire les catastrophes, elle continuait aussi à réserver à ces voyageurs sans nom l'accueil qu'elle eût souhaité que son fils François pût trouver au hasard des étapes, si jamais il s'évadait de son oflag.

Mon travail m'amenait à me déplacer dans le département et les départements limitrophes afin de visiter les agences de l'entreprise. Le quincaillier me faisait demander parfois par Hélène d'emporter une valise que je déposerais à la consigne de la gare où je me rendais, le bulletin devait être envoyé ensuite à telle ou telle adresse que ma belle-sœur avait apprise par cœur et me faisait répéter. Couderc montait un instant dans mon compartiment, plaçait une valise jumelle à côté de la mienne et s'éloignait. A l'arrivée, dans le cas où j'aurais été fouillé, je devrais feindre la surprise — saurais-je feindre dans de telles circonstances ? —, par mégarde j'avais pris cette valise qui ressemblait à la mienne, qu'on fasse une enquête, qu'on cherche dans le train, on y trouverait mon bagage, une valise noire, oui comme celle-ci, mais avec mes initiales à l'intérieur, et tel et tel livre, tel et tel objet.

Je n'avais pas le loisir de vérifier ce que je transportais ainsi. J'imaginais que ce devait être des tracts, des journaux pareils à ceux que le quincaillier remettait à Hélène et à Betty et que nous brûlions après les avoir lus. Pour ma part, je n'arrivais pas à croire tout à fait à l'utilité de ces écrits. Je les respectais, j'admirais les hommes qui les rédigeaient, qui les imprimaient, mais je ne sais ce qui me faisait douter de leur pouvoir. Il me semblait que les poèmes que nous lisions naguère dans les veillées, si l'on avait pu les distribuer ou les faire entendre à tous et à toutes, ou peut-être des tableaux comme ceux de l'Espagnol fusillé qu'on aurait montrés partout, ou encore les paroles qu'on écoutait chaque soir à la radio de Londres, il me semblait que ces voix ou ces images auraient ou avaient plus d'influence pour maintenir l'espoir, pour aviver la révolte. C'était à ce scepticisme que je devais sans doute la faiblesse relative des craintes que m'inspirait mon rôle occasionnel de colporteur, comme s'il s'agissait plus d'un jeu que d'un combat.

Je n'avais pas voulu que Betty fût au courant, je voulais lui épargner des inquiétudes qui eussent encore assombri son existence. Aussi, les messages que de la part de Couderc me transmettait Hélène créaient entre elle et moi une complicité qui m'était chère. J'espérais qu'ainsi Hélène finirait par ne plus me garder rancune de ma jalousie, et que s'établirait entre nous, peut-être, grâce aux secrets partagés, une communion de pensée et d'action aussi profonde que celle, pour nous interdite, de l'amour.

La mort à l'asile de Mariette vint encore renforcer ce besoin de soutien, de protection qu'il me semblait deviner dans la confiance que me témoignait Hélène.

Si elle s'était vouée à la psychiatrie, c'est qu'elle espérait parvenir, à force d'amour et de travail, à sauver son amie, à la ramener près d'elle sur la rive des vivants. Aujourd'hui, que non seulement l'esprit, mais le corps de Mariette disparaissaient, toute une part d'Hélène qui avait si longtemps lutté, s'effondrait.

Le Dr Villanet vint à la maison pour tenter de la réconforter. Il lui prescrivit du repos et promit de faire patienter l'administration de l'hospice afin de préserver son emploi. Après le départ du médecin, elle déclara que, de toute façon, elle ne reviendrait pas à l'hôpital. Elle abandonnerait ses études puisque la psychiatrie était un leurre, et les asiles, des prisons où l'on gardait les aliénés jusqu'à ce qu'ils meurent.

Même la présence de Sylvie lui était à peine supportable. L'enfant s'inquiétait de voir sa mère prostrée dans un fauteuil ou pleurant silencieusement. Elle s'approchait d'elle, essayait de grimper sur ses genoux, de l'embrasser, mais Hélène la repoussait, et je voyais le petit visage se voiler de tristesse. J'avais mal pour Sylvie, je l'appelais, la prenais dans mes bras. « Ce n'est rien, Syl, ta maman est fatiguée, vois-tu, mais bientôt elle sera comme avant, elle te racontera des histoires, elle t'emmènera promener... Il faut la laisser se reposer maintenant, tu comprends Syl ? » La petite me regardait, étonnée.

Hélène, tragique Hélène, comme ta petite Sylvie j'aurais voulu te prendre dans mes bras et te bercer longtemps, longtemps, contre moi, jusqu'à ce que s'endormît ta douleur.

> *Tristesse de la flûte enfantine dans le souvenir, sur les hauts plateaux péruviens, comme une plainte dérisoire. La vie là-bas ? Pourquoi ? La vie qui survit dans ce petit couple, dans cette plainte aiguë de la pauvre musique, sans espoir, sans le moindre espoir. Et devant cette évidence noire, le sentiment insoutenable de notre propre inutilité.*

XV

— Papa, c'est pas toi mon papa ?

— Non Syl... Je suis le frère de ton papa. Il s'appelle François, il est prisonnier, les Allemands le gardent chez eux.

— Les Allemands, vilains, les tuer.

— Ton papa reviendra, tu seras contente.

— Non, le connais pas, veux pas qu'il vienne... Veux rester avec toi : et avec maman et avec maman Betty, et avec mamie.

— Bien sûr tu resteras aussi avec nous, mais tu verras, il est très, très gentil, François, je veux dire ton papa.

— Non, le connais pas, connais pas.

Elle réfléchit, ses fins sourcils se froncent, ainsi Hélène lorsqu'elle est contrariée.

— Dis Henri, quand serai grande, serai grande ?

— Bien sûr.

— Quand serai grande, veux marier avec toi.

J'arrête mon rire car je vois qu'il l'étonne, la blesse peut-être.

— Tu te marieras avec quelqu'un de ton âge Syl, un petit

garçon qui doit être comme toi maintenant, et qui sera grand en même temps que toi.

— Non, veux pas, le connais pas le petit garçon.

— Si ce n'est pas malheureux, se plaint ma mère, ce pauvre François il n'aura pas vu sa fille à cet âge.

— Il la verra un peu plus tard.

— Ce ne sera plus la même chose, jamais les enfants ne sont aussi adorables qu'à cet âge... François, je me demande, ça fait combien de jours, sa dernière carte... Pourvu qu'il tienne, qu'il ne tombe pas malade : trois hivers, et lui qui est fragile des bronches... Et les colis, les reçoit-il vraiment, et quand il les reçoit, généreux comme il est, il doit les partager... Et vous qui vous privez, si, si, je le vois bien, vous qui vous privez pour ces colis.

La faim, le froid, l'espérance, la désespérance. La guerre ne finira pas cette année encore. Quand débarqueront-ils ? Mais quand donc vont-ils débarquer ? En attendant ils bombardent. Notre ville a de la chance : pas d'usines, pas d'armements ; il reste la gare. Ils ont déjà essayé. L'alerte : Sylvie immobile dans mes bras, Betty, Hélène, pressées contre elle, ma mère qui gémit dans le noir. Et notre cave, tiendrait-elle seulement si une bombe... Le tremblement de Syl dans mes bras. Je la couvre de baisers, sa mère lui parle : « N'aie pas peur, Syl, n'aie pas peur, ce n'est rien... Tu sais, l'orage, tu as bien entendu l'orage à la campagne... » Ces faibles cris que pousse Sylvie quand la D. C. A. éclate. Plus tard, après leur sifflement, les bombes. Par le soupirail parfois des lumières blanches, les fusées sans doute. « S'ils allaient viser l'Observatoire. » Nous essayons de rassurer maman. Les Allemands ont réquisitionné l'Observatoire : en un jour les réfugiés ont dû déguerpir, les peintres sont venus, bientôt la place était prête pour recevoir les officiers, leur mess, et leurs « souris ». Betty regarde avec dégoût sa demeure repeinte à neuf, le parc où circulent les gretchen en uniforme gris... Elle a pleuré silencieusement tout un jour quand on jetait dehors, sous les galeries, les livres de la bibliothèque, les pierres de Jacques Garou, les portraits. Là-haut, sur la tour, ils ont arraché les vieux instruments de l'astronome, et ils ont planté une hampe où flotte le drapeau rouge et noir. « Tu vois, Syl, c'est fini, on n'entend plus rien... Il faut attendre encore un peu, la sirène, et nous allons remonter. » De quel prix faire payer ce tremblement du petit corps, et ce regard soudain terni, soudain vieilli, que les yeux innocents posent sur ce monde de déraison et de terreur. « Ah ! si nous n'étions pas là, maugrée Betty, et qu'une bombe les écrabouille sous l'Observatoire ! »

Elle détourne la tête chaque fois qu'elle sort de chez nous, de peur d'apercevoir, en face, dans le parc, ou à une fenêtre, un officier allemand ou l'une des secrétaires. Il m'arrive au contraire, quand je suis seul, de m'installer derrière les rideaux et de contempler les allées et venues des uniformes vert-de-gris, d'écouter les voix gutturales dans cette maison et ce jardin où Emilie, François et moi nous avons rencontré l'amour. *Je n'en crois pas mes yeux,* comme s'il y avait maldonne, comme si le destin à un certain moment déraillait, échangeait les lieux et les personnes, ou encore métamorphosait, sinistre ironie, là-haut, sur la tour, la jeune folle en ce drapeau de sang et de ténèbre, et dans l'immeuble, le long des allées, l'essaim de jeunes garçons, de jeunes filles tout étourdi de théâtre, d'amitié, d'amour et de jazz, en ce tourbillon de guerriers.

Nous avons de la chance, ce ne sont pas les Américains mais la R. A. F. qui nous a bombardés, à trois reprises : la gare de triage, les dépôts d'essence ont été touchés, peu de morts, les bombes n'ont pas arrosé la ville, les avions se tenaient à faible altitude.

Nicolas Valenkov a l'air navré de ces résultats. Il nous avait tellement annoncé que « nos amis yankees » écraseraient la moitié de la ville sous leurs bombes. Il s'est rendu à Bordeaux voir son frère. Il dit qu'Emilie et Serge sont heureux. Pourtant il ajoute : « Vous, les Français, est-ce que jamais vous pouvez comprendre un homme de Russie ? » A-t-il décelé quelque dissentiment dans le jeune ménage ? Ou bien se sent-il ici de plus en plus étranger ? Dans la ville, sa sœur s'affiche avec son pianiste ivrogne. Peut-être vivent-ils au crochet de Nicolas, « avec son argent nazi » comme l'affirme à Hélène le quincaillier ?

Peu de temps après, le Russe nous annonce son proche départ. Il s'est engagé dans la L. V. F. Il va combattre sur le Front de l'Est. Il nous regarde l'un après l'autre. Notre silence paraît le blesser. Il se monte : « Vous défendre là-bas, je pars, mourir peut-être pour civilisation, pour Europe. » Puis il rit : « Non, non, Nicolaï Ivanovitch pas mourir, pas être tué. Des cents, des milliers cochons de bolcheviks j'en crèverai là-bas, et retrouverai, délivrerai ma terre, ma terre, ma sainte Russie. » Il a un hoquet, ou un sanglot, se ressaisit, claque des talons, s'incline devant ma mère, lui baise la main. Il se redresse, fait deux pas en arrière, se remet au garde-à-vous, lève le bras. Je crois qu'il va crier : « Heil Hitler. » Non, toujours le bras tendu, il déclame : « Chère, chère famille de Serge, adieu... Non, au revoir, et vive Russie ! vive Allemagne ! vive Europe ! »

— Vive la France, répond mon père, calmement.

Nous nous tournons vers lui, il ne semble pas remarquer notre surprise ni le merci de nos regards. Nous sommes plus étonnés encore quand nous entendons ma mère ajouter d'une voix à la fois timide et volontaire :

— Et à bas la guerre.

Sur le seuil, Valenkov les regarde, il bredouille quelque chose que nous ne comprenons pas ; sans doute, dans son émotion, il parle russe.

— Bon débarras, soupire maman lorsqu'il est sorti.

Il m'arrivait de rencontrer Théo. Elle était plus maigre que jamais ; elle devait se priver encore pour procurer quelques victuailles et de l'alcool à son pianiste. Comme il ne trouvait plus d'élèves, il avait fini par échouer dans une boîte de nuit que fréquentaient les occupants et quelques experts du marché noir ; il y tenait le piano sur lequel il égrenait de la « musique douce ». « Vous savez, tranchait Théo, ces gens sont mélomanes. Karel peut improviser à sa fantaisie, sur des thèmes de chanson, je vous l'accorde, mais enfin il s'exprime, il compose comme ça, d'un trait. Ah ! vous devriez venir l'entendre Henri. Mais, bien sûr, le mari d'Elisabeth Garou ne saurait se permettre de fréquenter un bar. »

— Vous feriez bien vous aussi, Théo, de ne pas vous le permettre.

Elle paraissait stupéfaite.

— Quoi ?... Mais mon pauvre Henri le génie a tous les droits. Je vous en prie, ne souriez pas, Karel a du génie, je dis bien un génie qui honore tout ce qu'il approche. Oh ! la la... quelle tête vous faites... On dirait que vous contemplez du rivage... C'est cela, monsieur contemple du rivage un navire en perdition, dans la tempête... Je vous répète qu'il n'y a pas de tempête, que je ne suis pas en perdition... Quoi ?... Ça vous choque que j'aille dans une boîte où vont les Allemands ? Ah ! vous et vos préjugés... C'est bien les petits-bourgeois français... Mais les Allemands, je m'en fous, je m'intéresse pas à eux... Ils sont là, ils ne seront plus là, et après... Mon frère me maudit parce que je suis, qu'il dit, une Rouge, l'ennemie des Fritz, et vous, juste le contraire... Que mon frère soit assez fou pour aller se faire abîmer le portrait en Ukraine, avec ses petits copains verts-de-gris, ça le regarde... Moi, toute cette saleté, cette vermine du monde, ces guerriers de tous les bords, je m'en balance... Vous comprenez, Henri, je m'en balance.

Et elle passait d'un pied sur l'autre, oscillant, comme soulevée par une vague. Je retrouvais dans son ricanement le lointain écho de la gaieté narquoise qu'elle avait naguère et que, sans le dire, j'admirais.

Avant de s'éloigner, elle me donnait quelques nouvelles de son frère. On l'avait versé dans une division blindée. Il envoyait à Théo des lettres où se lisaient entre les lignes déception, désespoir, et peur. Nicolas voulait revenir, disait qu'il était malade, que là-bas, c'était « l'enfer ». Oui, il avait employé ce mot, et ça devait assez ressembler à cela, où il était allé se fourrer.

Elle partait. Un moment encore j'entendais son rire.

Je racontais cela à la maison : la détresse de Nicolas Ivanovitch.

— Ma foi, disait ma mère, il ne l'a pas volé, qu'il y reste là-bas avec ses boches !

Depuis quelque temps, nous étions sans nouvelles de François, elle mourait d'inquiétude à son sujet, pensait que les Allemands l'avait envoyé dans quelque camp de représailles, ou même peut-être l'avaient-ils tué ? Hélène avec nous essayait de la rassurer, mais je voyais bien que ma belle-sœur, en secret, partageait l'angoisse de maman.

Une fois les parents retirés dans leur chambre, nous parlions encore du Russe. Ses camarades tués l'un après l'autre, ou mutilés, écrivait-il à Théo, des nuits et des nuits sans pouvoir dormir, soit que la division ne cesse de se déplacer, soit que l'artillerie soviétique les pilonne, des soldats qui devenaient fous, enfin la perspective d'un hiver d'épouvante.

— C'est bizarre, disait Hélène lentement, je le haïssais, je croyais le haïr, et maintenant, malgré moi... Oui, malgré moi, je le plains.

Cet aveu me soulageait. En moi aussi, je devais en convenir, et je n'aurais pas osé le faire sans la franchise d'Hélène, je sentais quelque chose qui ressemblait à de la pitié pour le petit homme.

— Quoi ? protestait Elisabeth, il a choisi de hurler et de mordre avec les loups... alors tant pis pour lui !

— Pourvu qu'il ne soit rien arrivé à François, dit brusquement Hélène.

Elle ajouta comme pour elle-même, en nous quittant :

— Pourquoi être né ?

Betty me jeta un bref regard ; je songeais à cet enfant que je lui refusais.

> *La rue des bordels à Hambourg : à chaque bout, chicanes de tôle, chaînes lourdes ; ainsi quinze ans plus tôt les rues centrales dans notre ville avec les blockhaus, les chicanes, les chevaux de frise de la Milice, les rues « closes » de la guerre nazie. Ici la rue « close » du plaisir allemand, toute en vitrines des deux côtés pour exposer la marchandise. Pour le moment — il est encore tôt dans la soirée — ces dames n'ont pas encore pris la garde : dépeignées, en savates, en peignoir, quelques-unes vont et viennent, déplacent des sièges, font le ménage, semblables aux accessoiristes qui s'empressent sur la scène avant le lever du rideau ; à peine si une ou deux lèvent les yeux sur nous qui flânons lentement le long de leur étalage. Nous assistons à la mise en place du décor, bientôt à celle des personnages : selon une sorte de strip-tease à l'envers, ajustant leurs bas, laçant de hautes bottines, arc-boutées pour chausser des bottes, serrant leur taille dans les guêpières noires, les filles se font sous nos yeux prêtresses de leur autel louche, reines de leur théâtre encanaillé. Nous*

ne reconnaissons plus sous le fard, dans leurs postures hiératiques et provocantes, les souillons qui tout à l'heure s'affairaient derrière la vitre, ni même les vendeuses de charme qui s' « habillaient » à la hâte comme la danseuse ou la diva dans sa loge : œil charbonneux, bouche sanglante, cheveu de jais ou de blé, seins ensachés dans le soutien-gorge comme fruits ou douceurs sous cellophane, la blancheur très haut découverte de la cuisse soit par la fente sur toute la longueur de la jupe, soit par le déshabillé juste croisé sur le ventre, les voici statues peintes, belles parfois, obscènes souvent ; immobile, artificieuse parade pour que le sang des mâles coule plus lourd et plus chaud dans la rue close.

Je suppose qu'elle a été, comme les autres, bombardée, cette rue, j'imagine sous les vitrines illuminées où veillent à présent les poupées de chair, un amoncellement de cadavres, de squelettes plutôt car la viande a dû fondre, brûler, se dissoudre des putains, des marins, des SS ensevelis sous les décombres. Quand je « passe » la chicane blindée pour quitter la rue, je ne peux réprimer une sorte de brève angoisse entre les deux plaques de tôle, comme si un soldat noir ou vert-de-gris, mitraillette au poing, allait me cueillir à la sortie.

XVI

Malade, maman se traînait en larmes. Mon père essayait de la soutenir : « S'il était arrivé quelque chose à François. Nous serions avisés, les autorités allemandes nous en informeraient... Ses camarades écriraient. » Hélène se raidissait, mais son visage avouait les insomnies et les angoisses. Sylvie allait de l'un à l'autre, inquiète.

Mon père était sur le point de se rendre à la Kommandantur malgré les conseils d'Hélène. Elle répétait les paroles du quincaillier : « Surtout qu'il n'aille pas faire cela. Et si François s'était évadé. » Pourtant il nous semblait que s'il s'était enfui du camp, il eût trouvé quelque moyen de nous faire signe, soit avant, soit après son départ.

Et un soir nous l'avons vu entrer. Maman s'est évanouie. Hélène s'empressait autour d'elle, l'allongeait, dégrafait son chemisier, la giflait. François l'air absent contemplait la scène. Dans un coin Sylvie criait de terreur.

Enfin l'émotion s'est calmée, ou plutôt s'est changée en pleurs, exclamations, embrassades : « Mon grand, mon François, oh ! c'est toi, c'est toi ?... Que je te regarde. Tu n'as pas trop maigri ? Tu n'es pas malade ?... Nous avons eu si peur. Comment as-tu fait mon pauvre petit ?... Tu as dû souffrir là-bas. Et comment, pour leur échapper ?... S'ils t'avaient repris !... S'ils te reprenaient... Sylvie, allons Syl, sors de là... Viens, viens l'embrasser, ton papa, tu entends, c'est lui, viens, viens l'embrasser. » La petite se collait au mur, aussi curieuse qu'effrayée. Hélène a dû s'apercevoir qu'elle-même ne bougeait pas, droite, pâle derrière ma mère. Elle a pris Sylvie dans ses bras, s'est approchée de François. Il les a pressées contre lui. Syl me jetait des regards apeurés. Une larme coulait sur la joue du prisonnier, elle a glissé jusqu'à sa bouche. Hélène a repris un peu de couleurs.

Comme si les mots étaient devenus difficiles, comme si le langage n'était pas le même, plus tout à fait le même (celui de cette famille qui attendait depuis trois ans le retour de l'enfant captif, et celui de l'homme enseveli pendant tant d'hivers en pays étranger), François avait du mal à raconter sa vie au camp, son absence de vie, puis ce roman d'aventures, ce film accéléré pendant quelques semaines, sa fuite par l'Allemagne, Hambourg, le Danemark, la Hollande, la Belgique, Paris ; la visite, le séjour à l'hôpital pour une mauvaise angine de sa fabrication, le travestissement en infirmier, la sortie clandestine en ambulance, et toute l'odyssée famélique, l'aide d'un vieil ouvrier lillois du S. T. O., l'attente d'un indice, d'une possibilité de départ dans les bouges d'Hambourg, la montre en or, l'alliance, les derniers marks troqués contre l'embarquement à fond de cale dans un cargo danois. Pénélope avait-elle ces yeux de nostalgie, écoutant Ulysse ? Je ne me souvenais pas qu'Hélène eût jamais contemplé avec cette attention, ce regret et cette mélancolie, son époux, avant qu'elle en fût séparée. Pourquoi cette pointe agacée en moi ? Bien sûr, il y avait eu ces semaines de risque, de pari, de lutte à mort d'un seul et de sa ruse contre l'hydre à millions de têtes, mais c'était après trois années, après un siècle de résignation, de sommeil dans un camp sans autre danger que d'y perdre le goût et le fil des jours. « Quoi, ne l'a-t-elle pas assez regardé, bu des yeux, son évadé ! On dirait qu'elle découvre en lui plus que son mari, un être de légende, un héros. » Sylvie se laisse moins aisément séduire. Elle se précipite vers moi quand son père veut la prendre dans ses bras. Le regard alors de mon frère, triste, étonné. Comme si la solitude continuait à lui coller à la peau, à le garder plus captif que les barbelés du camp. Le regard des yeux gris — j'avais oublié cette couleur de ses yeux, mais n'avais-je pas oublié toute son image ? ne l'avais-je pas oublié lui-même ? — le regard du père que Sylvie ne veut pas, ne peut pas connaître, le regard de celui qui se demande comment se faire admettre de son enfant, comment d'abord admettre en lui-même que cette fillette menue, craintive, aux prunelles si vives, c'est lui-même, c'est sa chair, la chair de son amour pour Hélène ?

La nuit, Sylvie couche à présent dans l'ancienne chambre d'Emilie. Quel drame au début, quand sa mère, après des retours, des baisers, des contes, des baisers encore, essayait de s'en aller sur la pointe des pieds. Plus tard la petite se réveillait dans le noir, hurlait. Je sautais du lit, courais auprès d'elle. Elle s'accrochait à moi. Je restais longtemps jusqu'à ce qu'elle s'endormît. J'imaginais la nuit des époux retrouvés pendant que je veillais aux côtés de leur enfant.

Cet air que je ne connaissais pas à Hélène le matin : un air heureux ? Oui et non, autre chose que le bonheur se lit sur ses traits à la fois marqués et reposés, un air de femme, je ne trouve pas d'autre expression pour peindre cette douceur, ce calme et cette force dans la soumission. Pourtant, le jour, à la façon qu'ont leurs mots, ou même leurs silences, de ne pas se répondre exactement, je sens, je crois sentir que leur accord est moins profond que celui de leur nuit. Et celui-ci même, n'est-il pas avant tout impatience à combler, impatience de la chair bien sûr, mais aussi de la trop longue solitude ? Alors, quand viendra l'heure de l'apaisement — pourquoi ne viendrait-elle pas ? — ce hiatus que je décèle entre leurs pensées, entre leurs paroles, n'en prendront-ils pas eux-mêmes conscience, et ainsi ne l'aggraveront-ils pas ?

Qu'est-ce qu'il me prend ? qu'est-ce qui, malgré moi, me gêne, m'irrite ? Peut-être est-ce de ne pas me sentir moi aussi changé par cette chance que représente le retour de mon frère, de ne pas me sentir plus gai et meilleur, comme mes parents, comme Hélène, de me trouver au contraire attristé, malgré moi, malgré moi.

Betty est toute contente du bonheur d'Hélène. Elle lui parle et elle parle à François comme si elle était leur aînée, et non leur cadette, avec cette tendre indulgence qu'on a pour les amoureux. Se tourne-t-elle vers moi, je la vois hésiter, son regard un instant est voilé de cette ombre songeuse qu'y portait le reflet du couple ami. Attend-elle que j'aie pour elle cette timidité fervente, cette soif contenue que l'on devine dans les gestes de François lorsqu'il s'approche de sa femme ?

La nuit — n'est-ce pas d'imaginer les amours, les retrouvailles des autres dans la chambre voisine ? — elle a parfois, brusquement, des élans vers moi, et sans doute doit-elle trouver que je ne montre pas toute la gratitude ou l'ardeur qu'elle souhaiterait en réponse à cette violence qu'elle fait à son orgueil ; alors elle doit en être secrètement humiliée, alors elle doit allonger la liste de ses griefs. Comment lui dire que c'est précisément de savoir le désir d'Hélène et de François, de pressentir ce qui dans leur fête charnelle dépend plus des circonstances que de l'amour vraiment, comment lui dire que c'est cela qui m'empêche d'être à l'unisson de son éveil. Aussi bien je me tais, je guette l'appel de Sylvie, prêt à bondir jusqu'à elle. « Oh ! toi, il n'y a que Sylvie qui compte », remarque Betty. « Puisque ses parents ne prennent pas garde à elle, pour le moment, il faut bien que nous nous en occupions. — Peut-être... peut-être as-tu raison. » Puis ce bref éclat de colère dans la voix : « On dirait que nous sommes les grands-parents, et Hélène et François les jeunes époux. » Un jour, à Betty qui s'émerveille une fois encore de l'amour d'Hélène et de François, je lance : « Et Robert Calande. »

— Tu es... Tu mériterais...

Elle n'a pas osé dire ce que j'étais, ce que je méritерais.

Le Dr Villanet s'était arrangé pour prendre François comme

interne également. Mon frère s'installa donc avec Hélène à l'asile. Ils nous laissèrent Sylvie. Ils passaient la voir parfois en fin d'après-midi et, chaque dimanche, lorsqu'ils n'étaient pas de service, ils revenaient à la maison.

L'hiver était là de nouveau. La ville devenait sinistre avec les barrages installés à ses portes et en son centre par la Milice. L'annonce se faisait quotidienne d'arrestations, de représailles, de tortures. On parlait de médecins, d'avocats que nous connaissions, passés, avec femmes et enfants, à la Milice et traquant les jeunes maquisards, martyrisant avant de les massacrer ceux qu'ils pouvaient prendre. Un hiver de boue, de sang, de mort. Pourtant nous sentions que cette exaspération de la misère et du crime annonçait la fin de la nuit.

Couderc qui avait des contacts avec les F. T. P. prophétisait « des lendemains qui chantent ». Malgré son optimisme, le quincaillier nous donnait des inquiétudes. Il confiait à Hélène qu'il revoyait Théo. Elle ne l'avait pas reconnu sous son déguisement. Il avait eu du mal à la convaincre de son identité. Il la revoyait par pitié, disait-il ; il ne pouvait se résoudre à la laisser se perdre ainsi, il craignait qu'elle ne payât cher, peut-être de la prison, peut-être de la vie, à la libération, lorsque éclaterait la vengeance populaire, les fréquentations que lui imposait son pianiste. Hélène tentait bien de le mettre en garde : en attendant c'était lui qui courait des risques en ne se méfiant pas de l'inconsciente Théo ; il ne voulait rien entendre. J'avais encore porté à sa demande, une ou deux fois, des valises, l'une à Clermont, l'autre à Lyon, à l'occasion de stages organisés par l'entreprise où je travaillais. Le quincaillier en annonçait une troisième qui contiendrait, cette fois-ci, des armes. Peu de temps après, il déclarait que la mission était annulée. Je me disais auparavant que de savoir la valise à transporter chargée d'armes m'accablerait d'angoisse. Je me trahirais immédiatement, j'en étais sûr, malgré le stratagème des deux valises jumelles, si j'étais arrêté. L'idée de la torture m'écrasait d'une double épouvante : celle de la douleur, et celle de ne pas tenir devant cette douleur, et de livrer mon ami et le lieu où je devrais déposer le billet de consigne. Couderc devina-t-il ma peur ? « La guerre finira, toi et Betty, vous serez heureux, vous pourrez vivre enfin cette vie dont nous rêvions tous, plus ou moins, tu te souviens, on n'en disait rien bien sûr, au temps de l'Observatoire. Vous pourrez même revenir dans cette sacrée charmante baraque quand les fridolins, du moins ce qu'il en restera, décamperont. » Il me disait cela après avoir indiqué que la mission prévue n'aurait pas lieu. Je ne soupçonnais pas alors qu'en réalité, il venait de décider de porter lui-même les armes, voulant écarter de moi ce danger. Pourtant ses paroles sur l'avenir, sur mon bonheur futur avec Betty, me faisaient mal, comme s'il pensait que ce bonheur, lui-même ne le connaîtrait pas. J'étais triste de pressentir en lui ce désespoir, en même temps je respirais à l'idée d'échapper au transport d'armes, et j'avais honte.

Betty, avant la guerre, ne prêtait guère attention à François. J'avais souvenir de l'agacement que lui causait mon frère lorsqu'il déclamait, de façon assez risible, les tirades du duc dans *Comme il vous plaira*. Il était bien alors le plus mauvais élève d'Elisabeth. A présent, elle se plaisait à lui faire évoquer une fois de plus les péripéties de son évasion, et surtout les essais de théâtre, qu'avec un groupe de camarades, il avait réalisés dans son oflag. C'était grâce à elle, disait-il, à ses conseils autrefois prodigués lors des répétitions à l'Observatoire, qu'il s'était montré utile, habile même s'il en croyait les témoignages de ses camarades, dans la préparation de ces séances qui ne craignaient pas d'aller de Feydeau à Claudel, de Giraudoux à Salacrou. Avec Betty, il caressait le projet de reprendre nos tournées poétiques. Hélène et moi leur rappelions que ce serait là un excellent moyen pour faire repérer un évadé, et que les patrouilles de la Milice, les accrochages du maquis ne semblaient guère créer un climat propice à de telles tournées. Ils se promettaient alors de reprendre ce projet dès la guerre achevée.

Sylvie s'était enfin habituée à son père. Elle disait en promenant sa petite main sur mon visage : « Tu as deux yeux, tu as deux oreilles. Moi, tu sais, j'ai deux papas, mon papa et toi. » Je lui expliquais que j'étais son oncle, le frère de son père, elle ne voulait rien entendre, et j'étais plein de joie. Oui, elle était comme ma fille, elle était ma fille. N'étaient-ce pas Betty et moi qui lui étions père et mère, depuis que ses parents logeaient à l'asile. « Deux yeux, Sylvie, deux oreilles, un, deux, trois, quatre, cinq doigts. » « Vieux, qu'est-ce que c'est vieux ? — C'est lorsqu'on a vécu longtemps, longtemps. — Alors Sylvie, elle est vieille ? — Non Syl, tu es jeune, toute jeune. — Et toi ? — Moi, si tu veux, oui, je suis vieux, beaucoup plus vieux que toi, en tout cas. — Alors je veux oh ! je veux être comme toi, Henri, vieux. — Ce n'est pas possible. Syl, tu seras comme moi, enfin tu auras mon âge dans... dans plus de vingt ans. — Alors, cette fois, on sera vieux pareils. — Non, quand tu auras vingt, trente ans, moi je serai un vieux monsieur. Toi tu seras une belle jeune femme, une jeune maman, et tu auras une petite fille à toi. — Oui, je veux, ça sera notre petite à toi et à moi. — Non, non... ça sera celle de ton mari, qui sera beau et jeune lui aussi. — Oh ! je comprends pas, tu dis des bêtises. »

Ses minces sourcils froncés, ses yeux qui s'assombrissent, regardent en eux-mêmes, comme ceux d'Hélène. « Tu as dit que vieux c'était comme toi maintenant, et tu dis que j'aurai ton âge et je serai jeune. »

Je souris, elle me tourne le dos, furieuse que je ne puisse lui expliquer ces mystères. D'autres fois, elle se renseigne à propos de l'Observatoire : « Maman, elle dit que la maison avec la tour, c'est à Betty, c'est vrai ? — Oui, aux parents de Betty. — Alors je veux y aller, avec Betty, avec toi, vous me donnerez une chambre dans la tour. — Nous irons quand les Allemands seront partis. — Z'Allemands c'est pas à eux alors la maison ? — Non. — Alors z'Allemands partir de suite, de suite, Syl veut les battre. — Ils partiront. — Quand ? — Bientôt... bientôt. »

De longues heures la voiture a roulé sur la piste ; à droite, à gauche, le sable. Deux fois, au loin, nous avons croisé des bédouins sur leurs chameaux. Le désert était gris, plus au sud commencent les couleurs du Néguev. Il y eut pourtant des défilés, des citadelles de sable brun. Bien que nous approchions de Noël, la chaleur était étouffante. Elle se fit plus lourde encore quand, dans un décor de murailles légendaires, de royaumes ensevelis, la route se mit à descendre vers les falaises, les promontoires, les menhirs de sel. Le chauffeur ne paraissait pas enclin à s'arrêter. « A la saison des pluies, disait-il, méfie-toi du Néguev. » Deux ans auparavant, à cent kilomètres plus au sud, sa Jeep avait été prise soudain dans un torrent d'eau, de boue et de pierres, alors qu'il avait trouvé l'accès de la gorge sous un filet d'eau. Il avait échappé de justesse à la noyade. A force de nous entendre lui signaler le bleu fixe du ciel, il consentit pourtant à faire une brève halte. J'ai marché un moment au pied de ces étranges tours de matière jaunâtre, verdâtre, grisâtre où parfois un rayon allumait des arcs-en-ciel. Les failles entre ces rochers friables s'enfonçaient dans l'ombre. Peu à peu me gagnait l'impression d'être cerné par d'immenses personnages pétrifiés. Quand je revins vers la voiture — sans avouer mon soulagement de quitter enfin ces lieux infernaux — le chauffeur me désigna de la main trois hautes statues de sel à l'horizon : « Les filles de Loth ! »

Nous avons continué à descendre sous l'air étouffant. Une usine dans la poussière a surgi : « Viendront d'autres horribles travailleurs », ai-je dit. Mes compagnons m'ont regardé d'un air réprobateur. Mais une jeune institutrice de kibboutz qui était du voyage a souri.

— Pourquoi pensez-vous au poète ? a-t-elle demandé. Puis, redevenue grave, elle a ajouté :

— C'est vrai, ce paysage de mort, cette chaleur de mort, cette usine dans la poussière grise, on pourrait croire que cela ressemble à sa vie au Harrar.

Jusqu'alors je n'avais pas pris garde à cette jeune femme brune, noiraude, aux yeux un peu exorbités. J'ai été à la fois heureux de la découvrir et de découvrir en elle cette pensée en sympathie avec la mienne, et gêné de sembler me séparer, avec elle, de nos autres compagnons, pour jouer tous les deux les pédants. Pour effacer cette impression, j'ai repris mes questions sur l'économie d'Israël, sur le plan d'irrigation et d'exploitation du Néguev, sur l'équilibre de la paix. Les étranges falaises s'étaient éloignées, nous roulions depuis un moment dans une plaine, ou plutôt au fond d'une vaste dépression brumeuse. Le chauffeur de nouveau a arrêté la voiture. Il a tendu la main vers la droite.

— C'est là, a-t-il dit.

— Quoi donc ?

— Mais la mer Morte.

Nous sommes descendus. La jeune institutrice marchait près de moi. Il me semblait que vous auriez pu être cette jeune Israélienne, cette jeune Sabra, vous, Esther Zarev, qui, un jour, me disiez avoir rêvé si fort, après la Libération, de rejoindre la patrie millénaire et nouvelle de votre peuple. Nous avancions difficilement parmi les pierres. J'ai enfin aperçu dans le brouillard une étendue grise, comme visqueuse. Au bord de l'eau lourde des squelettes d'arbres tendaient des moignons tordus, on eût dit des monstres recouverts d'écailles grisâtres.

— Qu'est-ce que c'est ? Des arbres pétrifiés ?

L'institutrice a ri.

— Non, pas tout à fait.

Elle s'est penchée au-dessus du clapotis de l'eau.

— Tenez, mettez votre bras dans l'eau (en même temps, elle y trempait une main).

J'ai dénudé mon bras droit, l'ai plongé avec quelque répugnance dans la mer. Quand je l'ai retiré, il était recouvert d'écailles grises comme les arbres monstres.

— Le sel, a-t-elle dit.

Nous sommes revenus vers la voiture. J'avais envie de fuir ces lieux. Je mettais sur le compte du climat le malaise que j'éprouvais, en même temps je ne pouvais m'empêcher de songer à Sodome et à Gomorrhe ; de toute évidence quelque chose ici s'était produit, de sinistre, de terrible : j'imaginais les villes englouties sous l'eau morte, les cadavres luxurieux de leurs habitants pétrifiés au fond du gouffre dans leurs attitudes obscènes ; et puis je songeais que c'était un monde tout semblable au nôtre qui, voici des millénaires, avait dû périr ici dans une apocalypse, dans l'explosion de quelque engin guerrier, fruit pourri du savoir et de l'orgueil, et un gouffre sans nom s'était creusé plus bas que les océans pour ensevelir villes, peuples et armées, un seul homme avait pu s'enfuir qui remontait, péniblement, les pentes d'un désert là où s'étendaient jadis temples, jardins ou forêts, un seul homme : Loth, à moins que ce ne fût moi-même.

DEUXIÈME PARTIE

XVII

Nous avions faim, nous avions froid. Nous survivions.

Nicolas Valenkov fut réformé et rapatrié aux derniers jours de l'hiver. Il n'était pas rentré d'une semaine qu'un soir, alors qu'il ouvrait sa porte, une grenade explosait, lui tailladait l'oreille et la joue droite, arrachait deux doigts de sa main gauche. Il resta longtemps dans le coma. « Bah, dit-il au médecin, ça fera cicatrices de plus, neuf, non, onze avec celles d'autrefois, quand guerre contre bolcheviks 1917-1918... Les Rouges pas encore eu ma peau. » Mais la blessure, le choc, sans compter les mois de terreur et de maladie sur le front russe, firent de lui un vieillard. Bien que la radiographie de la boîte cranienne n'eût pas permis de déceler de lésions, il était accablé de vertiges qui le prenaient brusquement et l'envoyaient au sol. Il répétait que la grenade, c'était l'œuvre du quincaillier et de ses amis. Ainsi, comme nous l'avions craint, Théo bavardait, par elle son frère savait que Couderc était encore ici. Nous suppliâmes notre ami de s'enfuir. « Mais pourquoi... Je n'y suis pour rien dans cet attentat. Je vous le jure — ce n'est pas que je le plaigne, le légionnaire. C'est pain bénit pour lui... Mais à cause de Théo, je n'aurais jamais voulu trucider sa crapule de frère. — Qu'importe, André, il faut vous cacher, vite. — Ce que vous êtes froussards. Théo ne sait pas du tout où je perche. — La Gestapo... — La Gestapo, je l'emmerde et puis, j'ai changé de nom et de visage, alors... »

Il arrivait sur le quai, à la main la valise d'armes qu'il ne m'avait pas confiée, lorsqu'ils l'arrêtèrent.

C'est Hélène qui nous dit cela, elle le tenait du Dr Villanet. Lui-même avait annoncé son départ. L'arrestation de Couderc l'obligeait à être prudent. Il parlait à Hélène, assis derrière son bureau, en même temps il semblait griffonner sur son bloc des ordonnances. A la fin de leur entretien, il les lui avait tendues. C'était trois certificats : l'un au nom d'Hélène, l'autre à celui de François, le troisième pour Elisabeth, prescrivant un repos de six mois à la campagne pour lésions pulmonaires. Comme Hélène s'étonnait : « Croyez-moi, dit le médecin, changez d'air vous aussi, on ne sait jamais... Ces certificats vous mettront en règle avec l'administration. Pour le moment, les bureaux ne sont pas tellement tatillons, pourvu qu'ils aient des papiers, qu'ils soient couverts... Dans six mois... » Hélène lui avait alors demandé un certificat pour moi également.

Betty connaissait dans la « montagne », là où, jadis, le fondateur de l'Observatoire poursuivait ses travaux sur l'hydrographie et veillait au reboisement, une famille de fermiers liée à sa propre famille depuis le temps de l'astronome. Nous allions plusieurs fois par an nous ravitailler chez ces fermiers, ou plutôt ces petits propriétaires, car les Desfeuilles avaient pu racheter au père d'Elisabeth la ferme et quelques hectares autour, de prés, de champs, de taillis.

Hélène eût préféré que nous cherchions à nous loger chez quelque voisin de la métairie où s'était réfugiée l'Espagnole. Elle pensait que notre séjour forcé aurait plus d'agrément dans cette campagne moins austère et aussi moins éloignée de la ville. Et puis, elle eût ainsi pu faire mieux connaître à François l'exilée. Nous étions allés la voir deux ou trois fois. Manuela nous recevait dans sa chambre tapissée des toiles de son frère. La majesté de ses gestes, de sa parole, et cette illumination des peintures nous donnaient l'impression de pénétrer dans un palais. Mais le projet d'Hélène était plus compliqué, il eût fallu se rendre là-bas en éclaireurs, rien ne prouvait que nous y trouverions abri. Il suffit au contraire d'un appel téléphonique chez un marchand de vin, ami et voisin des Desfeuilles, pour pouvoir parler avec Marcelin Desfeuilles. Betty lui expliqua que nous étions fatigués, qu'il nous faudrait le grand air et le calme. Il répondit qu'il nous attendait. J'avais pris l'écouteur auprès de Betty. Les exclamations savoureuses de l'homme au bout du fil, son accent où coulaient et chantaient les *r* tels que cailloux en rivières, c'était comme une promesse de soleil, de collines, de fougères, dans le lointain.

Hélène et François revinrent à l'hôpital psychiatrique afin d'y prendre quelques effets dans leur chambre d'internes. Au portail qui fermait le vaste jardin devant la façade, un infirmier vint vers eux, essoufflé, effrayé ; ils devaient se garder d'entrer, la Gestapo était là, fouillant, démolissant tout dans la chambre de M. Lecoin — c'était le nom d'emprunt du quincaillier — comme dans le bureau et l'appartement du Dr Villanet qui avait été emmené dans une traction noire.

L'après-midi nous avons emballé, François et moi, quelque linge et le lit pliant de Sylvie dans la malle de la voiture. Hélène et Betty sortirent faire des achats, elles avaient besoin, disaient-elles, de provisions qui risquaient de manquer au Chatelard — le lieu-dit où nous allions émigrer. Elles nous ont mis en retard, mon père ne pouvait dissimuler l'impatience qui peu à peu l'envahissait. De l'autre côté de la rue, sur la terrasse de l'Observatoire les uniformes vert-de-gris allaient et venaient, suivis de leurs « souris blondes ». Il me semblait qu'ils nous épiaient. Si une traction noire arrivait juste à présent, celle qui avait emmené ce matin le Dr Villanet ! Enfin Hélène et Betty apparurent, paquets à la main. Elles voulaient monter jusqu'aux chambres vérifier si elles n'oubliaient rien. Mon père les prit par le bras et les força à renoncer à leur projet. Il nous faudrait plus d'une heure, peut-être deux, pour atteindre le Chatelard. La nuit tomberait vite, c'était malin de rouler la nuit actuellement avec une enfant, tout cela, je vous le demande, pour des emplettes inutiles. Nous sommes partis. Hélène et Betty boudaient au fond de la voiture, Syl sur les genoux de sa mère. Je tenais le volant, François à mes côtés.

Syl ne cessait de poser des questions. Où allait-on ? Et pourquoi ? Et pourquoi mamie pleurait ? (Ce bavardage comme une pluie de notes vives dans notre silence, ce mouvement, ce pépiement d'oiseau dans la torpeur de l'orage.) Couderc sur le quai de la gare, la valise lourde à son bras, l'homme qui marche derrière lui, les deux hommes. « Dis, Henri, tu feras promener à la campagne... — Quoi ?... Que dis-tu Sylvie ? — Promener... — Oui, bien sûr, tu verras, de belles promenades, Syl. » Les chemins, il doit y avoir des chemins là-bas, entre les noisetiers : nous marchons avec Syl, sa main menue dans ma main. Le sentier imaginaire a effacé cette chose — quelle chose ? — que je voyais, qui m'appuyait sur la poitrine, sur le cœur, et aussi derrière moi, sur la nuque, sur l'épaule qui se crispe dans l'attente de... Ah ! oui, l'homme, les hommes, l'un d'eux tend le bras vers l'épaule du quincaillier. André att... ! Ce cri qui se forme dans ma gorge. « Eh ! Henri, tu as failli nous fiche dans le talus. — Excuse-moi François, ce n'est rien, je... je voulais éviter un trou dans la chaussée. » Couderc, sa voix, son cri, ses cris, son visage, sa bouche tordue, André, André, sous les coups, sous les... Pardon, Couderc, je n'aurais pas tenu, j'aurais hurlé, j'aurais parlé, je... J'étouffe. Qui a parlé ? Qui t'a dénoncé ? Tes cris, ton sang, André. « Henri, c'est pas bientôt qu'on descend ? — Bientôt, Syl, tu verras. — Et comment c'est où on va ? — Très joli, répond Hélène. Tu ne te souviens pas ? On t'y a emmenée une fois. Marcelin Desfeuilles et Louise, ils sont si gentils avec toi. Ils ont un gros chien, des poulets, des petits lapins. Tu t'occuperas d'eux. » Sylvie bat des mains. « Avec Henri — elle ajoute vite comme prise en faute : et avec papa, on attrapera les lapins. Il y en a un, il me suivra partout. Je l'appellerai... Comment je l'appellerai ? » Merci, continue, Syl, tisse le rideau de ta féerie pour me protéger, pour effacer ce que je ne veux pas voir, pas entendre en moi, la face défigurée de Couderc, son gémissement. Il leur avait échappé, échappé à leurs coups, à leurs balles en Espagne, et ils sont venus le chercher dans sa ville, dans sa vie. Les autres, Hélène, Betty, François, eux aussi doivent l'entendre, le voir en eux-mêmes, avec le Dr Villanet qu'ils aimaient, qu'ils admiraient. Je crois que nous ne pourrions pas nous supporter, enfermés dans cette voiture, enfermés dans notre épouvante, notre colère, notre tristesse, s'il n'y avait pas avec nous, au-dessus de nous, l'innocente liberté de l'enfant. « Comment tu dis, ils s'appellent, Marrcelin, Ellouise ? » La traction noire, les officiers sur la terrasse de l'Observatoire. Malgré moi, j'imaginais : ils attendent l'arrivée de la traction noire ceux-là, ils nous regardent faire nos bagages, ils ont téléphoné peut-être, ils rient un bon coup ; leur rire quand les autres vont sauter de leur bagnole, les tueurs.

Que vont devenir les parents ? Et si on les interroge, les menace, les arrête ? Ils auraient dû, ils devraient partir eux aussi. Mais échapper... Echapperons-nous ? La traction noire, si elle roulait derrière nous déjà !... Et si pas aujourd'hui, demain, n'importe quel jour. Mais non, là-bas, il serait facile de glisser entre leurs pattes. C'est le fief du maquis, et même, s'y risqueraient-ils ? Leur échapper. Vite arriver dans la « montagne », vite. « Non mais, t'es pas fou, Henri, en pleine descente, si tu casses un ressort, nous serons bien, au milieu des bois, avec la nuit qui vient. — T'es fou, il est fou, papa Henri ! » répète Sylvie. Nous rions tous. *Nous pouvons rire*. Je ralentis un peu l'allure. D'ailleurs la « montagne » n'est plus si loin, quoi, quinze, vingt kilomètres ? Et puis l'invisible frontière sera franchie. Evidemment s'il fait nuit alors, il ne faudrait pas que les types du maquis prennent notre voiture pour une bagnole de Fritz ou de la Milice, ça serait trop bête. L'invisible frontière... Pourquoi le quincaillier ne l'a-t-il pas passée ? Pourquoi est-il resté dans cette sale ville. « Dis papa, quand on arrive ? — On n'en a plus pour longtemps Syl. Tu verras comme tu seras bien là-bas ! » Sortir de ce monde de bourreaux. Ah ! oui, il y a encore la petite ville de Linard à traverser, tout de suite, dans trois kilomètres à peine. Puis ce sera la vallée, quelque chose comme le no man's land entre le territoire où patrouillent les Allemands, la Milice, et la « montagne » où déjà le maquis légifère. Le clocher roman de Linard, sur la gauche ; un dernier rayon l'éclaire. « Vous vous souvenez ? Linard ! Cette soirée, tout juste si la salle n'était pas absolument vide. On avait quand même débité nos poèmes », remarqua Hélène. « Vous auriez dû continuer, vous auriez dû. Pourquoi aviez-vous laissé tomber ? » Il s'est toujours étonné François que nous ayons lâché. J'imaginais derrière nous la gêne de Betty, d'Hélène — la loge où elle se tient dans les bras de Robert Calande, et moi qui entre.

« C'était dur, fatigant, dis-je, et puis trop souvent décevant, comme ici par exemple. » Un dernier tournant, on entre dans le bourg, la route va traverser la place devant l'église. « Halte ! » Qu'est-ce que c'est ces boy-scouts ? Un groupe de jeunes, leur chef, tous la mitraillette au poing, une barricade en travers de la route. Pas prévu cela, la Milice, bien sûr, le dernier poste, les dernières sentinelles de l'Ordre ; après : le désert, le désordre. « Vos papiers ! » Dans pas même une heure, la ferme là-bas, une île de liberté. Je mets pied à terre, tends permis de conduire, carte d'identité aux miliciens. Un grand, sec, blond, quel âge ? Mon âge ? Plus jeune peut-être ? Betty descend de voiture, le nez au vent, elle joue le rôle de la dame qui prend l'air, ouf ! c'est bon de se détendre, de couper un peu le voyage. Tiens ce clocher roman, intéressant. Le chef hésite, regarde nos papiers. Il a passé la tête par la portière baissée pour dévisager François, Hélène demeurés à leur place. Sont-ils alertés par les Allemands ? Alors c'est fini, trop tard. Ou bien vont-ils téléphoner à leur P.C. ? Communiquer notre signalement, attendre les ordres ? Les miliciens se sont approchés de la voiture, ils nous entourent, la main sur la mitraillette. « Où allez-vous ? » demande leur chef. « Au Chatelard ? Où est-ce ce bled ? C'est le maquis là-bas ! Qu'est-ce que vous allez fou... (il s'est repris après un coup d'œil vers Elisabeth, toujours dans son rôle de Parisienne aux champs). Qu'allez-vous faire dans ce coin de terroristes ? » Hélène sort de son mutisme, tente d'effacer son air traqué, elle se met à jouer la maman alarmée, montre sur ses genoux Sylvie qui suce son pouce et observe le type de ses yeux étonnés. « Ma petite, primo-infection... Vous pensez, la ville... et puis les alertes, les bombardements qui peuvent recommencer, ses nerfs si fragiles... D'ailleurs tenez. » Elle tend au milicien un certificat médical, un autre qu'elle a eu l'idée de demander à un collègue du Dr Villanet. Il prescrit six mois de grand air à Sylvie, à une altitude de 600 à 700 mètres. « La présence de la mère, a-t-il ajouté, est indispensable. » Feraient-ils toute cette comédie s'ils avaient l'ordre de nous coffrer ! A moins qu'ils ne cherchent à gagner du temps, l'un d'eux peut-être au téléphone. Le chef paraît perplexe ; il a rejeté son béret en arrière, ne nous rend toujours pas nos papiers.

La guerre d'Espagne, la guerre d'Espagne, jusque dans nos villages, oui, Manuela. Le milicien reprenait ses questions : et alors nous, les hommes et la dame là-bas, on accompagnait la mère et la petite ! Et l'on redescendrait quand ? Dans trois jours, quatre jours ? (goguenard) si les truands du maquis nous laissaient redescendre, et notre bagnole, nous pourrions lui dire adieu... Et qui nous attendait au Chatelard ? « Des braves gens, un ménage de braves gens, disait Betty avantageuse, dont la famille a toujours servi ma famille de génération en génération. » Le regard torve du questionneur, mais quand même impressionné ; le théâtre de Betty portait. Au lieu de la forêt, de la montagne, de la ferme où dormir, libres, libres demain, ce soir ne va-t-on pas se retrouver dans quelque cave, aux côtés de Couderc à demi mort ? Le chef tourne autour de l'auto, revient à mes côtés. « Vos bagages ! » Il fait signe à deux de ses hommes. Avec François j'ouvre la malle, nous sortons les valises. Je regarde les lèvres du sergent ? adjudant ?... Je ne sais quels grades ils se donnent dans leur Milice. Les lèvres vont s'ouvrir, vont dire : « A propos, pas d'armes dans vos valises comme celle de votre complice, un certain Lecoin ? » Il se tait, fouille sous les vêtements, les lainages. Maintenant Hélène aussi est sortie de la voiture, Sylvie dans ses bras. On referme les valises. Le chef désigne dans la malle l'armature et les toiles du lit pliant. « Qu'est-ce que c'est que ça ? » Comme si cela pouvait être un radar, la toile d'un parachute, une arme secrète. « Ça, c'est mon lit, à moi, à moi ! » Et Syl menace du doigt celui qu'elle a dû prendre soudain pour un voleur. Il est le premier à rire, et ses hommes rient, et nous rions, et Sylvie vexée se met à pleurer. « Allez », fait le gars. « Mais à vos risques et périls. » Il fait signe aux autres, ils écartent les chicanes sur la route. Nous bouclons bagages, malle, claquons les portières. Un sourire de Betty pour prendre congé. Les sbires rigolent encore en s'écartant pour nous laisser passer.

Il ne reste qu'une pâle lueur à ras d'horizon. Hélène et Betty consolent Sylvie. Je jette dans le rétroviseur un coup d'œil sur Betty ; le visage défait, elle paye cher ses vingt ou trente minutes de comédie de l'insouciance. Vingt minutes ? Des heures, m'a-t-il semblé. Je suis obligé de respirer profondément, trois, quatre fois pour tenter d'apaiser mon cœur. « Qu'est-ce qu'ils cherchaient ? » Nous sommes déjà loin du bourg quand je dis cela, pour qu'on en parle et qu'on n'y pense plus. « Mais rien », répond François — comme sa voix est calme ; de nous quatre, il est celui qui a eu, qui a le plus de sang-froid ; pour réussir son évasion, il lui en a fallu ; peut-être aussi n'a-t-il guère d'imagination, ainsi il n'invente pas de fantômes, de pièges, de malheur. « Mettez-vous à leur place. Ils s'embêtent à cent sous de l'heure. Le chef a voulu occuper ses gars et s'occuper, et se donner de l'importance, vous comprenez, se donner de l'importance. » Moi, je regarde toutes les minutes dans le rétroviseur, non plus la figure pathétique d'Elisabeth mais la route, s'il n'y a pas, si ne va pas surgir, à nos trousses une voiture de la Milice. Rien. La route en lacets dans les châtaigneraies, avec des descentes, des montées, des ponts étroits. Je roule en veilleuse le plus longtemps possible. Je crains le signal des phares qui nous feront repérer. « Tu devrais mettre en phare, dit François. On n'y voit plus. » Il a raison, j'allume. (Les colonnes des arbres qui tournent dans le faisceau lumineux, les grottes vertes et brunes que le rayon creuse dans l'épaisseur de la forêt, l'odeur d'humus, de pins par la glace entrouverte, et parfois le bruit d'une cascade.) Syl gémit dans mon dos. Elle est fatiguée, elle a faim, elle a sommeil, elle a peur. Et c'est grâce à elle que notre propre peur s'est envolée de nous. Même si le chef de la Milice ne cherchait rien, comme le prétend François, il n'était pas décidé à nous laisser passer, il gagnait du temps manifestement, ensuite la nuit serait là ; il nous affirmerait alors qu'il n'avait pas le droit de nous lâcher, cela pour assurer notre sécurité. Il faisait un rapport à ses supérieurs, nous gardait jusqu'à ce qu'il ait des ordres, ou, au mieux, nous contraignait à faire demi-tour. C'est Sylvie qui l'a désarmé. Après ce rire, s'obstiner, c'était pour lui perdre la face. « François, ta fille, sans elle... » Il bougonne quelques protestations. Plus que cinq kilomètres. Jamais un voyage ne m'aura paru aussi long. Loin, derrière la cime des arbres, une lueur, la lune qui se lève.

Ah !... Au sortir d'un tournant, à trente, quarante mètres devant nous, une charrette dételée, en travers de la route. Cette fois Betty n'aura plus la force de jouer la jeune dame qui fait du tourisme dans les bois. Sylvie qui gémit et pleure ne désarmera plus les chasseurs. Nous restons atterrés dans la voiture close, pleins phares sur la charrette. Je ne doute pas que notre tartufe de milicien n'ait alerté un avant-poste pour nous récupérer au passage. Cette fois, nous allons savoir ce qu'il cherchait. Une minute se passe. Silence, léger froissement des arbres dans le vent. Personne ne se montre près de la charrette. J'annonce que je vais descendre, que cela vaut mieux. Les femmes me supplient de n'en rien faire, et comme j'ouvre la portière, j'entends Betty pousser la sienne de son côté en déclarant : « Il vaut mieux qu'ils voient une femme aussi... Ils nous prennent peut-être pour une voiture du maquis. » Ils ? La charrette paraît abandonnée, rien ne bouge, pas de bruit. « Nous voulons passer. » La voix claire de Betty dans la nuit : qui, sinon moi, devinerait cet imperceptible tremblement au fond de la gorge ? « Nous conduisons une enfant, une petite malade au Chatelard. »

Rien. Seraient-ce les vestiges d'une embuscade et les gardiens se sont enfuis, à moins qu'ils ne soient morts. Va-t-il falloir essayer de manœuvrer la charrette. Mais n'a-t-on pas marché ? Deux, trois pas sur le gravier, sur l'accotement, à gauche. « Descendez de la voiture avec l'enfant ! » Une voix jeune, rude, avec l'accent de nos faubourgs. Que vont-ils faire ? Et s'ils tirent quand les autres seront avec nous. Sylvie ! J'essaye de parlementer. « La petite est malade, la sortir de la voiture c'est mauvais pour elle ! » Silence, ou peut-être des chuchotements dans l'ombre où se cachent les hommes de la charrette. Ils doivent se consulter. La même voix malhabile répond : « On s'en fout, sortez tous de la voiture avec la gosse ! » Les salauds, ils auront le cœur de tirer ? Hélène est descendue, Sylvie agrippée à son cou. François s'est placé devant elle. « Avancez dans les phares ! »

Une, deux, trois, un peu après, quatre, quatre ombres contournent la charrette. Quelle jolie cible nous faisons. Non, ils avancent dans le fossé, on dirait pour éviter le jet de lumière. Les voici, toujours leurs mitraillettes en avant. « Vos papiers. — Mais... mais c'est le maquis ! Vous êtes du maquis ? » Mon Dieu, Elisabeth enthousiaste ! Que va-t-elle ajouter ? C'est vrai, ce ne sont plus nos miliciens en uniforme, ces quatre jeunes barbus, déguenillés, savates aux pieds. Et si c'était un piège, un piège tendu par la Milice.

Je parle, vite : « Nous allons au Chatelard. » Hélène montre le certificat pour Sylvie. Le Robinson jette un œil distrait sur nos papiers. « Au Chatelard ? Où ça au Chatelard ? — Chez les Desfeuilles. — Chez les Desfeuilles ! Vous entendez ils vont chez les Desfeuilles. » Ce nom semble les rendre de bonne humeur. « Bon, voilà vos papiers. » La mine sombre de nouveau. « Dites voir un peu son prénom de Desfeuilles ! — Marcelin, et sa femme, Louise. » Un bon point pour Betty, cette franchise dans la voix, cet écho de l'enthousiasme que je ne lui ai pas laissé le temps d'exprimer lorsqu'elle a reconnu les jeunots du maquis. « Ça va, on va tourner la charrette... Et puis on va vous précéder jusque chez les Desfeuilles, ça vaudra mieux pour vous. Sans ça, on ne sait jamais. Ces trucs-là (il montre sa mitraillette), ça part tout seul, qu'un groupe vous prenne pour des chleuhs ou des miliciens ! »

La bagnole du maquis nous précède ; elle fait crier ses pneus dans les virages, et klaxonne à intervalles réguliers : trois coups brefs sur le timbre de ville, un coup long sur la sirène de route. « Ils en font une fanfare, bougonne François. Et vous avez vu cette allure, des bandits de grands chemins. — Tu préférais peut-être la Milice, se moque Hélène, eux étaient bien habillés, bien lavés, bien rasés. » Elle riait, et avec elle Betty, d'un rire nerveux ; je croyais entendre des sanglots.

Notre arrivée au Chatelard dut faire sensation. Du moins nous le supposions, car c'était nuit noire, et le bourg traversé en trombe paraissait mort. Un kilomètre plus bas, sur une route en zigzag, la ferme des Desfeuilles gardait une fenêtre éclairée. Les deux voitures se rangèrent à l'entrée de la cour. Les jeunes du maquis appelaient : « Marcelin, Marcelin, du monde pour vous ! » La porte s'ouvrit, les Desfeuilles parurent tous deux, petits, timides. Elle, s'essuyait les mains sur son tablier ; lui, tendait le cou en avant, à gauche, à droite, on eût dit une belette craintive.

Enfin ils ont descendu les deux marches, sont venus à notre rencontre, s'exclamant. Ils ne nous attendaient plus, ils pensaient avoir mal compris et que nous ne viendrions sans doute que le lendemain, ils avaient eu peur aussi qu'il ne nous soit arrivé quelque chose. Sylvie tirée de son sommeil se blottissait dans les bras d'Hélène. Les Desfeuilles saluaient cérémonieusement François qu'ils voyaient pour la première fois. Les maquisards nous aidaient à porter les bagages.

Une fois Sylvie couchée, Hélène ne redescendit que lorsque sa fille eut retrouvé le sommeil. Louise Desfeuilles sortit pain, fromage, jambon sur la longue table sombre de merisier. Les quatre F. T. P. partageaient avec nous ce souper arrosé d'un cidre acide. L'aîné pouvait avoir dans les vingt, vingt-deux ans, les autres dix-huit ans sans doute. « Pauvres petits, disait Louise Desfeuilles en les servant, mangez, mangez donc, vous ne devez pas manger tous les jours à votre faim. » Elle se tournait vers Betty : « Quand je pense : mon garçon, René, il dort, vous lui pardonnerez, quand nous avons vu que vous n'arriviez pas, on l'a envoyé au lit, et lui, René, il va sur ses quinze ans, et si cette saleté de guerre dure encore deux ans, lui aussi ira au maquis, il sera comme vous, il en rêve... — Vous en faites pas, madame Desfeuilles, disait l'un des jeunes rebelles, la guerre, elle passera pas l'hiver... — Ah ! vous croyez, vous croyez ? » demandait Marcelin, et ses yeux de feu noir allaient et venaient, cependant qu'il enfournait un carré de pain dans sa bouche cachée par les moustaches tombantes. « Et puis quoi, reprenait un autre, votre René, on n'est pas si mal au maquis. — Ouais, avec la saison qui vient ça peut aller », concédait l'aîné. Il devait avoir à son actif plusieurs saisons de maquis, alors que ses camarades, c'était visible, étaient des bleus. Tous parlaient avec admiration, tantôt en haussant la voix dans leur enthousiasme, tantôt la baissant au contraire dans un sentiment de respect, du chef de maquis, dont ils prononçaient par moments le nom : Dargan, mais le désignaient de préférence par ces termes : « Le Vieux... » « Alors le Vieux a dit... Le Vieux, a donné l'ordre... Un drôle de guet-apens qu'il a tendu aux chleuhs le Vieux... Un salaud a dénoncé Dargan, les gendarmes sont venus pour le cueillir à la gare de Buffy où il devait parler à un cheminot ; tu parles, le Vieux a joué à cache-cache avec les gendarmes, à travers un train en partance : il sautait sur la voie quand les autres étaient dans le wagon, remontait quand ils descendaient à contre-voie, redescendait ; finalement le train est parti avec les cognes qui continuaient à chercher le Vieux sous les banquettes, et lui, il rigolait, tranquillement assis derrière un chargement, sur le quai... » Je croyais entendre la naissance d'une épopée, d'une légende, et lorsque les quatre du maquis se sont levés, ont ramassé leurs mitraillettes puis sont partis en faisant ronfler le moteur, il m'a semblé être à la fois spectateur et acteur d'un western. J'ai souri, j'ai revu le quincaillier, la façon impayable dont il animait pour nous, avec onomatopées à l'appui, la poursuite du voleur de chevaux dans le Far West, le shérif marron, la rencontre du cow-boy et de l'héroïne. Ce choc, là, au creux de l'estomac ; fini le western : mon ami, épouvantail disloqué que se renvoient, de l'un à l'autre, à coups de poing, à coups de pied, à coups de nerf de bœuf, les « shérifs » de la Gestapo.

Plus tard, la nuit de la chambre étroite sent la pomme et le champignon — ces odeurs passent par les interstices de la porte, elle ouvre sur le palier où donne le grenier — puis une bouffée d'air sylvestre arrive par la fenêtre entrouverte sur la nuit et chasse ces parfums de l'automne passé. Dans le lit-bateau où nous feignons de dormir, ma femme et moi, je mords les draps frais, un peu rugueux, pour ne pas crier le nom de Couderc, pour ne pas pleurer. Betty a-t-elle deviné ? Je lui tourne le dos, je sens sa main se poser sur mon épaule. Je me retourne, la prends dans mes bras, nous nous étreignons en silence, nos larmes se mêlent.

Elisabeth m'a raconté : cet après-midi, avec Hélène, ces emplettes qui les mettaient en retard, simple prétexte : en fait elles étaient allées chez Nicolas Valenkov. Elles l'ont supplié d'intervenir pour sauver le quincaillier. Il s'est moqué d'elles, les a presque insultées en montrant les blessures faites par la grenade. Elles lui ont juré que notre ami n'était pour rien dans l'attentat. Il ne les croyait pas, ricanait, menaçait. Alors Hélène a rapporté ce que, précisément, le quincaillier nous avait dit et qui prouvait son innocence dans cette affaire : comment, lui, l'ami de Théo, lui qui commettait la pire imprudence en revoyant la jeune fille, cela pour venir à son secours, par fidélité profonde, comment eût-il risqué d'assassiner la sœur de Nicolas en piégeant la porte de leur maison, car enfin elle eût pu aussi bien ouvrir la porte la première et elle recevait la grenade. Cette remarque parut impressionner le Russe. Un instant, elles espérèrent le convaincre, obtenir son appui. Mais la colère l'a repris. Il bredouillait, s'agitait, portait les mains à sa tête comme s'il avait mal. « Pour rien, je suis dans arrestation Couderc, je le jure sur tête petite mère morte, petite mère chérie. » Pour rien. Mais bravo, la police d'Hitler faisait bien son travail. Pour rien, mais qu'on ne compte pas sur Nicolaï Ivanovitch pour tirer un gredin, un bandit, des mains de la justice allemande. Oui, de la justice. « Hélène croit finalement que Nicolas dit vrai quand il affirme être innocent dans cette histoire... Moi, je ne sais pas, je me demande... Et puis qu'est-ce que ça change... Pauvre Couderc... Pauvre Docteur. » Je gardais mes bras fermés autour de Betty. Le sommeil nous prit dans le froid de l'aube qui sentait la forêt et l'eau.

*Le quincaillier apportait des disques ; nous allions les écouter dans le capharnaüm de Guillaume, entassés dans cette chambre et son désordre comme les Marx Brothers dans leur cabine d'*Une nuit à l'Opéra *(ce film, vu un soir avec les Barbares, était pour notre groupe un signe de ralliement, avec les noms magiques de Louis Armstrong et de Duke Ellington).*

Debout, assis, couchés à même le sol autour du phonographe, nous regardions Couderc mimer du bras, de la tête, de tout le corps, le jeu du saxo, de la trompette ou de la batterie. Au moment des solis, parfois, il s'immobilise, un doigt en l'air : « Attendez, écoutez : vous allez entendre ce oua-oua à vous arracher les tripes. » Et lorsque la trompette déchirait l'air de sa plainte, il se cassait en deux, le regard chaviré : « Ah non ! quelle vache, quelle grosse vache ! » disait-il ensuite d'une voix amoureuse, cependant que le disque continue sa course et que tous, en cadence, nous battons le rythme. « Henri, quel swing, le salaud ! Ecoute bien, Guillaume, écoute ce passage, comment c'est fait : taga-taga-taga-ta ! Tu te souviendras, quand tu tiendras le saxo ? Ah ! les Noirs ! les Noirs ! La Nouvelle-Orléans, la Louisiane, aller là-bas les en-

tendre ! » Son air dégoûté pour conclure : « Pas à la cheville ! on aura beau faire, nous ne leur arriverons jamais à la cheville ! » Quand il était parti, nous disions qu'il devrait composer « Quincaillerie's Blues ». Nous l'imaginions dans sa resserre, entre les piles de lessiveuses, de bassines, de casseroles ; improvisant sur sa trompette, la faisant sangloter au souvenir de son enfance meurtrie, à la pensée de ses amours manquées, gronder à la vision de son avenir sans bonheur, ricaner aussi, superbement, pour se moquer des autres et de lui-même. Enfin, assurait la petite Caroline, pour finir, il devait empoigner quelque tisonnier et faire un solo enragé de batterie sur les lessiveuses. « Suffit, marmonnait Guillaume, vous dites n'importe quoi. André, le jazz, c'est sa vie, sa vie. Vous ne savez pas, le jazz, ce que ça peut être. » Il plaçait un disque sur le phono, le remontait à la manivelle. « Clic », la voix brûlante comme un soleil d'août, profonde comme la mort, la voix commençait : Some of these days...

XVIII

S'il n'y avait eu la pensée de nos amis captifs, nous nous serions crus en vacances. Le pays était beau, avec ses châtaigneraies, ses prairies coupées d'étroites rivières, ses hautes collines aux flancs couverts de forêts, aux sommets dénudés de lande. Le printemps approchait. Nous le sentions à certaines traînées de douceur dans l'air frais, à quelques notes d'oiseau, aux premières fleurs çà et là pointant leur frileuse corolle au creux plus abrité d'une haie, au duvet vert des champs. Nous étions heureux. Nous avions honte de notre bonheur. Je lisais cette honte, ce remords et leur brusque tristesse, tour à tour sur le visage de Betty ou d'Hélène, et je sentais qu'elles aussi les découvraient dans le silence où je tombais soudain, dans l'expression absente qui devait tout à coup éteindre mon regard, tirer mes traits. François avait moins connu que nous le quincaillier, et moins qu'Hélène et

Betty le Dr Villanet, aussi essayait-il souvent de nous arracher à notre hantise. Il nous disait que Couderc et le docteur s'évaderaient. Le réseau auquel appartenaient les deux hommes les y aiderait certainement.

Nous refusions d'abord cet apaisement que nous proposait François. Nous nous demandions même si nous ne devrions pas revenir en ville : les correspondants de nos amis ne chercheraient-ils pas à prendre contact avec nous ? Peut-être pourrions-nous les aider s'ils entreprenaient une action pour organiser la fuite de leurs camarades ? Les Desfeuilles se récriaient, car nous parlions en confiance devant eux, ils étaient vite devenus une autre famille pour nous, plus simple, plus fruste, mais si généreuse : étions-nous fous ? Aller nous jeter dans la gueule du loup ? Au Chatelard nous étions sous la protection de Dargan, les Allemands ne se risqueraient pas à venir nous chercher, tandis qu'en ville... D'ailleurs on ne pourrait même pas traverser Linard, les miliciens nous y cueilleraient. Croyait-on qu'ils avaient oublié notre passage.

Et puis, Sylvie connaissait ici une telle joie. Incontestablement, elle régnait sur la ferme, et d'abord sur les Desfeuilles. Elle accompagnait Louise lorsque celle-ci distribuait le grain aux poulets, aux pigeons, l'herbe aux lapins, ou lorsqu'elle faisait cuire les patates pour les porcs, ou bien elle allait garder les vaches avec sa nouvelle amie à la voix tendre. Marcelin la prenait sur ses épaules, l'emmenait à l'étable où elle se sentait à la fois ravie et effrayée. René, le fils qui rêvait du maquis, un grand garçon maigre qui avait l'inquiète vivacité de son père et l'air rêveur de sa mère, s'était pris de passion pour Sylvie. Il faisait ses quatre volontés, se changeait selon les caprices de l'enfant, en cheval, en automobile, en lapin, en avion. Hélène et François n'avaient jamais autant vu leur fille puisqu'ils ne quittaient guère la ferme ou ses environs. Mon frère découvrait, apprenait sa fille par cœur, comme s'il voulait rattraper ainsi tant de jours, de mois, d'années passées loin d'elle. Je les regardais de la porte de la ferme. Ils étaient là-bas, de l'autre côté de la route, à l'orée de la châtaigneraie, étendus sur un plaid au soleil d'avril, la tête de Sylvie reposant sur le bras de son père. La petite riait, jouait avec les cheveux de François. La guerre finirait, ah ! qu'elle finisse bientôt ! Comment sera notre enfant, la fille de Betty ? Puisse-t-elle ressembler à Sylvie, avoir la même grâce d'oiseau ébouriffé, ce vol si vif de l'allégresse à la gravité, du rire au songe. Mais Elisabeth voudrait un fils. Eh bien, ce sera le frère de Sylvie et d'abord comme l'enfant de cette enfant.

Malgré tant de spectateurs, de sujets et d'amis, Sylvie ne m'oublie pas. Souvent, quand elle va avec l'un, avec l'autre, elle a une façon de tourner un instant la tête vers moi, de lever les sourcils, de me regarder à la dérobée, l'air de dire : « Il faut bien que j'aide Louise n'est-ce pas, ou que je joue avec René, ou que j'aille voir les vaches, je ne peux pas quitter comme ça Marcelin, et papa, mon nouveau papa, il veut que je me repose avec lui sous l'arbre, maman, je ne me suis pas promenée avec maman aujourd'hui... mais tu sais je ne t'oublie pas, je reviens, Henri, attends-moi, tu m'attends, n'est-ce pas ? »

Je pars le matin avec Betty, une fois avalé le bol de lait où trempe le pain blanc que font tour à tour les fermiers du hameau. Nous allons à travers les châtaigneraies, le long des taillis et des prés, nous remontons le cours des ruisseaux sous les voûtes d'aulnes et de noisetiers, nous gagnons parfois la lisière de la forêt de chênes avec çà et là des enclaves de pins à l'horizon. « Tu vois, Betty, sans ton aïeul, nous ne serions pas là aujourd'hui... Mais oui, sans l'astronome, pas de forêt sur la montagne, donc pas de maquis, pas de Dargan... Alors serions-nous venus jusqu'ici ? Sans doute serions-nous dans une ferme voisine de celle de Manuela. Nous irions pêcher dans la Glane. »

Elisabeth me sourit. Elle se penche à mon bras, elle me fait penser à ces noisetiers, à ces aulnes ployés au-dessus du ruisseau qui nous guide vers la forêt. Elle est, sans le dire, fière de l'œuvre du vieux Garou. Parfois, au passage, elle caresse un arbre. Je remarque : « Tu salues un de tes frères. » Elle me regarde de ses yeux plus clairs d'être baignés de la lumière des feuilles.

Sans Garou l'ancêtre, ces monts eussent été de grandes nappes de bruyère et de fougère comme on en trouvait encore des arpents sur leurs sommets arrondis. De là, où nous sommes plusieurs fois montés, on découvre un double, immense panorama ;

à l'est, dans le lointain, une chaîne de pics, au sud-ouest des vallées, des plateaux, l'écheveau embrouillé des bosquets, et, les jours sans brume, dit-on, les clochers de notre ville. Selon la tradition familiale, Garou montait sur la tour de son Observatoire, suivait à la lunette le progrès du reboisement sur ces monts où nous flânions à présent. Nous ne pouvions bien sûr réaliser l'expérience en sens inverse et deviner du sommet où nous grimpions, à l'ouest, là où la ville étendait le jour sa brume grise, et sans doute, aux nuits de paix, sa lueur, notre tour. Du moins, il nous était cher de savoir qu'elle était, là-bas, à l'horizon, la demeure. Parfois nous nous demandions si, succédant à l'astronome, puis à la folle, puis aux jeunes Barbares, les Allemands ne se servaient pas maintenant de ce poste de guet pour surveiller le pays du maquis. Nous savions bien que c'était là pure imagination, la Wehrmacht avait d'autres moyens pour déceler les mouvements des maquisards ou les parachutages, mais nous étions influencés par cette légende et cette épopée naïves que les paysans inventaient autour du maquis, et nous leur apportions notre pierre. « Mais alors, décrétait René Desfeuilles — il baissait la voix, son père l'écoutait avec un air de conspirateur, roulant des yeux, tiraillant sa moustache — mais alors, il faut prévenir le Vieux de l'existence de cet Observatoire, vous comprenez, lui, il ne sait pas, il se méfie pas. Il faut l'avertir, il envoie un commando, et il vous dégringole la tour. » L'exaltation du jeune garçon nous faisait mesurer notre propre ingénuité.

Sylvie prenait des couleurs. Elle prenait aussi de l'assurance pour appeler poulets, lapins, chats et chiens : une voix sonore de petite fermière habituée à crier après les bêtes, à héler les hommes pour le casse-croûte.

Elle ne quittait guère Louise Desfeuilles. Quand nous nous reposions dans la maison blanchie à la chaux où entrait maintenant, par les trèfles percés dans les lourds contrevents, la verte lumière du printemps, ou bien quand nous lisions assis sur un lit de fougères coupées dans la châtaigneraie, nous entendions les deux voix s'entrelacer, la douce voix un peu rocailleuse de la femme, plus douce encore pour parler à l'enfant, et la voix claire, impérieuse de Syl, s'entrelacer et tourner tout autour de la ferme. Ah ! les voici au verger. Et maintenant, où vont-elles ? A l'étable ? Non au puits — la chaîne se dévidait et tintait —, Sylvie adorait se faire éclabousser lorsque sa vieille amie décrochait le seau. Tiens, on ne les entend plus. Peut-être sont-elles au pré ? Les voici de nouveau, et les notes aiguës, joyeuses de Sylvie : « P'tits ! p'tits ! » et bientôt le caquètement des poulets affamés. Elisabeth me regardait, une ombre de sourire aux lèvres : « Tu l'aimes, ta Sylvie. » Je ne répondais pas. Un peu plus tard : « Et moi ? » Je la prenais dans mes bras. Notre amour renaissait. Je lui voyais les tendres couleurs des feuilles qui partout s'ouvraient, des fleurs simples des haies et des prés ; il me semblait pareil, vivace et frais, à l'odeur des fougères que nous foulions dans nos courses et nos jeux, ou à celle des sèves quand nous cassions au passage des branches ; il se confondait avec cette lumière de source qui pointait aux collines quand le froid de l'aube nous réveillait et que nous nous levions pour tirer les volets et prolonger dans notre chambre la nuit.

Nos caresses, je m'en souviens comme de l'air bleuté dans la chambre pauvre, et je respire avec l'odeur d'Elisabeth nue, celle des pommes, des girolles dans le grenier voisin ; je m'en souviens aussi comme de ces trilles des merles, des pinsons, des loriots, de ce bruissement des feuillages au-dessus de nous, de ce passage du vent en ruisseau sur nos corps, quand nous nous prenons à la dérobée au fond d'un pré, au sombre d'un taillis, ou à la lisière des landes sur les hauts.

La nouvelle s'était bientôt répandue qu'Hélène et François étaient médecins. Il ne se passait pas de jour qu'on ne leur amenât quelque enfant à soigner ou que vînt, intimidée, en robe et fichu noirs, une femme solliciter leur visite dans quelque ferme pour un malade. Nous nous étions procuré des bicyclettes et tous les quatre nous partions vers la maison qui réclamait le médecin. Hélène s'occupait des femmes, des enfants, François des hommes, — tous la quarantaine passée, les jeunes étaient au maquis. La visite médicale était payée en œufs, en poulets, en jambons ; nous regrettions de ne pouvoir faire filer ces victuailles vers la ville où les parents connaissaient toujours la faim. Nous parvenions parfois à leur téléphoner, mais bien souvent, quelque part, entre le Chatelard et la ville, les circuits étaient coupés : cela nous était étrange d'entendre la voix de ma mère puis celle de mon père à la fois si proches, comme dans la pièce voisine, et séparées de nous par l'infranchissable. Emilie avait écrit, sa lettre leur paraissait triste ; les « locataires » des Garou donnaient des signes de nervosité ; Nicolas Valenkov aussi, à se demander s'il ne perdait pas la tête ; le quincaillier ? pas de nouvelles ; et nous, surtout que nous prenions garde à nous, et à Sylvie, à Sylvie. « A bientôt », ils accentuaient ce mot, comme pour nous faire entendre tout ce qu'ils ne pouvaient dire, que la fin approchait, que leurs voisins d'en face sentaient venir l'orage, et que nos propres voisins, ceux des maquis, devaient se préparer à prendre la bête par le revers, lorsque le débarquement...

Les nouvelles étaient bonnes à l'Est. Dans le ciel, la mort pleuvait sur les villes allemandes, mille avions, cent mille morts, deux mille avions par vagues successives, deux cent mille morts, bombes soufflantes, torpilles, plaquettes au phosphore : écrasés, flambés les chleuhs valides et invalides, jeunes et vieux, femmes et enfants, pas de détail ! « Hourrah ! » faisait René : « Et le Vieux va te les dresser quand il va descendre de la montagne ! » Je voyais des enfants qui ressemblaient à Sylvie, des centaines, des milliers d'enfants dans les flammes. Les nouvelles étaient bonnes. Mais de Couderc, pas de nouvelles.

Les soirées de mai étaient belles ! Nous restions dehors longtemps, les uns assis sur le banc de bois, adossés à la ferme, les autres sur les marches du perron. Louise Desfeuilles sortait sa chaise basse, elle tenait Sylvie sur ses genoux. Les étoiles, millions d'avions immobiles veillaient sur nous. Parfois le grondement de véritables avions. « Hé ! s'exclamait Marcelin, attention, si ce sont les Boches, faudrait filer vers la carrière, on y est en deux minutes, là-bas peu de risques. Ces salauds, ils viendront bien, cette nuit, ou une autre, ils viendront bien bombarder, flanquer le feu à la forêt et le lendemain ils attaqueraient le maquis. » Mais le grondement s'éloignait. « Les Anglais ! criait René, ils tournent au-dessus des monts, ça va être un parachutage ! » Etait-ce mission de reconnaissance ? Le rendez-vous était-il manqué ? Le grondement s'éloignait. « Y a pas danger qu'ils les lâchent, leurs armes. » Jusqu'à ce qu'une vague de fraîcheur montée de la rivière, du fond de la vallée, nous obligeât à gagner nos chambres, René ne cessait d'exprimer sa déception par grognements, jurons ou brèves plaintes que Sylvie s'amusait à répéter. Mais, deux ou trois fois, au grondement là-haut répondirent vers les monts une fusée blanche, puis les taches rougeoyantes des feux sur la lande vite allumés. Nous nous levions ; René, son père ne se tenaient plus, ils allaient et venaient de la route à la cour, de la cour à la route. « Ça y est, ça y est ! les parachutes ! » René prétendait apercevoir au loin la lente descente des voiles blanches. Marcelin annonçait le débarquement pour la nuit même. Louise serrait peureusement Sylvie contre sa poitrine.

Le lendemain nous retrouvions la campagne livrée au seul combat victorieux du printemps. Au milieu de la matinée, Marcelin et son fils revenaient des champs, tous nous nous attablions dans la cuisine, le fermier taillait de longues tranches de pain bis ; comme lui, nous y étalions lard ou fromage blanc. Cette nuit, les avions avaient largué plus de cent containers et un message qui disait que le débarquement cette fois c'était pour dans dix jours. René tenait ces renseignements du fermier des Prades qui sarclait son champ, et le fermier des Prades les tenait lui-même de son cousin du moulin dont le fils, ou le neveu, était au maquis... René se taisait, mais ses yeux brillaient, brillaient. Marcelin Desfeuilles se mettait à se plaindre du temps trop beau : les prés étaient secs, et peut-être qu'ensuite les orages abîmeraient le blé, et certainement la récolte, cette année, la récolte... On sentait que c'était sa façon à la fois d'exprimer son bonheur et de conjurer le sort.

Un matin surgit, dans un crissement de pneus, la Citroën avec les quatre jeunes du maquis qui nous avaient accueillis la nuit de notre arrivée. Voilà, le Vieux savait qu'il y avait des médecins parmi nous, il avait des types malades, un autre jour il pouvait y avoir de la casse, des blessés, le toubib du canton, un collabo, pas moyen de s'y fier. Voilà... Les jeunes paraissaient de plus en plus gênés. Ils n'étaient guère embarrassés, si on en croyait les gars du Chatelard, pour « réquisitionner » autos, essence, recettes des P.T.T. et ce qui leur chantait, mais des médecins...

François enfila sa veste.

— Allons-y.

Hélène s'approcha.

— Je te suis, François.

François regarda Hélène comme s'il hésitait. L'aîné des maquisards tendit le bras.

— Non, le Vieux, je veux dire : notre chef a dit, les médecins, vous ramenez les médecins. On peut pas se ramener là-bas avec une femme.

— Mais je suis médecin, protesta Hélène.

Les jeunes barbus ne cachaient pas leur étonnement. Enfin, celui qui paraissait commander, haussa les épaules. Il regagna la Citroën suivi de François, d'Hélène puis des trois garçons. Ils s'entassèrent dans la voiture, Hélène et François à l'avant près du conducteur. L'auto démarra en bondissant, les roues arrachèrent la terre, une gerbe de poussière vola à l'arrière. Aux portières les maquisards se penchaient, mitraillette au poing.

— Ils se croient au cinéma, remarqua Elisabeth.

René lui jeta un regard furieux.

Sylvie qui s'était tenue immobile et muette pendant la visite des maquisards éclata en sanglots. Nous ne parvenions pas à la consoler. Nous tentions de la faire rire, mais, au fond de nous-mêmes, peut-être revoyions-nous la scène comme l'enfant l'avait vue : si c'était un rapt ? si ces hommes des bois étaient des bandits comme on affirmait qu'il s'en glissait parmi les combattants du maquis ? Les heures nous parurent longues jusqu'à la nuit que percèrent enfin les phares de la traction ; leur jet venait balayer la châtaigneraie au ras des branches basses, déjà les pneus crissaient sur la route, les portières claquaient dans l'ombre, la voix d'Hélène s'élevait tendrement.

Betty et moi, nous sentions bannis de cette sorte d'heureuse complicité que maintenant chaque mot, chaque geste, chaque silence d'Hélène et de François nous semblaient révéler.

Assez souvent la voiture revenait les prendre. Ils emportaient leur trousse d'urgence, les barbus leur parlaient avec une respectueuse attention. Le jeune Desfeuilles les contemplait comme il l'eût fait de magiciens. Parfois, le soir, ils nous confiaient quelques-unes de leurs impressions de médecins des rebelles. Le Vieux ne leur paraissait pas très érudit en fait de stratégie, mais ils témoignaient de sa ruse proche des instincts braconniers, de sa certitude absolue en son étoile, de son ascendant qu'ils jugeaient cependant gagné sur une timidité quasi sauvage. Ils soignaient des malades légers, parfois des blessés que leurs camarades ramenaient à travers taillis et fourrés après quelque embuscade. Une fois, ils durent panser deux prisonniers allemands, les maquisards voulaient abattre les deux soldats qu'ils avaient fait dégringoler de leur moto. Ils les avaient conduits jusqu'au P. C. du Vieux pour qu'il les interroge mais ce jour-là Dargan était parti repérer une aire de parachutage. Les maquisards après avoir récupéré les papiers, les cartes d'état-major des deux motards, s'apprêtaient à les traîner jusqu'au fond d'une carrière pour s'en défaire. Hélène et François crurent ne point parvenir à sauver les prisonniers. Il leur fallut menacer — tout en craignant alors pour leur propre vie, car un partisan, à demi ivre, les avait traités de collabos, d'espions des nazis ; ils avaient eu l'impression d'arracher à des chiens leur gibier, et les crocs se montraient, les mitraillettes s'armaient. Hélène eut l'idée de proclamer que le Vieux se montrerait impitoyable pour ceux qui commettraient la faute de toucher aux prisonniers avant qu'il ne se fût lui-même prononcé sur leur sort. Elle ajoutait que François et elle ne viendraient plus jamais soigner malades ou blessés. On les avait laisser panser les plaies des Allemands. Enfin le Vieux était rentré. Après avoir tancé les hommes qui avaient osé menacer, publiquement il félicita Hélène et François, les remercia d'avoir empêché plus qu'un crime, une faute. De fait, le Vieux apprit des captifs, deux Autrichiens fatigués de la guerre, qu'une colonne S.S. remontait du Languedoc vers le nord-ouest. Il put mettre en place le système d'alerte pour le moment où elle atteindrait sa zone.

— Crois-moi François, Léonard et son acolyte ne nous ont pas pardonné de leur avoir arraché les Autrichiens, et encore moins de s'être faits tancer par le Vieux.

— Penses-tu, ce sont deux soiffards, un coup de vin et ils oublient ce qu'ils pensaient avant. Docteur Hélène vous devenez nerveuse, je vous ferai une ordonnance.

Léonard commandait l'embuscade qui aboutit à la capture des deux Autrichiens. C'était lui, avec Loulou son second, qui avait menacé Hélène et François. Il ne me parut pourtant pas redoutable la première fois où, avec Betty, nous suivîmes les « médecins » jusqu'au camp du Vieux. Hélène avait dit qu'Elisabeth serait une infirmière très capable, quant à moi je pourrais peut-être rédiger les tracts, les appels, les déclarations que le Vieux souhaitait faire imprimer puis répandre jusqu'aux bourgs que tenait encore la Milice. Enfin, lorsque sonnerait l'heure de la Libération, il comptait bien être le premier à entrer dans notre ville ; il y ferait aussitôt afficher ses proclamations, nos proclamations plutôt puisqu'il fut entendu que j'écrirais pour lui ces libelles.

Je portais mes papiers au Vieux niché en plein bois, dans une ferme en ruine. Je me demandais d'où lui venait son surnom, car il ne devait pas dépasser la quarantaine. Sans doute fallait-il accuser ses sourcils en broussailles, une moustache mal taillée, des mèches grisâtres et surtout un air rusé dans ses yeux gris comme en ont, c'est vrai, certains vieillards, et puis, on disait qu'il avait maintes fois filé entre les doigts des gendarmes ou des miliciens en se grimant, en se courbant, en jouant le vieux. Debout, il était de taille moyenne, mais assis sur quelque tronc abattu ou quelque roche cependant qu'il lisait ma prose, il paraissait grand à cause de son long buste. J'étais sensible à cette force un peu lourde et calme qui émanait de son corps immobile, de ses épaules larges et tombantes, de ses mains carrées posées sur les genoux. Je comprenais que des jeunes comme René Desfeuilles pussent le voir comme un vieux géant.

Le bois était chargé des odeurs, des musiques des premiers jours de juin : pollens, fleurs et trilles. De temps à autre, le Vieux reprenait une de mes phrases à haute voix, une voix enrouée et pourtant sonore, peut-être parce qu'il martelait les mots et je ne les reconnaissais plus tout à fait. Le mot « liberté », le mot « justice », et « bonheur », et « vérité », et tous les autres que j'avais écrits la veille dans la ferme des Desfeuilles, avec une sorte de timidité contre laquelle il me fallait faire violence, voilà qu'ils prenaient dans la bouche du Vieux une autorité qui m'impressionnait, comme si ce n'était point moi qui venais de les proposer au rebelle, mais qu'ils lui fussent dictés par sa propre foi et sa révolte. Lorsque ma prose ne lui paraissait pas convenir, il répétait plusieurs fois chaque phrase en changeant de ton. Finalement il se grattait le crâne, me remettait le papier avec un geste gauche. Je devançais sa parole : « Je changerai ça », disais-je vite en détournant la tête. Je me sentais ridicule devant cet ermite de la guerre. Il me semblait que je puais le mensonge : ces mots que j'avais apportés n'étaient que mensonge, le regard embarrassé du Vieux, le geste de sa main, et même la lumière du bois et les armes qui luisaient en contrebas au poing des jeunes montant la garde, tout me paraissait dénoncer la fausseté de mon langage. En revanche, lorsque, soudain, le Vieux se mettait à lire de sa voix monotone mais assurée, quand je l'entendais faire siens mes pauvres mots, quelle joie en moi, comme si le peuple et la république prochaine me parlaient par cette voix âpre, comme si, par un privilège dont je me sentais tellement indigne, j'étais appelé le premier à entendre ces promesses de liberté et de justice, ces promesses solennelles qui semblaient naître du sol même et des arbres et, au-delà des bois et des collines, de tout ce pays de fermes, de villages, de prés, si semblable à lui-même depuis des siècles et pourtant en secret tout rongé par la guerre, souillé par la pouillerie sur lui des nazis et de leurs complices tout prêt enfin à se soulever pour chasser l'ennemi.

Une nuit, une belle nuit de juin, les estafettes du Vieux cognèrent aux volets : les S.S. lançaient un raid ; il valait mieux prendre les bois. La traction est repartie phares éteints, profitant du clair de lune. Nous, par l'enclos au nord de la ferme, puis le taillis, puis le pré et les champs, nous gagnons la carrière de tuf de Marcelin Desfeuilles. Depuis longtemps, il a ménagé là une cache, un creux étayé avec des troncs de jeunes châtaigniers, derrière un auvent de branchages. Un trou pour être proprement égorgés si la chasse aux maquisards mène les tueurs dans ces parages. Sylvie, enveloppée dans la pèlerine de berger que Marcelin a décrochée pour elle, Sylvie qui ne veut pas avouer sa peur, pas plus que nous, me demande de la prendre dans mes bras. Mon bonheur, malgré moi, de cette demande, de cet élan. Syl, ma petite, dans le danger que tu pressens, comme autrefois, comme avant le retour de ton père, tu me demandes protection. Mon enfant, Sylvie, mon bonheur et ma détresse : cette dérision de mes bras, de mon corps pour te protéger contre les assassins si jamais ils arrivaient jusqu'ici. Vers minuit, nous avons entendu la longue rumeur des moteurs vers l'ouest. Parfois, le bruit semblait se rapprocher et nous tremblions. Marcelin jurait, sa femme le suppliait de ne pas blasphémer. René s'agitait au fond de la cache. « Le Vieux va les recevoir ! » grognait-il. Sur mon cou, la main de Sylvie me paraissait devenir de glace. Il me semblait qu'on allait entendre les battements de mon cœur. « René, laisse ça tranquille ! » La voix bourrue du fermier cachait mal sa nervosité, je croyais deviner le geste de l'adolescent vers le panier tapi dans un recoin de la niche et qu'emplissaient les trois mitraillettes et les grenades apportées par les messagers du Vieux. Le bruit des tanks redevenait lointain. « C'est le vent qui tourne », remarquait Elisabeth.

— Si jamais ils nous trouvent ici, murmura Hélène. Nous aurions dû rester à la ferme, tout simplement, qu'auraient-ils à nous reprocher là-bas. Tandis qu'ici, et avec ces armes.

— Comme s'ils n'étaient pas renseignés, protestait Desfeuilles, comme s'il y en avait pas pour leur dire que vous soignez le maquis, que Monsieur Henri fait des tracs (nous n'avions jamais osé lui dire qu'il devait ajouter un *t*).

Tout cela chuchoté dans la pénombre. Quelques rayons de lune à travers la claie de branchages se glissaient sur nos mains, sur nos visages.

— Mais, oui, Hélène, Marcelin a raison : ou nous sommes dénoncés et ils rappliquent à la ferme, alors... Heureusement il y a peu de chance pour qu'ils viennent nous chercher dans cette carrière, ou ils ne savent rien et ils ne viendront ni à la ferme ni ici.

— Mais François, le hasard.

— Chut, écoutez.

Marcelin Desfeuilles tend la tête vers l'ouverture de la cache.

Maintenant nous aussi nous entendons, d'abord de brèves rafales, ça et là, puis rageuses et de plus en plus nombreuses : les mitraillettes sans doute de quelque avant-poste du maquis, et le ronronnement des moteurs. « Tenez, remarque René, la terre, j'y ai collé mon oreille, la terre tremble », nous avons fait comme lui, nous sentons les vibrations dans le tuf. Ou bien est-ce nous qui tremblons. « Les Panzer », marmonne François. « Quoi ? » demande Hélène. « Les tanks. »

Dans mes bras, Syl s'est endormie, la tête sur mon épaule. Sa chaleur, sa fragilité, son cou si mince ployé par le sommeil. Petit oiseau, cette cave, ce trou, voilà son nid pour une nuit. Et si... Non ! (cette rage affolée d'impuissance, d'horreur qui soulève mon sang). Non ! non ! s'ils venaient, s'ils nous débusquaient, si ce trou devenait notre tombe. Qu'ils nous tuent s'ils veulent, ces idiots venus de leur Poméranie, de leur Prusse, de leur Saxe, mais Sylvie, mon Dieu, Sylvie ! Oh Dieu pourquoi n'êtes-vous pas ? pourquoi votre monstrueuse absence ?

L'aboiement des canons, les explosions, « les tanks, les canons des tanks » grommelle François. Sylvie se réveille en criant. Elisabeth, Hélène se pressent contre moi pour entourer l'enfant de leurs caresses, de leur souffle, de leur voix. Comme un écrin de tendresse, nos trois corps refermés doucement sur l'enfant.

— Voyez ! s'écrie le jeune Desfeuilles.

Nous le suivons sur le seuil de l'abri. Des lueurs d'or rouge et rose mordent la nuit. Trois, quatre, cinq brasiers à l'est ; le plus proche semble à quelques kilomètres de là. Les Desfeuilles nomment des fermes, des hameaux, les Prades, la Ribière, Saint-Loup. Marcelin et sa femme — est-ce la fatigue, la douleur ? — se sont tassés encore. Sylvie pointe une main vers l'horizon. « C'est beau, oh ! c'est beau ! » dit-elle, mais je sens sur mon cou son autre main se crisper. La fusillade s'est tue, comme si le monstre maintenant n'avait plus besoin de bondir, de griffer, de broyer, et, allongé sur ses proies, les dévorait tranquillement, à longues flammes.

— Pourvu que ceux des fermes, là-bas, et des villages, pourvu qu'ils aient fait comme nous, sinon...

— Ils n'auraient quand même pas osé les tuer, les brûler, souffle Louise.

— Qui c'est qu'on brûle ?

— Rien, Syl, rien, des bois, ce sont des bois qui brûlent.

Plus tard la canonnade a repris, très loin, au-delà des collines.

— Ça doit être avec l'A. S., de l'autre côté des monts, à présent.

A l'aube, pressés les uns contre les autres au fond de l'abri, nous nous sommes engourdis dans une lourde somnolence.

Il faisait grand jour lorsque je me suis risqué avec Marcelin à partir en reconnaissance. Nous cheminions courbés le long des haies. Souvent le fermier s'arrêtait, un doigt sur les lèvres : un bruit de branche, de pas sur le sol, puis il riait d'un rire timide et bref : c'était un merle, un garenne, une couleuvre, le vent, qui nous avaient effrayés. Nous trouvâmes la ferme paisible. Nous préférâmes pourtant pousser par les champs jusqu'au village. Le boucher, le marchand de vin nous affirmèrent que les chleuhs étaient partis vers d'autres horizons. C'était bien les hameaux, les maisons nommées par les Desfeuilles qui avaient brûlé, et aussi les métairies de Glanges : les gens avaient pu s'enfuir, sauf deux vieux et leur petit-fils aux Prades. Le boucher baissait la voix : « Oui, grillés, tous les trois. » Le maquis avait démoli un tank. Des morts, il y en avait, on ne sait pas trop, quinze, vingt peut-être du côté du maquis. Un groupe était tombé dans les pattes des S.S., quatre ou cinq jeunots, ils n'avaient pu décrocher à temps, « les S.S., pendant plus d'une heure, ils les faisaient hurler ; à la fin, avec un tank ils les ont écrasés ». Un maquisard du groupe s'était échappé (il avait grimpé au sommet d'un arbre), c'était lui qui racontait l'affaire, après.

Nous sommes revenus à l'abri, puis, tous ensemble, nous avons repris le chemin de la ferme. Là, Hélène et François nous ont confié Sylvie, ils sont partis sur leurs vélos. Ils voulaient rejoindre le Vieux ; peut-être y avait-il des blessés à soigner.

La journée nous a paru interminable, sauf sans doute pour Sylvie qui dormit jusqu'au soir. Des fumées noirâtres montaient encore dans le ciel parfaitement bleu, au-dessus des Prades. Je m'étais gardé de rapporter à Elisabeth les choses racontées par le boucher, mais Marcelin Desfeuilles ne sut pas tenir sa langue. Quand il eut parlé, Betty quitta brusquement la cuisine où nous nous tenions et monta dans notre chambre. Au bout d'un moment, je l'y rejoignis. Affalée sur le lit, elle pleurait. Je m'allongeai près d'elle, passai un bras sur ses épaules. Quand enfin elle s'apaisa un peu, elle se redressa, me jeta un regard traqué qui me fit mal. Je la pressais contre moi, la berçais dans mes bras. « Oh oui ! je voudrais être une enfant, rien qu'une enfant, et ne rien savoir de ce monde ! » Elle consentit à me suivre, à redescendre ; nous allâmes nous promener dans la châtaigneraie. Nous nous sommes allongés sur un lit de fougères.

Le crépuscule avançait lentement, exaltant les odeurs des feuilles, des mousses, de l'herbe. Un oiseau solitaire chantait de loin en loin. Le visage d'Elisabeth était doux à présent comme le soir. Sa voix ne trembla point lorsqu'elle dit sans tourner la tête vers moi : « Ces odeurs, cet oiseau, nous deux ici, on dirait le bonheur, n'est-ce pas, un vrai bonheur... Ce vieux, cet enfant qui brûlaient vifs cette nuit, ces jeunes que les S.S. torturaient, écrasaient... Et Couderc, notre pauvre Couderc, où est-il ? brûlé ? mutilé ? pendu ? Tu vois, Mariette, sa folie, peut-être c'était une chance, puis sa mort, elle n'aura pas connu ça. » L'oiseau, qui depuis un moment s'était tu, reprit ses trilles. Ma femme me parut si pâle, les yeux clos, comme une jeune morte.

Les autres ne sont rentrés qu'à nuit noire, l'air tellement épuisés que nous avons renoncé à leur faire raconter leur journée. « Oui, il y avait des blessés. Non, pas très graves. Oui, il les avait soignés. » A nos autres questions, sur le Vieux, sur ce qu'il avait pu leur confier, sur le résultat de l'attaque, sur la suite des événements, ils ne répondaient pas, sinon par des haussements d'épaules, de vagues murmures, des gestes d'ignorance.

Le lendemain, Hélène, alors que nous restions seuls dans la maison, m'a demandé si nous ne leur avions pas trouvé une tête affreuse, lorsqu'ils étaient rentrés. Je ne savais que répondre. Elle a continué à parler comme pour elle-même, comme si en elle des images, des pensées tournaient, menaçaient avec tant de force qu'elle ne parvenait plus à les garder secrètes.

A la fin du jour, elle et François achevaient de panser les blessés installés dans une ancienne école, près d'un hameau, à l'écart des routes où les Allemands étaient passés. Ils s'apprêtaient à repartir lorsque Léonard les interpella. François prit le bras d'Hélène et sans répondre continua à avancer, l'autre leur barra le passage. Il restait, disait-il, deux blessés à soigner, ils étaient à cent mètres de là, que les toubibs le suivent. Ils revinrent sur leurs pas et guidés par l'homme arrivèrent bientôt à une clairière. D'abord, ils ne remarquaient rien qu'un large cercle de sol noir percé çà et là de squelettes de fougères tordues et calcinées. Des broussailles, elles aussi brûlées, marquaient un coin de l'aire dévastée par le feu. Léonard leur fit contourner ce buisson cendreux. Eclatant de rire, il leur désigna sur la terre deux formes recroquevillées : « Les voilà vos blessés ! » J'ai vu François se casser en deux, disait Hélène, comme s'il se ployait lui aussi, consumé par les flammes, et l'autre continuait à rire et nous demandait si on reconnaissait les deux prisonniers allemands qu'on avait arrachés à sa justice une fois... Il criait : « Une fois, mais pas deux... Flambés vos copains, je les ai ficelés ensemble, et vlan un bidon d'essence, il fallait les voir quand j'ai approché l'allumette. »

François avait menacé ; l'autre braquait sur lui sa mitraillette. Cette fois, affirmait-il, le Vieux n'écouterait plus un toubib collabo... Oser faire des histoires pour deux fridolins grillés quand les S.S. venaient de brûler vingt fermes, dont une avec ses habitants.

— Nous avons pu parler au Vieux avant de rentrer, ajouta Hélène. Il s'est contenté de hausser les épaules. « C'était vos prisonniers, lui répétait François, vous deviez les protéger. » Le Vieux lui a fait la même réponse que Léonard : les vingt fermes brûlées, la famille brûlée, les jeunes maquisards torturés à mort... On aurait dit deux sourds, perdus dans leur malheur que chacun ressassait. « C'était vos prisonniers », reprenait François. Nous, on ne voit que les Allemands ici, chez nous, comme une meute de criminels ; lui aussi les voit, mais il se souvient de leur pays, de gens qu'il a connus là-bas, de paysans qui ressemblaient dans leur simplicité, dans leur gentillesse, aux Desfeuilles, il se souvient d'un vieux bûcheron qui l'a aidé, qui l'a caché lorsqu'il s'évadait, alors...

Hélène se planta sur le bord du chemin.

— François et moi, nous ne retournerons plus au maquis, nous ne les soignerons plus. S'ils viennent nous chercher, vous direz que nous sommes malades. S'ils veulent nous enlever, nous nous enfuirons, nous nous cacherons dans les bois.

— Moi aussi, Hélène, je ferai comme vous, je n'écrirai plus rien pour le Vieux.

Le lendemain, les barbus sont venus en traction avant, un des blessés, là-haut, la fièvre l'avait pris, il délirait, il geignait.

— Mon beau-frère et ma belle-sœur sont malades, répondit Elisabeth.

Les maquisards restaient le béret à la main, interdits. Au bout d'un moment, l'aîné dit en se raclant la gorge :

— Eh bien, le pauvre type là-haut, il va... il va clamser.

— Je vais voir, proposa Betty, si François... il est malade vous comprenez, il est dans son lit, on se demande ce qu'ils ont pu attraper, je vais voir s'il pourrait vous donner un conseil pour, enfin pour soigner votre camarade.

Elle monta à l'étage des chambres. Nous entendions à travers le plafond les voix bourdonner. Plusieurs minutes passèrent. La timidité, la gêne des maquisards nous gagnaient, Louise et moi qui étions restés avec eux dans la cuisine. Enfin l'escalier craqua. Ma femme réapparut. François la suivait, il faisait mine d'ajuster son col, son veston comme s'il sortait du lit. Il paraissait las, infiniment las. Il n'a regardé personne.

— Je vous suis, a-t-il dit.

Le soir, lorsqu'ils l'ont ramené, il n'a pas voulu manger. A Hélène qui l'interrogeait, il a répondu qu'à présent le blessé s'en tirerait. Quand elle fut seule avec nous — lui était monté se coucher, malade eût-on dit, vraiment, comme il prétendait l'être avant de se résigner et de repartir au maquis —, Hélène remarqua : « Que voulez-vous, nous ne pouvons pas, c'est impossible, comment refuser de soigner un blessé ? ».

— Bien sûr, Hélène, je comprends, en tout cas, moi, rien ne m'obligera à aider le Vieux puisqu'il laisse faire ses tueurs.

Je me souvenais des textes, écrits pour lui, des appels au combat pour la justice, pour un monde libre et fraternel. Je me souvenais et j'avais mal.

Ce fut un jour ou deux plus tard que nous apprîmes la chose. Ce mouvement, cet élan d'Hélène vers Sylvie qu'elle pressa sur elle, et la mère et l'enfant s'arrêtèrent un instant de respirer, Syl effrayée de la frayeur d'Hélène, et toutes deux muettes, parce qu'un bruit de moteur venait de retentir dans la direction du bourg. « Il me semblait, j'ai cru, je ne sais pas, que les tanks revenaient. » Ma belle-sœur ne me confia cela que le soir, alors que nous faisions quelques pas sur la route blanchie de lune, et que je lui demandais la raison de ce geste qu'elle avait eu l'après-midi pour saisir son enfant. Le matin, René était revenu du bourg, essoufflé tant il avait couru ; dans son émotion, il bégayait, ou baissait la voix tellement qu'on ne l'entendait plus. Ensuite, le boucher, le boulanger confirmèrent l'incroyable récit : un village brûlé avec tous ses habitants ; les enfants de l'école, les institutrices, assemblés dans l'église comme si les S.S. les mettaient à l'abri, puis ils barricadent la porte, jettent par les vitraux brisés les plaquettes de phosphore. On n'était pas sûr encore du nom du village, il changeait selon qui parlait. Nous nous taisions lorsque Sylvie s'approchait de nous. Elle nous observait, intriguée. Nous ne trouvions pas la force de lui sourire. Quelque chose en nous, tantôt s'affolait, un cri que nous ne poussions pas, qui s'étirait, se dressait, bondissait, craquait en nous comme une immense flamme noire et nous déchirait, tantôt tombait, nous entraînait dans sa lourde chute sans fin et nous laissait gisant au fond de nous-mêmes, cependant que notre corps, égaré devant ce retrait soudain de l'âme, continuait à goûter sans nous, malgré nous, les odeurs, la chaleur, la lumière de ce jour de juin.

Une fois Sylvie couchée, nous allâmes un moment sur la route qui luisait dans la nuit. C'est alors qu'Hélène avait répondu à ma question, quand je lui disais que nous devions tout faire pour que Sylvie ne soupçonnât rien, et qu'elle, Hélène, surtout, devait ne pas montrer sa crainte devant l'enfant. « J'ai cru que les tanks revenaient. » Sous le silence du soir, derrière les notes d'un rossignol ou d'un crapaud, après l'aboiement d'un chien, tous nous guettions sans le dire cette rumeur, ce grondement qui, peut-être, dans un instant se logerait au fond de la nuit, enflerait, et la route tremblerait et nous fuirions, emportant Sylvie.

— Non, Hélène, rassure-toi.

La voix calme de François. Souvent ce flegme de mon frère m'irritait. Emilie et moi nous moquions de ce que nous appelions son sommeil en plein jour, nous feignions d'autres fois de le plaindre : était-ce vivre, cette tranquillité perpétuelle, cette nonchalance ? Cette nuit, je me souvenais de cette irritation ancienne et de ces moqueries, comment avions-nous pu ?... Je l'admirais à présent, je lui savais gré de garder sa paix jusqu'en ce moment et de nous la donner. Il n'y avait plus, de nouveau, que les bruits familiers de la nuit. Mais en nous cette horreur, cette fureur sans nom remontaient maintenant que s'estompait l'angoisse.

— Manuela, dit doucement ma femme.

Nous regardions en nous le village où l'Espagnole s'était réfugiée, où nous avions failli nous-mêmes nous réfugier. Nous voyions les rues étroites, la place, la fontaine, le champ de foire. Nous ne pouvions pas voir ce charnier sous les cendres. Demain sans doute, nous saurons si c'était bien ce village — plusieurs l'affirmaient — que les S.S. avaient choisi pour l'exemple... pour l'exemple. Je crus voir dans une flamme se tordre, s'éclairer puis tomber en dentelle noire, une toile du peintre fusillé, avec ses visages, ses corps gauches et tendres, ses maisons pauvres, ses figuiers, ses rues étroites, heureuses.

— Demain, remarqua François, le Vieux, j'irai le voir. Ils peuvent avoir besoin...

— Mais tu avais, nous avions dit, ces deux... auprès de lui... tant que ces deux... commença Hélène.

Elle s'arrêta, puis reprit :

— J'irai avec toi.

— Je vous accompagnerai.

Elisabeth me fit écho.

— Nous irons, tous les quatre.

Le maquis des Incas, le maquis à perpétuité. Quand vous avais-je raconté Machu Pichu, Esther ? la longue montée sous la brume chaude ? Nous étions entassés dans la camionnette qui filait follement malgré les virages, l'étroitesse du chemin, et ces à-pics de la gorge. Tout en bas le torrent.

A un tournant, le chauffeur nous a désigné de la main, dans l'abîme, minuscule, la carcasse d'une auto.

— Il y a un mois, l'accident. On n'a retrouvé aucun des occupants. Le torrent, les gouffres, vous comprenez. Tous disparus.

Tous disparus... Gorge secrète pendant des siècles et des siècles où les Incas ont disparu, si loin, si haut que les Espagnols perdirent leurs traces, ou bien ne se risquèrent point à poursuivre dans cette forteresse de monts, de ravins et de forêt sauvage leur proie. L'amertume, la douleur de disparaître, de survivre sous le masque de l'absence, de la mort, cependant que les vainqueurs s'ins-

tallent où furent nos fastes et nos palais. Mais aussi, qui sait, le subtil contentement d'être et de n'être plus au monde, d'y être puisqu'il y a encore autour de nous ces jours et ces nuits, cette nature, ce glissement de la pensée, du temps, de l'eau, de ce fil d'eau tout au fond de l'abîme qui lui va rejoindre les fleuves et leurs rives où continue la vie, où continue l'Histoire, de ne plus y être puisque le monde nous croit disparus.

Combien de fois, ai-je rêvé, dans ma jeunesse, escaladant des ruines ou explorant quelque souterrain, que des êtres d'autrefois, secrètement, continuaient à vivre, pour nous cachés, et mon cœur battait pour quelque chute de pierre ou quelque bruit de pas : si l'un de ces êtres allait m'apparaître ! Je le suivrais dans le repli de la muraille, par le labyrinthe, désormais je vivrais avec lui et ses semblables dans un autre lieu, un autre temps.

La flânerie dans les ruines de Machu Pichu me ramène à ces songes de l'adolescence : je me disais que là ils seraient presque justifiés, ou du moins l'auraient-ils été alors que vivaient encore, de tous ignorés, les Incas. Mais le paysage est trop dur, ou bien suis-je trop vieux ? les pierres restent mortes, je ne lis rien au-delà d'elles-mêmes. Pourtant, redescendu dans la vallée (l'Indien conduisait la camionnette comme un vélo sans frein, plus d'une fois je me suis dit : « Il rate le tournant, on plonge dans le trou »), puis à Cuzco, puis à Lima, longtemps me poursuivra l'idée de ces hommes masqués, dérobés par leur fausse mort, et qui régnaient dans leur repaire tandis que loin d'eux, les ignorant, l'Histoire poursuivait sa marche.

Hélas ! pourquoi vous ai-je parlé de cela, Esther Zarev ?

XIX

Cette joie. Etait-ce de la joie ? Pas de mot qui réponde à cette âpre liesse ; à cette nuit tapie au centre de la fièvre, des cris, des rires trop hauts ; à cette houle des mains telles des ailes de colombes, à ces bras, ces sourires, ces pleurs, cette tension, cet élan vers nous, vers notre armée de guenilles, de vagabonds maigres, saouls d'enthousiasme, de colère bienheureuse, d'amer orgueil. Les « libérateurs » ! Cette foule sans uniforme (ça et là un béret de parachutiste, un blouson, un brassard, des bonnets de police), mais des mitraillettes, des mitraillettes, et tout de même des rangs qui essayent de marcher au pas. Debout dans une Jeep, le Vieux, tantôt la main au bonnet kaki, tantôt le poing tendu, il ne sait plus : est-il colonel ? est-il la Révolution ? L'armée de la révolution, et moi le scribe, l'historien des bataillons en savates. F. F. I.-F. T. P., Croix de Lorraine. Bleu, blanc, rouge. V. V. V. Rouge. Joie. Les sursauts de la foule. Joie ? Qu'est-ce donc ces pauvres visages, ces pauvres êtres qu'on pousse et ce hurlement de chienne de la foule. Dans l'auto découverte, à quelques mètres de celle du Vieux, François et moi, nous nous regardons, nous avons honte. Les pauvres visages, les pauvres filles qu'ils ont tondues, qu'ils poussent devant eux, qu'ils couvrent de crachats. Il me semble que le Vieux détourne son regard. Et ceux-là comme ils rient, comme ils crient, un peu en arrière de nous, un peu sur la droite, Léonard et Loulou les deux lieutenants, les deux truands que le Vieux n'a pas liquidés (n'a pas pu ? n'a pas osé liquider ?). Il me semble qu'ils nous observent, goguenards ; ils se penchent l'un vers l'autre. Soudain l'un deux bondit, saisit par les seins, à pleines mains broyantes, une tondue. On n'entend pas crier la malheureuse dans les huées. Il la tire jusqu'à notre voiture, la presse contre la portière. Elle est blanche, un filet de sang caille sous ses narines, il la secoue, la secoue, la cogne contre l'auto.

— Lâchez-la ! crie François.

— Alors toubib, toujours aussi sensible. Décidément, les fridolins ou leurs putes, toujours tes chéries, hein !

La foule se tait, écoute, s'approche. Je vois François devenir aussi pâle que la fille. Mais le Vieux là-bas s'est retourné. Il fait un signe aux deux crapules. Ils hésitent un instant, lâchent la fille, nous jettent un regard de haine, rejoignent le chef.

De nouveau l'allégresse de la rue. Ils s'attendaient tous à quelque massacre. Le Vieux avait fait cerner la ville, mais les Allemands, s'ils voulaient, pouvaient tenir longtemps. Que deviendrait alors la cité ? Ses habitants craignaient le pire. Et puis, un consul étranger s'était entremis : les Allemands décampaient sans livrer bataille et le Vieux leur laissait le passage : les tanks, l'artillerie lui seraient livrés. Les vaincus mettaient le cap vers le nord-ouest, ils comptaient se rendre aux Américains. Les lieutenants du Vieux avaient gueulé. « Comment pouvait-il accepter cela ? C'était si facile de cueillir les Fritz. Ils bluffaient, c'était évident ; ce consul, un de la cinquième colonne sans doute. Il nous avait roulés, alors que les fridolins, on fonçait dans la ville, et ils faisaient : « Camarade. » Le Vieux laissa gueuler. Il me demanda une « proclamation ». « La plus grande, la plus belle victoire, puisque le sang français n'aurait pas coulé, et que la ville était libre et sans blessure. Les nazis prêts une fois encore, avant leur perte, à mettre notre chère cité à feu et à sang s'étaient effondrés devant la volonté invincible de l'armée du maquis... »

Le sang français. Vive le maquis ! Vive la France ! Ah ! si le quincaillier pouvait voir cela. Et ce côté carnaval, cinéma, cette gloire à la blague : François et moi, sérieux, officiels dans cette Jeep. Comme il rirait, comme il se moquerait, comme il serait ému, Couderc ! Est-ce que ça ressemblait à sa guerre d'Espagne ? Mais où est-il notre ami, dans quelle prison, dans quelle fosse. Qui l'a vendu ? Quel criminel ou quel inconscient ? Nicolas ? Et celui-là, où est-il ? Et Théo l'extravagante ? Terrés ? Traqués ? Mais sans doute le Russe a-t-il dû filer dans les fourgons allemands. Pourvu que Théo... malheureuse Théo, folle comme elle est, Dieu sait à quelles imprudences elle aura dû se livrer avec son pianiste amuseur de mélomanes à croix gammée. Aujourd'hui elle est capable de n'importe quoi, d'une bravade, d'un défi à cette foule au bord du meurtre. Ne va-t-on pas la pousser vers nous à quelque carrefour, à demi nue, sanglante, la tête rasée comme cette fille tout à l'heure ? J'oublie ces ténèbres, ces monstres qui ont surgi, qui peuvent à chaque instant sortir de cette joie autour de nous et de la dure lumière, je sens très fort de nouveau cet aspect : monôme géant, opéra-bouffe de l'histoire, qu'il m'a semblé déceler dans notre aventure. J'ai envie de faire partager mon impression à François, son air grave m'irrite. Ou bien est-ce mon désarroi que je déguise ainsi, que je ne veux m'avouer devant cette fin insolite, incroyable dans sa facilité, dans sa futilité, de tant d'horreur si longtemps appesantie sur nous. « Allons, frère, fais comme moi, rigole de tout ça, de cette mascarade où nous sommes acteurs. » Il me regarderait, stupéfait : ainsi je puis rire de cette heure bouleversante, de cette délivrance de notre ville par nos amis vagabonds, naïfs, héroïques du maquis ? de cette issue soudaine en plein jour après l'interminable nuit ? Comme s'il avait prononcé de telles paroles, j'éclatai de rire.

— Tu ne trouves pas, il me semble que nous jouons une pièce, un film, le Vieux c'est la vedette, nous les figurants, des centaines, des milliers de figurants.

Le regard courroucé de mon frère. Décidément, il m'agace avec sa façon de tout prendre au sérieux.

Une fois encore je ris.

— Nous sommes fatigués, dit François, tant de veilles, de fausses alertes, enfin cette entrée, ce défilé interminable dans la ville.

Comment lui faire comprendre que ce n'est pas la fatigue.

A ce moment, sur notre gauche éclatent les premiers coups de feu. Les cris, la bousculade, la foule qui s'enfuit, qui s'écrase. « Ils reviennent : les Boches reviennent ! » J'ai vu les drapeaux disparaître des fenêtres. Le chauffeur de la Jeep nous a plantés là, un F. F. I. devant nous est tombé. Son sang comme une ombre rouge, le long du corps. François a sauté à terre. J'ai voulu le suivre auprès du blessé. Un flot de fuyards m'a entraîné. Je me suis retrouvé, loin, dans une ruelle. La fusillade continuait. Un homme près de moi a répété, gris de peur, de haine : « Les Boches. » « Non, a dit un autre, les miliciens, y a des miliciens qui sont restés, ils tirent des toits et des fenêtres, les salauds. » Un type avec un brassard, mitraillette au poing a déclaré : « On va fouiller les maisons. » Je les ai laissés partir derrière lui. J'avançais, seul, rasant les murs. Vers le centre de la ville les rafales crépitaient. Les troupes du Vieux devaient riposter au hasard, à cent contre un. J'empruntais les rues anciennes, étroites, derrière la cathédrale. Les volets clos, la solitude, on eût dit la ville déserte, comme si les gens accablés par l'été dormaient, à moins qu'ils ne fussent partis chercher la fraîcheur sur les collines. Ces explosions là-bas, sèches, le fracas d'une fête, d'un feu d'artifice absurdement tiré en plein jour.

Je gagnai bientôt les quartiers extérieurs, arrivai devant l'Observatoire. A travers le feuillage des marronniers, la demeure gardait son air léger des anciens jours. Çà et là, j'apercevais un balcon, une pointe de toit, la découpure grêle d'une galerie. Malgré moi, je m'arrêtai, retenu par ces signes d'autrefois : si je poussais le portail, si je prenais l'allée en pente entre la mousse et les lances des iris, j'arriverais au seuil du pavillon, dans un instant Caroline courrait vers moi, ses courtes nattes sauteraient autour de son visage ; à l'intérieur j'entendrais résonner le piano de la reine mère ou peut-être le gramophone de Guillaume nasillerait : *Some of these days...*

Quand je fus dans ma rue, face au jardin en terrasse, l'illusion s'effaça : l'Observatoire, bien que fraîchement blanchi et repeint, avouait son abandon, toutes portes et fenêtres béantes sur le vide. Les usurpateurs qui en faisaient leur repaire avaient dû fuir en toute hâte, raflant sans doute ce qu'il pouvait rester de meubles ou d'objets précieux, jetant directement des fenêtres aux camions leurs hardes, leurs armes et leurs bagages. Ainsi déserte, avec ces trous des fenêtres et des portes, avec ce silence alors qu'au loin la fusillade venait de cesser, la grande maison paraissait hagarde, comme naguère la pauvre Mariette, là-haut, au bord de la tour.

Il me sembla que personne, jamais plus, ne pourrait vivre ici.

Je détournai la tête, courus jusqu'à ma porte. La joie, les pleurs, la joie de ma mère, de mon père. Seule ma mère parle : elle avait si peur, nous reverrait-elle, perdus dans les bois, dans le maquis, avec ces S.S. qui brûlaient les villages ? Emilie, oui, Emilie, Serge, leurs nouvelles étaient bonnes ; ils allaient venir, revenir, demain, enfin dans quelques jours, tous, nous étions là, nous serions là, tous, puisque demain Hélène, Betty allaient arriver, allaient rentrer de la campagne avec Sylvie. Oui nous avions bien fait de les laisser là-bas tant que la ville n'était pas libérée. Et François ? Je l'avais perdu dans la foule, dans la bousculade ? Il n'allait pas tarder, n'est-ce pas ? Maintenant, il n'y avait plus de risque ; on n'entendait plus ces fusils, ces mitraillettes. François, il devrait être là, lui aussi.

C'était bien le village où logeait l'Espagnole que les tanks avaient cerné. Les chiens verts hurlent aux seuils, traquent les hommes, les femmes, les garçons, les fillettes. Par paquets dans les granges, par grappes, les malheureux mitraillés, puis sur les corps des bottes de paille et le feu ; dans l'église, murés, flambés les écoliers. Les rires, les chants des bourreaux, les cris des mères, des enfants, le ronflement furieux des brasiers. Dans quelle grange Manuela t'ont-ils abattue, tu n'auras même pas tenté de fuir avec tes jambes, ton corps enflés, cette monstrueuse bouffissure rapportée des camps. Tu as dû les accueillir, les chiens, avec ce ricanement amer (ton sourire, la lassitude de ton sourire qui me faisait rougir dans le rapide Paris-Barcelone quand je t'avais rencontrée), cette torsion de ta bouche, ce jet de salive que tu crachais chaque fois que tu prononçais, ou que devant toi on prononçait le mot « fasciste ». A peine étonnée sans doute devant l'horreur : un nouveau Guernica, un de plus, il y en avait eu tant et tant depuis l'Espagne. Ce qui a dû te tourmenter le plus, c'est la douleur, l'épouvante des autres, de ces gens autour de toi que tu avais fini par apprivoiser, qui se croyaient si loin de cet enfer dont tu leur parlais, l'appel peut-être entendu, avant que tu ne meures, des innocents dans l'église en flammes. Et ta dernière pensée, ta dernière image, je sais, je la vois, c'est le cercle blond du soleil, l'œil blanc du puits, le globe vert du figuier, les triangles bruns, ocres, roses des visages, ce ballet immobile, tendre, des hommes, des filles, des plantes, des choses, et l'âne gris, le taureau noir, sur les toiles de ton frère, les peintures qui vont se recroqueviller dans un brasier, s'envoler dans l'incendie. Cette fois, ton frère, ils l'auront tué à jamais, et cette image d'espoir, cette promesse que par-delà sa mort il lançait à une Espagne future.

Sylvie, Sylvie, Elisabeth, Hélène, j'ai mal, je meurs de vous savoir mortelles, vous mes merveilles, fragiles proies de ces chiens, et ils pourraient venir, ils pourraient vous jeter dans le feu, dans la mort, oh ! ils vous ont assassinées, ils vous ont brûlées vives avec tous les enfants, avec toutes les femmes, là-bas, dans le village maintenant bloc de braise et de puanteur, le village où nous devions nous aussi, avec l'Espagnole, nous réfugier. Toute la nuit, à mes côtés, Elisabeth a gémi. Le matin, je me suis levé très tôt, je suis descendu sur la route. François et Marcelin Desfeuilles marchaient déjà le long de la ferme. Eux non plus n'avaient pas dormi. Hélène comme ma femme n'était que douleur. Desfeuilles disait de sa Louise : « On aurait dit une bête, une pauvre vieille bête qui se plaignait. A la fin je pouvais plus supporter cette chose, ce râle... J'ai fichu le camp dans la châtaigneraie. »

XX

Ce ne fut point par courage que je rattrapai la guerre au vol. Je ne pouvais plus supporter notre ville, notre maison : la douleur de ma mère, d'Hélène, les questions de Sylvie. Nous lui disions que son père était reparti. « A la guerre, ton papa est à la guerre. » Betty et moi parvenions à lui faire ces mensonges, et parfois aussi mon père, mais Hélène ne répondait pas, les yeux vides, et ma mère éclatait en sanglots. François eut des médailles à titre posthume. Le Vieux parla de lui à la radio, de ce jeune savant, de ce héros, dernière victime des miliciens, des fascistes embusqués sur les toits pour assassiner les libérateurs. « Nous le vengerons, comme nous vengerons toutes les victimes, tous les héros, tous les martyrs. » Je ne pouvais pas supporter non plus ces représailles, ces fusillades hâtives, derrière le cimetière, de filles et de garçons. Les uns coupables, les autres complices, certains malchanceux ou guère plus. Je partis comme correspondant de guerre avec les F. F. L. cerner les poches de l'Atlantique où s'accrochaient encore des divisions allemandes. Je fuyais cette pensée dans les yeux de ma mère, dans le silence d'Hélène, en moi-même : « Si tu avais entraîné ton frère avec toi, au lieu de le laisser, au lieu de t'enfuir, il vivrait. » Il vivrait, ce serait le bonheur autour de lui, en nous, la vie ressemblerait à Syl, toute nouvelle, toute claire après l'horreur. Mais seul, je m'étais éloigné seul, je l'avais laissé à sa mort.

Depuis combien d'années je n'avais plus vu, plus respiré la mer ? Le vent de l'océan me secouait, me lavait, le vent de l'automne marin sur le pays d'ouest. Nous ne voyions pas la mer, mais nous la sentions, et parfois, la nuit, nous percevions sa rumeur. L'air salé nous attirait, nous exaltait. Les types s'impatientaient : « Quand est-ce qu'on attaque ? Va-t-on les fiche à l'eau ? » Je parlais de cette impatience dans mes articles, j'ajoutais que le commandement, sagement, prenait soin d'abord d'amener des armes, des armes lourdes qui feraient brèche par où pourraient s'engouffrer nos F. F. L. En fait d'armes, on attendait en vain chenillettes, tanks et canons. Nous avions l'impression de faire du camping, mais la plage était loin et la saison morose. La pluie ne tarda pas à noyer les vignes, les bocages où nous bivouaquions. Je ne savais trop comment alimenter mes chroniques. J'interrogeais les gars autour de moi, notais leurs souvenirs de maquis, leurs songes d'avenir. Je pus loger avec un groupe d'officiers dans une maison carrée toute blanche, abandonnée au sommet d'un coteau. Chaque jour, j'écrivais à Betty, je lui parlais du temps, des variations perpétuelles de la lumière sur ce pays marin, je lui demandais pardon de m'être ainsi éloigné : je le faisais pour Hélène, pour ma mère, pour nous deux. Elle comprenait, n'est-ce pas ? tant que la guerre durait, qui avait tué mon frère, comment me permettre de vivre en paix, de faire comme si pour moi, pour elle, c'était la paix, près de ces deux femmes en deuil. Mais la guerre bientôt allait finir, et tous les deux, nous nous retrouverions, nous nous donnerions droit au bonheur, ce bonheur que le monde nous avait volé. Je lui parlais de Sylvie et d'Hélène, je lui disais que maintenant Sylvie serait notre fille. Enfin j'osais de nouveau la nommer, dans mes lettres, ma fougère, ma liane, ma gerbe, ma prairie. Et dans ses réponses, après m'avoir dépeint la sombre atmosphère de la maison, le courage d'Hélène qui reprenait un service à l'hôpital psychiatrique, la lueur vive de grâce, de consolation qu'était Sylvie, les changements survenus à l'Observatoire qu'une nuée de femmes militaires occupaient maintenant (alors que les Garou espéraient en vain réintégrer leur demeure), Betty faisait écho à mes paroles amoureuses, me demandait si je me souvenais encore de ces dernières heures de paix que nous avions connues dans le jardin, le salon de sa vieille maison, et nous ne les savions pas si précaires, si menacées, mais leur enchantement eût dû nous avertir de leur fragilité. Elle m'appelait son Olivier et signait Célia.

Il y eut des accrochages aux avant-postes, on ramena des blessés, la ferme blanche servit d'hôpital. J'entendais geindre les hommes qu'on pansait avant de les évacuer vers l'arrière.

Parfois je profitais d'un convoi, je revenais passer un jour ou deux dans notre ville. Sylvie me faisait fête. Je trouvais à Hélène un air dur, mais cette rigueur, sans doute la tenait-elle soulevée au-dessus de sa peine. Le Dr Villanet libéré de la prison de Fresnes avait repris la direction de l'asile psychiatrique. Il y avait fort à faire après tant de misère ; les fous qui avaient pu survivre étaient dans un état physique pitoyable. Le docteur comptait beaucoup sur sa jeune interne : elle allait de malade en malade sans relâche. « Elle est admirable », me confiait Elisabeth qui l'aidait les après-midi dans sa tâche.

Cette nuit ou ces nuits sous mon toit, près de ma femme, je leur trouvais un charme qui m'égarait au seuil à la fois de la joie et de la détresse. Je pressais Betty avec une sorte de fureur et de remords que je croyais déceler aussi dans son propre élan, dans l'exaltation de ses caresses. Ensuite elle se précipitait, faisait ses ablutions : nous avions peur de procréer, nous nous étions jurés à nouveau de n'avoir d'enfant que la guerre éteinte, et nous délivrés de ces fatigues, de ces stigmates, de ces angoisses que nous craignions de transmettre à notre enfant si nous l'avions, par mégarde, engendré en ce moment.

Le commandement, comme s'il s'attendait à des tentatives de sortie des garnisons allemandes (n'essayeraient-elles pas de percer nos lignes pour remonter vers le nord-est ?) fit dresser une ceinture de tranchées, de barbelés, de pieux antichars autour de la « poche ». Il fallait longer longtemps ces travaux si l'on voulait gagner la côte, loin au-dessus de l'enclave allemande. Quelquefois, je profitais d'une Jeep disponible, j'invoquais auprès du colonel la nécessité d'aller recueillir des renseignements dans l'arrière-pays pour « étoffer » mes papiers, et, après avoir parcouru quelques kilomètres derrière les lignes, soit je bifurquais vers le sud pour descendre jusqu'à la Gironde, soit j'effectuais un arc de cercle vers le nord puis l'ouest et je pénétrais dans les forêts qui bordent la côte sauvage. Entre les arbres, l'air odorant demeurait tiède, une lumière argentée venait de la mer. Je courais jusqu'à la plage où s'écroulaient de hautes vagues. Si le soleil voulait bien écarter un moment les nuages, je me dépouillais à la hâte de mon uniforme, me jetais nu et frissonnant dans le mur d'écume où les fouets des brisants vite me réchauffaient. Je ressortais et courais sur la grève pour que le vent me sèche. Je passais devant les forts ensevelis sous le sable que la Wehrmacht avait abandonnés.

Je rentrais de ces échappées épuisé et ravi. J'inventais des entretiens avec des vignerons, des pêcheurs, des enfants, que je rapportais dans mon article afin que le commandant, la fois prochaine, me permît encore de nouvelles reconnaissances en arrière du front.

Je n'étais pas le seul à filer jusqu'aux plages lointaines. Je l'appris lorsqu'on ramena au camp les corps déchiquetés de quatre jeunes : ils avaient sauté sur une mine dans une crique où ils voulaient se baigner. Dès lors, la surveillance se fit très stricte, on ne put plus jouer à la guerre buissonnière.

En plus des lettres d'Elisabeth, me parvenaient de loin en loin un mot d'Emilie. Elle s'ennuyait à Bordeaux.

Un matin, un peu avant midi, alors que je traînais dans ma chambre, attendant l'heure de rejoindre la popote, j'entendis une voix appeler mon nom sous la fenêtre : « Henri ! Henri Verrier ! » Une voix jeune, une voix de femme. J'étais tellement surpris qu'au lieu d'ouvrir la fenêtre, je restais immobile au milieu de la pièce. Puis, je dévalai l'escalier, bondis sur la place où je faillis renverser ma sœur. Elle leva la main, se pencha en arrière, effrayée et rieuse. Je la serrai dans mes bras, la fis tournoyer sur place puis, doucement, la reposai sur le sol cependant qu'autour de nous de jeunes soldats nous contemplaient.

Emilie avait profité d'un convoi de ravitaillement qui montait du port jusqu'à nos lignes, le capitaine d'intendance qui commandait le convoi étant un ami de Serge. Pendant qu'elle me parlait, je la regardais. Malgré son manteau de mauvaise cotonnade, malgré ses joues creuses, elle était belle, plus belle encore peut-être parce que plus émouvante avec ces traces de fatigue et de pauvreté. Ses yeux tournaient au mauve sous la lumière grise, ils paraissaient immenses dans son fin visage. Elle m'interrogeait, sur notre vie ici, sur les dangers qu'elle craignait pour moi, sur la fin probable de ce siège ; puis ses paroles se faisaient hésitantes pour me demander des nouvelles de nos parents, de Betty, d'Hélène, de Sylvie. Quand elle eut prononcé le prénom de François, ni elle ni moi, longtemps, ne sûmes plus que dire.

Je la conduisis au mess. Des vivats saluèrent notre entrée. Rosissante, Emilie sourit aux officiers qui lui faisaient fête. J'étais à la fois fier et gêné. Quand j'eus dit : « Ma sœur », je surpris l'étonnement dans les regards puis de nouveau l'admiration que suscitait la beauté d'Emilie, et bientôt cet air songeur que prenaient devant elle jusqu'aux moins sensibles des hommes comme si, en elle, on ne savait quelle fragilité, quelle secrète blessure donnaient envie de la protéger, de la sauver. Elle, comme au temps des Barbares, dispensait généreusement sourires ou furtifs regards, et j'aurais pu lui nommer, parmi tous les officiers éberlués par sa présence, ceux dont je devinais déjà que bien longtemps ils rêveraient d'elle, du vol bleu-mauve de ses yeux sous le battement d'ailes des paupières, de sa voix, de la douceur de sa voix comme si elle priait ou si elle chantait pour dire un simple merci, un simple au revoir. Et les capitaines, les lieutenants, lorsqu'ils seraient redevenus commerçants, instituteurs, médecins, se souviendraient de cette jeune femme un instant apparue dans la fin incertaine de leur guerre, du mouvement de ses cheveux que soulevait le vent marin lorsqu'elle sortit sur la place après le repas, et de ses intonations pareilles à des caresses ou des appels qu'on ne pouvait plus oublier. Je disais cela à ma sœur cependant que nous flânions autour du village, et elle riait, me traitait de menteur.

Sa joie tomba d'un seul coup. Elle me prit le bras. Nous marchions à présent sans parler. Devant l'école abandonnée elle s'arrêta. Une sentinelle montait la garde sur le perron. « Ces soldats, c'est presque des gosses », remarqua Emilie. Elle reprit sa marche et d'un air indifférent demanda si nous avions des nouvelles des prisonniers. « Couderc », dis-je. — « Ah ! c'est vrai, ce pauvre André. » Je compris qu'elle ne songeait pas au quincaillier. Je dis qu'il devait être mort sans doute, elle murmurait : « Oh ! non, non ! » et tournait la tête de droite à gauche. J'évitais de la regarder pour ajouter qu'Elisabeth avait eu régulièrement des nouvelles de son frère tant que nous étions demeurés en ville, mais que, depuis notre départ à la campagne, ma femme n'avait plus reçu de cartes de Guillaume : maintenant la débâcle allemande ne permettait plus de correspondre avec les oflags. De toute façon Guillaume, et Grimari, et Joé Pommier (ils s'étaient retrouvés dans le même camp) ne tarderaient plus à rentrer. « Grimari », répéta ma sœur comme s'il n'avait pas été question de Guillaume. Pourtant, un moment après, elle ne put s'empêcher de reprendre : « Ça fait donc des mois qu'Elisabeth est sans nouvelles ? »

De son mari, elle s'était contenté de dire qu'il allait bien, que son travail lui plaisait.

Nous étions arrivés sur une hauteur d'où l'on dominait la plaine jusqu'aux bois de pins qui bordaient la ville où s'accrochaient les Allemands. Nous nous sommes accoudés à un mur bas qui séparait la route d'un vignoble.

— Tu es heureux ? demanda Emilie d'une voix craintive.

Je ne savais que répondre. D'abord c'était une question que je ne me posais pas. Peut-être, jadis, avant la guerre, aurais-je pu m'interroger ainsi, mais dans ce monde ensanglanté, pouvait-on donner encore un sens au mot bonheur ? Ou alors, le bonheur c'était la paix revenue, les êtres aimés réunis, mais quelle paix en vérité, quel amour au milieu des ruines, des morts, des esclaves, des agonisants ? Pourtant cette minute même ne ressemblait-elle pas au bonheur ? Emilie, belle comme avant, Emilie près de moi rêvant à nos rêves de jeunesse et cette fine lumière, ce grand ciel clair et mouillé de la Charente, cette douceur des prairies et des vignes.

— C'est difficile, dis-je.

— Qu'est-ce qui est difficile ?

— De te répondre... Et puis...

Elle se tourna vers moi, elle clignait un peu ses yeux que le jour pâlissait.

— Vivre est difficile.

M'eût-elle encore questionné, je n'aurais su dire ce que j'entendais par-là. Lisait-elle mieux en ma pensée que moi-même ? Elle soupira, comme si elle acquiesçait et mesurait toute cette peine de vivre ou de survivre.

— Et toi ? demandai-je à mon tour.

Elle baissa la tête, de la pointe du pied traça des traits sur le sol sablonneux. Puis elle me fit face de nouveau, secoua ses cheveux.

— Serge, répéta-t-elle d'une voix lasse, Serge.

Qu'allait-elle avouer que j'avais déjà compris ? Qu'elle n'avait épousé Serge que par déception ou bien dans l'espoir d'oublier Guillaume et que ce mariage ne faisait qu'aviver ses regrets ? J'avais peur qu'elle me confiât cela, peur qu'une fois le mal dénoncé il ne lui devînt que plus lourd à supporter.

Je me mis à parler du maquis, de notre printemps campagnard, de Sylvie, de l'entreprise paternelle, de mon journal, des officiers qu'Emilie avait pu voir au mess. Etait-elle dupe de ce bavardage ? Du moins paraissait-elle m'écouter sans arrière-pensée. Quand je me tus, elle se planta devant moi, fit mine de me donner des coups de poing. En même temps, nous avons ri.

— C'est bon de te revoir, Henri. Il y avait si longtemps, trop longtemps.

Nous avons couru sur un chemin. Des paysans nous observaient du seuil de leur ferme. Emilie s'est arrêtée essouflée.

— A notre âge, nous... de... vrions... avoir... honte. Henri !

Je me contentais de lui sourire.

— Te rends-tu compte, je vais avoir vingt-cinq ans ? Je suis vieille.

Comme pour répondre à l'ironie de mon regard, elle reprit :

— Mais oui, à vingt-cinq ans, bien des femmes sont de vraies femmes.

Elle rougit et ce rose accentua son air de puérile confusion.

— Je veux dire... Elles ont un métier, une famille, des enfants. Moi...

Elle ouvrait ses mains qui ne savaient prendre ni retenir.

Nous sommes revenus lentement au village où se tenait le P. C. Les camions qui allaient regagner Bordeaux étaient alignés sur la place, face à l'église. Emilie grimpa dans le véhicule de tête. Le conducteur, un garçon joufflu, jovial, aux cheveux frisés, parut tout heureux de retrouver la belle passagère.

— Ne craignez rien, me lança-t-il. Nous prendrons soin de la petite dame.

Il fit ronfler le moteur, Emilie se pencha à la portière. Nous nous promîmes de nous revoir bientôt, soit chez elle, soit chez nos parents. Comme le camion démarrait, ma sœur me cria :

— Et Nicolas ? Serge n'a plus de ses nouvelles, pas plus que de Théo. Savez-vous quelque chose ?

De la tête je fis signe que non.

Après le départ d'Emilie, mon inaction dans ce camp engourdi me parut insupportable. Il me tardait que l'on passât à ce que j'appelais en moi-même « les ultimes formalités de la victoire ».

Ce fut bien hélas ! à quelque temps de là, l'une de ces « formalités de la victoire », trop lente sans doute aussi aux yeux de quelque chef, que j'eus à relater dans mon journal, en guise de conclusion à ce trop long reportage sur « les combattants de l'ouest ». Eût-on attendu quelques semaines encore, peut-être même quelques jours seulement, et les Allemands démoralisés, sachant leur pays aux abois, d'eux-mêmes capitulaient. Mais comment tirer de cette reddition toute la gloire qui fait briller les galons ou les étoiles ? Au début du siège, l'armement avait fait défaut qui eût permis peut-être l'attaque, la prise d'assaut, mais à présent, à présent...

Nous fûmes réveillés en pleine nuit par les sirènes lointaines. Du mamelon où j'étais monté quelques semaines auparavant avec Emilie pour découvrir l'horizon ennemi, je pus suivre la fête : les rafales, les phares de la D. C. A., les mille étoiles blanches qui descendaient à travers le ciel en feu, puis les explosions énormes, continues, les jets de flammes, les incendies, et peu à peu l'immense brasier de la ville qui brûlait. « Qu'est-ce qu'ils dégustent! » disait dans le noir, près de moi, une voix railleuse. « Et les civils ? » dis-je. « Ah ! les civils... les civils ? » L'homme s'était tu, et ses compagnons tout à l'heure si excités eux aussi, maintenant chuchotaient, comme si ma remarque jetait la consternation dans cette ambiance jusqu'alors enthousiaste.

A l'aube un communiqué du Q. G. reprenait cet enthousiasme pour célébrer ce bombardement total des positions ennemies.

Dans la matinée, les colonnes se mirent en marche : ordre était donné d'investir la ville. A midi les troupes stationnaient, l'arme au pied. Des bruits couraient : les chleuhs parlementaient ; non, ils faisaient savoir qu'ils ne se rendraient pas ; ils auraient massacré tous les civils. A treize heures, les Allemands, ce qui restait de leur garnison, jetaient leurs armes et se constituaient prisonniers.

Nous entrâmes dans la ville. Fini l'enthousiasme. Nous roulions, puis nous marchions parmi les décombres fumants. Nous avons troqué fusil ou mitraillette contre pelle et pioche : combien d'hommes, de femmes ensevelis sous les ruines ? Toute la journée à déblayer et toute la nuit sous les phares et tout le lendemain encore, et les corps écrasés que nous tirons par les bras, par les pieds de sous les pierres et les poutrelles, avant d'arriver aux blessés qui nous appellent. Pour une centaine d'Allemands qui ont été tués, la plupart ont échappé à la mort au fond de leur blockhaus, mais des milliers de civils ont succombé. Sur l'immense, majestueuse courbe de la plage à marée basse avec sa lisière d'argent, couchés comme autrefois les estivants en foule somnolente sous le soleil, les cadavres. Affolés, les gens ont dû fuir leurs maisons, se réfugier, s'affaler sur le sable, là ils seraient à l'abri, les casernes, les voies ferrées, les fortifications sont loin. Mais là-haut, les autres avaient dû recevoir des ordres. Du travail bien fait, la ville rasée, et toutes les villas sur le front de mer, et la plage balayée par les éclats de bombe et çà et là trouée d'énormes entonnoirs où montait l'eau laissant émerger parfois un bras raidi, un visage noir, un torse ou des jambes. Le deuxième jour nous avons dû mettre des masques pour continuer à chercher sous terre d'improbables vivants et pour jeter au charnier, dans la chaux, les morts de la plage et ceux sortis des décombres.

J'avais téléphoné au journal mon papier sur la « libération » de la ville. J'y parlais de « la stupidité criminelle du bombardement ». Le lendemain mon article parut avec ces mots qui avaient dû échapper aux censeurs. Le surlendemain, j'étais expulsé du camp. Je rentrai chez moi, deux messages de la direction du journal m'y attendaient. Ma mère m'expliqua que l'un d'eux était arrivé le matin avec le courrier, l'autre, un cycliste l'apporta en fin de journée. Le premier m'informait de mon licenciement. Le second émanait du rédacteur en chef, celui-ci me donnait du « cher ami » et m'écrivait que, « compte tenu de mon excellent travail jusqu'alors », la direction consentait à revenir sur sa décision.

J'appris, en me rendant au journal, que le Vieux était intervenu en ma faveur. Il était maintenant président du Comité de Libération.

Un orage remonte l'Elbe en direction de Hambourg. Tumultueuse force du fleuve, du nuage, des navires qui descendent à la mer. Dans cette puissance comme sans limites rôde on ne sait quelle menace.

Au bord du fleuve on nous a rassemblés : des journalistes français, des journalistes allemands. Le prétexte : parler métier, et ses nouvelles formes : la radio, la télévision. Amabilité des collègues de Hambourg, de Dresde, de Cologne, de Munich. Cet orage qui n'en finit pas de remonter au-dessus du fleuve.

On nous a montré un film de télévision : en 1941, en Pologne, un jeune aspirant allemand, honnête, pur, généreux, il est amoureux d'une Polonaise, il découvre peu à peu l'horreur nazie, les massacres de Juifs, il est bouleversé, indigné. D'abord je trouve sympathique, courageuse, cette émission télévisée faite en Allemagne pour les Allemands et qui montre les crimes commis par les Allemands, puis je prends conscience du curieux choix dont témoigne l'aspect du héros : blond comme le sable de la Baltique, le héros est le type même de Siegfried, de l'Aryen mythique tel que le chantait le Führer. Les tortionnaires, les massacreurs sont tous au contraire des bruns au type sémite. Hasard ? Secrète manœuvre d'une équipe nazie camouflée à la télévision ?

Une fois décelée cette « coïncidence », je ne puis supporter la vision du film, dehors je retrouve le menaçant orage qui roule dans le ciel aux abords de Hambourg.

XXI

Je ne reconnaissais pas dans ce civil à la fois timide et bourru, un peu ridicule en ses vêtements étriqués et qui me recevait, debout, ses lourdes mains appuyées sur un guéridon doré, le héros de légende, l'homme des bois, le chef des maquis, celui qu'à l'instar de René Desfeuilles tous les jeunes de la campagne d'abord, de la ville ensuite avaient baptisé le Vieux. C'était lui pourtant que j'étais venu remercier dans ce salon de la Préfecture qui lui servait de bureau.

Il paraissait gêné par ma visite bien qu'il s'efforçât de se montrer attentif et cordial. Plusieurs fois, il me demanda des nouvelles d'Hélène mais il semblait ne pas entendre ma réponse. Il ne s'anima et ne reprit un peu de sa bonhomie de naguère que pour me féliciter d'avoir dénoncé « la stupidité criminelle » — il reprit les mots de mon article — des responsables du bombardement. Il était fier, avouait-il, d'avoir su et pu préserver notre ville d'un sort de ce genre. Ses ennemis, et malheureusement, ajoutait-il, ceux aussi qui auraient dû être ses amis, faisaient tout pour que cette victoire pacifique fût peu à peu oubliée, voire contestée.

Comme je partais, il me rappela, me fit signe de refermer la porte dont je tenais la poignée. Je revins vers lui. Il se mit à marcher de long en large à travers le salon rococo sans me regarder. Enfin, il s'arrêta, me toisa, déroba de nouveau son regard.

— Ecoute, Verrier, dit-il, tu es lié... ta famille est liée... je veux dire : ta sœur a épousé un Valenkov ?

Il alla vers son bureau, sur lequel il prit un dossier qu'il feuilleta.

— Tu ne sais pas ? Ta famille ne sait pas ce qu'est devenu un nommé Nicolas Valenkov, un type de la L. V. F. ? Le beau-frère de ta sœur, ton beau-frère quoi.

Il agita ses mains devant lui comme pour chasser des idées déplaisantes.

— Oh ! parfait, parfait. Vous n'avez rien à voir avec lui !

Alors parfait. Il avait une sœur aussi ; d'après l'enquête, il ne semble pas qu'elle ait été vraiment du bord de ce Russe blanc. Pourtant, elle a levé le pied, avec un... un musicien... un Hollandais, ou plutôt un Flamand qui... Probablement à Paris, hum, on verra. Ça pourrait quand même se gâter pour elle.

Il quitta son bureau, s'avança vers moi. Comme il avait l'air las, comme il devait s'ennuyer dans son nouveau rôle. Après ces années de vagabond, de condottiere des bois, s'habituerait-il jamais à son personnage officiel ?

— Parfait, parfait, répéta-t-il.

Il baissa la voix, jeta un coup d'œil autour de lui. Je m'étonnais de découvrir qu'il ressemblait à un homme traqué. Lui dont la tête jadis était mise à prix et qui narguait alors police, Allemands et miliciens, c'était maintenant, à l'heure du triomphe, qu'il paraissait connaître je ne savais quelle crainte.

— Tu comprends, Verrier, on a toujours des ennemis prêts à vous accuser de n'importe quoi.

Il hésita. Je me demandais s'il pensait encore à ses adversaires politiques ; ils devaient sans doute le harceler ou lui tendre des pièges contre lesquels ses anciennes ruses de hors-la-loi demeuraient impuissantes.

— En tout cas, conclut-il sur un ton soudain irrité, si jamais toi ou ton entourage veniez à apprendre quelque chose sur cette affaire, je veux dire sur Valenkov, vous saurez en aviser les autorités, n'est-ce pas ?

Il me tendit la main.

— Il faut prendre garde : ton malheureux frère...

Ce furent là ses derniers mots cependant qu'il me congédiait. Je m'interrogeais en vain sur le sens de ses paroles : prendre garde à quoi ? Et que venait faire là mon « malheureux frère » ? Quant à Nicolas Ivanovitch, s'ils n'étaient pas capables de le pincer en Allemagne ou ailleurs, nous nous en moquions ; de toute façon, son arrestation ne nous rendrait pas mon « malheureux frère ». Prendre garde à Valenkov ? Le Vieux le croyait-il donc dans la ville ? Voulait-il suggérer qu'il avait pu être pour quelque chose dans le meurtre de François ? Ma mère même finissait par croire au contraire qu'il nous ménageait, que peut-être même il nous avait protégés lors de l'arrestation du quincaillier.

Je ne soufflai mot à la maison des propos du Vieux. Ils me revinrent à l'esprit lorsque je crus reconnaître un soir, à la tombée du jour, guettant dans une auto arrêtée tous feux éteints devant l'Observatoire, les deux « lieutenants » de Dargan auxquels Hélène et François avaient, dans le maquis, arraché les prisonniers autrichiens. Rentré à la maison, derrière les persiennes closes, je surveillai la voiture. Après le dîner, je jetai de nouveau un coup d'œil sur la rue, l'automobile était toujours là ; elle y était encore lorsque, au milieu de la nuit, ne pouvant dormir, je me levai. A l'aube, il me sembla entendre le moteur démarrer, des phares balayèrent notre façade.

Plusieurs nuits, dans la même semaine, je pus ainsi remarquer la présence de l'auto au coin des terrasses de l'Observatoire. Je supposais que les deux « lieutenants » passaient la soirée en compagnie des A. F. A. T. logées à l'Observatoire. Cela pouvait expliquer le départ à l'aube de leur voiture. Cette hypothèse d'abord me rassura, mais vite j'en vins à craindre que les deux hommes aient pris des maîtresses parmi les femmes-soldats pour les charger de nous espionner.

Je ne pus m'empêcher de faire part de mes craintes à Hélène. Elle avait remarqué, me dit-elle, une voiture semblable à celle que je décrivais, qui, par deux fois, lui parut mener un jeu singulier : l'automobile, après l'avoir dépassée sur l'avenue qui menait à l'asile psychiatrique, s'était arrêtée un peu plus loin, pour repartir ensuite et la dépasser de nouveau ; deux fois encore ce manège s'était renouvelé. Hélène put voir deux hommes à l'avant de la voiture mais sans les reconnaître. Elle s'était sentie soulagée lorsque la grille de l'hôpital s'était refermée sur elle. Un peu plus tard, postée à une fenêtre de l'hospice, elle aperçut l'automobile rangée contre le trottoir au terme de l'avenue. A la fin de la journée, la voiture noire disparut, mais, au moment de sortir, Hélène crut apercevoir la silhouette de deux hommes attendant près d'un platane à l'extérieur de l'enceinte. Elle revint sur ses pas et quitta l'asile par la porte du verger qui donnait sur une ruelle écartée.

Je continuais à parler, je rapportai les paroles du Vieux à

propos de Nicolas. Hélène, quand j'eus prononcé ce nom, se leva, l'air effrayée. Brusquement, elle inclina son front sur mon épaule. Elle répétait en gémissant : « François, oh ! François ! » Je réprouvais en vain l'étrange bonheur qui me venait de la sentir blottie contre moi et, du fond de sa détresse, attendant un secours que seul sans doute, à présent que mon frère n'était plus, je pouvais encore lui porter. J'ignorais cependant quel obscur danger la menaçait, nous menaçait.

Il fut convenu que je l'accompagnerais le matin jusqu'aux grilles de l'asile et que je viendrais l'y chercher le soir. L'hôpital psychiatrique s'élevait aux abords de la ville, mais il fallait pour s'y rendre longer une avenue déserte bordée de terrains vagues, et je craignais maintenant pour la sécurité d'Hélène. Ces trajets nous les faisions en silence. Bien que ces allées et venues fussent peu compatibles avec mes heures de travail, j'y trouvais réconfort, comme si la joie de protéger Hélène l'emportait sur notre inquiétude.

Une seule fois nous aperçûmes la voiture suspecte. Elle remontait l'avenue à petite allure, elle nous dépassa puis elle s'arrêta à une centaine de mètres devant nous. Hélène voulait rebrousser chemin, je parvins à l'en dissuader : si les occupants de l'auto nous croyaient en faute — et de quelle faute aurions-nous pu être coupables ? — notre fuite paraîtrait leur donner raison. Nous devions continuer à avancer comme si de rien n'était. Ce que nous fîmes. Nous n'étions plus qu'à une quinzaine de mètres de la voiture lorsqu'elle démarra brutalement. Elle fila jusqu'à l'enceinte de l'hôpital, prit sur la droite une route qui s'éloignait dans la campagne et disparut.

— Que nous veulent-ils ? Que cherchent-ils ?

Hélène baissait la tête, ne répondait pas.

Parfois, il me fallait rester au journal assez tard dans la nuit. Un soir que je rentrais ainsi à la maison un peu avant minuit, alors que j'abordais une rue étroite, mal éclairée, qui joignait le faubourg au quartier des villas et débouchait à hauteur de l'Observatoire, je crus apercevoir un homme adossé contre un mur sur la droite. Je m'écartai de lui le plus possible. A peine l'avais-je dépassé qu'il cria d'une voix âpre : « Halte ! ». En courant j'atteindrais notre maison en quelques minutes.

« Halte ! » ordonna de nouveau l'homme. Je m'arrêtai. J'entendis ses pas se rapprocher ; « Pas te retourner ! Mains en l'air ! » Je n'avais pas d'arme. Il me semblait sentir physiquement au creux des épaules le revolver braqué sur moi. « Avance. » Quel était cet accent ? Espagnol ? Manuela nous disait que des réfugiés avaient pu s'enfuir des camps dans le Midi et gagner le maquis. Si je parlais en espagnol. Comment dire : « Qui êtes-vous ? Pourquoi cela ? Que voulez-vous ? » Impossible de retrouver un seul mot. Ce creux, cette torsion de la peur dans le ventre. Il va tirer. Quand va-t-il tirer ? Les jambes molles, j'ai buté contre un pavé. L'Espagnol a ri. Il devine ma peur, il rit de ma peur. Me retourner brusquement et foncer, peut-être n'aurait-il pas le temps de viser. Nous arrivons au carrefour.

« A derecha ! A droite ! » Il me fait remonter un peu la rue qui longe le portail de l'Observatoire. Personne, pas une fenêtre éclairée, nul secours à espérer, et, un peu en amont de l'Observatoire, la voiture arrêtée. C'est vers elle qu'il me guide. Ils vont m'enfourner dans l'auto. Ils iront m'abattre en dehors de la ville. Crier. Appeler. Je regarde l'ombre plus dense qui marque le portail de l'Observatoire. Là, si souvent, nous nous sommes tenus un moment dans la nuit : Emilie, François et moi avant de nous séparer de nos amis, cependant que derrière le portail Elisabeth, Caroline, Mathilde et Guillaume nous lancent un dernier adieu : là, j'ai serré Elisabeth dans mes bras, j'ai senti ses lèvres se poser sur les miennes. « Contrôle papiers », dit l'homme. Je suis à un mètre de la voiture. A l'intérieur une lampe de poche s'allume, le faisceau est braqué sur mon visage. L'Espagnol me fouille, sort mon portefeuille. S'ils n'en voulaient qu'à ma bourse ! Il ouvre le portefeuille, découvre ma carte de journaliste barrée de tricolore, bafouille je ne sais quoi, se redresse, fait claquer ses talons, me tend le portefeuille. « Excusez, Capitaine ! » Au garde-à-vous, il me salue, la main au calot. Il répète : « Excusez, Capitaine Varier — il a eu le temps de déchiffrer, mal, mon nom sur la carte. Des ordres, vous comprenez, on a des ordres, chercher un collabo en fuite. » Je me retiens pour ne pas éclater d'un rire nerveux. Reprenant souffle, je dis : « Repos » et m'écarte de l'autre. « Bonsoir capitaine. » Je réponds « Buena noche » — les mots espagnols me reviennent à présent que je n'en ai plus besoin — et je déguerpis. Si jamais l'autre, ou les autres, dans la voiture, celui qui m'éclairait et que je n'ai pu voir, expliquaient à l'Espagnol que la bande tricolore ne fait pas forcément l'officier !

Les soirs suivants, j'ai pu obtenir d'être ramené à domicile par une camionnette du journal. D'ailleurs ni moi ni Hélène n'avons revu la voiture suspecte. Nous pensâmes que les recherches policières avaient pris fin, et nous en fûmes convaincus lorsque la Cour de Justice prononça contre Nicolas Valenkov une condamnation à mort par contumace. « Vous voyez, Hélène, vous n'avez plus à vous inquiéter, c'était lui certainement qu'ils cherchaient, ils nous laisseront tranquilles maintenant, ils ont compris que Nicolas a bel et bien disparu. » Hélène acquiesçait ; pourtant elle demeurait aussi sombre et nerveuse. « Je me demande, me confiait Betty, si elle se remettra jamais de la mort de François. »

La tristesse de sa mère affectait profondément Sylvie. Bien que nul d'entre nous ne fît jamais devant la fillette allusion à la mort de François, ni à la guerre, ni à l'épuration, Sylvie connaissait des frayeurs subites, des insomnies ; elle perdait tout appétit et, à chaque repas, Elisabeth devait de nouveau inventer et jouer de véritables comédies pour la distraire, de telle sorte qu'on pût la faire manger sans qu'elle en prît conscience.

— Heureusement, disait Hélène, que nous avons Elisabeth. Sinon, ici, ce serait, ce serait...

Elle levait un peu les bras, les laissait retomber en un geste d'impuissance.

— Sans toi, Betty, reprenait-elle, et sans vous, Henri, ma Sylvie que deviendrait-elle ? Vous voyez, j'ai beau faire, elle devine, elle sent ce que je ressens.

Elisabeth s'approchait d'Hélène, la prenait par le cou, l'embrassait sur la tempe.

— Un jour vous partirez, disait Hélène, Henri travaillera dans un autre journal, à Paris ; Sylvie, je ne pourrai pas lui donner cette tendresse et cette paix dont vous l'entourez.

Nous protestions, nous ne quitterions pas Hélène, je n'avais aucun projet de départ.

— Mais c'est peut-être moi qui devrai partir.

Betty lâchait Hélène, la regardait, craintive.

— Oui, continuait la jeune femme, quand cette guerre sera tout à fait finie, les concours reprendront, si je suis reçue, on me nommera dans un hôpital psychiatrique, Dieu sait où, je serai bien obligée d'accepter.

— Tu n'auras qu'à refuser.

Betty avait presque crié.

— Et avec quoi je vivrais, avec quoi j'élèverais ma fille ?

— Mais je travaillerai, et avec mon salaire et celui d'Henri nous pourrons t'aider, sans compter ce que nos beaux-parents, n'est-ce pas, Henri ?

— Et pourquoi n'auriez-vous pas ici votre cabinet médical, au lieu d'aller d'asile en asile ?

Une subite rougeur passa sur le visage d'Hélène.

— Vous voudriez que je renonce à la... à mon métier !

Il y avait dans ses yeux une méfiance et une hostilité qui nous firent mal.

— N'y comptez pas ! nous jeta-t-elle en s'éloignant.

Cet éclat provoqua chez Betty un abattement que je ne savais comment effacer. « J'ai perdu l'amitié d'Hélène », répétait-elle.

J'essayais de la convaincre que ce n'était là qu'une ombre passagère entre elles deux, mais souvent mes remarques ne faisaient que l'exaspérer. Elle voyait bien, disait-elle, qu'auprès de moi elle n'avait pu que se renier elle-même. L'exemple d'Hélène lui faisait honte : malgré la guerre et malgré le malheur, Hélène accomplirait ce dont elle rêvait depuis toujours, alors qu'elle, Betty, n'aurait su que gâcher, puis trahir ses dons, et moi je la maintenais dans cet échec.

Elisabeth près de moi éteinte, repliée sur elle-même comme ces fleurs et ces feuilles qui retombent lasses, décolorées, dès que la lumière ou l'eau ou la terre familières viennent à leur manquer. N'était-ce pas un crime de l'avoir séparée de Mathilde, de Caroline, de Guillaume, de ces Barbares qui, peut-être, n'avaient de vie, d'éclat, d'espoir qu'autant qu'ils demeuraient ensemble, comme si chacun d'eux ne pouvait être que l'une des couleurs, l'un de ces rayons du prisme, du foyer étincelant qui nous avaient éblouis ? Sans doute, pensais-je, eût-il fallu qu'Emilie, François et moi-même pussions vivre à l'Observatoire, alors les Barbares auraient gardé leur bonheur, ils nous auraient permis de le partager. Mais François était mort, Emilie morte à l'amour, les Barbares dispersés hors de leur demeure, et leurs amis, perdus.

XXII

Vers la fin de l'hiver, un matin où j'étais de repos, Hélène me demanda de l'accompagner à l'asile. Elle prenait un air enjoué comme si elle me proposait une promenade. Le temps en effet était beau ; un froid vif et le soleil rendaient brillants le ciel et les jardins dénudés aux branches couvertes de givre. Nous marchions d'un bon pas. Hélène nu-tête portait une sorte de houppelande noire, des souliers de montagne qu'elle chaussait depuis la mauvaise saison achevaient de donner à sa silhouette une rudesse garçonnière. Elle n'avait jamais été coquette ; du moins avant la mort de François, la simplicité de ses toilettes ne cachait pas sa beauté un peu lourde, tandis que, depuis son deuil, on eût dit qu'elle choisissait toujours la coiffure, le corsage, le manteau ou les chaussures qui l'enlaidiraient, qui effaceraient, de son corps, de son visage, cette grâce animale qu'elle n'avait jamais semblé accepter et que maintenant, sans même en prendre conscience, elle s'acharnait à détruire.

Quand nous sommes arrivés à la grille de l'asile, elle parut hésiter, puis se forçant de nouveau à sourire comme au début de notre « promenade », elle me suggéra de rester un moment encore avec elle pendant qu'elle visiterait les malades.

Nous traversâmes un parc à la française. Quand nous avons pénétré dans l'énorme bâtiment, Hélène a donné des signes de nervosité : elle tournait la tête de tous côtés, s'arrêtait, me jetait un coup d'œil, repartait. Nous avons croisé un groupe de jeunes gens en blouse blanche, à leur tête marchait un homme d'une quarantaine d'années, à la forte carrure, aux cheveux bruns coupés en brosse. Hélène a reculé sur son passage puis est revenue vers lui, m'a désignée de la main : « Mon beau-frère Henri Verrier, j'ai voulu... » L'autre ne l'a pas laissée achever : « Très bien, très bien... Bonjour M. Verrier. » Il me serra la main vigoureusement. Déjà il repartait entouré de son groupe d'étudiants.

Hélène le suivait des yeux.

— Qui est-ce ? ai-je demandé.

Elle m'a observé avec étonnement.

— Mais voyons, le Dr Villanet, le médecin-chef.

Elle eut pour un instant une expression heureuse.

— Ah ! j'aurais voulu avoir un père comme lui !

Elle reprit sa sévérité. Nous parcourions de longs corridors. Parfois, aux portes vitrées qui les jalonnaient, des têtes apparaissaient, nous observaient de leurs yeux mornes ou au contraire affolés ; des malades en uniforme grisâtre traversaient le couloir devant nous, certains marmonnaient, d'autres gesticulaient.

Par une porte basse qu'un infirmier ouvrit pour nous, nous sortîmes du bâtiment. Nous avons longé des cours grillagées : des malades y faisaient les cent pas ou demeuraient étendus dans la poussière. Après avoir traversé de nouveaux jardins, nous atteignîmes un pavillon aux toits d'ardoise. Sur le seuil Hélène me prit le bras.

— Ecoutez Henri, je...

Elle ne se décidait pas à parler.

— Ecoutez... Oh ! excusez-moi, j'ai confiance, tellement confiance en vous... Mais, enfin, promettez-moi, n'est-ce pas, de ne parler à personne, à personne... Peut-être, plus tard, à Betty, nous pourrions, pas encore...

Elle sonnait à la porte du pavillon. Une gardienne vint ouvrir, puis poussa les verrous derrière nous, Hélène lui demanda : « Comment est-il, ce matin ? » La femme haussa les épaules : « Vous savez, docteur, avec M. Niederbronn, on ne sait jamais... Un moment à vous faire mourir de rire, un autre à vous faire peur, un autre à vous faire pitié. »

— Un camarade d'études, et puis il... il connaît l'Alsace, dit Hélène en se tournant vers moi.

Je ne compris pas si elle entendait ainsi me présenter sous ce mensonge à la gardienne, ou si ce M. Niederbronn était son camarade d'études et venait d'Alsace.

Nous montions l'escalier. On se serait cru dans une vieille maison bourgeoise au milieu de son parc. Sur le palier, cependant que la gardienne s'éloignait après avoir remis une clé à Hélène, celle-ci me retint par la manche.

— Vous avez entendu, Henri, M. Niederbronn, un Alsacien, une grave blessure dans un bombardement, une blessure à la tête l'a laissé malade, on a dû l'enfermer pour le soigner, pour qu'il ne perde pas tout à fait la raison, pour que... pour qu'il n'attente pas à ses jours. Faites bien attention, pour tout le monde ici, pour la gardienne, pour les infirmiers, M. Niederbronn, pas Nicolas, pas Nicolas Valenkov.

— Mais Hélène, comment ? Comment ?

— Tout à l'heure, ce soir, quand nous serons à la maison, je vous dirai. Je vous ai amené parce qu'il ne me croit plus, il s'imagine que son frère, sa sœur vont être fusillés à sa place et qu'il doit se livrer pour les sauver. C'est effrayant, Henri, si jamais il faisait cela, effrayant pour lui — elle marqua un temps — et pour le Dr Villanet.

— Et pour vous Hélène, ai-je chuchoté.

— Oh ! moi...

Elle se planta devant une porte, prêta l'oreille. Elle soupira.

— Dans quel état allons-nous le trouver ?

Elle frappa trois petits coups. On entendit le frottement d'une chaise sur le plancher, Hélène ouvrit la porte avec la clef confiée par la gardienne. Elle s'effaça pour me laisser passer.

— M. Niederbronn, dit-elle d'une voix joyeuse et sonore qui me causa un malaise, je vous amène un ami.

— Docteur, mes hommages, cria le Russe, et à voix basse : Bonjour, chère Hélène... Oh ! Henri.

Il s'était précipité vers nous, cérémonieusement baisait la main d'Hélène.

D'une maigreur extrême, les cheveux grisonnants et broussailleux comme la barbe qui dissimulait la cicatrice de la joue, M. Niederbronn n'avait de commun avec Nicolas Ivanovitch, que les yeux, ces yeux de feu un peu bridés qui, jadis, étaient toute fureur ou toute joie, ou toute malice, et maintenant paraissaient brûler seulement de fièvre.

— Permettez, permettez, dit-il en s'allongeant sur le lit, mais M. Niederbronn, beaucoup fatigué.

Son visage se durcit, ses yeux regardèrent fixement devant eux.

— Qu'est-ce qu'il a à faire sur terre, M. Niederbronn ? Son pays, il reverra pas. Hitler fou comme lui, fou et foutu. Bolchevisme partout. Non, rien, plus rien à faire... qu'à crever.

Il se tourna vers moi, ses traits de nouveau s'animèrent comme s'il oubliait ce qu'il venait de dire.

— Alors, comme ça, toi, maquisard, camarade soviet, tu viens quand même voir ennemi à la maison des fous, t'as pas revolver dans poche ? Pan, pan, pan, bon remède pour ce fou de Nic, je veux dire de Niederbronn, ou bien, voiture cellulaire à la sortie ? Je te suis, tu sais, je suis prêt.

— Pourquoi dites-vous des sottises ? lui reprocha Hélène.

Il se leva, vint vers elle, lui prit la main, la porta à ses lèvres.

— Pardon Hélène, pardon petite madame.

Revenu sur son lit, il me prit à témoin.

— Je suis indigne, tous indignes nous sommes, de baiser trace des pas d'une femme comme Hélène, comme merveilleuse Hélène.

Il la contempla un moment. Des larmes lui vinrent aux yeux lorsqu'il remarqua :

— Pauvre petite Hélène, seule maintenant, seule.

Il fit une grimace comme s'il avait mal.

— Saleté de saleté de guerre !

Il s'agitait sur son lit, une rougeur fardait ses tempes.

— Tuer homme sans défense, saleté de saleté ! Moi, je jure, jamais tiré sur ennemi désarmé, jamais tiré dans le dos et jamais espionné, dénoncé personne. Officier russe, honneur, honneur.

Hélène lui fit signe de se taire. Elle le regardait avec une expression à la fois de dégoût et de pitié.

— M. Niederbronn, dit-elle, ne vous agitez pas, sinon vous aurez la fièvre.

— M. Niederbronn, M. Niederbronn ! répétait-il rageusement.

Hélène, pensais-je, ne voit en lui que la victime, que le blessé à soigner.

Elle dit à voix basse :

— J'ai demandé à Henri de venir pour qu'il vous dise ce qu'il sait de Serge et de Théo.

Le Russe se plia en deux sur le lit et se mit à gémir, puis il prononça des paroles confuses où revenaient les noms de Serge et de Théo. Je compris qu'il croyait son frère et sa sœur arrêtés à sa place comme otages.

Quand il parvint enfin à se calmer, il déclara :

— A vos bolchevistes, je vais livrer moi... Qu'ils fusillent moi et qu'ils délivrent Serge et petite sœur.

Je m'approchai du lit.

— Nicolas, écoutez-moi, lui dis-je, mon visage près du sien. Je vous jure, vous entendez, je vous jure... sur la tête de ma mère, que Serge et Théo sont libres, sont vivants ; ils ne courent aucun risque.

Je voyais se dissiper peu à peu l'angoisse dans les petits yeux brillants.

— Emilie est venue me voir quand j'étais correspondant de guerre, quand nous cernions une division allemande au bord de l'Atlantique. Elle avait laissé Serge à Bordeaux où son travail le retenait. Elle m'a dit qu'il allait bien et qu'il avait des nouvelles, de bonnes nouvelles de Théo qui est à Paris.

Absurdement, il me semblait que le Russe allait deviner mon mensonge à propos de Théo, découvrir que je tenais de l'ancien chef du maquis mes renseignements sur le départ de la jeune fille à Paris.

Au risque d'éveiller par mon insistance les soupçons du Russe, je me mis à lui répéter à l'oreille :

— Vous entendez, je le jure, sur ma mère, je le jure.

Habitué aux gestes et aux mots excessifs, il écouta avec calme mes affirmations. Ensuite il toussota, passa la main sur sa barbe.

Nous restâmes tous les trois un moment sans parler. Enfin Hélène se leva, Nicolas lui jeta un regard plein de regret. Il se laissa glisser à bas du lit, bien qu'Hélène de la main lui eût fait signe de ne pas bouger.

— Déjà, vous partez, Hélène, docteur chéri ?

— Il faut bien que j'aille m'occuper de mes malades.

Il s'inclina sur la main qu'elle lui tendait.

Je remarquai à ce moment le sillon qui creusait la chair au sommet du front et se perdait sous les cheveux. « Il est de ces hommes dont la mort ne veut point », pensai-je.

Il me frappa timidement sur l'épaule et marmonna.

— Merci pour nouvelles Serge et Théo.

Vite, il se détourna cependant que nous sortions. Hélène derrière nous referma la porte à clef. Nous restâmes un instant immobiles sur le palier.

— Le malheureux, dit-elle.

Elle appela la gardienne, lui remit la clef.

— Alors, demanda la femme, M. Niederbronn ?

— Comme d'habitude...

Le soir, je pus rester quelques minutes seul avec Hélène. L'impression de pitié que m'avait donnée le Russe s'était effacée.

— C'est quand même le complice des nazis, dis-je à Hélène, le complice de leurs crimes. Et vous avez risqué, vous risquez beaucoup à cause de ce...

Elle leva un peu la tête comme pour signifier: « Qu'importe. »

— Si les autres, ceux de la voiture qui nous surveillaient, qui nous suivaient, s'ils étaient entrés derrière vous dans l'asile...

— Vous l'avez entendu, Henri ? Moi, je le crois, et le Dr Villanet le croit aussi, et le Dr Villanet, vous savez, son séjour à Fresnes... il pense que Nicolas n'a pas dénoncé ; un ennemi oui, mais à visage découvert...

— Comment l'a-t-il caché à l'asile ?

— Il l'avait soigné après l'explosion de la grenade. Cet été Valenkov a fait une nouvelle crise, le patron a eu pitié de lui, il lui a procuré une fausse identité et l'a fait entrer au pavillon.

— La Justice...

Elle ne me laissa pas continuer.

— « Votre Russe » — Villanet, me dit comme ça : « Votre

Russe » — « Votre Russe étant exilé est fatalement aliéné, il avait donc des circonstances atténuantes. Tant qu'il se battait, exilé ou pas, aliéné ou pas, il était juste de le descendre. » Et le patron, j'en suis sûr, s'il l'avait fallu, il n'aurait pas hésité à l'abattre lui-même. « Mais, à présent, il dit, c'est une victime, et un malade, alors nous autres, médecins, nous lui devons doublement aide et secours. »

— Villanet est chrétien ?

— Ça... fit Hélène.

Un moment plus tard, elle reprit :

— Autrefois, je veux dire jusqu'à quinze, seize ans, je croyais en Dieu, au paradis, à l'enfer ; forcément avec ma famille, ma mère surtout... Maintenant, je ne sais plus. Comment croire au ciel avec... enfin, avec ce qu'il se passe sur terre ? Mais je sais, je vois l'homme, nous tous, en proie au mal et à la maladie, et s'il n'y a pas de Dieu, l'homme n'en est que plus pitoyable, il me semble. Médecins ou pas, le mal, la maladie, nous devons les combattre, non ? Et les malades, les victimes du mal et de la maladie, les soigner, les sauver.

— A quel moment alors, l'ennemi, l'instrument du mal devient-il le malade à secourir ?

— Lorsqu'il est terrassé.

— Craignez que la vipère reste vipère. Sous prétexte qu'elle est assommée, malade, vous la soignez, une fois ses forces revenues elle ne vous rate pas, son venin ne la quitte pas.

— Nous ne sommes pas des vipères.

— Hélas ! les vipères sont bien innocentes à côté de tant d'hommes.

— Je me demande, des fois, je me demande, dit Hélène d'un air songeur. Ce que nous appelons le mal, à l'origine c'était peut-être pour l'homme ce que le venin est au serpent, un moyen de se défendre en cas de danger, une arme, et puis ce venin au lieu de rester en dehors de nous, de notre sang, un accident l'a fait pénétrer en nous, l'homme s'est confondu avec son venin.

J'ai essayé de rire :

— En somme l'homme est un serpent qui s'est empoisonné lui-même et qui ne songe qu'à empoisonner les autres hommes.

Hélène est demeurée grave.

— Oui, peut-être, un animal devenu fou.

XXIII

Les prisonniers revenaient, et les déportés. Beaucoup de prisonniers, bien peu de déportés. Avec Betty et Hélène nous allions à la gare quand un convoi était annoncé. Nous voulions être les premiers à embrasser le quincaillier. Du moins nous nous disions cela, avant d'avoir vu arriver les premiers survivants, tragiques épouvantails sous leurs oripeaux rayés. Nous ne reconnaîtrions pas notre ami, nous n'aurions pas le courage de le presser contre nous. Quel baiser, quelle parole donner à quelqu'un qui revient d'au-delà de la mort ? Aucune nouvelle de Couderc. Nous essayions de parler à des rescapés, l'un d'eux se souvenait de l'avoir vu dans son camp, mais il avait dû être transféré dans un autre bagne vers la fin de la guerre : était-il parti dans la fumée d'un four ? avait-il péri sous les coups ou la maladie ? ou bien s'il faisait partie de ces groupes d'évadés que les Russes recueillaient.

Nous regardions ces fantômes descendre en chancelant des wagons. Nous lisions l'horreur sur les visages de leurs femmes, de leurs enfants quand enfin ils reconnaissaient le revenant. On avait honte d'être sur ce rivage vers lequel le maigre troupeau des martyrs était ramené. On avait peur, face à ces témoins, de ne plus jamais les rejoindre. Et se réveillerait-on du cauchemar dont ils étaient les proies et les preuves ? Si l'oubli vient un jour, c'est que nous serons passés à force de lente, quotidienne lâcheté, sans le savoir, du côté des bourreaux. Mais si le cri de la démence et de la douleur déchire sans fin notre mémoire, comment accepter de vivre ?

Le quincaillier ne revint pas... Guillaume annonça par une lettre à Betty qu'il passerait dans notre ville avant de rejoindre leurs parents en Languedoc. Plusieurs prisonniers de son oflag originaires de la ville arriveraient dans le même convoi. Ma mère ne souffla mot quand nous lui apprîmes la nouvelle. Je n'aurais pas voulu remarquer le regard qu'elle jetait sur ses brus, sur cette Hélène pour qui sans doute François s'était évadé, et il croyait rejoindre la liberté, le bonheur, c'était la mort qui l'attendait ; sur cette Elisabeth qui lui avait pris son autre fils sans le rendre heureux, et maintenant, il suffisait de la regarder, elle ne songeait qu'au retour de son frère, ce Guillaume que la petite Emilie, on se demande pourquoi, avait aimé, follement.

Je souffrais de deviner cette rancœur. Je n'osais pas prier Betty de se montrer moins joyeuse en présence de ma mère.

Guillaume trouva à se loger dans une mansarde de l'Observatoire. Tout le reste de l'immeuble restait occupé par les femmes militaires et nous le plaisantions de pénétrer ainsi, seul homme admis officiellement, dans cette caserne-harem. Il me paraissait plus taciturne que jamais ; comment Emilie s'était-elle amourachée de cet indifférent ?

Grimari est revenu dans le même convoi que Guillaume : Orlando vieilli avec sa barbe noire, ses yeux fiévreux, sa bouche grise, les taches rosâtres ou jaunes de ses joues. Avec Guillaume, il parle — pour nous ? pour eux deux ? — des longs hivers captifs. Mon beau-frère, une cigarette au coin de la bouche dédaigneuse, se contente de hocher la tête. Ils avaient fondé à l'oflag une troupe théâtrale. Deux hivers de suite ils ont joué *Comme il vous plaira*. Ils regardent en eux-mêmes et rient : des prisonniers plus frêles, ou plus blonds, ou plus faciles à grimer, tenaient les rôles de Rosalinde, de Célia. Orlando reprend et dit : « les rôles de Mathilde, d'Elisabeth, d'Hélène, de Caroline ». Il regarde de ses yeux brillants, longuement, Betty et Hélène devant lui. Elles baissent la tête. Guillaume se renverse en arrière, esquisse une moue. « Et le type, tu te rappelles, vieux, le petit aspirant fluet qui faisait la danseuse... » Il s'est tu, il n'a pas osé ajouter : « comme Emilie ».

Plus tard, c'est Grimari qui la nommera, quand je le raccompagnerai à travers la ville : « Emilie ? Vous avez des nouvelles ? La guerre ne l'a pas trop éprouvée ? » La plaque rose s'accentue aux pommettes du jeune homme. Il sourit comme s'il se moquait de sa demande et de ce que je pourrais répondre : les dents très blanches et régulières comme autrefois, comme l'apparition de la jeunesse dans sa face maintenant marquée par le mal.

— Grimari, il serait tuberculeux, dit Hélène, ça ne m'étonnerait pas.

Je pensais qu'elle se trompait. Maigre sans doute, épuisé, il me paraissait, en revanche, plus vivant qu'au temps d'Orlando ; cette ardeur en lui qu'on soupçonnait à présent, était-ce blessure ou bien sursaut de la vie après tant de patience sans fin ?

Quelle arrogance crispait les lèvres de Guillaume cependant que je parlais de ma sœur, de notre rencontre sur le front de l'Atlantique ? Il se mit à siffloter, je reconnus les notes du vieux blues qui s'échappaient jadis par les fenêtres de l'Observatoire ouvertes sur l'été : « Some of these days... » quelque jour..., quoi ? nous serions heureux ? Nous ne serions plus ? Je revoyais le quincaillier s'agiter pour marquer la cadence. Je dis le malheur de notre ami, Guillaume poussa un grognement puis s'écria : « Le Russe a dû le dénoncer. » Hélène eut du mal à le convaincre de l'innocence de Valenkov.

Quand Guillaume et Grimari nous quittaient, Elisabeth, Hélène et moi demeurions longtemps sans parler. Un jour j'en fis la remarque. « C'est comme si la distance, cette distance qui nous séparait d'eux, dit Hélène, il fallait encore que nos paroles la traversent. »

— Peut-être, acquiesça Betty.

Elle reprit, un peu courbée, avec un sourire triste :

— Mon frère est là et n'est pas là.

— Ils n'ont pas connu, ils n'ont pas vécu ces années, cette maladie. Dans leurs camps, ils continuaient à vivre de cette vie que nous avons perdue, du souvenir de notre vie d'avant. Alors, comment voulez-vous ?

Hélène levait à demi une main en signe à la fois d'excuse et de défaite.

Sans doute les prisonniers revenus ne pouvaient plus nous comprendre tout à fait, nous dont la geôle avait été notre propre pays, pas plus que nous ne pourrions jamais entendre, vraiment, la parole ou le silence de ceux que la mort, dans les camps d'extermination, n'avaient qu'à demi dévorés.

XXIV

Dans les premiers jours de septembre, Elisabeth, Guillaume et moi avons rejoint la campagne où les Garou nous attendaient au mas de Pradère, en Languedoc, grande demeure claire au milieu des vignes, des oliviers, au flanc d'un coteau jalonné de cyprès. Je ne soupçonnais pas jusqu'alors l'intense vie que pouvait avoir la nuit avec le crissement des étoiles et des grillons, les courants d'odeurs et cette pureté de l'ombre.

La reine mère et son mari me parurent vieillis, la beauté de Mathilde à présent plus mélancolique que majestueuse. J'étais de nouveau surpris que cette pensionnaire vêtue de bleu sombre, aux cheveux tirés derrière les oreilles, qui me tendait la main en baissant les yeux, ne fût autre que la petite Caroline. Mais, un peu plus tard, lorsque, la première gêne passée, elle se mit à parler, volubile, je croyais non plus voir devant moi cette nonne en civil, mais cachée, travestie sous les habits et le visage de la pénitente, l'espiègle de jadis.

Faute de théâtre, la reine mère organisait des jeux de société. Il arriva que Caroline eut des gages, Guillaume la condamna ainsi, à ma stupéfaction, à me donner un baiser, et, à ma bien plus grande surprise encore, elle posa ses lèvres sur mon front. Elisabeth nous jeta un regard furtif.

— Chaque soir, depuis des années, vous le savez, je prie pour vous, me confiait Caroline, pour vous deux.

Elle baissait la voix.

— Et ensuite, je prie pour vous seul, pour que vous connaissiez le bonheur.

— Qu'est-ce que c'est le bonheur, Caroline ?

Elle ne me répondait pas.

— Regardez le ciel la nuit, Henri, comment ne sentez-vous pas que Dieu y respire ?

— Je ne sens que le souffle du monde, et c'est beau, et c'est bien ainsi. Savez-vous pourquoi Betty a perdu la foi ? Elle me l'a dit un jour, je ne sais trop quand, nous étions malheureux et...

— Vous êtes malheureux ?

Elle avait presque crié. De la main je balayais l'air.

— Comme vous, Caroline, comme tous les hommes, il y a des moments où rien...

Elle me regardait.

— Vous êtes ensemble et malgré cela... Oh ! j'en suis sûre, c'est Dieu qui vous manque.

— A moi, il n'a jamais fait défaut parce que j'ai été élevé sans lui ; quant à Betty, je vous disais...

— Oui, il me semble me souvenir, quand j'étais encore toute petite, je voyais Betty agenouillée longtemps, je me demandais ce qu'elle chuchotait.

— Elle n'a plus pu croire du jour où Marie, votre cousine Mariette est devenue folle.

— Je ne vois pas...

— Mais si... Elisabeth disait : « Qu'est-ce que c'est l'âme, si l'on peut devenir fou ? » Et si nous sommes sans âme, alors Dieu...

— Mariette est au paradis, sa folie l'aura sauvée ! N'est-ce pas au contraire quand l'âme ne peut plus supporter la laideur de ce monde qu'elle coupe les ponts, et la folie est un masque !

Elle parlait avec une soudaine fièvre. Je m'étonnais de la voir demeurer immobile, de ne pas la surprendre comme autrefois, courant, sautant, secouant ses nattes pour répondre au feu de ses paroles.

Elle me prenait les mains.

— Ecoutez, Henri, je mourrai avant vous, je mourrai jeune. Je suis sûre que je pourrais alors, je ne sais comment, vous faire signe. Vous ne douterez plus ainsi de mon âme, de la vôtre, et de Dieu.

Quelques jours après, à brûle-pourpoint, elle m'assura :

— Ces idées de Betty sur la folie, l'absence d'âme, la négation de Dieu, ce ne sont pas les siennes. C'est Hélène qui lui a mis ça dans la tête. Hélène ne pouvait pas supporter que Betty fût encore croyante, alors qu'elle-même ne l'était plus, et qu'elle éprouvait de ce fait, elle me l'a avoué, des angoisses, des angoisses terribles.

Je l'écoutais à peine. Qu'avais-je besoin de l'âme, de Dieu, quand la nuit était si belle, si pleine : ne suffisait-il pas de s'y perdre, de se confondre avec ses ténèbres chantantes et transparentes ? Elisabeth retrouvait ici sa grâce de plante à la fois vive et frêle. Nous partions tous les deux dans les garrigues. Le soleil et les parfums d'herbes nous saoulaient. Nous déjeunions d'un fromage, de quelques olives, d'un fruit. Nous ne rentrions qu'au crépuscule, titubant de fatigue et de joie. Trouvions-nous un creux d'ombre entre les rocs, nous nous y cachions dans l'odeur de thym et de lavande. Nous nous aimions tantôt avec une paresseuse lenteur toute proche du sommeil et du songe, tantôt avec une rage de bêtes chaudes. La première fois, j'avais été ensuite pris d'inquiétude, mais Elisabeth rit quand je parlai, quand je m'excusai de mon imprudence. « Cette fois la guerre est finie. Je ne peux croire qu'elle reviendra de sitôt. Et je t'aime, je t'aime. Alors si nous avons un enfant, eh bien, il sera beau et fort, comme cette terre. »

Je voyais en moi s'élever le sourire grave de Sylvie. C'était elle mon enfant. Ou bien pourrions-nous lui donner, Elisabeth et moi, une sœur toute pareille à elle ? Je connaissais ici, imprévue, inespérée, une saveur de paradis terrestre, mais soudain me manquait la présence d'Hélène et de sa fille. Je les imaginais à la même heure marchant dans les châtaigneraies, avec les Desfeuilles, dans notre campagne plus douce et secrète. Je serrais Elisabeth contre moi.

— Caroline entrera dans les ordres, affirmait Mathilde. Notre père ne s'en consolera pas. Elle attendait que Guillaume revînt d'Allemagne, elle pense que la joie qui accueille le prisonnier fera oublier sa propre entrée dans une autre prison. Bien sûr, elle ne parle pas comme ça ; si elle m'entendait, elle m'en voudrait d'appeler prison son futur couvent.

J'ai demandé à Caroline si Mathilde disait vrai. Elle m'a regardé d'abord de biais sans me répondre, puis, immobile, les mains jointes comme pour la prière, elle a semblé s'interroger devant moi.

— Je me demande, comment des filles qui ont... enfin qui ont manqué l'amour, comment peuvent-elles épouser ensuite n'importe qui ? Je comprends mieux, bien mieux Mariette : perdant l'amour, elle a épousé la folie, la folie est la preuve effrayante de son âme, contrairement à ce que pense Betty, à ce que lui fait penser son amie Hélène.

Elle dénoua ses mains, eut un rire silencieux de tout son être.

— Quelle chance, la mienne, à l'âge où tant d'autres se résignent ou se jettent dans le mariage comme elles se jetteraient à l'eau, moi je vais épouser le ciel.

Elle hocha la tête, fronça les sourcils.

— Ce n'est pas une image, Henri. Plus je me détache de tous et de tout, plus il me semble devenir transparente comme si l'air, la lumière, le ciel coulaient dans mes veines.

Pourtant, son regard s'assombrit, son visage parut las et vieilli avec ses cheveux tirés sur les tempes.

— Qu'est-ce que je dis, la lumière ? Ne me croyez pas, il y a tant d'ombre, tant de poussière en moi ! Le ciel, c'est un espoir, un éclat ; je voudrais tant demeurer alors toute claire, toute délivrée du monde, de moi-même, je voudrais n'être qu'un reflet, simplement un reflet de Dieu, je voudrais...

Elle me toucha le bras.

— Henri, vous le mécréant, l'insouciant, l'aveugle, vous êtes, j'en suis sûre, je vous vois plus proche que moi, moins séparé que moi de Dieu.

Nous marchions dans le jardin entre les buis taillés, les treilles, les roses jaunes de l'automne. Elisabeth de la maison nous héla. Nous l'attendîmes cependant qu'elle venait vers nous en courant. Le soleil en quelques jours avait doré son visage, ses bras. Jamais je ne l'avais vue aussi belle.

— Quels bavards vous êtes ! Je vous faisais signe et vous ne me voyiez pas. De quoi parliez-vous ?

— De Dieu, répondit Caroline en riant et son rire semblait démentir sa réponse ; aussi bien, je devinais que Betty ne la croyait pas.

Nous reprîmes notre marche entre les feuilles et les fleurs. Ma femme semblait bouder. Que croyait-elle ? que sa sœur et moi parlions d'elle ? ou peut-être de cet amour que la jeune fille autrefois avait fui en me fuyant ?

Lorsque Caroline nous eut quittés, elle me demanda :

— Tu ne regrettes pas de m'avoir épousée ?

Je l'observais avec une surprise ironique.

— Oui, Henri, pourquoi pas ? Caroline, tu sais bien...

Je gardais mon air d'indulgence amusée. Elle semblait apeurée.

— Ou bien... ou bien ? Hélène ?

Je détournai la tête, puis me jetai sur Betty, la serrai dans mes bras. Je la couvrais de baisers pour qu'elle ne pût surprendre mon trouble. Elle aussi m'enlaça. Elle riait sous mes caresses, et m'interrogeait très vite : « C'est vrai, dis, c'est vrai, tu m'aimes ? tu n'aimes que moi ? tu ne regrettes rien ? » Elle riait, m'embrassait, me questionnait encore. J'aurais voulu ne penser qu'à elle, à elle seule.

Nous nous éloignâmes du jardin, nous avons gagné les vignes, puis la garrigue. Dans un creux du roc, sur l'herbe fanée, nous nous sommes aimés. Je suis resté étendu sur Elisabeth. Nos souffles peu à peu et nos cœurs se calmaient. Où étions-nous ? Qui étions-nous ? Etait-ce hier cette fureur du meurtre sur le monde ? Comment y avions-nous échappé ? Pourquoi nous ? Mais n'étions-nous pas morts avec les morts, et les morts ne survivaient-ils pas en nous ? Nous n'étions que l'homme et la femme au soleil de l'amour ; le temps, l'espace présents dans l'odeur de la terre, dans la couleur du jour, mais comme nous perdus, sans noms, sans repères. Au moment où revenait sur moi, en moi la conscience de nos frontières : « C'est moi, c'est nous, Elisabeth, nous nous sommes aimés en cet après-midi de septembre, nous nous sommes aimés malgré l'horreur de ce temps, malgré cette épouvante qui rend à jamais l'amour, le bonheur interdits par notre honte. C'est moi, ce n'est que moi », à ce moment, juste à ce moment, j'ai dit, ma voix a dit : « un instant de Dieu ».

Nous sommes revenus à regret à la maison. Betty me faisait part du souci que lui donnait son père. Elle le trouvait fatigué, triste malgré la présence de ses enfants autour de lui. Il prétendait mettre au point des méthodes nouvelles qui amélioreraient les magnaneries. Elisabeth ne doutait pas qu'il achèverait de se ruiner lorsqu'il se risquerait à appliquer ses « découvertes » aux vers à soie. Elle en voulait à la reine mère, la rendait responsable de la tristesse, du sentiment d'échec de l'ingénieur. Elle s'apitoyait sur les années à venir du vieil homme lorsque, après avoir perdu le secours que lui apportait la présence des enfants, il perdrait aussi celui de son travail.

— Quand nous serons rentrés en ville, me dit-elle, je voudrais que tu m'aides à récupérer l'Observatoire pour mes parents. Là-bas du moins, mon père retrouvera ses habitudes, son bureau, ses collègues.

Le dimanche de mon départ (Elisabeth resterait une semaine encore à Pradère), la carriole d'un fermier me conduisit à la gare. Sur le perron du mas ; la reine mère donnait le bras à Mathilde et à Guillaume, en retrait Caroline et Betty se tenaient près de leur père : il ne semblait pas me voir, pourtant il leva la main, une longue main, blanche, décharnée, quand le fermier tira sur les guides pour donner le signal de départ. « Adieu », m'avait dit Caroline à voix basse tout à l'heure.

Guillaume le taciturne, Guillaume l'indifférent. Pourtant si j'essayais de me souvenir de lui, autrefois, je retrouvais sur son image cet attrait, cette grâce qui étaient le partage des Barbares. En fait, j'en devenais de plus en plus conscient — ou bien si j'inventais ? si je prenais pour mémoire ce qui n'était qu'imagination rêvant sur le passé, lui imposant ces métamorphoses ? — il avait dû y avoir plusieurs sources au charme de cette famille : d'abord sans doute l'étrangeté de sa maison, ensuite l'intrépide activité de la reine mère, enfin la beauté si diverse des trois sœurs : majestueuse, lointaine chez Mathilde, toute de primesaut chez Caroline, à l'image de nos ciels changeants chez Elisabeth qui pouvait dans le même instant atteindre à l'harmonie souveraine de son aînée puis à l'espièglerie de sa cadette. Je regardais Guillaume dans son uniforme délavé, je trouvais son long visage nordique plein d'ennui : « Emilie t'a aimé sans le savoir pour la beauté de tes sœurs. »

Devant son frère, Betty retrouvait des expressions, des gestes, des courbes de ses bras, de sa taille, des inflexions de voix dont je m'apercevais, avec une surprise un peu amère, que je les avais oubliés, car c'était là signes égarés du temps où n'était pas encore rompue la complicité des Barbares ; et je me disais que leur monde clos que nous avions tellement convoité, Emilie, François et moi-même, nous avait échappé dans le temps même où nous pensions le saisir.

XXV

— Ils ne t'ont pas trop mal reçu ?

Je ne voulais pas répondre à ma mère que j'étais heureux pendant ce séjour à Pradère. Comment pouvait-on être heureux après l'assassinat de François, et comment se plaire en la compagnie de cette famille qui avait refusé Emilie !

Ma mère venait de passer quelques semaines chez les Desfeuilles avec Sylvie. Le grand air à toutes deux avait fait du bien : maman était moins lasse, moins égarée au fond de sa douleur, et Sylvie, son mince visage portait aux joues, sur le front, un peu de hâle doré. Au contraire, Hélène qui n'avait pu interrompre son service à l'asile me parut plus sombre, plus accablée qu'au début de l'été. Valenkov lui donnait des inquiétudes. Sous prétexte de réparations qu'il pouvait apporter à l'installation électrique, il était parvenu à connaître tous les pensionnaires du pavillon ; flattant leurs manies, il prit vite sur eux un étrange ascendant. « Me voici chef des fous, déclarait-il à Hélène, général des fous. » « Je me demande ce qu'il complote avec eux ? » Elle regardait, sévère, le sourire que je ne parvenais pas à réprimer.

J'aurais voulu qu'elle trouvât auprès de Sylvie cette grâce que le regard, les gestes, les paroles de la fillette me donnaient inépuisablement. Assise sur mes genoux, ou me prenant la main lorsque, à la fin du jour, je me promenais avec elle le long des parcs aux feuillages d'automne, l'enfant me racontait ses journées campagnardes : un poulet qui la suivait comme son ombre, les lapins, le jeu des écureuils dans la châtaigneraie, les récits que lui faisait Louise Desfeuilles de sa propre enfance, les moustaches de Desfeuilles, les chansons de René le fils qui gardait la nostalgie de ce maquis où il aurait voulu se battre, les légendes à la veillée, le puits et sa poulie, la masse menaçante, attirante des vaches, l'odeur, le jet, le bruit du lait qui gicle dans le seau quand Louise traie la Brette... « Oui, Sylvie, oui, Syl raconte... Ton poulet ? Il t'attendra, tu le retrouveras quand tu reviendras là-bas. Oui, tous les deux, nous y reviendrons. Je cueillerai l'herbe avec toi pour les lapins. Tu voudrais un écureuil ? Ils ne sont pas heureux en cage. Tu t'ennuierais dans une cage ! Les lapins, ah ! bien sûr, eux ils sont en cage. Parce que, parce que... »

Sa voix comme une flûte vive et douce : « Henri pourquoi... Dis, Henri... le chien de Louise... les bois, j'ai peur dans le bois, oh ! j'aime... » Et soudain son silence qui me fait mal, son silence après ces mots : « Dis, Henri, mon papa, pourquoi ?... où est-il ?... pourquoi il revient pas ? pourquoi, il n'est pas venu avec nous, dans les bois, dans la maison de Louise ? »

Je me penche, la prends dans mes bras, l'emporte au long des rues (la fraîcheur menue de sa main sur mon cou, son front contre ma joue).

— Ton papa, il est parti, loin, très loin, alors...

« Loin, loin », répète-t-elle, ses cheveux frôlent ma tempe. Il m'a semblé que ses doigts serraient mon cou plus fort, ou bien est-ce moi qui l'ai pressée dans mes bras.

— Mon papa, il est mort.

Pas de tristesse dans sa voix, mais cette interrogation qu'on pressent à peine dans la lenteur des mots devant l'énigme, devant quelque chose d'ignoré, de redoutable que peut-être les autres, les grandes personnes savent. Je n'ai pas le courage de nier.

— Qui, Syl... qui t'a dit ?

— Le garçon de la ferme près de chez Louise.

Pardon, François, pardonne-nous de vivre, quand toi, tu n'es plus là, pardonne-moi de tenir ta Sylvie dans mes bras, de m'enchanter de son poids contre moi, de sa voix, de sa présence, de la musique de ses mots et de son silence. Pardonne-moi d'aimer comme ma fille, comme si j'étais toi, ce petit être de merveille, cette petite lumière qui suffit à elle seule à chasser toutes les ténèbres du monde.

— Dis, Henri, c'est loin quand on est mort ?

Pardon Sylvie, pardonne-nous de n'avoir pas su garder ici, avec nous, ton père. Pardonne-nous pour les ténèbres de ce monde, pardonne-nous de ne pouvoir les vaincre pour toi, pour que ta lumière rayonne à jamais, pour que le mot de mort qui t'étonne n'ait plus de sens.

— Oui, Syl, très loin.

Quand je t'écoute Syl, quand je te regarde, comme il est difficile de ne pas songer au Dieu de Caroline ; seul, lui est digne, serait digne d'avoir dessiné ta bouche, tes yeux, ton nez, d'avoir inventé ton regard, l'âme de ton regard.

— Tu seras mort, un jour, Henri ? Et mamie ? Et Betty ? Et maman ?

Est-ce moi qui imagine, imperceptible, une blessure sous le chant menu ?

— Je veux pas ! je veux pas ! Pourquoi, mon papa, on l'a tué ?

— Syl !

— Le petit de la ferme, il l'a dit.

Quel Dieu oserait créer et ta grâce Sylvie et cette horreur autour de toi, sous tes pas !

— Les lapins, les poulets, Louise les tue, on les mange, mon papa...

La grâce, l'horreur, une fleur sur un charnier ; Dieu aveugle, sourd, stupide, Dieu absent.

— Tiens, Sylvie, regarde ce chien, là, derrière les grilles, dans le parc, regarde comme il saute, comme il est drôle, regarde, Syl, l'allée, la maison, les gens ; regarde les feuilles qui tombent, un oiseau, d'autres feuilles dans le vent ; regarde, regarde...

Ne regarde pas en toi Sylvie, n'écoute pas en toi, les images, les mots de la mort, le scandaleux, l'ignoble défi à ton enfance. Je t'aime Sylvie, oh ! que je t'aime !... Rien, ce n'est rien cet amour qui ne peut point changer le monde pour qu'il ressemble enfin à ton regard.

J'ai rapporté à Betty les paroles de Sylvie, pas à Hélène.

— Du moins, dit Elisabeth, notre enfant ne sera pas venu dans cette tuerie.

Puis, l'air d'une bête prise au piège :

— Crois-tu, Henri... il ne connaîtra pas cela plus tard ?

Elle s'accroche à moi, lève son regard vers mes yeux. Je la rassure, j'essaye de la rassurer. Elle semble ou feint d'être sereine maintenant. Elle pense, elle dit qu'il y a un enfant en elle, notre enfant d'oliviers, de vignes et de soleil. Ne sommes-nous pas fous, criminels, de le jeter dans ce monde ?... Ces instants hors du temps, ces instants d'éternité à Pradère quand nos corps, nos souffles, nos caresses s'enlaçaient, s'échangeaient, quand nous n'étions plus que le soleil et la terre autour de nous tournant leur roue, et nous le moyeu brûlant de la roue, quand nous n'étions plus que la vie, en nous, à travers nous, qui se cherchait, s'accomplissait, se projetait déjà au-delà en cet enfant à naître. Où la folie ? où le crime ? accepter ou refuser la vie ? Et déjà ce leurre ou l'espoir : le monde s'éclairera, s'adoucira pour notre fille, pour notre fils.

Bientôt Elisabeth fut sûre : l'enfant naîtrait à la fin du printemps. Plus les jours passaient, plus s'inscrivait sur le visage, dans les gestes de Betty, une mystérieuse paix, et plus, au contraire, Hélène paraissait devenir irritable. Etait-elle jalouse de cette joie qui embellissait encore son amie ? Etait-elle blessée de ce bonheur naissant auprès de son propre malheur ? Ou bien se résignait-elle mal à voir Elisabeth s'éloigner d'elle ? Ma femme en effet jugea prudent d'interrompre son service à l'asile près d'Hélène ; de même, le soir, elle ne voulait pas accompagner l'étudiante à leur club féminin : l'un de ces nombreux groupes nés à la Libération. Hélène ne semblait plus pouvoir supporter de demeurer auprès de nous : chaque soir, dès Sylvie mise au lit, elle sortait rejoindre ses camarades du club. Je regrettais cette frénésie d'activité. Pourquoi Hélène, à nos soirées paisibles, dans la chambre voisine de celle où dormait Sylvie, préférait-elle ces assemblées bavardes où des femmes rêvaient de régenter l'univers. Il lui fallait rédiger à elle seule des pages entières d'un hebdomadaire qui vantait les vertus de la Française nouvelle. Je m'étonnais de ce goût de la sage, de la subtile Hélène pour ces travaux.

Elisabeth avait promis de tenir dans l'hebdomadaire une chronique, elle y retracerait l'histoire du théâtre entre les deux guerres, elle y indiquerait la place que l'on pouvait aujourd'hui et demain assigner à la scène et aux œuvres dramatiques dans la vie de la cité. Hélène en vain lui rappelait sa promesse. Ma femme restait longtemps devant la feuille blanche, peu à peu la couvrait de dessins, enfin, en riant, déclarait qu'elle avait la tête vide, vide.

J'appris qu'Hélène allait à d'autres réunions qu'à celles de son journal lorsqu'elle nous dit avoir rencontré un soir le Vieux. Il faisait une conférence politique. Hélène me transmit son souvenir. Elle lui avait trouvé, disait-elle, un air bizarre lorsqu'elle s'était approchée, avant qu'il ne montât à la tribune. Elle pensait évoquer avec lui le temps où elle et François étaient les médecins du maquis, mais il se contenta de faire un geste de la main comme pour marquer combien cela était loin, si loin, presque oublié ; il lui avait demandé, sur un ton brutal, de me saluer, et s'était dirigé vers l'estrade. Un moment après, dans son allocution, il parla précisément de ses années d'attente et de combat dans le maquis. Hélène, je le voyais, était blessée par l'attitude du Vieux, cependant elle n'avouait pas sa déception. Je ne doutais pas que ce fût par discipline de militante.

Je ne parvenais pas à donner un visage, un corps à... cette chose qui bougeait dans le ventre de ma femme, qui gonflait ce ventre, à cette vie qui se cherchait, qui se formait dans la nuit de la chair, dans cette chair que j'avais aimée, pénétrée, et voilà que mon amour, que ma caresse devenaient un être, une vie hors de moi, et bientôt hors de Betty. Non ce n'était pas encore un être et Betty ne me semblait plus tout à fait une femme : la mère et l'enfant à demi confondus, l'une et l'autre plus proches de la bête, de la force vitale que de l'être à figure, à volonté humaines ; la matrice et le fœtus, le cocon et la larve.

— Qu'est-ce qu'elle a Betty ? demandait Sylvie. Pourquoi son ventre c'est tout rond maintenant ?

— Elle a trop mangé, ces temps-ci, disait ma mère.

Si Hélène entendait ce genre de réponse, elle protestait contre la déplorable éducation qu'on risquait de donner à sa fille, assurait qu'ainsi on persistait à maintenir des générations entières dans l'hypocrisie et la névrose.

— Viens, Sylvie, ordonnait-elle. Moi, je vais t'expliquer.

Ma mère sortait, son regard bleu-noir semblait me prendre à témoin de l'affront qui lui était infligé. Syl écoutait, les yeux fixés sur le ventre mystérieux, les « explications » d'Hélène. Je me sentais étranger soudain, parmi ces femelles et leurs secrets. Je ne sais pourquoi, je songeais à Caroline, à la jeune fille vouée à Dieu, elle du moins trahissait son clan, je songeais à elle avec gratitude.

Quelques jours plus tard Sylvie me confiait, en m'éloignant d'Hélène et de Betty.

— Tu sais, Henri, quand je serai grande, eh bien, dans mon ventre, il y aura un bébé, un bébé de toi.

(d'une lettre de B... envoyée du mas familial en Languedoc)

« Pradère le...

« ... tes lettres, ta voix mêlés à ce soleil, à mon mistral, à cette odeur de vieille maison, d'enfance retrouvée, de photos oubliées, comme c'est étrange Henri, prenant et vertigineux. J'aimerais tant pouvoir t'expliquer tout cela en te menant par la main à travers les innombrables chemins de souvenirs que j'ai tellement sillonnés ma jeunesse durant, sentiers de garrigues, chemins de campagne entre les vignes, roubines de Camargue, digues du Vaccarès ou routes de front de mer, toujours enturbannée de mistral, éblouie de soleil. L'à-quoi-bon arabe se traduit sous ces latitudes par le moins philosophique mais non moins pratique : « Tu es bien ici, rien n'est indispensable en définitive. »

« De plus le rythme des jours à la campagne a toujours été très envoûtant pour moi : guetter les premiers pépiements des oiseaux au matin, écouter le vent tomber un peu alors que le soleil se redresse et se fait plus chaud, suivre les taches d'ombre sur le gravier jusqu'à ce que, tapies sous les bancs et les tables, elles aient libéré devant la pelouse toute une grande clairière où je cours me rôtir, esclave de mon dieu soleil, tous abattis dehors. Puis c'est le grand silence recueilli de midi, la « touffe » comme on dit ici, pour la « touffeur », que je goûte aussi fort que les paysans goûtent la fraîcheur de leur maison protégée par des sacs de toile qu'ils arrosent fréquemment pour faire un peu d'humidité. Ensuite le déclin du jour est plutôt trop rapide, en quelques coups d'ailes le vent a tôt fait de

balayer les morceaux de soleil que je croyais incrustés à vie, dans le jardin quelques mouches surgissent on ne sait d'où, trois bestioles volantes se manifestent, zouzounent autour de vous, tarabustées par un chat de la ferme, une voiture arrive...

« La soirée se déroule au coin du feu, ces soirées que je voudrais tant pouvoir te faire partager, je veux dire : soirée pour nous deux, pour nous seuls, avec le cadre de ces vieux livres, de cette cheminée si bien patinée par les flambées incessantes et quotidiennes de deux ou trois générations de paysans abâtardis en citadins de pacotille. C'est alors que je veux toujours prolonger ces instants, comme les braises dans l'âtre, retenir ce temps de la nuit. Je pensais à toi, hier soir, et les images, les expressions de ton visage ne faisaient qu'un avec cette douce chaleur dont j'étais pénétrée... »

XXVI

Dans l'hiver, Grimari tomba malade. Nous allions le voir, Elisabeth et moi. Il habitait un peu en dehors de la ville, au-delà de la gare de triage. Il nous recevait, dans sa chambre, d'abord allongé sur une chaise longue, puis bientôt, lorsque le mal s'aggrava, alité. Je reconnaissais à peine dans la face émaciée, encadrée de barbe noire, le beau visage aux yeux luisants, aux cheveux bleus, aux lèvres colorées d'Orlando. C'était pourtant de ces mois lointains que Grimari parlait le plus volontiers, comme si la guerre puis les années de captivité n'eussent été qu'un long, un interminable entracte qu'il lui tardait d'effacer en évoquant avec nous les jeux de l'Observatoire, les répétitions dans le salon, le parc, le vieux théâtre. D'abord je croyais, comme le croyait Betty, que notre ami voulait ramener vivants jusqu'à nous les souvenirs, tous les souvenirs de ces journées et de ces nuits qu'animait notre troupe jeune et fantasque, mais, étant venu seul plusieurs fois de suite, je remarquai alors que Grimari feignait de rencontrer au hasard de sa mémoire des moments, des phrases, des gestes auxquels toujours Emilie se trouvait liée. Il évitait de la nommer ; au contraire, il soulignait avec complaisance tel mot ou telle action de ceux qui l'entouraient, des Mousquetaires, des Barbares, de Lachalle, de mon frère ou de moi-même, mais, peu à peu, le silence qu'il réservait à la seule Emilie la désignait, l'éclairait en nous mieux que ne l'eût fait aucune parole. Je finis par me demander si Grimari ne tendait pas ainsi un subtil réseau de mots anodins pour me conduire à parler enfin de celle dont il taisait la présence. C'était bien cela : lorsque je prononçai le nom d'Emilie, le sang afflua à ses joues creuses, ses yeux brillèrent comme si un éclat heureux s'ajoutait en eux à celui de la fièvre. Je crus qu'il allait m'avouer combien ma sœur lui avait été chère, peut-être même combien il tenait à elle. Au lieu de cela, il trouva une autre façon de dissimuler ses sentiments. Cette fois, ce n'était plus Emilie qu'il écartait de notre dialogue mais lui-même, alors qu'il rappelait longuement les manèges, les demi-mensonges ou les confidences de Guillaume et surtout de Couderc qui prouvaient leur amour pour Emilie. Il se mit à plaindre Couderc, et sa voix prenait un ton que je ne lui connaissais pas, était-ce encore le même éclat que je surprenais en ses yeux, n'était-ce pas à présent celui des larmes ? A l'entendre, si ma sœur ne s'était pas montrée indifférente à la passion du quincailler, celui-ci aujourd'hui vivrait. Cependant qu'il s'apitoyait ainsi sur la malchance de son ami, il me semblait qu'intérieurement il mettait son nom à la place du disparu et qu'il fallait comprendre encore : « Si Emilie m'avait aimé je ne serais pas en train de mourir. »

Car il se mourait. Elisabeth prétendait que non : sans doute la vie qui s'affirmait en elle, qui naissait de sa propre vie, la poussait à s'insurger contre toute idée de la mort. Au contraire, Hélène, qui venait moins souvent que nous auprès de Grimari, nous disait à chaque fois être frappée par les progrès du mal qu'elle lisait sur le visage, dans la voix et l'attitude du jeune homme.

Il nous quitta au début du printemps. J'étais alors en reportage loin de la ville. Betty, bien que son état lui rendît dangereux de se déplacer seule et qu'elle appréhendât de se montrer dans la rue, était venue auprès de Grimari la veille de sa mort. Elle me dit son courage, son sourire pour murmurer d'une voix à peine perceptible quelque souvenir encore de l'Observatoire. Je lui demandai s'il avait parlé d'Emilie. Non, mais de Couderc, de François plusieurs fois, comme s'ils étaient déjà ses vrais compagnons, comme si déjà il se sentait plus près d'eux que de nous. Peu de temps auparavant, Emilie et Serge nous avaient, dans une lettre, annoncé leur prochaine arrivée ; lorsque nous en avions informé Grimari, plus pâle encore, il était resté un bref instant silencieux puis s'était mis à parler de ses voisins, du travail de son père, de je ne sais quelles autres choses insignifiantes, comme s'il voulait nous empêcher de parler de nouveau d'Emilie, ou s'empêcher lui-même de penser à cette visite que bientôt elle pourrait lui faire.

— Pauvre Orlando, disait Hélène. Vous ne trouvez pas ? Il n'était pas sorti de cette pièce que nous jouions. Malgré la guerre, malgré ses années de prisonnier, j'avais l'impression qu'il n'était pas sorti, pas tout à fait, de ce temps.

Elle nous jetait un regard méfiant, comme si elle n'était pas sûre d'être comprise :

— Toutes ces ombres maintenant aussi proches et aussi lointaines que les personnages qu'elles ont été, que nous avons été. Vous ne pensez pas ?

Je lui en voulais de sa méfiance, de nous juger exclus peut-être de son univers ; pourtant je devais m'avouer que le sens de ses paroles ne m'était pas si certain : était-ce de la mort de Grimari après celle de Couderc, après celle de François qu'elle parlait, et alors n'y avait-il pas en elle vis-à-vis de nous plus encore que de la méfiance, le reproche, la condamnation pour nous deux de demeurer de l'autre côté de la vie, et non pas avec les ombres dont elle se sentait solidaire ? Ou bien fallait-il comprendre que tout ce que nous avions aimé, que ce jeu auquel nous avions cru si violemment, si naïvement, depuis longtemps était achevé, et que la mort de notre ami était un ultime rappel de cette évidence ?

Comme je regardais Elisabeth, je me sentis du parti d'Hélène, tout obscur que demeurât pour moi son jugement. Certes ma femme était triste de la mort de Grimari, mais, au-delà de sa peine, une paix, une force, toute la puissance du futur rayonnaient de ses yeux, de sa chair difforme et béate. N'avait-elle pas oublié, elle qui ne craignait pas jadis d'affirmer que sans le théâtre sa vie ne serait rien, n'avait-elle pas totalement oublié ces heures qui, une nouvelle fois, venaient de mourir avec Orlando ?

Hélène sortit. Je souffrais de cette expression hostile et traquée que je voyais trop souvent sur son front, en ses yeux où la lumière ne paraissait plus pénétrer. Pourtant, il suffit qu'Elisabeth tournât vers moi, lentement, sa tête un peu lasse et rêveuse, qu'elle me tendît un bras nonchalant, pour qu'à l'instant même s'effaçât en moi la blessure partagée avec Hélène, et que la vie, notre vie, l'amour, notre amour, fussent présents tout entiers en ce seul moment, purs de toute pensée, de tout regret, de tout remords, étrangers au souvenir comme à l'inquiétude. Nous vivions et la vie recommençait, notre vie à nous deux, dans la chair de ma femme. C'était assez pour que rien d'autre au monde, pendant quelques battements de nos cœurs — et de ce cœur, songeais-je avec un trouble bienheureux, qui bat déjà sous le cœur de Betty — pour que rien d'autre ne comptât pour nous : ni nos délices perdues, ni nos souffrances passées, ni le malheur des autres ; monstrueux, merveilleux, éphémère égoïsme de la triade humaine.

C'était cela, cette sorte d'absence comblée, qu'Hélène, je le sentais, ne nous pardonnait pas. Ainsi, un soir, lorsqu'au retour de son travail, elle me confia que dans la nuit précédente Nicolas Valenkov s'était évadé de l'hôpital psychiatrique, j'eus beau feindre de m'inquiéter avec elle, elle devina mon indifférence. C'est avec colère qu'elle me jeta, comme si j'étais responsable de cette fuite et de ses conséquences : « Mais enfin, que va-t-il devenir, encore malade, et sans argent, sans refuge ? Et le Dr Villanet, si on découvre qu'il cachait un condamné à mort, c'est la prison pour lui ! » Mon calme l'exaspéra encore.

— Vous vous en fichez pas mal, hein ! Et moi aussi on m'arrêtera !... Je dirai que j'étais seule à savoir, que Villanet avait cru à la fausse identité donnée par Valenkov.

— Hélène, on peut aussi bien m'emprisonner, je connaissais la retraite du Russe, et je n'ai rien dit... Mais, je vous assure nous n'en sommes pas là. Nicolas est malin, vous le savez, il ne se fera pas prendre.

— Vous croyez ? vous croyez ?

Son regard se levait vers moi, suppliant.

— Hélène, petite Hélène, je vous en prie.

Je passai un bras sur ses épaules.

— Je vous... Je vous assure... Hélène, rien, il n'arrivera rien... Je vous défendrai.

En même temps, je pensais que sa prière, cet appel au secours qu'avouait tout à l'heure son visage, c'était à François qu'ils s'adressaient, non pas à moi. J'essayais de me répéter cela pour lutter contre moi-même : que mes bras ne se referment pas sur elle ! que mon corps ne connaisse que cette tendresse qui pourrait être celle d'un frère et d'une sœur, rien que cette tendresse ! La crainte qui m'envahissait, le chancellement de ma volonté, Hélène les pressentit-elle ? D'un coup, elle s'écarta de moi. Le regard qu'elle me jeta retrouvait son obscur courroux.

Quand je fus seul, la frayeur manifestée par Hélène devant l'évasion de Valenkov me gagna, elle se mêla au sentiment de malaise que me donnait notre brève et tendre approche. Je demeurais irrité et anxieux, je voulais croire que ma colère allait contre le Russe qui mettait Hélène en danger, que ma peur encore venait de la menace qui allait peser maintenant sur nous ; je ne voulais pas voir qu'une autre colère m'habitait contre moi-même, et que de moi aussi j'avais peur.

La journée du lendemain me parut interminable. Il me tardait d'en voir avec la fin le retour d'Hélène de l'hôpital. Si elle allait ne plus revenir, si déjà elle était arrêtée ! Quand elle rentra, mon visage, de soulagement dut changer, à tel point qu'Elisabeth me demanda ce que j'avais. Je me gardai de la renseigner : qu'au moins elle pût rester le plus longtemps possible dans la quiétude, dans sa vie instinctive.

Quand je pus rejoindre Hélène, un instant elle me rassura un peu en m'affirmant qu'à l'intérieur de l'asile l'affaire ne semblait pas s'être ébruitée ; le Dr Villanet devait disposer sans doute d'arguments efficaces pour contraindre au silence la gardienne qui, la première, avait découvert l'évasion. « Mais, ajoutait Hélène, c'est lui, ce fou de Nicolas qui va se faire prendre ! Alors, nous serons perdus. »

Je savais que ce « nous » la concernait avec le Dr Villanet, pourtant je l'entendais comme si c'était d'elle et de moi qu'il s'agissait.

— Si par malheur on voulait vous arrêter, Hélène, il faudrait fuir, je vous aiderais, nous filerions, les Desfeuilles nous cacheraient.

J'essayais de sourire.

— Ce serait de nouveau le maquis.

La guerre partout dissimulée sous le printemps : dans ces châtaigneraies et ces taillis, sur les collines de l'autre côté de la vallée, le maquis dont je savais certaines caches ; au long des routes dont j'apercevais çà et là un zigzag clair entre les feuillages ou les rochers, à tout instant pouvaient surgir blindés allemands ou voitures de la Milice (peut-être en ce moment même, là-bas, avant ce tournant à flanc de coteau à quelques kilomètres du promontoire où je reprends haleine après la longue côte — à pied j'avais dû pousser mon vélo dans les derniers mètres — peut-être un groupe du Vieux était-il tapi autour d'un FM, guettant l'arrivée d'une patrouille vert-de-gris), et pourtant, l'éclat léger de la lumière, l'odeur des fougères, la tendre volupté des courbes de la terre pavoisée d'herbe, de blés frissonnants, de pommiers en fleur, et jusqu'à la mélancolie inscrite au fond de cet horizon qui toujours m'a fait songer à quelque pays fabuleux vers lequel partir, toute la beauté de cette terre et de cette heure matinale (il m'a fallu me rendre pour quelque renseignement jusqu'à la gare d'Arsonval distante d'une dizaine de kilomètres, et je reviens vers la ferme où m'attendent Betty, Hélène, François, où m'attend la petite Sylvie), l'harmonie que sécrètent même les mouvements d'un paysage tourmenté mais qu'adoucit la toison printanière, le silence du ciel où parfois se piquent les notes rapides d'un chant d'oiseau, la solitude enfin dont m'enveloppe comme pour me protéger (trompeusement) la campagne au soleil, tout cela me jette à la face, aux yeux et au cœur, une bouffée d'éternité : pour une seconde, pour toujours, c'est l'éden familier des feuilles, des chemins, des fleurs, des prairies, des rivières ; il me semble que la lumière sur les arbres ressemble à un regard d'Elisabeth, à un sourire de Sylvie. Je respire lentement, profondément, je rêve que ni cette inspiration, ni cet éblouissement vert du monde au fond de mes yeux ne prendront fin, qu'une balle (il suffit qu'un Allemand, par peur, par divertissement me prenne pour cible) va me frapper au front, ou au cœur comme y frappent ce soleil et cette joie... c'est cela qu'il eût fallu, Esther Zarev.

XXVII

Chaque jour qui passait rassurait un peu Hélène en nous semblant augmenter les chances de l'évadé : il avait dû gagner Paris, qui sait même, passer la frontière.

— Henri, vous pensez qu'ils ne l'arrêteront pas maintenant ?

Je sentais qu'Hélène ne s'inquiétait plus que pour conjurer le sort.

Les chaleurs de juin, accompagnées d'orages, fatiguaient Betty dont l'accouchement était proche. Cette plénitude qui pendant des mois émanait de ma femme, voilà que la traversaient des peurs, des impatiences, comme si l'être double et unique qu'Elisabeth et l'enfant en elle avaient été pressentait le moment de se rompre et s'en tourmentait. C'est alors, à la mi-juin, qu'éclata la nouvelle, elle replongea d'un coup la ville dans ce climat de suspicion et de violence qui s'était attaché naguère à l'enthousiasme de la liberté reconquise : un paysan des environs trouva, au fond d'un taillis, deux cadavres.

Les journaux annoncèrent bientôt qu'il pouvait s'agir de deux anciens du maquis. Une bagarre avait dû les opposer à un ou deux adversaires, car leurs couteaux à cran d'arrêt, lame sortie, demeuraient près de leurs corps. Tirées à bout portant, quatre balles de revolver les avaient tués.

Certains quotidiens — notamment celui où je travaillais — parlèrent de « règlements de comptes dans la pègre ». D'autres dénonçaient l'action de commandos de miliciens, leurs vengeances contre les libérateurs. Dans la presse parut de nouveau le nom de mon frère : il était tombé, rappelaient les articles, sous les balles des mêmes tueurs sans doute qui depuis avaient assassiné les deux maquisards. On réclamait des représailles : l'ennemi demeurait parmi nous, des bourreaux avaient échappé à la vigilance du peuple, le devoir était de les traquer, de les arrêter, de les juger.

Hélène n'osait plus paraître aux réunions de son groupe féminin : les propos de ses compagnes, me disait-elle, l'épouvantaient. Elle était sûre maintenant, ajoutait-elle, qu'on allait découvrir la fuite de Nicolas et la dénoncer, elle, et l'emprisonner, la condamner, qui sait : la rendre responsable de la mort de François !

Elle s'accrochait à mon bras.

— Henri, dites, Henri, je vous en prie, vous direz à Sylvie, vous lui ferez comprendre à ma petite Syl que ce n'est pas vrai, que je n'étais pas ce monstre.

Ma mère, dont la douleur s'avivait en lisant dans les journaux le nom de François, pensait qu'il en allait de même pour Hélène, que c'était là la cause de ce masque tragique qui marquait le visage de la jeune femme. Ce malentendu la faisait se rapprocher de sa bru.

La presse révéla les noms des deux maquisards assassinés, ou plus exactement les prénoms qui les désignaient dans le maquis : Léonard et Loulou. « Des lieutenants de Dargan », précisait-on.

— A croire, parfois, qu'il y a une justice du ciel, dit Hélène.

Parmi mes confrères du journal, où les F.T.P. n'étaient guère aimés, des bruits circulaient selon lesquels l'assassinat des lieutenants du Vieux aurait bien pu être un règlement de comptes entre des bandes rivales plutôt qu'une vengeance de miliciens. Je rapportais ces échos à Hélène pour essayer de la tranquilliser : si l'on murmurait de telles rumeurs, bientôt l'enquête policière comme la colère publique s'orienteraient différemment, on ne verrait plus partout des traîtres camouflés, on n'inciterait plus la foule à l'espionnage et à la délation.

Sylvie, dès que sa mère revenait de l'hôpital, courait vers elle, se jetait dans ses bras, la couvrait de baisers comme si elle eût voulu la guérir, la délivrer de ce mal qu'elle devinait en elle. Ces élans de tendresse de l'enfant, Hélène les recevait tantôt avec une apparente indifférence, alors au milieu de ses caresses Syl s'arrêtait, interdite, et, si j'étais là, m'interrogeait de ses grands yeux graves, enfin se blottissait contre moi ; — tantôt avec un frémissement de gratitude et de détresse ; et je craignais que son émotion ne lui permît plus de se maîtriser, qu'elle avouât à tous son inavouable frayeur.

Elle retrouva toute sa fermeté lorsque Betty ayant commencé de souffrir, elle la fit entrer en clinique et se mobilisa à son chevet. Elle me demanda si je voulais rester près de ma femme pendant l'accouchement. Devant mon incertitude, elle ajouta qu'elle obtiendrait du médecin cette dérogation en ma faveur. Je compris qu'en refusant je la décevrais. Je restai donc.

Il faisait chaud en cette nuit de juin, dans la petite chambre où Betty souffrait sur son lit de fer. Entre deux vagues de la douleur, ma femme se tournait vers moi et me souriait. D'un doigt, j'éloignais de son front les mèches de cheveux que collait la sueur, ou bien je passais sur son visage un linge mouillé que me tendait Hélène. Le médecin était retenu auprès d'autres malades, je craignais qu'il ne pût arriver à temps. Parfois Hélène et Betty échangeaient en me regardant un sourire.

Au milieu de la nuit, il y eut un long répit dans les douleurs. Elisabeth somnolait : Hélène la contemplait avec amour, me semblait-il, aussi avec envie. Le visage épuisé et durci d'Hélène recouvrait en ce moment un peu de la douceur sensuelle qu'il avait naguère. Malgré cette paix, je ne parvenais pas à calmer mes craintes. Betty, n'allait-elle pas trop souffrir ? Et l'enfant, s'il mourait dans l'accouchement, ou s'il était anormal, et s'il coûtait la vie à sa maman ? Hélène me devina.

— Vous verrez, tout ira bien.

C'était donc à son tour de m'apaiser après tant d'heures où je tentais en vain de lui porter secours.

— Henri, dit-elle encore, tant que Betty repose, si vous voulez, faites quelques pas dans le couloir. Après vous serez plus calme.

Les corridors, les escaliers de la clinique étaient faiblement éclairés. Je m'y hasardais en longeant les murs pâles. Lorsqu'une garde, une infirmière me croisaient, je détournais le regard, je me sentais en faute.

Au détour d'un couloir, par une porte entrouverte, j'aperçus une salle où des veilleuses luisaient. Je m'approchai, risquai un pas au-delà du seuil : dans les lits semblables à des boîtes blanches des bébés dormaient. Ainsi, bientôt, dans l'une de ces boîtes d'étoffe mon fils, ma fille prendrait place, identique à ces autres petits corps ratatinés. En quoi cet enfant me concernerait-il ? Un nouveau bout de chair vivante, un nouveau morceau de vie parmi d'autres, voilà tout. Si Betty allait soupçonner ma pensée ! Mais elle ne saurait pas, je ne dirais rien, je jouerais le rôle du père ému par l'apparition du petit être où lui-même et sa femme se trouvent unis. Les couloirs de la clinique, les coulisses. (Autrefois ce soupçon que j'avais : quand Elisabeth est-elle sincère ? quand joue-t-elle et ne joue-t-elle pas ? Aujourd'hui, elle est dans la sincérité de la souffrance et de la vie ; je suis le comédien, le figurant, le spectateur.)

Je descends d'un étage, de deux étages : d'autres corridors de la même pâleur dans la pénombre. Une chaleur suffocante. Là aussi des portes entrebâillées : est-ce à cause de cette chaleur, ou bien des malades préfèrent-ils ne pas être cloîtrés avec leur angoisse ? Après un coude du labyrinthe je m'arrête : des gémissements, parfois des cris très brefs, un rai de lumière découpe la porte devant moi. Je me suis arrêté, je vais fuir. Je reste là à écouter les plaintes. Brusquement on ouvre la porte, une femme en blanc sort, un instrument métallique à la main. Avant qu'elle ne tire la porte derrière elle, j'ai le temps d'apercevoir, sur le lit de fer, un homme qui se dresse, bat l'air de ses bras, crie et retombe ; une petite vieille vêtue de sombre, un homme plus jeune se penchent vers lui, l'appellent doucement.

En passant devant moi, l'infirmière, grande, maigre, l'air courroucé, marmonne quelque chose. J'ai cru comprendre : « Il n'aura pas... (ou : « il n'a pas... ») la mort facile. » Dès qu'elle a disparu, je m'éloigne, remonte à l'étage d'Elisabeth. La « nursery » demeure ouverte. A présent les bébés pleurent, miaulent. Qui les a réveillés ? Quelle souffrance ou quelle colère ou quelle peur les brûlent ? Je hâte le pas. Arrivé devant la chambre, j'hésite à entrer. Je prête l'oreille. Quelle est cette voix qui geint, qui supplie ? D'autres voix murmurent. Je frappe. Nul ne répond. Je pénètre dans la chambre : des dos en blouse blanche me cachent le lit, j'avance. Hélène lève la tête, me regarde comme si elle ne me connaissait pas, elle se penche de nouveau sur Betty. Que lui font-ils ? Que fait-on à ma femme ?

Betty les yeux clos, les joues, le front en feu, les mèches de cheveux collées par la sueur, la bouche qui aspire, qui ahane, qui souffle, qui gémit, parfois une brève accalmie, on n'entend que le souffle oppressé. Une voix d'homme commande : « Respirez, respirez à fond... Là. Poussez, maintenant poussez. » Jambes écartées, béantes, les genoux soulevés, ma femme s'arc-boute dans un immense effort. « Betty, ma Betty, tu ne vas pas mourir, on ne va pas t'arracher la vie, ce n'est pas ta vie que tu vas expulser de toi dans ce terrible effort, dans cette déchirure de ta chair, avec ton sang, avec ton enfant ? Je t'aime, mon amour ! Te crier que je t'aime. Le sais-tu ? Tu ne le sais peut-être plus. Je n'ai pas le temps, l'occasion, le courage de me le dire, de te le dire. Oh ! mon amour, si tu allais... si j'allais te perdre. » Elle est retombée, lasse, abandonnée. De nouveau le cri, de nouveau elle se tord. Cet homme tout à l'heure, ce mourant qui se dressait sur son lit et criait. Les voilà tous, le médecin, la sage-femme, Hélène qui se penchent de nouveau, s'affairent. Je ferme les yeux. Je ne veux plus voir. Que font-ils comme trois bourreaux penchés sur leur victime écartelée ? Qu'arrachent-ils sanglant de ses entrailles ? Ces mains, ces mains de l'homme que j'ai vu plonger dans la plaie ! Vite j'ai fermé les yeux pour ne plus voir, pour ne plus voir. A présent je n'ose plus les rouvrir. Il y a un cri très haut, très violent, bref éclair rouge dans ma nuit, puis le silence, presque le silence. « Oh ! Betty, non je ne veux pas que tu sois... » Une sorte de piaillement aigre m'arrache à mon angoisse, malgré moi mes yeux regardent. Hélène tient à bout de bras un petit corps rougeaud, obscène.

— Betty, dit-elle joyeuse, vois, vois ton fils.

Un sourire vient sur les lèvres d'Elisabeth avant même qu'elle ne trouve la force de tourner un peu la tête, de soulever ses paupières. Du fond de sa fatigue, son visage s'éclaire. Elle m'aperçoit aussi, me prend la main, remue les lèvres. Je n'entends pas ce qu'elle dit. Ses doigts serrent faiblement mes doigts. Elle parle, elle chuchote encore. Je crois qu'elle a dit mon nom. Je n'en puis plus, je m'adosse au mur pour ne pas chanceler.

— Eh bien, Henri, dit la voix d'Hélène, il est beau votre fils.

Elle passe le petit gnome à la sage-femme qui l'emporte dans un coin de la chambre. Ce minuscule visage ratatiné, ces poings serrés, ce pauvre petit animal aveugle, apeuré, qui braille son épouvante.

— Mon enfant, mon fils, notre fils, répète la voix mourante, la voix extasiée de Betty.

Notre fils, mon fils, comme il est laid, étrange, étranger, pitoyable, comme je le plains, comme je... « Betty, comme je t'aime, notre enfant, l'enfant de notre amour. » Le regard d'Hélène posé sur nous, le bonheur de notre amie pour la première fois depuis si longtemps. De ma main libre j'efface sur mes yeux ces larmes absurdes que je sens sourdre.

Hélène s'est approchée. De l'autre côté du lit, elle prend la main d'Elisabeth. Nous ne bougeons plus, nous nous taisons. Quelle plénitude souriante, douloureuse, s'échange entre nous trois, passe par nos mains liées, nous lie, me semble-t-il, à jamais.

Hélène devait faire un immense effort pour ne pas se lever de sa chaise et s'enfuir. Près d'elle, recroquevillée du fond d'un fauteuil ou accroupie sur le tapis, Mariette paraissait l'ignorer; parfois, pendant des heures entières, elle esquissait un balancement sur place comme pour se bercer sans fin, monstrueux bébé ; d'autres fois, elle tremblait si vite et si fort qu'Hélène elle-même avait l'impression de grelotter, malgré l'été, dans l'épaisse, humide pénombre du pavillon derrière l'Observatoire, dans l'odeur de feuille morte et de moisissure.

XXVIII

Nous avons appelé notre fils François, et Betty a voulu qu'il portât aussi le prénom de son ancêtre qui, à lui seul, terrassait les brigands, Gérard Garou, François-Gérard. « C'est mon frère », dit Syl. Pour nous aussi, pour Betty, pour Hélène, pour moi, il est son frère. Il est devenu beau, ou bien, je l'ai trouvé beau. Un jour je le vois ressembler à Sylvie, le lendemain à Elisabeth, une autre fois à ma sœur. Il a les yeux d'Emilie, ces grands miroirs bleu-mauve. Leur regard a changé notre vie.

Cet amour, tantôt retrouvé, tantôt perdu, qui nous soulevait d'une même profonde, irrépressible vague, Betty et moi, ou au contraire nous abandonnait l'un près de l'autre mornes, étrangers, quand ce n'était pas l'un contre l'autre heurtés, meurtris jusqu'à la haine, et à chaque nouvelle absence de l'amour, plus durable et désespérante était notre amertume, et à chaque retrouvaille de l'amour, plus émerveillée et bouleversante se faisait pour nous la découverte qu'alors que nous nous croyions l'un à l'autre morts, la vie, notre seule vie vraie et secrète, celle que nous avions l'un par l'autre gagnée, continuait à veiller en nous et malgré nous, sans que nous puissions le soupçonner, à nous unir, cet amour fragile et tenace, notre fils désormais l'a incarné, lui a donné au grand jour une présence sans faille. Mais ce fut comme si les mots, les pensées, les rêves et les caresses, ce langage obscur et magique de nos cœurs, de nos corps, nous n'en avions plus besoin, puisque cet enfant, notre enfant, l'accomplissait, le remplaçait par sa certitude silencieuse. Ou plutôt, Betty ne sembla plus se soucier de rien d'autre que des balbutiements, des regards, des caresses de son fils. Moi, devant sa passion de jeune maman, je demeurais intimidé, jaloux peut-être. Ainsi, confondus dans la chair, dans la vie, dans la grâce de notre enfant, nous commençâmes, sans le savoir, à nous éloigner de nouveau l'un de l'autre. Bien plus tard, quand nous en prîmes conscience, Betty longtemps, très longtemps après moi, l'étendue entre nous creusée nous atterra, nous découragea de rien tenter pour la réduire, pour revenir l'un vers l'autre, persuadés que nous fûmes, chacun le taisant, que l'heure était passée.

D'abord ce fut la complicité de la nuit qui se rompit. Betty nourrissait l'enfant, et souvent, la nuit, François-Gérard s'éveillait, pleurait ; à tour de rôle, nous nous levions pour le prendre dans nos bras ou le bercer. Fatiguée, Elisabeth décréta que nous dormirions moins mal l'un et l'autre dans deux divans qu'elle fit installer à la place du lit.

Le jour où ce déménagement eut lieu, Hélène jeta sur moi, à la dérobée, un regard qui me parut plein de gêne et de curiosité. Du moins, il me sembla percevoir cette interrogation des yeux si vite revenus à leur opacité coutumière, mais peut-être était-ce moi qui, mal à l'aise, imaginais qu'on cherchait à lire sur moi ce malaise. Ma belle-sœur nourrissait pour François-Gérard une passion égale — sinon plus déraisonnable encore — à celle de Betty, comme si l'enfant était aussi son propre fils, plus que son fils. Elle conseillait Elisabeth pour les soins, la nourriture, la santé du garçon. Elle paraissait avoir tout à fait oublié la menace que peu de temps auparavant l'évasion de Nicolas Valenkov faisait planer sur elle.

Déjà, avec ma femme, Hélène bâtissait des projets pour l'avenir de l'enfant, déjà elles le voyaient : médecin, savant, philosophe, artiste. C'était Hélène qui parlait, Betty acquiesçait, comme s'il tardait à la première que le bambin fût vite à l'âge où elle saurait lui faire partager sa soif d'apprendre, de savoir, cependant qu'Elisabeth se résignait à l'idée que ce petit bonhomme rose, blond et nu qui sentait si bon sous ses baisers, grandirait, deviendrait un étudiant avec un air sévère pareil à celui que prenait Hélène lorsqu'elle désignait cours, diplômes, carrière auxquels, selon elle, François-Gérard était promis.

Pour ma mère, il suffisait de la voir s'emparer du bébé, dès que Betty ou Hélène tournaient le dos, pour comprendre qu'elle eût voulu toujours le garder enfant, et le câliner, le combler de toutes les gâteries, ce miracle en chair et en os qui faisait reculer sa vieillesse, qui lui redonnait sourire et chaleur, qui l'aimantait de nouveau vers la vie, l'arrachait à ce vide où nous l'avions vue depuis la mort de François glisser, cependant que seule la frêle main de Sylvie la maintenait au ras du gouffre.

Sylvie. Pas plus que les autres, la fillette n'échappait à ces métamorphoses qui semblaient éclore sous le regard bleu de celui qu'elle appelait « mon petit frère » ou « Fanrar ». Elle serrait contre elle l'enfant à l'étouffer, elle criait, si alors on le lui enlevait : « C'est le mien ! c'est mon petit frère à moi ! » Hélène craignait toujours qu'elle ne le blessât avec ses caresses maladroites et pressées. Je remarquais aussi l'air trop désinvolte, le sourire crispé, le bavardage fiévreux de Syl lorsque Hélène, ou Betty, ou ma mère, ou moi-même, nous occupions du bébé. Elle recommença à mal dormir, à exiger pour manger bien peu qu'Hélène, ma mère ou moi lui racontions des histoires. Mais Hélène, mais ma mère montraient leur impatience ; Hélène se fâchait, ma mère protestait : elle devait s'occuper de François-Gérard, Syl n'avait-elle pas honte à son âge d'être moins raisonnable qu'un bébé ! Sylvie se jetait à mon cou, croisait ses bras derrière ma nuque : « Oh ! Henri, Henri ! » disait-elle. Je la pressais contre moi, et intérieurement je priais : « Qu'elle soit heureuse, qu'elle soit heureuse plus tard ! »

La sieste après le bain sur la plage d'Argelès. Le regard à ras du sol découvre le monde changé, neuf, ainsi qu'il est toujours sans doute, mais, debout, nous ne savons plus le voir dans sa scandaleuse beauté. Près de moi, Elisabeth étendue sur le ventre : est-ce le vent, l'eau en séchant qui a tiré un peu la peau des joues, des tempes, allongé encore les yeux ? Elle a le visage de l'adolescence. Elle a passé sur son maillot une robe légère mauve avec des feuilles vert olive. Une joie, à la fois douce et brutale, me vient de ce paysage que composent le corps de ma femme, la mer et au loin les monts. Les reins de Betty se creusent : la longue descente du dos, le creux des reins, la colline de la croupe dessinent une baie où s'inscrit la mer : les vagues courent en traits bleus pressés ; à la cime des plus proches, l'écume, pelage neigeux, semble filer — belette, écureuil, hermine ? mince animal blanc de légende — non pas sur l'eau mais sur les fesses, les reins, le dos de Betty. A l'horizon, courbe contraire à la baie du corps, les Pyrénées améthystes. Les taches mauves sous le feuillage de la robe sont de la même pierre mauve. L'air, le ciel couleur de scabieuse baignent d'une même eau de gouffre la femme, la mer, les monts.

XXIX

Emilie vint avec Serge quelques semaines après la naissance de François-Gérard. Elle semblait fascinée par le regard grave des grands yeux bleu-mauve, de ses propres yeux qu'elle reconnaissait dans le visage rieur de mon fils.

Les petites mains s'élevaient du fond du berceau pour essayer d'attraper ces étranges choses belles, brillantes, bougeantes, colorées, ces deux grands yeux qui se contemplaient dans les yeux identiques, frais comme l'aube. Et ma sœur riait, mais je croyais entendre tout au fond de son rire une fêlure.

Elle m'avoua un soir que la vue de François-Gérard à la fois la comblait et la déchirait, que retrouver dans un autre visage son propre regard, mais vierge encore de la vie et du monde et du temps, la bouleversait, cependant que s'aggravait en elle le regret de ne pas avoir d'enfant. « Je finirai par détester Serge, me dit-elle, il refuse, il ne veut pas que nous ayons d'enfant. Il préfère se traîner dans ses songeries et ses mensonges. Ses histoires, je ne me lassais pas de les écouter autrefois, maintenant elles m'agacent, elles me semblent dénoncer sa veulerie... » Ses paupières battirent. « Oui, je comprends, tu dois penser que je ne devrais pas, que je ne dois pas parler comme ça de mon mari, mais des fois, je n'en puis plus, je ne peux plus supporter son égoïsme. » Elle s'arrêta encore, leva les sourcils : « Sa nonchalance... Nous disions comme ça, autrefois, tu te souviens, quand il venait me voir ici. C'est l'égoïsme et la paresse qu'il faut dire. Est-ce qu'il travaille ? Non, il vit, il nous fait vivre d'expédients. Il raconte des boniments à droite et à gauche. Au début ça prend, avec sa figure... enfin, c'est vrai, je le sais encore, sa figure d'ange, d'ange lointain. On lui confie des affaires. Il se fait avancer de l'argent. Ensuite il laisse tomber... A ce compte-là, il ne pourra plus rester longtemps à Bordeaux, il ne trouvera plus personne pour se laisser prendre à ses manières, à ses discours. »

J'ai parlé à ma sœur de Grimari, de sa mort, de la façon qu'il avait de ne pas la nommer mais de tourner autour de son souvenir, de son visage. Je me reprochais d'évoquer ainsi ce qui aurait pu être, ce qui ne serait plus, n'allais-je pas encore enfoncer Emilie dans la nostalgie et le ressentiment.

— Ainsi tu crois ? demandait-elle... Non, pourquoi imagines-tu cela ? Tu crois qu'Orlando, le pauvre Orlando, tu crois qu'il m'aimait ?

Elle passait ses mains sous sa chevelure, la faisait bouffer ; une seconde à peine, un air de jeunesse dansait en ses yeux, sur ses lèvres, suivi aussitôt d'une ombre grise au fond de son regard, d'une imperceptible ride au coin droit de sa bouche (mon Dieu, une ride, la première ride sur le visage d'Emilie).

— Eh bien, oui, Henri, je le savais, je l'ai toujours su. Grimari, et Couderc, ils m'aimaient, ils ne songeaient, ils n'auraient songé qu'à me couvrir de bonheur, et ils sont morts, je n'ai pas pris, jamais pris garde à leur amour, que m'importait qu'ils m'aiment ; ou plutôt, c'est idiot, n'est-ce pas, c'est moche, mais c'est ainsi, je leur en voulais de m'aimer puisque... puisque Guillaume...

Elle tapota d'un doigt le bord du berceau où François-Gérard tétant son pouce la contemplait.

Elle eut un geste apeuré, tendant vers moi son buste, plissant le front.

— Ce n'est pas de ma faute, tu ne penses pas ? je ne suis pour rien dans la mort de Grim ?...

Je regrettais de ne pouvoir mettre plus de conviction dans ma voix.

— Bien sûr que non, Emilie. Prisonnier, c'est là-bas, les privations, le froid, c'est là-bas qu'il a pris son mal.

— Ah ! n'est-ce pas, soupira-t-elle. (Elle reprit :) C'est comme notre quincaillier, de toute façon, les Allemands...

— A propos, vous... Serge n'a pas de nouvelles de son frère ?

Elle me regarda, étonnée.

— Non... Il pense que Nicolas a dû fuir avec l'armée allemande. Il a peut-être été tué.

Elle m'observa.

— Et toi, Henri, ce n'est pas ce que tu penses ?

— Si, si, certainement.

— De sa sœur, oui, Serge a reçu une carte de Théo, il n'y a pas très longtemps. La carte venait de Paris, aucune mention d'adresse.

— Que disait-elle ?

— Tu la connais, elle n'a pas dû changer : de son écriture démesurée, disloquée, un trait d'un côté, un de l'autre, il y avait : « Tout va bien. » C'était suivi de trois points d'exclamation, un grand, un plus grand encore, le dernier immense.

Je ne pus m'empêcher de rire comme si Théo et la danse folle de ses bras, de ses jambes venaient de surgir devant nous. Dans le berceau, une succession de faibles cris tenta d'imiter mon rire. Nous nous sommes penchés en même temps, Emilie et moi, au-dessus de l'enfant. Dans ce mouvement, les cheveux d'Emilie ont glissé sur mon front. Nos visages rapprochés devaient dessiner un être étrange pour les yeux du bébé. Un instant, dans l'immobilité brusque de ses mains, de ses paupières, de ses lèvres, nous avons lu son interrogation effrayée, puis sa surprise s'est changée de nouveau en joie. Il levait les bras, tentait d'agripper d'une main le nez d'Emilie, de l'autre le mien, et, dessinant des lèvres une moue comique, il essayait comme tout à l'heure d'imiter mon rire.

Quand nous nous sommes redressés, moi le premier, elle ensuite, il m'a semblé qu'une tristesse trop longtemps sans doute contenue creusait le visage d'Emilie, aux tempes, aux coins des narines et de la bouche.

A ce moment, Sylvie est entrée. Elle est venue près de nous, s'est pointée pour pouvoir poser son menton sur le bord du berceau. Emilie l'a prise dans ses bras, l'a posée sur ses genoux. D'abord Syl a feint de protester, de vouloir redescendre pour s'affairer autour du berceau, puis elle a laissé aller sa tête brune sur la gorge d'Emilie et s'est endormie.

Baissant la voix, ma sœur a remarqué :

— Je trouve qu'Hélène, c'est bien dommage, pour la petite

d'abord, pour elle ensuite, elle ne s'occupe pas assez de sa fille, on ne la sent pas assez... (elle hésita) pas physiquement maternelle.

— Betty, si !

Elle me scruta d'un regard oblique.

— Tu dis cela comme si tu le regrettais.

Doucement Emilie dans ses bras berçait Syl endormie.

— Tsst ! C'est connu. Les pères sont jaloux de leur fils, il paraît, et les mères de leur fille.

Au bout de quelques jours, Emilie et Serge repartirent. Ma sœur me confia qu'il avait suffi à Serge de ce peu de temps passé dans notre ville pour endoctriner des industriels et se faire octroyer la représentation de leurs entreprises dans la région bordelaise. Bien entendu, il n'avait pas manqué de se faire remettre des avances sur ses gains futurs. Du coup ils allaient passer un été de farniente sur le bassin d'Arcachon. Cette perspective de vacances jusqu'alors imprévues semblait redonner à ma sœur tout l'éclat de son insouciance.

Autour d'une tasse de café mêlé d'orge, et de quelques biscuits noirâtres, les deux familles rassemblées et les amis des anciens jours, selon la volonté d'Emilie. Morne après-midi d'avril 1941 : le quincaillier, d'humeur boudeuse, pouvait donner pour prétexte à son mécontentement la présence de Nicolas Valenkov qui cajolait « la petite dame », « la petite belle-sœur », lui faisait cadeau de milliers d'hectares, et de millions de roubles, de forêts de bouleaux, en Russie, en Sainte Russie, lorsque Hitler aurait balayé la vermine communiste. Je ne me trompais pas sur le dépit de Couderc : oui, la coquette Emilie avait eu l'inconsciente cruauté — car elle les aimait bien sans nul doute ses soupirants d'autrefois — de l'inviter à ses noces. Cette jeune femme en voile blanc, sereine, un peu grave, cependant n'était plus la frêle et provocante Emilie. Ses invités commençaient à comprendre cela et leur sombre humeur s'allégeait, tournait à une plus douce mélancolie. Quant à l'extravagante Théo, lorsqu'elle eut en vain usé ses flèches (mais qui visait-elle : son frère ?

Emilie ? n'était-ce pas plutôt moi-même et Betty, et peut-être aussi Couderc pour le punir de s'être intéressé à une petite bourgeoise qui ne la valait pas, elle, pas plus que ne la valait aucune autre de ces épouses impossibles qui dégradaient ses amants de naguère ou d'aujourd'hui, de Masari au pianiste), lorsqu'elle se tut, à bout d'imagination, devant le silence et le dédain des deux époux-enfants, elle parut découvrir à son tour la majesté et la gentille assurance de ses « victimes ». Elle demeura longtemps muette devant eux, son visage reflétait une intense émotion. Elle bredouilla : « Mais ces petits... mais... ils sont si beaux... si heureux », et elle éclata en sanglots. Ses frères voulurent s'approcher d'elle, Nicolas avança la main vers elle. Elle sauta de côté, courut à la porte, la fit claquer derrière elle. Nous entendîmes ses pas précipités dans la rue.

Le quincaillier s'était levé. Il s'excusait auprès de mes parents. Nous devinions qu'il voulait la rejoindre. Que subsistait-il entre eux du temps où ils associaient leurs peines ? Cet esclandre et cette défaite de Théo la rendaient-ils de nouveau émouvante aux yeux de notre romanesque ami ? Ou bien avait-il peur de son désespoir, et le remords le poursuivait-il de l'avoir laissée se risquer jusqu'aux rivages de la mort lorsqu'il l'avait quittée pour rejoindre l'Espagne ? Il se dirigea vers la porte, mais Nicolas, le visage brun de colère, lui barra le passage. « Seul moi, m'occuper de petite sœur », grogna-t-il, les dents serrées. Le quincaillier haussa les épaules et reprit sa place. Le Russe se raidit, fit claquer ses talons, se cassa en deux, se redressa. « Pardon à tous, mais Théo, notre Théo, il faut comprendre, moi aller parler à elle, la soigner. Pas de famille, père (il passa un doigt sur sa gorge) par les bolcheviks, Théo alors bébé, un an peut-être. Alors il faut comprendre, pauvre Théo, pardon... » Il ouvrit la porte, retrouva un air rieur et féroce. « Longue vie ! bonheur aux jeunes mariés et, enfants, beaucoup enfants ! »

Quand il fut parti, le quincaillier vint vers la fenêtre où

je me tenais avec Betty et Hélène. De là nous pouvions apercevoir le Russe, il courait pour rattraper Théo.

Couderc se tourna vers ma sœur, il eut un sourire à la fois amer et comique.

— Il faut bien que ce soit vous pour me faire accepter de côtoyer cet homme.

— Je regrette, dit Emilie en baissant la voix. Je pensais, j'aurais voulu que tout le monde, qu'il y eût du bonheur pour tout le monde, que tous puissent se réconcilier aujourd'hui, aujourd'hui...

XXX

Je l'ai aperçue devant moi, silhouette soudain dégagée de la foule — le soleil d'octobre à midi avec un arrière-goût de l'été, le vacarme du boulevard, l'odeur d'essence, la ruée vers le métro, les bars.

Et déjà, elle se plantait, rejetait la tête en arrière pour me toiser, sa lèvre supérieure se retroussait en un rire silencieux. Le petit ricanement bref comme autrefois, et sa voix qui oscille un instant des aigus aux graves dans la chaleur du contralto.

— Mais oui ! mais c'est Henri ! c'est lui !

Théo me dévisage.

— Hum... Pas trop ravagé... Pas trop alourdi non plus... Qu'est-ce que vous foutez à Paris ?

— Le journal... Les bureaux parisiens de mon journal. J'en sors, cet immeuble, là.

— Alors, votre job, c'est là ?... Et les autres, votre, comment Lisa ? Elisa ? Votre femme ? A Paris elle aussi ?

— Non, elle...

Le rire chantant ne me laisse pas le temps d'achever.

— Ah ! vous l'avez plaquée !

Théo prit un air méprisant lorsque je lui eus expliqué que je ne faisais que passer à Paris, que le lendemain je rejoindrais ma femme, mon fils, dans notre ville.

Elle était maigre. Ses cheveux ébouriffés et sombres autour de son visage accusaient la pâleur du grand front et les traits creusés des tempes et des joues.

Nous nous sommes installés dans une brasserie devant une bière et des charcuteries qu'elle avala en quelques bouchées sans cesser de parler, d'interroger, de rire. J'étais mal à l'aise devant cette exubérance et la fatigue qu'elle me semblait vouloir masquer. Je n'osais demander à Théo ce qu'elle faisait, si elle travaillait, si le pianiste flamand vivait lui aussi à Paris, vivait avec elle.

« Elle a faim, elle ne doit pas manger tous les jours à sa faim. Elle est peut-être malade. Elle vit dans la peur. » Je regrettais de l'avoir rencontrée, de l'avoir invitée à déjeuner, maintenant de ne savoir comment me débarrasser d'elle. Et je me reprochais ces regrets. Pauvre Théo. Autrefois ses folies si drôles, si perspicaces dans le fond, la laideur charmeuse de son visage, son corps admirable. Pauvre Théo efflanquée, vieillie. Quel âge ? Trente ans ?

— On fait un tour, Henri ?

Après elle je me suis levé.

— Guère causant, je vous emmerde ?

Une nouvelle affectation, sans doute, sa grossièreté, à moins que ce ne soit un signe pour marquer le renoncement à son ancien personnage, à son ancienne vie, ou encore un mimétisme : savoir avec quel homme elle s'encanaille ?

Elle me conduit sur la rive gauche. Nous nous arrêtons selon son gré, dans un bistrot. Elle commande un cognac, le boit d'un trait. Un long moment elle cesse de bavarder, de s'agiter, les yeux fixes, les épaules voûtées. Elle semble à bout de force. Qu'est-ce que je fais ici ? J'ai hâte de partir, de prendre le train. Peu à peu son teint reprend quelque couleur, ses yeux se mettent à briller. Elle me sourit. Cette fois, elle n'a pas grimacé ni ricané. Elle me prend par la main. Nous sortons. Les rues étroites, presque calmes. Théo ne lâche pas ma main. Je sens ses doigts osseux sur mon poignet. Nous flânons dans une ville de province : des boutiques, des artisans, un chat au bord du trottoir. Nous pourrions être dans notre ville avant la guerre.

— Ça marche, Henri ?

Je la regarde. Elle a retrouvé pour un instant un visage moins las, moins marqué.

— Je veux dire : ça marche avec votre... votre femme ?

Je ne réponds pas. D'ailleurs elle ne paraît pas attendre de réponse. Elle m'a lâché pour allumer une cigarette. Elle la garde collée à ses lèvres.

Elle a son rire annonciateur et faux.

— Figurez-vous... Savez-vous qui est à Paname ? Lui, il en a eu marre ou bien il a été courageux (un coup d'œil en biais, les paupières mi-closes dans la fumée de la cigarette), plus courageux que vous peut-être. Il a plaqué femme, mioches, commerce, toute la smala. Vous savez qui ?

Elle marque un temps après sa devinette, puis elle s'arrête à un pas de moi, se met à se tordre comme si la chose qu'elle va m'apprendre était si comique, vraiment trop comique. La tristesse de son visage.

— Masari.

Elle répète ce nom, persuadé de ma stupeur ou de mon incrédulité, ou de je ne sais quelle incompréhension de ma part.

Nous reprenons notre marche. Un peu plus loin, je m'arrête devant une vitrine. Un tableau gris, gris-vert où s'entrelacent et s'embrouillent des tracés noirs, jaunes, rouges, m'étonne. Théo me pousse en avant, je tourne la tête pour jeter un dernier coup d'œil sur la toile.

— Mais non, mais pas du tout, Henri, ce n'est pas ce que vous pensez. (Il y a eu la guerre, des millions de morts, les tortures, la démence, une horreur telle que les mots, que la pensée, que rien ne peut... Et maintenant un homme, des hommes cherchent avec patience ou avec fureur, ou par jeu, ou par devoir, ce gris-vert et ce nœud, ce nid de fils noirs, jaunes, rouges.)

— Je vous assure Henri, vous déraillez, Masari et moi, maintenant, on est copain, rien de plus.

La jupe bleu clair, le blouson jaune canari, des taches sur la jupe, des taches sur le corsage, le tissu pauvre. « Pauvre Théo », cet éclat qu'elle continue absurdement à tenter de jeter sur elle, sur elle, usée, tachée, ternie.

— D'ailleurs, vous pouvez me croire, je vis seule. Les hommes, ah ! j'ai compris.

A chaque vitrine de librairie, elle s'arrêtait, feuilletait des livres, me montrait des titres. « Je ne connaissais pas. Non ! Elle l'aurait parié ! Je devais être resté à Eluard, à Sartre. C'était d'un drôle. Si je ne l'écoutais pas, si je me laissais aller, si je ne lisais pas ce qu'il fallait, ce qu'il FALLAIT lire, si je la perdais de vue, ah, là, là ! bientôt je serais tout à fait con ! Elle allait s'occuper de moi. Un sauvetage quoi, il était temps. »

Vers les cinq heures, elle traversa encore un long moment accablé. Nous sommes restés à une terrasse. De nouveau elle a pris un cognac, de nouveau, peu à peu, elle s'est redressée, s'est revêtue de ses gestes, de ses exclamations, de ses prophéties. Mais, était-ce la venue du soir, la crainte de bientôt se retrouver seule, l'accroissement de la fatigue, son ton demeurait moins volubile, le vol de ses mains plus lent, moins péremptoires ses mimiques. Pendant le dîner, dans une brasserie, elle m'a demandé des nouvelles de Serge.

Je n'ai fait aucune allusion à Nicolas Ivanovitch, c'est elle qui a prononcé son nom avec une amertume plus forte que l'air d'ironie dont elle voulut en vain la voiler.

— La sœur d'un condamné à mort ! s'écria-t-elle, soulignant ces mots d'un long rire.

Des dîneurs se tournèrent vers nous. Je craignais pour elle : l'un de ces hommes qui nous dévisageaient n'allait-il pas se lever, s'approcher de notre table, sortir sa carte. « Police. » Théo n'était-elle pas recherchée ? De quoi l'accusait-on ? Elle ne semblait pas soupçonner le danger, ou si, au contraire, elle entendait le provoquer ? Elle allongea le bras par-dessus la table, faillit renverser la bouteille, me désigna du doigt.

— Mais j'y pense, Henri, comme c'est drôle, je n'y avais jamais... je ne m'étais pas encore rendu compte, nous voici un peu frère et sœur.

Elle éleva la voix.

— Vous voici tout de même beau-frère d'un condamné à mort !

Me lever, la quitter. Non, ce serait me jeter, la jeter dans le piège. Ne pas bouger. Essayer de sourire. C'est cela, continue à manger, à boire, comme si de rien n'était. Les autres se diront : « Elle a bu, elle est partie, elle dit n'importe quoi, le type avec elle, il s'en fout. »

Après ces déclarations, Théo devint taciturne et se mit à fumer de sa façon inélégante, la cigarette collée aux lèvres. Je l'imaginais seule, comme elle devait l'être les autres soirs, attablée dans un bistrot, perdue dans l'alcool, la fumée, l'amertume. J'ai posé ma main sur la sienne. Elle n'a pas bougé, ses yeux se sont levés vers moi, je n'ai pu soutenir cette absence de regard en eux, cette opacité, en même temps je me suis demandé quels autres yeux je croyais reconnaître dans leur ombre vide. J'écoutais à peine Théo qui parlait maintenant à voix basse. Elle plaignait son frère aîné, se demandait ce qu'il avait pu devenir, s'il était mort ou s'il se cachait en Allemagne. « Quelle connerie, la vie de Nicolaï », disait-elle. Je continuais à m'interroger sur ces yeux, ces autres yeux que ceux de Théo venaient de faire surgir en moi. « Hamlet, disait la jeune femme. Au fond, Nicolaï Ivanovitch c'est quelqu'un dans le genre du *poor* Hamlet. On leur a tué leur père et il faut qu'ils le vengent. Pour ça, au besoin, ils massacreraient tout le monde et pour finir ils se feront descendre. Nicolaï, sûr qu'il se sera fait descendre, on n'avait pas besoin de le condamner à mort. »

L'évasion de Valenkov, son évasion de l'asile. « Hélène ! » j'ai failli crier. Hélène, mais oui, les yeux d'Hélène, ce voile d'ombre en eux, ce néant, ce refus, ce désespoir pareil à une pierre noire. Une envie douloureuse m'a envahi d'être à l'instant même auprès d'Hélène et de pouvoir me rassurer, de pouvoir m'assurer que ses yeux ne portaient plus en eux ce signe de détresse. « Non, c'est fini, de l'ombre mais aussi du soleil au centre de ses yeux, et le regard s'éclaire de nouveau, traverse de nouveau cette ombre et cette flaque jaune, il se pose sur Betty, sur Sylvie, sur mon fils. Demain il se posera sur moi. » J'ai respiré profondément, j'ai senti en moi l'image de notre groupe : les deux femmes, les enfants, comme un bloc de bonheur. Nous ne le savions pas lorsque nous étions là-bas, ensemble ; pourtant c'était ainsi, en ce temps d'apocalypse, notre réseau d'amitié et d'amour, de souvenirs meurtris, de frêle espérance, nous pouvions, nous devions y voir une des rares figures encore possibles du bonheur.

Je marchais dans la nuit à côté de Théo. Des types plantés au coin des rues sous les réverbères palabraient ; près d'eux des filles en blue-jeans, les cheveux longs et sales. Quelquefois Théo s'arrêtait, faisait un signe à l'un des jeunes. Nous repartions, j'entendais des voix joyeuses, un peu ironiques, nommer ma compagne.

— Des fois, dit Théo, ils me font faire des papiers dans leurs canards. Ils payent mal, enfin ça fait quelques cafés crèmes, des sèches, çà et là un cognac. Et puis je trafique de temps en temps avec les G.I's, je peux revendre un peu de chocolat, du chewing-gum, du whisky, des cartouches d'américaines. Je m'amène dans les zadministrations avec deux grandes valoches, et je te refile la marchandise aux zemployés.

Elle me bourra l'épaule de coups de poing, rit longuement pour m'annoncer :

— Je dois dire que ça fait une paye que, les Amerlocks, ils m'ont rien donné à vendre. Sans vous Henri, aujourd'hui, je faisais maigre.

Elle me regarda sous le nez.

— Eh bien quoi, ne faites pas une tête comme ça. Je ne changerais pas ma vie pour celle de votre, comment l'appelez-vous : Lisa ? Elisa ?

Elle repartait à grands pas. Je la suivais, je ne songeais pas à lui demander où nous allions. Un peu plus tard, elle reprit :

— Qu'est-ce que ça fout, si on se remplit pas tous les jours le bide, pourvu qu'on puisse quand même se payer quelques godets, ça permet d'attendre. Ce qu'il faut c'est vivre, vivre, comme ça me chante, et vite, vous entendez.

De nouveau elle criait presque, des passants se retournaient sur nous.

— Vous croyez que ça va durer, vous ? Vous croyez qu'on va faire de vieux os ? Une belle grillade, oui, voilà ce qui nous attend : rôtis, bleus, saignants, à point, rôtis à l'atome, voilà ce qui nous attend quand les Ricains et mes petits cousins d'Ukraine ils vont trouver que la guerre froide, c'est vraiment trop froid, alors boutons enfin le feu au monde.

Nous étions arrivés à la Seine, nous longions les quais, la masse sombre de Notre-Dame devant nous. Théo continuait à manifester de loin en loin la joie que semblait lui donner l'idée de la catastrophe promise à notre avenir.

— Les sauvages, comme disent les bourgeois de notre ville, n'est-ce pas, Henri, les Garou, vos parents, tous les parents de notre ancienne petite bande, les sauvages, affreux, horribles, ils mangeaient un homme quand ils avaient trop faim, ou qu'ils faisaient la fête. Nous, on bouffe pas les hommes, non, on les fait cuire, on les flambe, le monde devient une de ces cuisines à la chaîne, un ensemble de hauts fourneaux où l'on fait cuire des milliers, des millions de bonshommes et leurs bonnes femmes, sans oublier leurs mioches : la cuisine s'appelle Oradour, Auschwitz, Buchenwald, Hiroshima, et demain, ah ! demain, on fera mieux, je vous le promets !

Un peu avant le Pont-Neuf, Théo m'engagea à quitter le quai. Nous prîmes une ruelle qui tournait entre de hautes et vieilles maisons. Je compris que la jeune femme regagnait sa demeure, je le compris à son silence et à sa démarche plus calme, comme si d'approcher de son gîte l'incitait à poser le masque, à reprendre sans doute les traits familiers de sa solitude. En effet, sans tourner la tête vers moi, elle dit d'une voix calme, où pourtant me semblait poindre je ne savais quel souci, ou quelle interrogation :

— Nous arrivons. Je perche dans une mansarde au sixième.

Elle doit partager la mansarde avec Karel Wonsler, avec son pianiste, son saltimbanque qui jouait de la musique douce pour les officiers allemands ; elle a dû le cacher. « Je vis seule. » Elle veut donner le change.

Je me suis arrêté au bord du trottoir. Elle a fait un pas encore puis s'est immobilisée. Elle a tourné la tête vers moi, étonnée. Du moins, dans la maigre clarté de la rue j'imagine son étonnement, ses mines exagérées pour dissimuler sa surprise et ses craintes. Sans doute se demandait-elle si je la suivrais ou non dans sa chambre. J'ai dit :

— Couderc n'est pas revenu.

J'aurais voulu voir l'expression de son visage. Je me suis avancé vers elle. Après une seconde d'hésitation elle a reculé et m'a lancé :

— Et alors ?

— Alors, si je tenais celui... la personne qui a dénoncé notre ami.

Elle m'a semblé bondir sur place. Il y avait un tremblement de fureur — était-ce de fureur ? — dans sa voix.

— Et, bien sûr, moi je connais le traître ! Je suis la sœur du traître ! ou sa complice ! ou même...

Elle garda un instant sa phrase, son geste suspendus. J'entendais sa respiration.

— Dites-le ! dites-le donc, cria-t-elle, c'est ça, pour vous, le quincaillier, c'est moi, n'est-ce pas, c'est Théo qui l'a donné, qui l'a vendu !

Elle s'adossa au rideau de fer d'une boutique.

— Eh bien, qu'est-ce que vous attendez ? Cognez ! Descendez-moi ! Allez-y... Vous pouvez y aller, on ne vous fera pas d'ennui, peut-être même on vous décorera.

J'avais l'impression qu'elle se débattait sous la fixité de mon regard, comme un papillon au bout de l'aiguille qui le perce. Enfin elle se calma.

— Non ?... C'est pas votre genre ? Vous préférez aller à la police tout à l'heure ?

Je haussai les épaules. Je songeais que M. Niederbronn m'avait joué la même scène à l'asile des fous.

La voix de Théo se fit plaintive.

— Adieu, Henri.

Je la laissai partir. Elle sonna à une porte cochère qui s'entrouvrit, puis se referma sur elle.

Emilie petite imposait à mon père ses quatre volontés. Maintenant, je le sens prêt à vouer la même adoration à mon fils. Lorsque François-Gérard marchera, parlera, je gage que son camarade de jeu sera mon père, je les sens déjà complices. C'est manifestement à la présence de l'enfant que mon père demande secours pour atténuer le chagrin que lui cause l'absence d'Emilie. Je sens aussi que cette entente du vieil homme et du petit enfant m'englobe. Malgré tant d'années communes, je ne connaissais pas mon père, et je pense qu'il ne me connaissait pas. Son fils aîné l'irritait, il me semblait parfois qu'il y avait entre eux, inexprimée, une sorte de rivalité, sa fille le subjuguait, moi, situé entre ces deux pôles de la contestation et de l'adoration, je devais demeurer, pour mon père, neutre, peu perceptible. Mais aujourd'hui François n'est plus, Emilie s'est éloignée, moi au contraire j'ai donné naissance à la vie, j'ai donné à mon père cet enfant qui le perpétue. J'ai le sentiment que, sans même se le dire, mon père m'en garde gratitude et que, découvrant ce petit homme en qui déjà il croit reconnaître la vigueur de son sang, il me découvre aussi. A mon tour, cette attention dont un regard, un geste, un sourire, la qualité du silence entre nous, plus que des mots témoignent, cette attention m'oriente peu à peu, appelle sur mon père mon propre regard, accorde mon cœur et mes pensées au rythme de son cœur, à la couleur de sa pensée. J'éprouve une naïve fierté à pressentir ce lien qui, grâce à mon enfant, se tisse entre nous, les hommes de la maison.

XXXI

De retour chez moi je ne parlais point de ma rencontre avec Théo. Je demeurais pourtant obsédé par l'attitude qu'elle avait eue lorsque je prononçais devant elle le nom de Couderc. Tantôt j'étais sûr qu'il fallait y voir un aveu, alors je me reprochais de ne pas venger mon ami, en même temps je ne pouvais ignorer le sentiment de pitié que j'éprouvais pour la déchéance de la jeune Russe. Tantôt je pensais que, non, il était impossible qu'elle eût commis ce crime, mais sans doute soupçonnait-elle, connaissait-elle le coupable. Ne devais-je pas en ce cas la revoir, apprendre d'elle le nom, la cachette de celui-ci ! Maintenant que Nicolas Valenkov s'était évadé, je me demandais de nouveau s'il n'était pas ce coupable. Je m'ouvrais de ce doute à Hélène. Je compris, à son expression de surprise vite réprimée, qu'elle avait fini par oublier la peur dont si longtemps elle était tourmentée, mais que mes propos venaient de faire renaître cette angoisse. Elle m'assura avec une conviction passionnée, comme elle le faisait déjà au temps où elle veillait à l'asile sur Valenkov, que celui-ci n'était pour rien dans l'arrestation du quincaillier. Puis, feignant de reprendre le livre de psychiatrie qu'elle feuilletait avant que je n'eusse parlé, elle ajouta :

— Oui, qui a dénoncé Couderc ? Et François, qui a tué François ? Peut-être les coupables ont-ils disparu. Oh ! je voudrais, comme je voudrais savoir qu'ils ont été tués. Mais peut-être qu'ils vivent, peut-être qu'ils se réjouissent. Je sais, Henri, nous ne devrions penser qu'à cela, nous devrions nous faire policiers et justiciers, n'est-ce pas, jusqu'à ce que...

Elle referma son livre, leva vers mes yeux son regard. Je ressentais une fois de plus l'étrange impression d'usurper, devant ce regard implorant, la place d'un autre.

— François, ai-je fini par répondre — et je réprouvais mes paroles au fur et à mesure que je les prononçais — mon frère n'aurait pas voulu que sa femme, que vous, Hélène, que moi, nous devenions des policiers et des bourreaux.

Ces mots parurent l'apaiser. Je la quittai avec une sensation de honte au fond de moi.

Cependant, comme si l'oubli en chacun de nous coulait avec le sang même, la vie continuait. Caroline, au lieu de prononcer ses vœux, se fiançait ; Mathilde et Guillaume Garou s'installèrent en Algérie, leurs parents esseulés sont revenus habiter le rez-de-chaussée de l'Observatoire dont ils avaient hérité : les étages passant des A.F.A.T. à des familles réquisitionnaires. A Bordeaux, près de Serge, Emilie s'ennuyait ; je le devinais à la longueur de ses lettres. Hélène finit par se brouiller tout à fait avec ses parents : ils lui reprochaient d'avoir gâché son existence à cause d'un garçon assez maladroit pour se faire tuer le jour de la victoire et laisser sa jeune femme sans un sou, avec un bébé sur les bras. Nous évitions de voir la reine mère : elle prétendait organiser un spectacle au profit des veuves et orphelins de guerre, et ne comprenait pas qu'Elisabeth lui refusât son aide. Mon journal ayant absorbé des gazettes concurrentes, nées elles aussi à la Libération, étendait son champ d'action : le rédacteur en chef me confiait à présent des reportages qui, assez souvent, me conduisaient à l'étranger. J'accueillais avec soulagement ces travaux qui m'éloignaient pour quelques jours, parfois quelques semaines, d'une ville, d'une maison où je me sentais en désaccord avec moi-même, mécontent de cette lente glissade des êtres et des choses, mécontent plus encore de moi qui me laissais ainsi traîner sans tenter d'agir ni même de parler pour dénoncer l'engourdissement où nous nous enlisions. Pourtant, dès que le train m'emportait loin de Betty, tout mon amour pour elle criait en moi, cet amour qu'auprès d'elle je ne prenais plus la peine de nommer. Et je pensais qu'alors pour elle, peut-être, il en allait de même : uniquement préoccupée, eût-on dit, de notre fils quand j'étais présent, peut-être en son cœur m'appelait-elle lorsque je n'étais plus là, peut-être se plaisait-elle à parler de son vagabond de père à notre enfant ? Ou bien se confiait-elle à Hélène pour se plaindre de mon absence ? D'autres fois, je me disais que nul, là-bas, sinon Sylvie, devait me regretter.

Au cours d'un reportage en Belgique, j'ai appris l'incroyable nouvelle. Je venais d'acheter un journal français ; je le parcourais d'un œil indifférent, et j'ai lu, j'ai lu deux fois, trois fois, sans comprendre vraiment, l'annonce de l'arrestation dans notre ville de « l'ancien chef départemental de la Résistance, Dargan, dit le Vieux, accusé d'avoir assassiné deux de ses lieutenants du maquis ». Le meurtre fut commis, disait l'article, voici plusieurs mois.

Mensonges de journaliste ? Manœuvre des ennemis politiques du Vieux ? Mais je me souvenais de la mort de Léonard et de Loulou, les deux brutes qui poursuivaient de leur haine François et Hélène, puis espionnaient celle-ci, et peut-être moi-même, du temps où Nicolas Valenkov se cachait à l'asile. C'était sans doute de leur meurtre qu'on accusait aujourd'hui Dargan.

A mon retour, Betty, Hélène me montrèrent, indignées, les journaux locaux : ils semblaient se féliciter de l'arrestation de l'homme que longtemps — trop longtemps sans doute à leur gré — toute la ville avait traité en héros. Même la feuille communiste glissait dans ses articles des perfidies propres à faire comprendre aux autorités que Dargan était abandonné à son sort. Hélène me confirma que lui-même, voici quelque temps, s'était éloigné du Parti : il allait à présent payer le prix de la solitude.

Au journal, qu'une nouvelle équipe, hostile à la Résistance, dominait à présent, mes collègues se réjouissaient du scandale. « Le journal fera savoir la vérité ! Ça ne fait que commencer, on ouvrira les dossiers, on en trouvera des crimes du Vieux, d'autres crimes avant la Libération. Et les ordres, d'où il les recevait ? S'il veut sauver sa tête, il faudra bien qu'il les mouille les responsables, les Staline à la manque dont il exécutait les consignes. »

Etais-je suspect à leurs yeux ? On n'ignorait pas les fonctions d' « écrivain public » que j'avais tenues auprès de Dargan. Mais je passais ici pour analphabète en ce qui concernait la politique. Je décidai d'avertir ou de faire avertir « l'inculpé » s'il m'arrivait de connaître à la rédaction les « dossiers » que les patrons se vantaient de « sortir ».

J'entrai en contact avec l'avocat du Vieux. Hélène demanda à m'accompagner le soir où Mᵉ Ladmantie me donna rendez-vous. Il accepta de citer Hélène comme témoin à décharge. Il me paraissait ému, et aussi, inquiet de laisser paraître cette émotion, cependant que ma belle-sœur rappelait la cruauté de Léonard et de Loulou, et, au contraire, la justice, la droiture, l'humanité dont le Vieux faisait preuve.

Je fus déçu du peu d'intérêt manifesté par Mᵉ Ladmantie pour les dossiers que j'espérais pouvoir lui signaler si l'équipe du journal en faisait état devant moi.

— Ces dossiers, nous n'aurons pas de peine à les réfuter. Quoi ? des représailles à l'égard de collaborateurs, des condamnations et des exécutions de traîtres ? C'est donc le procès de la Résistance que veulent faire les patrons de votre journal !... Qu'ils prennent garde, nous ne les craignons point, un tel procès se retournera contre eux, ainsi ma tâche sera-t-elle facilitée pour obtenir l'acquittement de mon client.

— J'avais cru comprendre, avançai-je, qu'on ferait état d'un guet-apens tendu à des membres de l'Armée secrète, et de leur meurtre.

Mᵉ Ladmantie parut un instant décontenancé, mais vite il balaya d'un grand geste du bras ces « détails ».

— Pure calomnie, déclara-t-il d'une voix forte.

Je fis observer que si les gens du journal se lançaient dans cette accusation, il y avait à craindre qu'elle ne fût hélas ! fondée.

L'avocat joua l'indignation. Je précisai que je ne doutais pas de l'innocence du Vieux, mais qui sait, des maquisards de son entourage, peut-être précisément Léonard et son acolyte, avaient pu commettre ces crimes dont maintenant on le rendait responsable.

Mᵉ Ladmantie reprit sa place derrière le bureau. Il semblait de nouveau en proie à l'émotion qu'il n'avait pu dissimuler quand Hélène, tout à l'heure, évoquait les monstruosités commises par les deux « lieutenants ». Il se tourna vers ma belle-sœur et lui dit, comme si elle représentait à elle seule les futurs jurés des assises :

— Si l'on nous apporte la preuve de tels forfaits, nous n'aurons pas de peine à montrer ou que notre client n'en eut pas connaissance ou qu'ils lui firent horreur et qu'alors il châtia les coupables.

Il se leva, vint vers nous, nous remercia de l'aide que nous voulions bien apporter à la défense. Il prit dans les siennes les mains d'Hélène.

— Chère madame, permettez-nous de vous exprimer toute notre gratitude, oui, notre gratitude. Je sais, j'imagine combien il doit être douloureux pour vous de venir évoquer publiquement ces heures de combat que vous avez vécues avec votre mari, ce héros, madame, ce héros que nous admirons, que nous respectons. Merci de votre courage, de votre générosité, madame, et surtout n'hésitez pas, dites bien au tribunal les bêtes féroces qu'étaient ces deux voyous dont on prétend nous imputer le meurtre, et dites bien l'esprit de justice et d'humanité de Dargan face à ces brutes.

Il nous reconduisit sur le seuil.

— Et vous, monsieur, croyez-moi, nous nous moquons des fameux dossiers dont on cherchera, peut-être, en effet, à nous accabler. Mais votre témoignage lui aussi nous sera précieux. Vous êtes connu pour votre indépendance, votre absence de tout parti pris, aussi vos paroles en faveur de l'inculpé, en témoignage de sa mansuétude, de son dévouement à un idéal, vos paroles influenceront certainement les jurés.

Son ton se fit moins doctoral pour conclure !

— Vous comprenez, nous avons beaucoup d'ennemis, on veut

nous abattre parce qu'on a eu peur de nous, à droite et... à gauche, on veut nous faire payer cher notre refus des compromis politiques, on veut nous enlever cette gloire puisque nous n'avons pas voulu la monnayer.

Nous eûmes plusieurs fois l'occasion de revoir Me Ladmantie, car l'instruction traînait en longueur. Il nous affirmait toujours sa confiance dans l'issue du procès, bien qu'il finît par nous faire part des craintes que lui donnait la santé du prisonnier. Le Vieux, dans sa cellule, touchait à peine à la nourriture, refusait parfois de répondre non seulement aux questions du juge mais à celles de l'avocat. Celui-ci disait ne pas douter de l'acquittement mais se demandait si, une fois libéré, Dargan parviendrait à supporter cette société qui avait tenté de le détruire.

Les assises s'ouvrirent bien des mois après l'arrestation du maquisard. Une foule énorme se pressait aux abords du tribunal. Le service d'ordre avait du mal à la contenir. Je pus prendre place dans l'enceinte réservée à la presse, Me Ladmantie n'ayant pas jugé nécessaire de me citer comme témoin de moralité : il estimait qu'ainsi le témoignage d'Hélène prendrait encore plus de poids : « Seule, disait-il, la veuve du héros produira sur les jurés une impression plus forte. » Dans le box, le Vieux, blafard, voûté, le regard absent, ne ressemblait guère à l'image que je gardais de lui avec son corps robuste d'animal des bois habitué à courir, à se faufiler, à se cacher dans les taillis, son visage tanné où luisaient les yeux vigilants et rusés, ni au condottiere en uniforme qui trônait dans les assemblées à la Libération, paradait dans les rues, haranguait la foule, déclamait les discours que j'écrivais à sa demande. A présent, il me faisait pitié et j'avais peur pour lui.

Les journaux rendirent compte du procès avec une partialité manifestement destinée à préparer la ville à un dur verdict. Me Ladmantie continuait à afficher un parfait optimisme. Il paraissait pourtant nerveux. Le Vieux risquait-il sa tête ? Je le craignais : les dossiers annoncés par les leaders de mon journal s'étaient ajoutés aux premières charges retenues contre Dargan. La thèse de l'accusation s'en trouvait dangereusement aggravée : assassinats de membres de l'A.S., de rivaux politiques, d'innocentes mais riches victimes dont on mettait ensuite la demeure au pillage sous prétexte qu'elle avait abrité des collaborateurs et des traîtres, et, pour finir, le meurtre des deux lieutenants afin de « liquider » ces exécuteurs des basses œuvres et d'effacer ainsi toute trace des crimes accomplis. En fait, il semblait que l'enquête ne parvenait pas à prouver la présence de Dargan dans aucune de ces affaires. En revanche l'action de Léonard et de Loulou paraissait patente. Des témoins qui, jusqu'alors épouvantés, avaient gardé le silence, maintenant que les deux hommes n'étaient plus et que le Vieux était sous les verrous, venaient proclamer ce qu'ils avaient vu, entendu ou soupçonné. Et le procureur triomphait : selon lui, Dargan, trop malin pour commettre lui-même les crimes, se contentait de les préparer puis de les faire exécuter par ses complices, ces derniers devenus encombrants, dangereux, il n'avait pas hésité à s'en débarrasser.

Le Vieux demeurait hébété dans son box. Parfois il ne songeait pas à se lever lorsque le président l'interrogeait, alors le juge secouait sa petite tête rougeâtre et tempêtait. Lentement l'accusé se levait, il répétait comme une mécanique : « Je suis innocent... Je suis innocent... » Des gens, dans la salle, ricanaient.

Au journal, les collègues se moquaient de moi : « Alors, ton Vieux, il est foutu, hein ! Ta belle-sœur, il faudrait qu'elle soit fortiche pour le sauver ! » Je protestais. Au fond de moi-même, je pensais que Dargan était perdu. Pourquoi le Vieux s'acharnait-il à marmonner encore et encore : « Je suis innocent » ?

Comment ne voyait-il pas qu'en niant ce crime au lieu d'en donner la raison, il acceptait que tous les autres meurtres perpétrés dans le maquis par les deux hommes vinssent l'éclabousser de sang ?

Lorsque, enfin, Hélène vint à la barre — je souffrais pour elle de l'atmosphère hostile de la salle — le nombre des fidèles du Vieux fondait, celui des indifférents, celui surtout des ennemis grossissait, comme une meute quand s'approche l'heure de la curée. Un brouhaha ironique couvrit la voix d'Hélène quand, après avoir prêté serment, elle affirma : « Cet homme a toujours été noble, juste, généreux. Il ne peut être un assassin. »

Le président menaça de faire évacuer la salle. Le silence revint, Hélène put continuer. Elle se tourna d'abord à demi vers le coin où se tenaient ses détracteurs. J'admirais la force du mépris dans son regard. Puis elle chercha des yeux Elisabeth que j'avais pu faire entrer, et moi-même au banc de la presse. Il me sembla que nos regards avaient affermi encore sa résolution. Elle conta lentement — la douceur de son ton rendait plus insoutenable encore l'horreur de son récit — la cruauté des deux brutes dans le maquis, la fermeté, le courage de François pour s'opposer à leur sadisme, enfin la justice rendue par le Vieux, et plus tard la revanche de Léonard et de Loulou faisant brûler leurs captifs. « Un homme, conclut-elle, qui prit la défense des prisonniers allemands contre ses propres lieutenants, comment aurait-il pu autoriser ceux-ci, comment leur aurait-il demandé de tuer des Français, comme lui membres de la Résistance, ou innocents, purs de toute collaboration avec l'ennemi ? »

Une sorte de long soupir parcourut la foule, bien différent des sarcasmes qui fusaient aux premières paroles d'Hélène. Les jurés se penchaient les uns vers les autres, échangeaient des paroles ; les juges se regardaient, perplexes. Soudain le Vieux s'accouda sur le box, laissa tomber sa tête sur ses bras.

Le président agita sa sonnette. Dans le silence revenu, il demanda d'une voix moins dure :

— Enfin Dargan, vous avez entendu ? Ainsi, vous n'étiez pas toujours solidaire de vos... de ces hommes ? Dites-nous au moins pourquoi, quel mobile vous a poussé à les tuer ? Sinon, comment voulez-vous que tous leurs crimes ne vous soient pas imputés ?

Dargan demeurait affalé sur le montant du box.

Le président haussa les épaules, consulta ses assesseurs, puis ordonna une suspension d'audience. Quand celle-ci reprit, ni le Vieux, ni les jurés, ni la salle n'avaient oublié l'émotion née des paroles d'Hélène. Le président, le procureur, l'avocat continuaient à questionner, à argumenter, à discuter, je voyais que nul ne les écoutait, et c'était étrange, ce procès qui se poursuivait alors que l'accusé, les hommes chargés de le juger et le public dans la salle n'étaient plus là qu'en apparence, revivant sans fin cette scène dans les bois, où, comme le disait Hélène, s'était imposée la vraie figure, généreuse, fraternelle de Dargan.

Le lendemain, à « la une » des journaux, des titres annonçaient : « Coup de théâtre »... « Surprise »... « Rebondissement dans le procès ». Le Vieux, alors que les gardes s'apprêtaient à le ramener en prison, avait demandé à parler au juge. La presse faisait allusion à « des révélations d'une importance capitale », et déclarait : « L'émouvant témoignage de la jeune veuve du héros, François Verrier, ne serait pas étranger à la décision prise soudain par l'inculpé. »

A la maison, nous nous interrogions en vain sur ce mystère, lorsqu'une double convocation fut apportée : l'une pour Hélène, l'autre pour moi. Nous devions nous rendre sur-le-champ au bureau du juge d'instruction. Nous avons dû entrer l'un après l'autre : Hélène la première, et quand elle ressortit, j'entrai à mon tour sans qu'elle eût pu me parler.

— Vous étiez avec votre frère, le jour de la Libération ? me demanda le juge. Vous souvenez-vous d'avoir vu les nommés Léonard et Loulou près de vous ? Se sont-ils disputés avec votre frère ?

Les filles tondues, épaves que pousse devant elle la foule haineuse, les deux truands se jettent sur elles, les lourdes pattes de Léonard tordant les seins d'une des malheureuses, François qui vole au secours de la prostituée.

— Léonard et Loulou ont menacé votre frère ?

— Dargan a-t-il vu la scène ? Qu'a-t-il fait ?

Le Vieux sur sa Jeep se retourne : un signe de sa main, et les deux brutes lâchent les filles, s'éloignent de nous. Ce regard qu'ils lancent à François.

Le juge a refusé de me dire ce qui, dans la nouvelle déposition faite par Dargan, motivait ces questions.

A Hélène il avait demandé de rapporter une fois encore l'algarade dans le maquis, lorsqu'elle-même et François arrachèrent les prisonniers autrichiens à Léonard et à Loulou.

— Que faisaient ces hommes quand votre mari et vous-même leur avez ordonné de laisser la vie sauve aux prisonniers ? Ils vous injuriaient ? Comment ? Ainsi ils vous ont traité de collaborateurs, d'espions, et puis ? est-ce tout ? Je veux dire, avez-vous pu craindre pour vous, pour votre mari ?

— Ils ont armé leurs mitraillettes. Ils nous en menaçaient.

Hélène non plus ne put savoir du juge ce qu'avait pu dire le Vieux.

Ce même jour, Mᵉ Ladmantie vint nous voir. Il était si abasourdi qu'il en oubliait ses habituels effets de voix et de manchettes. Son client — incroyable, hein, impensable ! — Dargan avait fait des aveux complets, enfin, des aveux. Que s'était-il passé ? Allez savoir. Votre témoignage, madame, vos paroles l'ont bouleversé, alors que s'est-il passé en lui ? Il a voulu voir le juge. Et... aussitôt, la mort de ses lieutenants, il a reconnu que c'était lui qui... parce que... en état de légitime défense.

L'avocat, tout rouge, balbutiait. Il ne parvint pas à nous en dire davantage sur la confession du Vieux. Mais, comme je le reconduisais à sa voiture, après s'être assuré qu'Hélène et Betty étaient restées dans la maison, il me serra le bras.

— Savez-vous ? Il dit n'avoir fait que rendre justice. Il connaissait certains de leurs crimes, d'autres il les ignorait, il ne s'était pas résigné à se séparer d'eux parce qu'il pensait qu'ils seraient plus nuisibles encore loin de lui que sous son contrôle. C'est ce qu'il a dit, il a signé sa déposition. Et puis, le jour de la Libération, quand les maquisards défilaient dans la ville...

Mᵉ Ladmantie semblait observer une éraflure sur la portière de son auto.

— Voilà, il y a encore eu à ce moment une dispute entre votre frère et les deux hommes, n'est-ce pas ? Un peu plus tard, quand des coups de feu ont éclaté, sans doute tirés par des miliciens, dans la panique, Dargan a vu Léonard et Loulou s'avancer vers votre frère : ils l'ont... ce sont eux qui l'ont tué.

Il m'a fallu apprendre cette « vérité » à ma mère, à Hélène. Il me semblait que mon frère mourait une seconde fois, que j'assistais à son assassinat, que j'en étais responsable. Et pour ma mère aussi, et pour Hélène, François de nouveau agonisait, loin d'elles, dans la rue que tachait son sang, et derrière lui les meurtriers, en riant, rechargeaient leur revolver.

Lorsque je voyais Sylvie s'occuper de mon fils, jouer avec lui à la sœur aînée, à la petite maman, je restais immobile, plein d'une adoration silencieuse : notre existence, pensais-je, celle d'Hélène, celle d'Elisabeth, la mienne, pouvait être blessée, déchirée, peut-être se ternirait-elle encore, peut-être ne saurions-nous pas empêcher la grisaille, la monotonie quotidienne de toujours plus l'envahir, pourtant Hélène, Elisabeth, moi, et même François dans sa mort, nous étions sauvés, nous avions gagné, quelle que fût notre apparente défaite, puisque vivait, rayonnait devant nous ce minuscule, ce merveilleux couple fraternel de nos enfants.

XXXII

Le procès reprit. Le ton du magistrat, celui de la presse également se faisaient moins durs, à l'exception de mon journal dont les articles devenaient chaque jour plus hargneux, comme si l'équipe politique qui le dirigeait s'affolait en voyant la proie, qu'elle croyait bientôt abattre, sur le point à présent de lui échapper. Dargan révéla qu'il n'avait pas eu le courage de tuer lui-même ou de faire fusiller sur-le-champ les deux tueurs après leur crime, parce qu'il craignait alors de ternir cette journée de la Libération, de jeter sur la victoire du maquis une ombre en rendant publique l'infamie de certains de ses hommes. Au contraire, la ville en accusant les miliciens de la mort de François faisait de celui-ci l'ultime symbole de l'héroïsme de la Résistance. Le Vieux ne s'était pas senti le droit de détruire cette image.

Mais voilà que les deux truands s'apprêtaient à commettre d'autres crimes. Comme il s'était dressé contre eux, ils avaient tenté de le tuer. Alors... il avait tiré...

« Un mensonge de plus sur un crime de plus, proclamait mon journal. Dargan nous a appris qu'il fallait ajouter encore un assassinat à tous les meurtres perpétrés par sa bande, sous son ordre ou avec son acquiescement... »

L'auteur de l'article était un jeune homme de mon âge, Durousset. Il passait le plus clair de son temps dans les bistrots aux alentours du journal. Il en sortait si mal en point que la rédaction longtemps le cantonna dans les « chiens crevés ». Puis Durousset adhéra au groupe politique auquel appartenait l'équipe qui, depuis peu, s'était emparée du quotidien. Bientôt, il fut promu au grade de rédacteur en chef adjoint : le procès du Vieux devait lui fournir enfin l'occasion de donner toute sa mesure. Ce matin, je le cherchais dans les bars qu'il fréquentait. On me dit qu'après maints petits verres il était parti pour le journal. Sans doute voulait-il y recevoir les compliments de la direction pour son papier. Je gagnai la salle de rédaction : seul un échotier y griffonnait sur un coin de table. Durousset, me dit-il, devait être dans le bureau qu'il partageait à présent avec le rédacteur en chef. Un instant, j'hésitai à entrer. Enfin, je poussai la porte. Durousset était seul dans la pièce. Bouffi, rougeaud, les yeux globuleux, déjà, à cette heure matinale, il cuvait son alcool.

Il me regarda avancer avec un sourire béat, me tendit la main. Je lui jetai à la figure l'exemplaire du journal.

— Mais... Mais... qu'est-ce qui... qu'est-ce qui te...

Le rouge de sa face s'était assombri.

— Ordure !

— Voyons, yons. Hen... Hen... ri.

Je le giflai. Il leva les mains devant son visage. Au lieu de le frapper, je le pris à la gorge. Il me semblait tenir non pas cet ivrogne mais à travers lui tous les ennemis du Vieux. C'était aussi la gorge de Léonard, la gorge de Loulou que je serrais, que je serrais. A qui appartenait cette face ronde et violette, dont les yeux exorbités se fixaient bizarrement sur les miens ?

Des bras m'ont emprisonné, d'autres m'ont arraché Durousset qui s'affala sur une chaise.

— Décidément, les amis ou les protégés de Dargan ont la main leste pour se débarrasser de qui les gêne.

Le rédacteur en chef ne criait pas ; pourtant, avec les mouvements exagérés de ses lèvres, et cette sueur qui perlait à son front, il me donnait l'impression de vociférer.

Les bras qui tenaient les miens en arrière me lâchèrent. Je me retournai, c'était l'échotier : il avait dû entendre la gifle, ou Durousset avait-il appelé sans même que j'en eusse conscience.

Sans répondre au rédacteur en chef, je sortis. L'échotier me suivit.

— T'es pas fou... Mon vieux, tu l'as échappé belle, enfin je veux dire : Durousset, un peu plus, il te restait entre les mains.

Je filai à la maison. Je voulais me confier à Elisabeth. Elle jouait avec François-Gérard, feignait de se cacher derrière une chaise, derrière la table ou les rideaux de la fenêtre, et soudain bondissait vers l'enfant qui riait aux éclats. Au moment de les prononcer, il me sembla que mes mots n'auraient aucun sens. « Ah ! pensai-je, si Hélène n'était pas à l'hôpital, c'est à elle que je parlerais. » Je quittai la chambre, rejoignis ma mère à la cuisine. De nouveau je gardai le silence : je n'avais pas le droit de la blesser, de rouvrir ses blessures. Je demandai où était mon père. Elle supposait qu'il bricolait dans la cave où était installé un établi. Je l'y trouvai en effet. Je restai un moment à le regarder manier le rabot. Je ne savais plus que dire maintenant. Il s'arrêta de travailler, leva les yeux vers moi, m'observa de nouveau.

— Qu'y a-t-il, petit ?

D'abord, avec des phrases interminables, obscures, je racontai l'article du journal, ma recherche de Durousset, puis, d'un trait, mon arrivée au journal, dans le bureau, la gifle, les propos du rédacteur en chef. Je m'arrêtai sans oser regarder mon père. Tout se mit à tourner autour de moi, la cave et ses fonds d'ombre, l'ampoule électrique au-dessus de l'établi, les rayonnages.

— J'ai failli le... Si les autres ne m'étaient pas tombés dessus, je l'étran...

La main rude, la main douce, la main puissante et tendre, la main du père sur mon épaule. Ma tête qui roule sur sa poitrine. L'odeur de mon père et l'odeur des copeaux de bois.

— Ce n'est rien, petit, tu as bien fait.

Une lettre recommandée de la direction m'a congédié, un chèque y était joint me couvrant du montant des indemnités de licenciement, indemnités auxquelles je n'avais pourtant pas droit, précisait la lettre. Voulaient-ils faire preuve d'élégance ? Ou bien, plutôt, se sentaient-ils gênés des prises de position du journal dans l'affaire, et espéraient-ils m'inciter par leur largesse à me taire ?

Le Vieux fut acquitté. Me Ladmantie, peu de jours après, revint nous voir. Dargan, nous dit-il, bien que sauf, lui paraissait maintenant un être brisé, vieilli comme si les mois de prison avaient été des années, comme si, surtout, il ne pouvait supporter l'échec, la négation de tout ce qui avait été sa vie pendant et après la guerre, comme si de son dur combat ne demeurait que le souvenir de meurtres absurdes.

— Madame, dit ensuite l'avocat à Hélène, je crois bien, vous savez, que Dargan vous doit la liberté, peut-être même sa tête.

Il se tourna vers moi.

— J'ai appris votre mésaventure au journal. Un de mes amis est le principal actionnaire du *Nouveau Messager de l'Ouest*, certainement l'un des plus forts, sinon le plus fort tirage des régionaux. Si vous voulez, je peux lui écrire et vous recommander. A ma connaissance, le *Nouveau Messager* voudrait s'étendre, englober notre département, notre ville, bien que son siège soit loin de chez nous, dans ces conditions, peut-être aura-t-il besoin d'un correspondant ici, à moins que...

Il regardait Elisabeth qui tenait notre fils dans ses bras.

— A moins que ? demanda-t-elle.

— A moins qu'on ne propose à votre mari, madame, d'aller s'installer à la rédaction centrale... Oh ! tout de même, ce n'est qu'à cent, cent vingt kilomètres d'ici.

Me Ladmantie, avant de prendre congé, demanda à Hélène si elle accepterait de lui montrer des portraits de François, si du moins ce n'était pas réveiller en elle des souvenirs trop douloureux. Comme Hélène s'apprêtait à aller chercher des photos dans sa chambre, il la retint.

— C'est plus simple que je vous suive, dit-il.

Quelques minutes plus tard, l'avocat revint avec Hélène puis nous quitta. Dès qu'il fut parti, Hélène éloigna les enfants.

— Le Vieux n'a pas tué Léonard et l'autre pour venger François, dit-elle dans un souffle. C'est ce que vient de m'apprendre Ladmantie. Non, le Vieux se reprochait de ne pas l'avoir fait, mais l'heure était passée, le courage lui manquait. Et puis, un jour, les deux types sont venus lui parler : ils avaient retrouvé la trace de Nicolas Valenkov, ils possédaient aussi la preuce que Villanet et moi l'avions caché à l'asile et qu'il s'en était évadé. Ils voulaient que le Vieux les aide à capturer Valenkov. « Comme ça disaient-ils, la bourgeoisie soi-disant résistante allait en prendre un sacré coup, on verrait un peu ce que c était ce petit toubib descendu à la Libération, et sa femme, des parents et des complices de collabos, des collabos eux-mêmes. » Dargan leur a ordonné d'abandonner cette affaire, ils n'ont rien voulu entendre. Soudain, ils ont sorti leurs couteaux. Dargan était armé, il a tiré... Les jurés ont admis pour lui l'état de légitime défense.

— Mon Dieu, gémit Elisabeth, sans lui, ma pauvre Hélène.

Nous restions tous les trois silencieux, atterrés. Je me tournai vers Hélène : ses lèvres étaient grises, un voile demeurait sur son regard.

— Moi qui ne savais rien ! s'écria soudain ma femme. Ainsi, Hélène, tu as pu t'occuper de Nicolas, tu l'as caché !

Elle me lança :

— Toi, tu étais au courant ?...

Elle était au bord des larmes.

— Hélène, tu n'avais pas, tu n'as plus confiance en moi ?

Hélène la prit par les épaules.

— Bien sûr que si.

— Alors pourquoi ? pourquoi ? Cette menace épouvantable au-dessus de toi, et vous me teniez à l'écart, cette menace, et moi qui ne me doutais de rien.

— C'était bien assez que j'aie pu compromettre Henri puisque je n'avais pas eu le courage, pas la force, de garder pour moi seule le secret. S'il m'arrivait quelque chose, on verrait bien, les policiers, les juges verraient bien que toi, du moins, Betty, tu ignorais tout, tu n'étais pour rien dans cette histoire.

Elle embrassa Elisabeth.

— Ma chérie, ma pauvre chérie, répétait Elisabeth, en caressant de sa longue, étroite main, les cheveux de son amie.

— Et Dargan a connu tout cela, il a pris tout cela sur lui, à ma place. Que pourrais-je faire pour lui, pour lui qu'ils ont démoli, qui est comme mort à présent ? Il est parti, et il a fait jurer à Ladmantie de ne dire à personne, jamais, même pas à moi, ce qu'il est devenu.

— Peut-être, dis-je timidement, le Vieux n'avait pas attendu la prison, son procès, pour commencer à se... à se défaire, à se perdre.

Hélène m'observait avec une attention irritée.

— Je veux dire : ces tueries, ces meurtres d'innocents qu'il n'avait pas su, ou pas pu empêcher dans le maquis, et, pour finir, l'assassinat de François sous ses yeux... Il commandait, il se battait, il triomphait, mais, après la Libération, je me demande, depuis longtemps, en lui-même est-ce qu'il ne devait pas s'effondrer ? C'est ça, s'effondrer.

— Il y a des maisons comme cela, remarqua Elisabeth, magnifiques, et un jour, une tempête, un orage, elles s'écroulent ; on croit que c'est le vent, la foudre, mais depuis des années leurs poutres, leurs fondations étaient rongées. Des maisons, des hommes...

Elle entraîna Hélène jusqu'à la fenêtre. Elle se mit à tapoter d'un doigt sur la vitre.

Elle regardait l'Observatoire. Sans doute songeait-elle que ces murs, ces galeries, cette tour devant elle n'étaient plus qu'un décor vide, et que sa vraie demeure s'était depuis longtemps anéantie.

Un 14 Juillet avec le ciel bleu, la chute lente des grands oiseaux blancs de l'espoir, et cette haine rouge, cette violence rouge, cet appel rouge du bonheur, d'un monde enfin sans monstres, cet appel dans notre sang. Le 14 Juillet 1944. Nous les attendions depuis plus d'une semaine. Viendraient-ils ? Nous apporteraient-ils des armes avant que nous ne soyons massacrés, avant que les Panzerdivisionen ne déchirent le pays, n'incendient les villages, n'égorgent jusque dans nos bras nos femmes et nos enfants. Viendraient-ils avant que ne revînt la bête sauvage, avant qu'elle ne nous entraînât dans son agonie ? Le Vieux avait assuré à François qu'il attendait un grand parachutage, après il pourrait livrer l'assaut à la ville. La musique, la belle musique sombre au fond du ciel bleu, comme si une vague de l'air au loin se mettait à vibrer, puis deux, puis trois, puis dix, puis cent, puis mille, puis cent mille vagues d'air, et le ciel ne fut plus qu'un immense vrombissement, et par vagues les avions déferlaient là-bas au-dessus du mont, puis revenaient et dans leur retour lâchaient les parachutes comme des centaines d'explosions blanches au sommet de l'azur. La musique triomphante peu à peu s'éloignait et les nuages blancs se faisaient oiseaux ou fleurs de neige qui tombaient doucement dans l'air bleu de l'été. Nous regardions du seuil de la ferme. René Desfeuilles trépignait de joie, et par moments, Sylvie s'appliquait à l'imiter. De ma main gauche je serrais le bras nu d'Elisabeth, de la droite celui d'Hélène ; il me semblait que cette joie, que cette chose merveilleuse, sans nom, qui m'envahissait, c'était comme une sève, une double sève qui me venait du bras nu de ma femme, du bras nu d'Hélène et se croisait à travers mes veines ; il me semblait que nous étions un seul être, une seule vie s'élançant dans la lumière. J'aurais voulu que Sylvie fût près de nous, fût contre nous, se fondît elle aussi dans notre chaleur. A un moment je remarquai qu'Hélène posait sa main libre sur l'épaule de mon frère, mais aussitôt je reportai mon regard vers l'horizon où descendait toujours la lente nuée des parachutes. Bientôt une première rangée dut toucher le sol des collines et d'un seul coup les ailes, les fleurs blanches se replièrent. « Ça y est, cria René, les containers, ils vont pouvoir les ouvrir, ils vont pouvoir sortir les armes. » Le second, le troisième rang de parachutes à leur tour atterrissaient. Nous imaginions les courses des maquisards, leurs gestes pour décrocher les containers. Bientôt le dernier vol blanc toucha terre. René affirmait avoir vu les maquisards courir sur la lande. Comment les verrait-il de si loin, et malgré les genêts, les taillis qui font écran à notre regard ? Mais nous les avons entendus quand le vent par bonds se levait et descendait jusqu'à nous, du haut des collines, nous portant leurs cris de joie. Il nous a même semblé : « On dirait... marmonne Desfeuilles, l'index pointé, l'oreille tendue, on dirait, je crois qu'ils chantent. » Je regardai Louise Desfeuilles. Elle ne semblait ni voir ni entendre, ses tendres yeux dans le rêve ; dans les rides de son visage des larmes lentement glissaient. « C'est vrai, a murmuré Elisabeth contre moi, ils chantent. » Nous avons reconnu dans les bouffées de vent tiède des notes de la Marseillaise.

Quelques jours plus tard les femmes ont taillé des corsages dans la soie blanche tombée du ciel et une robe pour Sylvie.

LIVRE TROISIÈME

TERRES PROMISES

PREMIÈRE PARTIE

I

Les pièces, les couloirs sentent la peinture fraîche, les dalles lavées à grande eau. Il y a aussi une odeur à peine perceptible — Hélène et Betty prétendent en riant que c'est chez moi le signe d'une obsession, peut-être même d'une hallucination —, mais je ne saurais l'oublier, et sa présence sape le sens rassurant des autres senteurs : une odeur lointaine, mince trace dans l'air, de réfectoire, d'hôpital, de pensionnat. Pourtant nous sommes logés dans une maison séparée par un jardin puis une vaste cour des bâtiments aux fenêtres grillagées.

Un domestique roux, trapu, vêtu de droguet bleu, arrange des marguerites, des gueules de loups, des glaïeuls dans une poterie. Main dans la main, Sylvie et François-Gérard le regardent faire. De temps à autre, l'homme se recule pour juger de l'ordonnance des fleurs, sourit aux enfants — un sourire lent qui fige ses traits dans la douceur — puis revient à ses fleurs. Ses doigts courts, épais, semblent toucher tiges et pétales avec une sorte de respect effrayé. Lorsque, enfin, il estime achevée sa tâche, il demande aux enfants d'une voix fluette leur avis. Syl tire François-Gérard autour de la table, elle contemple le bouquet, hoche la tête.

— C'est beau, Antoine.

— Beau Toine, fait mon fils en écho, hochant lui aussi la tête.

Le domestique prend un air extasié. Soudain, parce qu'une voix a retenti derrière le mur, ou qu'un pas a glissé dans le couloir, Antoine s'agite, marmonne des paroles incompréhensibles, va chercher dans un coin le balai ou la brosse, se met à frotter le plancher ou les meubles avec fureur.

Hélène entre, commence à dégrafer sa blouse blanche, Sylvie court vers elle.

— Faut pas fâcher Antoine, maman.

— Pas... cher... Toine, crie le petit.

Hélène les regarde, se tourne vers le domestique : tête basse, il balaie, balaie.

— Pourquoi le fâcher ?

Les yeux d'Hélène se posent sur le bouquet, un sourire vient rôder autour de ses lèvres.

— Ah ! je vois, je vois.

Elle fronce les sourcils, les enfants semblent désolés.

— Antoine, votre bouquet est très joli... Mais je vous ai déjà dit que vous n'avez pas à cueillir des fleurs, à moins que Mme Verrier, ou moi, nous vous le demandions... Vous avez dû en mettre du temps encore, pour choisir ces marguerites et ces glaïeuls, pour les arranger... Et pendant ce temps le ménage ne se fait pas tout seul... Et puis si on vous laissait faire, bientôt il n'y aurait plus une seule fleur dans le jardin. Et que dira le Dr Poncet ? Hein ! que dira-t-il ? Vous savez bien que le directeur...

Antoine se penche sur son balai pour fuir l'orage.

— Bon, assez balayé, comme ça... Vous irez voir si tout est en ordre dans les chambres.

L'homme déguerpit. En passant devant Hélène, il lui coule un regard en biais.

Les enfants lui emboîtent le pas. J'ai envie de les retenir dans le couloir où je guettais, surveillant par la porte entrebâillée le fleuriste et son petit public.

J'entre dans la pièce qui sert de salle de séjour meublée de sièges massifs, d'une table carrée, d'un bureau. Hélène absorbée dans la contemplation du bouquet ne prend pas garde à moi. Là-haut, au-dessus de nos têtes, les enfants suivent le domestique, pas à pas, de chambre en chambre.

— Hélène...

— Tiens, vous étiez là... Excusez-moi...

Elle masse ses tempes du bout des doigts.

— J'ai eu une matinée dure. Esther prend son dimanche et Poncet est parti en balade. J'ai dû visiter les deux services de femmes et Maldour m'a demandé de faire un électrochoc... Ouf...

Elle a l'air, en effet, épuisée, les traits tirés, les paupières battantes. Epuisée mais heureuse. Elle s'assied près du bureau, les yeux toujours tournés vers les corolles blanches, mauves et roses.

— Je ne sais pas si Betty est là-haut.

— Elle est peut-être à la pâtisserie, fait Hélène en bâillant.

— Alors les enfants...

— Quoi ?

— Les enfants... Antoine... Ils sont seuls avec...

Hélène rit. Ici, parfois, elle retrouve son rire, ce rire que nous n'entendions plus depuis des années, depuis la mort de François. Les cheveux lisses, tirés sur les tempes, le visage sans fard, la robe droite et grise. Hélène me fait songer à une religieuse — Caroline prétendait entrer dans les ordres, et c'est Hélène qui vit dans cet hôpital psychiatrique avec des airs de nonne, et elle trouve dans cette vie cloîtrée ces accents de gaieté enfantine qu'ont certaines religieuses.

— Décidément, Henri, vous ne changerez pas. Vous savez pourtant qu'avec Antoine les enfants ne courent pas le moindre risque. Il veille sur eux.

— Un homme qui a assassiné sa femme !

Elle garde un sourire un peu dédaigneux : ses lèvres pâles, d'un mauve pâle, fleur épaisse, écrasée, pâlie dans l'ombre.

— Il prenait sa femme pour le diable.

— Hé ! justement, qu'il prenne un jour les petits pour des démons !

— Vous ne comprenez rien aux malades. Il n'y avait que sa femme qu'il pouvait voir comme cela, sa femme en qui il retrouvait d'ailleurs un souvenir, une image angoissante de sa mère...

Depuis qu'il a supprimé cette... cette image du mal, il est délivré... Il pourrait sortir, mais il ne le veut pas... Il a trouvé ici la paix, un monde sans menaces.

Elle se lève, se dirige vers la table, déplace un glaïeul.

— Regardez cette délicatesse dans son bouquet, dans le choix et la place des couleurs, dans la forme... Cela devrait vous convaincre, non ? Ce don, cette sensibilité, cette fraîcheur...

Elle revenait s'asseoir au bureau, tirait sa jupe sur ses genoux.

— Les enfants ne s'y trompent pas, eux. Ils sentent qu'Antoine les aime, je devrais dire, même, les adore... Ils lui rendent son affection.

Par la fenêtre à petits carreaux je regardais vaguement le jardin. Au-delà, la cour plantée de tilleuls, au-delà encore, les terrasses du potager et du verger : des malades en tablier bleu y travaillaient, quelquefois un homme en blouse blanche apparaissait, jetait un coup d'œil sur les jardiniers, puis rentrait dans le long bâtiment qui fermait l'horizon.

C'était dimanche. Dans un instant nous entendrions claquer une portière. Elisabeth arriverait un paquet à la main. Les enfants redescendraient à la hâte, s'exclameraient devant le carton noué d'un ruban rose. Syl voudrait à tout prix savoir quel gâteau sa tante rapportait aujourd'hui de chez Petitjean, le boulanger-pâtissier. Antoine partirait aux cuisines de l'asile ; il en reviendrait bientôt, chargé d'un panier couvert de linge blanc sous lequel on devinerait à leur odeur les gamelles emplies de poulet, de légumes, de viande en sauce. La table où je prendrais place entre Elisabeth et Hélène, Syl à la droite de Betty et François-Gérard à la gauche d'Hélène aurait un air de fête autour du bouquet.

— Le malade de chez Petitjean est souffrant, le patron m'a demandé de te le dire, Hélène.

— Ah ! Il faudra que j'y passe.

— Une angine, je crois... précise Betty.

— C'est toujours la même chose, il veut imiter Petitjean. Quand il vient de se rôtir près du four, il se plante devant la boutique, en plein vent, le torse nu.

Le rire en cascade d'Elisabeth : elle aussi, cette vie de pensionnaire la rend plus joyeuse et plus jeune ; elle aussi se coiffe à présent les cheveux tirés, ne se maquille plus, du moins consent-elle, pour ses chemisiers et ses jupes, à choisir des couleurs — jaune, orange, vert — qu'Hélène s'interdit de porter.

A retardement, trait mince, clair et prolongé, voici le rire de Sylvie.

— Tout nu, tout nu, le fou de Petitjean.

Elle pouffe, la serviette devant son visage, et François-Gérard s'esclaffe à son tour.

— Avez-vous fini ! gronde Hélène. Syl, on ne dit pas : le fou, on dit : le malade.

— Je n'ai pas aperçu la Poncette, fait Betty.

— La Poncette et le Poncet sont de sortie.

— Qu'est-ce qu'elles disent ? s'écrie Sylvie.

— Ça ne te regarde pas, mange. (Hélène se tourne vers Betty.) Tu vois, il ne faut pas les nommer, un jour ou l'autre les petits le répéteront.

Après la guiche et le café, il y aura les pleurs, vite apaisés, de François-Gérard que Betty ira coucher, les protestations criardes de Sylvie, et sa mère, de guerre lasse, acceptera que la petite soit dispensée de sieste. Je prendrai Syl sur mes genoux.

— C'est tous les dimanches la même chose. Henri, vous la gâtez trop. Quand vous êtes là, on ne peut rien en faire.

« Quand vous êtes là... » Leur tarde-t-il que je reparte ? Suis-je donc vraiment de trop ? Comment sont-elles toute la semaine, quand je ne suis pas là ? J'ai dû, malgré moi, changer de mine. Je le devine à l'expression courroucée qui semble priver de regard les yeux d'Hélène, et fait se serrer ses lèvres. Mais Betty revient, s'installe au piano, esquisse une valse, passe à une mélodie.

— Alors Hélène, tu viens chanter !

Maussade encore, Hélène prétexte quelque papier administratif à remplir. Elle prend un dossier sur le bureau. Sylvie sommeille, la tête contre ma gorge.

La voix d'Elisabeth : d'abord quelques notes, espacées, au-dessus des accords du piano, puis mezzo voce comme l'approche timide du chant, de son thème, léger ou mélancolique ; seule de nouveau la musique. Lorsqu'elle pensait se consacrer au théâtre,

Elisabeth a pris des leçons de chant. Roland Marcel le lui conseillait : cela devrait, disait-il, faciliter sa carrière de comédienne.

De loin en loin, Sylvie, sans détacher sa tête de ma poitrine, ouvre un œil, regarde Betty au piano, clôt de nouveau la paupière. Au bureau, Hélène a repoussé son dossier, elle allume une cigarette, contemple son amie à travers les volutes de fumée.

La voix enfin reprend son vol, cette fois ne retombe plus ; tantôt elle plane, oiseau d'or blanc, de duvet neigeux où scintillent des fils d'or, tantôt elle se balance, plonge et remonte, tantôt égrène, brèves, rapides, précises, ses notes comme une pluie de cailloux, comme une gerbe d'étincelles, comme une poignée de fleurs claires — derrière la porte (je l'ai surpris une fois), Antoine doit se pencher, l'oreille contre le bois, la bouche ouverte, rêvant de bouquets sonores. Et s'il croyait un jour que le démon se cache dans cette voix ! Puisse Hélène, puisse sa confiance avoir raison de mes peurs — ces deux femmes et ces enfants, seuls dans la maison avec un fou. J'oublie vite le domestique. Je me laisse porter par cette allégresse du chant, cette joie, même si le lied se souvient de la mort, même si le refrain se fait complainte. Au fond de la voix musicienne, j'entends la voix de ma fiancée, de la jeune actrice : ces mêmes inflexions de la clarté au grave du contralto, de la caresse à la prière ou à l'appel.

La dernière note a cessé depuis longtemps déjà de résonner, lorsque Sylvie se redresse sur mes genoux et applaudit. Betty se tourne vers nous, s'incline plusieurs fois. Les bravos de Syl reprennent de plus belle. Hélène et moi à notre tour applaudissons.

M'a-t-elle pardonné ? Betty, me pardonnes-tu pour cette vie qui n'est pas celle dont tu rêvais : le théâtre, le personnage qui aime, qui meurt, qui tue, la reine, l'amoureuse, la confidente, la tendre, la cruelle, la victorieuse, et ce public et ces bravos qui vous maintiennent sur le piédestal de nuées, qui vous soulèvent au-dessus de l'existence, cette fête, cette fête sous le soleil perpétuel de la rampe ; ta voix faite pour chanter une vie plus forte que la vie, une mort plus forte que la mort.

— Tu viens, Hélène ?

Hélène s'approchait du piano. Elisabeth tapotait quelques

notes. Les deux femmes, comme à l'orchestre s'accordent un instant les violons, tentaient une ou deux mesures, cherchaient la hauteur où leurs voix s'épouseraient, se répondraient : là-haut, courbes de vagues, de collines, vols de mouettes, glissades de ramier, le chant d'Hélène, au-dessous, creux inverses de la houle, angles des vallées, aile sombre qui descend, tournoiement du milan, le chant d'Elisabeth ; et parfois les voix échangent leurs couleurs, celle de Betty monte et prend possession des pays d'écume, d'eau ou de bruyère vers l'élan des oiseaux, celle d'Hélène s'assombrit, se love dans les fonds, s'immobilise au ras de la terre et du ciel, puis c'est l'unisson chaleureux, la double couleur de chaque note, et de nouveau le duo, l'appel, l'écho, les voix qui s'entrelacent, que je ne voudrais plus laisser jamais se quitter ni me quitter.

Je serre Sylvie contre moi. Etonnée, elle lève son visage. A peine ai-je la force de lui sourire. La fête, un air de fête. Mais tout à l'heure, je ne serai plus là, je partirai dans la nuit. Heureuse, travailleuse et sévère, leur vie de femmes cloîtrées, à demi cloîtrées, et le dimanche cet air de fête, mais est-ce pour moi ? est-ce pour fêter mon retour passager ? Et si, un jour, je ne revenais pas ? Tout, je crois, continuerait pour elles comme à présent. Peut-être Elisabeth se mettrait-elle à ressembler encore un peu plus à Hélène, peut-être abandonnerait-elle ses corsages et ses jupes de couleur pour la robe droite et grise. Mais le dimanche, sans doute, l'air de fête, de récréation reprendrait... (Ou bien, Elisabeth, Hélène, découvriraient-elles enfin que j'étais et qui j'étais !)

L'après-midi s'avance. Avec Betty et les enfants, nous partons faire un tour en forêt : le pays est couvert d'amples forêts domaniales où luisent des étangs. Hélène, de garde, ne peut pas nous suivre. Vivre jadis avec toi, mon amour, dans une forêt, vivre attentif à la vie de notre amour, de ses saisons, et des saisons de la forêt. Et c'est maintenant seulement, et pour si peu d'heures, de loin en loin, que nous pouvons nous perdre, faire semblant de nous perdre, parmi les chênes, les hêtres, les érables et les bouleaux, avec cette joie un peu effarouchée des enfants autour de nous. Au bord des étangs nous nous arrêtons, je cherche des cailloux plats que je fais ricocher sur l'eau. François-

Gérard s'émerveille, se dresse sur la pointe des pieds pour mieux exprimer son enthousiasme.

Comme nous reprenons le sentier pour rejoindre la voiture, Sylvie me tire par la main, m'oblige à laisser Betty et mon fils avancer seuls sur le chemin.

— Je ne veux pas, dit la fillette en regardant le sol.

— Tu ne veux pas quoi, Syl ?

— Je veux que tu restes, avec nous, à la colonie.

Les gens du pays appellent ainsi l'asile, peut-être parce qu'il fournit aux fermes ces pensionnaires qui travaillent la terre, gardent les troupeaux, font la moisson, véritables colons en effet. Et moi je pense quelquefois qu'Hélène et Betty sont bien dans une colonie, en terre étrangère, à la fois dévouée et hostile, avec ces malades qui les servent comme des esclaves.

— Mais Syl, je suis obligé de retourner travailler à mon journal. Il faut que je gagne de l'argent pour ta tante et pour François-Gérard.

— Ton journal, tu l'apportes avec toi.

— Ce n'est pas possible. Vois-tu, je travaille dans la maison, dans les bureaux où l'on fabrique le journal.

Elle ne lâche pas ma main, contemple obstinément le sol.

— Pourquoi tu le fais pas fabriquer chez nous, par les fous ?

Lorsque nous rentrons, pendant le goûter des enfants, il me semble lire, dans le regard qu'Elisabeth tourne vers moi, le même regret qu'exprimait Sylvie. Pourtant elle ne l'avouera pas ; elle n'oserait, elle qui a décidé de rejoindre Hélène ici, de partager la vie de son amie plutôt que la mienne. D'ailleurs la mélancolie des yeux est bien vite effacée, il suffit qu'Antoine vienne demander les ordres pour demain ou qu'Hélène parle de courses, de promenades, de travaux ménagers qu'ensemble elles feront dans la semaine. J'ai alors l'impression, en les entendant discuter des jours à venir, des moments de leur existence auxquels je ne serai pas associé, de leur devenir peu à peu invisible, d'être déjà absent de cette maison, de ce groupe des deux femmes et des enfants qui se replie chaudement sur lui-même pour se préparer à franchir la nuit, où dans un instant je vais disparaître.

L'heure sonne, après le dîner, où il faut embrasser une dernière fois les enfants, poser un baiser sur le front d'Elisabeth, cependant que nos regards s'évitent. On entend dehors le moteur de la voiture, Gustave le chauffeur ne l'a pas arrêté : c'est que nous aurons tout juste le temps de faire les quarante kilomètres qui nous séparent du chef-lieu, je prendrai là-bas au passage le Genève-Bordeaux, il me laissera vers minuit dans la ville où je connais l'exil.

Dans le noir, couchés côte à côte, nous ne trouvons pas le sommeil. Du moins j'arrive, immobile, mesurant mon souffle, à feindre de dormir, cependant que Betty se tourne, et se retourne, et que je crois sentir son dépit ou sa colère dans ces sursauts de son corps comme dans sa respiration irrégulière. Pourquoi ne la prenais-je pas dans mes bras, même si d'abord elle protestait, même si elle se débattait. Pourquoi jamais ne saurais-je, ne pourrais-je m'arracher et arracher ma femme à cette réserve entre nous, insidieuse, destructrice, où les gestes comme les mots, l'amour comme le désir semblent s'enliser, se glacer, demeurer interdits. Nous ressemblons à deux êtres que la peur paralysent sans peut-être que les autres ni eux-mêmes s'en aperçoivent. Ils vont et viennent, parlent, sourient, discutent, ils vivent, ils vivent en apparence mais le sang se fige en leurs veines, mais leur cœur bat à peine. De quoi donc avons-nous peur ? En silence, au fond de moi-même, rien qu'au fond de moi-même, j'ai crié « Elisabeth » ; je savais que je voulais, que je devrais l'appeler et la serrer dans mes bras, et la maintenir de force sous mon étreinte si elle tentait de me repousser, et pénétrer sa chair, même malgré elle, la pénétrer de ma chair, la pénétrer de mon appel, de mes paroles : « Elisabeth, pourquoi avons-nous peur ? Toi, tu as peur d'être aimée, tu fais de ton mieux sans cesse pour esquiver, pour étouffer le moindre signe de tendresse ou le désir s'il s'éveille en moi. Sans doute m'aimes-tu, sans doute as-tu besoin que je t'aime, mais il ne faut pas que tes yeux, que ton cœur, que ton corps le sachent, tu ne le leur permets pas. Quant à moi, je dois avoir peur de t'aimer, peur alors de ne plus m'appartenir, d'être désarmé et voué ainsi à une souffrance que je ne pourrais plus soutenir si jamais, comme autrefois dans notre jeunesse, je croyais te perdre. Réveille-toi, Betty, réveillons-nous avant qu'il ne soit trop tard — mais n'est-il pas, déjà, trop tard ? ne sommes-nous pas définitivement murés en nous-mêmes par notre crainte ? ne sommes-nous pas pareils à deux statues, à deux gisants dont les cœurs en vain continueraient à battre sous la pierre, à jamais séparés malgré l'amour celé en chacun d'eux ? — réveille-toi, sortons de cette nuit où nous nous sommes terrés, sinon c'en est fait de nous, ces deux angoisses ennemies et complices vont creuser entre nous un tel abîme que plus rien ne saurait le combler ! »

Je me tais. A mes côtés, Elisabeth doit songer que je dors, et son irritation contre moi doit s'exaspérer encore de la pensée que malgré ses reproches ou ses plaintes aucun regret jamais ne me tourmente, aucun trouble, comme le prouvent cette paisible indifférence, ce sommeil qu'elle envie peut-être, et méprise.

II

Après les révélations du Vieux sur la mort de François, après mon renvoi du journal, Elisabeth, Hélène et moi-même n'avons plus eu le courage d'affronter notre cité natale : les choses et les êtres que si longtemps nous y avions pris pour signes, témoins ou alliés de notre jeunesse nous paraissaient n'avoir été que pièges où s'étaient préparées nos défaites.

Hélène partit d'abord avec Sylvie. Grâce au Dr Villanet, elle était engagée comme interne à l'hôpital psychiatrique d'Aulnes-les-Tours. Elisabeth, privée de la présence courageuse de son amie, et François-Gérard, de celle de Sylvie, semblaient deux plantes auxquelles soudain la lumière est enlevée, et qui fléchissent sous le poids de leurs propres tiges.

La recommandation de Me Ladmantie me fit engager comme

reporter au *Nouveau Messager de l'Ouest*. Parti en éclaireur dans la ville où siégeait la direction du journal, je ne tardais pas à trouver aux abords du fleuve, dans un pavillon délabré qu'un jardin à l'abandon séparait de la rue, deux pièces meublées. Elisabeth m'y rejoignit sans notre enfant. Pour le faire venir, disait-elle, il nous faudrait attendre d'avoir un appartement à nous. Elle ne pouvait se résoudre à faire vivre François-Gérard dans cette maison vétuste, parmi ces meubles d'emprunt ; elle craindrait que cela ne fût malsain pour lui, d'autant plus que les brumes du fleuve seraient, prétendait-elle, nocives à ses bronches. Malgré les recherches qu'elle entreprenait du matin au soir, explorant quartier par quartier, et malgré l'appui que je trouvais auprès de mes collègues et du rédacteur en chef, les semaines passaient sans que pointât l'espoir de dénicher cet appartement où notre vie connaîtrait une nouvelle étape : il eût fallu acheter dans des immeubles en construction ou consentir à de substantielles reprises, nos moyens ne nous le permettaient pas. Quand je rentrais du journal, je trouvais Elisabeth encore tout excitée de ses vaines courses à travers la ville.

Ensuite, cette fièvre de la fatigue, de l'espoir déçu et de l'espoir renaissant, disparut. Dans ses lettres, ma mère nous affirmait que François-Gérard se portait bien. Elisabeth s'alarmait. « Nous voulions que son fils l'oublie. Nous avions laissé sa jeunesse se perdre — « nous » c'était ma mère et moi. Nous nous moquions pas mal qu'elle fût séparée d'Hélène, qui lui était plus qu'une sœur, de Sylvie qu'elle aimait comme sa fille, de François-Gérard enfin. »

— Ecoute Betty, je t'assure, nous allons, nous aurons forcément l'appartement que tu souhaites, en attendant prends François-Gérard avec nous, il ne sera pas si mal que tu imagines, il ne sera pas en danger... Ou alors, que veux-tu, retourne auprès de lui...

Elle hésitait un moment, regardant le papier fané sur les murs ou jetant un coup d'œil par la fenêtre sur le fouillis du jardin.

— Tu ne peux plus me supporter, n'est-ce pas ? Tu m'as aimée autrefois, peut-être, parce que je te paraissais prête à t'échapper, parce que tu étais jaloux de la vie que je pouvais mener sans toi... Maintenant, je suis bonne à aller m'enterrer avec ma belle-mère pendant que tu mèneras l'existence qui te plaît, pendant que tu voyageras pour ton journal ! Eh bien je ne suis pas Pénélope !

Un soir elle me déclara, avec une sorte de froide colère, qu'elle venait d'écrire à Hélène, que sa décision était prise : elle irait vivre auprès d'Hélène, à l'asile d'Aulnes-les-Tours, il y aurait place pour elle et pour François-Gérard. Sa voix ensuite se fit plus douce, son corps perdit sa raideur ; manifestement elle était décontenancée par mon mutisme, alors qu'elle avait dû s'attendre à des menaces ou à des prières.

— Tu verras, il paraît qu'Hélène est très, très bien, là-bas. Nous aurons de l'espace. Pour les enfants, le grand air, le jardin, ce sera idéal ; le pays est beau, des forêts, des étangs.

Elle me coula un regard interrogateur, elle demeurait aux aguets mais pressentait déjà la victoire.

— Tu verras. Il y a des trains commodes, enfin assez, tu pourrais venir le samedi, le dimanche ; on irait te chercher en voiture à la gare.

J'allais rester seul dans cette ville qui ne m'était rien. Bientôt, je serais au milieu de la vie et je ne posséderais que la solitude avec une apparence de foyer au loin. Mais non, j'allais retrouver Sylvie et François-Gérard, j'allais retrouver Hélène, j'allais retrouver Elisabeth qui redeviendrait elle-même, qui me reviendrait quand la présence d'Hélène et des enfants lui redonnerait son espace, sa lumière, son temps, sa plénitude. Après tout, l'homme est nomade, pourquoi ne serais-je pas nomade, ce qu'il lui faut c'est ce havre, cette femme, cet enfant, où revenir. Mais serais-je attendu, espéré ? Par Sylvie peut-être et par mon fils, oui, mais par Betty ? Accepté, toléré. Peut-être attendu, et, présent, toléré. Et par Hélène ? Je n'ai pas à me préoccuper d'elle, je n'ai pas à me demander, si elle m'attend. Je vais revoir Hélène.

Elisabeth partit chercher François-Gérard puis l'emmena avec elle à Aulnes-les-Tours.

La journée, tant que je vaquais à mes occupations, quelqu'un à ma place accomplissait les gestes, prononçait les paroles nécessaires. Cet intrus ne me permettait guère de penser qu'il agissait. Le soir, je ne trouvais pas le courage d'aller au restaurant, au café, au cinéma, j'aurais ainsi prolongé le règne de l'automate.

Au lieu de cela, je gagnais la berge, marchais longtemps près des péniches et des chalands amarrés. Quand je me retournais je voyais très loin, après une lourde masse noire où luisait çà et là le fleuve, le semis des lumières de la ville ; j'avais l'impression du nageur qui, au large, perd le souffle et se demande s'il aura jamais la force de regagner la côte. Je rebroussais chemin, hâtais le pas. Je sentais peser sur moi la nuit hostile, par bouffées, l'odeur fade du fleuve m'enveloppait. J'allais vite, pourtant la ville, là-bas, me paraissait toujours aussi lointaine. Je ne reconnaissais la grille, le jardin, la maison qu'au moment où j'y atteignais, surpris alors d'être déjà arrivé.

Dans l'appartement, j'allumais toutes les lumières, affrontais la laideur des meubles dans la chambre. Je n'avais pas vu leur forme, leur couleur quand Betty était là (les avais-je jamais regardés ?). Je les haïssais maintenant ; s'ils avaient été moins laids, Elisabeth peut-être ne se serait-elle pas enfuie ? Je savais bien que si, mais j'avais besoin de m'en prendre aux choses, de les interposer entre moi et l'image de mon abandon. Elle m'a abandonné comme jadis, lorsqu'elle était partie à Paris pour rejoindre... Elle ne m'aime plus, elle ne m'a jamais aimé. Est-ce que je l'aimais encore ? Sans doute l'aimerais-je toujours. Aimé ? pas aimé ? Cela n'a pas de sens. Il y a des souvenirs et puis il y a cette ampoule nue, sa lumière sèche dans la cuisine où je me tiens, il y a cette chaise sur laquelle je suis assis, stupide, où un homme est assis, et devant lui cette autre chaise, comme un animal, quatre pattes raides, sombres, ce ventre pâle, large, de paille jaune, ce buste, ce squelette, ces barreaux sombres du dossier, les jambes écartées, le ventre obscène, la raideur menaçante du buste ajouré. Ainsi toutes les nuits, l'homme stupide, assis au centre de la cuisine sous l'ampoule nue, face à la chaise, et les gorgées, les hoquets des souvenirs en lui qui font leurs tourbillons où parfois il s'engloutit ; quand il émerge de nouveau, il contemple la chaise devant lui, toute la nuit, interminablement, ainsi jusqu'à ce que filtre une lueur à la fenêtre qui donne vers la campagne, vers l'est, ou bien jusqu'à un tressaillement de fatigue, de froid, et l'homme sent qu'il va s'écrouler s'il attend encore un peu plus ; alors il s'arrache à la chaise péniblement, à celle avec laquelle, le dos collé au dossier, les jambes collées aux pieds de bois sombre, il se sentait par moments confondu, et à l'autre, devant lui, qui le fascinait, simulacre d'homme ou de dieu morts, et il se hasarde jusqu'à la chambre qui l'épouvante, se jette sur le lit.

Ainsi des jours, des semaines, des mois. Ensuite, le havre du samedi et du dimanche à Aulnes-les-Tours put me donner un sentiment de bonheur plus fort que je ne l'avais jamais connu : la présence d'Elisabeth et d'Hélène, la présence paisible et la vie, l'amour questionneur des enfants. Je sentais pourtant à chaque instant, je savais que ce bonheur n'était pour moi que l'image passagère et brève du bonheur qui aurait pu être, mais je m'efforçais, je parvenais à me sentir comblé. Le trajet en voiture, la nuit, jusqu'à la gare, me replongeait dans mon amertume. Tout de même, le creux à franchir se faisait un peu moins redoutable ; le lundi, demeurait encore sur moi, en moi, la couleur familière des jours passés près des femmes et des enfants, mes yeux gardaient en eux le regard qu'avaient eu Sylvie ou François-Gérard pour m'accueillir ou m'appeler dans leurs jeux, sous ma paume se dessinait la nuque d'Elisabeth, je l'avais ainsi tenue dans ma main alors que nous montions à notre chambre où quelque bouquet d'Antoine nous attendait, ou bien au détour d'un sentier en forêt (et les enfants couraient devant nous, impatients de découvrir, clair au milieu des chênes, l'étang).

Le vendredi, toutes mes pensées s'orientaient vers l'heure du départ. Au milieu de la semaine, quand je retrouvais l'insidieuse saveur du vide, j'essayais, pour me sauver, de me convaincre de ma chance : n'en était-ce pas une que de connaître ainsi ce renouvellement fidèle de la rencontre ? Plus désirable encore la vie d'être morcelée, de ne laisser approcher ceux qu'on aime qu'après une distance, d'effacer le périlleux enlisement de l'habitude. D'autres fois, au contraire, me poignait l'évidence de cette existence mutilée. Puisque ainsi le voulait Elisabeth, ne devais-je pas en tirer les conséquences, achever cette rupture que ma femme provoquait tout en conservant d'elle à moi ce lien absurde, douloureux, qui me maintenait — et pourquoi ? pour rien — sous son emprise ? Ni elle ni moi n'étions religieux, en tout cas nous l'affirmions, pourtant, si je tentais de nous imaginer enfin tout à fait séparés, libres — délivrés ? l'un de l'autre —

cette sensation d'effroi qui m'avait chaque soir terrassé après le départ de Betty et que je sentais toujours rôder autour de moi, de nouveau se plaquait contre ma gorge, contre mon ventre. Ce n'était plus alors pour moi seulement que j'éprouvais cette peur, mais pour Elisabeth, pour nous deux. Mariés, quelque précaire que fût ce mariage, à travers lui, au-delà de nos erreurs, de nos blessures, veillait le songe pour moi du couple uni que nous aurions pu être ; séparés, nos erreurs, nos blessures s'avoueraient mortelles ; tant d'années, tant de déchirements et d'espoirs, et surtout cette promesse de notre jeunesse, cette promesse à laquelle nous avions cru l'un et l'autre, l'un pour l'autre, tout cela d'un trait serait annulé. Et notre enfant, notre fils, et Sylvie, comment oser détruire cette image unique qu'ils aimaient de nous deux, sur laquelle ils s'édifiaient, sur laquelle plus tard se jouerait leur propre vie. La détruire, ce serait les détruire aussi.

Pour échapper à la solitude, la force m'était venue de sortir le soir en ville, et non plus dans le désert nocturne de la berge. J'acceptais les invitations à dîner chez les industriels, les sportifs, les universitaires, les notables que j'étais amené à interroger pour mes reportages, ou j'allais au cinéma ; ensuite, quand j'affrontais de nouveau la nuit de la ville, si je connaissais un instant de vertige, j'y mettais fin en prenant quelque alcool dans le bar le plus proche. C'est ainsi que je fis un soir la connaissance de Clara.

Je venais de voir un film. Je n'avais pas le courage de revenir dans ma tanière au bord du fleuve. Dans le bar, où j'entrai, une voix joyeuse m'a nommé. J'ai eu du mal à reconnaître Chambaud, un fabricant de papier que, récemment, j'avais interviewé sur l'avenir de son industrie. L'homme, grand, corpulent, aux gros yeux bruns, parlait fort au milieu d'un groupe d'amis. Leurs compagnes me parurent belles, élégantes, insignifiantes, empressées autour de Chambaud.

Elégante comme elles, mais d'une autre manière (elle portait un ensemble sport, vert amande, à côté de ses amies décolletées et parées), la femme de Chambaud m'étonna. Dès que je l'eus regardée je sus que je n'oublierais plus son profil mince ni cet air éperdu qui transparaissait parfois sous l'expression ironique. L'industriel et sa femme cherchaient à scandaliser : ils affichaient un cynisme, une liberté que me semblaient démentir ces brefs regards inquiets glissant sur les yeux gris-vert de la jeune femme. Le corps fragile et provocant, la masse blonde des cheveux, ce ne furent pas ces charmes qui, dès cette rencontre, me retinrent, mais ce que je pressentais de désarroi, de solitude sous les jeux et les rires, et que je croyais lire non seulement dans les yeux, mais encore sur la bouche longue, sans fard, dans le mouvement qui rejetait parfois la tête en arrière ou la tournait sur le côté comme pour esquisser une fuite. Ce qui m'attirait dans cette jeune inconnue, n'était-ce pas l'écho de ma propre détresse ?

Après plusieurs cognacs, Chambaud me fit promettre de venir dîner chez lui. Il me donnerait, disait-il avec une emphase comique, les clés de la ville, et je serais alors « le journaliste numéro 1 », grâce à mon talent et à ces clés.

— Les clés de quoi ? demanda sa femme en plissant les yeux.

— Ma chère Clara vous n'écoutez jamais, répondit Chambaud. Il prit une expression méprisante cependant qu'il ajoutait :

— Peut-être la clé des cœurs... peut-être la clé des champs.

Dans ma ville natale, pour arriver jusqu'aux gisants, je traversais le jardin botanique, j'aimais lire sur les plaques le nom des plantes, des fleurs, des arbustes qui jalonnaient les allées : bruyère vagabonde, bruyère d'Ecosse, indigotiers de l'Himalaya, cornouiller blanc de Sibérie, azorella des îles Kergelen, desmodium du Japon, oléaire de Haast, amélanchier à feuilles rondes d'Amérique. Aux premières heures du printemps, la grosse violette cornue, l'anémone de Grèce, la jacinthe romaine, la petite jacinthe du Caucase blanche à raies bleues, l'iris réticulé de Perse marquaient de leurs signes précieux mon chemin vers le tombeau. Il me semblait que ces plantes, ces arbustes étaient des messagers venus des confins du monde porter offrande de corolles, de bourgeons et de feuilles au couple des pèlerins miraculeux.

Le tombeau lui-même entouré de gravier ocre était

cerné d'un peuple pétrifié sur les pierres tombales, les chapiteaux, les sarcophages. Des lions de granit, un grand, deux petits, veillaient, le mufle posé sur les pattes de devant, non loin d'un Jupiter nu, décapité, l'aigle à sa droite. Sur un mur, à mi-hauteur, deux visages de jeunes femmes se penchaient qui contemplaient, avec un air de tendre mélancolie, l'époux et l'épouse endormis côte à côte dans la mort.

III

Le Dr Poncet croyait, conformément à son titre, diriger l'hôpital psychiatrique. En fait c'était sa femme, Amélie Poncet, une boulotte, courte sur pattes, mal vêtue, mal peignée, qui tenait les rênes. Elle adopta d'emblée Hélène, puis Elisabeth, et s'empressa de les mettre en garde contre le Dr Maldour, « un vieux garçon, un tartufe qui donnait dans la religion », et qu'elle soupçonnait de s'attaquer aux femmes bien volontiers... « Ainsi, elle, si elle avait voulu... » Quant à Esther Zarev, qui occupait le pavillon voisin de celui d'Hélène, Amélie Poncet préférait, disait-elle, n'en point parler. Elle ne lui pardonnait pas sa réserve toujours polie sur laquelle elle ne savait comment avoir prise, cette distance que la collègue d'Hélène maintenait, avec une parfaite courtoisie, entre sa liberté et les vaines tentatives conquérantes de la boulotte. Ne sachant trop qu'inventer contre une femme si discrète, Amélie Poncet prenait des airs mystérieux pour laisser entendre que cette Esther... enfin, par charité, mieux valait n'en rien dire. Parfois, cependant, n'y tenant plus, elle soupirait : « Cette pauvre demoiselle... Vous savez, vous verrez, bien des psychiatres ne sont pas comme vous, chère madame Hélène, comme mon mari, des savants, non, beaucoup, hum ! sont... des malades. »

Hélène et Elisabeth auraient voulu envoyer les Poncet au diable, mais le docteur Villanet avait mis Hélène en garde : il lui fallait supporter les mesquineries agressives d'Amélie Poncet, sans quoi, Poncet lui rendrait la vie impossible ; qu'elle patiente : Poncet demandait son changement de poste au ministère, il ne devrait plus être pour longtemps à Aulnes-les-Tours où il avait totalement échoué, n'apportant aucune des réformes, aucun des progrès que les médecins de sa génération imposaient peu à peu dans les hôpitaux psychiatriques.

Hélène, justement, brûlait d'améliorer le service des femmes, de rénover les locaux et les soins, de donner aux malades le sentiment d'une vie amicale au lieu de la promiscuité dégradante qui était leur lot et les rendait pareilles à des voleuses ou des criminelles jetées en prison. Pour obtenir cela, force lui était de convaincre d'abord Amélie Poncet puis, par elle, le mari directeur.

Je maudissais, quant à moi, ces fausses amitiés lorsqu'elles me contraignaient, certains dimanches, à accompagner Elisabeth et Hélène chez les Poncet pour le déjeuner ou le thé, ou à recevoir le ménage au pavillon.

— Et vous imaginez, chère madame, cher monsieur, quelle charge pour mon mari, quelle charge écrasante, heureusement chère madame Hélène que mon mari peut entièrement compter sur vous pour le service des femmes, sans cela.

— A propos, essayait de dire Hélène, ne croyez-vous pas, une peinture nouvelle dans la salle des mélancoliques, des boxes, il suffirait de rideaux de cretonne...

— Bien sûr, bien sûr, faisait le directeur. (Puis, après un silence :) Vos mélancoliques, vous comprenez, question de glandes, la couleur des murs ou des rideaux aucune importance. Et puis, vous vous rendez compte, une soixantaine de ces femelles, c'est tellement plus simple pour les surveiller, un seul grand dortoir sans séparations. Vous oubliez que nous manquons de personnel.

— Dire qu'avec Esther Zarev, nous confiait ensuite Hélène, nous pourrions apporter tellement d'amélioration.

Esther Zarev était de quelques années l'aînée d'Hélène et de Betty. Petite, brune, la peau très blanche, ses yeux immobiles, si sombres, leur regard vous pénétrait, mais avec une telle douceur ; et sa voix lente, frêle, ressemblait à son regard. (Esther Zarev, un sourire qui glisse dans mon souvenir, comme elle paraissait glisser, discrète, souriante, là-bas, dans le jardin, dans son pavillon, ou dans la salle de séjour d'Hélène ; nous la regardions, nous l'écoutions, et nous nous sentions apaisés, attentifs, meilleurs ; les enfants eux-mêmes connaissaient un calme inhabituel.)

— Elle est fantastique, disait Hélène. Dès qu'elle entre, le matin, dans le service des femmes, il y a d'abord une rumeur plus forte, un degré de plus dans la fièvre, les malades vont vers elle, d'autres se dressent sur leur lit, appellent, Esther s'arrête, tourne lentement sur elle-même comme si à chacune elle donnait son regard, plus que son regard, et le bruit diminue, se fait murmure...

Une expression de rage contenue s'emparait du visage d'Hélène.

— Avec elle, avec Esther, je pourrais faire des choses, elle voudrait changer ce vieil hôpital, de fond en comble, donner le plus de liberté possible à chaque malade, le traiter avec respect, avec amour, que les femmes puissent s'habiller selon leur goût, qu'elles puissent trouver des occupations à leur convenance. Nous ferions appel au sens maternel qui demeure chez certaines, nous leur confierions d'autres malades plus jeunes ou plus faibles qu'elles. Tant de ces pauvres femmes auraient besoin d'être mères ou de trouver une mère.

Hélène redevenait rêveuse pour répéter :

— Oui, de trouver une mère.

Sa colère intérieure resurgissait.

— Et avec ce crétin de Poncet, rien, nous ne pourrons rien faire, ou si peu.

Les parents d'Esther étaient morts déportés : un peu de cendres et de fumée dans un four crématoire. Jamais elle n'en parlait. Jamais elle ne se plaignait de sa solitude. Seuls les autres paraissaient compter à ses yeux. Elle n'appelait pas les confidences, elle ne se mêlait pas de notre vie, et pourtant, à peine avais-je passé trois ou quatre après-midi de dimanche en sa compagnie : soit qu'elle vînt à notre retour de promenade prendre le thé avec nous, écouter le chant d'Elisabeth ou travailler avec Hélène, soit qu'elle nous accompagnât dans la forêt, que, déjà, elle connaissait, me semblait-il, l'essentiel de ma vie. Je m'arrangeais pour rester près d'elle en arrière de Betty, d'Hélène, des enfants qui filaient sur le sentier conduisant aux étangs. Je lui parlais de la folle sur la tour de l'Observatoire, d'Emilie, du quincaillier, de

Théo. Sur chacun de ces êtres qu'elle n'avait pas connus, elle me disait quelques mots qui me faisaient mieux les comprendre et mieux les aimer encore. Je vais lui parler d'Elisabeth, pensais-je, il suffira que je lui dise : « Ma femme et moi, vous savez, notre vie n'est pas, sans doute, elle n'est pas tout à fait ce qu'elle, ce qu'il faudrait... » Au lieu de cela, j'évoquais le souvenir de Grimari ou de Guillaume.

— L'amour, ce que nous appelons amour, murmurait la voix fluette, savons-nous même ce que c'est... Dès notre naissance nous commençons à aimer ce qui est souffrance et joie, si aisément l'une ou l'autre, l'une et l'autre : la chaleur, l'odeur, le toucher, le rire et les voix, la peau, le lait, la toute-puissante présence de la mère, la moindre ombre, la moindre absence et ce paradis se change en enfer, en épouvante la béatitude, c'est la nuit, la terreur, la faim. Pensez comme on est déjà, déjà, comme on peut être perdu.

Je vais lui parler de Clara — le regard, le mouvement de tête de Clara, son air d'enfant perdu, ce danger que nous pouvons, que nous allons être l'un pour l'autre, je vais parler de Clara, de cette déroutante chimie en elle de cynisme et de détresse.

— Est-ce que... Elisabeth vous a-t-elle parlé de sa sœur, Caroline, la cadette, celle qui voulait se faire nonne ?

Le dimanche soir, lorsque venait pour moi l'heure du départ, l'immobile visage d'Esther Zarev me redonnait courage, si elle était alors auprès de nous. Elle s'arrangeait pour évoquer des détails de la journée qui s'achevait, de la promenade que nous avions faite, tel moment du chant d'Elisabeth, telle couleur qu'avait eue le ciel entre les branches de la forêt, tel jeu des enfants, afin de nous donner l'impression, de me donner à moi le premier, pensai-je, qui allais partir, l'impression que ces quelques heures si simples étaient inépuisables, qu'il suffirait que je sache me les remémorer, les revivre dans chaque humble mais merveilleux instant, comme elle le faisait en ce moment même, pour que toute ma semaine en soit éclairée, et déjà je serais de retour, déjà je connaîtrais de nouveau ce simple, profond enchantement d'avoir près de moi, autour de moi, Elisabeth et mon fils, Hélène et Sylvie.

— Croyez-vous, me dit un jour Esther Zarev (comment osat-elle ainsi sortir de sa sage, bienveillante, apparente abstention ? Il fallait sans doute qu'elle eût pressenti pour moi, pour Betty, l'imminence du danger : et par son imprudence volontaire, je me demande si, précisément, elle ne provoqua pas le danger qu'elle redoutait), croyez-vous préférer... préféreriez-vous que votre femme et votre fils connaissent auprès de vous, en ville, la vie terne de tant de familles ? Alors qu'ici, la présence d'Hélène, de Sylvie s'ajoutent à la vôtre, vous donnent, à tous, à tous les cinq une existence tellement plus chaleureuse.

J'imaginais, j'essayais d'imaginer Elisabeth et François-Gérard avec moi, là-bas, dans un appartement que j'aurais enfin trouvé. Nous ne verrions plus, je ne verrais plus, dans notre maison, Hélène, Sylvie, ni ce bonheur qu'elles partageaient avec ma femme et mon fils...

— Non. Oh ! non, vous avez raison...

Un sourire indulgent entrouvrait les lèvres d'Esther Zarev.

Oui, vous voici Esther, voici que vous apparaissez dans le récit de ma vie avec ce sourire qui reste sur votre portrait, devant moi, et qui ne cesse de s'effriter, de s'effacer chaque jour un peu plus en moi depuis que j'ai commencé à écrire ces pages. Et il va falloir... Il va falloir qu'avec des souvenirs et des mots je vous fasse vivre (vivre ? oh dérision !), disons que je fasse bouger, que j'anime votre image, une image, mon image de vous ; que je parte à votre recherche en même temps que je poursuis cette quête de moi-même et des miens à laquelle vous m'avez convié.

IV

Chambaud me recevait souvent à dîner. Nous étions nombreux à sa table. En deçà du bavardage, des rires, des grimaces mondaines, se tenait entre Clara et moi un dialogue secret fait de silences, de brefs regards échangés à l'insu des autres, où je croyais lire tantôt les signes d'une complicité qui jugeait le néant de notre entourage et du jeu qu'avec lui nous menions, tantôt l'annonce d'une affection naissante, comme pour dire : je parle, je feins de m'amuser mais je ne vous oublie pas, c'est vous ici, vous seul qui comptez, tantôt l'aveu qui me bouleversait d'une solitude sans recours.

A ces dîners vinrent s'ajouter des déjeuners où cette fois j'étais seul invité. A peine le café pris, Chambaud partait à ses affaires : « Je vous confie Clara », lançait-il entre deux bouffées de cigare. Il prenait un air important pour ajouter : « Nous, dans l'industrie, c'est le drame, nous n'avons pas le temps de nous occuper de nos épouses. Clara aimerait voir des films, des spectacles, des expositions. Dans votre métier, vous devez avoir toutes les invitations imaginables pour les vernissages, les pièces, le cinéma. Soyez gentil, quand vous le pourrez, emmenez Clara comme... (il leva un sourcil interrogateur) comme votre assistante, dans ce genre de manifestations. »

Je me demandais ce que cachait cette façon de chercher un homme pour « sortir » Clara. Mais l'ambiguïté même des rapports des deux époux n'allait pas sans exciter ma curiosité. Enfin il y avait, plus fort que tout, ce sentiment de ne plus être au centre de ma vie, mais égaré en celle-ci, passager désorienté sur mes propres domaines : alors la tentation venait, de s'éloigner encore, de sortir enfin des limites qu'on a cru longtemps souveraines et qui ne vous protègent plus, de se perdre un peu plus, de se perdre avec cet autre être deviné comme soi en perdition, la tentation de me perdre avec Clara, ou avec elle de me sauver.

J'ai su bientôt que, sous ses dehors de fête, l'existence de Clara et de son mari n'était que désert. Comme d'autres jouent leur fortune, Chambaud jouait et perdait son bonheur. Il lui fallait, pour se sentir vivre, courir le risque du naufrage : ainsi poussait-il, tantôt subtilement, tantôt brutalement, sa femme vers des aventures, et quand, par légèreté, mais plus souvent par désespoir, elle s'était laissée tomber dans le piège, avec quel plaisir et quel tourment Chambaud s'efforçait de l'arracher aux filets qu'il avait tendus : tant pis pour elle, tant pis pour l'autre si leurs blessures mettaient longtemps ensuite à s'effacer.

Cette fois, le jeu était allé plus loin que de coutume, un véritable amour liait Clara à un homme plus jeune qu'elle et dont la passion entendait déchirer les lacets où le mari retenait l'infidèle capture. Par quelles ruses, quelles menaces, par quelle connaissance des peurs, des faiblesses de sa femme, Chambaud était-il, malgré tout, parvenu à reprendre pouvoir sur celle-ci, je l'ignorais, mais à travers les demi-aveux comme à travers les réticences de Clara, je compris que son amour était atteint, qu'il allait vers sa fin. Sans doute pour hâter celle-ci, Chambaud comptait-il à présent sur moi.

Je le dis à Clara. Nous sortions de la présentation d'un film. Le jour déclinait. Nous allions le long du fleuve, sur le quai où s'élève le quartier moderne avec ses riches boutiques. Elle se planta au bord du trottoir, me regarda avec cet élan et cette crainte qui changeaient bien des fois ses yeux, et soudain elle éclata de rire, puis sans un mot s'éloigna.

Je pensais ne plus la revoir. Plus d'une semaine passa. Cette fois-ci mon séjour à Aulnes-les-Tours me sembla une corvée. Même Sylvie et François-Gérard ne parvenaient pas à m'arracher à ma hantise : j'avais détruit, — ah ! comment avais-je pu me frapper moi-même ainsi — j'avais anéanti cette chance, cette nouvelle lumière que — j'en étais sûr maintenant qu'il était trop tard — m'apportait Clara. Je devais me retenir pour ne pas crier à Elisabeth ma douleur et ma rancune, pour ne pas appeler devant elle cet amour saccagé avant même son aube, pour ne pas appeler Clara, et pour ne pas accuser, pour ne pas crier : « C'est toi, Elisabeth, c'est par ta faute que me voici enfin privé de tout espoir. C'est ta faute si aujourd'hui j'en aime une autre ! Ah ! j'aime, je l'aime, je ne le savais pas, et voilà que je le sais, que je l'apprends alors que c'est déjà fini, que je ne la verrai plus. Je l'aime, je ne la verrai plus jamais, et toi, tu es là, tranquille, satisfaite puisque tu as Hélène, les enfants, et que moi, eh bien, je continue à venir vous voir chaque semaine, à t'apporter à domicile la preuve que je suis toujours à ta merci ! »

Elisabeth ne semblait remarquer ni mon mutisme ni ma nervosité. Deux ou trois fois, Hélène posa sur moi un regard scrutateur puis se replongea dans son travail. Si seulement Esther Zarev avait été là. J'aurais puisé quelque apaisement, quelque sagesse aussi dans la douceur de son regard, de ses gestes, de sa voix. Cette fois, oh ! cette fois, oui, je lui aurais parlé, j'aurais parlé d'Elisabeth, de Clara, je l'aurais écoutée comme un oracle, j'aurais su quelle était ma voie : soit pour rejoindre Clara et vers quel avenir, soit pour m'en guérir et redécouvrir une vie véritable et non plus son simulacre auprès de Betty. Mais ce jour-là, Esther Zarev ne vint pas au pavillon. La semaine suivante je trouvai un prétexte pour ne pas quitter la ville. Je me sentais malade, il me semblait que cela se lisait sur mon visage, et je ne pouvais supporter cette idée de livrer ainsi, au regard des autres, ma lèpre.

Un matin, je trouvai au courrier un mot de Clara. Elle viendrait me voir le soir même, chez moi.

Nous sommes tombés — c'est bien d'une chute, d'un vertige qu'il s'agit, et la spirale tourne sans fin, descend, descend, et l'on meurt, et l'on renaît, on n'en finit pas de mourir à tout ce qui n'était pas cette joie, cette emprise dévastatrice, on n'en finit pas de naître à cet émerveillement qui ne va pas sans une secrète terreur et qui devient notre chair, notre songe et notre pensée — nous sommes tombés l'un contre l'autre, l'un dans l'autre, enlacés, roulés, emportés par cette houle venue du plus profond de notre sang, du plus profond de notre désir, de son bondissement vers l'autre, vers le futur, comme du profond de notre blessure ancienne, de notre soif jamais apaisée de certitude, de don et de possession, tapie au plus lointain de notre passé.

Une seule étreinte, une seule caresse tendre, forcenée qui ne s'achève plus, qui comble, qui dévore une vie entière, telle demeure en moi l'image de ces journées, de ces saisons qui nous virent Clara et moi nous enfoncer, nous ensevelir, avec une violence quasi religieuse, dans un feu noir, étincelant. Les moments de séparation ou d'absence ne sont eux-mêmes que des détours de cet embrasement amoureux, comme pour l'aviver encore et rendre plus délicieuse, à peine soutenable, sa brûlure. Les ombres mêmes, les faiblesses de cet amour, longtemps parurent tourner à son exaltation.

Clara était marquée encore par les ruses, les cruautés, les frayeurs si longtemps cultivées en elle par son mari ; en outre le garçon qui l'aimait n'acceptait pas de la voir s'éloigner de lui. Calcul, habitudes de rouerie libertine, ou pitié, plus vraisemblablement tout cela à la fois poussait parfois Clara à s'enfuir, à m'échapper, et ces fuites m'affolaient, suivies de retours d'autant plus passionnés ; de même, cette autre existence que je me réservais chaque semaine, pendant deux jours, loin de Clara, et sur laquelle elle n'avait pas prise, qui l'intriguait et l'inquiétait, lui devint vite un perpétuel tourment. Chacun de nous avait le sentiment que l'autre lui demeurait insaisissable. Devant cet obstacle contre lequel il revenait régulièrement se heurter, notre amour s'exaspérait dans le plaisir comme dans la douleur.

Chambaud devait, en expert, mesurer la progression des ravages qui tantôt lui arrachaient Clara, tantôt la rejetaient vers lui, implorant son hypocrite secours. Il devait attendre l'heure où il interviendrait avec ses subterfuges coutumiers et tout, comme les autres fois, rentrerait dans l'ordre : sa femme lui reviendrait, simplement un peu plus meurtrie encore, quant à ce journaliste, il suffirait de dire un mot à son sujet à la direction du *Nouveau Messager* pour qu'on le priât de déguerpir.

A Aulnes-les-Tours, seule Esther Zarev, je le sentais, me devinait.

Je n'osais pas soutenir son regard, je craignais d'y soupçonner d'avance la condamnation de Clara, et celle de son amour. Esther serait l'alliée de Betty, me semblait-il ; ou plutôt, je le savais bien : de mon fils, et aussi de Sylvie. Et je lui en voulais, et je savais qu'elle aurait raison, et je lui en voulais plus encore. Je me gardais de me l'avouer, je savais pourtant que cette inquiétude au sujet du jugement possible d'Esther Zarev en dissimulait une autre plus grave. Lorsqu'il m'arrivait, malgré moi, de me demander : que pensera Hélène ? je chassais aussitôt cette pensée. Me quittait-elle cependant ? N'était-ce pas cette question ainsi qui se déguisait, se rendait moins redoutable en se déplaçant sur Esther ?

Un été, un automne, un hiver passèrent. Emilie était venue pour une semaine à Aulnes-les-Tours. Serge ne l'accompagnait pas, elle semblait s'en réjouir, elle n'en pouvait plus de l'entendre mentir à longueur de temps. Il la trompait, mais cela lui était devenu égal. Elle me confia qu'elle-même allait d'aventure en aventure : elle croyait chaque fois qu'un nouveau visage, un nouveau corps lui apporteraient quelque réponse à cet appel obscur qui s'inscrivait en elle depuis la trahison de Guillaume...

Ses confidences m'incitèrent à lui parler de Clara, de son désir de partir avec moi. J'ajoutai : « Tu vois ce qu'est ma vie avec Elisabeth, ce n'est pas possible de continuer ainsi. Ne suis-je pas à ses yeux, je ne sais trop, un ami, un frère, plutôt qu'un mari ?

— Tu es fou, bien fou ! s'écriait Emilie. Sans doute, aurais-je pensé de cette façon quand j'avais dix-huit ans, mais à présent... Je t'en prie, je sais trop ce que c'est la passion qui flambe d'un coup, qui fait oublier un moment ce qu'on attendait de l'amour, de la vie, et puis après : des cendres, rien que des cendres, on se trouve encore plus bas, plus... démoli... Je t'assure, Henri, ne fais pas cela. Ensuite, tu le regretteras, et ce sera trop tard. »

Les grands yeux bleu-mauve, plus pâles, me semblait-il, et ce léger cerne sous les paupières, et les fines entailles des premières rides, le visage d'autrefois deviné sous celui-ci moins pur, plus pathétique d'être ainsi marqué par les erreurs, les regrets, les blessures, le temps.

Elle reprit plus doucement, la tête un peu baissée, les cheveux dans les yeux.

— Oh ! je te comprends, tu avais cru, nous avions cru, les Barbares, notre jeunesse, nous nous imaginions n'est-ce pas, cela pour toujours, toi avec Betty, moi avec Guillaume, François avec Hélène, au lieu de cela...

Elle releva la tête, ses sourcils se rejoignaient, ses narines se pinçaient ; elle me regarda, l'air dur.

— Je t'assure, tu te trompes, Henri, tu es bien plus proche que tu ne crois, bien plus proche d'Elisabeth. Avec elle tu n'as pas atteint peut-être ce que tu voulais, ce que tu imaginais, mais quand même une grande part de cela. Tu ne t'en rends pas compte et Betty non plus. Mais quand on vous voit ensemble, ici, avec les enfants, avec Hélène, je ne peux pas te dire ce que ça me fait. Une miette de ce que vous avez réussi... (je dus avoir un geste de dénégation, car elle s'arrêta puis reprit) de ce que vous avez sauvé, si tu préfères, on fait toujours plus ou moins naufrage, non ? L'important, c'est ce qui est sauvé du naufrage, préservé envers et contre tout... Une miette me suffirait.

C'était encore les longues journées de l'été. Nous avions marché le soir sur le sable dans la forêt, seuls. Le jour ne finissait pas ; pourtant, dans le ciel transparent, çà et là, une étoile apparaissait. Arrivés dans un creux, nous nous sommes arrêtés au milieu d'une clairière. Les arbres immobiles nous cernaient et les rochers qui poussaient entre les branches leurs flancs, leurs mufles ou leurs croupes, monstres des premiers âges. Là-haut, à la crête du cirque sylvestre, la lisière du ciel se faisait plus claire, un astre luisait avec violence. J'ai pris celle que j'aime dans mes bras. Ou plutôt je me suis agrippé à ses épaules, mon visage contre son visage, mon souffle dans son souffle ; à mon amie, à mon amour, je me suis agrippé de toute ma force, de toute ma faiblesse, pris de vertige, aspiré par cet espace et par ce temps soudain si étrangers à notre vie quotidienne et, au contraire, accordés à la source de notre sang, comme si les milliers d'années, les milliers de siècles, l'éternité qui précédait, qui préparait cette minute, et l'éternité qui allait l'emporter, pesaient sur nous, glissaient en nous, comme si nous étions, comme si notre couple était le cœur éphémère, minuscule, du prodigieux tourbillon pour un instant figé entre jour et nuit, entre la clarté du ciel et le silence de la terre, entre l'ombre qui montait de la forêt originelle et les feux de plus en plus nombreux des étoiles.

V

Les conseils d'Emilie, la désapprobation qui serait celle, imaginais-je, d'Esther Zarev et d'Hélène, je n'en faisais point part à Clara, ni de mon déchirement à la seule pensée que mon fils et Sylvie, je n'aurais plus avec eux cette paisible entente qui était, depuis des années, le plus sûr de ma joie. Cependant, on eût dit que Clara pressentait mes pensées. Bien souvent, nous nous étions enthousiasmés de l'étrange, immédiate résonance qui faisait amoureusement osciller de l'un à l'autre nos idées, nos impressions, nos rêveries, mais combien de fois aussi, cette sensibilité extrême à l'humeur de l'autre nous tourmentait. Ainsi mon amie devinait-elle ce qu'en moi-même je distinguais à peine de mes désirs, de mes espoirs, de mes craintes. Elle commença à me reprocher de l'aimer moins, de lui préférer Elisabeth. « Tu n'es venu vers moi que pour te venger, te consoler d'elle. Maintenant, vous vous réconciliez à mes dépens, tu t'apprêtes à me sacrifier ! Mais dis-le, ose le dire, ne sois pas lâche ! » Cette fête que, des jours et des nuits sans fin, nos sens avaient célébrée, qui nous laissait éblouis, furieux encore et encore de perpétuel désir au-delà de notre épuisement, voilà qu'elle se changeait en une guerre non moins forcenée. Ou plutôt, je voyais passer Clara dans la même heure, dans la même minute, de l'amour le plus fou à la haine la plus aveugle. On eût dit que pour chaque mot tendre, pour chaque baiser, pour chaque caresse, il lui fallait maintenant en détruire jusqu'à la trace avec des cris, des pleurs, des insultes, des menaces. Ensuite elle implorait mon pardon. Je me faisais horreur : j'étais un monstre — je n'aurais voulu que le bonheur de Clara, mais mes intentions ne changeaient rien à la réalité —, un monstre, chargé par quel dieu, quel démon ou quelle imbécile ironie du sort, de damner celle que j'avais cru sauver, que je me taise ou que je parle, que je la prenne dans mes bras ou que je m'éloigne, inéluctablement je me changeais pour elle en bourreau.

Elle essaya de ne plus me voir. Mais toujours l'un ou l'autre, l'un et l'autre rompaient l'engagement pris de séparation. Douces jusqu'à la mort nous paraissaient nos retrouvailles. Pendant quelques heures, quelques jours parfois, duraient l'élan, le ciel ardent et pur de ces nouvelles noces. Chaque fois, nous nous croyions délivrés, lavés de nos fautes, et chaque fois le retour des violences ou des dégoûts nous laissait atterrés.

Malgré tant d'alertes, nous nous risquâmes à partir ensemble en vacances. La petite plage italienne où nous trouvâmes refuge fut pour nous tour à tour paradis et enfer. Le dernier jour, Clara disparut. Je parcourus, allant et venant au fond d'un cauchemar, les rochers, les calanques. J'interrogeais les marins, les estivants, ils ne me comprenaient pas, quelques-uns pourtant répondaient à mes questions : une jeune femme mince, blonde, en robe verte ? Oui, ils avaient vu, quelqu'un comme cela courait, sautait de rocher en rocher. La nuit était tombée lorsque j'ai retrouvé

Clara : sa frêle silhouette, bras serrés, épaules remontées, accroupie au bord d'une falaise ; la mer tournait au-dessous, s'engouffrait dans les crevasses du roc. Elle s'est laissé ramener à l'hôtel, sans un geste, sans un mot. Son accablement dura pendant tout le voyage de retour.

Nous reprîmes en ville notre vie d'étreintes et de querelles. J'attendais l'acte de violence imprévisible, inévitable, qui y mettrait fin.

Elisabeth, Hélène et les enfants passèrent leurs vacances en Vendée. J'avais dit vouloir profiter de mon congé pour écrire un reportage sur l'Italie, je le publierais dans *le Nouveau Messager*, j'espérais qu'ainsi on me commanderait ensuite des reportages de ce genre sur d'autres pays, d'autres contrées du monde. Ni Betty ni Hélène ne furent dupes. A mon retour, lorsque je séjournais à l'asile, je les sentais à chaque instant aux aguets.

Un dimanche où j'étais seul dans le pavillon avec Betty — c'était une belle et chaude journée d'automne, on se serait cru revenu en été, Hélène et les enfants étaient partis pour les étangs — je ne sais plus quel mot que je prononçai par mégarde sur mes vacances italiennes fit éclater l'orage qui, depuis si longtemps, tournait autour de nous.

— Ça ne peut plus durer comme ça ! cria Betty.

Nous nous regardâmes, interdits, aussi effrayés l'un que l'autre de ce qui maintenant allait survenir. Il y eut un silence, sans doute bref, il me parut interminable. Je suis sûr que tous deux, de toute notre force, nous formions en nous le vœu que ce silence ne prît pas fin, en même temps nous savions que l'heure était sonnée. J'ai vu le visage de ma femme changer, son teint tourner au grisâtre, une traînée terreuse brouiller ses yeux ; sa bouche s'ouvrit, se tordit comme si l'air se refusait. Je pensai : la colère l'enlaidit, la colère qui fait étinceler Clara comme un mince poignard.

— Tu pourrais répondre !

Nous voilà, malgré nous, ennemis, prêts à nous porter les coups mortels. Ou plutôt, elle était mon ennemie, et moi je la déchirais sans haine, atrocement. Toutes les vieilles rancœurs, et les griefs insoupçonnés, toute la lie qui se dépose, invisible, au long des années d'un couple, toute cette fange remontait d'un coup, nous submergeait, nous défigurait. Il eût mieux valu voir le sang couler plutôt que ces marques de dégoût, de détestation, de douleur, défaire le visage d'Elisabeth.

Pour en finir, j'ai déclaré que depuis trop longtemps non seulement notre couple mais sa fiction même n'avaient plus de sens : pourquoi, pour qui poursuivre cette comédie ?

J'ai entendu un souffle de bête blessée. Elisabeth s'enfuit dans notre chambre. Peu de temps après, des bruits de meubles renversés, de verres brisés, puis le coup sourd d'un corps qui tombe. J'ai couru dans l'escalier, la porte de la chambre était verrouillée, j'ai frappé, appelé en vain. J'avais peur. Enfin la voix d'Elisabeth, rauque, sèche, m'a jeté :

— Va-t'en !

J'ai été délivré.

Lorsque Hélène est rentrée avec les enfants, j'ai dit que Betty était malade, qu'elle se reposait, que les enfants devaient la laisser se reposer. Je me suis approché d'Hélène, lui ai confié que Betty et moi nous étions disputés. Sous son regard, j'ai détourné la tête.

Elle est allée rejoindre Elisabeth. Je l'entendais parlementer sur le seuil de la chambre. Enfin Betty s'est décidée à ouvrir. J'étais seul avec les enfants. Ils me posaient des questions sur Elisabeth : était-elle malade ? c'était quoi son mal ? pourquoi elle ne voulait pas d'eux auprès d'elle. On eût dit qu'ils redoutaient une menace.

J'ai commencé à les installer pour le repas du soir. Ils me contemplaient, silencieux à présent ; s'ils se risquaient à prononcer un mot, à demander leur serviette de table, ou leur cuiller, c'était en chuchotant, comme s'il fallait prendre soin de ne pas réveiller on ne savait quel danger tapi dans les ombres de la maison.

Hélène redescendit. Je remarquai le bord rougi de ses paupières. Sans parler, elle s'occupait des enfants qu'elle fit dîner puis alla coucher. Le baiser de Sylvie et de François-Gérard, quelle douceur terrible il eut ce soir-là pour moi. Sans se retourner, Hélène dit : « Je reviens, je vous conduirai à la gare. »

Nous sommes partis plus tôt que de coutume. Hélène conduisait. Tantôt trop vite, tantôt trop lentement, comme si elle obéissait sans s'en rendre compte aux mouvements qui devaient troubler son esprit et son cœur. Plusieurs fois, elle oublia de baisser les phares alors qu'arrivaient des voitures en sens inverse. Je n'osai même pas lui en faire la remarque. Nous parvenions à mi-chemin, lorsqu'elle ralentit encore l'allure.

— Betty est malade, très malade, dit-elle.

Elle regardait la route, droit devant elle, m'opposant son profil. Je me tenais, sur le siège, tourné vers elle.

— Pourtant, Hélène, vous le savez bien, Betty et moi...

Je vis ses mains se crisper sur le volant.

— Betty et vous, vous ne pourrez pas vivre l'un sans l'autre.

Elle éleva la voix, elle criait presque :

— Vous êtes finis, vous entendez, elle et vous, finis si vous dénouez vos existences. L'un sans l'autre, vous ne serez plus rien !

— Déjà, Hélène, l'un avec l'autre, que sommes-nous ? En admettant même qu'on puisse dire pour nous : l'un avec l'autre.

— Alors, comment expliquez-vous la réaction de Betty ? sa souffrance qui aurait dû vous faire pitié, non ?

— C'est la réaction de quelqu'un qui se met à crier, à gémir, parce qu'on lui enlève n'importe quel objet dont il s'était depuis longtemps désintéressé.

Pour la première fois depuis que nous roulions, Hélène tourna son visage vers moi. Je ne pouvais dans l'ombre y lire la sévérité, comme à notre départ, ni non plus quelque bienveillance. Cette incertitude ajoutait à ma gêne, j'hésitais, dans mes réponses, soit à m'armer de rancune, de révolte, soit au contraire à faire appel à la clémence. Il me sembla pourtant que la voix se faisait moins volontaire pour reprendre :

— Mon pauvre Henri, vous ne comprenez pas.

— Attention, Hélène, mettez-vous en code, vous éblouissez l'auto en face.

— Je vous accorde qu'Elisabeth, il aura fallu qu'elle vous perde, qu'elle soit sur le point de vous perdre pour mesurer combien vous faites partie d'elle-même.

— Vous dites cela, mais moi...

— Je dis cela parce que c'est vrai !

J'ai cru qu'elle s'affaissait sur le volant. Elle s'est redressée, a passé une main sur son front.

— Qu'y a-t-il, Hélène ?

Elle arrêta la voiture au ras du talus, mit les phares en veilleuse.

— Vous êtes fatiguée ?

— Oh ! ce n'est rien, ce n'est rien. Excusez-moi... Que disions-nous ?

— Laissons cela. A quoi bon ?

— Pas du tout, je ne vous laisserai pas, vous et Betty, je ne vous laisserai pas commettre une telle... Voyez-vous, quand je vous dis que la douleur de Betty est sincère, que c'est très grave, qu'elle découvre avec... avec terreur, qu'elle peut vous perdre, il faut me croire, j'ai connu cela...

— Comment ?...

— François, quand il vivait, je croyais l'aimer bien, voilà tout, il était là, il n'était pas là, je ne m'en préoccupais pas, c'était naturel, habituel, pourquoi y prendre garde...

Elle se laissait aller en arrière, contre le siège. Je devinais la clarté de son bras nu, sa main à plat posée à côté d'elle. Je songeais à ce qu'elle disait de son indifférence, de son affectueuse indifférence pour François, et me revenait la vision d'Hélène dans les bras de l'étudiant, après le spectacle de poésie et me revenait un écho de ma douleur et de ma stupeur d'alors.

Par la vitre entrouverte de mon côté, l'odeur fraîche de la forêt pénétrait dans la voiture, une odeur de feuilles, de mousse, d'humus.

— Quand il est mort, quand il n'a plus été là... Je ne crois pas que Betty ni vous vous en soyiez douté, mais Betty et vous, Henri, et Sylvie, vous m'avez sauvée. J'étais prête à sombrer, sans François je n'étais plus rien.

Il y eut une glissade du vent autour de nous et le bruissement des feuillages effaça à demi les derniers mots que prononçait Hélène.

— Aujourd'hui, Betty, c'est moi à la mort de François.

Elle dut se tourner car sa voix se fit toute proche.

— Vous tuez Betty et vous vous tuez, Henri.

Je fis un geste qu'elle perçut dans l'ombre.

— Oh ! bien sûr, Betty ni vous ne mourrez en apparence, pourtant vous ne serez plus que des fantômes.

Sa main se pose sur la mienne.

— Autrefois vous m'avez sauvée tous les deux, aujourd'hui c'est mon tour de vous défendre contre vous-mêmes.

Ce sont moins les paroles d'Hélène que sa voix, que sa main, que cette façon de m'implorer qui m'émeuvent. Je ne songe ni à Elisabeth ni à Clara, c'est entre Hélène et moi que je sens se jouer un drame obscur dont j'ignore le sens.

Il y a eu comme une cassure dans la voix d'Hélène. Je me suis rapproché d'elle.

— Je ne devrais pas vous le dire Henri, mais je n'aurai plus, plus assez de courage pour aider Betty à s'accrocher, à remonter le courant si vous...

Sa tête a glissé vers moi. Il y avait encore au fond de sa voix cette faille qui tout à l'heure me bouleversait.

— Je n'en puis plus. Henri, si vous nous abandonnez...

N'était-ce pas mon imagination, troublée par un désir très ancien et que j'avais cru anéanti, qui me faisait entendre ces paroles ? Pourtant cette caresse des cheveux contre mon cou, puis cette prière, dans un souffle.

— Oh ! Henri, je vous en supplie.

Mes bras, malgré moi, l'ont enlacée.

— Si vous partez définitivement, si nous ne vous voyons plus, nous serons deux pauvres femmes sans espoir, sans volonté, deux êtres désorientés...

Elle baissa encore la voix.

— C'est parce que j'avais Betty et vous, votre couple sous mon regard, dans ma pensée, dans mon cœur, c'est pour cela, c'est grâce à vous que je n'ai pas à rougir de ma vie.

Ses doigts se fermèrent sur mon poignet. L'odeur de ses cheveux mêlée à celle de la forêt dans la nuit.

— Quand vous ne serez plus là, quand vous serez parti avec votre... Quand vous aurez tout gâché pour une illusion, pour quelques années, quelques mois peut-être, et ensuite vous serez seul, les mains, le cœur, la tête vides... Je ne sais pas ce que fera Elisabeth, et moi, que ferais-je ? La vie n'aura plus de sens.

Autour de moi rôdait le souvenir de Clara, le souvenir de notre amour déchiré.

Il y eut un soupir — était-ce de joie ou d'accablement, était-ce Hélène ou moi-même qui le poussait ? — et c'était à la fois joie et consentement à l'abîme, et ce pouvait être aussi bien mes lèvres que les siennes qui le formaient, nos lèvres qui se trouvèrent unies dans un baiser à goût d'infinie tristesse. Il me semblait être hors du temps, à la fois dans cette nuit, sur cette route en forêt, au milieu de ma vie en perdition, et autrefois, jeune, à l'heure de toutes les promesses, en cette nuit de danse où je tenais ainsi Hélène dans mes bras et où j'écrasais sous ma bouche l'épaisse fleur de ses lèvres.

Elle s'arracha doucement à mes bras. Sa voix était si faible.

— C'est fou... comment avons-nous... comment ai-je pu ?...

J'essayais de la ramener près de moi, mais elle se dégagea, remit le moteur en marche, fit démarrer la voiture. Une auto nous croisa, la lumière de ses phares éclaira le visage d'Hélène, me révélant une tendresse que je ne lui avais jamais connue.

— Je vous ai fait manquer votre train.

— J'en ai un autre dans la nuit.

— Henri, oubliez que... oubliez... nous deux tout à l'heure... Oh ! je n'oserai plus me trouver devant vous... devant Elisabeth.

Quand nous sommes arrivés à la gare, je me suis penché vers elle, elle s'est écartée puis m'a tendu sa joue à baiser.

— Non, Henri, ce n'est pas possible, vous savez bien. Tout à l'heure, j'ai été... je ne sais pas ce qui m'est arrivé.

Comme je m'apprêtais à descendre de l'auto, Hélène m'a saisi le bras.

— Vous m'en voulez ? Vous allez me détester ?

Je n'ai pas répondu.

— A l'idée que je ne vous... que nous ne vous verrions plus, j'ai perdu... je n'ai pas pu supporter...

J'ai porté sa main à ma bouche. Je me suis enfui sans me retourner.

— Henri !... (Son cri derrière moi, elle a dû sauter hors de la voiture.) Ne quittez pas Elisabeth... Ne nous quittez pas !

Je n'aurais pas de train avant plusieurs heures. Je suis allé au buffet. Chaque fois qu'un voyageur poussait la porte, je relevais la tête, je savais que c'était impossible mais je m'attendais à voir entrer Hélène. Elle aurait compris que ce n'était pas un moment d'égarement qui nous jetait l'un contre l'autre, mais au contraire la vérité.

Il me semblait que je venais de découvrir enfin, trop tard, le véritable, le seul visage de l'amour.

Le lendemain, je demandai au rédacteur en chef de m'envoyer en mission à l'étranger. Mon reportage sur l'Italie du Sud lui avait plu ; il accepta mon départ pour Venise où se tenaient des rencontres en faveur du dialogue Est-Ouest. Les jours qui précédèrent mon départ, j'évitai Clara. Elle vint m'attendre le soir et sortit de l'ombre, alors qu'au retour du journal je poussais la grille du jardin devant ma maison. Je fis mine de ne pas la laisser entrer. Elle s'agrippa à moi, me reprocha de la fuir, de me moquer d'elle. Je lui assurai que non : je voulais simplement voir clair en moi, j'avais parlé à ma femme, maintenant il me fallait être seul avec moi-même ; tous ces temps-ci, nous nous étions trop heurtés l'un à l'autre, trop déchirés, nous ne savions plus où nous en étions de notre amour ; j'allais partir pour quelque temps, non, ce n'était pas une fuite, j'étais obligé, un travail pour le journal, quand je reviendrais, alors nous déciderions.

Je ne résistai pas à ses larmes, elle me suivit chez moi. Nous fîmes l'amour, longtemps ; plus notre plaisir s'animait, plus nous écrasait le désespoir, nos caresses saccageaient le souvenir même de notre bonheur, tristes simulacres des gestes anciens de notre joie.

L'aube pâlissait déjà le fleuve lorsque Clara repartit. Du jardin, elle me cria des prières, des menaces que j'entendais mal. Je crus comprendre ces derniers mots, cependant qu'elle regagnait son cabriolet rangé sur la berge : « Tu l'auras voulu ! »

La veille de mon départ pour Venise, une lettre de Betty me suppliait de revenir à Aulnes-les-Tours. Ma femme me demandait d'oublier nos paroles, notre querelle. « Pourquoi, écrivait-elle, ne pas continuer comme avant ce dimanche. Je t'attends. Je t'aime. » Au-dessous de la signature, Hélène avait ajouté : « Nous vous attendons. »

Ils furent taillés dans une pierre tendre, peut-être apportée du Poitou. Comme si le sculpteur avait estimé que pour leurs jeunes corps amoureux, la grisaille et la dureté de notre granit ne conviendraient point. Une pierre ocre avec, çà et là — est-ce l'effet du temps ? de la pluie ? — de larges taches noirâtres. Leurs têtes reposent à même hauteur ; elle, un peu plus petite, ses pieds n'arrivent pas tout à fait au bout de la dalle, ils en sont séparés par une sorte de gros lézard — n'est-ce pas plutôt une salamandre ? — dont la gueule semble vouloir lécher la plante du pied gauche, et dont la queue se recourbe et remonte le long de la cheville. Vêtu d'une tunique, l'homme est étendu sur le dos, mains croisées sur la poitrine ; les cheveux longs encadrent le cou. A sa gauche elle dort — à moins qu'elle ne le contemple — couchée sur le côté ainsi qu'elle s'est placée le jour où l'on a descendu dans la tombe auprès d'elle son époux, s'éveillant un instant de la mort pour se reculer et faire place à son mari dans le lit éternel.

Elle incline un peu sa tête au front large, aux pommettes saillantes, sa chevelure peignée en diadème descend doucement sur sa tempe, sur sa joue et sa nuque. La main droite repose, légère, à la base du sein, au-dessus du cœur, comme dans l'émerveillement de le sentir battre de nouveau, l'autre main s'allonge sur le ventre (ce double geste a quelque chose à la fois de pudique et d'infiniment charnel). Le gentil corps est moulé sous les drapés de la longue robe qui tombe jusqu'aux pieds.

Tu es morte voici des siècles ma jeune épouse et je t'aime, ma tendre, ma fidèle, comme il t'aimait lui qui repose pour toujours près de toi. Tu es morte mais tu vis en moi, qui voudrais être ce jeune fidèle couché dans l'amour et dans la mort sous ton regard.

Au-dessus d'eux, entre leurs têtes, se devine la coquille de saint Jacques.

VI

Octobre rose et or à Venise. Je fuyais souvent la salle de congrès et passais des heures assis sur les degrés de la Salute. A la pointe tournée vers la lagune les vagues léchaient la marche immergée à mes pieds ; la lumière, les pierres, l'eau animaient un immense ballet de reflets. Cette fête arrivait à rendre sans poison, sans ombre, sans douleur, le tourbillon de figures qui continuait à tourner en moi. Je trouvais que Venise ressemblait à Clara au temps de nos enchantements : à la fois toute de grâce dansante, parcourue de sourires, de jeux, d'étincelles, captivante et insaisissable, si imprévisible aussi lorsqu'on passait de l'extrême et multicolore mouvement à la paix, au silence, à la pénombre d'un puits, et, dans le même temps, pareille à un masque de perpétuelle jeunesse posé sur la mort dont le noir et le souffle se laissent pressentir sous la fragile parure.

L'Est et l'Ouest, un soleil qui naît, un soleil qui meurt : sera-ce la guerre, l'embrasement terminal de ce monde ? Stratèges, philosophes, politiques se jetaient des chiffres, des mensonges, de solennelles adjurations au bord de l'abîme. Clara, Elisabeth ? Elisabeth, Hélène ? Astres fous dans l'univers, cœur désorienté en moi-même. Je me surprenais à penser : qu'ils perdent tout à fait la raison, que la terre s'écroule dans cette stupide bataille de deux mondes. Cette fois, l'homme possède enfin un moyen de destruction à l'échelle de sa démence, eh bien, qu'il en finisse.

De mon tumulte intérieur émergeait souvent le visage d'Hélène la nuit dans la forêt. De même que je m'habituais peu à peu aux surprises de Venise, que je commençais à reconnaître des dessins précis d'un canal à l'autre, d'une ruelle à un campo ou à une autre ruelle, que je devinais le règne d'une sagesse dans l'apparent et somptueux désordre des palais et des îles, de même, je soupçonnais en moi la marche d'une lente chimie qui dissociait, freinait, ordonnait à mon insu les songes, les sentiments qui m'avaient paru n'être qu'impulsions d'un chaos définitif.

Hélène, c'était Hélène qui m'eût donné ce que j'avais en vain espéré. Son baiser l'autre soir n'était-il pas le signe de cette espérance ? Hélas ! au lieu d'ouvrir le seuil que jadis ensemble nous aurions passé, et devant nous les annés se seraient étendues, dociles, il marquait au contraire l'autre seuil au-delà de ces mêmes années perdues, il scellait sur nos lèvres la tombe d'un amour refusé.

Et si Hélène avait menti, si elle jouait la comédie ? Elle aurait deviné ce qu'à moi-même je me cachais. Elle aurait alors couru le risque de me révéler, de réveiller mon désir pour me faire renoncer à quitter Betty. Oui, n'était-ce pas ruse de sa part ? N'avait-elle pas voulu substituer en moi son image à celle déjà trop menacée de Clara, et m'obliger ainsi à garder Elisabeth dont elle était inséparable ? Un moment après, je me disais que je déraisonnais : l'attitude, la voix, l'émotion, l'ardeur et la tristesse d'Hélène témoignaient de sa sincérité, du combat qu'elle avait dû livrer contre elle-même pour maintenir toujours entre nous une amicale distance, de son trouble enfin (d'une telle violence qu'il emportait les barrières, les refus, l'obstinée volonté de toute une vie à l'instant où Hélène pouvait estimer que nous nous voyions peut-être pour la dernière fois).

Dans la salle du congrès, ou bien parmi la foule aux alentours de la Piazza San Marco, ou encore, seul sur les marches de la Salute, devant les Carpaccio de San Giorgio, à la terrasse d'un albergo, la nuit étendu sur mon lit dans l'odeur fade qui montait du canal, je poursuivais le vain bilan de mes amours et de leur mort. Je songeais à mon frère, je nous revoyais tous les quatre : lui, Hélène, Betty et moi, dans la campagne, peu de mois avant sa mort : pleins de crainte et d'espoir devant l'agonie du monde nazi, appelant le temps de la justice, de la paix, presque certains de périr au moment d'y atteindre, je nous revoyais, jeunes, heureux sans assez le savoir : comme Hélène ignorait la force de son amour tant que François demeurait près d'elle. A travers cette image, d'autres se levaient plus lointaines, juste avant que la guerre ne vînt démentir leurs couleurs, et de plus en plus s'imposait à moi la certitude qu'Hélène disait vrai : qu'il n'y avait qu'un même amour qui prenait corps dans Betty, dans Hélène, dans moi-même, et gardait vivant le souvenir de François, un seul et même amour qui faisait de Sylvie et de François-Gérard nos enfants : je me sentais père de Sylvie tout autant que François avait pu l'être, et François-Gérard était autant le fils d'Hélène que de Betty.

Je consentais aussi à m'avouer que mes séjours auprès d'Elisabeth, d'Hélène et des enfants étaient ma vraie demeure, et que peut-être, de devoir chaque fois m'arracher à ce havre sauvegardait en moi tous ses pouvoirs : ne valait-il pas la peine de souffrir le crève-cœur de chaque séparation, si à cette souffrance même était liée la pérennité de la tendresse ?

Je me disais enfin que cette tendresse était sans doute la meilleure métamorphose de l'amour dans le mariage, que cette ronde ivre, ce feu de joie, ce soleil et cette nuit qu'avait été l'amour avec Clara, la vie commune les eût éteints puis reniés, tandis que notre rupture en préserverait en nous à jamais l'adorable brûlure.

Mais, lorsque approcha le jour du départ, je compris (et je me révoltais en vain contre ma lucidité) que je ne pourrais de ma vie me détacher d'Hélène, et qu'Hélène me serait toujours par elle-même et par moi-même interdite, puisque toujours se tiendraient entre nous, liens et obstacles également tout-puissants, Elisabeth, Sylvie, François-Gérard, et le souvenir ensanglanté de François. Je serais condamné, définitivement condamné à un amour impossible, puisque contre lui s'était brisé, malgré tant d'allégresse et de violence, l'élan qui nous avait, Clara et moi, si passionnément unis, et que sans doute nulle femme désormais ne me ferait retrouver.

Je savais aussi, maintenant, qu'Elisabeth avec Hélène m'étaient indispensables comme à l'arbre ses feuilles, au fleuve ses rives. Ma vie que serait-elle alors, sinon une fuite et un retour perpétuels face à ces deux femmes ?

Quand je rentrai en France, deux lettres m'attendaient : une de Clara, l'autre d'Hélène. Clara était partie aux Etats-Unis, son mari l'y conduisait, il l'y laisserait dans la famille américaine de l'un de ses associés. Elle m'adjurait de ne pas chercher à lui écrire. « D'ailleurs, ajoutait-elle, je suis morte, je ne suis plus que morte. Voilà « ton œuvre ».

Hélène me suppliait de revenir auprès d'Elisabeth, ou tout au moins de lui écrire pour la rassurer, pour lui annoncer mon retour. J'ai télégraphié à Betty, mais n'ai pu me décider avant plusieurs semaines à me rendre auprès d'elle.

Ah ! pourquoi Clara, lorsque déjà notre fête se faisait incertaine, et haineux notre amour, pourquoi, au plus fort de notre ravissement, ne m'avait-elle tué, comme j'en lisais parfois en ses yeux le désir ? Je n'aurais tenté aucun geste pour me défendre, heureux que la mort achevât la caresse de l'amour.

Si une médiatrice devait me découvrir Dieu, c'était Caroline. La voici qui appartient au tiers ordre des franciscaines, elle, l'épouse délaissée, la mère de famille. Je lui demande quelles obligations cela entraîne pour elle. D'abord de prier : chaque jour, douze ave, douze pater, douze gloria qu'elle dédie aux siens, à ses amis, aux futurs époux de ses enfants, « à vous, Henri, pour sauver votre âme de mécréant ! Comment pouvez-vous vous obstiner à ne pas croire ? Ecoutez, Henri, un soir je ne sais quelle prière est venue sur mes lèvres. J'ai demandé à Dieu d'être en ses mains un instrument, rien qu'un instrument petit, rouillé. Quelques jours plus tard, pour la fête de saint François d'Assise, mon fils, le plus jeune, le bébé, quel âge avait-il alors, trois ans peut-être, il me rapporte un ouvre-boîtes rouillé trouvé dans le jardin, il me le tend comme un trésor. C'est un signe, Henri, n'est-ce pas ? Le Seigneur m'a fait savoir qu'il accédait à mon vœu, que je devais être pour lui ce misérable instrument dont seul quelque enfant pourrait s'émerveiller. J'ai caché l'ouvre-boîtes sous la statue du Christ dans ma chambre...

Ma vie je la dédie au Christ, je fais trois parts de ma vie : celle de l'orante, qui offre au Seigneur ses prières, ses souffrances et les souffrances du monde, la part de l'oiseau (moineau ou serin !) qui chante au bord du cœur du Christ, celle enfin de cet instrument que je dois être entre les mains de Dieu. »

Je ne sais pourquoi, il me semble que vous, Esther Zarev, vous à qui le ciel pourtant fit défaut, auriez pu être pour moi cette médiatrice, qu'en vain la petite franciscaine tentait de devenir.

VII

Lorsque je revins à Aulnes-les-Tours, Elisabeth me parut sans force, sans vie. Cette grâce flexible qui me plaisait en elle s'était perdue. Son corps très amaigri, ses gestes mal assurés faisaient songer à un buisson de brindilles sans sève, prêtes à se rompre. Nous ne fîmes nulle allusion à ce qui s'était passé.

Plus encore que de revoir Betty, j'appréhendais le moment où je me trouverais seul avec Hélène. Elle avait ce visage, ce regard fermés que je lui connaissais si souvent. Me voyait-elle ? M'écoutait-elle ? Elle avait dû tirer en elle ce rideau qui la séparait des autres, qui la séparait d'elle-même. Elle enfouissait de nouveau, tout au fond de son être, tout au fond de la nuit qui l'habitait, cette femme qui ne s'était révélée, dans son désir, dans sa faiblesse, qu'au moment de me perdre. J'ai essayé pourtant de m'approcher d'elle, de lui parler, de lui demander comment s'étaient passées ces quelques semaines. Elle s'est dérobée, sa voix, ses mots étaient hostiles. « Esther Zarev vous racontera. »

S'il n'y avait eu l'allégresse de Sylvie et l'accompagnement en sourdine de François-Gérard, le poids sous lequel je voyais Betty et Hélène fléchir, et qu'à mon tour je sentais s'abattre sur moi, fût devenu insoutenable. Je sortis dans le jardin avec les enfants. J'avais l'impression que Sylvie était ici la seule femme vivante, une petite, « ma » petite femme essayant des sourires, des mines, de puériles confidences, des attitudes des bras, des minces jambes, de tout son corps dressé pour cueillir quelque feuille jaunie et me la tendre. Cette coquetterie portait ses fruits : j'étais séduit, je soulevais Syl dans mes bras, feignais de la dévorer sous mes baisers. Elle mimait l'effroi, l'air ravi. Mon fils, jaloux, réclamait sa part de câlineries. Ensuite, main dans la main, nous courions dans les allées. Plus loin, derrière les grilles de leur cour, les fous nous regardaient un instant, puis chacun d'eux reprenait son soliloque, sa gesticulation ou sa torpeur. Quand je me retournais, j'apercevais, derrière la fenêtre de la salle de séjour, Elisabeth et Hélène qui nous observaient.

L'après-midi, pendant la sieste des enfants, Esther Zarev vint nous voir. Hélène et Betty, après avoir servi le café, trouvèrent un prétexte pour s'éclipser. Notre amie toussotait, me regardait, posait quelques questions sur mon voyage à Venise. Plus le temps passait, plus nous nous sentions gênés. Enfin elle fixa sur moi la douceur pénétrante de son regard et vaillamment se lança.

— Les gens aiment souffrir.

On eût cru entendre une phrase musicale, un prélude à quelque tendre et mélancolique sonate. C'est ainsi que je continuais à écouter Esther Zarev : elle disait, elle chantait la souffrance d'Elisabeth ; elle disait aussi ma propre souffrance, dans laquelle je m'étais jeté, remarquait-elle, alors que je croyais m'accrocher, désespérément, au bonheur.

La musique, la sagesse de la voix ne chanteraient pas la souffrance d'Hélène. Il était impossible, il était défendu de la nommer cette douleur ! mais le regard d'Esther Zarev ne la devinait-il pas comme il devinait toute chose de nous, même sans doute celles que nous-mêmes ignorions ?

Et puis j'ai cessé de percevoir sous la tristesse et la sagesse des paroles, la musique douce-amère, car Esther Zarev parlait de Clara. Une nuit, alors que j'étais à Venise, des coups retentirent à la porte du pavillon, une voix de femme appelait dans la nuit. Esther l'entendit, comme l'entendaient Hélène et Betty. « Henri », criait, suppliait la voix. Elle s'arrêtait un moment, recommençait, entrecoupée de sanglots. Hélène par la porte de communication des deux pavillons rejoignit Esther. Ma belle-sœur estimait qu'il ne fallait pas ouvrir : quand « l'autre » serait lassée, elle repartirait. Esther Zarev au contraire voulait descendre recueillir la voyageuse.

— Je ne pouvais plus supporter cette plainte, la détresse de cette plainte. Il me semblait que nous laissions une enfant périr seule dans la nuit. « Et si elle est armée », protestait Hélène. Moi je voyais une enfant, intérieurement je pleurais avec elle. Hélène voyait une bête prête à bondir et à tuer. Finalement j'ai pu la convaincre. Elle est repartie auprès de votre femme, elle m'a promis de la garder, et moi, je suis descendue.

Clara s'était tapie dans le noir, elle se taisait, ne se montrait plus. Esther Zarev appelait à son tour en vain : « Où êtes-vous ? Venez. Je vous en prie, venez. » Elle pensa que la voyageuse la prenait peut-être pour Elisabeth, aussi eut-elle l'idée de dire : « Je suis une amie d'Henri... Je suis Esther Zarev, je suis médecin. »

Clara s'approcha alors dans la lumière.

— J'avais raison. C'était une enfant. J'ai compris tout de suite, en la voyant au ras de l'ombre, prête à y rentrer, à s'y réfugier, avec son corps mince, vif, cet air de défi et de tourment sur le visage si jeune : elle était quelqu'un dont vous aviez dû rêver autrefois dans votre adolescence, quelqu'un qui devait ressembler à une part de vous-même refusée par la vie. Cela je l'ai su à l'instant même où elle s'est montrée... Qu'avez-vous ?

— Non, rien, ce n'est rien.

— Votre amie m'a suivie, à chaque pas prête encore à s'enfuir. Dans le salon, elle ne voulait pas s'asseoir. Elle tremblait pourtant de fatigue. Elle vous réclamait. J'avais beau lui assurer que vous n'étiez pas là, elle continuait à répéter : « Je veux voir Henri, il faut que je le voie, il faut que je lui parle. » Enfin, lorsqu'elle a compris que je ne lui mentais pas, elle a voulu repartir. J'ai pu la convaincre de rester, de coucher ici, je disposais d'une chambre, elle ne pouvait pas, dans son état, reprendre la route. Je lui ai fait chauffer de la tisane, je lui ai donné un somnifère. Tantôt elle m'observait avec une méfiance haineuse, tantôt sa volonté ou son mal l'abandonnaient, et elle avait des airs d'extrême, de fragile jeunesse.

Esther Zarev semblait se parler à elle-même.

— J'aurais aimé pouvoir gagner sa confiance, qui sait même un jour son amitié.

Elle levait de nouveau les yeux vers moi.

— Incurable, je crois que je le suis, toujours ma manie de voir les gens en bonne entente autour de moi, accordés avec les autres, avec eux-mêmes. Déjà je rêvais de garder Clara... Elle m'a dit son prénom, vous voyez qu'il y a eu du chemin de fait entre votre... votre amie et moi... de la garder quelques jours et de faire s'établir des relations de sympathie, de respect mutuel, entre elle et votre femme, ensuite, avec vous, avec vous aussi, Monsieur l'apprenti sorcier (elle pointait vers moi son index, me souriait avec une indulgence attristée) la paix aurait peut-être pu régner, la paix entre vous trois, si votre amour fou m'avait écouté, moi le médecin des folies, s'il s'était changé en sage, en profonde tendresse. Autant dire que de vous tous, c'est moi sans doute qui déraisonne le plus.

Clara finalement passa la nuit sous le toit d'Esther Zarev. Elle consentit même à rester ici la journée et la nuit qui suivirent. Tout le temps qu'elle resta là, Esther Zarev ne la quitta pas.

— Voyez-vous, Henri, je pense, je crois lui avoir redonné, pour quelques heures, son passé proche et lointain, délivré de ses maléfices. Oh ! bien sûr, ils n'ont pas dû tarder à revenir, mais j'espère que j'ai ouvert la brèche, le passage où la lumière pénétrera de nouveau, un jour la lumière sera la plus forte.

Elle obtint de Clara et d'Elisabeth qu'elles se rencontrent en sa présence. Les enfants contemplaient « la jeune dame blonde » qui leur souriait, aussi timide qu'eux. « Je croyais qu'Henri était là », dit Clara. « J'ai eu peur à ce moment, reprenait Esther Zarev, il y avait un tel défi dans le regard et dans le ton de votre amie. Heureusement, Sylvie s'est tournée vers sa tante. Elle a demandé : « Henri, c'est papa Henri ? » De la tête je lui ai fait signe que oui et Syl a continué : « Pourquoi il vient plus ? Je veux qu'il revienne. » Votre amie m'a lancé un regard, un regard... Tenez, un peu comme vous en ce moment... Chez moi, elle s'est effondrée. Elle répétait : « Sa femme l'aime, ses enfants l'aiment, cette petite, et l'enfant, le garçon, c'est son fils, oh ! c'est son fils. Je n'aurai pas d'enfant d'Henri. Tous ces êtres qui l'aiment, et lui, il ne peut pas ne pas les aimer. Je n'ai plus qu'à disparaître, moi, à disparaître. »

Esther Zarev, seule de nouveau avec Clara, lui a parlé longtemps encore.

— Elle est repartie moins malheureuse qu'elle n'était venue.

Je pris la main d'Esther. Elle dut s'apercevoir que la mienne tremblait.

— Allons, allons, Clara et vous, il faut bien pourtant que vous deveniez des adultes... Ressaisissez-vous.

Lorsqu'elle me quitta, elle hésita un peu avant d'ouvrir la porte, sa tête penchée légèrement sur le côté.

— Dans le fond, je n'en menais pas large quand j'ai fait entrer votre amie chez moi. Comme elle trébuchait, j'ai voulu la soutenir, j'ai avancé ma main vers son bras. Elle a dû croire que je voulais m'emparer d'un sac de cuir noir qu'elle tenait serré contre elle. Elle a bondi en arrière. Ensuite, même dans son sommeil, elle n'a jamais lâché ce sac. J'avais peur...

— Peur ?

— Oui, je me demandais ce qu'elle cachait dans ce sac, des lettres ? vos lettres ? et que voulait-elle en faire, les montrer à votre ?... ou bien...

Elle s'en alla sans achever sa phrase. Que craignait-elle encore ? Une arme, que Clara aurait mise dans son sac ? Si j'avais été là, comme Clara le croyait, cette arme... Clara figure de ma mort ? De nouveau, je songeais qu'il eût été juste et bon de mourir de sa main. Comment disait Esther Zarev ? « Quelqu'un dont vous avez rêvé, autrefois, dans votre adolescence. » Quelqu'un : la figure de mon amour et de ma mort. Ou bien ?... Non, non ! Pourquoi Esther Zarev, elle pourtant si savante, si habile, pourquoi n'a-t-elle pas pris cette arme ? Comment a-t-elle pu se montrer assez imprudente pour laisser repartir Clara avec ce revolver. Et si Clara s'était arrêtée au milieu de la forêt, était descendue de son cabriolet, puis… dans un taillis… C'était contre elle, c'était pour se tuer qu'elle avait pris l'arme, pour se tuer si elle ne remportait pas la victoire, si elle ne m'arrachait pas ici même à Elisabeth.

Il me tardait de fuir, de m'en aller de nouveau loin de cet asile, loin de la ville, loin de la France. Il me tardait de me fuir, de ne plus être cerné, occupé par tous ces visages monstrueux de l'amour et de la mort.

Ce qui m'eût été doux, qui m'aurait purifié, c'eût été de partir à l'étranger avec mon fils et Sylvie. Nous serions descendus dans des ports anciens, sur des mers où le soleil riait encore, dans des jardins pleins de fleurs et d'oiseaux dont les enfants m'auraient en vain demandé le nom, ou bien nous aurions couché dans des fermes où vivaient des pasteurs, des vignerons : ils chanteraient pour Sylvie et pour mon fils de vieilles chansons et leurs filles, en jupes bariolées, danseraient autour du feu.

Je songeais à cela, j'inventais ces voyages à haute voix pour les enfants que je pus emmener une heure ou deux dans la forêt.

Sylvie entrait dans le jeu, ajoutait des détails à mes récits, décrivait « les barques bleues à voiles rouges », « les oiseaux grands comme ça tout dorés » — et elle écartait ses bras comme des ailes — « ou petits, petits, petits et rouges, rouges ». Elle chantonnait des airs de ronde ou de comptines, tournait sur elle-même en faisant voler en corolle sa jupe ; et François-Gérard répétait ses mots, imitait ses gestes.

— Pourquoi tu nous emmènes pas avec toi ?

— Quand vous serez plus grands.

— Quand c'est qu'on sera plus grands ?

— Bientôt.

— Alors si tu nous emmènes pas encore, il faut vite revenir, vite, et tu nous raconteras. Quand reviens-tu ?

— Quand tu reviens ? répétait mon fils.

VIII

Combien de fois ai-je entendu les enfants demander, impatients, à l'avance des jouets, des friandises, des histoires, que je leur rapporterais de mon prochain voyage : « Quand tu reviendras ? » Cet écho de leur frêle voix, et le reflet de leur regard un peu anxieux au fond de sa confiance, quel pouvoir ils eurent sur moi. Sans eux serais-je revenu ? La tentation à chaque voyage, parfois même au cours d'une escale d'avion, de « descendre » vers la ville, de me mêler à la foule, de m'y perdre. Je parle tant bien que mal l'anglais, l'espagnol, pourquoi ne pourrais-je faire ce que tant d'autres ont réussi : Nicolas Valenkov par exemple ? Je changerais de nom, ne parlerais à quiconque de mon passé. Ma vie, ma nouvelle vie dans le perpétuel, monotone printemps de Quito : je serais l'un de ces Européens fatigués par l'altitude, un de plus, fatigué et satisfait, comme eux je m'accoutumerais à côtoyer l'horrible déchéance indienne, non, je prendrais parti pour ces malheureux esclaves, je ferais quelque chose ? « *No señor, no se pode hacer nada, nada.* » Je coucherais avec une métisse. Je serais le métis de mon passé et de ma naissance nouvelle. Ou bien à Lima dans les lourds crépuscules roses : la colonie française me fuirait-elle, me tiendrait-elle pour suspect ? ou au contraire me rechercherait-elle ? Je donnerais des leçons de français ? J'inventerais des coiffures « parisiennes » pour les belles, les riches Péruviennes ? A Helsinki, une Italienne me vantait la douceur, la loyauté de la Finlande : faire comme elle qui a troqué le monde du bel canto et du péché contre celui de la franchise nordique. Ou plutôt, s'installer sur le port, à Copenhague, dans la blonde, l'ancienne et jeune gaieté danoise ? Mais « il y a quelque chose de pourri » dans tous les royaumes. Cette pourriture d'abord que traîne déjà en lui, partout, le voyageur, avant celle de la mort charnelle, celle faite de mes amours défuntes, de mes espoirs trahis, du souvenir de toutes mes lâchetés. Je finissais toujours par savoir que la seule promesse d'aurore, c'était dans les yeux de Sylvie et de mon fils qu'elle luisait, et non sur les cuivres étincelants des clochers de Quito ni sur la peau de sa métisse, non plus sous la nuit tropicale, quand pâlirait la Croix du Sud, ni parmi les branches des forêts de Finlande.

Une autre tentation de départ sans retour, je l'ai éprouvée à chacun de mes voyages mais en plein ciel. La glissade bleue derrière le hublot de l'avion, le désert neigeux de nuages, de loin en loin une île comme une lettre inconnue sur la mer, ou l'île d'une ville, les tracés mystérieux d'ombres, de vallées, de reflets sur des pans de continents, quelque chaîne étincelante avec ses cimes survolées ou longées. Sur ce fond glisse ma mémoire, des ciels, des îles, des villes, des terres de ma mémoire : les yeux d'Emilie, la silhouette, le cri de Marie la folle, la tour de l'Observatoire, les plaintes, la lumière de Clara, la grimace du quincaillier, les Barbares, Elisabeth la jeune inconnue, Elisabeth ma fiancée, Elisabeth ma femme, Elisabeth indifférente, hostile, meurtrie, le feu noir dans les prunelles de Nicolas Ivanovitch, Hélène et François, Hélène dans les bras de Calande l'étudiant, Hélène, Caroline qui rêve de sauver mon âme, qui veut me faire signe si elle meurt avant moi, quel signe ? pour m'avertir qu'il y a Dieu au terme du voyage. Ainsi la glissade des îles de ma vie, et j'attendais à chaque trajet qu'en plein ciel l'avion explosât ou qu'il tombât : serait-ce cette eau bleue le terme du voyage, ou cette île comme une lettre inconnue, ou cette cime ? Les débris de l'avion éparpillés sur les pierres, les plages ou la neige.

Je ne me suis pas perdu dans une ville, dans une vie étrangères. Les avions qui m'emportaient m'ont ramené. Pourtant la mort a bien failli venir au rendez-vous qu'obscurément je lui assignais. Les mois de déchirement que je venais de connaître m'avaient sans doute épuisé : à peine arrivé à New York pour y préparer un reportage sur « la guerre froide » et l' « american way of life », on dut me transporter d'urgence du 20e étage de mon hôtel au St-Clariss Hospital. Un médecin qui ressemblait au clown moustachu des Marx Brothers me jugea, si je compris bien, menacé d'embolie, m'administra donc drogues et piqûres aptes à fluidifier mon sang. Celui-ci devint alors si fluide en effet qu'une hémorragie interne me conduisit au seuil des enfers. C'étaient bien les enfers où je me mouvais, on n'y apercevait quelques taches de ciel que tout là-haut, à des altitudes inconcevables, où aboutissaient des centaines de sky-scrippers tassés les uns contre les autres. Dans les fonds où je gisais, des grands diables et de grandes diablesses noirs et nus dansaient autour de moi, une musique semblait leur infuser sa frénésie, pourtant je ne percevais que le plus absolu silence. Parfois une forme, un visage connus parvenaient à m'apparaître entre deux bonds des noirs démons : souvent la forme, le visage de Clara. Alors que je commençais à m'accoutumer à cette position de gisant au pied des gratte-ciel et à la danse silencieuse des Noirs, une atroce sirène retentissait, forte comme la trompette du jugement dernier. Epouvantés tous s'enfuyaient, me laissaient seul au fond des gouffres de la rue jusqu'à ce qu'une pluie de bombes vînt anéantir les gratte-ciel, tours de Babel qui s'abattaient sur moi.

Le premier sentiment que j'éprouvai en remontant de ces abîmes fut le regret. Je m'étais habitué à voir s'édifier autour de moi, au-dessus de moi, ma tombe ; la vague conscience qui me venait qu'il allait maintenant falloir recommencer à vivre, me rebutait. D'autres visages de médecins que celui du Marx Brother se penchaient au-dessus de moi, un liquide rouge descendait insensiblement dans mes veines. Après ce moment de stupeur, et de regret de ma léthargie mortelle, ce fut au contraire un sentiment de panique qui me fit bafouiller des questions, des plaintes, des appels, des prières auxquels les hommes en blanc n'entendaient goutte. Je ne me souvenais plus d'un seul mot d'anglais, (me souvenais-je même que j'étais à New York ?) Une infirmière belle, fraîche et neutre comme une réclame d'eau de toilette dans le métro, put enfin me dire quelques mots en français ; je lui donnai l'adresse d'Elisabeth, lui demandai s'il serait possible de lui écrire, de lui télégraphier. Les médecins me firent signe de me taire, de ne plus bouger. L'infirmière me fit un sourire éclatant et fixe ; elle me donna à boire, glacé, un jus de fruits. Il me sembla qu'elle m'allaitait du doux breuvage de la vie ; je voulais encore, je voulais sans fin me désaltérer de tous les fruits de ce monde. Je ne voulais plus retomber au fond de la fosse, là où dansaient les diables et les diablesses noirs. Je voulais qu'Elisabeth, qu'Hélène, que Sylvie, que mon fils viennent vite, jusqu'ici, m'arracher à cet hôpital. Je crus comprendre ce que baragouinait avec un terrible accent nasillard l'un des médecins aux tempes grises. Il disait quelque chose comme cela : « Si ce damné garçon avait fait avec moi la guerre aux Japs, il n'appellerait pas sa maman pour si peu. » Je ne sais pourquoi, cela me fit sourire ; je sentis à la fatigue des muscles autour des lèvres que je souriais, et le médecin qui avait fait la guerre aux Japs se mit à rire un bon coup. Avec la nuit, la jolie infirmière, rose et jolie comme une page en couleurs de magazine, s'éclipsa. Je compris d'où venaient les diablesses noires si belles, des enfers d'où je remontais, lorsqu'entra une jeune Noire, vêtue du même uniforme blanc que la garde de jour. Ensuite passaient d'autres Noires : aides-infirmières, serveuses de jus de fruits, filles de salle ; toutes me souriaient, dents blanches, blanches dans la pulpe rosée des lèvres. J'admirais ce grand pays qui, en pleine « guerre froide » — les avis placardés, dans ma chambre d'hôtel au 20ᵉ étage pour le cas de bombardements aériens, à les lire on sentait la guerre rôder au-dessus de chaque gratte-ciel — j'admirais donc ce grand pays et ces maîtres de l'organisation qui assortissaient aux couleurs du jour et de la nuit les infirmières de St-Clariss Hospital. Le lendemain, je fis part de ma découverte à la garde blanche, blanche et rose, elle éclata de rire, un peu à la manière du médecin ancien combattant de la guerre aux Japs : « Les Français, tout de même, quels fantaisistes. » Si le personnel infirmier se recrutait la nuit parmi les seules Noires, c'est que les Blanches exigeaient de travailler le jour seulement, et entre elles, alors les Noires prenaient ce qui restait.

On m'a prévenu plusieurs heures à l'avance. J'aurais une communication téléphonique avec Paris. L'appareil blanc à mon chevet, ce serait les doigts charbonneux d'une de mes diablesses nocturnes qui le placeraient contre moi quand la sonnerie appellerait. Ce fut plutôt un déclic, la jeune Noire s'expliqua au téléphone avec les standardistes, puis me passa écouteur et micro. J'essayais de m'imaginer le gigantesque univers d'eau qu'en un instant traversait la voix d'Elisabeth. Jamais aussi proche, je crois, la voix de ma femme, comme si elle parlait non pas de l'autre bord de l'océan mais à mes côtés, en moi-même, et j'étais sûr de nouveau que j'aimais Betty, que nous nous aimions. Ne serait-ce que pour connaître et nommer cette évidence, le prix alors n'était pas trop fort que j'avais dû payer en passant si près de l'ultime passage.

— Mon petit, mon petit Henri, aie confiance, la lettre de tes médecins est tout à fait rassurante. Hélène est formelle, tu n'as plus rien à craindre. Mais si tu veux, je prends l'avion, j'arrive.

— Non, merci, ce n'est pas la peine. Je... Elisabeth, je t'aime.

— Oh ! Henri, mon Dieu, oh ! moi, tu m'entends encore ? Je t'aime. Je t'aime.

Ai-je réellement entendu la répétition, ou bien déjà l'océan s'était-il refermé sur nos voix, les avait arrachées une à l'autre, mais toutes les vagues de l'Atlantique m'apportaient sans fin répétés les mots d'Elisabeth, les mots sauveurs qui, d'être prononcés sur l'autre rive, m'enlevaient à celle de la mort.

Il fallut attendre une quinzaine de jours, puis une ambulance me conduisit à l'aéroport (la fantastique, menaçante hauteur des gratte-ciel contemplés du lit d'ambulance à l'aller, puis au retour de la clinique), de là, toujours couché, un avion me ramena au pays natal.

Je donnais au journal un reportage, non pas sur « la Guerre froide aux U. S. A. » mais sur « Un hôpital à New York ». Mon rédacteur en chef et les lecteurs eurent le bon goût de s'en déclarer satisfaits. J'écrivis cette suite d'articles à Aulnes-les-Tours où je passai un mois de convalescence.

Souvent, la nuit, je rêvais d'une étrange sarabande où dansaient, courant dans l'étroite et sombre vallée aux pieds des montagnes-gratte-ciel, les diablesses-infirmières à la peau sombre. Elles entouraient, servaient Clara, elle aussi habillée en blanche infirmière. Moi je demeurais étendu au fond de l'ombre. Parfois la danse des pieds nus me martelaient, je ne tardais pas alors à me réveiller en suffoquant, je me demandais en quel pays, en quelle ville d'Amérique ou d'Europe, en quel hôtel, je me trouvais. Ce silence, cette raie de lumière grise, quelquefois cet appel guttural au loin, quelle terre ou quelle cité allaient-ils me donner ? Puis je songeais : silence de campagne, de village, lumière de contrée d'ouest, ou du nord peut-être, mais cet accent rauque, ces mots criés, incompréhensibles, en quelle langue ? D'un seul coup, je reconnaissais notre chambre à Aulnes-les-Tours, Betty devait être levée depuis longtemps, elle me laissait reposer ; cet appel que j'avais cru en langue étrangère, c'était celui d'un fou, là-bas, dans la cour de l'asile.

Je ne me levais qu'une heure ou deux dans l'après-midi. Tour à tour, Betty, Hélène, les enfants, Esther Zarev venaient me tenir compagnie. Sylvie et François-Gérard paraissaient tout intimidés de me voir couché en plein jour. « Il faut plus que tu voyages », déclarait Syl. Mon fils protestait : « Alors, il pourra pas apporter des jouets d'ailleurs ! »

Sylvie prenait garde à ne pas être entendue de son petit compagnon.

— Quand tu seras guéri, me disait-elle, tu partiras plus, n'est-ce pas, tu resteras avec nous ?

Parfois les enfants venaient, tirant par la main, derrière eux, Antoine le domestique. Il se plantait sur le seuil, n'osait plus avancer. J'insistais, lui assurais que j'étais content de le voir. Enfin il souriait d'un sourire craintif, disparaissait un instant dans le couloir, revenait, chargé d'un vase et d'un bouquet qu'il déposait, avec des gestes solennels, sur la commode en face de moi. Soigneusement, il vérifiait l'ordonnance des fleurs, changeait de place une marguerite, penchait un peu les tiges d'un feuillage. On était aux premiers jours du printemps et les fleurs provenaient des serres où les cultivaient des malades jardiniers. Antoine qui, pour porter le repas à notre pavillon, avait accès aux cuisines, refilait quelques bons morceaux aux jardiniers en échange des fleurs.

Les visites d'Esther Zarev me faisaient du bien. Je lui confiais qu'à New York j'avais espéré trouver la trace de Clara, je lui parlais de ce calme qui s'était fait en moi, dû sans doute à la proximité du danger mortel, de cette vision de démons noirs dansant près de la dalle funéraire où je gisais, puis de cette émotion, de ce sentiment presque de miracle grâce à la voix d'Elisabeth traversant l'océan, l'immense muraille de distance, comme une âme venue au secours de mon âme.

Esther Zarev hochait la tête. J'apercevais, minuscule, mon reflet dans ses yeux sombres et brillants — ils me faisaient penser à deux jolies boules où se lisait l'avenir, posées dans le creux bleui des paupières, au-dessus du visage pâle et plein.

— Votre corps a été malade parce que l'âme l'a voulu, parce qu'elle-même était si blessée qu'elle ne savait plus comment s'en tirer, comment se supporter. Votre sang menaçait de s'arrêter ou de se perdre, parce que d'abord votre âme, elle, avait perdu son sang, avait perdu sa vie. Oh ! on ne sait que bien peu de chose encore. Tout de même, on a commencé à comprendre, voyez-vous, qu'il n'y a pas d'un côté le corps, de l'autre l'esprit, les sentiments, les passions, mais un tout, mais un seul être vivant, et ce qui retentit dans l'âme retentit également dans le corps. D'ailleurs, tenez, le langage simple le savait déjà : le cœur, un seul mot pour désigner, quoi ? le centre, le foyer de nos sentiments, de notre vie affective, et ce muscle qui nous maintient en vie ; ou encore on parle « de se faire du mauvais sang », de « se ronger ». Eh bien, c'est vrai.

— Je ne vais peut-être pas guérir, ni dans mon corps ni intérieurement.

— Tsst ! tsst ! la crise a été salutaire. Votre convalescence, en réalité n'est-ce pas une nouvelle naissance ? Allons, vous le savez bien, vous le savez mieux que moi. Ces démons nus et noirs dont vous voyiez la danse, dans votre délire, autour de vous étendu au fond de la tombe, c'était... oui ce devait être vos désirs... ces désirs amoureux que vous avez combattus, reniés, condamnés.

Comme vous étiez dans ce pays où les Noirs sont les réprouvés, et comme vous-même vous sentiez par tous et par vous-même réprouvé, vous transformiez la part de vous-même refoulée, refusée et votre amie exilée, en démons noirs. Quant à l'autre part de vous-même, celle qui avait rejeté les tentations, la tentation de la vie, elle gisait, exsangue, déjà à demi morte.

Esther Zarev se taisait un moment. Puis un mince rire fusait entre ses lèvres.

— En somme, cette fois c'est Eurydice-Elisabeth qui est venue chercher aux enfers Orphée-Henri et l'a ramené au jour. Car c'est bien cela, cette voix de votre femme qui traversait l'océan, qui traversait l'immensité qui vous séparait d'elle, pas seulement celle de l'espace, oh ! non pas seulement pour vous rejoindre, cette voix, ce souffle se mariant à votre voix, à votre souffle, vous a ranimé, vous a redonné âme et vie, a réconcilié en vous l'âme et la vie. C'est bien cela, n'est-ce pas ?

Il me semblait que c'était cela, en effet, presque cela. Mais Esther Zarev ignorait une autre donnée de ma chute et de ma « résurrection ». Elle qui pensait expliquer, éclairer le labyrinthe dont elle me croyait sorti, ne paraissait point deviner le rôle que jouait, et que jouerait, pour moi, Hélène. A moins, me disais-je parfois, qu'Hélène non plus n'ait pu résister à cet air apaisant qu'on respirait auprès d'Esther Zarev et qui poussait à se confier à elle, à remettre un instant le destin entre ses petites mains blanches. Peut-être Hélène lui avait-elle ainsi parlé d'elle et de moi ? Je n'en saurais rien ; Esther Zarev était trop prudente et trop charitable pour risquer jamais un mot, une allusion qui eussent pu compromettre la lente guérison que je poursuivais dans ce printemps mouillé.

Hélène venait en fin d'après-midi s'asseoir à mon chevet, cependant que Betty dans une pièce voisine veillait sur les leçons et les devoirs de Sylvie.

— Vous nous avez fait bien peur, Henri, me dit-elle un jour. J'étais à côté d'Elisabeth quand elle vous a téléphoné. J'ai compris à la voix, au visage d'Elisabeth, à la fois que nous avions failli vous perdre et que vous étiez sauvé.

Elle a entendu le « je t'aime » lancé par ma femme comme une main tendue à qui se noie, elle a compris que moi aussi, moi d'abord, j'avais dit mon amour à Elisabeth. N'a-t-elle pas ressenti en elle, une nouvelle fois, cette blessure qui s'était ouverte à la mort de François ? Elle était là, invisible, mais en elle-même me suppliait-elle encore de ne pas les quitter, Betty et elle, de ne pas les abandonner pour rejoindre la mort, comme elle m'avait supplié de ne pas les laisser pour rejoindre l'amour ?

Elle me parlait sur le même ton, à la fois affectueux et distant, que jadis, comme si jamais il n'y avait eu cette nuit où, dans sa voiture, elle m'avait embrassé. Je songeais qu'elle aussi, comme Esther Zarev, employait son savoir pour agir sur moi, pour me convaincre que tout, en moi et autour de moi, allait redevenir, ou devenir, clair, sans pièges, sans maléfices.

— Nous sommes modelés, dirigés, disait-elle, par les fantômes de notre enfance, ils nous poursuivent, nous les poursuivons ; nos sympathies, nos antipathies, en fait, elles ne sont que reflet de plaisirs ou de déplaisirs connus dans nos premières années. Nous recherchons, sans le savoir, à reproduire, à revivre nos premières attirances, nos premières répulsions.

J'étais agacé par le ton doctoral qu'elle prenait, et plus encore par le double sens qu'elle devait, pensais-je, donner à ces paroles. Elle voulait certainement me faire comprendre qu'il fallait ramener à une réminiscence puérile la scène amoureuse que nous avions, malgré nous, vécue. J'étais sûr qu'elle me trompait ou qu'elle se trompait à ce sujet, et j'avais envie de lui crier : « Hélène, vous le savez bien, ce ne sont pas des fantômes de notre enfance, mais nous-mêmes, la femme que vous êtes, l'homme que je suis, qui nous sommes avoués soudain ce qui, en secret, depuis longtemps déjà, troublait nos cœurs. »

Mais de cela, je ne soufflais mot. Ma belle-sœur, entraînée par son besoin de rattacher le présent à l'enfance, se mettait à me raconter des souvenirs de ses années lointaines. Elle oubliait alors son air et son ton de magister. Je l'écoutais avec un plaisir mélancolique, j'apprenais à aimer, à travers elle, la fillette et la jeune fille qu'elle avait été.

— Mon père me terrorisait : ses moustaches, sa voix coléreuse, sa mauvaise humeur permanente. Pour me venger, je lui faisais honte. Il était de modeste origine, mais il aurait voulu qu'on le prît pour un grand bourgeois, un rien suffisait pour lui faire perdre la face. Le dimanche, au long des promenades, je me traînais derrière mes parents. Je ne cessais d'agiter mes omoplates, comme des ailes, je rêvais de me réveiller bossue, quelle joie alors, puisque mon père, il était raide comme... j'avais entendu une bonne dire de lui qu'il avait avalé son parapluie, je me demandais comment on pouvait vivre avec un parapluie dans le corps, oui, je voulais me faire bossue et — vous voyez, j'y suis presque arrivée, si, si, je sais bien, j'ai le dos voûté — parce que mon père me reprochait de ne pas me tenir droite. Quand il se retournait, s'il me voyait agiter mes ailes, enfin mes omoplates, il entrait en fureur. Il me traitait de « guenon », me menaçait, me giflait. Rien n'y faisait. D'ailleurs c'était vrai, je devais ressembler à un petit singe derrière mes parents si grands, si droits, si raides. Pensez, en même temps que je secouais mon dos, je fronçais et défronçais sans arrêt mon nez. Mon père me disait que j'avais un nez en pomme de terre. J'avançais le menton, ce qui faisait ressortir ma lèvre inférieure. Mon père se moquait de mon menton et parlait de ma bouche en rebord de pot de chambre. Je n'arrêtais pas de cligner des yeux, j'avais pris cette habitude, cette fois non pas à cause de mon père, mais de ma grand-mère : elle me disait : « Quand tu te regardes dans la glace, tu vois le diable. » Je n'osais plus passer devant les miroirs, ni même devant les vitres de crainte d'y apercevoir mon reflet ; j'avais à la fois une peur et une envie terribles de voir le diable. (Elle riait, d'un rire sans joie.) C'est vrai, quelle petite guenon je devais être. Et vous voyez, il m'en est resté quelque chose. Mais si, ne protestez pas, Henri ! Allez, je sais bien que je suis laide, avec mon dos rond, mon gros nez, ma grosse bouche, mes yeux toujours plissés.

Je lui assurais qu'elle était belle, qu'elle ressemblait à un Gauguin, cela m'avait frappé dès la première fois où je l'avais vue à l'Observatoire.

— Mais ça n'a pas d'importance, continuait-elle. C'est parce que j'étais, ou que je me croyais laide si vous préférez, parce que je pensais que personne jamais ne m'aimerait — que je me suis jetée avec passion dans les études, j'ai développé ma réflexion, mon intelligence peut-être, comme d'autres, des infirmes par exemple, développent ceux de leurs muscles qui ne sont pas atteints. Avant le paradis de l'école, il y a eu tant d'années d'ennui et de guerre à la maison. Ma mère retardait indéfiniment le temps de m'envoyer en classe. J'allais seulement au catéchisme. Ça n'arrangeait rien. Le curé lui aussi était du genre terrorisant. Résultat : le soir je n'osais plus m'endormir, j'étais prise d'angoisse à l'idée que je pourrais mourir en plein sommeil, donc sans la possibilité de me repentir de mes fautes, je mourrais en état de péché mortel, je me réveillerais en enfer.

Elle rit encore, cette fois plus franchement.

— Je n'arrêtais pas de trembler, et je prenais un air d'autant plus décidé, d'autant plus farouche. En somme, celui que j'ai gardé. N'empêche qu'à mon âge, j'éprouve toujours la même crainte du sommeil, je retarde toujours le plus possible le moment de me coucher, et ensuite, je suis obligée de prendre des somnifères. A croire que j'ai le diable en moi, comme disait ma grand-mère.

A ma demande, elle a cherché dans ses papiers quelque image de « la petite guenon » qu'elle était. Elle a trouvé une photographie. J'ai vu une fillette de sept ans, le visage à la fois ardent et mélancolique encadré de longues boucles brunes à l'anglaise, les yeux interrogateurs hésitent entre la tendresse, le rêve et la révolte.

Elisabeth vient près de nous, elle regarde avec moi la photographie, et avec moi s'enchante de la grâce du modèle.

— Je m'ennuyais tellement chez moi, toujours seule avec ma mère, sans garçons ni filles de mon âge. Je m'étais inventé un frère et une sœur. Ils ne me quittaient plus. Ils logeaient sous la table de la salle à manger. Lui, je l'appelais Alain, je trouvais que ça allait bien avec Hélène ; elle, c'était Marie-Claude parce que c'était aussi bien le prénom d'une fille que d'un garçon. Secrètement je m'imaginais en garçon : je défendrais maman contre mon père — je croyais qu'il était notre ennemi —, je ferais de grandes choses, on parlerait de moi, un qui serait bien attrapé, ce serait mon père. Dans le fond, mon rêve obéissait à la propre envie du « tyran » : avoir un fils dont il pourrait s'enorgueillir, au lieu de ce laideron ridicule et revêche.

— Alain, Marie-Claude, dit-elle lentement, ah ! comme ils m'ont consolée, comme vous m'avez réconfortée tous les deux.

Elle nous regarde, étonnée, son visage ressemble à celui de la fillette sur la photo.

— Vous n'avez pas remarqué ? Je vous ai confondus, vous et Betty, avec mon frère et ma sœur imaginaires. J'ai dit qu'*ils* me consolaient et que *vous* me réconfortiez.

Elle nous sourit, un instant très bref son regard est toute tendresse.

— Peut-être, Alain, Marie-Claude, c'était vous, c'était déjà vous, Henri, Elisabeth.

Resté seul, j'essaye en vain de ne plus songer à Hélène. Malgré moi j'imagine son corps, sa peau brune (bien souvent nous nous sommes baignés ensemble dans les étangs des environs). Je me répète, courroucé, le nom du frère imaginaire : « Alain, elle te l'a dit, c'est toi, tu n'es que son frère imaginaire. Peut-être a-t-elle raconté ces choses de son enfance, peut-être même les a-t-elle inventées, uniquement pour t'inciter à devenir avec elle, à redevenir rien qu'un « frère imaginaire ».

Et Betty, ne suis-je pas aussi un frère pour elle, plus qu'un mari ? Depuis que je séjourne dans le pavillon de l'asile, la nuit elle a tenté de venir vers moi, de se couler nue contre moi. J'ai cherché dans ma convalescence une excuse à mes faibles étreintes. Le désir renaîtra-t-il entre nous ? Ce désir que je dois nier quand je contemple Hélène, ce désir qui me fait gémir quand je ne parviens pas à chasser l'image de Clara.

Lorsque j'eus repris des forces, que je pus marcher dans les forêts, alors que mon séjour approchait de sa fin, nous eûmes de nouveau des nuits amoureuses après des années d'indifférence charnelle. Elisabeth finit par m'avouer qu'elle voulait un autre enfant de moi. Je m'y refusais absolument. L'idée de donner un enfant à Elisabeth m'effrayait : était-ce parce qu'à travers sa chair, malgré moi, je continuais à chercher le corps de Clara, ou à imaginer la forme, la chaleur, la passion de celui d'Hélène ? Pourtant ma femme retrouvait sa beauté. La maigreur cédait la place à des formes pleines et tendres. Sa taille, son cou, ses bras, ses jambes reprenaient ces flexions de plante qu'une ingrate raideur avait pour un temps remplacés. Et même, une maturité qui arrondissait ses joues, ses bras, ses hanches, ses jambes, la rendait, me semblait-il, plus féminine, elle qui si longtemps garda un air d'adolescence.

Je n'étais plus qu'à quelques jours du départ, lorsque le taciturne collègue d'Hélène et d'Esther Zarev, le docteur Maldour, se risqua à venir jusqu'à moi. Il s'asseyait à mes côtés pendant que je faisais la sieste dans le jardin. Il me fixait de ses yeux globuleux sur lesquels pesait la grosse barre des sourcils grisonnants. Il ne disait pas grand-chose, suffisamment pourtant pour me laisser entendre que la vie ici manquait de variété, qu'il avait abandonné par lassitude sa clientèle de médecin de village dans les Landes (la perfide Poncette affirmait que des histoires de fille engrossée, à moins que ce ne fût une amitié particulière avec l'enfant d'un châtelain — la « directrice » n'en était pas à un détail près — avaient contraint « l'ours à s'enfuir de sa tanière ») et qu'à présent la seule compagnie des malades n'était pas non plus bien réjouissante.

— Mais qui est fou, qui n'est pas fou ? disait-il volontiers.

Brusquement, sans prendre congé, il se levait, partait sans se retourner.

Je suggérais à Esther Zarev de s'occuper de lui ; elle si éclairante, si apaisante, ferait du bien à ce solitaire. Elle plaisantait sur mes illusions à propos de son « côté Saint-Bernard ». Un jour que j'insistais, elle devint grave pour me dire :

— Ce Maldour me fait peur.

— Croyez-vous donc aux calomnies de la Poncette ?

— Bien sûr que non.

— Alors ?... Vous ne pensez tout de même pas que Maldour soit méchant ?

— Oh ! non, le malheureux, il doit être incapable de toute méchanceté... Non... C'est autre chose... Au juste je ne sais quoi... Mais c'est ainsi, quelque chose, en lui, me fait peur.

Mes forces revenues, je sentais la curiosité orienter de nouveau mon esprit. J'aurais aimé faire connaissance des malades, ou du moins de certains d'entre eux, soit dans l'asile même, soit dans les fermes des environs où ils travaillaient. Esther Zarev m'y poussait. J'apprendrais avec eux, disait-elle, plus de choses qu'en faisant mes voyages autour du monde. Elle assurait aussi que je leur ferais du bien, qu'il était triste et nocif que les aliénés ne pussent être en contact qu'avec les psychiatres, les infirmiers, ou quelquefois, leurs employeurs. Pourquoi ne m'installerais-je pas à Aulnes-les-Tours, au moins le temps d'y écrire un livre sur la folie, enfin sur ce que les gens croient pouvoir appeler la folie ? Ou bien, il y aurait encore la possibilité de me dénicher quelque emploi dans l'administration de l'hospice. Je ne pouvais lui répondre qu'il n'était pas concevable pour moi de vivre ainsi en tête à tête avec ma tentation, avec Hélène, elle et moi pris dans le piège, dans la prison de l'asile.

Le mois de mai fleurissait le jardin, les haies, les rives des étangs, garnissait les forêts de chants de merles, de pinsons et de geais, lorsque je quittai le pavillon. Je devais partir en reportage pour Hambourg.

Par Consuela, ma petite nurse noire, je sus quels étaient mes voisins à St-Clariss Hospital : dans la chambre de droite, le chef du syndicat des camionneurs, John Hill, dans celle de gauche Mister Lewis McGill.

Un patron John, gazouillait Consuela, un roi, qu'il lève le petit doigt et voilà New York affamé (elle levait les yeux au ciel comme si déjà elle se voyait mourant de faim à cause de ce sacré John). Elle lui avait parlé de moi. Comme il allait sortir bientôt, les suites de son opération étant sans problème, il avait dit à la jeune Noire qu'en partant, il me ferait passer l'appareil de télévision loué par ses soins pour deux semaines encore. « Ce petit Français, trouver le moyen de venir à New York pour aller tout droit à l'hôpital. » Il n'en revenait pas, à en croire Consuela, d'une telle déveine. Quant à Mr Lewis McGill, je n'arrivais pas à comprendre, à travers les explications de la nurse, quel pouvait être son métier. Ce devait être quelque chose à propos de la mort : entrepreneur de pompes funèbres ? fabricant de corbillards ? sculpteur pour monuments funéraires ? Non, non, faisait Consuela en tournant la tête, et elle continuait à me parler de l'industrie mortuaire de Mr Lewis McGill, lui aussi un patron, un roi. Décidément, tous les « clients » de

Consuela dans cet hôpital devaient être à ses yeux : rois de quelque chose. Roi de la mort, Mr Lewis ?

Je l'imaginais immense, squelettique, penché sur le corps si souple, si doux, si vivant de la petite négresse. Comme si elle devinait le trouble et l'horreur de ma vision, Consuela me regardait effrayée, tout en gazouillant je ne savais trop quoi pour se rassurer et me rassurer avec elle. Alors la peur pour de bon me prenait : allais-je mourir ? Cet être d'instinct qu'était Consuela sentait-elle, voyait-elle sur moi la menace de la mort ? Sous prétexte de me soulever un peu dans mon lit, je m'appuyais, je m'agrippais aux épaules de la jeune infirmière ; près, tout près de mon visage le tendre visage noir, les longs cils des paupières bistres, les yeux humides de biche, la pulpe violette des lèvres, le souffle chaud sur ma peau, le murmure de la voix à la fois grave et légère. « C'est moi, c'est moi que ta vie doit sauver, ta vie toute reliée à la terre, au soleil sauvages, moi. Je t'en prie, ma gazelle sombre, mon enfant d'Amérique et d'Afrique, le contact, la chaleur, la douceur de ta peau, de ton sang, de ta vie, de ton souffle, moi et non ce Lewis, ce roi moribond de la mort, ce squelette qui t'entraînerait, qui veut t'entraîner avec lui dans sa tombe ! »

La veille de son départ, John Hill me fit visite : haut, carré, non pas un camionneur, mais un camion entrant dans ma chambre. Je me sentis de fragilité me recroqueviller au fond de mon lit. De ses larges mains ouvertes, de son large sourire ponctué d'or, ce John Hill m'affirma qu'il ne s'agissait pas de me laisser aller, non mais, ce petit Français, venir à New York et se retrouver à l'hôpital, non mais voyez-vous c'était trop drôle. A le voir rigoler, John Hill, on se sentait déjà à moitié guéri. Il m'appelait « le petit Français », et je songeais qu'il devait être plus jeune que moi.

*Selon sa promesse, il fit installer sa télévision dans ma chambre, ainsi je pus découvrir un peu de l'*american way of life*, du moins j'imaginais que ce devait être cela les parties de base-ball, auxquelles je ne comprenais rien, les* *déclarations ou interviewes ou joutes politiques auxquelles je ne comprenais guère davantage, les films de Far West, de gangsters, de music-hall, de comédie familiale. Tout cela coupé, saucissonné, entrelardé de messieurs, mesdames, dents blanches, souriez et dites* cheese, *de boîtes de conserve, de gadgets, et c'est là, tout de même, sur l'écran de télévision, dans une de ces tranches-cheveux-sur-la-soupe de publicité, que du moins je compris une chose, une seule : le métier jusqu'alors énigmatique de mon voisin de gauche, métier dont ladite publicité évoquait le prestige général et la commodité particulière pour les vivants, ou plutôt les survivants, métier exercé avec un art suprême, assurait le flash, par la firme Lewis McGill and C°. Il s'agissait donc du « commerce » de la mort, de la mort apprivoisée, parée, de bonne compagnie, puisque l'entreprise Lewis McGill vous embaumait un cadavre en un tour de main, vous le fardait, vous l'installait at home dignement dans un fauteuil, et vous pouviez répondre allègrement au sourire (et dites* cheese) *du défunt. Un fameux embaumeur Mr Lewis McGill mon voisin de misère, mais cette fois il ne tarderait plus à être embaumé lui-même : une « attaque » lui avait déjà donné la rigidité macabre et chaque matin on s'efforçait dans sa chambre de le rééduquer (d'où ce pénible rabâchage de ba ba que je percevais le matin à travers la cloison, on essayait en vain de réapprendre à parler au malheureux roi de la mort, voulait-on qu'il pût faire compliment à sa déesse et patronne lorsque bientôt il se présenterait devant elle ?) Un après-midi, la famille, poussant le fauteuil à roulettes, amena le paralytique au pied de mon lit. Nous échangeâmes des... en fait nous n'échangeâmes rien du tout, la famille (les femmes sans âge alourdies de bijoux) souriait, j'essayais de sourire, et dans son fauteuil la momie de l'embaumeur, lippe pendante, œil morne, ne souriait pas, ne bronchait pas. Les femmes zézayaient, bêtifiaient à sa barbe comme elles auraient fait pour un mioche. Je comprenais vaguement qu'elles essayaient de l'intéresser à moi, à mon sort, à mon histoire. Elles m'auraient volontiers engagé comme bouffon du roi de la mort. J'ai feint de m'endormir malgré moi. Elles ont chuchoté un moment encore puis ont emporté Mr Lewis McGill dans son fauteuil à roulettes.*

IX

A mon retour à Aulnes-les-Tours, j'appris le décès du Dr Maldour. On avait retrouvé son cadavre dans un étang. Une lettre qu'il avait laissée ouverte sur son lit nous disait adieu : à Esther Zarev, à Hélène, à Betty, à moi-même.

Je me reprochais de ne pas avoir mieux connu le célibataire pendant ma convalescence, sa timide apparition vers la fin de mon séjour témoignait de son désir d'échapper à la solitude.

Esther Zarev me fit part de son remords.

— Ainsi, disait-elle, on peut vivre des mois côte à côte, dans le même lieu, dans le même travail, et ne rien savoir de la détresse du voisin. Je suis impardonnable, d'autant plus que je sentais que quelque chose en lui n'allait pas. Mais, je vous l'avais dit : il me faisait peur. Maintenant, je sais d'où me venait cette répulsion : de la mort, de la volonté de mourir qu'il portait en lui. C'est comme si je l'avais vu se noyer sous mes yeux, et que je ne serais pas allée à son secours.

J'essayais de la détourner de ces idées, lui montrais combien les soins qu'elle donnait aux malades l'absorbaient, alors, comment aurait-elle pu encore se dévouer pour cet homme ? D'ailleurs, ajoutais-je — je n'étais point sincère, puisque moi-même j'avais compris que Maldour recherchait ma compagnie, quêtait une amitié ou au moins une présence — ce vieil original aurait refusé toute aide.

Esther Zarev m'écoutait à peine. Sa tête bouclée semblait peser en avant.

— Pas jolie non, ma façon de me défiler. Car je me suis défilée... J'ai fui Maldour dans la mesure où, sans me l'avouer, j'ai pressenti, j'ai deviné en lui cette plaie.

Sa voix perdait sa musique apaisante.

— Comme un lépreux, voilà, je l'ai traité, je l'ai laissé crever dans son coin comme un lépreux, comme si j'avais peur d'attraper sa lèpre.

Hélène était elle aussi, bouleversée. Mais elle jugeait sévèrement Maldour. Il devait, estimait-elle, penser à sa responsabilité de psychiatre : les malades connaissaient ou apprendraient la fin tragique de celui qui avait pour mission de les soigner, de les soulager, de les guérir. Il était fatal qu'il en fussent meurtris. Plusieurs d'entre eux s'étaient attachés à lui car sous son apparence d'ours il était plein de bonté attentive, qu'allait-il donc advenir de ces malades abandonnés, trahis, et plus encore jetés dans l'angoisse par celui même qui s'était fait aimer d'eux.

Le suicide n'était admissible, affirmait Hélène, que s'il ne lésait, ne blessait personne d'autre que le mort, ou encore s'il était une arme, s'il avait valeur de protestation absolue. Je ne pus m'empêcher de dire à ma femme combien je trouvais Hélène dure.

— Cette condamnation à l'égard du pauvre Maldour, ces principes pour admettre ou pour condamner le suicide.

— C'est peut-être parce qu'elle-même, autrefois...

Betty se retourna dans le lit comme si elle voulait dormir. J'insistais pour savoir ce qu'elle avait commencé à dire. Longtemps elle refusa, assurant qu'il n'y avait rien à savoir, rien à dire, qu'elle ne se souvenait plus. Enfin elle se tourna de nouveau vers moi, me prit la main.

Le soir où l'on sortit de l'étang le cadavre, Hélène et Betty passèrent une partie de la nuit à parler, ne se résignant pas à se retrouver seules, chacune en sa chambre, sûres de ne pouvoir se réfugier dans le sommeil. Hélène ainsi parlait à son amie de sa jeunesse, de sa mère qui jurait de se suicider si jamais l'étudiante un jour la quittait. Hélène, dont la décision depuis longtemps était prise d'aller à Paris afin d'y achever ses études, vivait avec cette hantise du suicide maternel. Elle ne pouvait pas plus accepter de renoncer à ses études, qui pour elle se confondaient avec sa vie même, que d'être la meurtrière de sa mère. Elle se procura, grâce à la complicité d'une étudiante en pharmacie, du poison, elle en portait toujours une dose sur elle. Elle partirait à Paris une fois reçue au concours de l'externat des hôpitaux, menaces ou supplications maternelles n'y changeraient rien, si alors sa mère, comme elle l'avait cent fois répété, mettait fin à ses jours, Hélène avalerait le poison.

En écoutant ma femme, je songeais qu'Hélène n'avait pas vingt ans lorsqu'elle prenait un tel pari contre la mort.

— Hélène n'est pas son nom : c'est Antigone ou Electre.

— Tu vois, s'étonna Betty, j'ai toujours rêvé de jouer ces rôles...

Je craignais que ne revinssent en elle les regrets, les reproches à propos de sa carrière abandonnée, mais elle savait, elle sentait notre réconciliation trop fragile encore pour se risquer. Elle soupira :

— Qui sait ? Notre amitié, Hélène et moi, c'est peut-être la présence, comme tu dis, d'Electre, d'Antigone dans Hélène, qui la fonde.

Elle se blottit contre mon épaule.

— Tu aurais aimé une Electre ?

Je me demandais ce que cachait sa question. Faisait-elle allusion à Hélène, aux sentiments que j'aurais pu éprouver pour Hélène ? Ou bien était-ce la comédienne en elle qui l'incitait à se faire aimer de moi sous le masque d'un personnage ? Pour ne pas répondre, je la pris dans mes bras.

Blanches le jour, noires la nuit. Blanches : Joan, la petite blonde de Chicago, Mary ou Marie (la peau si pâle, la chevelure rousse) dont la famille venait du Canada, Marie qui me parlait français lorsque nous étions seuls dans la chambre de St-Clariss Hospital, mais dès qu'entrait une garde, une domestique, le docteur, ne savait plus que l'anglais (vous comprenez, je veux être une Américaine, une vraie Américaine) — la haute danse vive de ses jambes que j'observais de biais couché sur le lit de fer. Et vers la nuit : Sarah, le grand insecte tout noir avec ses longues pattes maigres, sa bouche rouge vorace dans la face de cuir sombre, le rire des dents : « Ah ! le petit Français, on va le tailler, l'opérer, crac ! » La nuit suivante : corps de rameau tendre, douceur inquiète de gazelle : les grands yeux chauds apeurés, un peu moins noire que les autres gardes de nuit — son père était portoricain, sa mère toute pareille aux grosses négresses tellement grand-maternelles de tous les petits Noirs —, la nuit suivante, Consuela l'infirmière métisse. Les mains potelées de Joan, les mains fines, fortes de Mary, les mains osseuses de Sarah, les douces mains savantes de Consuela sur mon dos endolori. A St-Clariss Hospital, en attendant la crève ou la sortie, on vous fait cracher les dollars, mais on vous dorlote : télévision, jus de fruits, et massages par les jolies nurses, blanches le jour, noires la nuit.

« Ma mère, ce que je pouvais la haïr, souffle Sarah, mais Dieu sait pourquoi je vous parle de ça. Relaxe petit Français, là ! là ! c'est bon ? Le type avec qui elle vivait, il me cognait dur, ensuite il m'a violée. Si j'avais pu le tuer, et ma mère avec ! Maintenant je les plains, des Noirs quoi. Pourquoi n'a-t-il pu cogner assez dur pour que j'y reste ? Depuis j'ai peur des hommes, des hommes noirs et les Blancs je leur pardonne pas. Tu ne répéteras pas petit Français, tu me ferais renvoyer de l'hôpital ? »

— Le Portoricain, je l'ai pas connu, c'est ma mère qui m'a raconté. Quel dommage que je n'aie pas la peau blanche, blanche, monsieur Verrier.

— Vous êtes plus belle que la plupart des Blanches, Consuela. D'ailleurs vous n'êtes pas noire, simplement il fait toujours soleil sur vous, c'est beau.

— Oh non ! vous êtes gentil, mais je sais bien, d'ailleurs voyez mes cheveux, et regardez à côté de vous, je suis noire, voilà tout. Oh ! j'aurais aimé être blanche.

— A Paris, qu'on soit noir ou blanc, aucune importance...

— C'est vrai ? c'est vrai ? Alors j'irai à Paris. Vous ne voudrez pas me voir à Paris, monsieur Verrier ?

— Bien sûr que si Consuela.

DEUXIÈME PARTIE

X

Après le suicide de Maldour, Esther Zarev ni Hélène ne voulurent rester à Aulnes-les-Tours, tant leur déplaisait l'attitude de Poncet et de sa femme qui ne cessaient d'injurier la mémoire du malheureux médecin.

Esther fut la première à partir, elle obtint un poste dans un hôpital psychiatrique des environs de Paris. Elle espérait qu'Hélène pourrait l'y rejoindre sans trop tarder. Au lieu de cela, à l'automne, ma belle-sœur fut nommée à l'asile de Saint-Ferréol, grâce à son ancien patron, le Dr Villanet, devenu lui-même directeur de cet établissement.

Dans une région de forêts, plus proche de la ville où je travaillais, l'hôpital occupait un vaste couvent du XVIIe siècle : deux longues ailes flanquaient une tour octogonale coiffée d'une coupole d'ardoise. L'ensemble offrait un aspect imposant. En arrière, à la place du cloître détruit, s'étendaient les cours, les bâtiments nouveaux ; au-delà d'un chemin circulaire s'élevait l'église à demi ruinée dans un bosquet d'ormeaux.

Le directeur disposait d'un appartement au troisième étage. Les médecins adjoints étaient logés dans un double pavillon séparé du couvent par un long parc à l'abandon. C'est là que s'installèrent Hélène, Elisabeth et les enfants. La salle de séjour éclairée par deux fenêtres donnait sur le parc et semblait baigner dans une eau verte.

L'autre partie du pavillon était occupée par un jeune médecin, le docteur Moulineux, et sa femme. Dès leur arrivée, Elisabeth et Hélène apprirent que Mme Moulineux était une Indochinoise d'une rare beauté, mais cette beauté on ne pouvait guère s'en assurer, car le médecin séquestrait sa trop ravissante épouse.

Betty et Hélène regrettaient Esther Zarev, et les enfants ne se consolaient pas d'avoir quitté leur fidèle Antoine. Le jour du départ, il leur donna à chacun un bouquet de bruyère, de feuilles mortes et de branches de pin : les deux bouquets demeurèrent tout l'hiver à Saint-Ferréol dans la chambre des enfants ; il fallut se cacher d'eux pour jeter un soir ces souvenirs fanés.

Hélène du moins semblait heureuse de travailler de nouveau auprès du Dr Villanet. Elisabeth, elle, me disait combien lui manquait la campagne plus belle d'Aulnes-les-Tours avec ses collines, ses étangs ; les heures lui paraissaient longues lorsque Hélène assurait son service et que les enfants étaient en classe à l'école du village où, assez vite, ils se firent des amis parmi les fils et les filles des infirmiers et des paysans.

Ils s'étaient bientôt familiarisés avec Louis, le nouveau domestique, un homme d'une quarantaine d'années, un peu voûté. Ses petits yeux bleus fuyaient notre regard. Il était plus bourru qu'Antoine et ne savait pas faire les bouquets, mais il était plein de patience et de gentillesse avec les enfants et se montrait pour Elisabeth et Hélène d'un dévouement sans bornes. Un autre malade venait parfois donner un coup de main à Louis : on l'appelait Dédé.

Maigre de torse, de visage et de jambes, mais curieusement affligé d'une molle bedaine, Dédé portait plus que son âge. Autrefois cuistot à bord d'un navire de croisière, l'ivrognerie l'avait conduit à Saint-Ferréol. Régulièrement on l'y désintoxiquait et non moins régulièrement il se remettait à boire.

J'avais un peu approché le Dr Villanet dans ma ville natale lorsque François et Hélène étaient ses élèves, puis après la Libération lorsqu'il accepta d'hospitaliser Nicolas Valenkov pour le dérober à la justice. Cet homme athlétique, très brun de poils, d'yeux et de peau, attirait la sympathie avec son regard attentif toujours un peu mouillé, sa large bouche souriante, que deux courtes rides encadraient.

Sa femme paraissait plus âgée que lui. Etait-ce à cause de cela ? Elle se montrait d'une extrême coquetterie, changeait de toilette deux fois par jour dans ce lieu solitaire où elle ne pouvait rencontrer que son mari, et, de loin en loin, des infirmiers, l'économe et sa femme, ou nous mêmes.

Quant au Dr Moulineux, longtemps, seule Hélène put l'apercevoir au cours de son service. Elle nous disait qu'il était jeune, avec un air à la fois timide et farouche. Villanet supposait qu'il était devenu médecin dans cet asile retiré pour satisfaire une jalousie morbide et mettre son épouse à l'abri de tout regard, de toute rencontre.

Tel était le petit groupe de Saint-Ferréol avec lequel, désormais, pendant combien de mois, combien d'années, nous allions vivre. Il y avait enfin les malades qui peuplaient les étages, les dépendances de l'ancien couvent et les nouveaux bâtiments. Mais je n'approcherais leur monde que peu à peu ; pour le moment, j'apercevais les hommes derrière le tréfilage qui clôturait leurs cours donnant sur le parc, à l'ouest de l'asile : les uns me regardaient, comme font dans leur cage les bêtes enfermées, les autres plus captifs encore poursuivaient, sans rien voir, leur délire silencieux ou théâtral.

La chimiothérapie demeurait dans les limbes ; électrochoc, lobotomie, insuline ; c'étaient là les « grands moyens » physiques, chirurgicaux, chimiques. Pour les malades aux psychoses, aux névroses plus subtiles ou plus insidieuses, le Dr Villanet et Hélène réservaient leurs psychothérapies

— Vous avez libéré les fous de leurs chaînes, de leurs carcans, de leurs cages, disais-je à Hélène, vous essayez de supprimer maintenant les cellules, les camisoles de force, mais en même temps vous faites des électrochocs à la douzaine. Vous passez vos fous à la roue, à la bastonnade pour en chasser leurs démons, vous les secouez comme des pruniers pour en faire tomber les fruits véreux. Franchement, savez-vous ce qu'il se passe avec vos électrochocs ?

— Pas très bien. On provoque une sorte de crise d'épilepsie. C'est tout à fait comparable, en apparence du moins.

Je faisais une grimace. Elle haussait les épaules.

— Vous ne vous rendez pas compte, Henri : avant l'électrochoc, les mélancoliques descendaient de plus en plus bas, dans leur désespoir, jusqu'au suicide. Maintenant, ils peuvent avoir une vie normale comme vous ou moi. Ici, de tout le département, et même des départements limitrophes, des malades viennent régulièrement se faire faire un ou quelques électrochocs, puis ils repartent, seuls, conduisent leur voiture, reprennent leur travail... Ils sont guéris pour six mois, pour un an. Ensuite, quand ils sentent de nouveau que ça ne va pas, ils téléphonent, prennent rendez-vous, reviennent se faire traiter.

— Inventera-t-on un électrochoc qui guérira de l'amour ? Dans ce cas, Hélène, je serais demandeur.

— Vous... Vous pensez encore à... à votre... à Clara ?

— Non... Enfin, si... Mais l'électrochoc, je voudrais qu'il me fasse oublier que je vous...

— Taisez-vous, Henri, taisez-vous !

Elle a repris à mi-voix :

— C'est mal. Si, vous le savez, c'est mal. Jamais, vous entendez, ne dites plus jamais cela. D'abord c'est faux.

— Oh ! Hélène, comment pouvez-vous dire...

— Je dis ce qui est vrai (elle continuait à parler bas mais avec une autorité passionnée). Nous nous aimons... comme Elisabeth, comme Sylvie, comme François-Gérard veulent et savent que nous nous aimons.

Je ne sais quel air défait devait avoir mon visage. Elle posa sa main sur ma poitrine et sourit.

— Ne faites donc pas cette tête. Il y a sans doute trop longtemps que vous n'avez pas voyagé, les voyages vous manquent.

— C'est cela ! criai-je. Conseillez-moi une fille dans chaque port, tant que vous y êtes ! C'est ça, n'est-ce pas, l'électrochoc que vous prescrivez dans mon cas !

Elle s'écarta. Je la suppliai d'oublier ce que j'avais dit, tout ce que j'avais dit.

Pendant plusieurs semaines, elle me garda rancune, s'arrangeant pour ne jamais rester seule avec moi, ne m'adressant pas la parole lorsque la famille était rassemblée dans la pièce baignée de lumière verte.

Ce n'était plus jamais elle qui me reconduisait à la gare par la route traversière au milieu des forêts, mais parfois Elisabeth, et plus souvent le chauffeur de l'asile. Il me tardait que la semaine à venir passât d'un trait afin que de nouveau je fusse là, auprès de ma femme, d'Hélène et des enfants.

Me fallait-il partir à l'étranger pour un reportage, j'avais hâte que mon voyage s'achevât, tellement je craignais qu'une absence un peu prolongée fît de moi, à mon retour à Saint-Ferréol, un intrus. Je fus sur le point de demander à Villanet s'il ne pourrait me trouver quelque emploi administratif, cependant, au dernier moment, un instinct de prudence me gardait de parler : devenu le protégé du docteur et réduit à la condition de prisonnier privilégié de l'asile, je n'aurais plus aux yeux d'Elisabeth, d'Hélène, ni même des enfants, l'espèce de mystère dont ma demi-liberté et mes voyages devaient, me semblait-il, me parer.

Autant, au cours de mes périples, j'avais aspiré à me perdre, à ne pas revenir, autant à présent, loin de France, loin de Saint-Ferréol je me sentais exilé, appelant impatiemment le retour.

> *Quand nous avons quitté la route, elle ne devait guère aller plus loin, peut-être une dizaine de kilomètres encore de piste dans la forêt au-delà du Mont Tremblant puis rien. Amarré au bord du lac, le petit hydravion nous attendait. Ce départ en quelques bonds comme d'un gros oiseau des palus, et vite la découverte de la terre sauvage, de la terre d'il y a dix mille ans : à perte de vue l'océan de la forêt primitive toute criblée de lacs. On voudrait les examiner, un à un, d'abord aussi semblables et aussi différents qu'un homme d'un autre homme : celui-ci avec sa margelle de vert jaune, celui-là sinueux serpent, cet autre, œil glauque immense ; mais bientôt le nombre ou plutôt l'innombrable l'emporte sur le distinct, plutôt que de dévisager la multitude lacustre nous essayons de surprendre au hasard des rivages une tribu de castors ou la harde d'un orignal.*

Lorsque, au bout d'une heure environ, l'hydravion pique droit vers l'anse d'un lac, sommes-nous sûrs que ce n'est pas la même curiosité de chasseurs qui nous mène ainsi vers la Réserve ?

Ni triste ni heureux cet assemblage de cabanes sur la rive dénudée. Indifférents, ces Indiens assis sur le pas de leur porte et qui nous regardent passer. Ni plus ni moins accablés, ni plus ni moins accablants que les retraités dans leur banlieue. Des gosses nous suivent, morveux, graves, marmonnant des mots indiens. Nous leur donnons quelques pièces, des bonbons ; ils ne sourient pas, continuent à nous suivre. Parfois nous croisons leurs grands frères en blue-jeans, la mèche noire sur le front basané : on dirait de beaux gitans.

Le missionnaire vit ici depuis je ne sais combien d'années. Il nous confie qu'il dit la messe un peu en latin, un peu en anglais, un peu en indien, beaucoup en français. Au cours d'une messe, à travers le monde, les prêtres ont demandé à leurs ouailles de prier avec eux pour la paix. A la sortie de l'église, les Indiens attendaient le missionnaire :

— « Alors, vous les Blancs vous nous demandez de prier pour la paix et vous passez le temps à vous faire la guerre, et nous, que vous appelez les sauvages, nous prierons pour vous, pas pour nous, puisque vous le savez, nous vivons en paix entre nous et avec tout le monde. »

XI

Le dimanche matin, je me promenais avec les enfants. Main dans la main, ils marchaient devant moi, de temps à autre se retournaient pour me prendre à témoin de quelque découverte qu'ils venaient de faire : d'un nid d'oiseau perché à la fourche d'un arbre, d'un écureuil aperçu au pied d'un tronc, d'une limace rouge qui leur barrait le chemin. Le jet de leur double regard m'éblouissait intérieurement, me forçait à m'arrêter. Je me reconnaisssais, je croyais me reconnaître dans les traits et les yeux de Sylvie, confiant, grave, étonné et pur, comme j'avais autrefois rêvé d'être, comme peut-être j'étais lorsque naissait mon amour pour Elisabeth. Et ma femme, j'en retrouvais la grâce et la passion dans la voix chantante, dans les gestes souples de mon fils. Le nid reconnu, l'écureuil disparu, la limace oubliée, les enfants reprenaient leur marche devant moi. Il me semblait contempler le double, minuscule et merveilleux, de ce couple qu'Elisabeth et moi aurions pu former, libre, accordé profondément à l'énigme des arbres, du ciel, des êtres, mais que nous n'avions pas su demeurer.

D'autres fois, je voyais passer dans les yeux de la fillette le regard d'Emilie, je prononçais même sans m'en apercevoir ce prénom et Sylvie et François-Gérard riaient de mon erreur, ou bien c'était une expression de sa mère que Sylvie donnait sur son visage à mes propres traits, j'étais bouleversé par cette alliance éphémère entre Hélène et moi dans le sang d'une enfant. De même, mon frère renaissait pour un instant dans un clin d'œil, une attitude ou une intonation de mon fils. J'avais ainsi l'impression que les signes de ce qu'il y eut de meilleur en nous refleurissaient dans les jeunes vies encore ignorantes d'elles-mêmes.

Nous avions coutume de traverser le parc, ou du moins le bois qui en tenait lieu, entre le pavillon et l'ancien couvent. Nous longions la cour des malades. Les enfants ne s'étonnaient plus, après avoir souvent demandé pourquoi il y avait des gens ainsi enfermés derrière le grillage, et pourquoi celui-ci marmonnait en tournant sur lui-même, pourquoi celui-là se tapait sur la tête, pourquoi cet autre tempêtait, pourquoi plusieurs se tenaient, immobiles, dans des coins. Nous avions lié connaissance avec de jeunes jumeaux mongoliens qui, dès qu'ils nous apercevaient, accouraient du fond de la cour et s'accrochaient au grillage pour être aussi près que possible de notre chemin. Les enfants leur parlaient, leur donnaient des sucreries, mais les deux malades étaient surtout friands des cigarettes qu'ils me réclamaient avec force gestes et exclamations.

— Ils guériront, n'est-ce pas ? s'inquiétait à chaque fois Sylvie.

— Mais oui.

— Ils n'auront plus ces grosses têtes ? s'étonnait François-Gérard.

— Je ne sais pas.

— Mais alors, ils seront pas guéris ?

— Mais si, sois tranquille, Syl...

— Peut-être alors, ils vont bientôt sortir, reprenait François-Gérard.

— On leur écrira, ils viendront nous voir, lui disait Sylvie.

Derrière leur grille, les mongoliens nous suivaient. Lorsque nous allions tourner le bâtiment qui flanquait la cour, ils nous adressaient de gauches adieux.

Dans le sentier qui dépassait les arrières du couvent et longeait vergers et potagers, François-Gérard sifflotait. Il prenait un air indifférent pour demander en me tirant par la manche si, lui et Sylvie, on les enfermerait jamais entre les grilles avec les mongoliens. Sylvie se récriait.

— On n'est pas fou, nous deux, c'est les fous qu'on met derrière les grilles.

— Les deux goliens, ils sont des fous ?

— Bien sûr, Gérard.

— Comment c'est quand on est fou ?

— On sait pas ce qu'on dit, on sait pas ce qu'on fait, on sait pas qui on est.

— Les deux goliens, ils savent bien.

Sylvie hésitait.

— Non, ils savent pas, finissait-elle par trancher.

— Alors, comment ils savent qu'ils sont frères ! Et puis pour demander des bonbons, et des cigarettes ?

La petite fronçait les sourcils, la mine sévère elle ressemblait à Hélène, je la soulevais de terre et en riant l'embrassais. Elle n'en perdait pas le fil de sa réflexion.

— Ils savent un peu, reprenait-elle, alors que je la posais sur le sol. Ils sont pas fous comme les autres fous. C'est pour ça qu'ils vont guérir.

— Ah ! bon, concluait mon fils.

Nous arrivions au château d'eau qui desservait l'asile. Il s'élevait à la lisière d'un pré. Là nous marquions une halte rituelle. Je devais aider les enfants à grimper à l'échelle de fer qui montait à la citerne. Ils s'arrêtaient aux premiers barreaux. De là, il leur semblait dominer le monde, ou du moins la plaine qui s'étendait en prés et en champs autour de Saint-Ferréol jusqu'à l'horizon de forêt.

Notre seconde étape était l'église, un peu en contrebas de l'asile et du village ; un cloître avait dû jadis la relier au couvent. Des colonnettes, des chapiteaux, des ogives jonchaient l'herbe et les taillis. De même le clocher était ruiné. Une maçonnerie grossière, assez récente, était venue colmater les brèches, fermer l'ouverture vers le ciel et maintenir debout les quatre pans de murs. L'intérieur de l'édifice était abandonné : la chaire écroulée, maintes verrières brisées, le maître-autel dressait ses pierres dénudées dans les gravats, mais, dans un renfoncement, une chapelle dédiée à saint Ferréol demeurait, étrangement parmi cet abandon, ornée de linges brodés, de fleurs, parfois même de cierges. Une vieille femme du bourg veillait à son entretien ; des paysannes venaient de loin en loin honorer et prier le saint qui passait pour guérir les blessures aux jambes et les paralysés. Les orantes laissaient alors quelques sous dans un tronc pour payer leurs cierges et défrayer la gardienne.

La nef, romane encore jusqu'au centre, puis gothique, prenait peut-être un surcroît de beauté dans la ruine. Avant même d'entrer dans l'église, les enfants se mettaient à chuchoter, ils se tournaient vers moi comme pour s'assurer que je ne changeais pas d'idée et que je les conduisais bien dans le monument où, seuls, ils n'auraient pas osé s'aventurer, et dont la visite représentait pour eux le couronnement de notre promenade.

A peine entrée, au bas des quelques marches qu'il fallait descendre après le seuil, Sylvie plongeait la main dans le granit d'un bénitier vide et faisait de grands signes de croix, imitée aussitôt par François-Gérard qu'elle surveillait du coin de l'œil. Je me détournais afin qu'ils ne pussent voir mon sourire.

Sylvie et François-Gérard avançaient sur la pointe des pieds. Ils retenaient leur souffle. La petite parlait si bas pour désigner quelque objet à mon admiration : un rayon de soleil jouant sur une colonne, un bouquet de chrysanthèmes sur l'autel du saint, qu'à peine l'entendais-je. Le garçon, comme d'habitude, se conformait très exactement à l'attitude de Sylvie, mais parfois il oubliait la leçon et sa voix éclatait, aiguë comme une flûte, sous la nef. Il s'arrêtait tout penaud. Sa mine était si comique que je ne pouvais contenir mon rire qui, à son tour, secouait l'air sonore. Scandalisée, Sylvie nous foudroyait de ses yeux noisette. Enfin, ce tumulte et cet émoi s'apaisaient, nous reprenions notre déambulation à travers l'église.

Un jour de pluie, mon fils poursuivait ses jeux sur le palier qui séparait l'appartement d'Hélène de celui du Dr Moulineux. Etait-ce le tintamarre mené par l'enfant ? La porte en face s'était entrebâillée : un beau visage aux cheveux et aux yeux très noirs, ces derniers légèrement bridés, était apparu, une voix qui ressemblait plus à celle d'un oiseau que d'une femme avait dit : « Tu en fais du bruit. » Le petit s'était arrêté, prêt à fuir. L'étrange et joli visage devait sourire. Rassuré, l'enfant s'était approché. Alors la porte s'était ouverte tout à fait. La jeune femme en robe blanche avait fait deux pas en avant, s'était penchée, et, spontanément, François-Gérard tendit les bras. L'Indochinoise eut un rire menu comme le crissement d'un grillon, elle prit l'enfant contre elle. « Comment t'appelles-tu ? Moi je m'appelle Baïla. »

C'est du moins ce que comprit Sylvie qui, plus tard, rapporta cette scène à sa mère ; elle était restée derrière notre porte entrouverte, n'osant rejoindre François-Gérard.

Après ce premier entretien entre celle que, désormais, nous appelâmes tous Baïla, et mon fils, celui-ci prit l'habitude d'aller jouer soit sur le palier devant la porte des Moulineux, soit dans le parc sous la fenêtre d'angle qui devait éclairer leur salle de séjour. « Baïla ! Baïla ! » appelait-il jusqu'à ce qu'à la porte ou à la fenêtre le fin visage parût et lui sourît. Alors commençaient de longues conversations, ou plutôt c'était l'enfant qui parlait, de son école, des jumeaux mongoliens, de son père qui donnait des cigarettes aux jumeaux, de Syl qui était en train d'apprendre ses leçons, de sa maman et d'Hélène, de ce qu'il ferait plus tard, quand il serait grand et qu'il voyagerait comme son père. Et la jeune femme, de rares paroles, d'un sourire, d'une friandise l'encourageait. Elle lui parlait aussi parfois du pays loin, très loin, où elle était née et que, disait-elle, elle ne verrait plus. Si, elle sortait, répondait-elle, mais elle préférait sortir la nuit. Un jour, peut-être, elle sortirait avec lui, ils iraient se promener dans le parc.

Nous pensions que François-Gérard se vantait, que jamais l'Indochinoise n'oserait rompre l'interdiction de sortir que devait lui faire son mari. Pourtant, un jeudi, à la fin de la matinée, après que l'enfant eut joué longtemps sous la fenêtre de sa belle, alertée par Sylvie, Elisabeth, stupéfaite, vit son fils se promener avec Baïla la main dans la main, à l'orée du parc. De la fenêtre où elle se tenait, elle entendait les deux voix flûtées se mêler, alterner, ponctuées du rire de la Vietnamienne.

Dès lors, presque chaque jour, François-Gérard et l'Indochinoise firent quelques pas dans le parc, poussant parfois leur évasion jusqu'aux abords de l'asile.

Une semaine où j'avais pu venir à Saint-Ferréol dès le vendredi, j'étais parti avec Elisabeth pour une longue marche en forêt. Nous rentrions par les arrières du domaine et traversions le parc pour regagner le pavillon. Il devait être un peu plus de quatre heures de l'après-midi. C'était une belle journée d'hiver froide mais ensoleillée. Nous n'étions qu'à quelques mètres de la maison lorsque nous entendîmes la voix délicatement acide de notre fils, et une autre voix d'enfant, semblait-il. Nous nous sommes arrêtés. François-Gérard et Baïla contournaient le pavillon et marchaient vers nous sans nous voir. Le soleil bas qui donnait dans leurs yeux devait les éblouir. Ils étaient la grâce même : la petite femme, mince, lisse, au visage immobile, avançant à pas menus, et le garçonnet aux grands yeux clairs, à la mine, aux genoux rougis par le gel, à la démarche un peu gauche. J'ai échangé avec Betty un regard mi-amusé, mi-tendre.

— Il a apprivoisé l'oiseau des îles, me dit-elle, ou quoi ?... la biche ?

La Vietnamienne dut entendre la voix d'Elisabeth. Elle s'arrêta net. François-Gérard qui lui tenait la main faillit trébucher. Elle leva la tête, nous aperçut, ou du moins nos silhouettes sans doute à contre-jour. Il y avait dans son immobilité tendue, dans le mouvement de son cou, de son visage, de ses épaules, déjà l'esquisse de la fuite. Quelque biche oui, comme disait ma femme. On la sentait indécise, craignant autant de nous échapper que de nous attendre. Betty avança franchement vers elle.

— Comme c'est gentil à vous, madame, de faire promener notre petit bonhomme.

Baïla, de sa voix semblable à l'une de ces musiques aigres-douces de l'Asie, balbutia je ne sais quoi. Je m'étonnais du dessin si net de ses traits, de la noirceur bleue des cheveux, de l'étroitesse de ses poignets, de ses chevilles. Pendant les quelques minutes que dura notre conversation courtoise et vague entre les arbres, je ne parvins pas une seule fois à capter son regard, et pourtant je ne cessai paradoxalement de sentir sur moi, sur ma bouche, sur mon front, sur mes mains, sur mon corps, ce même regard comme l'impalpable frôlement d'une aile.

Apaisée, me sembla-t-il, la jeune femme reprit sa marche avec l'enfant, cependant que Betty et moi rentrions à la maison.

— C'est... impressionnant, n'est-ce pas, dit Elisabeth, cet... cette entente (je pensais qu'elle n'osait pas dire « cet amour ») réelle, profonde, entre notre petit homme et cette jeune femme venue de si loin, perdue ici, emprisonnée ici... Et peut-être que plus tard François-Gérard ne s'en souviendra même pas. Elle si, je suis sûre qu'elle n'oubliera pas, même si un jour elle a un enfant à elle. La mémoire, la vie c'est une drôle de chose, notre garçon aura peut-être tout oublié, et pourtant, sans qu'il le sache, cette douceur surprenante, cet accord de sa main dans la main de l'étrangère. (Tu as vu ces doigts effilés, effilés !) Eh bien ! cela restera en lui, au fond de lui, cela colorera ses pensées, ses sentiments, ses rêves... Tu ne crois pas ?

Je posai ma main sur son épaule. Une tristesse passa dans ses yeux.

— Oui, il oubliera sans doute, comme il oubliera que j'aurai été sa jeune maman qu'il admirait, qu'il trouvait belle, qu'il aimait.

J'accentuai la pression de mes doigts, mais elle se détacha, s'éloigna un peu. La voilà jalouse de son fils, me disais-je. C'est à ses yeux la première infidélité de François-Gérard, il lui donne pour rivale non plus une enfant mais une femme.

— Toi, reprit-elle, tu as bien oublié la jeune Elisabeth, la jeune Barbare que tu... Tu as bien oublié que tu m'aimais.

En moi-même, j'acquiesçais d'abord avec mélancolie, puis un sursaut de colère me donna envie de lui crier qu'elle mentait, qu'elle était la première à avoir oublié notre amour. et même m'avait-elle jamais aimé ? Pourtant je chassai remords, peine et colère.

— Quand nous regardons notre fils — et notre regard voudrait le porter, le caresser, le protéger — quand nous le regardons, oublions-nous ? Crois-tu, Betty, vraiment, que nous oublions notre... ? Est-ce que, dans ce regard, nous ne nous aimons pas ?

La main dans la main nous avançons sur la neige où nos pas s'enfoncent avec de brefs craquements. Parfois je tire sur le bras de François-Gérard pour le maintenir quand son pied glisse. Nous devons avoir l'air, avec nos bonnets de laine bleu et blanc dont la pointe retombe sur notre front, de deux meuniers d'autrefois portant, le grand comme le petit, le père comme le fils, une longue gaule sur l'épaule.

— C'est lourd les skis, se plaint François-Gérard.

Nous marquons une halte, notre haleine inscrit une fumée bleue dans l'air gelé.

— On y va, petit ?

Mon fils me sourit, me tend la main ; nous repartons.

C'est l'année de sa première classe de neige. Elisabeth et moi sommes venus le rejoindre à la faveur des vacances pascales. Chaque matin, je me rends avec lui à notre leçon de ski. Lui, découvre avec enthousiasme les enchantements et les jeux de la neige. Il s'applique, l'air tendu, à glisser, à tourner, à déraper ; on le sent décidé à venir à bout de ces gammes pas toujours amusantes pour pouvoir bientôt tournoyer et voler à sa guise, gros oisillon bleu sur les pistes blanches. Moi j'essaye de corriger trop tardivement bien des défauts que j'ai pris dans ma jeunesse en me lançant au hasard, avec d'autres camarades aussi novices que moi, sur les pentes des monts enneigés les plus proches de ma ville. Et surtout je goûte cette éphémère et profonde joie de mener, pour la seule fois sans doute de toute ma vie, près de lui, le même apprentissage que mon fils, comme si, tant que durent ces matins, les années entre nous ne comptaient pas.

Notre moniteur, menuisier de son état à la belle saison, ressemble, pour nous conseiller et nous commander sur les pistes, à quelque instituteur attentif et sévère. Il parle à ses deux élèves, à l'homme et à l'enfant, sur le même ton, avec une égale exigence, et sous sa rudesse apparente, une égale bonté. Le bonheur de François-Gérard quand, en file indienne, lui au milieu, le moniteur ouvrant le cortège, nous glissons longtemps en trace directe, au flanc de la Saulire ! Après la leçon, lorsque nous revenons vers le chalet, le soleil éclate dans le ciel et sur la neige, des stalactites de glace fondent au bout des aiguilles brunes des sapins dont nous longeons la forêt.

Parfois François-Gérard lève un bras pour me faire signe ; nous arrêtons nos skis dans la neige profonde.

— Ecoute, dit-il, son petit visage rose tourné vers les arbres.

Je n'entends d'abord que les glissades, les chutes de glace ou de neige fondante se détachant des branches, puis je surprends, printanier, dans ce paysage d'hiver, le bruit de ruisseau ou le chant d'oiseau que mon fils le premier a perçu et dont il veut partager avec moi l'allégresse.

XII

Au départ ou au retour de mes voyages à l'étranger, il m'arrivait de m'arrêter un jour ou deux à Paris et parfois d'y rencontrer Théo. Il suffisait pour cela d'aller vers la fin du jour dans les cafés du quartier Latin ou, aux alentours de minuit, dans quelques bars derrière Saint-Germain-des-Prés. Il était bien rare de n'y point trouver Théo seule, ou quelquefois attablée avec des amis chevelus et sales, devant un whisky ou un cognac. Elle m'accueillait avec son ricanement grave et bref, me dévisageait de ses yeux ironiques, prétendait que je m'étais encore un peu plus embourgeoisé depuis notre dernière entrevue, puis, après quelques autres boutades, elle redevenait pareille à l'étudiante effrontée qui parcourait, jadis, avec moi, les ruelles de notre ville natale.

Elle vivait d'échos qu'elle vendait aux quotidiens du soir, de comptes rendus de films, de traductions de russe. Elle s'était liée avec les surréalistes revenus d'exil, ne jurait que par eux, prédisait une haute vague, un raz de marée de rêves qui submergerait cet Occident pourri et ferait régner enfin, comme sur une plage déserte et lavée règne le soleil, le Délire et le Désir, indissolublement unis.

Lorsqu'elle en avait fini avec ses anathèmes et ses prophéties, son visage, son corps accusaient une fatigue qui la faisait paraître plus que son âge : le cerne des yeux où s'éteignait la flamme ironique esquissait une poche bleuâtre, une ride pinçait les narines, le pli des lèvres accusait la lassitude.

Je ne lui parlais plus de Couderc. C'était elle qui, avant que nous ne nous séparions, trouvait toujours le moyen de faire allusion au souvenir de notre ami. Je n'aurais pas soupçonné tant de fidélité en elle. L'avait-elle aimé plus que je ne le pensais ? J'ai compris un jour que c'était autre chose que de la fidélité et de l'amour, lorsqu'elle m'a dit — avions-nous bu plus de cognacs que d'habitude, ou bien la tristesse en elle était-elle plus grande ? « Henri, je sais qui a vendu Couderc aux Allemands. »

Je n'ai pas bronché, de crainte que la moindre expression de mon trouble n'incite Théo à s'arrêter au bord des confidences.

— C'était la fin, la fin entre le pianiste et moi. Quand nous avions notre compte d'alcool, nous nous battions. Et l'alcool ne manquait pas, Karel rapportait chaque jour des bouteilles de la boîte où il tenait le piano, la boîte où les fridolins venaient se saouler ou danser avec leurs souris. Chaque jour qui passait le rendait plus irritable. Il sentait venir la défaite allemande et il avait la frousse, il crevait de frousse. Il rabâchait que nous devions ficher le camp, qu'il pourrait, quand il voudrait, trouver une boîte en Allemagne. Moi, je ne l'aimais plus, enfin, plus assez pour le suivre où ça le prendrait d'aller. Je lui disais qu'il partirait sans moi. Il s'est mis à me haïr, c'était sa peur, un visage de la peur, cette haine. Il criait que s'il ne partait pas, il savait que les maquis lui feraient la peau, et que moi, je m'en fichais pas mal, que peut-être même je voulais rester pour qu'il reste lui aussi, comme ça je pourrais le livrer moi-même aux terroristes. Il se persuadait que j'avais partie liée avec le maquis, sinon, la sœur d'un L. V. F., comment je n'aurais pas tremblé d'être fusillée quand les Allemands ne seraient plus là pour nous protéger ?

Théo eut son rire bref.

— Vous ne trouvez pas ça marrant ?

Elle vida son verre.

— Il s'est mis à me menacer. Il ne pouvait accepter l'idée de devoir s'enfuir seul. Il me demandait de lui jurer que je le suivrais. Je continuais à refuser, alors il affirmait qu'il me dénoncerait aux Allemands. Il leur dirait qu'il avait surpris mes secrets, que j'étais en rapport avec les communistes, que j'espionnais pour eux, d'ailleurs que j'étais très liée avec vous, Henri, et que vous, votre femme, votre frère, votre belle-sœur vous aviez rejoint le maquis.

— Et vous, Théo, que lui disiez-vous ?

— Oh ! je ne sais plus, je rigolais. Il devenait fou de rage. Un soir, il m'a suppliée, il s'est traîné à genoux pour que je lui promette de filer avec lui ; quand il a vu que rien n'y faisait, il s'est remis debout, il était blanc, il bégayait, il criait : « Comme ton amant, comme ton quincaillier, tu y passeras. Tu as vu s'ils l'ont soigné les Allemands. Ils ont dû l'arranger avant de l'envoyer crever en Allemagne. Eh bien ! toi, ça sera pareil... Ah ! tu crois pas que je te vendrais ? Ton quincaillier, c'est moi qui l'ai vendu. Même qu'on me l'a payé un bon prix à la Gestapo, avec l'argent, toi et moi on s'est payé du bon temps. Tu t'es pas doutée d'où nous venait ce surplus de pèze, brusquement ?... » Je me suis jetée sur lui, j'aurais voulu l'étrangler, mais tous les deux nous étions ivres, nous avons roulé par terre, nous nous portions des coups au hasard. Si j'avais eu une arme... Je me demandais : quand j'avais bu, est-ce qu'un jour, sans m'en rendre compte, je lui aurais parlé de Couderc ? Couderc et moi on continuait à se voir quelquefois, en cachette. Couderc m'avait dit qu'il était dans la Résistance, je l'aurais pas reconnu avec sa barbe, ses moustaches, mais il était venu vers moi ; il me reprochait de vivre avec un type qui jouait dans une boîte pour les Allemands.

Elle est restée un long moment silencieuse. Elle portait son verre vide à ses lèvres.

— Folle... j'étais folle de dégoût, de haine. A la fin, j'ai pu empoigner Karel, il était à bout de souffle, je lui ai cogné la tête plusieurs fois contre le plancher. Il s'est évanoui. Comme j'étais noire, je l'ai cru mort. Je suis partie dans la nuit, à travers la ville. J'appelais Couderc, je lui demandais pardon, je chialais, je criais.

Il m'a semblé qu'en ce moment même Théo pleurait : elle cachait sa figure dans ses mains. Devina-t-elle ma pensée ? Elle secoua la tête, ricana, puis m'observa, les yeux secs.

— Plusieurs fois, Couderc, c'était peut-être un mois avant son arrestation, quand il a vu que je restais avec mon pianiste, il m'a demandé de l'aider, de travailler pour lui. Il aurait voulu que j'obtienne des renseignements, qu'en sortant avec Karel, je fasse parler les Allemands... Alors, sans le savoir, quand j'avais bu, est-ce que j'ai parlé de Couderc à Karel, de cet espionnage qu'il voulait me confier ?

Elle se tourna vers moi, me fixa avec une intense, anxieuse interrogation.

— Henri ? Pensez-vous que ce soit possible ? Pensez-vous que j'aie pu trahir Couderc sans le savoir ?

Ses lèvres pâles, ses doigts tremblaient. J'en étais persuadé : le pianiste avait dû apprendre de la bouche de sa maîtresse ce qu'il s'empressa ensuite de rapporter à la Gestapo. Elle ne s'était rendu compte de rien ; elle devait être noyée dans l'alcool. Elle me faisait horreur, elle me faisait pitié. L'horreur, c'était pour ce soir lointain où une inconsciente avait jeté à la mort notre ami, la pitié pour maintenant, pour cette femme vieillie avant l'âge, qui, depuis tant d'années, chaque jour devait mourir de ce crime que, sans le savoir, elle avait commis.

— Et Wonsler ? demandai-je, en m'efforçant d'effacer dans ma voix le reflet de ma répulsion.

— Wonsler ? répéta-t-elle, comme si elle ne comprenait pas.

Elle se leva, demanda son manteau.

— Wonsler, je l'ai retrouvé à la maison. Nous ne nous parlions plus, mais nous buvions côte à côte. Il me tardait qu'il me dénonce aux Allemands. Chaque matin, je m'étonnais qu'ils ne soient pas venus m'arrêter pendant la nuit... Karel, une loque, de plus en plus, il devenait une loque. Finalement, il n'a pas pu se décider à partir dans les camions des fritz. Moi, j'ai filé à Paris, il m'a suivie. Il s'attendait certainement à ce que je le livre aux maquisards. Pourtant il m'a suivie. Pas plus qu'il n'avait pu faire le saut et me vendre à ses fridolins, je n'ai pu me résoudre à avertir les flics.

Elle me jeta son regard de biais.

— Bien sûr, Wonsler, fini, n...i...ni. Il a claqué, il y a deux ans. C'est pour ça, mon petit Henri, que je cause...

Je l'ai laissée partir. J'ai commandé un autre alcool. Autour de moi, des gens bavardaient, fumaient, buvaient, riaient. Des hommes, des femmes jeunes. Un disque de jazz, violon, piano, batterie, guitare, jouait en sourdine un air ancien, du temps où Couderc, Guillaume, les Mousquetaires se passionnaient pour Armstrong, Duke Ellington ou le quartett du Hot-Club, un air que Karel Wonsler avait peut-être lui aussi rabâché sur son piano, pour les Allemands.

Sur l'Elbe, un orage de mai roule et remonte vers Hambourg. Les navires descendent, lentement, à la mer. L'un corne dans la brume parfois. La puissance, la calme puissance du port. Je flaire je ne sais quelle menace sous cette force et sa tranquillité. L'impression que l'Allemagne couchée dans sa nouvelle opulence — et les quartiers rasés de la ville ne diminuent pas cette assise —, l'Allemagne blonde et bleu-vert, sa terre, son fleuve, ses nuages, ses navires, ses maisons, ses machines, ses hommes aux visages anodins, est un monstre pour le moment somnolent.

La pensée du quincaillier, de mon ami dévoré par le monstre ne me lâche pas devant les filles rose-doré, le grouillement paisible des rues. Insolite, anachronique pensée, quand l'Allemagne se remet à flot comme sur le fleuve inchangé l'un de ses navires, quand d'anciens S. S. « cassent » du Viet sous le drapeau français.

L'image de mon ami mort dans quelque fosse ou

quelque jour de ce pays maintenant accueillant et riant ne me quitte pas, et pourtant, je parle, je mange, je travaille avec ces gens pleins de bonne conscience et de bonhomie, si pareils, en apparence, à n'importe quel Européen moyen ; je ne prononce pas devant eux les noms de Guernica, d'Oradour, d'Auschwitz ou de Dachau.

Comme il aurait ri, le quincaillier, dans cet estaminet fumeux où me conduit un journaliste de la Radio : des filles à demi nues, poitrines et croupes provocantes, aguichent le client, l'une d'elles vient à notre table, les charmes voilés d'un châle. Elle parlait français, ou plutôt l'argot parisien, évoquait des souvenirs de boîtes à Montparnasse et au quartier Latin. Elle regrettait sa « folle jeunesse à Paname », le S. T. O. ajoutait-elle l'avait conduite ici, elle y était restée. Une voix dans l'ombre appelle : « Françoise ! » La fille se lève, s'excusant auprès de nous d'un sourire. Elle se plante sur le plancher au milieu du cabaret. Un projecteur l'inonde de lumière rose, cependant qu'elle nous lance son châle et apparaît superbe dans sa nudité. Comme il aurait ri, le quincaillier, en écoutant mon collègue allemand expliquer que cette magnifique Françoise n'était qu'un François, giton d'un S. S. qu'il avait suivi dans la débâcle. Des injections d'hormones donnaient au travesti la ligne désirée et désirable.

Quelle farce, n'est-ce pas, mon pauvre Couderc ? Tu vois, ces gens qui t'affamaient, te frappaient, qui peut-être essayaient sur toi des substances chimiques tout autres que celles prisées par le travesti, tu vois, ils étaient capables de sentiments. N'est-ce pas touchant l'amour du S. S. d'Hambourg et de sa « petite Françoise » de Paname ? Voilà bien l'Europe, l'Ordre nouveau. Et quelle fidélité émouvante.

— Qu'avez-vous, cher confrère ? me demanda le journaliste. (Il parlait notre langue sans accent ; peut-être Françoise lui donnait-elle des leçons car il avouait être un familier de l'établissement. Et puis, lui aussi connaissait Paris : « Ah ! Paris ! ».)

Je ne pouvais plus m'arrêter de rire, je me sentais

grimacer, comme faisait jadis le quincaillier au plus fort de ses pitreries. Le disque sur la musique duquel Françoise se trémoussait — les fesses, les seins de Vénus — s'arrêta, et s'immobilisa la danseuse, et je sentais dans la pénombre tous les yeux fixés sur moi.

Le journaliste me prit par le bras et me força à sortir cependant que je hoquetais encore de rire.

Dehors nous glissions dans la boue.

— Vous risquiez un mauvais coup, vous savez, disait l'Allemand. Il était temps que vous sortiez. On ne sait pas toujours qui se trouve dans ces boîtes. J'ai eu peur pour vous. Votre rire les insultait. Un coup de couteau, ou de rasoir...

Qui avais-je insulté ? les pédés, les maquereaux, les S. S. dédouanés, leurs gitons ?

Au bout de quelques pas, je priai mon compagnon de me ramener auprès de Françoise de Paname. Il refusa, il ne voulait pas être responsable, disait-il, de mon assassinat. Maintenant je regrettais d'avoir ri, j'aurais voulu me saouler de bière et m'enivrer de la vision du corps si beau et si obscène du travesti, j'aurais voulu... Pourquoi pas, l'alcool aidant. Pourquoi ne serais-je pas « monté » avec Françoise de Paname ? Pourquoi ne me serais-je pas gorgé de toute l'ignoble farce : défigurer à jamais l'amour, l'amour d'Elisabeth, l'amour de Clara, l'amour d'Hélène, en étreignant les formes voluptueuses, le grotesque et beau simulacre de Vénus, le giton à croix gammée, le giton au cœur fidèle. Et du coup, je serais à l'image de ce monde dément.

Comme je lui parlais encore de Françoise, le journaliste agacé me dit (il s'était mis à me tutoyer :)

— Eh bien, si tu veux, demain je t'enverrai Françoise à ton hôtel, tu verras, le jour, en civil, c'est un croulant déglingué, chauve, il porte un dentier... Hein... Tu n'en veux plus de ta Françoise !... Tu sais, entre nous, il y a mieux, des jeunes travestis ; en général, ils ont une mèche blonde sur le front.

Avant de regagner mon hôtel, nous avons bu quelques

bières et des cognacs. Il m'a ramené au bercail bras dessus bras dessous. Devant la porte de l'hôtel, je me suis planté devant mon cicérone aussi droit que j'ai pu. Soudain je l'ai pris à la gorge et j'ai hurlé :

— Assassin ! Tu as massacré mon ami, tu as tué le quincaillier.

L'autre entre mes mains bredouillait, se tortillait. Le portier de l'hôtel est sorti, nous a séparés. Le journaliste est resté un moment immobile, blafard dans la lumière que projetait le hall. Alors j'ai remarqué, au-dessus de la tempe droite, la mèche de cheveux blond pâle.

Le portier m'a entraîné, m'a poussé dans l'ascenseur, un valet m'a conduit à ma chambre. Je suis tombé sur mon lit tout habillé.

Midi était passé lorsque je me suis réveillé. Je n'arrivais pas à me dégager du cauchemar de la nuit et du matin, des bribes en revenaient à ma mémoire : Françoise de Paname, le giton Vénus, le journaliste S. S. à la mèche blonde, le quincaillier avaient hanté mes songes ; la rue des putains de Hambourg s'ouvrait au centre de ma ville natale, elle y devenait camp de concentration : je m'y retrouvais avec Couderc, squelette grimaçant en vêtement rayé, Manuela, énorme baudruche prête à éclater, le giton Vénus me faisait connaître malgré moi le plaisir, et son amant le journaliste S. S. me conduisait à la mort au fond d'un bouge. Deux pages à la mode Renaissance se penchaient alors sur moi : douceur de leur regard, de leur voix, de leurs mains, de leur odeur. Ils délivraient l'âme de mon corps vieilli, souillé, l'âme s'en allait entre les pages, elle avait la forme d'un corps souple et jeune, celui de Clara. Je reconnaissais les pages : l'un était Elisabeth, l'autre Hélène, ou plutôt Célia et Rosalinde.

XIII

Souvent, le dimanche, Hélène nous montrait les dessins que lui donnait un malade. Il les signait du nom de Mistigri et s'y représentait lui-même sous l'aspect d'un homme à tête de chat. Sur ces zigzags, ces labyrinthes, ces fumées, ces horizons de « la terre morte », ces formes vaguement obscènes de « la vie dans la mort », ces morceaux épars de « Mistigri apothéosé et semé à tout vent », Sylvie et François-Gérard inventaient des contes où intervenaient les jumeaux mongoliens, Baïla, les infirmiers, le Dr Villanet qu'ils croyaient découvrir dans les dessins. L'auteur lui-même, Hélène ne le leur montra pas ; les enfants, pensait-elle, l'auraient trop effrayé par leurs regards ou leurs questions, tragiquement replié qu'il était sur lui-même. Elle m'amena jusqu'à lui, un dimanche où elle était de service. Mistigri ne sembla me voir ni m'entendre. Il tendit à Hélène une nouvelle provende de dessins, mais refusa de les lui expliquer malgré les essais d'interprétation qu'elle tentait de lui proposer. Cependant, comme nous allions le quitter, il reprit ses œuvres, les étala sur son lit. « Mistigri », dit-il, et il feignit de miauler silencieusement. Il répéta encore Mistigri en se désignant du doigt puis en montrant son effigie en homme-chat dans le coin des dessins.

— Mistigri est l'enfer, disait-il, Mistigri est la terre, Mistigri est le cruel.

Il tourna la tête vers moi. Son visage était creusé de rides profondes.

— Très beaux, vos dessins, Mistigri, affirmait Hélène.

Aucune expression ne montrait sur la face du malade qu'il eût compris, ou même entendu. D'une voix forte, il déclara :

— Mistigri est la mort.

Il ferma les yeux, se tint immobile, rigide. Décharné, le teint cendreux, il avait l'air vraiment d'un cadavre. Hélène ramassa les feuillets et me fit signe. « Maintenant il ne parlera plus. »

Quand nous fûmes dans le corridor, je demandai à Hélène si la fréquentation constante de tels malades ne l'accablait pas.

— Pourquoi donc ? s'étonna-t-elle. Ce sont les gens « normaux », leurs mesquineries, leur aveuglement, leur façon stupide d'ignorer qu'ils sont l'enfer, eux aussi, qu'ils sont la mort, ce sont eux qui me fatiguent, qui m'accablent.

— Alors je vous fatigue ?

Elle rit légèrement.

— Mais, Henri, vous n'êtes pas normal, vous, pas plus qu'Elisabeth, pas plus que Villanet !... Pas plus que moi.

Un autre dimanche où elle était de nouveau de service, elle eut un électrochoc à faire. Selon ce qui était devenu entre nous une taquinerie habituelle, elle se moqua : « Alors, Henri, toujours pas décidé à me voir opérer. » Je ne sais ce qui me poussa, je relevai le défi : « Viens donc, Betty », proposa Hélène, mais ma femme voulut rester près des enfants qui, par cette pluvieuse journée, jouaient dans leur chambre.

Quand nous pénétrâmes dans la petite salle de l'hôpital affectée aux traitements électriques, les infirmiers dévêtaient le malade, un petit homme râblé, tout en muscles. La nudité accentuait son air misérable. Il se tenait la tête basse, comme s'il regardait son sexe. Sur un signe d'Hélène, les infirmiers empoignèrent le patient, l'étendirent sur un matelas. Il se débattait. Je voyais sous l'effort la nuque large des deux costauds rougir. Enfin ils fixèrent avec des sangles ses bras, ses jambes, son torse. Etendu sur le dos, le petit homme ne bougeait plus. Hélène vérifiait les cadrans, les manettes de l'appareil. Elle vérifia également si les sangles tenaient bien, veilla à ce que la tête enfin fût prise dans une sorte d'étau qui serrait le front, les tempes. Toujours sous son attentive surveillance, un infirmier desserra les dents du patient, introduisit dans la bouche un appareil qui, à la fois, tenait la langue prisonnière et empêchait les mâchoires de se refermer. Les yeux du malade tournaient dans les orbites. Comment Hélène pouvait-elle poursuivre calmement son travail, comme s'il n'y avait pas eu ce regard d'angoisse posé sur elle, sur ses gestes, sur ceux des infirmiers ? Elle abaissa une manette. Pendant quelques secondes, malgré les sangles, les attaches, le corps se tordit, se tendit, frémit à craquer, travaillé par la foudre. Un grognement de bête à l'agonie sortait de la gorge gonflée, les lèvres bleues se couvraient d'écume, le front paraissait mort au-dessus des yeux révulsés. Hélène coupa le courant, le petit homme nu fut encore agité de soubresauts de plus en plus faibles. Il resta enfin immobile, détendu, les yeux clos. Les infirmiers le détachèrent, jetèrent une couverture sur sa nudité.

Je devais être blanc. Hélène me lança un bref coup d'œil.

— Je vous assure, Henri, il n'a rien senti... Quand il se réveillera, il ne se souviendra absolument pas de cette crise.

— Et il ira mieux ?

— Il ne songeait qu'à la mort. Il se réveillera délivré de son asthénie, de ses idées fixes, lugubres. On pourra de nouveau lui confier quelques travaux.

Elle sourit, en même temps fronça les sourcils. Le contraste du sourire des lèvres et de la sévérité des yeux me troublait.

— Vraiment, Henri, vous me regardez comme si j'étais le diable.

Je me souvins de ce qu'elle disait de son enfance : de ces comparaisons avec le démon précisément, dont ses parents la tourmentaient. Je me demandais, non pas s'il y avait en elle du démoniaque, mais si cette obsession de l'enfer qu'on lui imposait lorsqu'elle était fragile, sans défense, ne l'avait tout de même point marquée ? N'était-ce pas cette familiarité enfantine avec les ombres infernales, que plus tard elle recherchait en choisissant de vivre avec et pour les aliénés ?

Elle marchait vite à travers le parc. Je ne voyais que son profil, je ne pouvais ainsi m'assurer de la part d'humour ou de tristesse qu'elle mit dans ces mots :

— Peut-on savoir ? Il y a des heures où tout me paraît si désolant, peut-être serait-ce mon tour de passer à l'électrochoc ?

Je voulus lui prendre le bras, elle se dégagea.

— Les femmes comme moi... Il faut être psychiatre pour pouvoir les aimer, enfin je veux dire : les supporter... Psychiatre ou... malade.

Je songeais que, peut-être, ces paroles et d'abord la scène de l'électrochoc, à laquelle elle m'avait si souvent proposé d'assister, étaient destinées à m'éloigner d'elle, à provoquer en moi une répulsion salutaire.

Fut-ce pour lui montrer que je demeurais près d'elle, que notre lien ne dépendait pas seulement de nous deux mais encore de notre attachement à Elisabeth, ou bien que la mélancolie féminine ne lui était point particulière ? Je me mis à parler de Betty, des moments où elle s'enfonçait dans le dégoût des autres, d'elle-même et de la vie. Nous nous étions arrêtés au pied d'un arbre, nous n'étions plus loin du pavillon, Hélène semblait guetter comme si elle craignait que ma femme pût sortir et m'entendre.

— Betty, me dit-elle, bien sûr, ce n'est pas pour rien que nous sommes amies depuis toujours, des sœurs en somme... Elle avait besoin du théâtre pour sortir d'elle-même, pour se fuir... Renoncer, ne plus jouer a dû être, a été terrible pour elle... J'ai craint longtemps que ce soit dangereux pour elle, pour son équilibre, et aussi pour vous deux, pour votre ménage... La croissance, la présence de Sylvie lui a fait du bien. Enfin elle a été comblée quand vous vous êtes donné un fils.

Nous avons repris notre marche. Nous arrivions devant le perron lorsque la jeune Indochinoise est sortie, encadrée de Sylvie et de François-Gérard. Dans un timide sourire elle a incliné la tête en passant devant nous. Les enfants, tout fiers, nous ont regardé de biais.

Une même joie éclaira les yeux d'Hélène et les miens.

Après quelques pas, Hélène a repris avec vivacité :

— Vous savez, Elisabeth va nous être très, très précieuse, à l'hôpital ! Elle accepte de préparer une fête, un spectacle pour les malades, avec les malades... Villanet dit que c'est d'une grande importance : la fête, le théâtre, comme une thérapeutique. Si Betty réussit, elle réussira, j'en suis sûre, on continuera, et Betty aura retrouvé un peu le théâtre... Un peu, ou même mieux, puisqu'elle aidera les malheureux à guérir.

« Villanet dit que c'est d'une grande importance. » Villanet, Hélène n'avait que ce nom à la bouche. J'en étais excédé. Je me répétais aussi certaines des paroles d'Hélène, après l'électrochoc : « Une femme comme moi, il faut être psychiatre pour l'aimer ! » et je traduisais : « Villanet peut l'aimer, et elle l'aime. » En même temps j'essayais de me rassurer : « Elle a pour lui l'admiration de l'élève devant le maître ; quoi de plus naturel ? » Peu à peu cette voix rassurante l'emportait sur celle de la jalousie. Je me donnais l'illusion du détachement : « Peu m'importe, et même au contraire, je devrais me réjouir si un amour venait arracher Hélène à cette détresse qu'elle avouait tout à l'heure. »

Des voyages pour le journal. Dans la hantise d'une nouvelle guerre — la dernière, comme il se doit, mais cette fois ce serait peut-être vrai, car les bombes atomiques ne laisseraient que cadavres ou monstres mutilés —, l'Europe se cherchait. Serait-ce Berlin, la Corée, le Viêt-nam, d'où partirait l'apocalypse ? Les maîtres imbéciles, grands ou petits, de la planète faisaient de leur mieux pour exaucer l'ultime vœu d'Ubu : tuer tout le monde et s'en aller, en même temps la terreur devait tarauder leurs tripes, aussi nous en restions à des apocalypses limitées qui massacraient ou brûlaient seulement quelques millions d'hommes, de femmes et d'enfants jaunes. Des Jaunes aux yeux bridés, une race de traîtres comme chacun sait, et maintenant, communistes de surcroît. Décidément, nous devions rendre grâce à la sagesse des politiques et des militaires : on ne pouvait refaire indéfiniment la guerre d'Espagne en Espagne, et pourtant il fallait bien essayer, éprouver de part et d'autre, les armes nouvelles, il fallait bien prendre quelque peu la mesure des forces antagonistes, alors les Jaunes étaient tout indiqués. Le péril jaune. L'Europe, de l'Atlantique à l'Oural, avait besoin de souffler. A l'Asie de prendre la relève des ruines et des charniers. Le péril jaune. L'adorable sourire invisible de Baïla, invisible sur son visage de jeune idole, et pourtant si présent dans l'air tout autour d'elle. Combien de sœurs de Baïla, comme elle douces, comme elle belles, là-bas, éventrées, flambées. A la guerre comme à la guerre, n'est-ce pas ?

XIV

Bientôt, la fête que préparait Elisabeth allait commander toute la vie de notre groupe. A en croire Hélène, l'asile entier, malades et infirmiers, se passionnait aussi. Ce serait dans quelques mois, le jour de Noël. Dans un réfectoire désaffecté de l'ancien couvent, on construirait une scène. Betty en discutait les plans avec le charpentier de l'hospice ; deux malades, jadis menuisiers, prêteraient main-forte. Hélène déjà cherchait, esquissait les projets de décors et de costumes : quelques femmes de son service étaient prêtes à tailler et à coudre. Le spectacle serait assez bref : personne ne pouvant espérer retenir longtemps l'attention des spectateurs sortis ce jour-là des cours, des dortoirs, des ateliers. Il comprendrait deux parties : avant l'entracte, du music-hall : une fille du village chanterait de vieux airs du pays, un jeune instable, pickpocket à l'occasion, que le Dr Villanet avait sauvé de la maison de correction, ferait des tours de prestidigitateur. Dédé, notre cuisinier, promettait de ne plus se remettre à boire avant Noël, ainsi pourrait-il monter le numéro de clown mis au point jadis lorsqu'il se morfondait sur les longs courriers. A cet effet, « il dressait », nous disait-il, un de ses jeunes compères ivrognes pour tenir le rôle d'Auguste. En deuxième partie, une brève comédie de Labiche serait jouée par ma femme, la jeune chanteuse du village et quelques autres talents en herbe qu'Hélène et Elisabeth espéraient découvrir parmi les malades. Pour cela, elles procédaient à des auditions. Hélène prenait conseil auprès de Villanet, voire de Moulineux que la perspective de l'étrange fête arrachait un peu à sa méfiance habituelle, pour qu'ils lui désignent ceux des malades de leur service qui leur paraissaient aptes d'abord à comprendre ce qu'on attendrait d'eux, puis à supporter la discipline du jeu, enfin à apprendre un texte. A ces « appelés », Hélène joignait ceux de ses propres patients qu'elle jugeait susceptibles d'entrer dans le jeu.

Nous formions ensuite un jury, Hélène, Elisabeth et moi-même — parfois le Dr Villanet se joignait à nous — pour écouter les futurs comédiens dans *Mon Isménie*, l'acte de Labiche qu'avait choisi ma femme. Avant de faire lire un bout de rôle aux malades, elle leur racontait l'intrigue : Vancouves répugne à marier sa fille Isménie ; au contraire Galathée, sœur de Vancouves, vieille fille à héritage, tient à donner un époux à sa nièce. Se présente un prétendant, Dardenbœuf. Espérant l'éconduire Vancouves lui tend des pièges avec la complicité de Chiquette, la petite bonne, mais, rusé, Dardenbœuf évitera les pièges. Tout finira par s'arranger, c'est-à-dire par un mariage.

Etranges auditions : la plupart du temps, nous sortions de ces séances, déçus, épuisés. Cet affrontement de l'aliénation, même légère dans ses signes, avec un projet comique, nous donnait un sentiment de malaise, comme si nous nous étions livrés à des expériences aux dépens des malades.

Villanet cependant nous encourageait à continuer. Nous finîmes par porter notre choix sur le jeune pickpocket prestidigitateur qui tiendrait le rôle de Dardenbœuf, le prétendant d'Isménie, et sur notre second domestique Dédé qui serait le père Vancouves. Une gracieuse et pâle adolescente au seuil, hélas, de la schizophrénie, jouerait la fiancée.

Hélène et le Dr Villanet fondaient sur cette entreprise plusieurs espérances. D'abord la préparation du jeu pendant quelques semaines polariserait l'attention de nombreux malades, non seulement des « acteurs » mais aussi de ceux qui participeraient à la construction de la scène, à l'aménagement de la salle, des décors, à la couture des costumes, enfin de tous leurs camarades avec qui ils s'entretenaient des progrès de leur travail. La collaboration directe d'Hélène, d'Elisabeth et de la jeune fille du village donnerait aux malades, en entrant dans le même jeu qu'eux, un sentiment de confiance et de fierté. Enfin on pouvait espérer, s'ils parvenaient à se passionner jusqu'au bout pour leur projet, que nos « acteurs » échapperaient pendant ce temps-là à leur maladie — qui sait même ? la route nouvelle étant tracée, peut-être continueraient-ils ensuite à la suivre ? Dédé préparant son numéro de clown et apprenant le rôle de Vancouves ne boirait plus ; Ourson — tel était le surnom donné par les malades au jeune pickpocket — s'habituerait à tenir le personnage, non plus d'un voleur, mais d'un honnête prestidigitateur et aussi d'un séduisant et rusé fiancé ; Antoinette, la petite schizophrène, se souviendrait de sa beauté, de sa jeunesse, des promesses de l'amour, en jouant la charmante fiancée. Quant au jour de la fête, il servirait d'exorcisme à l'asile comme au village ; il n'y aurait plus pendant quelques heures qu'un seul groupe humain uni dans le même plaisir, et non plus ces deux clans hostiles l'un à l'autre, des malades et des villageois. Ces derniers, disait Villanet, souffraient de n'être, aux yeux des autres bourgs de la contrée, que les gens du pays des mabouls, des infirmiers et parents d'infirmiers aussi toqués que leurs patients ; et de cela, de cette honte jamais avouée, ils en voulaient aux pensionnaires de l'asile. Au contraire, la fête leur donnerait du prestige, rendrait à leur tour jaloux les villages des environs. Les habitants de Saint-Ferréol seraient enfin fiers de leur vie et de leur cité.

Hélène renchérissait sur ces espoirs. Elisabeth, bien que les répétitions lui fussent pénibles, partageait cet enthousiasme. Du moins l'affirmait-elle. Je ne savais quels signes de lassitude pourtant dans sa voix, dans ses gestes, m'incitaient à suspecter tant d'optimisme déclaré. Seul le Dr Moulineux affichait un scepticisme total. Il accepta cependant que sa femme vînt aider Hélène et Betty à préparer costumes et décors.

De son hôpital lointain, Esther Zarev envoyait ses vœux pour la réussite de l'entreprise. Elle semblait partager la foi d'Hélène et de ma femme.

Quant à moi, contraint par mon métier de poursuivre mes hâtives randonnées d'une ville, d'un pays parfois, d'un continent, à l'autre, je finissais par trouver une saveur d'irréalité aux capitales parcourues, aux propos recueillis auprès des politiques, des militaires, des industriels ou des savants, à toute la marche cahotante du monde ; alors que l'effort passionné d'Hélène, d'Elisabeth, comme le travail souvent hasardeux de leur équipe que je retrouvais de semaine en semaine, ou bien, quand un voyage se prolongeait, seulement de mois en mois, me paraissaient témoigner d'une recherche, de l'approche d'un salut incontestables, — et, que le but à atteindre prît l'apparence d'une humble fête, ne changeait rien à cette vérité.

Je vous parlais de l'Observatoire, Esther Zarev, de nos jeux, de notre jeunesse. Vous aimiez me faire répéter la réplique d'Orlando :

— « Dites-moi maintenant, Orlando ! combien de temps voudrez-vous d'elle quand vous l'aurez possédée ?

— L'éternité plus un jour. »

J'ajoutais : « Voyez-vous, Esther, moi aussi, jeune, il m'aurait fallu, il me semblait, l'éternité plus un jour.

— Et pourquoi faire ? »

Je ne répondais pas. Je songeais : « Pour vivre mon amour avec Elisabeth, pour vivre tout ce que les jours m'apporteraient, sous le signe de cet amour, d'espérance, de découverte, de liberté, de travaux et de luttes aussi à accomplir, enfin de victoires, de victoires pour nous, pour les autres, pour tous les autres, sur le monde, sur la part d'ombre que le monde nous paraissait encore receler alors que nous nous apprêtions à le conquérir, à l'éclairer de nos regards matinaux. »

— Un jour sans l'éternité, comme disait votre Rosalinde, c'est déjà beaucoup, reprenait Esther Zarev.

Ma vie, l'amour, notre vie n'aura été que ce jour, ce seul jour sans l'éternité, sans même l'horizon de l'éternité puisque Dieu... Non, je mens (je vous mentais, Esther Zarev, vous à qui nul ne pourra plus jamais mentir) ou plutôt, à la fois, j'attends encore (n'attendrais-je pas jusqu'à la fin ?) « l'éternité plus un jour » — ainsi, demain, après-demain, au déclin de l'ultime jour après l'éternité de l'attente, tout ce qui paraissait perdu, condamné, sera changé, sera retrouvé, sera sauvé — et je sens que l'éternité de tendresse, de juste joie qui nous était promise, nous a été volée.

XV

Les enfants le découvrirent aux abords de l'église, un jeudi. « Y avait un monsieur, dit Sylvie : il était assis devant un tableau, et il faisait le tableau avec de belles couleurs, on reconnaissait les pierres, le portail de l'église. » « Il a demandé si on reviendrait, ajouta François-Gérard. Lui, il reviendra. » « Et puis il nous racontera des histoires, reprenait Sylvie, des histoires d'ici, il y a longtemps. »

Le dimanche suivant, Maurice Loutremont nous montrait quelques-unes des toiles qu'il venait de peindre. Les enfants et lui étaient déjà inséparables. Pour se promener avec le peintre, pour l'entendre conter ses propres souvenirs d'enfance à Saint-Ferréol, François-Gérard en oubliait Baïla.

Il y avait dans les fusains, les pastels, les huiles de Loutremont, au-delà des grandes formes planes qu'il tirait des arbres, des lignes du paysage, des courbes de l'église, un tremblement de la lumière qu'on ne découvrait que peu à peu, mais il fallait ensuite s'arracher, à regret, à la contemplation de ces taches colorées imperceptiblement décalées par rapport aux figures qui les soutenaient. On avait le sentiment qu'on allait ainsi perdre une révélation dont on sentait l'œuvre chargée comme d'un secret. Si l'on savait mieux regarder, songeait-on, un autre tableau apparaîtrait à travers la toile, un autre jeu de lignes, de valeurs, de nuances, une autre lumière, signes d'un autre pays, d'un autre jour, que le lieu, le jour de Saint-Ferréol qui avaient donné naissance à cette œuvre.

Ce fut Elisabeth qui, la première, ce dimanche après-midi où Loutremont nous apporta des peintures et quelques dessins, exprima cette impression qu'elle ressentait d'être sur le seuil d'une énigme, devant un voile prêt à s'entrouvrir, lorsqu'elle regardait ce qui d'abord apparaissait comme une étude des structures d'un paysage pour nous familier.

Je croyais lire dans les yeux bruns du peintre tournés vers ma femme une intense émotion, cependant qu'il balbutiait de sa voix étonnamment grave des paroles de gratitude. Il nous dit — mais il était évident qu'il ne parlait plus que pour Betty — que, depuis bien des années, il rêvait de capter, par les couleurs ou les traits, des rapports qu'il pressentait différents de ceux que notre œil, aveuglé par l'habitude, percevait entre les objets et la lumière, des objets ramenés à leur signe essentiel, et une lumière qui soit vibration à la fois du jour et du regard. « Si vous dites vrai, ajoutait-il, oh ! madame, si vous pouviez dire vrai, ce serait, comment y croire, je me sens si loin, si loin encore de ce qu'il faudrait atteindre, est-ce que je cherche même, est-ce que je vais seulement dans la bonne direction. Vous ne pouvez pas savoir combien, ce que vous avez dit... Vraiment, madame, et vous aussi, madame, et vous aussi, monsieur, vous pensez ainsi ? Oui, si vous pouviez dire vrai, ce serait que ce pays, mon retour dans ce pays, peut-être, m'apporterait, dans mon regard travaillé, rusé de vieux peintre, m'apporterait le regard retrouvé de mon enfance ; ce serait que ce pays, sans que je le sache, sans que je le sente, m'aurait donné ? redonné ? quoi ? un pouvoir que je cherchais, que j'aurais perdu, que nous avons perdu et oublié, enfin je parle pour moi, sans doute pour beaucoup d'autres aussi, mais pas pour vous, bien sûr, madame, puisque vous avez su voir. »

Comme s'il était confus de tant parler, ou de trop se livrer à nous qui ne le connaissions pas, qu'il ne connaissait pas (et c'était vrai, ses mots, et plus encore le ton de confidence, et cette chaleur, cette résonance profonde dans sa voix me gênaient comme une impudeur), ou bien regrettait-il d'avoir montré le trouble dans lequel les observations d'Elisabeth (n'était-ce pas aussi les yeux, les gestes, la beauté d'Elisabeth ?) l'avaient plongé ? il nous demanda pardon de son « bavardage » et se tut.

Au bout d'un moment, ce silence entre nous me parut encore plus gênant que l'émotion ambiguë qui s'était emparée de nous tous, d'abord en contemplant les peintures, ensuite en écoutant Betty et la réponse du peintre. Pour rompre ce malaise, je me mis à parler de la fête que Betty et Hélène préparaient avec les malades. Le visiteur manifesta un vif intérêt pour cette entreprise, il offrit même son aide pour le temps où il demeurerait dans le pays ; il pourrait travailler aux projets de décors, de costumes. Ne pourrait-il, à cette occasion, parfois prendre des croquis, faire le portrait de certains malades ? Hélène assura qu'elle obtiendrait l'autorisation de Villanet.

Les enfants nous regardaient, timides. Parfois Sylvie, vite suivie de François-Gérard, allait se planter devant une toile, clignait des yeux comme elle nous avait vu faire, dodelinait de la tête. « C'est beau, beau », répétait-elle, les lèvres arrondies. « C'est des arbres. C'est l'église. C'est l'asile », ajoutait le petit.

Comme nous nous taisions, François-Gérard s'enhardit. Il vint vers le peintre, le tira par la manche.

— Dis, raconte quand t'étais petit à Saint-Ferréol.

Loutremont nous jetait un coup d'œil interrogateur.

— Une autre fois, demain. On n'entend que moi ici. Vous allez me prendre pour le roi des bavards.

— Oh ! le roi, s'écriait Sylvie, le roi des bavards ! Vive le roi !

Hélène feignait de gronder l'enfant. Cependant que nous riions tous. (Le rire de Loutremont pareil à des accords de contrebasse.) J'étais envieux de son rire, envieux de sa voix, ce devait être caresse pour les femmes. François-Gérard revenait vers le peintre.

— Raconte, je veux, raconte-nous.

De nouveau Loutremont interrogeait du regard Betty, puis Hélène. Elles lui souriaient, indulgentes, comme si leur sourire s'adressait également aux enfants.

Loutremont racontait, ce dimanche et bien d'autres dimanches, car il revint souvent et je tins ses souvenirs tantôt de lui-même, tantôt de Betty qui me les rapportait. C'était la guerre : 1916 ? 1917 ? L'enfant avait neuf ou dix ans ; son père mort au front, sa mère craignant pour lui, à Paris, la faim, le froid, les obus de la grosse Bertha, l'avait conduit à Saint-Ferréol chez la buraliste, qui autrefois, dans sa jeunesse, était servante chez les Loutremont. Plus d'hommes au village sinon les vieux ; le petit Parisien, les jeunes femmes le choyaient et les fillettes, les galopins l'attaquaient ; il se défendit, ils finirent par l'adopter : il jouait de l'harmonium dans l'église encore intacte, les garnements écoutaient, médusés. « J'ai continué à aimer, à adorer la musique, mais je ne joue plus. Bon sang, les regards des petits paysans, des petites quand je jouais. J'en avais presque peur ; presque peur de moi-même, de mon pouvoir, du pouvoir des sons. Après, c'était à mon tour d'être comme envoûté par le silence, par chaque visage, chaque objet dans le silence. Tenez, c'est cela, quand je peins, je crois que ce que je vois, ce que je regarde, prend pour moi l'intensité, vous savez : ça peut être à peine tolérable, cette intensité qu'avait le monde, n'importe quoi autour de moi, lorsque la dernière note cessait de résonner dans l'église et que je me retournais vers ces yeux fixes, ces yeux de petites bêtes sauvages clouées sur place, que j'avais clouées sur place. »

L'expression de Sylvie, de François-Gérard : ils écoutent, bouche entrouverte, émerveillés, effrayés. Des Russes, des soldats se révoltèrent à La Courtine, on les installa, prisonniers, dans des camps hâtivement construits en lisière de la forêt. La nuit, ils allumaient des feux, ils s'asseyaient autour et ils chantaient. « Leurs voix, oh ! ces voix terribles ! » disait Loutremont de sa voix qu'il rendait plus grave encore, et il prenait une pose théâtrale, puis éclatait de rire. « Des fois, je m'échappais la nuit de chez la buraliste, je filais jusqu'à la forêt, j'avais une frousse dans le noir, mais ces feux, ces chants. Je me suis faufilé à travers les fils de fer barbelés, une fois, pour approcher encore, les Russes m'ont aperçu, attrapé, j'ai cru ma dernière heure venue, vous pensez. Les soldats m'embrassaient, voulaient me faire boire, ils ont chanté, ils ont dansé pour moi. Je suis devenu, quoi, un peu leur mascotte. Ils ont su que je jouais de l'harmonium. Je ne sais comment ils ont fait, certains ont pu venir chanter dans l'église, et moi je jouais. Vous imaginez ? C'est fou. C'était fou. Quel spectacle ! Toutes les fillettes du village amoureuses de moi, la fille de la buraliste, Angèle, elle devait avoir sept ans. » Il rit de nouveau. Cette voix, ce rire, il les a pris aux Russes ? Betty dit : « Loutremont, il aurait pu faire du théâtre, de l'opéra. »

S'il n'y avait pas eu sa peinture, ce secret — joie ou souffrance ? joie et souffrance — dans ses tableaux, j'aurais pris Loutremont, ses histoires, ses manières, pour un spectacle, un mensonge séduisant, mais il y avait ce secret derrière les lignes et les couleurs, et, aussi, derrière les gestes, les paroles, les mimiques du peintre, je soupçonnais un autre être, fragile, entre la grâce et la panique. Il riait. « Angèle, ce qu'elle était jolie, des cheveux châtains, de la soie, ses yeux bleu clair. Je l'ai revue, l'autre jour, une bonne grosse mère de famille, quatre gosses, grisonnante. Ma pauvre Angèle. Elle ne m'a pas reconnu. Elle n'a pu s'empêcher de pousser un cri, de quoi ? de stupeur ? de regret ? d'incrédulité ? quand je lui ai dit qui j'étais : Maurice, le Parisien, Loutremont. »

Il s'arrêtait, prenait une de ses toiles, l'observait en la penchant d'un côté puis d'un autre, marmonnait, visiblement préoccupé, insatisfait de son travail. Sylvie le tirait par le pan de la veste.

— Elle t'a pas reconnu, tu l'as pas reconnu, Mme Angèle ? Moi, sa fille, la plus petite de ses filles, elle va en classe avec moi.

Loutremont reposait sa toile dans un coin, se tournait vers Sylvie, la soulevait à hauteur de son propre visage.

— Eh ! non, pas reconnu, Syl ! Tu te rends compte ? Elle avait et j'avais à peu près ton âge, elle retrouve un vieux bonhomme, moi une grosse dame.

« Vous ne pouvez pas savoir à quel quel point, vous ne savez pas quelle chance j'ai eu de rencontrer vos enfants, de vous rencontrer, disait le peintre à Elisabeth, à Hélène. Sans les petits, sans vous qui avez l'indulgence d'écouter mes bavardages, de regarder mes peintures, ce retour, ce pèlerinage quoi, brr... ç'aurait été... je me demande... Amer, un peu amer, peut-être même désastreux, ces souvenirs refroidis, un étranger parmi des étrangers dans le décor de ma joie d'autrefois, de ma joie naïve, irremplaçable. » Il feignait encore l'effroi. François-Gérard riait, il imitait le peintre avec des « brrr » à n'en plus finir. Loutremont contemplait les enfants. J'étais frappé par l'expression de respect et de bonté qu'il avait pour les regarder ; je me sentais partagé entre la gratitude, l'amitié que m'inspiraient l'évidence de son cœur généreux comme la qualité de son œuvre, et l'irritation que me causait son entente profonde avec Elisabeth. « Grâce à Sylvie, à François-Gérard, j'ai pu regarder tout ce qui est ici, les arbres, les pierres, le ciel, les hommes, à la fois avec les yeux du petit Parisien de 1917, les yeux de Sylvie et de François-Gérard n'est-ce pas, et avec ceux, malins, trop malins, pourtant pas assez malins encore, pas assez savants encore, du peintre. »

Loutremont aidait Betty à préparer la fête. Il faisait des croquis des malades pendant les répétitions ; parfois leur donnait ces portraits rapides. Mistigri apprit qu'un autre homme que lui dessinait, qu'un autre que lui montrait ou offrait ses dessins à Hélène ; il cessa de dessiner. Hélène le dit à Loutremont ; très affecté, il la supplia de lui faire rencontrer Mistigri. Hélène me raconta l'entrevue de l'artiste et du malade. Loutremont s'était muni de quelques dessins anciens de Mistigri, il se mit à en faire l'éloge devant l'aliéné qui se taisait, obstinément. Il proposa à Mistigri de faire son portrait, l'autre ne répondit pas. Loutremont se mit au travail, prit plusieurs croquis ; il en donna quelques-uns au modèle qui ne broncha pas. Quelques jours plus tard, Mistigri commença à copier son propre portrait. Du moins, il semblait copier le croquis, en fait le résultat ne différait guère de ses dessins habituels. Quand Loutremont apprit cela, il se mit à danser sur place, à la grande joie des enfants.

Notre nouvel ami nous disait être pour peu de temps dans le village où il prenait pension dans l'unique café. Pourtant, de semaine en semaine, je le retrouvais. Le dimanche, il ne me montrait pas seulement ses nouvelles toiles, mais à présent celles aussi d'Elisabeth et d'Hélène qui se proclamaient ses élèves. Hélène parvenait, avec les conseils de Loutremont, à faire des peintures qui montraient une élégance, une maîtrise même devant lesquelles nous nous demandions parfois s'il ne s'agissait pas d'une copie d'une œuvre du « professeur » ; je préférais, quant à moi, les gouaches naïves, si lumineuses qu'elle peignait au temps de l'Observatoire. Les essais d'Elisabeth demeuraient gauches, mais j'étais surpris, et souvent ému, tantôt par l'allégresse, tantôt par la douceur ou par l'énigmatique nostalgie qui émanaient de ces couleurs vives comme un jet de soleil sur un jardin mouillé, ou délicates, frêles, pareilles à l'aile d'un oiseau dans les fourrés d'automne, et de ces signes maladroits et subtils pour dire le jeu des arbres, des chemins, des ombres ou des nuages. Loutremont ne tarissait pas d'éloges sur le talent de ses élèves. Je devinais, bien qu'il prît soin de décerner à l'une et à l'autre des compliments égaux, qu'il préférait les tentatives de Betty aux réussites d'Hélène. J'étais heureux de voir se révéler, à travers les traits et les touches de couleur, cette âme secrète qu'Elisabeth exprimait dans sa jeunesse grâce à ces héroïnes de théâtre passionnées, tendres ou moqueuses auxquelles elle prêtait son visage, son corps et sa voix. J'étais heureux, et en même temps, je m'attristais que cette révélation ou cette renaissance, Elisabeth la dut non pas à moi, mais à cet étranger qui lui devenait, je le voyais bien, de plus en plus cher.

Autrefois, me disais-je, elle regardait le monde par les yeux de Roland Marcel ; par ses gestes, ses attitudes, le son de sa voix, sa façon de déclamer, il lui enseignait non seulement son art, non seulement le théâtre, mais une manière de sentir, une manière de vivre. Et que cette sensibilité, que cette existence aient à mes yeux été fondées sur un mensonge, qu'à la fin j'aie pu en détourner ma femme, ne me cachait pas que je n'étais point parvenu et ne parviendrais sans doute jamais à les remplacer, à donner à Elisabeth d'autres raisons de vivre.

Ainsi, pensais-je encore, elle a besoin de maîtres qui lui enseignent leurs recettes pour substituer à l'existence quotidienne un personnage ou une vision ; je ne suis pas un tel maître, je ne suis pas son maître, moi qui n'ai su lui apprendre tout simplement à être, à demeurer heureuse, au centre de notre amour. Je n'ai plus Clara ; Elisabeth et Hélène m'ont contraint à la perdre, et maintenant, la seconde ne pense plus qu'à Villanet, elle est, ou, si elle ne l'est pas encore, elle ne tardera plus à devenir sa maîtresse ; quant à ma femme, cet air tantôt rêveur, tantôt joyeux que je lui trouve, elle le doit à la présence de Loutremont. Comment ne finiraient-ils pas par s'aimer ! Mon amertume ne m'irritait point contre Elisabeth, Hélène, Villanet ou Loutremont, mais contre moi-même. Je n'avais la force, le prestige ni d'un médecin qui combat la maladie, la souffrance, la mort, ni d'un artiste qui recrée le monde, alors comment me plaindre si c'étaient eux, leur exemple, leur action, qui entraînaient l'admiration d'Hélène et de ma femme. Si je possédais d'autres pouvoirs, d'autres savoirs, ils demeuraient enfouis, égarés. Cette attention de tout mon être aux imperceptibles tremblements de la vie, cette invitation sinon au bonheur, du moins à un accord, entre sourire et larmes, avec chaque instant de nos jours, que j'aurais pu, me semblait-il, faire partager, il fallait d'abord qu'on m'aimât pour pouvoir les deviner, il fallait même sans doute toute la confiance, l'abandon d'une longue tendresse pour pressentir puis accueillir ce que je pouvais apporter, donner en échange de l'amour. Je me demandais si je n'étais pas resté pareil à ce garçon qui, aux côtés de sa sœur, passait des heures à regarder, d'une fenêtre, dans le jardin d'en face, les allées et venues des jeunes filles dont la vue l'enchantait ? Mais, ce qui pouvait se comprendre quand la jeunesse est hésitante avidité au seuil du monde, devenait, en se prolongeant, une faiblesse coupable, et je ne devais pas m'étonner si je me retrouvais le cœur meurtri et les mains vides. Comme j'avais perdu Clara, comme s'était éloignée à peine approchée

Hélène, ne perdrais-je pas Elisabeth pour la seconde et dernière fois ? Ne fallait-il pas parler à Loutremont ? à Betty ? Mais ne serait-ce pas susciter le danger en le nommant ? leur faire prendre conscience d'un sentiment réciproque que peut-être ni l'un ni l'autre n'avaient encore reconnu ?

Je fis part à Hélène de mes inquiétudes. Je lui rappelais les prières qu'elle m'adressait pour que je n'abandonne pas Elisabeth. « Et voilà, maintenant c'est Elisabeth qui est sur le point de m'oublier pour cet étranger. » J'ajoutai, non sans une certaine ambiguïté dont j'étais conscient : « Vous avez été son alliée pour me retenir auprès d'elle... (je marquai un temps, puis m'enhardis assez pour dire encore) et auprès de vous, ne serez-vous pas à présent mon alliée pour que je garde, que nous gardions Elisabeth ? » Hélène se récria : qu'allais-je inventer ? Il n'y avait entre ma femme et Loutremont rien d'autre que l'amitié et un commun enthousiasme pour la peinture. Etais-je donc incapable de comprendre cela : la sympathie qui peut rapprocher un homme, une femme, sans rien d'équivoque ni de trouble entre eux, lorsqu'ils partagent le même goût, le même élan pour un travail, un métier, ou un art ? A sa véhémence, je voyais bien qu'au-delà de mes reproches à l'égard d'Elisabeth, elle se sentait également visée ; elle faisait front autant pour se justifier de m'avoir oublié, depuis que son travail avec Villanet (leur travail, mais aussi, j'en étais persuadé leur passion) l'absorbait tout entière, que pour défendre Elisabeth. Il y avait pourtant un tel accent de sincérité dans ses paroles que, parfois, j'en venais à douter de mes soupçons aussi bien pour elle et Villanet que pour ma femme et le peintre. Je ne sais ce qui me prit un soir de parler à Betty de ces soupçons, non pas vis-à-vis d'elle mais à propos d'Hélène. Sans doute espérais-je, sans me l'avouer, me faire confirmer ainsi, par la démarche inverse de celle tentée auprès d'Hélène, l'inanité de ma double jalousie. Au lieu de cela, la réaction d'Elisabeth me replongea dans l'inquiétude. « Et après, s'écria-t-elle, si Hélène et Villanet s'aiment, n'est-ce pas leur droit ! » D'ailleurs, bien qu'elle n'eût pas reçu de confidence, elle était sûre qu'Hélène et le médecin se rejoignaient dans la forêt ou parfois à la ville voisine. Elle ne se doutait pas des coups qu'elle me portait, et pour Hélène, et pour elle-même. Son ton de défi m'assurait que ce droit à l'amour qu'elle affirmait pour Hélène, elle le revendiquait déjà, sans le savoir, en son propre nom.

Comme s'ils sentaient en moi une tristesse que je croyais pourtant cacher, les enfants redoublaient de gentillesse à mon égard. Ils me parlaient de leur ami Loutremont (eux aussi dessinaient, peignaient, pour imiter le peintre ; Sylvie n'avait plus dans ses traits et ses couleurs le génie de l'enfance que pourtant elle gardait encore dans son regard, dans la grâce de ses gestes, de ses silences, de ses paroles ; ce génie ingénu qui rendait plus belles que des fleurs, plus fraîches que la pensée de l'aube, les taches mauves, bleuies, rosées dont François-Gérard parsemait ses aquarelles). Un après-midi où je sortais avec les enfants, mon fils, à quelques pas de la maison, s'arrêta, nous demanda de l'attendre, revint en courant au pavillon. Il nous fallut patienter assez longtemps. Nous nous apprêtions à revenir sur nos pas, lorsqu'il apparut à l'angle du pavillon. Il semblait tirer quelque chose car il se penchait en avant, cependant que son bras gauche demeurait tendu en arrière. Je m'étonnai lorsque je découvris la capture de mon fils : c'était Baïla. La Vietnamienne baissait les yeux comme effarée par l'entreprise de l'enfant ; pourtant je croyais lire sur son beau visage immobile, sous sa timidité quasi religieuse, la nuance d'un sourire, de ce qui aurait pu devenir un sourire.

Nous avons traversé le parc. Je donnais la main gauche à Sylvie, la droite au petit qui lui-même tenait la main de Baïla. Elle se taisait. Elle gardait un air à la fois réservé et amusé. Ce n'est qu'en arrivant au château d'eau, alors que les enfants grimpaient à l'échelle de fer et jouaient aux marins, qu'elle commença à répondre à mes questions. Peu importaient nos paroles sur le temps, sur la vie à Saint-Ferréol, mais comme elle était douce et craintive la rencontre de nos voix, et combien, me semblait-il, insolite ! La jeune femme me confia que ce jour-là son mari était appelé à la ville en consultation. Elle ajoutait que François-Gérard ne l'avait pas informée de ma présence ; elle le croyait seul, sans même Sylvie, c'était pour cela qu'elle avait accepté de lui tenir compagnie. « Il est gentil, disait-elle dans un rire murmuré; nous nous entendons bien. » Parfois ses yeux consentaient à glisser un rapide regard sur moi. C'était une caresse sous laquelle je baissais les paupières, apaisé, délivré de ce sentiment d'amertume que m'infligeait le double abandon d'Elisabeth et d'Hélène. Je recommençais à rêver : du pays ravagé de Baïla, peut-être le journal m'y enverrait-il ? ne pourrais-je ramener là-bas la jeune Vietnamienne ? nous nous cacherions tous les deux dans son village, et qu'importe si un jour la guerre nous y massacrait, nous aurions été heureux, j'aurais avec elle tout oublié des erreurs, des déboires de ma vie ; son sourire, sa voix, son corps d'enfant, son âme étrangère, son amour comme un merveilleux opium m'auraient enlevé à moi-même. « Je l'aime bien, monsieur, votre fils. » De nouveau l'aile du regard, l'aile furtive et tendre sur mon front, sur mes yeux, sur ma bouche. « Et lui aussi, je crois, il m'aime bien. » « Baïla ! Baïla ! Vois si nous sommes haut ! criait François-Gérard. Nous sommes des marins ! C'est mon bateau, c'est moi qui commande. » « Non, protestait Sylvie, c'est le mien bateau. » Ils criaient. La Vietnamienne riait de son rire qui me faisait penser plus à la joie d'un soyeux, d'un inquiet petit animal (écureuil ? hermine ? belette ?) qu'à la gaieté d'une femme, et je repartais dans mes rêveries, comme les enfants sur les cordages de leur navire.

Quand nous sommes revenus au pavillon, que Baïla eut disparu derrière sa porte, que les enfants me quittèrent pour leurs devoirs et leurs leçons, je ressentis d'abord cette hébétude que connaît celui qui s'éveille d'un songe heureux et ne comprend plus rien à cette chambre grise autour de lui, à cette journée grise devant lui.

Au cours d'un voyage en Angleterre que je fis pour le journal peu de temps après, l'image de Baïla, de sa douceur, de son silence, ne cessa de m'accompagner, glissant son apaisante lueur entre les souvenirs irritants d'Elisabeth et de Loutremont, d'Hélène et du Dr Villanet. Je sentais qu'en moi l'amour peut-être aurait pu naître pour la jeune Vietnamienne si différente dans son humilité de ma femme et d'Hélène ; je comprenais aussi que, pas plus que je n'avais pu me résoudre à les quitter pour rejoindre Clara, je ne pourrais désormais permettre à quelque amour que ce fût de s'accomplir, d'atteindre à la plénitude, de m'arracher à un passsé où ce qui était mort, et ce qui demeurait vivant s'enlaçaient si étroitement que je ne savais les discerner et restais, entre l'un et l'autre, pris au piège. Aimer, ce serait souffrir. Ce serait aussi faire souffrir qui m'aimerait, je ne m'en reconnaissais pas le droit.

C'est alors que me vint l'habitude de combattre l'amour par les amours. L'amour, mon double amour, que je ne cessais d'éprouver, ignoré, tendre, si tendre malgré tout, pour Elisabeh, importun, interdit et jaloux pour Hélène, je tentais de m'en consoler par ces amours toujours naissantes, toujours abandonnées, que m'apportait le hasard des rencontres ou des voyages. Ainsi commença ce jeu du désir et de la mélancolie où je me brûlais pour me sauver, où j'invitais et refusais le bonheur, où toute promesse amoureuse s'esquivait un jour ou l'autre devant une aventure nouvelle, où les fêtes du corps et du cœur puisaient un charme déchirant dans la prescience de leur fin, ce jeu où il fallait, à tout prix, que le plaisir gagnât de vitesse le désespoir.

Enfermés, depuis combien de jours et de nuits, dans cet hôtel de Montmartre comme nous l'avons été à New York au St-Clariss Hospital. Mais alors, la maladie, la souffrance me tenaient immobile, solitaire sur le lit métallique, et Consuela, ma garde noire, adoucissait la nuit, de sa beauté, de son sourire, de son bavardage, de son regard de gazelle, des soins aussi qu'il fallait me donner (je n'avais pas oublié la légèreté de ses mains massant mon dos endolori). Maintenant la danse de Consuela sur mon corps joyeux, la violence, la chaleur, la précise caresse de son sexe. La jubilation de ma chair qu'exaltent encore les vieux rêves traînés malgré soi dans le sang (la démone noire merveilleuse, luxurieuse, qui se repaît du corps, du sang de son amant blanc et quand enfin elle s'abat sur moi secouée encore de soubresauts comme la bête qu'on égorge, et qu'elle geint de cette voix ardente, l'image honteusement troublante de l'esclave africaine immolée sur le corps et par ordre du maître blanc).

Ensuite toute la nonchalance, toute la suavité, toute la gentillesse retrouvées de Consuela nue, agenouillée à mes pieds, ses bras enserrant mes jambes, sa tête fine couchée sur mes genoux, et parfois levés vers moi, comme des fleurs humides, longues, ses yeux de biche aimante, cependant qu'assis à la table boiteuse j'essaye d'écrire le reportage promis.

— Tu es gentil, toi, tu n'as pas d'idées contre moi parce que ma peau est noire, parce que je ne sens pas comme vos femmes, parce que mes cheveux sont crépus. Si tu savais : vivre là-bas à New York ce que c'est. Toujours là-bas avoir honte, tantôt prête à vous haïr, je veux dire pas toi, les Blancs de là-bas, tantôt prête à haïr ma mère pour m'avoir faite noire comme elle, au lieu de me faire comme mon père le Portoricain, de me faire blanche, et moi toujours je me déteste, je voudrais la tuer cette bête noire, l'écorcher, enlever ma peau comme on quitte une robe et en sortir blanche, blanche, blanche comme ton cou, comme ton ventre, comme tes cuisses. Tu sais, mes mains elles gardaient faim de ta peau depuis que je te soignais, que je faisais ces massages sur tes épaules, sur ton dos à St-Clariss, faim du tiède, faim du souple, faim du lisse, faim du lait de ta peau.

Un jour, au plein de sa guerre, de sa chevauchée amoureuse, Consuela soudain immobile, contrite. Je lève mes mains vers son visage au-dessus de moi, je devine les larmes au bord des cils. Elle blottit son visage contre mon cou.

— J'ai eu peur, Henri. J'ai peur de te faire mal. Je suis comme folle, je me jette sur toi, je m'enfonce, je m'enfonce sur ta... comme si... Oh ! je voudrais t'absorber et il me semble que nous n'avons plus qu'une même peau, non pas la mienne dure, sombre, mais celle-ci là sur toi, que je désire, que j'aime.

Elle n'osait pas me croire quand je lui répondais que sa beauté, la beauté et la force de sa race, moi aussi, j'en avais besoin, et que moi aussi il m'arrivait d'avoir honte de ma peau, de notre peau anémique, de notre race appauvrie, arrachée à la terre, au ciel, et maudite.

— Dis-moi Henri, franchement, dis-moi, nous, les négresses (je devinais comme ce mot lui faisait mal,

comme elle se forçait à le prononcer dans la mesure où il l'accablait), c'est vrai, notre odeur, trop forte, mauvaise ?

Je protestais, elle ne me croyait qu'à demi. Comment la convaincre que la plupart de ces femmes blanches dont elle enviait la grâce ou la beauté n'étaient pas même dignes de paver de leurs corps fades un chemin où, souveraine, de son pas dansant sur leurs ventres, leurs seins ou leurs croupes, elle eût avancé, légère, nocturne, vers mes bras ouverts, mon sexe tendu.

O ma reine sombre, ma fête, mon sacre, te souviens-tu de cet amour qui était la pure et mutuelle avidité de la peau noire et de la peau blanche. En quel ghetto de terreur, de haine ou de désespoir es-tu maintenant terrée de l'autre côté de l'océan ?

XVI

Quand je revins à Saint-Ferréol, Loutremont était parti. D'après Betty et Hélène, des soucis de famille l'avaient rappelé brusquement à Paris. Devant les signes de tristesse, d'anxiété même que me semblait donner ma femme, je crus qu'elle n'était pas étrangère à ce départ. Loutremont avait-il fui l'amour ? Ou bien, était-ce elle qui, par crainte de succomber, l'avait chassé ? Elle paraissait blessée, reprenait cet air maladif, cette raideur que je lui connaissais lorsqu'elle tremblait de me perdre. Je ne doutais pas qu'il fallût aussi attribuer à cette défaite inavouée d'Elisabeth, l'échec où faillit sombrer la fête qu'elle préparait avec les malades. Pour lutter contre la tristesse que lui causait l'absence de Loutremont — du moins, le supposais-je — elle s'employa avec une soudaine obstination à contrôler le progrès des « acteurs », elle sut convaincre Hélène de cette nécessité. Elles demandèrent à Dédé où en était le numéro de clown auquel il disait travailler avec son jeune camarade. Dédé s'amena sur l'estrade, la mine rigolarde, le ventre en avant ; le maigre Auguste suivait à distance respectueuse. Dédé frappa dans ses mains pour donner le signal. Ce fut alors, me disait Betty, une litanie d'insanités et d'ordures, ponctuées de coups plus ou moins simulés qu'échangeaient l'Auguste et Dédé. Avec Hélène, elle essayait en vain d'interrompre les deux compères qui se trémoussaient, se cognaient, s'injuriaient ou s'embrassaient avec des gestes obscènes. Le numéro s'acheva par une scène particulièrement insoutenable, aux dires de Betty. L'Auguste se mit un calot blanc sur la tête pour représenter un médecin, tandis que Dédé jouait le mélancolique ou le gâteux : les bras pendants, le dos voûté, les jambes chancelantes, la lippe dégoûtée. « A l'électrocmuche ! » se mit à glapir l'Auguste. « Non, non, toubib, pas d'encultropchose », gémissait Dédé. Mais l'Auguste tirait une ficelle de sa poche, au bout se balançait une énorme prise de courant : bloc de carton blanc d'où sortaient deux longues pointes rouges. Le petit gringalet empoignait Dédé au collet et feignait de lui enfoncer la prise de courant dans les fesses, alors le clown se mettait à trembler, à claquer des mâchoires, à cracher, les yeux révulsés, cependant que son pantalon se détachait et tombait sur ses talons, découvrant deux maigres jambes blafardes et velues.

Au lieu d'essayer, avec l'aide d'Hélène, de persuader patiemment Dédé qu'il devait changer de spectacle, Elisabeth s'était levée pour crier aux pitres son indignation. Auguste et Dédé qui saluaient, hilares, et poussaient des grognements de satisfaction s'arrêtèrent net. « J'ai eu peur, vraiment, me confiait Hélène, quand je les ai vus s'avancer vers nous... Dédé, toujours culotte baissée se prenait les pieds dans ses pantalons... Je me suis levée à mon tour, le regard fixé sur les yeux des deux hommes ; j'ai ordonné : " Allons, Dédé, ça suffit comme ça. C'était intéressant votre numéro, mais vous comprenez, il y aura des enfants, des jeunes filles dans la salle le jour de la fête. " Les deux malades semblaient se calmer. Dédé s'était reculotté, il partit avec son partenaire. »

— Alors, demandai-je, allez-vous vous passer des clowns, ou bien leur ferez-vous apprendre un sketch ?

Elisabeth baissait la tête.

— Nous serons bien obligés de nous passer de Dédé, remarqua Hélène.

Comme je l'interrogeais du regard, elle poursuivit :

— Lui qui se montrait un modèle de sobriété depuis que nous

l'avions engagé dans notre troupe, il s'est remis à boire avec son partenaire, il s'est saoulé à mort. Hier il a eu une crise de délirium.

Elisabeth se courba sur elle-même, les coudes sur les genoux, la tête dans les mains.

— C'est de ma faute, soupira-t-elle.

— Mais non, protesta Hélène.

— Si, de ma faute... Au lieu de passer tant d'heures à peindre, à dessiner, j'aurais dû m'occuper davantage du spectacle, interroger Dédé sur ses intentions. Je l'ai laissé mettre au point pendant des semaines ces sottises, puis je l'ai insulté, je l'ai humilié... Si, je vous dis, si ce malheureux ne se délivre plus de sa folie, s'il meurt, j'en suis responsable.

Elle ne voulait plus entendre parler de la fête : qu'Hélène continue sans elle ou bien qu'on abandonne ce projet. Nous l'adjurions au contraire de reprendre son travail, le Dr Villanet, et même le mari de Baïla lui demandèrent de revenir sur sa décision. Elle n'avait pas le droit, affirmaient-ils avec Hélène, de *déserter*, tous ceux des malades que leur délire n'écrasait pas tout à fait attendaient maintenant cette fête, et avec eux tout le village. Renoncer, ce serait les décevoir dangereusement, susciter la défiance dorénavant des aliénés, et peut-être le mépris des infirmiers et de leurs familles ; la joie longtemps espérée se changerait en tristesse, que bien des malades ne parviendraient plus à surmonter. Une lettre d'Esther Zarev, à qui Hélène avait écrit, reprit les mêmes arguments. Esther ajoutait qu'elle attendait avec impatience les résultats de la fête de Saint-Ferréol pour tenter une initiative similaire dans son hôpital, elle aussi suppliait Elisabeth de revenir sur sa décision.

Je craignais que si nous ne réussissions pas à la convaincre, Betty ne s'enfonçât encore dans ce marasme que suscitait en elle le départ de Loutremont et qu'aggravait le remords d'avoir rejeté notre domestique dans son ivrognerie mortelle. Elle finit par se rendre à nos raisons. A la place du numéro des clowns, elle dirait des fables de La Fontaine. Restait à remplacer Dédé dans la comédie de Labiche. Hélène et Betty firent passer de nouvelles auditions. Mais les quelques malades qui, à la rigueur, auraient pu tenir le rôle du beau-père irascible s'enfuirent quand ils apprirent qu'il s'agissait de combler le vide laissé par le départ de leur camarade. Ils déclaraient que cela leur porterait malheur, que ce personnage avait causé la perte de Dédé. On ne put les faire revenir sur leur refus. De nouveau le projet de fête parut bien compromis.

Ce fut Sylvie, comme nous parlions sans prendre garde à elle, qui s'écria : « Papa Henri, il n'a qu'à jouer au théâtre ! » Hélène embrassa l'enfant, déclarant que son idée était merveilleuse. Devant ma mine maussade, elle ajouta : « Allons, Henri, dites oui, vous vous croirez revenu à l'Observatoire, lorsque vous jouiez Shakespeare avec nous. Vous étiez un excellent élève pour Betty. N'est-ce pas, Betty ? »

Ma femme ne semblait point partager l'allégresse de Sylvie et d'Hélène. Manifestement, elle espérait que je refuserais : ainsi le projet de fête devrait être abandonné sans qu'on pût le lui reprocher.

Les enfants se suspendaient à mes bras.

— Oh ! il faut que tu joues le théâtre... On rira bien.

— Vous voyez, remarquait Hélène, vous avez déjà un public.

Je finis par acquiescer. Il fut entendu que pendant la semaine, seul, j'apprendrais mon rôle, et que samedi et dimanche à Saint-Ferréol, Betty me ferait répéter.

J'eus vite appris les quelques répliques et les brèves tirades du futur beau-père, mais je demeurais fort embarrassé pour les dire. Betty affirmait, approuvée par Hélène, que je ne chargerais jamais assez si nous voulions être sûrs de faire rire notre auditoire. « Il faut qu'ils te prennent pour une marionnette, pour un guignol, que tu retiennes à chaque seconde leur attention par un ton outré, par des grimaces, sinon les uns retomberont bien vite dans leur obsession ou leur absence, d'autres te prendront pour un père cruel prêt à déshonorer, calomnier ou tuer son futur gendre pour garder captive sa malheureuse fille. » « Et Dieu sait quels phantasmes personnels ils iront associer à ce *drame* », observait Hélène.

Jamais, pensais-je, nous n'arriverions au bout. Quand j'eus l'occasion de répéter une scène avec Isménie, « ma fille », que jouait Antoinette, la jeune schizophrène, ces inquiétudes tournèrent à l'angoisse.

J'admirais la douceur infinie d'Elisabeth pour conseiller la frêle actrice.

— Ecoutez Antoinette. Quand vous étiez petite, vous avez bien dû jouer aux marionnettes. Vous savez, on place un doigt sous leur tête, deux doigts dans leurs bras, on parle pour elles, on change de voix. Eh bien ! cette Isménie, c'est votre marionnette, alors vous lui donnez des gestes saccadés, une voix de tête. Vous vous amusez avec elle, vous voulez nous faire rire, faire rire tout le monde avec cette marionnette, Isménie. Mon mari, enfin je veux dire : votre père dans la pièce, Vancouves, c'est... par exemple un polichinelle, vous deviez certainement avoir un polichinelle, et votre fiancé Dardenbœuf, Ourson, si vous voulez ça pourrait être un arlequin. Alors, vous câlinez le polichinelle, la marionnette Isménie câline son père polichinelle, et vous dites, vous faites la moue, vous penchez la tête de côté, vous glissez l'œil à droite puis à gauche et vous dites...

— Que vous êtes gentil ! Que vous êtes bon ! murmurait celle qu'en moi-même j'appelais Isménie-Ophélie, sa main fluette et froide sur mon cou.

J'avais envie de la prendre dans mes bras pour la protéger, pour la bercer, pour l'enlever à la folie qui — invisible encore, mais on sentait son ombre sur cette pâleur, sur ce front — guettait sa proie. Je faisais une pirouette, me dandinais.

— Vous a-t-elle des petits bras... montre tes petits bras.

Je sortais de ces répétitions exténué.

— On ferait mieux de lâcher, disais-je à Hélène, lorsque ma femme ne pouvait nous entendre.

— Comment osez-vous, mon pauvre Henri ? Vous qui insistiez, qui insistiez pour qu'Elisabeth continue après l'accident de Dédé.

— Je ne me rendais pas compte.

— Et maintenant vous ne vous rendez pas compte que ça ira, que ça va ! Vous êtes très drôles tous les deux, Betty et vous, je vous assure. On rira de M. Vancouves, bourgeois de Châteauroux, et de sa sœur Galathée.

Elle baissait la voix.

— Vous savez, personne d'autre que Betty n'aurait pu réussir, personne. Elle arrive à assagir Ourson, à galvaniser la petite Clotilde Oriot. Elle arrive à faire entrer la pauvre Antoinette, elle arrive à la faire entrer dans le jeu. C'est prodigieux, non ? Et cet instinct de théâtre qu'elle a : ce parti pris, cette trouvaille qu'elle a eue de vous faire jouer tous en farce, en farce énorme cette pochade... Villanet est enthousiaste, malgré l'histoire de Dédé. Il pense qu'il faudra recommencer, il voudrait confier à Elisabeth une sorte de direction, d'animation des activités de jeu pour les malades. Il dit que ça serait, que ça pourrait devenir une thérapeutique importante.

J'étais fier de l'estime d'Hélène et de son patron pour Elisabeth, mais, en moi-même, je demeurais sceptique ; chaque semaine qui nous rapprochait de Noël voyait s'accroître ma peur. Pourtant le spectacle paraissait enfin au point, du moins dans le rythme et le ton choisis par Betty, et compte tenu de l'étrange composition de notre troupe. Ma femme prenait de plus en plus d'autorité pour guider nos dernières répétitions. Sous cette volonté je devinais une angoisse sans doute plus grande encore que la mienne, car je n'étais qu'un acteur alors que sur Elisabeth reposait toute la responsabilité du spectacle. Maintenant, elle ne se plaignait plus des difficultés, de la fatigue ou des craintes que lui causait la préparation de la fête, mais elle devenait de plus en plus irritable.

De son côté, Hélène n'était guère moins nerveuse : on eût dit qu'en plein hiver, un orage, sans cesse menaçant, rendait l'air irrespirable. Vint le jour fatidique. Ce fut à peine si nous nous occupâmes de Sylvie et de François-Gérard excités par les jouets que nous leur avions offerts. Même la joie dont ils nous remerciaient, Betty et Hélène la trouvaient importune, si bien qu'ils se mirent à bouder et qu'ils partirent au début de l'après-midi, sous la conduite de Baïla, vers la salle des fêtes, d'aussi méchante humeur que nous-mêmes.

Par une fente du rideau gris, j'observais la salle. Aux premiers rangs, les notables ; un peu plus loin, les gens du village. Une allée séparait en arrière ce public de la foule des malades qui occupaient le reste de la salle. Je reconnaissais, çà et là, tantôt au milieu d'un rang, tantôt aux deux extrémités d'une rangée de fauteuils, les infirmiers endimanchés qui, discrètement, montaient la garde.

L'honneur échut à Ourson de frapper les trois coups cependant que la salle était plongée dans une demi-obscurité. Elisabeth s'avança jusqu'à la rampe, des bravos éclatèrent au fond de la salle, bientôt repris par l'ensemble des malades. Je voyais, dissimulé derrière un portant, Sylvie et mon fils, aux côtés de Baïla, eux aussi battre des mains. Les notables surpris se mirent à leur tour à applaudir. Il me semblait que tout le corps de Betty frissonnait. Enfin le silence revint, elle put prononcer quelques mots, souhaiter un joyeux Noël à tous, rappeler que le spectacle qu'on allait voir était l'œuvre, pratiquement, de toutes les bonnes volontés, aussi bien dans le village qu'à l'hôpital. Elle conclut en réclamant l'indulgence pour notre troupe et déclara que si, à la fin du spectacle, le public s'estimait satisfait, d'autres fêtes, sans doute d'autres pièces seraient données ici même grâce à l'amitié de tous les gens — elle appuyait sur le mot : tous — de Saint-Ferréol. Elle se retira en annonçant : « Le grand, le prestigieux prestidigitateur : John Martin et son assistant Ducolombier. » Des rires, des cris fusèrent alors qu'entraient en scène le jeune ex-pickpocket et son ami : « C'est Ourson ! Ourson et sa Colombe ! Aïe, attention à vos poches ! » « Chut ! chut ! » protestaient les Villanet, et tous les infirmiers de répéter d'un bout de la salle à l'autre : « Chut ! chut ! » Le magicien put faire, dans un silence relatif, tours de cartes, apparitions et disparitions. A sa suite, Clotilde Oriot, la soprano du village chanta l'herbe, les buissons, la rivière, la forêt et le loup, la misère et l'amour. Elle fut sagement applaudie. Déjà c'était au tour d'Elisabeth de dire ses fables.

Cette justesse, cette grâce du ton, cette profondeur du silence, et le souffle de la tendresse, la saveur de la vie qui passe, de la vie en vains caprices égarée — Eisabeth, ma femme, ce don, cette science, ce jeu qui sait sauver, glorifier ce qui n'est que poussière ou chaos... « Deux pigeons s'aimaient d'amour tendre. » Ne t'ai-je pas aimée ainsi ? Comment m'aimerais-tu, moi qui t'ai conduite ici, à n'avoir pour public d'un jour que ces paysans et ces malades, toi qui rêvais de salles royales, de multitudes enthousiastes, toi dont j'ai fait ma femme, rien que ma femme, toi qui m'as poussé vers une existence dont je n'ai plus la clé ? Toi que j'ai cru fuir pour me guérir, toi qui m'as rattrapé pour mieux me fuir. « Amants, heureux amants... » « Soyez-vous l'un à l'autre un monde toujours beau, toujours divin, toujours nouveau... » « Tenez-vous lieu de tout... » S'il était temps encore ! Si tout pouvait recommencer, commencer : l'aube véritable de notre amour, maintenant que les écueils, les blessures nous ont ouvert les yeux, que nous sommes marqués, brûlés, déchirés mais que nous sommes enfin, à ce prix cruel, en nous-mêmes changés.

L'ingénuité, douce, perfide, toute la rouerie de la femme : « entre la veuve d'une année et la veuve d'une journée la différence est grande ». Agnès-Elisabeth dans le salon de l'Observatoire. « Le petit chat est mort. » Guillaume le complice ; il donne la réplique en attendant qu'Agnès rejoigne Roland Marcel. « Attends-moi je te suis... » « Un cloître est l'époux qu'il me faut. » Elle s'ennuyait à l'Observatoire, s'ennuyait avec moi, s'ennuyait dans notre ville, dans notre vie. La grâce de l'insaisissable, de l'élan, du corps et du cœur qu'on ne peut capturer. N'est-elle pas une jeune veuve ? Ne suis-je pas mort, oh ! depuis tant d'années. Ne sommes-nous pas, elle et moi, en deuil de notre amour ? « Toute la bande des amours revient au colombier. » Comment l'amour reviendrait-il, est-il seulement venu dans ton cœur Elisabeth, c'était je ne sais quoi, la gloire, un rêve que tu lui préférais. Si, ce minuscule spectateur qui trépigne d'admiration au premier rang, qui applaudit, t'envoie des baisers, serre dans son enthousiasme le bras de sa voisine, la gentille Baïla, tu l'aimes ; à lui seul, n'est-ce pas, il vaut mieux que les publics de tous les théâtres du monde, notre fils. Oui, il est temps encore, n'est-ce pas moi-même, là, devant toi, cet enfant qui nous ressemble ?

L'entracte fut court. On distribua des friandises, on y ajouta des jouets pour les enfants. Je reconnaissais dans la salle Louis, notre domestique, les jumeaux mongoliens, Mistigri l'artiste, le mélancolique auquel Hélène devant moi avait administré l'électrochoc. De m'être un peu familiers, leurs visages me paraissaient moins tourmentés, moins agités que ceux de leurs voisins. Il me fallait oublier ces faces marquées par l'hébétude ou l'effroi, sinon je n'aurais plus la force de jouer, devant ce tribunal de damnés, l'innocent personnage de Labiche. Elisabeth reprenait confiance, son succès — surtout dans *la jeune veuve* — l'inclinait à penser que maintenant tout se passerait bien.

« Le clown, fais le clown » me disais-je lorsque, d'une main impérieuse elle me poussa en scène où déjà se trémoussait Chiquette-Bécassine — Clotilde Oriot.

— Chiquette ! Chiquette !

Que ma voix soit aussi méconnaissable que ma figure et ma silhouette. Sylvie et François-Gérard eux-mêmes ne doivent pas me reconnaître. Rien qu'à me voir et à m'entendre, la salle rit. Betty a raison : il faut faire les pitres, il faut faire les fous. A voir plus fous qu'eux, les malades en oublieront leurs hantises. « Heu ! (je ne le soupire pas, je le beugle ce « Heu »)... Je suis triste (la mine basse, l'œil torve, les pieds en dedans, ça va : ils rigolent de ma tristesse)... C'est au point que je ne connais pas dans les murs de Châteauroux un Berrichon plus triste que moi... Je me promène avec un ver dans le cœur... (« Tu comprends, disait Betty, dans la salle il y aura peut-être des malades qui croient réellement avoir un ver, un vrai ver, ou un vrai serpent, ou une vraie limace dans leur cœur, alors, attention, il faut que ta mimique, ta prononciation provoquent le rire même chez ces malheureux pour qu'ils n'aillent pas s'identifier à toi. » « Peut-être même, remarquait Hélène, leur obsession perdra-t-elle de sa force grâce à votre comique. »)

Le monologue était long ; à la fin j'étais en sueur, enroué, tant je me démenais et criais. Mais la scène suivante m'éprouva bien davantage où je restais un long moment seul avec Isménie-Antoinette. Elle hésitait toujours quelques secondes avant de me donner la réplique, j'avais alors l'impression ou qu'elle ne saurait plus rien de son rôle, ou qu'elle allait être prise de terreur et se mettre à délirer. Non, elle a tenu. Ce devait être étrange ce bonhomme qui se démenait, cocasse, et cette pâle adolescente qui parlait comme en rêve. Ourson, bien que les malades l'eussent reconnu — certains l'apostrophaient gaiement — se défendit dans le rôle de Dardenbœuf mon futur gendre. Etait-ce de retrouver un de ses compagnons d'asile qui rassérénait un peu la frêle Antoinette ? Lorsque le jeune kleptomane lui donnait la réplique, elle semblait se détendre, se rapprocher du rôle de la jeune fille à marier ; pour un peu, on l'aurait cru amoureuse de l'avantageux Dardenbœuf comme le voulait la pièce.

Je respirai quand j'eus lâché l'aparté final : « C'en est fait de l'Empire romain !... Je n'ai pas assez gratté le salsifis !... » Ce fut un triomphe. Du moins le Dr Villanet et sa femme, Hélène, Baïla, l'économe, le maire et les adjoints et surtout Sylvie et François-Gérard l'affirmaient. Il y eut certes des bravos, je vis bien pourtant que la salle en un clin d'œil se défaisait, redevenait, non plus salle de théâtre, mais comme l'antichambre de l'asile : quelques-uns des malades recommençaient à se dresser, à gesticuler, la plupart des autres paraissaient retomber dans la torpeur. Les gardiens s'efforçaient de les pousser tous vers la sortie.

Un peu plus tard, sur la scène, un vin d'honneur réunit autour de la troupe — des acteurs aux costumiers — les notables de l'hôpital et du village. Il n'y eut pas de discours mais des déclarations optimistes : Saint-Ferréol inaugurait une ère nouvelle, grâce à Elisabeth, à sa foi, à son dévouement, et grâce à la collaboration passionnée d'une équipe amicale, le bonheur venait d'apparaître à l'asile, le village prenait un grand prestige aux yeux de toute la région. On fit promettre à Betty, à nous tous, de ne pas nous arrêter en si bon chemin. « Le bonheur venait d'apparaître à l'hôpital. » Je me répétais cette phrase du Dr Villanet en observant le regard qu'Hélène posait sur lui. Ma femme, encore toute fardée, gardait la fièvre de l'émotion et du jeu ; je croyais la voir dans les coulisses d'un vrai théâtre après une représentation glorieuse. Ourson continuait à faire le pitre comme si la pièce pour lui n'était point achevée. Des parents entouraient, embrassaient la rougissante Clotilde. A l'écart, adossée à un portant, Antoinette paraissait absorbée en elle-même. Je m'approchai, elle ne bougea pas, ne me regarda point. « Alors Antoinette, vous êtes contente ? Vous pouvez être fière, vous avez bien joué. » Nulle réponse, pas même un mouvement du visage, comme si elle ne me voyait ni ne m'entendait. « Vous êtes fâchée ?... Etes-vous fatiguée ? » Là-bas les autres riaient, annonçaient de nouveaux projets de fête. D'une main timide j'ai touché l'épaule de la jeune malade. Quelque chose, une lueur, une larme a glissé sur ses yeux fixes. « Je ne serai plus Isménie. Je ne jouerai plus. Je ne verrai plus mon fiancé Dardenbœuf. » « Mon petit, écoutez... » ai-je essayé de dire. Son épaule a fui sous ma main. Antoinette s'est éloignée lentement ; par les coulisses, elle a gagné le couloir qui conduit à l'asile. Je suis revenu vers la table. L'économe débouchait une bouteille de mousseux. « Merci, merci, disait le Dr Villanet, merci à tous ! Et n'est-ce pas, mesdames, n'est-ce pas chère Elisabeth, chère Hélène, vous me permettrez bien de vous appeler ainsi amicalement, familièrement par vos prénoms en une circonstance aussi heureuse, n'est-ce pas, c'est promis, vous nous préparez une nouvelle fête, un nouveau spectacle pour Pâques ? Désormais, notre hôpital psychiatrique va pratiquer la cure de théâtre, la guérison par le jeu. »

Les mineurs en Belgique, les syndicats, les ministres, le problème flamand, les intellectuels britanniques et la décolonisation ; les pays nordiques et le neutralisme ; les miroirs de Bruges, l'azur, la paix de Memling, le souvenir de Charles Quint sur les canaux de Gand, les pubs, le fog, le civisme, l'énorme rose noire de Londres, les philosophes contre la bombe, le mirage du Nord, le feu joyeux dans la brume, la petite sirène, les navires russes, scandinaves, allemands ; une semaine, deux semaines, des semaines sans pouvoir goûter la verte lumière marine du parc de Saint-Ferréol, sans voir les enfants et, avec eux, le château d'eau, l'église, le village ; sans retrouver Elisabeth et Hélène, sans pressentir dans l'air, comme un appel immatériel, la présence de la petite princesse jaune encore cloîtrée, mais qui, tout à l'heure, après l'école, sortira un instant avec mon fils. L'impression de perdre le fil.

Caroline, la petite sœur de Saint-François, visite les ménages ouvriers, elle essaye de les aider. Elle écrit à Betty qui me lit la lettre : « Dieu ne pourra pas demander beaucoup à ces gens, car il leur donne bien peu. »

Un petit garçon — sa voix, filet d'eau sur les pierres, ses yeux de source — donne la main à une humble, merveilleuse, frêle déesse aux yeux bridés ; ils vont ainsi, lentement, François-Gérard, Baïla, parmi les arbres jusqu'à des grilles, et là s'attristent devant les fous enfermés qui ne veulent plus voir ni connaître l'horreur et la démence de ce monde, ou qui au contraire sont terrassés par elles. Tous les dictateurs, officiels ou masqués, tous les stratèges galonnés ou non, tous les amateurs de guerre pour ceci ou pour cela, enfermés, entassés à la place des fous innocents, derrière les grilles, à plat ventre dans la poussière, léchant la poussière semblable à leur esprit, et demandant pardon de leur crime à la grâce, à ce qui sauve, à ce qui sauve la vie, l'univers, je veux dire à ce petit garçon et à cette jeune femme qui se tiennent par la main dans ma mémoire, à ces deux simples fleurs humaines, à ces deux signes d'une promesse, dans l'homme, quasi divine.

XVII

L'hiver, cette année-là, connut des semaines de neige et de gel. Il arriva que je ne pus certains samedis rejoindre Saint-Ferréol. Du moins, quand je pouvais faire le voyage, étais-je récompensé par nos promenades avec les enfants dans la forêt blanche et noire, pétrifiée sous le givre et la neige, et, quand nous rentrions au crépuscule, par la longue veillée auprès du feu dans la salle de séjour. J'avais l'impression que nous étions en vacances dans un chalet de montagne, perdu au fond de l'hiver. Sur les joues roses de Sylvie et de mon fils, les reflets du feu jetaient des taches d'or ; les yeux sombres d'Elisabeth dans cette chaude clarté paraissaient si transparents que mon regard aimait à s'y plonger. Quant aux étincelles qui brillaient çà et là dans les yeux d'Hélène, je ne savais si c'étaient des images du feu, ou bien les points dorés de l'iris cerclé d'ombre.

Les deux femmes semblaient rajeunir, sans doute elles aussi grâce aux jeux de cet hiver. Je veillais tard auprès d'elles. Nous bavardions, discutant sans fin de la pièce qu'il faudrait monter pour Pâques. Il était souvent plus de minuit lorsque, à regret, nous nous séparions. Dans notre lit, Betty et moi éprouvions le même plaisir enfantin à nous blottir l'un contre l'autre pour échapper au froid. Nos sens engourdis nous laissaient nous endormir ainsi pelotonnés dans notre chaleur.

Betty me montrait les croquis, les dessins où elle notait le mystère familier des campagnes sous la neige, un coin du parc où, dans l'entrelacs des branches, les enfants s'avançaient, ombres menues sur qui veillait la silhouette de Baïla ; ailleurs sous une lampe, je reconnaissais le profil studieux d'Hélène. Devant ces signes d'une simple grâce, je me sentais à la fois comblé et déchiré : tout mon amour aurait pu être là, dans ce regard d'Elisabeth et dans les êtres qu'il choisissait de magnifier, tout mon amour, et je n'en aurais jamais que des parcelles de loin en loin arrachées à l'humeur, à l'amour incertains de ma femme.

Mars arrivé, la boue succéda à la neige. Ce n'était plus l'hiver, ce n'était plus ces brèves journées de joie et de silence, ces longues nuits où l'on se croyait parfois — quand la lueur du feu près de s'éteindre dansait dans le noir — au fond de la légende, et ce n'était pas encore le printemps. Chacun se sentait en exil, irrité contre ces jours ingrats et bientôt irrité sans cause contre lui-même, contre les autres.

La forêt paraissait pourrir sous la bruine. Au village, les hommes s'enivraient, prêts ensuite à se battre ; ils roulaient dans le fossé, se relevaient titubants, couverts de fange, de feuilles noirâtres. Betty ne dessinait plus. Elle prétendait qu'il eût fallu maintenant les conseils de Loutremont pour lui permettre de progresser. « Et puis, tout était si décevant, disait-elle, les choses, les paysages, nous tous, dans cette lumière pauvre. » De nouveau, malgré son éloignement, je me sentais jaloux du peintre.

Hélène, elle aussi, était maussade. A peine marmonnait-elle quelques mots lorsqu'on l'interrogeait sur son travail, sur les malades. « Elle s'est disputée avec Villanet », me dit Betty. Je ne sus point l'objet de la querelle. Ma femme prétendait l'ignorer, quant à Hélène elle ne se confiait plus à moi depuis longtemps. J'en vins à supposer qu'elle s'était montrée exigeante envers Villanet. L'avait-elle pressé de choisir entre elle-même et sa femme ? Ou si c'était celle-ci qui prenait ombrage de l'ascendant d'Hélène sur le docteur et mettait des obstacles entre les deux amants ? « Elle parle de s'en aller, me dit Elisabeth. Esther Zarev lui a écrit : il y aurait une place de médecin assistant à son asile. Je trouve qu'elle a tort, tu ne trouves pas ? Toujours changer. Nous sommes pourtant bien ici ? Les enfants sont heureux ! »

Je tranquillisais ma femme : c'était ce temps, cette pluie, ce froid, nous étions tous las, mal dans notre peau, Hélène comme nous tous. Bientôt ce serait enfin le printemps. Nous oublierions, Hélène oublierait cette amertume, ce malaise. Elle ne songerait plus à quitter Saint-Ferréol.

Et le vent s'adoucit, les fleurs grêles percèrent l'humus gorgé d'eau, quelques oiseaux, çà et là, dans les haies tentèrent de timides trilles. Il me sembla que le sourire, comme je l'avais prévu, ou du moins une promesse encore fragile de sourire détendait un peu les lèvres d'Hélène que l'hiver avait gercées. « Tu avais raison, elle ne parle plus de partir, elle espère qu'elle et Villanet... Enfin, peut-être qu'il fera les premiers pas, il doit souffrir autant qu'elle de cette brouille. »

Mais un événement, qui eût dû moins nous surprendre qu'il ne le fit, vint replonger Hélène, et par sympathie Elisabeth et moi, au plus profond d'un dégoût qui s'étendit aux lieux et aux êtres autour de nous.

Ce vendredi-là, en fin d'après-midi, ma femme et les enfants vinrent me chercher à la gare. Nous sommes revenus vers l'asile dans la joie que nous donnait le bavardage de Sylvie et de François-Gérard. Arrivés devant le pavillon, nous fûmes surpris de voir que les volets, aux fenêtres de notre appartement, n'étaient pas encore fermés, et que nulle lumière ne brillait derrière les carreaux. Hélène s'était-elle attardée dans son service ? Mais Louis, le zélé, l'attentif Louis, comment ne veillait-il pas, en nous attendant, sur les lumières, le feu, le repas, dans un logis qu'il eût dû protéger de la nuit. Dans le hall, au contraire tout illuminé, la porte de notre appartement demeurait grande ouverte sur l'ombre. Betty est entrée la première. Elle m'a appelé au moment même où elle donnait la lumière : dans le vestibule, une chaise, un portemanteau renversés sur le sol, la cape de laine bleue qu'Hélène jetait sur ses épaules pour traverser le parc. Nous avons couru chez nos voisins, la porte n'était pas fermée. Dans le salon, le docteur Villanet en blouse blanche parlait très fort, avec une sorte de fièvre qui agitait ses mains, rougissait ses yeux. A côté de lui, sa femme parlait elle aussi sans l'écouter, d'une voix aiguë. Moulineux, les mains aux poches, semblait narquois. Près d'un divan, Baïla, agenouillée, se penchait vers quelqu'un. « Maman ! » cria Sylvie. Baïla s'est écartée un peu du divan où j'ai vu Hélène allongée, si pâle. L'Indochinoise avait pris Sylvie dans ses bras, lui parlait doucement, la rassurait, et cette caresse de la voix nous apaisait nous aussi. Non, Hélène, tu n'es pas morte ? oh ! comme tu m'as fait peur ! Non, tu ne peux pas être morte ? Baïla ne parlerait pas ainsi de toi à Sylvie, à mon fils à présent, avec ce sourire qui efface leurs larmes. Que s'est-il donc passé ? Pourquoi Villanet, sous sa désinvolture trop appuyée, a-t-il cet air coupable, et pourquoi sa femme ce regard, tantôt de haine, tantôt d'épouvante, qui va de la gisante au docteur puis revient effleurer Hélène. Nous avons ramené celle-ci dans sa chambre. Betty et Baïla ont bassiné le lit, dévêtu la malade. « Ta maman est malade, mais ce n'est rien, demain elle sera guérie. » Voilà ce qu'on a dit à Sylvie. Hélène, quand je suis resté seul avec elle, plus tard, cependant qu'Elisabeth couchait les enfants, elle aussi m'a confié. « C'est vrai, c'est moi qui étais malade, et mon mal, le pauvre homme l'a senti, l'a attrapé, et lui n'a pas pu, n'a pas eu la force de se défendre. Oh ! je partirai, je veux partir. »

C'était Louis, le discret, le feutré, l'effacé Louis, le préféré des enfants, leur ange gardien, l'ombre fidèle, l'âme ménagère de la maison, Louis qui veillait à ce que chaque chose toujours fût à sa place, propre, douce, pour que Mme Hélène, Mme Elisabeth, et les enfants vivent là comme dans un écrin, entourés de prévenance, protégés, cajolés par une présence invisible, par cette parfaite ordonnance que sans bruit, sans voix, avec des gestes calmes, il donnait à l'appartement, c'était Louis le domestique, Louis, que tous depuis longtemps croyaient guéri (mais on le gardait parce qu'au-dehors plus personne ne l'attendait et qu'on avait pitié de lui) c'étaient ses fortes mains carrées qui avaient emprisonné le cou d'Hélène — des marques bleues demeuraient à présent à la naissance du cou, des deux côtés. « Tout est de ma faute, Henri... Depuis... des semaines, j'étais malade, malade d'amour. Ce tête-à-tête quotidien, cette geôle quotidienne ici partagés avec Villanet, le voir, là, si proche, devant moi, avec moi, et le perdre... Oh ! je sentais que je le perdais, Henri, chaque jour, comme si chaque jour il s'éloignait de moi, millimètre par millimètre. Pour les autres, c'était sa voix, ses gestes de tous les jours, pour moi c'était une chute lente, lente, irrémédiable. Pourquoi ?... Sa femme, sans doute. Il la craint. Oui, oh ! je ne devrais pas vous le dire, n'est-ce pas ? Oui, nous nous sommes aimés, et je le voyais tuer cet amour en lui, heure après heure. Malade à en crier. Folle, plus folle que les fous... Alors, vous ne vous en êtes pas aperçu, ni Betty ni personne, personne sauf ce pauvre Louis, trop fragile, mon mal l'a contaminé. »

Elle venait de rentrer de l'hôpital, le jour tombait, elle s'apprêtait à pousser la porte de la salle de séjour, une ombre avait glissé dans le couloir. « Ah ! c'est vous, Louis ! Vous m'avez fait peur. » Il s'était planté devant elle, immobile. « Eh bien, allumez les lumières, fermez les volets. Avez-vous préparé le repas ? » Il ne bougeait pas. Elle avait esquissé un pas. Il la rattrapa. Soudain ses bras autour d'elle, son haleine. D'abord elle n'a pas voulu appeler. Pauvre Louis, c'était ridicule ; elle allait le sermonner, l'innocent. Peut-être était-il ivre ? Pas dans ses habitudes pourtant, mais justement, il devait suffire d'un verre de vin. « Louis ! vous avez bu ! Lâchez-moi ! » Mais lui, sa bouche contre elle, son torse, son ventre contre elle, et l'étreinte de ses bras. « Madame Hélène, madame Hélène. Nous sommes tout seuls, alors... » « Louis ! allez-vous me lâcher ! » Elle essayait de cogner de ses poings, de se débattre ; l'emprise lourde des bras se resserrait. « Lâchez-moi ou je crie ! » « Mais pourquoi, mais pourquoi ? » Il halète. « Petite madame Hélène... Petite chérie... pourquoi ?... Tu sais bien, toutes les nuits avec moi, à l'hôpital, dans le coin du dortoir, tu sais bien ce qu'on fait tous les deux... comme c'est bon... Oh ! c'est bon. Alors, pourquoi tu veux plus maintenant ?... » Ses lèvres qui cherchent les lèvres. Elle a pu glisser de biais, elle s'échappe, elle court vers la porte, elle va l'atteindre. A ce moment le bras comme une barre sur sa poitrine. Il la tire en arrière. Elle tombe. Il se couche sur elle. « Au secours ! Au sec... » Les fortes mains carrées autour du cou écrasent le cri... L'air ! l'air ! « Petite madame Hélène, petite chérie... toutes les nuits. » Ce feu, ce noir dans les yeux, dans la gorge, ce silence, ce noir...

Quand elle est revenue à elle, toutes les lumières brillaient. Un beau visage se penchait vers elle, une voix l'appelait, une voix de paradis. « Je ne me souvenais de rien, Henri, comme c'est bizarre. Je me suis dit : " Voilà je suis morte... " Oui, j'étais morte. Et ce visage, cette voix si tendres me ravissaient, comment vous dire... je ne sais pas, peut-être tout au fond de la petite enfance avons-nous connu un tel sentiment ineffable de... J'ai reconnu Baïla. Plus tard, Villanet est entré, précédé de Moulineux, ensuite la femme de Villanet est arrivée, vous enfin, et le cri de Sylvie. »

Hélène a pris ma main dans les siennes, l'a tenue un moment contre sa gorge.

— Il ne faut pas m'en vouloir, Henri. Il faut me pardonner, je n'ai pas eu de père, je veux dire, mon père c'est un étranger, pour moi, depuis toujours. J'aurais voulu avoir un frère, à qui j'aurais tout dit, qui m'aurait consolée, défendue... défendue contre les autres, contre moi-même. Vous êtes ce frère, Henri, voulez-vous... Oh ! je me déteste, si vous saviez comme je me déteste, et Villanet...

Elle respirait longuement.

— Non, je ne le hais pas, j'ai cru le haïr ces temps-ci, tellement je l'aimais... Vous voyez, c'est étrange, à présent... Cette histoire stupide, ce risque de... de viol, de mort, et puis l'air embarrassé, ridicule de Villanet, debout, devant le divan de Baïla où j'étais étendue. Je l'ai senti, d'un coup, je le sens, c'est fini. Si, je vous assure, ne hochez pas la tête, fini. Ce pauvre Louis a failli me tuer, mais il m'a délivrée. Quand je me suis réveillée... (elle rit nerveusement) quand j'ai ressuscité, le beau visage, le visage de Baïla au-dessus de moi, a achevé de... (elle rit encore un peu) m'a exorcisée.

Elle lâche ma main. J'écoutais les pas de Betty dans la chambre des enfants, le bruissement des arbres dans le parc. Le carillon de l'hôpital a sonné les deux coups minces d'une demi-heure. Hélène a soupiré.

— C'est fatal que vous m'en vouliez. Si, si, je comprends. Vous travaillez toute la semaine au loin, et quand vous arrivez ici, au lieu de trouver le calme, la gaieté, vous tombez en plein drame... Ne vous défendez pas, Henri... J'imagine très bien ce que vous pouvez penser. Vous en avez assez de... nos histoires de fous.

— Qui n'est pas fou, Hélène ?

— Bien sûr... Peut-être... Tout de même, n'est-ce pas, nous, je veux dire des gens comme moi, comme Villanet, comme Moulineux, nous devrions donner l'exemple si nous voulons guérir, enfin soigner les autres.

Elle se dressa sur un coude.

— Ici la santé, la sagesse, la vie, je ne les vois que dans nos enfants. Et puis, si, il y a Baïla... Oh ! encore une chose que je ne devrais pas vous dire, Henri, mais ce soir, j'ai été plutôt, j'ai été secouée, alors c'est comme si j'étais ivre, non ? Je pense que c'est une femme pas du tout, pas du tout comme moi, bien sûr, qu'il vous aurait fallu, et Betty (elle hésitait, elle me semblait, en effet, la tête dépeignée dodelinant sur la main, un peu ivre)... Je pense qu'il vous aurait fallu une femme comme Baïla.

— Taisez-vous, Hélène. Vous êtes... vous dites n'importe quoi.

— Si j'avais été un homme, j'aurais voulu une femme comme ça, merveilleusement attentive.

Elisabeth est entrée, Hélène a laissé retomber sa tête sur le lit.

— Comment va-t-elle ? a demandé Betty.

J'ai fait un signe vague. Ma femme s'est assise près de moi.

— Oh ! je n'en peux plus, les enfants ne voulaient pas me quitter. Ils ont peur, ils sont terrorisés. On ne leur a pourtant rien dit... Ce n'est plus possible, ce n'est plus possible. Nous ne pouvons plus rester là, quand je pense, ma pauvre Hélène, il s'en est fallu de si peu ; que Baïla ait été absente et... Ce Louis, nous qui lui confiions les enfants. Non, ce n'est plus possible, je ne vivrai plus, nous ne vivrons plus. Tu imagines : Sylvie, s'il s'était mis dans la tête que Sylvie... Nous n'avons pas le droit, exposer ainsi nos enfants.

— Tu as raison, murmura Hélène... Moi aussi j'en ai assez de... de cette vie, de ces asiles, puisque... (elle eut vers nous un sourire triste) puisqu'on n'y est pas... pas plus qu'ailleurs, à l'abri de la vie... Je veux dire : à l'abri de l'amour, de la mort.

Ombre et soleil. Ou plutôt le tremblement comme une caresse de la lumière, de son reflet dans l'ombre herbeuse de l'allée, puis la musique des clartés coupées, çà et là, de l'ombrage pâle des treilles ou des arbres. Insensiblement, l'allée monte ou du moins s'éloigne de ce sombre et de cette fraîcheur, où sans doute se tient celui qui regarde, pour déboucher à l'horizon proche sur un espace de prairie puis de lisière sylvestre. Et c'est enfin l'éclat, mais comme un chemin inverse qui partirait de sa pointe claire pour monter peu à peu vers nous de nuage en nuage, ensuite de rameaux en branches (ces branches qui forment une gerbe, un berceau, un dais où s'accroche et glisse d'arabesque en arabesque le regard, comme glisserait d'ombres en flaques de soleil le pas qui répondrait à cet appel, à ce bonheur du chemin). Ombre et soleil, montée de terre, coulée de ciel. Je vois aussi un sablier dans ce double évasement céleste et terrestre avec l'étroite alliance à l'horizon. Je revois cette journée de printemps où Betty à l'issue indécise du parc de Saint-Ferréol a dessiné ce fusain. Je regarde et j'écoute sur ce jeu tendre des noirs, des gris, des blancs, le bonheur, la paix, l'amour (comme si ce simple paysage : une allée, quelques arbres, contre l'un d'eux une échelle, l'horizon clos — d'où l'homme est absent, mais sa marque est partout présente et lui-même sans doute un peu plus loin dans l'ombre rêve et repose, comme si ce coin familier de campagne, Elisabeth en le prenant pour modèle, l'avait chargé d'un secret, celui de son cœur, de son regard, de sa main (ce secret, cette tendresse que sa vie semble vouée à dissimuler obstinément aussi bien à elle-même qu'aux autres).

TROISIÈME PARTIE

XVIII

Hélène, Elisabeth ne pouvaient plus supporter leur existence à l'asile. Ce fut pourtant, une fois encore, un hôpital psychiatrique qui les recueillit, celui d'Esther Zarev qui parvint à faire nommer Hélène auprès d'elle. Et, une fois encore, alors que je lui proposais de venir vivre en ville avec moi, au dernier moment Elisabeth choisit de suivre sa belle-sœur. Hélène assura qu'elle ferait tout pour que leur installation à l'hôpital de Manville fût de brève durée. A l'en croire, nous irions bientôt à Paris, elle y trouverait du travail pour elle-même et pour Betty.

Manville étendait son parc au bord de la Seine qui traçait là de lents méandres. Hélène, ma femme et les enfants étaient logés dans un pavillon proche de celui d'Esther Zarev. Les vastes dimensions du centre hospitalier et la proximité relative de Paris rendaient la vie à Manville bien différente de celle qu'on menait à Saint-Ferréol ou à Aulnes-les-Tours. « Là-bas, disait Hélène, c'était l'artisanat, le village ; ici l'usine, la cité industrielle. » Les médecins venaient à leur travail comme des ingénieurs à leurs bureaux ; ils ne se fréquentaient guère en dehors du service, filaient à Paris dès qu'ils en avaient le loisir, plusieurs y poursuivaient des études. C'était le cas d'Esther Zarev : trois fois par semaine elle se rendait chez un psychanalyste, Bertrand Falmer, dont elle nous disait merveille. Son intention était de faire une analyse didactique, ainsi pourrait-elle à son tour compléter les traitements de Manville en pratiquant l'analyse des malades qui lui paraîtraient relever de cette thérapeutique. Elle se trouvait personnellement transformée, et conseillait à Hélène de suivre son exemple. C'était même, remarquait-elle, la meilleure voie à prendre pour pouvoir ensuite quitter sans dommage le cadre des hôpitaux psychiatriques et professer librement.

Esther me paraissait sinon « transformée » comme elle le proclamait, du moins plus gaie, et peut-être plus féminine. Nous lui voyions à présent un soupçon de rouge aux lèvres, elle qui jamais ne s'était fardée ; de même elle arborait des blouses de couleur claire au lieu des gris, des bruns, des verts sombres que nous lui avions toujours connus. Mais ces rires, ces couleurs, je n'aurais su dire pourquoi, me semblaient un peu la travestir. Cette tentative de coquetterie me faisait découvrir ce que, jusqu'alors, je n'avais pas su voir en notre amie, une sorte de fragilité, presque toujours et bien vite surmontée, mais dont la présence en filigrane ne laissait pas de démentir cette sagesse qui, longtemps, m'avait impressionné chez la jeune psychiatre. Sylvie et François-Gérard devaient sentir comme nous-mêmes cette bouffée de jeunesse qui animait et égayait Esther Zarev, aussi l'entraînaient-ils dans leurs jeux, l'obligeant à se cacher dans le parc ou l'accablant de confidences. Syvie, sans fin racontait la vie à Saint-Ferréol, les heures à l'école, les manies des domestiques, celles des malades derrière la grille de la cour ; elle parlait souvent des jumeaux mongoliens, ils devenaient pour elle, dans son souvenir, deux enfants qu'elle avait protégés, aimés dans leur misère. Mon fils évoquait avec complaisance ses prouesses dans les bagarres de l'école, ses aventures dans les forêts de Saint-Ferréol où, à l'entendre, il avait vu des loups, des ours, des serpents, des hommes sauvages. Jamais il ne parlait de Baïla ; seulement, lorsque Sylvie, ou l'un d'entre nous, prononçait le prénom de la jolie recluse, il rougissait, petit coquelicot au regard si bleu soudain embué de larmes. Il ne pleurait pas pourtant, il se jetait plutôt dans quelque brève colère, pour un caillou heurté, une bille échappée de ses mains, ou pour quelque regard de sa

« sœur » qu'il jugeait ironique. Et Hélène ? Comment cachait-elle la détresse qui était en elle depuis ses dernières semaines à Saint-Ferréol ? Pâlissait-elle un peu plus — ou bien était-ce moi qui me l'imaginais ? — lorsque Esther Zarev lui parlait du Dr Villanet ?

Elisabeth avouait sa nostalgie des jours de Saint-Ferréol, des forêts avoisinantes, de l'église en ruine au seuil de l'asile, des dessins qu'elle faisait là-bas avec Loutremont, et surtout de cette fête qu'elle avait pu monter avec les malades, et qu'elle regrettait de n'avoir pu recommencer afin de leur apporter de nouveau un peu de réconfort, et, qui sait, d'aider peut-être certains à guérir. Esther Zarev l'encourageait à reprendre ici cette entreprise. Mais, il n'y avait pas à Manville cette atmosphère de village, de petite communauté exilée, menacée et d'autant plus attachée à son unité, qui régnait à Saint-Ferréol, aussi, ni Betty, ni Hélène, ni moi ne pensâmes jamais que la kermesse montée dans l'asile du Dr Villanet pût ressusciter au bord de la Seine. En revanche, le même enthousiasme qu'Esther professait pour les toiles et les fusains de Betty réveilla cette fois chez ma femme l'envie de peindre et de dessiner. Je me réjouissais de retrouver, dans ces gouaches ou ces esquisses à la plume qu'Elisabeth rapportait de ses séjours sur les berges de Manville, les jeux de lumière sur le fleuve, les formes lourdes des péniches amarrées, les signes énigmatiques — traits croisés, enlacés, étoilés — des arbres et des feuilles. Mais, au bout de quelques semaines, Elisabeth jugea qu'elle ne progressait plus. Dès lors, elle refusa de continuer à peindre ; à peine faisait-elle encore, çà et là, au hasard de ses promenades avec les enfants, quelques croquis. Ainsi jusqu'au jour où Hélène m'annonça — il me sembla lire, bien vite effacé, dans sa voix et ses yeux, un défi — qu'elle allait écrire à Loutremont, l'invitant pour un séjour à Manville. Betty feignait de déplorer l'initiative d'Hélène. Je pensais d'abord qu'elle voulait désarmer ma jalousie que sans doute elle pressentait, mais l'inquiétude que, plusieurs fois, je surpris sur son visage cependant qu'elle examinait ses dessins récents me portèrent à croire qu'avant tout elle craignait de décevoir le peintre.

Lorsque, à mon arrivée à Manville un samedi de mai, je trouvai Loutremont installé dans le parc, Elisabeth près de lui dessinant le même arbre, les enfants à leurs pieds, j'eus envie de rebrousser chemin. Les cris joyeux, les bonds de Sylvie et de François-Gérard courant vers moi, et cette bonhomie dans la voix grave, dans le regard naïf de Loutremont, et aussi, un peu plus tard, cet air de bonheur sur le visage, et, me semblait-il, sur les mains même d'Elisabeth affairées à capter des lignes, des ombres et des reflets, malgré moi dissipèrent ma rancœur. Les enfants retrouvaient leur ami, et, avec lui, cette passion, ce goût du mystère familier que l'on devinait en eux quand, à Saint-Ferréol, ils allaient et venaient de l'école au pavillon, du verger à la cour des malades, du parc à l'église ou au château d'eau.

La manière du peintre changeait. Il s'éloignait progressivement de la vision immédiate. Les lignes de force d'un arbre, d'une demeure, d'un paysage, d'un objet s'inscrivaient, de plus en plus dépouillées, sur la toile ou le papier comme une recherche d'hiéroglyphes. « Des pages d'écriture, voilà ce que je voudrais faire, grommelait-il. Vous comprenez ! Comme si la nature elle-même, tout entière, était page d'écriture. »

Je m'attendais à chacun de mes retours à Manville à découvrir dans la peinture de ma femme cette nouvelle tendance de Loutremont. Pourtant, non, Betty continuait cette attentive et patiente traque, à travers les signes habituels des choses, de quoi ? d'une blessure et d'un amour ? que recelaient la feuille, le fleuve, un nuage, une silhouette aussi bien qu'une pierre. A tort ou à raison, cette fidélité d'Elisabeth à sa propre sensibilité me tranquillisait. Il me semblait y voir la preuve d'une paisible résistance à Loutremont. Cependant, pour défendre encore Elisabeth d'une éventuelle défaillance, j'entrepris de rapprocher Hélène du peintre qu'elle avait jugé bon d'inviter. A ma belle-sœur, je rapportai certains propos louangeurs que l'artiste m'avait tenus sur elle, je fis de même pour Loutremont, lui vantai le courage d'Hélène, son extraordinaire ténacité, lui donnai à penser qu'il y avait en elle un secret, sans doute depuis son enfance, qui faisait d'elle un être d'exception. Esther Zarev m'entendit faire ce portrait d'Hélène. Quand Loutremont nous eut laissés, elle me dit :

— Eh bien ! Henri, si je ne vous connaissais pas comme je vous connais, je penserais que vous êtes... enfin... pour parler d'Hélène en ces termes, avec ce ton... que vous êtes amoureux d'elle.

Je me mis à rire. J'avais peur. Je croyais tirer les ficelles, guider les cœurs des autres, au lieu de cela ne faisais-je qu'avouer mes propres faiblesses ? Et n'allais-je pas me jeter, par ma faute, d'une souffrance dans l'autre ? Sous le prétexte d'éloigner Loutremont de ma femme, n'allais-je pas réveiller l'ambiguïté de mon attachement pour Hélène ? J'aurais voulu effacer ce que j'avais dit d'Hélène au peintre et de celui-ci à Hélène. Trop tard. Mon regret, mon irritation se retournaient contre Esther Zarev. Je l'entendis parler à ma femme et à ma belle-sœur de « ces êtres » qui, par timidité, par incapacité à être heureux, aimaient en quelque sorte par personne interposée, provoquaient autour d'eux des amours ou des amitiés dont ensuite ils souffraient. J'étais persuadé qu'elle faisait ainsi allusion à moi-même. Grossièrement, je lui demandai si elle n'était pas de « ces êtres ». Elle me regarda comme si elle découvrait à ma place un inconnu qui l'effrayait.

Un peu plus tard, lorsque Esther sortit, Hélène me jeta : « Vous êtes fou. » Betty reprit : « Tu as été odieux. » Sans leur répondre, je rejoignis Esther Zarev. Elle hâtait le pas. Je lui pris le bras au moment où elle s'apprêtait à rentrer chez elle.

— Pardonnez-moi...

Elle m'observait. Je ne pouvais supporter son regard à la fois lucide et meurtri.

— Vous me faites mal.

Je lâchai son bras.

Elle répéta plus doucement :

— Vous m'avez fait mal.

Je ne savais si elle se plaignait de la dureté de ma main, ou de mes paroles.

— Esther... J'ai cru que vous parliez de moi, que vous vous moquiez de mes erreurs, de mes fautes, de mon incapacité, comme vous disiez, de mon incapacité à savoir qui j'aime, qui m'aime, de mon...

Je voulais dire « de mon penchant à me perdre, à perdre ce qui m'est cher », je dis seulement :

— J'ai cru que vous vouliez me perdre aux yeux... d'Hé, aux yeux de Betty.

Elle hochait la tête. Je lui trouvais un air comique de poupée aux yeux ronds et fixes, à la tête qui se balance.

— Comment, oh ! comment avez-vous pu imaginer cela ! chanta la voix flûtée. Moi, me moquer, m'en prendre à vous... à vous...

J'essayais de sourire pour qu'elle oubliât ma maladresse. C'était cela, je voulais la convaincre que j'étais un maladroit, rien de plus, ainsi elle ne serait plus blessée, elle redeviendrait pour moi indulgente. Sa sagesse ne devait-elle pas toujours la rendre indulgente ? Mais elle gardait cette expression à la fois puérile et douloureuse qui me tourmentait.

— Vraiment, c'était cela ?... Vous avez cru ? demanda-t-elle. Ses lourdes paupières battirent plusieurs fois, demeurèrent baissées, cependant qu'elle achevait dans un souffle :

— Vous ne pouvez savoir comme vous m'avez, comme vos mots, votre raillerie m'ont...

Elle sourit à son tour, et j'aurais préféré à ce sourire sa sévérité ou son courroux.

— Voyez-vous, il n'y a que la vérité qui touche.

— Quelle vérité, Esther?

— Celle que vous m'avez jetée à la tête.

Elle porta ses mains petites à ses tempes et cria : « Aïe ! Aïe ! Aïe ! »

Cette fois je ne pus m'empêcher de rire avec elle.

— Vous voulez dire que mon accusation, que ma... muflerie... Si, si, ne protestez pas, j'ai été mufle, mais j'étais tellement secoué, n'est-ce pas, en croyant que vous vous en preniez à moi, à ma... à ce qui est peut-être ma maladie, qu'en sais-je, après tout ?... Et vous...

— Et moi je n'ai pu supporter que vous révéliez à tous et à moi-même que j'étais en train de tracer mon propre portrait.

— Votre portrait !

— Sans aucun doute.

— Alors, Esther, chacun de nous deux s'est comment ?... s'est reconnu dans votre description ? Serions-nous frères ?

Comme si elle ne voyait pas que je plaisantais :

— Peut-être, dit-elle avec lenteur.

Je continuais à tenter de la distraire.

— Il faut donc que je vous plaigne. A moins que la sagesse, la vôtre puisse être la sœur de ma folie.

Elle demeurait mélancolique.

— J'ai pensé parfois, oui, que nous étions, que nous sommes proches.

Au bout d'un moment, elle reprit :

— J'avais une sœur ; la femme qui nous avait recueillies, qui nous élevait, la préférait à moi. J'étais toute petite, et notre mère adoptive s'efforçait d'être juste, mais déjà je sentais ce que les êtres ne savaient pas d'eux-mêmes ; moi, j'aurais voulu tellement être choyée, cajolée : je faisais tout pour que ma sœur fût de plus en plus aimée, je vantais ses qualités ou bien je faisais la sotte pour qu'elle parût plus intelligente, la grincheuse pour que la mère appréciât encore plus la gentillesse de mon aînée...

Elle leva la tête, esquissa une moue à la fois ironique et attristée.

— Combien de fois ensuite, dans ma jeunesse, j'ai dû agir de même...

Elle hésita.

— Enfin, je veux dire : une... deux fois peut-être...

— Mais si vous le saviez, pourquoi le faisiez-vous ?

Elle sourit.

— Je ne le savais pas.

— Et maintenant ?... C'est votre... votre analyse qui vous fait découvrir... ces choses.

Elle fit signe que oui puis remarqua :

— C'est pourquoi on ne devrait pas attendre qu'il soit trop... Il peut être dangereux de faire une psychanalyse tardivement, prendre conscience de ce qu'on a détruit alors qu'il est trop tard pour construire autre chose...

— Mais vous, Esther, vous êtes encore, vous êtes jeune.

Elle eut un geste vif de la main.

— Oh ! moi... Il n'est pas question de moi... Je fais une analyse didactique pour mon travail...

— Vous me pardonnerez ? Tout à fait ? Je m'en veux.

— Tss ! tss ! Taisez-vous...

Elle me tendit la main pour me dire au revoir. Avant de refermer la porte derrière elle, elle ajouta :

— Après tout, nos émotions...

Elle rit.

— Avez-vous remarqué, nous avons piqué en somme en même temps la même panique, comme si... comme si nous étions, sans le savoir, un miroir l'un pour l'autre... Qu'est-ce que je disais ?

— Nos émotions...

— Oui, elles nous auront peut-être aidés à voir plus clair en nous-mêmes.

Je dus baisser les yeux devant le regard à la fois pénétrant et résigné qu'elle posa sur moi.

— Hélène et Loutremont ? demandai-je.

Ma femme répondit en riant.

— Comme tu dis, Hélène et...

Elle reprit, plus grave :

— Enfin, il l'aime, ça se voit assez.

— Et Hélène ?

— Elle se laisse aimer... Je pense que ce sentiment, cette attention de Loutremont la rassurent, lui font du bien. Tu comprends, la pauvre, ses amours : son mari tué, tant d'années pour se remettre, pour se sortir un peu du malheur, et voilà ce Villanet qui... C'était bien Hélène qu'il lui aurait fallu pour femme, mais tu as vu... Alors, maintenant, Loutremont : sa bonne grosse voix, sa gentillesse, la beauté de son œuvre, cela est bon pour Hélène. Mais elle ne se hâte pas... Elle ne peut guère faire confiance, facilement confiance à la vie.

— Penses-tu qu'elle puisse aimer le peintre ? Pas plus lui qu'un autre !

Betty m'observait.

— Ecoute, Hélène est jeune encore, pourquoi n'aimerait-elle plus ? On dirait que tu le souhaites !

XIX

Je me rendais souvent aux bureaux parisiens de mon journal. Quand j'avais un peu de temps, il m'arrivait de déjeuner ou de dîner avec Théo. Devenue conseillère littéraire dans un club de livres, elle semblait tirer quelque argent de cette fonction. Ainsi s'achetait-elle, de loin en loin, des robes ou des tailleurs haute couture. Affublée de ces toilettes sans pour autant veiller à l'élégance du reste de sa personne : la tête échevelée, les jambes sans bas, les pieds chaussés de savates, elle paraissait plus déguisée que jamais. Elle s'était entichée d'un peintre qui naguère avait tâté du surréalisme et connu alors un soupçon de succès. Elle parlait de Max et de son « génie » avec une fierté provocante, comme si elle pensait faire oublier ainsi que son Max ne touchait plus un pinceau depuis bien des années et se rattrapait sur le whisky. Je la laissais parler, gesticuler, ironiser sur ma « vie bourgeoise », sur mon « petit reste de liberté et de fantaisie » qui me rendait encore, à la limite, acceptable à ses yeux. Quand, enfin, elle se lassait de son propre spectacle, je retrouvais sous la précieuse mûrissante, sous la vagabonde snob, l'amie capricante de ma jeunesse. « Vous vous souvenez ?... Tu te rappelles, Henri ? » Un peu ivre — davantage des flots de paroles sous lesquels elle m'avait submergé que du vin bu — tantôt elle me disait vous, tantôt me tutoyait sans même s'en rendre compte.

Dans notre conversation se creusaient des failles soudaines, des silences où nous nous sentions tomber comme dans les trous d'air les passagers d'un avion. Il eût fallu avoir, toujours présente en nous, la mention « danger » accolée aux faits et aux personnes dont nous ne devions plus, dont nous ne pouvions plus parler, mais la vivacité, l'enthousiasme de Théo nous entraînaient, elle et moi, et voilà que nous nous trouvions sur le point de faire surgir entre nous tel ou tel souvenir interdit. Nous nous arrêtions brusquement, nous feignions de regarder la salle du restaurant pour dissimuler notre trouble. Un soir, Théo venait ainsi de s'interrompre après m'avoir demandé des nouvelles de ma sœur :

elle frappa sur la table, avança son visage vers le mien, un rictus léger aux lèvres.

— A la fin, c'est trop bête ! Ou nous sommes amis et nous parlons de ce qui nous tient à cœur, ou alors nous sommes ennemis et dans ce cas, bonsoir. Tu crois pas ?

— Vous avez raison, Théo. Vous avez sans doute raison, mais peut-être c'est par peur de souffrir, ou de nous faire souffrir l'un l'autre que nous évitons de nommer ceux qui sont chers à l'un, hostiles à l'autre.

— Des conneries tout cela ! Je vous le dis, ou nous parlons librement, ou nous ne parlons plus du tout...

Elle se recula, me toisa d'un regard brillant qui filtrait entre ses paupières mi-closes, sa lèvre se retroussait un peu, découvrant les dents pointues.

— D'ailleurs qu'est-ce que tu crois, mon pauvre Henri ? Vous vous imaginez que je ne juge pas... mes frères par exemple... C'était de Serge précisément que j'allais vous parler tout à l'heure quand je me suis sottement interrompue. Eh bien, quoi, votre sœur a bien fait de demander le divorce, où elle avait eu tort c'était de se marier. Bourgeoise comme vous, bien sûr, elle n'envisageait rien d'autre que le mariage. Est-ce que je me suis mariée, moi ?

Elle riait, de son rire en cascade ; puis reprenait d'un air dédaigneux :

— Mais dans votre famille, on épouse, et votre sœur, amoureuse de Guillaume, amoureuse et délaissée... Allez, allez, ne faites pas cette tête, vous ne pouvez donc supporter la vérité ?... Donc, elle a eu tort d'épouser, ou de se laisser marier à mon frère, ce fainéant, ce débiteur de nuages. Serge, je le connais, ah la la ! comme si je l'avais fait ! Cela dit, qu'elle en ait eu assez de sa fainéantise et de ses mensonges et de ses... de ses coucheries à droite et à gauche toujours par je m'enfoutisme et par goût du mensonge, je la comprends, je l'approuve.

Elle marquait un silence, me demandait une cigarette. Elle tirait de grosses bouffées de fumée qu'elle soufflait de côté. Elle me souriait ; dans ce sourire passait une gentillesse imprévue et profonde.

— Alors, tu vois, vous voyez qu'on peut parler, vous voyez qu'on peut être, qu'on est amis.

Je reçus d'elle un jour un mot impatient : « Venez. Il faut que je vous voie. » Elle avait souligné de deux traits : « Il faut. » Cette autorité m'agaça. A mon prochain voyage j'évitai de rencontrer Théo. Ensuite j'eus du remords. Et si c'était un appel au secours. Mais que pourrait-elle risquer ? Je m'efforçais de me rassurer. Je fis pourtant de nouveau le voyage pour la rejoindre. Elle me parut malade. Elle prenait des airs mystérieux, me faisait signe de me taire dès que je la questionnais. Elle m'entraîna au Louvre. Dans le musée, elle ne cessait de se retourner comme si elle craignait d'être suivie. Enfin elle consentit à s'arrêter au fond d'une salle déserte. Elle me séparait d'un tableau gris et or ; on y voyait, au bord d'une eau plate, au déclin du jour, de minuscules personnages palabrant ; des frontons de marbre s'avançaient vers la mer, un vaisseau sans voiles était amarré près du port. Théo posa la main sur mon épaule, se pencha vers moi, me masquant la toile où déjà ma rêverie s'embarquait. Elle parlait à voix si basse que je devais souvent la prier de répéter.

— Nicolaï est revenu.

D'Argentine, son frère était revenu « plus ravagé que jamais ». Après encore quelques tentatives malheureuses en Angleterre, puis en Hollande, il avait fini par échouer chez elle, où il se terrait.

— Vous rendez-vous compte, Henri, non ? Il a des crises d'une violence inouïe, il menace de se jeter par la fenêtre, il crie, ou bien, au contraire, le voilà prostré pendant des jours, refusant de manger. Pour finir, je dois le supplier, d'autres fois lutter avec lui. Ce n'est plus qu'une loque, et pourtant cette force qu'il a à ces moments, je le supplie, je le cajole, je pleure, ou je le barricade pour l'empêcher d'aller se livrer à la police. Henri, il faut le sauver. Il faut me sauver.

Elle voulait que je parle à Hélène ; à ses yeux une seule issue demeurait : que Nicolaï Ivanovitch fût interné, caché et interné à Manville sous une fausse identité.

— Quoi ? doit-on juger un malade ! (Elle tirait les revers de mon veston.) Oserait-on refuser de soigner un grand, grand malade ?...

Ce qui était plus terrible encore que les menaces du Russe, ses violences ou son désespoir, c'était son mal ; Nicolaï tombait d'un coup, tordu, l'écume aux lèvres, les yeux révulsés. Si je refusais de les aider, de l'aider, elle, Théo, alors, déclarait-elle, ce serait son tour de devenir folle.

Elle se mettait à rire d'un rire aigre, aigu.

De toute façon, je n'avais qu'à choisir, ou je procurais l'asile (elle articulait ce mot avec une sorte de joie atroce) à son frère, ou c'était elle que je condamnais à l'asile.

— Mais enfin, m'écriai-je (elle jeta autour de nous des regards effrayés), vous oubliez que Couderc était mon ami, notre ami, et il est mort, et votre frère…

Elle posa la main sur ma bouche.

— Taisez-vous, je vous en prie... Henri, mon petit Henri... vous me... vous me...

Elle semblait suffoquer.

— Vous savez bien, reprit-elle, vous le savez, Nicolaï n'est pour rien dans l'arrestation, dans la... Ce n'est pas lui qui a dénoncé Couderc, vous savez bien.

Elle chancela, je la pris par le bras, elle essaya de s'écarter, puis s'affala, le visage sur mon épaule, sanglotant. Il me semblait entendre des pas derrière nous, je n'osais bouger. Sur le tableau de grisaille dorée les petits personnages continuaient à flâner, à palabrer, à gesticuler, immobiles, heureux, cependant que de l'horizon marin montait ce dernier rayon qui venait ensoleiller la cime des temples.

— Oh ! c'est dégueulasse, trop dégueulasse, je couchais avec un type qui avait vendu André. Je me disais que je le descendrais, au lieu de cela... je le planquais, je lui sauvais la peau.

J'étais à la fois cet homme entre tristesse, honte et dégoût, planté là, dans ce musée, avec cette femme pleurant sur son épaule, et l'un de ces menus personnages dans le crépuscule d'un siècle imaginaire sur le tableau gris tacheté d'or.

J'entraînai mon amie : elle s'appuyait à mon bras cependant que nous parcourions les salles du musée. Des visiteurs se retournaient sur notre passage.

— Longtemps, très longtemps, je me suis racontée que le quincaillier n'était pas mort, qu'il avait dû être délivré par les

Russes. Tout fou qu'il était, peut-être avait-il préféré rester avec eux. Un jour, on apprendrait qu'il était à Moscou, qu'il était quelque chose dans le Parti. Vous comprenez, Henri, comme cela, je me sentais moins minable. Avoir vécu avec cette larve de Wonsler, ça restait moche, mais enfin, si Couderc était sauf, s'il vivait, je n'étais pas radicalement, je n'étais plus à mes yeux tout à fait une bête, une sale bête à abattre.

Obstinément, elle tentait de connaître d'anciens déportés. Elle les faisait parler de leurs camps, de leurs camarades là-bas. Elle espérait toujours en trouver un qui aurait partagé le sort de Couderc et lui apprendrait que celui-ci avait pu survivre. Il arrivait que certains de ces hommes, la voyant se passionner pour les moindres détails de leur martyre, vinssent à s'éprendre d'elle. Elle-même, deux fois, s'était sentie bien près de l'amour. Alors, elle leur criait la vérité ou du moins... « sa vérité » ; elle leur avouait que ce déporté dont elle cherchait désespérément, à travers leurs souvenirs, la trace, autrefois l'avait aimée, et qu'ensuite un collabo l'avait dénoncé, un collabo dont elle partageait le lit.

— Si vous saviez, Henri, j'attendais, j'appelais le coup que l'un de ces hommes me donnerait, le coup qui me tuerait, et, s'il m'était resté un peu de souffle, j'aurais dit merci, j'aurais dit à cet homme que je l'aimerais pour cette mort enfin reçue de ses mains. Mais non, rien, un seulement m'a craché au visage. Un autre, l'un des deux que peut-être... dont peut-être déjà j'étais amoureuse, ah ! celui-là j'ai cru. Il est devenu blanc, il s'est mis à me gifler à toute volée, à toute volée, jusqu'à ce que je tombe ; quand j'étais par terre, il s'est penché, j'ai cru qu'il allait tomber sur moi et m'assommer. Mais il est resté immobile, la bouche ouverte, tordue comme s'il criait. Il ne disait rien, il me regardait, j'ai vu des larmes glisser sur ses joues. Je me suis forcée, j'ai eu la force de rire, d'imiter le rire pour réveiller sa colère, pour réveiller sa haine. Il s'est redressé, il a porté la main devant ses yeux et il est parti, en titubant.

Elle s'accrochait à mon bras, elle riait.

— Hier, dans un bistrot, j'ai fait la connaissance d'un bonhomme, il était à Buchenwald, j'ai déjà parlé à des types de

Buchenwald, mais je me dis qu'ils ne pouvaient pas tous se connaître, que peut-être celui-là...

Je l'ai quittée à la sortie du Louvre. Elle protestait, elle voulait que nous finissions la journée ensemble. Je m'éloignais, lorsqu'elle m'a appelé, a couru vers moi.

— Henri, n'oubliez pas, faites quelque chose pour Nicolaï.

D'une lettre de C...

« Je prépare une crèche dans une grotte, sur la montagne, la grotte de Sainte-Anne où depuis des années plus personne ne monte jamais.

« Mon mari m'interdit d'y aller, il craint les éboulis ; je continue de m'y rendre en cachette.

« Là-haut, je suis heureuse, je vis dans la compagnie de saint François d'Assise. J'ai dissimulé une bouteille sous les pierres, j'y glisse un caillou à chacune de mes visites pour savoir ensuite combien de fois j'aurai fait le pèlerinage.

« J'imagine une femme qui va dans la montagne, dans la ville aussi, elle porte en ses bras un nouveau-né, d'elle rayonne une vive lumière qui change la nature à son passage ; mais les hommes ne voient pas cette lumière. A force de le serrer contre son cœur, vient un jour où l'enfant s'est fondu en elle. Je voudrais être cette femme-là. Hélas ! je n'en suis pas digne, je ne porte pas de lumière. »

Il restait un prie-Dieu devant l'autel de Saint-Ferréol. Sylvie s'y précipitait. Elle s'agenouillait ; la tête entre les mains, semblait s'abîmer dans une longue prière. Je ne percevais qu'un chuchotement monotone, coupé de rapides et profondes respirations. François-Gérard la contemplait. Au bout de quelques minutes cependant, il commençait à s'impatienter. Dans un murmure d'abord, il demandait si on allait bientôt sortir, puis son ton peu à peu montait malgré les coups d'œil indignés que lui lançait la fillette ; enfin il s'accrochait à la petite ou la bousculait pour l'arracher au prie-Dieu. Y parvenait-il qu'il s'empressait de prendre place à son tour sur le trône usurpé et poussait des borborygmes, des sons inarticulés en guise d'oraison. Un instant interdite, Sylvie ne tardait pas à reprendre l'offensive. La bagarre pour la possession du prie-Dieu battait son plein, agrémentée de coups et de cris. Je devais faire tonner ma voix sous la voûte pour rétablir l'ordre. Les deux ennemis s'arrêtaient, pétrifiés, comme s'ils eussent entendu gronder la colère de Dieu en personne. Je m'efforçais de garder l'air sévère et les entraînais vers la sortie. Là, Sylvie s'immobilisait de nouveau, regardait le chœur et refaisait ses grands signes de croix. Je voyais mon fils hésiter entre sa rancune et son habituelle admiration pour son aînée, enfin lui aussi, maladroitement, se signait.

Nous remontions les marches qui sonnaient sous nos pas. Sur le seuil, je me retournais. « Dieu, pensais-je, si quelque parcelle de toi est ici présente, Dieu, ou enfin je ne sais quoi ou qui, quelle puissance universelle, si tu m'entends, si le tremblement, la vibration de ma pensée, de mes vœux, de mon cœur, peut t'atteindre, je t'en prie, et sans doute, hélas ! ces mots, cette prière, toi, ton image, rien n'a de sens, mais quand même, je t'en prie, donne la joie à ces deux enfants, écarte d'eux toutes les horreurs que tu as dû aussi créer, si tu as créé quelque chose, et que la vie, toute leur vie ressemble à la beauté de leur regard. »

XX

Je parlai de Nicolas Valenkov à Esther. Elle accepta de le faire hospitaliser à Manville. Hélène, Betty ni moi ne cherchâmes à le voir. Il était dans le service de notre amie. Il faisait pitié, me disait-elle, maigre, plein d'angoisse, de haine et de fièvre malgré les fortes doses de gardénal nécessaires pour prévenir ses crises épileptiques. Il s'occupait à lire, et aussi à recopier quelques passages de livres qu'Esther empruntait pour lui à la bibliothèque de l'asile.

Il était là depuis plusieurs mois déjà, lorsque ma sœur vint passer auprès de nous les journées de Pâques. Le printemps ne se décidait pas à percer les grisailles et les pluies qui filaient tout au long de la vallée. Aussi les projets de périples normands préparés à l'intention d'Emilie ne rencontraient guère d'enthousiasme, bien que les enfants fussent impatients de montrer à leur tante ce nouveau pays qu'eux-mêmes venaient de découvrir.

Le divorce demandé par ma sœur et prononcé en sa faveur l'avait profondément affectée.

Son visage, dans les traits plus aigus, dans la pâleur sous le fard, montrait un épuisement qui tantôt la faisait paraître plus jeune, tantôt lui donnait au contraire, de façon furtive, la sécheresse pure d'une chair consumée par l'âge. Il en allait de même pour son caractère : souvent lasse, presque toujours en retrait comme un être qui n'attend que souffrance, il arrivait cependant qu'elle eût des mines, des attitudes ou des pensées qui faisaient sourire ma femme ou Hélène comme elles l'eussent fait devant quelque naïveté de Syl et de François-Gérard. D'ailleurs les enfants ne s'y trompaient point : ils traitaient Emilie comme une camarade, l'entraînaient malgré elle dans leurs jeux, dans leurs promenades au long du fleuve. Quand ils rentraient, ils racontaient avec une fierté joyeuse comment ils avaient évité à leur tante de se perdre, de tomber à l'eau ou de s'enfuir devant un troupeau de vaches.

Par Esther, je sus le regret d'Elisabeth que son frère jadis se fût laissé influencer par la reine mère au lieu d'épouser Emilie : il semblait d'ailleurs que Guillaume lui-même, enfoncé dans un célibat médiocre, eût avoué à sa sœur ce même regret.

— Dis, quel âge elle a, tante Emilie ? demandaient les enfants.

— Notre âge, un peu plus jeune que nous.

— Elle raconte des histoires, on dirait des histoires comme celles des petites filles de l'école ! s'étonnait Sylvie.

— Oui, reprenait François-Gérard, elle rit, elle a peur, elle joue comme les petites de l'école.

Sylvie baissait la voix.

— Des fois, elle croit qu'on la voit pas ; elle pleure.

— Il faut être gentil, très gentil avec elle, ordonnait Betty, elle a eu mal, elle est fatiguée.

— Elle a pas de mari ?

— Elle a qu'à se marier avec Loutremont, disait mon fils.

— Ah ! oui, approuvait Sylvie, avec Loutremont.

Je guettais sous le rire de ma femme d'abord, d'Hélène ensuite, une secrète gêne.

Esther Zarev lui ayant appris la présence à l'asile de Nicolas Valenkov, Emilie me reprocha de lui avoir « caché » cela, et, non moins vivement, de ne pas me rendre de temps à autre auprès du Russe.

— C'est quand même un peu mon frère.

— Voyons, Emilie, il haïssait ce que nous aimions, ceux que nous aimions ; il aimait ce qui nous faisait horreur.

— Serge me racontait la jeunesse de Nicolas, après une telle jeunesse, on a des excuses.

— Tu penses encore à Serge ?

Elle se rebiffait.

— Pas du tout.

Plus calmement elle reprenait — mais ne m'échappait point le coup d'œil qu'à la dérobée elle me jetait comme pour s'assurer qu'elle avait su me convaincre de son indifférence, ce regard mauve comme d'une anémone que le vent d'un trait ouvre puis referme :

— Tu sais bien, Henri, que Serge et moi... enfin ça n'a jamais été de l'amour... du moins en ce qui me concerne.

Nous étions accoudés devant la fenêtre ouverte sur le parc. On entendait au loin sur le fleuve invisible une sirène. Au son affaibli, je devinais que la brume du soir devait recouvrir la Seine.

— J'ai l'impression, je ne sais pas, Henri, vous deux, Elisabeth, on vous sent plus proches, plus apaisés peut-être.

Elle soupirait.

— Connaissez-vous seulement votre chance ?

Je ne répondais pas.

— Non, n'est-ce pas, vous ne savez pas ? Oh ! j'imagine, vous vous êtes, vous avez dû vous porter des coups, sans le vouloir, des blessures, mais enfin, vous êtes là tous les deux, vous faites face à la vie, ensemble, et puis, vous avez François-Gérard.

Elle se mit à marteler la barre d'appui de la tranche de la main.

— Tu te rends compte ! Tu ne te rends pas compte ?

J'inclinai un peu la tête vers elle. Je voyais son profil crispé.

— Je ne sais pas si vous le sentez, mais vous avez réussi à vivre, à faire vivre à vous tous : toi, Betty, Hélène, les enfants, quelque chose qui ressemble, enfin qui fait penser à ces moments si... à ces jours que nous passions avec les Barbares dans le jardin de l'Observatoire.

Comment pouvait-elle s'imaginer cela, pensais-je, alors que moi aussi, et peut-être Betty, et peut-être Hélène, gardions la même nostalgie de cette jeune, fragile et brève communauté ? Comment pouvait-elle prendre notre existence toute de pénombre, d'habitude résignée, pour l'égale de ces temps qui dans notre souvenir devenaient pareils à quelque âge d'or ?

— Mais Emilie, à l'Observatoire nous étions... tout pour nous était beauté, promesse, maintenant Elisabeth, Hélène et moi, que sommes-nous ? que faisons-nous ? Nous survivons.

— Tais-toi !

Elle reprit plus doucement :

— J'ai besoin, tu entends, j'ai besoin de croire en vous, j'ai besoin de croire que si j'avais épousé Guillaume comme toi Elisabeth, ce serait la paix et non...

Elle eut un sourire qui glissa de ses yeux à sa bouche.

— C'est toi qui te trompes, vous ne voyez pas ce bonheur qui vous lie, qui s'épanouit dans Sylvie et dans ton fils... D'ailleurs, Esther Zarev pense comme moi.

Et si elle disait vrai, si nous ne savions pas reconnaître notre chance ? Le songe que, peut-être sans même en prendre conscience, nous poursuivions : souvenir étrangement projeté dans un impossible futur, ne nous aveuglait-il pas ? Ne nous empêchait-il pas de voir ce qui se dévoilait aux yeux des autres : aux yeux d'Emilie, qui pourtant pouvait comparer notre présent à ce passé qu'elle partagea avec nous et qui pour elle aussi était image fabuleuse ; comme aux yeux d'Esther Zarev et celle-ci pourtant nous découvrait privés de ce prestige, de ce flou un peu magique, qui pouvait naître au regard d'Emilie de notre image ancienne tremblant sous celle d'aujourd'hui. Ce double témoignage me troublait ; je me demandais où finalement était la vérité ? Dans ce sentiment d'échec au fond de moi, comme sans doute dans la chair et dans l'âme de Betty et d'Hélène, en cette sensation d'usure quotidienne et progressive en quoi semblait se résumer la vie ? Ou bien dans cette vision d'entente féconde que prenaient de nous Emilie ou Esther ? J'essayais de me faire étranger à moi-même, de poser sur nous un regard non prévenu : Oui, il y avait ces enfants, cette fillette trop vite grandie, avec dans les yeux, tantôt cette clarté naïve de source à la cime d'un pré, tantôt les ombres douces de l'adolescence prochaine, ce garçon, tendre malgré sa violence, qui gardait encore la voix musicale de sa mère, alliait dans son visage aux miens les traits d'Elisabeth, et dont le petit corps dessinait la carrure de mon père ; il y avait ces enfants querelleurs, joyeux et rêveurs. C'étaient eux qui nous tiraient vers leur désir, vers leur espoir, du fond de notre lassitude. Leur victoire ne finirait-elle pas par devenir la nôtre aussi ?

— J'ai honte, monsieur.

Le jeune aspirant Jacques S..., originaire de notre ville, est mobilisé dans l'Aurès. Je le rencontre en permission à Alger, dans la villa de Guillaume. (Mon beau-frère est ingénieur dans une entreprise pétrolière ; Mathilde Garou travaille elle aussi dans cette firme, elle en dirige le service d'information.)

— Au début, reprend le militaire, le capitaine a tenté de me persuader qu'il était fatal d'en arriver là : s'il ne donnait pas l'ordre de torturer, il sacrifiait la vie de ses soldats comme celle des civils qu'il devait protéger. Maintenant, il saisit n'importe quel prétexte pour m'envoyer en reconnaissance le plus loin possible du poste, avec quelques hommes choisis parmi ceux qu'il estime le plus... contaminés par mes idées. Il espère évidemment qu'un parti de fellaghas, un jour ou l'autre, nous égorgera.

Sous les palmiers du parc, l'ombre odorante ; de la terrasse, nous dominons là-bas la ville blanche. Mer, terre, cité faites pour le bonheur charnel, paradis sous les palmes, paradis pourri de terreur et de sang.

— Mes hommes sont malades, comme je le suis moi-même, quand ils savent que le capitaine s'apprête à « interroger » ou à « faire interroger » un Arabe. Leur dégoût, leur silence même sont protestations. D'ailleurs le capitaine ne s'y trompe pas : leur mine terreuse, leur mutisme le mettent hors de lui.

— Et les autres ? Je veux dire les autres soldats, ceux qui ne sont pas sous votre commandement.

— Les autres, les copains de sections voisines rigolent quand ils entendent crier les suppliciés. Ce sont pourtant des jeunes types pareils à ceux de ma section, des campagnards pour la plupart. Seulement voilà, ils se mettent à l'unisson de leurs chefs... Il m'est arrivé de leur parler, pas aux gradés, aux soldats ; je leur dis : des troupes arriveraient chez vous, dans vos villages, dans vos fermes — les Allemands, c'était comme ça —, *ils flamberaient vos maisons, les granges, les étables, ils abattraient le bétail, votre père, ils cogneraient dessus, ils le passeraient à la magnéto, et pour finir une rafale de mitraillette... C'est ce que nous faisons hein ? C'est ce que le capitaine nous a fait faire, non ? Alors, vous vous rendez compte ?...*

— Que disent-ils ?

Le jeune officier hausse les épaules.

— Ils restent un moment sans voix. Je me dis : ils ont compris, ils vont réagir ; et puis... il y en a un qui se hasarde : « C'est pas la même chose. » Et tous respirent, soulagés...

XXI

Esther Zarev et Emilie me menèrent un matin à la chambre de Nicolas Valenkov. Esther était parvenue au prix de bien des escarmouches administratives à faire isoler le malade. Il ne lui en témoignait aucune gratitude, si l'on en jugeait d'après les grognements et les jurons dont il l'accueillit lorsqu'elle nous précéda dans la chambre. Quand il nous aperçut, Emilie et moi, il se leva brusquement du lit de fer où il était assis, l'air à la fois effrayé et furieux.

— Qui c'est ceux-là ? Ils veulent quoi ?

Il paraissait desséché, tassé sur lui-même, son corps flottait dans la vareuse de gros drap bleu ; le visage gris, creusé de profondes rides, portait une barbiche blanche taillée en pointe, la cicatrice rougeâtre courait le long de son crâne rasé. Seuls, les yeux gardaient dans ce masque, dans cette grimace figée, leur feu noir. On eût dit un maigre animal traqué.

— Allons, M. Valenkov, priait Esther, nous sommes des amis, ce sont des amis que je vous amène.

— Des amis ? grommelait le Russe.

Ma sœur s'avança vers lui.

— Emilie, murmura-t-elle, la femme de votre frère, de Serge.

Il plissa les yeux, si fort qu'on ne les voyait plus sous le fourré gris et noir des sourcils. Soudain, il s'inclina devant Emilie. Esther Zarev eut un rire flûté.

— Emilie, la petite, Emilie, la très belle, la petite sœur à moi.

— C'est mon frère, ajouta Emilie en me désignant, vous le reconnaissez ?

Il ne me regarda pas davantage. Comme Emilie s'asseyait, il lui baisa la main. C'était étrange, ce chétif vieillard qui paraissait singer des gestes d'autrefois.

Il revint s'asseoir sur le lit où il demeura immobile, courbé. Ses yeux s'étaient éteints. Il ne parlait plus, respirait fort. Peut-être nous avait-il oubliés.

— Alors, demanda Esther Zarev au bout d'un moment, M. Valenkov, cette santé ?

Elle dut répéter plusieurs fois sa question.

Il grogna de vagues phrases où il semblait se plaindre de sa tête, tantôt vide : « Du vent, rien que vent dans caboche », tantôt trop lourde à son gré : « Elle penche, ça veut dire : en avant, je la tiens comme ça, comme ça — il serrait les tempes entre ses mains — pour pas qu'elle tombe, et Nicolaï Ivanovitch avec elle, il tomberait. »

— N'oubliez pas de prendre votre gardénal.

Une brève lueur passa dans les prunelles du malade cependant qu'il toisait notre amie. Au lieu de lui répondre, il se tourna de nouveau vers Emilie.

— Gardénal... Gardien mal... gare du mal. Vous voyez, petite sœur, moi, le guerrier, le chef aux cosaques, la terreur aux Rouges, voilà moi esclave de Mme Docteur.

Il regarda enfin Esther Zarev. On eût dit qu'il voulait la mordre. D'ailleurs, sa voix rauque aboyait.

— Non... Madame Docteur... J'oublie pas votre poison.

— Vous savez bien, monsieur, que je ne vous donne pas du poison, vous savez bien que je fais tout ce que je peux ici pour vous, que c'est grâce à Henri, grâce à nous que vous pouvez trouver refuge ici, comme nous l'a demandé votre sœur.

Il s'agita sur son lit.

— Moi, rien je demande. Qu'ils zigouillent moi s'ils veulent les canailles rouges. Comme ça, fini souffrir.

Il essayait de se redresser, désignait d'un doigt tremblant la fenêtre grillagée.

— Mais vous garderez pas toujours, Nicolaï Ivanovitch, Madame Docteur, j'évaderai. Demandez à lui (il m'avait donc reconnu, lui qui feignait de ne pas me voir). Déjà je suis évadé dans l'autre asile où on me flanque quand guerre finit.

Je ne pus m'empêcher de rectifier :

— Dites plutôt où vous aviez pu vous cacher grâce à Hélène.

Esther Zarev me jeta un regard de reproche. Valenkov s'était levé et marchait sur moi. Allais-je devoir le maîtriser ? Mais Emilie vint vers lui, le prit par le bras.

— Monsieur Valenkov, soyez gentil, faites-nous un peu la lecture, demanda Esther.

Comme s'il oubliait à l'instant même sa rage, il sourit à ma sœur, se dirigea vers le lit, fouilla sous la paillasse, en ramena un cahier d'écolier. Il fit signe à Emilie de s'asseoir près de lui, me désigna de la main la chaise restée libre.

Il ouvrit le cahier sur ses genoux.

— Voilà, c'est le livre, j'écris. J'ai écrit cent pages déjà et plus.

Il se racla la gorge, posa des lunettes sur son nez.

— Je lis chapitre premièrement. Vous allez voir c'est beau.

« Fiodor Pavlovitch était un de ces individus corrompus en même temps qu'ineptes qui s'entendent uniquement à soigner leurs intérêts. Ce petit hobereau débuta avec presque rien et s'acquit promptement la réputation de pique-assiette : mais à sa mort il possédait quelque cent mille roubles d'argent liquide. Cela ne l'empêcha pas d'être, sa vie durant... »

Il s'arrêtait parfois au milieu d'une phrase, le souffle court. Après nous avoir jeté par-dessus ses lunettes un regard plein de défi mais aussi d'inquiétude, il reprenait la lecture de sa voix rogue :

« ... la décision que prit Adélaïde Mioussov fut sans doute l'écho d'influences étrangères, l'exaspération d'une âme captive. Elle voulait peut-être affirmer son indépendance, protester contre les conventions sociales, contre le despotisme de sa famille. Son imagination complaisante lui dépeignit — pour un court moment — Fiodor Pavlovitch, malgré sa réputation de pique-assiette, comme un des personnages les plus hardis et les plus malicieux de cette époque... »

— Mais c'est... commençai-je à dire, alors que le lecteur marquait une pause.

Je surpris l'expression chagrine d'Esther Zarev qui posait un doigt sur ses lèvres.

— C'est quoi ? demanda le Russe.

Il enleva ses lunettes pour me dévisager.

— C'est beau. C'est très beau. N'est-ce pas, Henri, c'est ce que tu voulais dire ?

Un sourire détendit les traits du malade. Il fit un signe de tête pour remercier Emilie de son compliment.

Nicolas Ivanovitch continuait à tourner les feuillets. Parfois il hésitait ou trébuchait sur un mot, comme s'il avait du mal à relire son manuscrit. Nous n'osions pas bouger. Il me semblait vivre un cauchemar sans fin, comme si nous avions si étroitement épousé la folie du Russe que nous ne pouvions plus nous en séparer, que nous en faisions partie comme l'air que nous respirions ici, comme le triste et pauvre décor de cette chambre, comme cette voix et comme cette histoire qu'elle ânonnait interminablement.

« ... Aliocha se rappelait le visage de sa mère, exalté, sublime, mais il n'aimait guère à en parler. Dans son enfance et sa jeunesse, il se montra plutôt concentré et même taciturne, non par timidité ou sauvagerie, mais par une sorte de préoccupation intérieure si profonde qu'elle lui faisait oublier son entourage... »

Lorsque le lecteur commença à donner des signes de fatigue, Esther Zarev se leva. Manifestement Valenkov ne voulait pas s'arrêter. Le malaise dans lequel nous nous trouvions plongés s'alourdissait encore de cette peur que nous sentions grandir maintenant sous les intonations du Russe. Il continuait à lire pour nous garder, pour éloigner l'instant où de nouveau il serait seul.

Au moment où il tournait une page, Esther Zarev lui arracha le cahier qu'elle referma.

— Parfait, monsieur Valenkov, arrêtons-nous à cette fin de chapitre. Maintenant, il faut vous reposer. Vous avez beaucoup trop lu, vous vous êtes fatigué. Ce n'est pas bon pour vous, monsieur, pas bon du tout. Nous allons vous laisser vous reposer : étendez-vous, dormez un peu avant qu'on vous apporte le déjeuner.

Il voulut protester : il n'était pas arrivé à la fin du chapitre ; d'ailleurs il se sentait tout à fait bien, il n'avait pas besoin de repos ! Elle fit comme si elle ne l'entendait pas et, nous poussant par les épaules, nous mena à la porte. Elle sortit la dernière, et, vivement, ferma à clef. Déjà, de l'intérieur, le malade tournait en vain la poignée. Il se mit à donner des coups de pied dans la porte. Il criait des mots russes. Esther Zarev eut un sourire qui me surprit. « Des obscénités » dit-elle.

Emilie, toute pâle, s'appuyait sur mon bras.

— Il va se calmer, dit Esther. Tout compte fait, vous savez, il est enchanté de vous avoir lu « son roman ».

— Ne savait-il vraiment pas qu'il nous lisait *les Frères Karamazov ?*

— Bien sûr, Henri, qu'il le sait, puisqu'il passe son temps à recopier les livres qu'il emprunte à la bibliothèque. Mais sans doute, ensuite, quand il relit ses cahiers, et surtout quand il peut bénéficier de spectateurs, comme nous ce matin, il se fait croire à lui-même qu'il est l'auteur. Il ne faut pas lui refuser ce... cette... consolation.

Elle faisait tourner à son doigt la clef avec laquelle elle avait enfermé Nicolas Valenkov.

— D'ailleurs, ajouta-t-elle avec ce sourire qui lui était venu cependant qu'elle fermait la serrure et qui, je ne savais pourquoi, m'avait fait mal, nous aussi nous faisons comme lui. N'est-ce pas ?

XXII

Bien souvent j'ai cru revoir ce sourire à la fois attristé et rusé d'Esther Zarev enfermant à double tour derrière elle le prisonnier. Et curieusement alors, mon amie au regard d'enfant prophète, à la voix de chanson, devient l'ennemie, le danger, cependant qu'à travers le Russe condamné à mort, l'ancien allié des nazis, c'est ma propre misère que je pressens. Hélène aussi avait ce geste déterminé pour enfermer dans leur dortoir ses malades. Betty (et sans doute aussi Hélène), c'est moi qu'elle a enfermé, avec sa tristesse et avec sa ruse, avec ses mains lianes, avec ses yeux lacs, avec sa façon de se cloîtrer en elle-même et d'enfoncer ainsi en moi, à jamais, le remords de ne pouvoir la délivrer. Aurais-je, sans le savoir, choisi mon métier pour avoir l'impression d'échapper, de m'évader, de rester attentif aux autres êtres, aux promesses de l'amour ?

Il y a ce journaliste qui va de Worcester à Helsinki, de Vérone à Hambourg, de Tel-Aviv à Alger, de Budapest à Montréal, pour y faire des « papiers » sur le travail, la colère, la lutte, le bonheur ou la misère, la révolte, l'espoir ou la défaite des autres, et puis il rentre à Manville, il s'enferme pour quelques jours dans cet asile, et plus rien de ces passions, de ces batailles, de ces empires dont il vient d'éprouver parfois physiquement l'éclat, la force, ou la douleur, plus rien du monde ne demeure pour lui, si ce n'est cette veille, cette attente qu'il mène obscurément depuis sa jeunesse auprès de deux femmes et de deux enfants. Il y a cet homme qui se lie ou se délie au hasard des rencontres amoureuses – elles durent quelques jours ou quelques semaines, mais il en est qui ont pu défier les années — parfois même il croit que l'amour est là, et il arrive oui que l'amour soit au rendez-vous, il arrive que la vie s'offre, nouvelle, avec une femme, comme elle avait paru s'offrir jadis un matin d'été sur la terrasse de l'Observatoire ; et pourtant cet homme quitte désir, amour, jeunesse, tandis que se referme sur lui ce piège que depuis quinze ans, jour après jour, sans le savoir, mais avec une patience aveugle, acharnée, lui et sa femme ont monté, ont poussé jusqu'à une impitoyable perfection, le piège de leur couple. Est-ce ma femme vraiment qui m'a enfermé, malgré mes apparences de liberté ? N'est-ce pas plutôt chacun de nous deux qui, dans la mesure où il se sentait prisonnier de lui-même, a tenu l'autre captif ? La vérité, c'est que ni l'un ni l'autre n'avons su nous donner la joie du cœur et de la chair, et faute de cette joie, notre amour a clos sur nous son ombre comme un oiseau frileux replie ses ailes et se tait

Hélène, elle, a tenté du moins de se délivrer d'elle-même. Deux, trois fois par semaine, pendant les années du séjour à Manville, à l'exemple d'Esther Zarev, elle partait passer tantôt un après-midi, tantôt une soirée à Paris. « Elle va retrouver Loutremont », disais-je à Betty. « Pas du tout, elle a suivi les conseils d'Esther, elle commence une analyse avec un docteur qui s'appelle... Alexandre... Alexandre Tingal. Alors, si tu crois qu'il lui reste du temps pour penser à Loutremont. » Plus tard, Hélène me confia pourtant qu'un amour était né entre elle et le peinre. « Mais, disait-elle avec une certaine tristesse, je ne pouvais alors ni aimer vraiment ni me laisser aimer. Ce pauvre Loutremont a dû n'y rien entendre. » Elle riait, sans quitter son expression attristée. « J'ai été odieuse avec lui... Vous comprenez, Henri, en ce temps-là, ma vie, c'était cette psychanalyse avec ses rêves et ses cauchemars en plein jour, ma passion, ma seule passion tournait, tournait sans fin autour de mon analyste : je l'adorais, je le haïssais, il me charmait, il m'épouvantait. C'était moi, bien sûr, et mon père et ma mère, que j'adorais, que je détestais à travers lui. C'était de moi et d'eux que j'avais peur. Pauvre Loutremont, je le prenais encore pour un reflet de ces reflets ! Mes désespoirs ou mes ruses, il en restait éberlué. J'ai du remords... (Elle me regardait de nouveau en souriant.) Qu'il ait souffert, après tout je n'y peux rien, je n'y pouvais rien ; seulement sa peinture, voilà, il en arrivait à ne plus pouvoir peindre, à ne plus savoir que faire. »

Hélène ouvrait les mains en un geste résigné : « Il me répétait : "Il faut tendre au silence." Il dépouillait toujours plus sa peinture de toute allusion aux formes habituelles du réel, ses toiles comportaient de moins en moins de traits, de moins en moins de couleurs, et leur matière se faisait impalpable. Bientôt il n'y eut presque plus rien sur la toile. Ensuite, pendant plus d'un an, il ne toucha plus ni pinceau ni crayon. »

— Pourtant, remarquais-je, il a recommencé à peindre.

— Oui, des choses tout à fait, tout à fait abstraites.

A mon tour, je plaisantais : « Eh bien, Hélène, vous aimer, c'est donc se désincarner ! »

— A la longue, comme moi-même, il a reconnu que nous nous étions leurrés. Remarquez, j'étais devenue beaucoup plus acceptable ; j'étais présente, j'étais enfin dans le présent, mais sans doute, lui, ne savait plus où il en était... C'est vrai, il a recommencé à peindre. Et cette fois — quand je me dis cela, j'ai un peu moins de regret à son égard — cette fois, c'est tout de même grâce à moi ; ou du moins grâce à l'analyse, j'ai pu le convaincre que seule une analyse pourrait le tirer de l'impasse, il m'a écoutée.

— En somme, votre analyse l'a coulé, et son analyse l'a remis à flot, match nul !

Elle me menaçait du doigt.

— Savez-vous, Henri ? ce sont vos résistances que vous camouflez, vous avez peur d'être analysé, vous avez peur de voir en vous, alors vous prenez les devants, et vous vous moquez de l'analyse.

Peur de voir en moi ? Monsieur Henri, monsieur Œdipe. Comme si nous n'étions pas tous aveugles, de naissance précisément. Et si, avec leur analyse, ils arrivent à soulever un peu cette taie qui fait la nuit en nous depuis toujours, qu'ils soient francs : combien de temps osent-ils regarder cette image qui vient de s'éclairer au fond d'eux-mêmes ? Et n'ont-ils pas alors la furieuse envie de refaire la nuit à jamais, de se crever les yeux, l'œil de la mémoire et du savoir ?

Au temps de Manville, bien des fois, Betty, Hélène m'ont vanté les bénédictions que m'apporterait, et qu'apporterait donc à ma famille, le fait de consentir à m'étendre plusieurs fois par semaine sur un divan, et là de partir en voyage guidé au tréfonds de moi-même. Mais le temps ? Mais l'argent ? J'avais d'autres voyages à faire, ceux qu'exigeait mon métier, et il me semblait que, décidément, je préférerais toujours la découverte des autres à la recherche de mes propres secrets.

Je me demandais si l'éducation sans hypocrisie et cette liberté du langage, dont profitaient François-Gérard et Sylvie, ces conversations qu'ils écoutaient à leur guise et sans que rien de ce qu'ils pouvaient à leur façon y comprendre ne vînt les troubler ou les choquer, je me demandais si tout cela leur garantirait une jeunesse plus harmonieuse et plus paisible que la nôtre. Je le souhaitais, je l'espérais. Je me souviens, Esther Zarev, de vos paroles sceptiques : « Ce sont les toutes premières années, qui sait même, les premiers mois de sa vie qui conditionnent un être pour le restant de ses jours, alors nos nouvelles manières de vivre ne peuvent guère changer en profondeur l'avenir des jeunes, oh ! en apparence si, bien sûr, mais dans l'inconscient qui les commande, la trace de ce que nous croyons être notre émancipation doit être bien minime... Les enfants de vos enfants, oui, pour eux on peut espérer un accord plus facile, plus... avec le monde... Sylvie saura mieux qu'Hélène et Betty ne le savaient lorsqu'elles enfantèrent, tout ce qu'un être peut à jamais gagner ou perdre, selon qu'enfant il bénéficie ou non d'un bon contact avec sa mère, de la loi à la fois tendre, attentive et sévère du père. C'est comme cela, Henri, les enfants d'aujourd'hui auront appris grâce à nous, ce que leurs arrière-grands-parents savaient eux naturellement, ce secret de bon sens, de chaleur et de tendresse animales qui lie la mère au nouveau-né, et elle sait combler aussi bien sa faim de caresses, que sa soif et sa faim de lait, elle sait le protéger aussi bien du froid extérieur que du froid de la solitude, et le père sait protéger l'enfant aussi bien contre le monde que contre l'immense, informe vague de désir que l'enfant sent avec angoisse l'envahir, le père sait être celui qui défend... contre le monde, contre les autres, contre soi-même... »

Sous vos paroles, Esther, il me semblait surprendre la nostalgie de l'enfance que vous n'aviez pas eue.

— Voilà, Henri, voilà ce que Sylvie, François-Gérard et leurs camarades auront pu apprendre de notre génération... Vous verrez, quand vous serez grand-père, vous pourrez vérifier mes pronostics : vos petits-enfants vous enseigneront la sagesse et la paix. Je crois que vous en aurez bien besoin.

XXIII

Un été, nous finîmes nos vacances à Pradère. M. Garou et la reine mère qui avaient vendu l'Observatoire tentaient de réunir autour d'eux, enfants, gendres, belles-filles et petits-enfants. Je m'entretenais quelquefois avec Caroline, à qui Betty faisait l'éloge de la psychanalyse, de ses variations possibles ou impossibles sur le thème ou la trame de notre destin. « Enfin, disait la cadette, qu'ont-elles donc, Betty, Hélène, à vouloir vous changer ? Ma sœur a-t-elle gardé sans le savoir le goût du théâtre pour souhaiter ainsi vous voir passer d'un personnage à un autre ? »

Qui eût pu reconnaître dans cette femme mûrissante, au visage et au corps lourds, la vive adolescente que brûlait la passion humaine d'abord, céleste ensuite ? Ses quatre enfants, trois filles et un garçon, ne la quittaient guère, la tirant à hu et à dia, l'entraînant dans leurs jeux. Patrick, benjamin de la bande, se plaisait en ma compagnie, Caroline semblait s'en réjouir. Un jour qu'elle nous regardait, penchés au-dessus d'un album, elle eut un rire timide pour remarquer que son fils et moi nous ressemblions.

« Je vous assure, affirmait-elle, la coupe du visage, cet air attentif. »

— Quel hasard, fis-je en riant à mon tour.

— Un hasard, en êtes-vous sûr ? demanda-t-elle avec gravité.

Après avoir renvoyé Patrick jouer avec ses sœurs, elle ajouta, les joues empourprées :

— Je ne veux pas dire que je pense à vous, Henri, que votre image est dans ma pensée, et qu'ainsi elle a pu passer à travers moi jusqu'au visage de cet enfant. Et même je suis sûre du contraire, je veux dire, que je l'ai chassée implacablement de ma pensée, votre image. Mais voilà, je me demande si elle ne s'est pas réfugiée en deçà de ma pensée, de ma mémoire, dans mes songes, dans mon sang, là où je ne peux l'atteindre, la débusquer, et alors sa puissance peut être bien grande.

Un instant, je crus retrouver, sous la rose, opulente mère, la maigre, bondissante fillette aux nattes, la rieuse, la malicieuse, mais aussitôt ce souvenir s'effaça, et les paroles de Caroline me parurent inconvenantes. Devina-t-elle ma réaction ? Elle eut un sourire gêné.

— Oh ! je sais bien, je dois vous paraître ridicule d'oser dire de telles choses, mais voyez-vous, Henri, ce Dieu qui n'a pas voulu me garder quand je pensais devenir à jamais sa servante, du moins m'a-t-il donné la force, ou la faiblesse peut-être ? de ne pas me leurrer, de reconnaître ce qui est, même s'il doit m'en coûter beaucoup, et il m'en coûte beaucoup de reconnaître et de vous avouer ce que je viens de dire.

Elle secoua la tête en riant. Ainsi faisait-elle autrefois et ses nattes alors voltigeaient autour d'elle.

— Allons, que je sois tout à fait franche : il ne m'en coûte pas tellement.

Elle eut une expression comique pour reprendre :

— Belle-sœur, beau-frère, on peut bien être amis quand même !

Elle soupira, soulevant, abaissant sa généreuse poitrine.

— D'autant plus que je n'ai personne à qui parler. Mon mari, qu'il soit là, qu'il ne soit pas là, c'est du pareil au même. Quant à Dieu, voilà bien longtemps que je ne sais plus m'adresser à lui.

Elle feignit l'inquiétude.

— Si Betty ou Hélène m'entendaient, elles jugeraient peut-être que je relève, moi aussi, du psychanalyste.

Elle redevenait sérieuse.

— Bien sûr, tous nous aurions besoin d'être soignés puisque notre vie n'est pas ce qu'elle devrait être. Voyez Guillaume, là-bas, dans l'allée, de quoi a-t-il l'air, vieux garçon, très vieux garçon boudeur, au lieu d'être heureux avec votre sœur. Que devient-elle, Emilie ? Ça n'a pas marché pour elle non plus, la vie ? Et Betty, pourquoi ne suis-je pas Betty tout en étant moi-même ?

Elle se prenait la tête dans les mains.

— Mais vous entendez ! je dis n'importe quoi, des folies, des horreurs, moi la femme bientôt sur le déclin, moi la mère de famille. Non, non, Henri, je vous en prie, oubliez tout cela : vous aimez Betty qui vous aime, et c'est très bien ainsi, oui, très bien. D'ailleurs voyez comme Elisabeth est restée jeune, et belle, et mince. C'est moi qui parais être l'aînée maintenant. Vous ne trouvez pas que j'ai un côté reine mère à présent, Henri ? Je ne veux pas dire, comme la pauvre maman aujourd'hui toute cassée, toute desséchée, mais comme elle était à l'Observatoire, quand vous nous avez connues, enfin elle n'avait pas ma corpulence, mais j'ai hérité peu à peu son côté chef-de-troupe, vous ne trouvez pas ?

Les enfants revenaient vers nous, les quatre de Caroline, Sylvie et François-Gérard.

— De toute façon, mon cher Henri, pour nous la pièce est jouée. Voyez les nouveaux acteurs, comme ils sont beaux, comme ils sont gais, comme ils vont rire et pleurer, aimer, souffrir, comme ils vont vivre.

A quelques pas derrière la troupe des enfants, arrivaient Elisabeth et Hélène que la reine mère avait invitée elle aussi. Elles se donnaient le bras et souriaient. Betty, un peu ployée vers son amie, tenait au bout des doigts une rose jaune. Etait-ce aux fleurs, aux arbres, au ciel, aux enfants, à la lumière que s'adressait ce sourire ? Ou à nous-mêmes, Caroline et moi, qui les regardions venir ? Mais elles ne devaient pas nous voir, car nous étions pour elles à contre-jour et le soleil les éblouissait. C'était vrai, comme le remarquait Caroline, Betty avait l'air, en cet instant, jeune, jeune et paisible. Une bouffée de tendresse et de joie m'envahissait devant cet aveu de bonheur sur le visage de ma femme. Tout m'apparaissait justifié, si notre vie connaissait ainsi, même de loin en loin, même menacées, de telles minutes, de telles îles où je pouvais enfin redevenir celui que j'étais dans ma jeunesse, secrètement émerveillé, puisque Elisabeth, enfin, m'apparaissait elle-même fidèle à cette adolescente dont j'avais attendu qu'elle me donnât les clefs du monde.

— Prison, liberté, cela dépend de nous, de nous seulement.

— Qu'est-ce que vous dites ! Qu'est-ce que vous racontez ?

— Rien, Caroline, ne faites pas attention, c'est ce soleil, ce parfum de la terre, ça monte un peu à la tête. Il fait si beau.

— Quand je jouais Agnès avec Roland Marcel.

— Vous avez connu Roland Marcel, Janine ?

Il entrait plus d'amitié amoureuse que de passion dans ma liaison avec Janine Mirmont, la jeune actrice du Français. Petite, châtain, prompte à s'élancer, elle me faisait penser parfois à quelque oiseau.

— Si j'ai connu Roland ! (Janine rosit un peu, ses yeux brillent — dès qu'elle est émue apparaît toute la vivacité de son être, si bien que je la sens alors « prête à s'envoler ».) Je peux bien vous le dire, Henri, je sortais du Conservatoire, je lui ai dû mes premiers rôles. Certes pour moi il était vieux, mais sa célébrité, son talent...

— Bref, vous êtes devenue sa maîtresse ?

— Je devais avoir dix-huit ans ; c'était le théâtre, vous comprenez, Henri, le théâtre que j'aimais en cet homme, rien d'autre dans la vie ne comptait pour lui.

— Mais ses... maîtresses ?

— L'amour était encore pour lui prétexte à poursuivre le théâtre dans l'intimité... J'étais sans doute son public préféré, et aussi, son double, son double féminin, les rôles de femme, ne pouvant pas les tenir lui-même, il devait avoir l'impression de les jouer quand même à travers moi.

(Elisabeth à l'Observatoire répétant le rôle d'Agnès.

Arnolphe grâce à Elisabeth, se donnant le plaisir de devenir Agnès.) J'eus un drôle de rire.

— Qu'y a-t-il donc de comique dans ce que je dis ?

— Mais non, Janine, mais non, mon oiseau, ma mouette, ne faites pas attention. C'était de moi que je riais, de mes idées, de mes idées sur le monde du théâtre.

— Ce « monde du théâtre », on ne peut le comprendre que si on lui appartient. Roland Marcel lui appartenait corps et âme. Il savait lire, et écrire, un point c'est tout. Ses parents : des forains qui tenaient un théâtre ambulant. Il avait vu son père jouer un mélodrame en plein air, et, un soir, tourner le dos au public, pisser contre un arbre, sans interrompre sa tirade et sans que les spectateurs s'aperçoivent de rien. Cette audace et ce pouvoir avaient beaucoup frappé Roland. A son tour, il prétendait pouvoir tout se permettre en scène, et il voyait dans ce jeu en marge du jeu dramatique le signe même de la maîtrise.

Cette fois, elle rougit tout à fait, se force à me regarder dans les yeux. Sa timidité vaincue lui donne un air de fureur qui la rend charmante comme une bergeronnette en colère.

— Ainsi quand je jouais la Périchole auprès de lui, il se permettait des gestes impudiques. Je tremblais à la fois de peur et d'orgueil. Personne ne surprenait son manège. Et un soir...

— Un soir ?

La timidité est plus forte, Janine baisse les yeux, à moins que ce ne soit pour mieux revoir en elle-même les images dont elle me livre — en partie — le secret.

— Un soir, à mon tour, tout en menant ma légère Périchole, j'ai osé sur la scène, sur la scène, un geste amoureux parfaitement indécent sur mon partenaire, sur Roland.

(Célia en scène avec Rosalinde, et moi, Olivier dans les coulisses, le tendre défi d'Elisabeth se retournant vers moi, me tendant sa main que j'embrasse sans que le public puisse se douter de ce jeu amoureux que nous menons

parallèlement à celui de la pièce. Etait-ce donc là — ce geste merveilleux, cette audace merveilleuse — n'était-ce qu'une « répétition » des manies du baladin ! Que l'actrice se taise à la fin, qu'elle garde pour elle les souvenirs de cette « bête de théâtre »).

— Parlez-moi encore, Janine, parlez-moi de votre monstre... Je veux dire : de votre monstre sacré.

XXIV

Les parents ont vieilli. Mon père, rendu fragile par l'âge, se ressentait des brûlures qu'en 1917, dans la tranchée, les gaz infligèrent à ses poumons. Chaque fois que j'allais le voir, je le trouvais plus fatigué, plus oppressé. En même temps, ce sourire de tendresse, de mélancolie et de courage sur sa face émaciée me permettait de lire cette bonté en lui, et aussi, cette vulnérabilité aux grâces comme aux blessures de la vie, que jusqu'alors mon respect craintif à son égard m'empêchait de découvrir. Cette reconnaissance trop tardive m'était à la fois douce et déchirante : voilà que je me sentais fraternel avec mon père, mais bientôt, quand la maladie le terrassa sans vaincre son courage, j'eus le sentiment qu'il devenait pour moi un autre enfant qu'hélas ! j'étais impuissant à protéger des atteintes du mal.

Lorsqu'il mourut, que ma mère se fut retirée dans le Midi chez une cousine, veuve comme elle-même, je sus que toute une part de moi-même venait elle aussi de disparaître : je serais seul désormais à poursuivre la veille entre cette brume derrière moi, au fond du temps, qui me tirerait de plus en plus vers elle, où flottaient les souvenirs des heures et des êtres morts, et devant moi, tumulte de lumières que chaque instant écarte un peu plus de mes mains tendues et lasses, la vie où Elisabeth, Hélène, Emilie vont elles aussi, peu à peu, être gagnées par l'ombre, la vie où Sylvie et François-Gérard s'élancent avec une impatience grandissante.

Hélène trouva à Paris un emploi à mi-temps dans un institut médico-pédagogique. Elle s'installa dans un entresol entre la gare du Nord et de la gare de l'Est. Elle y recevait ses premiers clients, les traitait sous le contrôle du Dr Falmer (avec qui Esther demeurait en analyse) et d'un autre collègue. Esther Zarev recueillit dans son pavillon de Manville Elisabeth et les enfants. Je lui disais mal comprendre comment Hélène pouvait, à près de quarante ans, abandonner les hôpitaux psychiatriques pour affronter les risques d'une nouvelle carrière, dans des conditions médiocres, un décor attristant par sa laideur, et la solitude loin de sa fille et de nous-mêmes. Esther me regardait avec un mélange d'indulgence et de reproche.

— Les âmes fortes, cher Henri, le temps n'existe pas pour elles. Vous verrez, même dans sa vieillesse, Hélène étudiera, cherchera, ou peut-être changera-t-elle encore de vie, je ne sais pas, elle se vouera à quelque autre mission, ou trouvera, retrouvera la foi.

La petite bouche esquissait une moue.

— De toute façon, Henri, vous verrez, Hélène réussira, bientôt elle dénichera quelque appartement enfin convenable, et vous irez tous vous installer à Paris.

Souvent Hélène venait passer le dimanche à Manville. Je lui trouvais l'air épuisé. Elle déclairait que tout allait bien pour elle. Je voyais à la façon dont elle parlait à Esther Zarev de ses malades : un étudiant, un employé, une mère de famille, qu'elle devait trembler de commettre envers eux quelque faute qui aggraverait leur mal. Elle semblait par-dessus tout s'inquiéter des conseils que lui donnait le Dr Falmer. Esther Zarev paraissait vexée qu'Hélène pût douter ainsi de la sagesse de son glorieux patron. Pourtant Hélène insistait. Elle arriva, un dimanche, la mine défaite. Dans la semaine elle venait de mettre fin au contrôle de Falmer ; son second contrôleur lui donnait raison : elle sentait qu'en suivant les conseils de Falmer, elle courait le risque de voir se suicider l'employé qu'elle soignait. Esther Zarev était atterrée devant cette décision : comment Hélène osait-elle se rebeller contre le Maître ? Hélène allait plus loin encore, elle suppliait son amie d'abandonner l'analyse avec Falmer, d'en entreprendre une avec quelque autre médecin afin de neutraliser les germes nocifs, qu'à l'entendre, Falmer jetait certainement, à leur insu, dans l'inconscient de ses patients ou de ses étudiants.

J'avais l'impression à les écouter que celui qui était Dieu pour Esther Zarev était Satan pour Hélène. Au cours des dimanches qui suivirent, les deux amies continuèrent à se quereller au sujet de leur dieu-démon. Mais, peu à peu, nous avons vu le portrait de Falmer, auquel Hélène apportait chaque fois une nouvelle touche destructrice, gagner sur l'image qu'Esther s'efforçait de maintenir de son idole. A la maîtrise, au savoir, au génie du portrait selon Esther, répondaient l'orgueil, la ruse, la cupidité, l'hypocrisie du portrait selon Hélène. Le duel s'acheva par la défaite de notre amie, lorsque Hélène apprit qu'un patient et disciple de Falmer venait de s'empoisonner. Elle conclut alors, qu'avant tout, Falmer était… le Grand Malade, hanté par une image effrayante de la mère, et de ce fait, narcisse homosexuel en puissance, n'ayant de cesse qu'il n'ait inspiré à tout être autour de lui l'adoration angoissée qu'il nourrissait pour lui-même, cherchant à exercer, à éprouver son pouvoir sur ses adorateurs en substituant en eux sa maladie à la leur, en leur prenant leur argent, faute de leur sang, et tant pis si les plus fragiles d'entre eux un jour glissaient dans le suicide : ainsi l'adorateur s'était-il sacrifié, s'était-il noyé à la place du Narcisse-dieu. Esther Zarev ne savait trop que rétorquer à ce diagnostic.

Hélène nous confia, quelque temps plus tard, qu'à Paris, le suicide du malade de Falmer faisait scandale. La responsabilité de Falmer — négligence ? faute de technique ? ou, avançaient même certains, perversité ? — était mise en cause. Un groupe d'analystes s'érigea en tribunal ; Hélène accepta d'y être témoin à charge. Il s'en était fallu de peu, disait-elle, qu'elle proposât à son malade des interprétations pernicieuses que lui dictait Falmer ; elle était persuadée qu'alors elle aurait ainsi poussé le malade à se détruire. Son témoignage fut capital, d'autant plus que l'enquête privée révéla d'autres suicides anciens parmi les patients de Falmer qui fut exclu par ses pairs de leur société.

Informée du procès et du rôle joué par Hélène, Esther Zarev s'effondrait. Elle s'enfermait, n'avait plus la force d'assurer sa visite matinale à l'hospice. Hélène me suppliait de me rendre le plus souvent possible à Manville car, assurait-elle, ma présence était bénéfique à Esther. C'était vrai que celle-ci me confiait ses regrets, ses remords, ses craintes : elle se sentait coupable aussi bien à l'égard de Falmer que d'Hélène.

Ma belle-sœur se montrait peinée du tourment de son amie. « Esther n'a pas dépassé son transfert, estimait-elle. Pour elle, Falmer est encore le Père Tout-Puissant et terrifiant, elle a encore avec lui une relation quasi magique. Elle a peur de le tuer en se détachant de lui, et elle a peur de ne plus pouvoir vivre s'il lui retire son amitié... Du moins, il faut qu'elle comprenne que moi je me moque totalement de ce qu'il peut m'arriver du fait de mon témoignage. »

Son regard semblait m'interroger.

— Mes seules peurs naissent en moi-même, de moi-même. C'est contre elles que j'ai dû me battre pendant mon analyse ; ce combat d'abord les exaltait, les rendait épouvantables, vagues noires, monstrueuses, murailles noires, infranchissables, prêtes à s'abattre sur moi... Que de fois, j'ai cru être écrasée, et puis vous voyez...

Une onde glissait sous ses joues, le cercle sombre autour des pupilles s'amincissait, les lèvres se serraient.

— Je ne peux pas donner à Falmer le droit de bafouer, de souiller notre... notre métier ; peut-être le plus beau de tous. Au temps où l'on croyait au démon et à l'âme, on aurait dit de Falmer qu'il a vendu la sienne au diable. Il fait mieux, c'est l'âme des autres, les âmes qui lui sont confiées qu'il vend aux enfers.

A travers les paroles et les actions d'Hélène, comme à travers celles d'Esther Zarev, du moins avant qu'elle ne connaisse le doute, le découragement provoqués en elle par la mise en accusation de Falmer, « le plus beau des métiers » me paraissait proche du sacerdoce. L'analyste comme le prêtre avait charge d'âmes, mais il lui fallait les sauver ici et maintenant, sans le secours des prières, des pénitences ni du ciel.

Ce prestige et cet exemple, Elisabeth s'y montrait encore plus sensible que moi. Aussi fut-il facile à Hélène de la convaincre qu'elle pourrait, qu'elle devrait elle-même suivre cette voie : on manquait de psychologues qui viendraient assister les médecins analystes, testeraient les enfants, conseilleraient les familles, participeraient à des psychothérapies de groupes.

Esther Zarev prodigua les mêmes conseils à ma femme ; elle proposa de s'occuper des enfants le soir, lorsqu'ils rentraient du collège. Ainsi, Betty put-elle bientôt entreprendre des études de psychologie et poursuivre à Paris, deux fois par semaine, une analyse auprès d'une jeune collègue d'Hélène.

J'admettais que celle-ci, malgré son âge, tentât une nouvelle carrière, puisqu'elle jugeait plus juste, plus utile l'art de l'analyste que les techniques du psychiatre ; mais Elisabeth ?

— Ce n'est pas sa vocation, dis-je à Hélène.

— Sa vocation ? Il y a moins loin que vous ne croyez, Henri, du théâtre à l'analyse. Dites-vous bien que c'est une chance, vous entendez, une chance, si Betty peut trouver à s'accomplir dans ce nouveau métier. Tout ce que la vie, comme vous dites, tout ce que la vie jusqu'alors ne lui aura pas permis d'accomplir, d'exprimer, son besoin d'apporter aux autres une aide, un réconfort, de s'insérer dans la société, de comprendre les problèmes, le personnage des autres, tout cela, il est temps encore pour elle de le trouver, de le retrouver dans un travail qu'elle ne peut qu'aimer...

Lorsqu'elles préparaient la fête de Saint-Ferréol, Hélène et Betty avaient peur d'Antoinette (ma partenaire dans la comédie), de sa jeune, émouvante fragilité que guettait la schizophrénie : ce n'était pas la poupée, la petite-bourgeoise de Labiche, ce n'était pas Isménie mais Ophélie. L'audace de ma femme était grande ; je devinais son pari : entraîner hors du tragique la présence, l'attitude, la voix de la frêle malade en l'entourant de nos pitreries, et nous défendre également contre l'insidieuse tristesse qui émanait de notre partenaire en nous rendant pareils à des masques comiques.

Parfois il me semblait voir, ou plutôt pressentir, comme un effacement de l'ombre, une infime possibilité de sourire dans la pupille bleue de la jeune malade, cependant que je faisais le grotesque à ses côtés. « Bonjour ma fille... ma fleur, mon héliotrope. » Je l'embrassais, me tournais vers le public. « Je vous présente mon héliotrope. » Les r roulés, l'h aspiré comme si je reprenais souffle. Oui, quelqu'un, une enfant tout au fond d'elle-même, sur cette parcelle de berge que la nuit n'avait pas encore noyée, mon enfant ne souriait-elle pas, amusée, presque divertie un instant, par ce gros bonhomme de Carnaval que je m'efforçais d'être, du lent cheminement en elle des ténèbres.

— Vous savez (Janine Mirmont lève la tête, frémit, en fait ses traits demeurent immobiles, mais je la sens à l'intérieur frémissante comme aile dans le vent), vous savez c'était un sauvage, Roland Marcel. Il passait sa vie au lit et sur scène : faire l'amour, jouer, et aussi prier, prier par superstition, toujours à demander à Dieu et aux saints le succès pour lui, l'échec ou la mort pour ses rivaux. (Elle rit.) Dire qu'il passait dans le monde pour brillant ! Il m'avouait que dans la plupart des conversations il ne comprenait pas grand-chose. « Alors, me disait-il, je prends un air entendu, je fais briller mes yeux. » Et c'était vrai que dans les salons, on disait de lui : « Vous avez vu cet œil brillant ! Quelle intelligence ! Quelle finesse ! »

Elle doit deviner en moi le mépris.

— Mais, Henri, n'oubliez pas, au théâtre, c'était un grand bonhomme.

XXV

Une partie de l'héritage paternel que ma mère put m'avancer et un emprunt à long terme nous permirent d'acheter trois pièces dans un immeuble d'Auteuil. Hélène acquit l'appartement analogue deux étages au-dessus du nôtre. J'étais parvenu à me faire intégrer à la rédaction parisienne du journal, et je pus, de loin en loin, me faire confier encore quelques reportages à l'étranger. Chacun de ces brefs dépaysements me confirmait une fois de plus que ma vie auprès de Betty, il suffisait que j'en fusse quelques jours détaché pour que s'en réveillât dans mon cœur la nostalgie, ou plutôt celle d'un amour dont elle témoignait sans doute bien mal mais qu'elle devait pourtant à notre insu toujours receler.

Un autre dépaysement que celui des voyages m'était donné par mes rencontres avec Théo. Il ne se passait guère de semaine sans que nous ne prenions rendez-vous dans quelque café de Saint-Germain-des-Prés. Elle m'était reconnaissante d'être intervenu pour que son frère fût recueilli à Manville. Je pus la présenter à Esther Zarev. Toutes deux sympathisèrent. C'était après notre départ de l'asile. Esther y invita Théodora. Elle alla voir son frère : il sombrait de plus en plus — et cela volontairement, pensait Esther —, s'identifiant à tour de rôle avec chacun des frères Karamazov. Théo se confia là-bas à notre amie. « Le seul homme, me disait Esther, qui eût pu la sauver... J'ai peur que la bohème, l'alcool, l'angoisse ne lui préparent une vieillesse guère plus réjouissante que celle de son frère... Ce seul homme, c'était... Ah ! comment donc l'appeliez-vous ? Vous savez bien, cet ami qui a disparu, l'épicier ? le droguiste ? le quincaillier, voilà, le quincaillier... Théodora m'a confié qu'elle en cherchait encore le souvenir, la trace, en questionnant des anciens déportés. Elle se sent responsable de sa mort. Elle veut croire qu'il n'est pas mort.

— Et vous lui avez conseillé d'arrêter ces recherches ? Vous pensez que cela ne peut que lui faire mal ?

— Bien au contraire, Henri ! Tant qu'elle pourra questionner des gens sur le sort de votre malheureux camarade, celui-ci ne sera pas tout à fait mort pour elle. Elle ne se sentira pas tout à fait responsable de sa disparition, elle ne se sentira pas entièrement criminelle.

Depuis que Théo avait fait confidence à Esther Zarev de ses souvenirs, souvent j'étais surpris de la gravité qu'elle donnait à des gestes, des propos ou des sentiments dont ma mémoire gardait une impression fort différente. A présent, elle se persuadait ainsi que Couderc l'avait profondément aimée et qu'elle-même s'était liée à lui d'un amour sans faille. Elle devait lire dans mes yeux mon incrédulité.

— Oui, oui, je sais, pour vous, Henri, comme pour les autres, Couderc et Théo c'étaient deux cloches, deux vaincus, qui associaient leur débâcle amoureuse ! Eh bien ! c'est faux, vous entendez, archifaux ! Peut-être au début, c'était un peu comme ça : Masari et moi, du passé, et Couderc, ses amours, pas brillant... Mais ensuite, il m'aimait, et moi aussi je l'aimais, vraiment je l'aimais.

Je devais prendre garde pour ne pas demander à Théo pourquoi, alors, elle s'était laissé séduire par le pianiste flamand. Elle pressentait la question que je taisais.

— J'ai été folle, une fois de plus. Quelque chose me pousse toujours à perdre ce qui m'est cher, à me perdre... Masari était prêt à divorcer pour moi et j'ai refusé... Couderc voulait m'épouser ; il m'interdisait de voir Wonsler, je l'ai défié, je l'ai quitté.

Je savais qu'elle mentait, et d'abord à elle-même, mais tant d'affirmations, malgré moi me faisaient douter de ma propre mémoire. Elle est comme Nicolas, comme Serge ; ils ont besoin de se raconter et de raconter des histoires, elle est bien la sœur de ce vieux fou de Valenkov. En même temps, je pensais : « Couderc se serait-il délivré de son amour pour Emilie ? Les caresses, le corps de Théo l'auraient-ils finalement conquis ? »

Théodora devinait le trouble qu'elle venait de jeter en moi. Elle triomphait, c'est-à-dire qu'elle prenait un air lugubre et une voix d'outre-tombe pour conclure.

— J'ai fait mon malheur et le malheur d'André.

Quand je rapportais ces propos à Hélène, elle se contentait de dire : « Pauvre fille ! » Un jour où je lui parlais encore de Théo, elle eut un de ces mouvements d'humeur qui la rendait parfois si déconcertante, hostile soudain au moment où l'on se croyait en paix avec elle, et qui, à mes yeux, plus encore peut-être que sa fidélité au souvenir de François, étaient l'une des causes de sa solitude : non pas que les êtres qui l'aimaient ou qu'elle avait pu aimer — je songeais au Dr Villanet, à Loutremont — n'eussent pu oublier et lui pardonner ces instants d'inimitié mais on sentait trop alors que demeurait en elle un être rebelle absolument à tout lien, qu'il soit d'amitié, de tendresse ou de passion. Seules dans sa vie faisaient exception : Mariette et ma femme. François lui-même eût-il vécu, je n'étais pas sûr qu'il eût pour toujours trouvé grâce devant ces éclairs de froide fureur qui faisaient brusquement d'Hélène une étrangère, une ennemie.

— Décidément, Henri, vous vous complaisez dans le passé.

Vous vous imaginez que vous avez toujours vingt ans ? Quand j'ai écouté toute la journée les histoires infantiles des malades, vous comprendrez que nos petites histoires du temps de l'Observatoire ! Franchement, il serait temps pour vous de devenir adulte. Bientôt, il sera trop tard pour que vous fassiez une analyse, ça vous serait pourtant bien utile.

Je soupçonnais Betty de se plaindre à ma belle-sœur de mon incapacité à remplir l'état d'époux et de père : je me dépêtrais si mal des démarches à entreprendre pour assurer la vie matérielle de la maisonnée. Que dire aussi de mon « égoïsme » qui me poussait à rechercher ces reportages, ces voyages pour oublier femme et enfant, au risque de périr quelque jour dans un accident, et que deviendraient-ils alors, elle Betty, et mon fils, sans soutien, sans argent ?

J'avais envie de crier : « Et vous Hélène, vous croyez-vous adulte, raisonnable, détachée du passé ? Vous qui poursuivez, vous qui poursuivrez jusqu'à la mort cette passion, qui vous est venue dans l'adolescence, de soigner la déraison des autres ? Vous croyez-vous raisonnable d'entraîner Elisabeth dans cette même passion ? Vous croyez-vous sages toutes les deux et adultes d'être des étudiantes à perpétuité ? Betty, est-ce satisfaisant, raisonnable, cette obsession qu'elle a des mille tâches quotidiennes qu'elle raffine, qu'elle amplifie au point de ne laisser aucune marge, aucun entracte où pourraient se loger un peu de nonchalance, de douceur ou de fantaisie ? Est-ce donc là signe de maturité, de savoir-vivre, ce théâtre où seul le travail est roi, et roi tyrannique dénonçant dans le moindre rêve, le moindre sourire, la moindre flânerie un crime de lèse-majesté ? »

Mais à chaque être, sans doute faut-il son mensonge, son masque pour faire face à l'angoisse, comme à l'acteur son personnage : à Théo, il faut cette croyance en un grand amour perdu entre elle et le quincaillier, à Hélène la prétention d'être affranchie de tout lien avec ce passé où se tapit le mauvais amour de sa mère comme la folie de Mariette, à Betty le masque de la rigueur, du devoir et du travail car elle doit plus que jamais se défendre ici, dans ce Paris trop tard retrouvé, du fantôme de la jeune comédienne qu'elle fut, le masque de la fourmi pour chasser le souvenir et l'appel de la cigale.

Seuls, Sylvie et François-Gérard vivaient sans mensonge, parce que pour eux encore tout demeurait jeu. Et c'était à eux que je demandais intérieurement l'exemple et l'espérance pour continuer à vivre, pour mériter et goûter encore la joie d'un matin, le sourire d'une rue, la chance d'un jeune et beau regard croisé sur mon chemin.

Dieu c' que l' papier coût' cher
Dans le Bas-Canada
Pour qu' ma femme ell' m'écriv' pas.

La voix de vieux pays, de broussaille, de cœur chaud et de misère ; les yeux sombres, la mèche noire en bataille, la bouche amère où manque une dent. Mon compagnon chante au bord du lac de Sainte-Adèle la chanson des bûcherons, autrefois. Il devient l'un d'eux, l'un de ces jeunes hommes rudes comme la forêt qu'ils abattaient (mais en eux le bois trop tendre du cœur). Il a trente, trente-cinq ans, il veut se battre, Il se bat pour ces bûcherons de naguère, ce ne sont pas des arbres qu'il lui faut abattre mais des privilèges, des préjugés, des injustices. « Comprenez-vous ? On nous a volé notre langue et notre âme. Quand j'étais gosse, je demandais à ma mère pourquoi dans notre village c'était toujours les Canadiens français qui vivaient dans de pauvres maisons comme la nôtre, et pourquoi toutes les bellles, riches demeures, c'était pour les gens qui parlaient anglais — leurs fils quand ils me croisaient, ils se donnaient la main, faisaient la chaîne pour me forcer à descendre du trottoir, et ils crachaient vers moi, ils ricanaient : Go down, damned Pea soup.

Çà et là, sur la rive verte, quelques érables déjà prennent leur pourpre d'automne. Un petit écureuil gris tout à l'heure a bondi dans l'herbe devant nous.

« La France, toujours nous avons les yeux fixés sur elle, pour l'aimer bien sûr, pour la haïr aussi. Elle ne nous connaît pas. On s'y moque de nous, de notre mauvais français. A qui la faute ? Vous nous avez abandonnés : soixante mille paysans illettrés avec leurs curés. Et main-

tenant nous voilà six millions et nous voulons vivre sur cette terre qui est la nôtre, nous voulons vivre en parlant la langue qui est la nôtre. Nous ne voulons plus nous déguiser en valets qui disent : Yes Sir *et* Thank you very much *lorsque les Anglais installés chez nous, à notre table, condescendent à nous laisser les miettes de leur repas !* »

Il répète « nous ne voulons plus », il me semble qu'il accentue ce « nous ». Il est seul en fait, tout au plus une poignée d'amis, de jeunes le suivent. Comme s'il devinait ma pensée, il ajoute : « Pour le moment, le peuple ne sait pas encore, il continue à remâcher l'humiliation en silence, mais bientôt il saura, je le... nous le réveillerons. » Il ramasse un caillou, le fait danser plusieurs fois dans sa main puis le jette d'un geste rageur : l'eau du lac engloutit la pierre après un floc.

« L'affaire d'Algérie ça nous a secoués : ça nous secoue parce que c'est une chose qui vous arrive à vous, qui arrive à la France. » Il rit trois fois en ah ! qui vont crescendo. « Nous avons compris qu'ici c'était pareil. Nous sommes les Arabes des Anglais. Nous avons compris aussi que les bombes ça aidait les autres à se rendre compte enfin qu'on existait, au Québec comme en Algérie. »

La fraîcheur du soir commençait à tomber, nous avons repris notre marche. Mon compagnon se penchait, s'arrêtait, repartait, ponctuant ses propos de ces gestes du corps et des bras. Il me parlait de l'Amérique, de son espace sans mesure, de son hiver sans mesure, de son avenir sans mesure, et je croyais l'entendre chanter sous ces mots une autre démesure qu'il ne nommait pas, celle de la peine, de l'amour et de l'espérance.

XXVI

Il serait l'heure ou jamais d'échapper au songe, me disais-je *parfois. Etais-je, par mon inconscience,* cause des tristesses, des amertumes qui si souvent envahissaient Elisabeth ? Je finis par accepter de voir un analyste qu'Hélène recommandait.

Le médecin avec sa voix lente, ses yeux mélancoliques un peu exorbités, son air figé, son teint jaunâtre me rappelait le Dr Villanet.

J'ai oublié les questions que me posa le gros homme sauf celle-ci : « Aimez-vous votre femme ? » Je me sentais gêné par l'élan que je remarquai après coup dans le ton de mon acquiescement. Aussi ai-je cru devoir ajouter : « Mais, j'ai eu des... j'ai d'autres... » L'analyste fit au-dessus de son bureau un geste de sa main courte et grasse comme pour écarter mes paroles. « Envisagez-vous de pouvoir vivre sans elle ? » J'aurais voulu jouer l'hésitation pour dérouter le questionneur, je ne le pus : il y avait dans cet homme pesant et las, dans son regard fixe, une force qui m'en imposait. « Non ! », et de nouveau m'irritait la ferveur de ma réponse. Pourquoi mots et silence du médecin possédaient-ils le pouvoir de me troubler ainsi, de faire jaillir mes réponses de plus profond que je n'aurais voulu ? « Vous savez, je ne pourrais pas envisager non plus de vivre sans Hélène ! » lui lancer cette phrase, ce défi, et voir la tête qu'il ferait si ma belle-sœur était plus que son élève : son amie ? ou bien ?... Je baissai la tête pour ne plus voir les yeux de libellule en face de moi. « Eh bien, monsieur, nous pourrons faire cette analyse. Nous pourrions commencer dans six mois. D'ici là, je n'ai pas d'heures disponibles. »

Il fut entendu que je rappellerais pour confirmer mon accord. Je ne le fis point. Fut-ce un voyage en Israël ? La rencontre dans notre immeuble d'une jeune effrontée qui pendant quelques mois accapara mes loisirs ? ou bien plutôt le manque d'argent, la cause de mon renoncement ? Peut-être tout cela à la fois, et, plus encore, l'idée que rien à présent, science, magie ni psychanalyse, ne saurait me redonner la jeunesse perdue ni, avec elle, cet enchantement que j'avais cru posséder mais n'avais su faire partager à ma femme.

Quant à Hélène et à Elisabeth, elles n'insistèrent plus pour me faire entrer près d'elles dans les rangs des initiés. Sans doute nos difficultés financières venaient-elles tempérer leur enthousiasme, d'autant plus que l'analyse de Betty promettait de durer plus qu'il n'était prévu. Je me demandais en outre si quelque prudence ne leur faisait pas redouter qu'un trop grand changement ne suivît mon analyse, et alors, adieu mesdames, si je ne pouvais plus supporter cet « état de frustration » — selon des termes de leur école — dans lequel, depuis bien des années, j'acceptais de vivre. Je devais cette hypothèse à la question que m'avait posée le gros homme. Pourquoi me demander si, et à quel degré, j'étais attaché à Betty, et pourquoi faire dépendre l'analyse de ma réponse ? Il fallait qu'Hélène fût passée par-là.

A vrai dire, tantôt j'ai regretté, tantôt me suis réjoui de n'être pas allé m'étendre sur le divan du sage. Mes regrets accompagnaient les moments où les propos des analystes devenus les familiers de notre demeure me convainquaient de mon insuffisance, de mes erreurs, de ma faiblesse. « Analysé, me disais-je en les écoutant, j'aurais changé, et avec moi Elisabeth, et notre amour enfin eût trouvé son accomplissement, ou bien j'aurais changé sans pouvoir entraîner dans cette métamorphose ma femme, mais alors, j'aurais choisi, trouvé et connu ailleurs une autre plénitude. » La satisfaction de mon inertie et de mon ignorance suivait d'autres heures où le comportement des mêmes analystes, ou de collègues dont ils évoquaient les drames, m'assurait que, comme tout un chacun, quand l'occasion se présentait, ils rataient leurs amours, saccageaient leur vie, s'évadaient ou s'enlisaient à tort et à travers. Et d'abord chez moi que voyais-je, sinon qu'Hélène, Elisabeth, après comme avant leur analyse, connaissaient les mêmes difficultés dans leurs rapports avec leurs enfants ou avec moi-même. Certes, elles s'inséraient mieux dans la société : Hélène n'était plus cette instable qui fuyait d'asile en asile, ni Betty cette femme cloîtrée dans son affection pour Hélène et dans sa nostalgie du théâtre abandonné, mais, sur le plan familial, elles retrouvaient les mêmes mots, les mêmes gestes, les mêmes actes qui provoquaient le désarroi, la peine ou le ressentiment de Sylvie ou de François-Gérard, quand ce n'était pas les miens. Pourtant je savais quel bien elles faisaient, l'une et l'autre, à des enfants qu'on leur amenait. Des parents me disaient : votre belle-sœur, votre femme ont sauvé notre fils, ont transformé notre fille. Tel enfant bègue, sournois, cancre devenait, grâce à Hélène ou à Betty, heureux, franc, glanait les prix, parlait sans crainte ; telle étudiante menacée de schizophrénie pouvait reprendre son travail, remontait à la clarté du jour. La défaite autrefois ressentie devant la folie de Mariette, on eût dit qu'à présent elles s'en délivraient en venant, victorieusement, au secours d'enfants ou d'adolescents que sans elles la névrose eût à jamais enchaînés. J'avais ainsi le sentiment parfois de vivre auprès de saintes dont la bonté, le savoir, le travail passionné accomplissaient des miracles. Et grandissait pour elles mon admiration en même temps que le sens de mon indignité. Puis, à quelque enfantillage de Sylvie ou de François-Gérard, les saintes répondaient par une rebuffade ; je voyais l'enfant se recroqueviller ou prendre ses distances ; voulais-je intervenir, je ne faisais qu'envenimer l'affaire. De même, les saintes remettaient les ménages d'aplomb, rendaient la virilité aux impuissants, la grâce aux laiderons, levaient chez les malades les inhibitions, effaçaient les hantises, dissipaient l'angoisse, puis, sorties de leur bureau, elles continuaient de se débattre, douloureusement, dans leurs propres pièges. Cet abîme qu'à leurs dépens elles ne parvenaient pas à franchir me choquait au plus haut point au moment même où j'en mesurais le scandale, soit qu'Hélène vînt de blesser une fois de plus la tendre délicatesse de Sylvie, soit que Betty fût plongée au sein d'une solitude hostile. Plus tard m'apparaissait le caractère pathétique de cette contradiction.

— Cher Henri, me disait Esther Zarev, vous êtes à la fois trop exigeant et trop sceptique. Vous ressemblez à ces néophytes prêts à voir en la psychanalyse, je ne sais quelle panacée en même temps que l'initiation fondamentale, et dans ceux, dans celles qui la servent, prêtres et prêtresses qui ne devraient jamais descendre de l'autel où ils officient. Ensuite, sous prétexte que la réalité ne correspond pas à ce qu'ils ont imaginé, ces laudateurs bientôt se changent en accusateurs. Vous nous condamnez parce que nous ne sommes que des hommes, que des femmes comme les autres... Vous imaginez Betty continuant à la maison avec vous, avec votre fils, le travail qu'elle vient d'assurer toute la journée à l'institut ? Betty veillant à demeurer parfaitement neutre pour vous traiter comme des malades, comme ses malades ? Mais, Henri, c'est cela qui serait monstrueux ! D'abord, Dieu merci, cela est impensable et impossible, il n'y a d'analyse qu'en séance d'analyse, comme dirait M. de La Palisse : pour vous, Betty ne peut être que votre femme, comme elle ne peut être pour François-Gérard que sa mère, alors que pour ses patients, elle peut être, elle est, en plus de l'analyste, l'autre, tous les autres tour à tour : le père, la mère, l'épouse, l'enfant, la sœur.

— Et l'amante ! dis-je par défi.

— L'amante aussi, concéda Esther de sa voix douce.

— Le patient sur le divan n'exprime-t-il pas tout ce qui lui passe par la tête ? Enfin, quand je dis la tête... Ne devient-il pas amoureux de son analyste ?

— Amoureux de sa propre image, ou de celle du père, ou de celle de la mère, et l'analyste peut être l'écran où se projette l'image. Ne soyez pas jaloux d'un écran, Henri. Vous reprochez d'ailleurs à Elisabeth de ne plus être cet écran qui reflète, qui écoute, c'est cela que vous lui reprochez quand elle vous retrouve, en somme vous lui reprochez d'être votre femme.

Je riais, et les yeux d'Esther s'éclairaient d'un sourire pensif.

— Une arme des psychanalystes serait-elle la mauvaise foi ?

— Oh ! Henri, comment osez-vous ? C'est vous qui ne pouvez comprendre ce qu'est l'analyse et l'analyste... Essayez quand même de vous rendre compte, Henri, essayez : toute une journée, toute une semaine, des semaines et des semaines, Hélène, Elisabeth, prenant sur elles d'être neutres, d'effacer en elles, ou du moins de déjouer et d'écarter en elles toute agressivité comme tout élan, alors qu'elles sont insultées, provoquées, implorées, que la haine, l'amour, l'angoisse fondent sur elles ou du moins sur ce qu'elles incarnent aux yeux du patient, alors que celui-ci les veut déesses toutes-puissantes et sorcières toutes néfastes, qu'il attend d'elles qu'elles le délivrent de lui-même, de la souffrance, de sa névrose, en même temps qu'il s'accroche désespérément à cette névrose. Pensez, Henri, c'est comme si elles devaient réenfanter, au cours des années, ce malade prisonnier de son enfance, lui redonner la vie, la permission de vivre.

— Il y a aussi, je sais, Esther, des gens, c'est surtout arrivé à Hélène, elle doit lutter pied à pied, jour après jour, pour rendre en eux le besoin de vivre plus fort que la tentation de la mort.

— Alors, vous croyez que ce n'est pas explicable, excusable, lorsqu'elles se retrouvent chez elles, si Betty ou Hélène se laissent aller à quelque... à quelque nervosité ?

— En somme, dis-je en riant, elles se vengent sur les enfants ou sur moi de tout ce que leur ont fait endurer leurs patients ?

— Il y a de ça.

— Et vous ?

— Moi ?

— Oui, sur qui vous vengez-vous ?

Elle reprenait ce sourire un peu figé qui donnait à son visage rond, puéril s'il n'y avait eu cette extraordinaire lumière des yeux, une expression d'une mélancolie poignante.

— D'ailleurs, c'est cela que j'admire, que j'aime en vous, c'est qu'il n'y ait qu'une Esther, et non pas d'un côté le médecin, de l'autre une femme livrée à ses humeurs ou à sa déraison.

Le sourire s'éteignit tout à fait, je fus frappé par l'air tragique que prenaient le regard fixe, la bouche soudain vieillie.

— Vous croyez que je ne me venge pas ?

— Vous êtes bien trop bonne, trop harmonieuse pour cela, et puis...

Cette fois, les lèvres se plissèrent comme pour dessiner le rire, mais les yeux restaient sévères.

— Et puis, voulez-vous dire : sur qui se vengerait-elle, puisqu'elle est seule, c'est cela n'est-ce pas ?

J'essayais de protester, elle saisit ma main, je fus surpris de la force avec laquelle ses frêles doigts serraient mon poignet.

— Quand on est seule, on peut toujours se venger sur soi.

Elle poussa une sorte de cri bref qui voulait être un rire.

— Bah ! nous sommes tous logés à la même enseigne ! n'est-ce pas Henri ?

Son visage retrouvait une expression ambiguë de malice, de gaieté et de mélancolie.

J'hésitais à lui confier cette pensée qui me venait à la suite de ses propos : « Dans cette faculté qu'avait l'analyste d'incarner aux yeux de ses patients de multiples personnages, ma femme ne trouvait-elle pas quelque satisfaction proche de celle que lui donnait jadis le théâtre ? » J'aurais aimé qu'il en fût ainsi, qu'enfin Elisabeth eût le sentiment d'avoir recouvré sa vérité, d'accomplir ce pourquoi elle se sentait faite.

Je me décidai un jour à interroger notre amie à ce sujet. Cela lui donna l'idée de présenter Betty à certains de ses collègues qui combinaient les techniques de la psychanalyse et du théâtre. C'est ainsi que de nouvelles tâches s'ajoutèrent à celles déjà entreprises par Elisabeth : plusieurs fois par semaine, elle rejoignit le groupe qui organisait des psychodrames. Cette fois, ce fut elle qui fraya la voie à Hélène. De ces séances où elles étaient interprètes dans le double sens du terme : celui d'acteur improvisant avec les malades des scènes où ceux-ci reproduisaient leurs conflits, et celui de traducteur qui devait aider le patient à saisir le sens de tel geste, de telle mimique, de telle parole qu'il venait de trouver dans le feu de l'action et qui était langage de l'inconscient, de ces séances elles rentraient paisibles mais épuisées. Elles-mêmes avouaient qu'elles se sentaient « vidées ». Elles avaient cet air à la fois d'absence et d'illumination qu'ont certains acteurs dans leur loge quand vient de s'achever leur rôle : ils ne sont plus leur personnage mais ne semblent pas encore avoir récupéré leur personnalité, ils sont lieu du vide, à moins que ce ne soit d'un dieu. Ainsi Hélène, Betty, me paraissaient-elles vacantes, inhabitées. Les enfants leur parlaient, elles ne répondaient pas, ou, si elles le faisaient, c'était de façon mécanique, comme si leur voix, sans leur volonté, par réflexe prononçaient de vagues paroles.

Pourtant, le soir, après ces journées pour elles exténuantes, bien souvent elles trouvaient encore le courage soit de se rendre à des cours, à des séminaires, soit d'accueillir à la maison des collègues avec lesquels elles discutaient de cas cliniques ou de théorie. La plupart de leurs hôtes étaient plus jeunes qu'elles venues tard à ces études, mais elles manifestaient pour écouter ou pour parler une ardeur aussi juvénile que la leur.

Les enfants, s'ils avaient terminé leurs devoirs, et moi, assis dans un coin, nous écoutions. Peu à peu, je me familiarisais avec le langage du groupe, après avoir été intrigué puis impressionné par cette langue qui me semblait nommer des actions plus ou moins mystérieuses, plus ou moins terrifiantes, qui d'elles-mêmes s'accomplissaient en nous, au cours de notre vie, dès notre prime enfance sans que nous pussions même nous en douter. Voilà que je croyais comprendre, çà et là, quelques fragments parmi les observations que j'entendais présenter et les interprétations qu'en donnaient leurs auteurs. Puis de nouveau, je perdais pied, je ne percevais plus que des mots. Les enfants étaient allés se coucher. Les parleurs continuaient jusqu'au-delà de minuit exposés et discussions. Dans ma demi-somnolence, je percevais une rumeur qui devenait comme un hymne sévère à la sexualité, déesse que les propos ici tenus ne permettaient guère d'imaginer aimable et tendre à la façon de la Vénus botticellienne naissant de l'onde (à laquelle pourtant me faisait songer telle ou telle parmi les jeunes savantes que j'apercevais, les joues roses, les yeux brillants dans le feu de la discussion), mais avec un visage obscur, un corps de métal aux postures inquiétantes dans leur obscénité. Mère phallique, Complexe d'Œdipe, Mère castratrice, Phase sadique-anale, Mauvais Objet, Corps Morcelé, Libido, je croyais entendre en litanie les noms de la divinité redoutable cependant que le seul terme de phallus, prononcé, me semblait-il, avec la solennelle gravité d'un mot sacré, définissait le principe mâle et sa loi, face à l'univers informe et menaçant de la déesse génitrice.

J'avais bientôt le sentiment que tous et toutes m'oubliaient. Seule Esther Zarev, quand il lui arrivait de participer à ces colloques, de temps à autre jetait vers moi un coup d'œil interrogateur et complice, l'air de dire : « Il faut nous pardonner. Vous ne nous en voulez pas trop ? Vous nous trouvez un peu bizarres ? Allez, à tout à l'heure », et, rassurée sur mon compte, ne me jugeant sans doute ni trop victime ni trop hostile, elle revenait à la discussion.

Si mon caractère de profane tendait à rendre ici ma présence peu différente d'une parfaite absence, au contraire un personnage, disparu depuis longtemps, devenait en fait le véritable cœur de tous ces dialogues, et, au-delà de la mort, continuait à parler par toutes ces bouches doctorales. Il était le Prophète, le Maître, il était le Père. Betty comme Hélène accrochaient son portrait au-dessus de leur bureau, mais, bien plus que dans l'image en noir et blanc d'un savant barbu d'autrefois, Freud demeurait, vivait dans cette tribu bavarde de ses arrière-petits-enfants ; leurs paroles tournaient, voletaient autour de Sa Parole comme aiglons autour de l'aigle.

Timides, ma femme et Hélène ajoutaient rarement leurs voix à ce concert. Attentives, elles noircissaient de notes des cahiers d'écolier. Lorsque « les écolières » estimaient l'heure venue de passer l'orangeade parmi les orateurs, tous s'ébrouaient. On sentait la récréation. Si dans certains groupes on entendait encore résonner les mots de la secte, ailleurs on plaisantait, on riait. Selon les clans en présence, tel ou tel pontife se trouvait en un tour de langue démoli. A la deuxième rasade de boisson, on me redécouvrait, on m'obligeait à sortir de mon coin. Mais bientôt tous se remettaient au travail sur un signe timide et cependant décisif de Betty ou d'Hélène.

Maintenant qu'une mèche blanche apparaissait dans sa chevelure et qu'une certaine raideur — celle à la fois de l'élève modèle et du professeur qui surmonte son anxiété par un surcroît de rigueur — détournait ses gestes de leur grâce habituelle, Betty me paraissait reprendre en elle certains traits de sa mère. Par exemple, cette façon qu'elle avait de remettre au travail ses invités me rappelait le moment où, à l'Observatoire, après une tournée de sirop d'orgeat, la reine mère, impérieusement, nous faisait reprendre la répétition interrompue.

Je me demandais si, de mon côté, je ne devenais point pareil au père de Betty, à cette ombre de tout le monde si aisément oubliée. Encore avait-il la ressource de faire comme si ce n'était point les autres qui l'écartaient, mais lui d'abord, le savant, qui se retirait de son propre gré pour travailler, pour chercher, pour méditer dans une solitude féconde ; alors que ma propre solitude rien ne pouvait la déguiser.

Janine pose la brochure de Claudel où elle apprend le rôle de doña Musique. Elle me menace du doigt.

— Pourquoi êtes-vous injuste comme ça avec Roland Marcel ? Parce que je vous ai dit que je... qu'il m'aimait ?

Vous êtes jaloux ? Mais c'est si vieux cela, et un mort, comment pouvez-vous être jaloux d'un mort ? Dans le fond, c'est le théâtre que vous détestez, Henri, je me demande pourquoi ? Tenez, si vous aviez vu Roland Marcel jouer le More dans le Soulier de satin, *vous n'oseriez pas dire qu'il était sans talent. C'est simple, dans ce rôle il était merveilleux... Je lui demandais comment il concevait son personnage. Il éclatait de rire pour me répondre : « Mais, petite Janine, mais, mon ange, je n'en sais rien, absolument rien. »*

— Pourtant, je croyais qu'il avait eu un cours dramatique, avant-guerre.

— Oui, vaguement, il avait une école, mais c'était pour se faire de l'argent et pour être entouré de jeunes, garçons et filles, en admiration devant lui.

— Il ne vous a jamais parlé d'une de ses élèves, elle s'appelait Betty Garou ?

— Ah ! non... Vous savez il ne devait pas tellement s'intéresser à ses élèves, même si... Dans le fond, il ne s'intéressait qu'à lui, ou plutôt, non, à lui — acteur ; en dehors de ses personnages, en particulier celui de don Juan qu'il aimait tenir en ville comme à la scène, il ne s'intéressait pas à grand-chose.

Elle baisse le front, pointe ses mains vers moi, on dirait un petit épervier prêt à foncer.

— Ah ! mais, je comprends... Cette... comment... cette Betty, vous avez connu une autre comédienne avant moi, et c'est à cause d'elle que...

— Non, je vous assure, Janine... Non.

Elle relève la tête, me regarde du coin de l'œil.

— Soyez gentille, Janine, devenez doña Musique.

Celia arrive dans les coulisses, la main sur le front, la bouche entrouverte. Elle ne paraît pas nous voir. Je ne parviens pas à l'approcher. Tout le monde la félicite. « Un verre d'eau », demande-t-elle. Je descends chez la gardienne par la porte donnant accès aux coulisses et reviens avec le verre d'eau. Betty me remercie d'un sourire. Je lui ai apporté cette eau fraîche comme un présent, comme un gage. Je garde en moi, pour toujours, mon geste d'offrande et le sourire qui l'accueille.

XXVII

— Maman, François-Gérard, il est en pleine régression, il bave, il bégaye, il est vachement sale... Oh là là ! ce que tu peux être anal mon pauvre garçon !

— Pas vrai, sale menteuse, c'est toi qui fais de l'agressivité, espèce de mère phallique.

— Oh ! maman, tu entends, je t'assure, il aurait besoin d'une analyse.

— Ça te va bien, toi t'es qu'une dégénérée prématurée, une tarée, t'es même pas nanalysable.

Hélène essayait de se fâcher.

— Henri, aidez-moi, faites les taire.

— Allez, les enfants, ça suffit.

Nous nous regardions, Hélène et moi, le rire pointait sous notre grimace sévère.

Les injures reprenaient.

— Mè-re phallique ! Mè-re phalli-que ! chantonnait mon fils.

— Sadi-que ana-le ! Sadi-que ana-le ! répliquait Sylvie.

Nous éclations de rire au grand scandale des enfants qui, du coup, se réconciliaient et s'éloignaient, vexés.

Des familles, des professeurs étaient venus se plaindre du langage des enfants. Betty et Hélène expliquèrent à Sylvie et à François-Gérard que les autres enfants étaient élevés dans l'ignorance de beaucoup de choses et qu'il fallait éviter de les choquer. Fille et garçon promirent de ne plus effaroucher leurs camarades. Ils tinrent peut-être parole, car il n'y eut plus de réclamation. Mais à la maison, ils prenaient leur revanche.

Mon fils était passé du tambour au piano, du piano à la guitare : il accompagnait sa cousine lorsqu'elle chantait d'une voix mince et claire les refrains de l'année. Tous deux commençaient à acheter ou à échanger avec des amis des disques de jazz, tous deux s'inquiétaient déjà des modes de leur âge : surtout Sylvie, mais elle entraînait le garçon et le poussait à se peigner, à s'habiller comme les jeunes dandys qui étaient ses aînés de trois ou quatre ans. Sous cette influence, François-Gérard montrait un curieux mélange en sa personne des allures gauches, négligées, qui étaient celles de son âge : frimousse mal lavée, gestes et rires puérils, et d'une coquetterie vestimentaire qui elle aussi alliait des tendances contradictoires : le blouson de daim, la cravate en tweed, le blue-jean et les savates, et parfois sur le tout un trench-coat blanc, enfin qui avait été blanc mais que parsemaient des taches grises, noires ou jaunâtres. Quant à la chevelure, il eût mieux valu parler d'une broussaille brune qui envahissait le front, les tempes et le cou. Ainsi fait, le garçon semblait plaire aux fillettes. Il s'en moquait : les performances en automobile, en avion, celles du ski où il avait vite excellé, enfin les exploits des fusées, des satellites et autres engins de l'espace l'enthousiasmaient plus que les sourires ou les airs alanguis des nymphettes dont il était entouré.

L'un des jeux préférés des enfants semblait être celui de l'analyse. A tour de rôle ils se faisaient psychiatre ou patient ; parfois, il leur arrivait de convaincre un ou une camarade de s'étendre sur le tapis qui figurait à leurs yeux le divan du praticien ; assis derrière la victime, graves, doctes, ils officiaient. Mais bientôt ils cherchaient querelle à l'allongé, jugeant qu'il ou elle n'entendait pas grand-chose à l'exercice de leur science. Manifestement, il leur plaisait davantage de mener le jeu entre eux. Ils ne le faisaient que s'ils nous croyaient loin, ou à tout le moins si absorbés que nous ne leur prêterions pas attention. Je feignais de travailler à quelque article, ouvrais et fermais mes livres, prenais des notes, et parfois ils se mettaient à chuchoter.

— Allez, Sylvie, c'est toi la patiente, allonge-toi.

— Non, non, déjà hier, c'était déjà moi, c'est ton tour, moi je suis le docteur.

Ils se chamaillaient un moment, finissaient par se mettre d'accord ; en vérité le garçon parvenait souvent à garder le rôle du maître.

— Docteur, j'ai fait un rêve.

— ...

— Je vous dis que j'ai fait un rêve. Je raconte ou je raconte pas ?

— Raconte... Racontez-le, madame.

— Heu...

— Ah ! vous avez rêvé d'œufs ! Pas d'omelette sans œufs, pas deux sans trois...

— Oh ! non, non, tu es trop bête. Je joue plus.

— Ben quoi, j'ai associé.

— Je t'ai déjà dit, c'est pas le docteur qui associe, c'est le malade.

— Bon... On recommence... Alors, mademoiselle, vous disiez que vous aviez fait un rêve.

— Oui, voilà, docteur, un rêve sensas.

Nous nous demandions si Sylvie faisait réellement les rêves qu'elle contait ou si elle les inventait pour les besoins de la cause. De toute façon, remarquaient Hélène et Betty, réels ou imaginés, ils traduisaient les mêmes manques, les mêmes désirs. Souvent y revenaient des rois à haute stature ou de grands animaux solitaires qui vite s'enfuyaient. L'homme ou l'animal souverain étaient poursuivis d'une obscure menace qui concernait aussi bien Sylvie qu'eux-mêmes. Des femmes, des fées ou des formes noires incarnaient parfois cette menace et parvenaient soit à détruire le monarque, le lion blanc, le taureau de plume, soit à l'effacer, alors l'enfant se réveillait, il lui semblait qu'elle venait de disparaître avec la victime et en même temps qu'elle avait trahi celle-ci.

— Phase oraleu, phase sadiquanaleu, concluait le maître. Mademoiselle, vous faites de l'agressivité, de l'inconscient, du surmoi, de la libido et de la sublimation.

— Ah ! docteur, tout ça, c'est affreux. Pourquoi je fais tout ça ?

— Parce que quand vous aviez... enfin quand vous étiez une mioche, vous étiez un sale lardon, alors vous étiez jalouse de votre petit frère, vous lui preniez ses jouets.

— Menteur, j'avais pas de petit frère.

— Ton, votre petit cousin quoi, parfaitement, vous le brimiez, alors, forcément, ça pouvait pas se passer comme ça. Fatal que vous fassiez de la cul, de la culpabi, de la culpabili, de la culpabilité... Si j'étais pas là pour vous donner une tranche d'analyse, ah, là, là ! ça serait chouette. Allez mademoiselle, ça suffit pour aujourd'hui.

Sylvie ne cachait pas sa réprobation. Elle devait juger peu capable son « analyste ». Quand il lui arrivait d'arracher ce rôle à son partenaire, elle le tenait avec beaucoup plus de sérieux, jouait du silence, de la toux, de quelques encouragements laconiques ou sibyllins. Puis elle passait au stade de « l'interprétation », avec de longues phrases solennelles.

— Monsieur, il ne faut pas croire ce que vous croyez, car le rêve vous jouerait des tours dans le complexe d'Œdipe et dans celui de la mère phallique ou de la castration. Il faut que vous grandissiez, monsieur, si vous le pouvez, car vous voudriez bien être aussi grand que votre père.

Elle prenait manifestement plaisir à garder ce ton doctoral et à dominer François-Gérard. Mais Hélène pensait que sa fille éprouvait aussi le besoin de raconter ou d'inventer ses rêves, ce qui l'incitait à céder assez souvent à François-Gérard le rôle de l'analyste. « Elle a la nostalgie de son père, prétendait Hélène, bien que vous ayez pour elle remplacé François. C'est lui et vous, ce roi ou cet animal fabuleux dans ses songes ou ses récits, et il disparaît comme a disparu François pour elle. Les femmes mauvaises, c'est moi, c'est Betty. Lorsque François a disparu elle a dû nous en vouloir, nous juger responsables de cette absence, souhaiter que nous disparaissions à notre tour pour rester seule avec vous ; en même temps elle se jugeait coupable de ce vœu, digne d'un châtiment qui la ferait mourir à son tour et qui, aussi, la délivrerait en la rejetant dans l'absence, dans le ventre maternel. » Hélène ajoutait que ces simulacres ne pouvaient qu'être excellents pour Sylvie et François-Gérard en attendant qu'ils eussent l'âge de passer du jeu à la réalité. Je protestais. Je ne voyais guère pourquoi ils auraient besoin de faire appel à la thérapeutique dont pour l'instant ils s'amusaient si bien. Hélène comme Betty me répondaient qu'une fille sans père ne pouvait pas ne pas être traumatisée ; quant à François-Gérard, l'intermittence de ma présence auprès de lui avait dû également le blesser.

Bien souvent, je répétais en moi-même le refrain malicieux de mon fils : « Vous faites de la cul, de la culpa, de la culpabi, de la culpabili, de la culpabilité. » Je me disais que je devrais moi aussi m'étendre sur le tapis et, avec les enfants, jouer au malade, jouer au coupable. Cette ironie cependant ne suffisait pas à me défendre de ce sentiment de faute, que renforçaient en moi les paroles ou les attitudes d'Hélène et de ma femme, cette impression d'être devenu à travers les années — ou bien s'il en avait toujours été ainsi ? — inutile, et de ce fait même, nocif, n'ayant su donner, porter chance ni à Elisabeth, ni à moi-même, ni aux enfants. Je me reprochais de n'être pas mort comme François, ou plutôt de n'être point mort à sa place, car lui aurait su apporter à sa femme, aux enfants, et par contrecoup à Elisabeth délivrée de mon amour, délivrée de l'ombre jetée par cet amour sur son destin premier, il eût su apporter la présence d'un homme solidement engagé dans sa vie, dans sa famille, dans son métier. Que n'étais-je cette image, prince ou fauve de légende qui disparaissait dans le rêve de Sylvie ? Que n'avais-je au moins la dernière force d'imiter cette image ? Coupable de n'être ni absent ni présent, qu'enfin je devienne non plus pareille à une ombre, mais l'ombre même.

L'homme aime sa perdition. Notre domestique à Saint-Ferréol, Dédé, après ses cures de désintoxication, il avait l'air heureux, il était d'un commerce agréable. Cela ne durait pas, il se remettait à boire : d'abord avec un total dégoût ; un doigt de vin suffisait à le faire vomir, c'était le résultat des cachets qu'on lui faisait ingurgiter à l'asile afin de lui donner le réflexe conditionné propre à l'écarter de la boisson. « Je m'en fous, disait-il, je boirai quand même, je boirai jusqu'à ce que je sois plus fort que mon estomac qu'ils ont détraqué exprès, les fumiers, je boirai jusqu'à ce que je recommence à ne plus dégueuler. » Il buvait, vomissait, buvait encore, vomissait de nouveau, s'acharnait, et un jour il avalait d'un trait son verre de rouge sans le moindre hoquet. Alors en avant la fête, malheur aux bouteilles de vin ou d'alcool laissées à sa portée ou que d'autres malades lui procuraient en cachette. Il ne tardait pas de nouveau à s'enivrer et, il fallait l'enfermer, l'isoler, car ses crises de délirium tremens se faisaient de plus en plus violentes.

— Mais non, cette histoire du bonheur socialiste qui conduirait au désespoir, c'est une pure invention des Yankees. Ils tremblent pour leurs sous, alors ils disent : « Voyez ces Scandinaves, cette société qui a banni tous les risques, les uns après les autres, forcément l'individu n'y a plus aucun besoin, aucune inquiétude, alors il se supprime, voyez le pourcentage des suicides, effrayant, le plus haut du monde. Ce n'est pas sérieux, pas du tout... »
Le journaliste de Copenhague qui me parle (un grand, brun, la quarantaine) me jette un regard soupçonneux comme s'il me prenait pour un de ces Américains calomniateurs.
— Vous ne savez pas. On ignore trop que notre passion, je dis bien : passion, notre passion de la liberté, elle ne date pas d'hier. Et puisque vous dites : « le suicide », je vous répondrai, et il faudrait enfin qu'on le sache en Europe, en Amérique, une fois pour toutes, le suicide est un acte traditionnellement honoré chez nous, parmi les paysans, depuis des siècles, depuis des siècles.
Il marque un temps, m'observe. Il reprend :
— Les paysans, c'est pas nouveau... comme ça, quand ils en ont assez, pour rien, quand ils ont décidé, plus d'un qui se fiche à l'eau ou qui se pend à un arbre, une poutre, et après ?
Il écarte lentement les bras, ouvre les mains :
— Le suicide, monsieur, c'est la preuve, chez nous, de notre liberté, de notre absolue liberté.
— Et, y a-t-il un... y a-t-il un âge plutôt qu'un autre ?
— Souvent quand le bonhomme, paysan ou bourgeois, se trouve trop vieux. (Il éclate de rire.) A mon âge souvent... à notre âge.

XXVIII

De plus en plus s'insinuait en moi l'idée que je devais, d'une façon ou d'une autre, disparaître. Ce serait là le seul acte, me semblait-il, qui, paradoxalement, me redonnerait vie enfin dans le cœur d'Elisabeth, et peut-être d'Hélène, et les enfants à jamais me garderaient leur amour ; je resterais dans leur mémoire à la fois comme un père qui ne vieillirait plus et comme un être légendaire dans le lointain.

Je m'ouvris de cette hantise à Esther Zarev. Elle se mit en colère, ou du moins le feignit. N'avais-je pas honte ! Ne savais-je donc pas que se suicider c'était attenter non seulement à sa propre vie mais encore à celle des êtres qui vous aiment. Dans ce sens, on avait raison, l'Eglise avait raison de considérer le suicide comme un crime. Elle me prit les poignets, puis, les yeux dans les yeux :

— Un crime, Henri, vous entendez. Et l'exemple, la contagion, cette pente, ce vertige que vous inscrivez dans l'âme des autres. Vous n'avez pas le droit, non, pas le droit.

— Mais Esther, ce que je veux, c'est disparaître de la vie d'Elisabeth et des enfants... pour leur imposer enfin ma présence. Ils m'aimeront, ils me garderont en eux parce qu'ils me croiront mort. Cela dit, peu importe que je sois alors loin d'eux réellement mort ou encore vivant.

— Ecoutez, Henri, si vous vous moquez, je ne trouve pas ça très drôle.

— Je ne me moque pas.

Elle leva les sourcils.

— Ah ! je comprends, vous êtes... vous aimez une femme, vous voulez la rejoindre.

Je fis non de la tête.

— Supposez Esther que je retourne pour le journal au Pérou, j'ai gardé là-bas des amis, ils n'ont pas, comment dire, le bon sens qui est de règle ici. Je prends une voiture, je longe un torrent ou la mer, il y a là-bas des routes, plutôt des pistes, ou bien, quand on monte de Cuzco à Machupichu, la route surplombe des abîmes, en bas, au fond des gorges, le gouffre de l'eau. Un accident est si vite arrivé. On retrouve la voiture à vingt mètres de fond, le corps... mon corps, disparu. Un ami enverra une lettre ici.

— Vous êtes fou ! Vous êtes fou !

(Je revoyais Mariette la folle prête à se jeter du haut de la tour à l'Observatoire et je me souvenais de cet instant de doute qu'avait eu Betty peu de temps après, se demandant si la jeune fille ne simulait pas la folie pour masquer ses tentatives de suicide.)

— Oui, fou !

Elle cogne la table de ses petits poings fermés. Son visage est blanc, les yeux dans cette pâleur brillent d'un éclat noir.

— Vous n'avez pas le droit !

Je lui fais signe de baisser la voix ; je crains que les enfants ne l'entendent.

— Enfin quoi, Henri, vous oubliez que vous n'êtes pas seul ! Elisabeth vous aime, quoi que vous en pensiez, j'en suis sûr.

— Si elle m'aime, il y a longtemps qu'elle ne le sait plus, elle le saura peut-être de nouveau quand elle m'aura perdu.

— J'aurais mieux compris que vous partiez autrefois avec votre... avec Clara.

— Mais Esther, vous-même et Hélène, et Betty, vous avez tout fait pour que je reste, et à quoi cela a-t-il servi ?

— A ce que la vie d'Elisabeth, celle des enfants, et la vôtre, parfaitement, la vôtre aussi, ne s'effilochent pas, privées d'unité, privées de sens, comme celle de... comme celle de Théo, ou de votre sœur, ou de... de la mienne.

— Esther, je me demande... d'habitude vous êtes la sérénité, la raison... mais aujourd'hui...

— C'est que je vous sens au bord de je ne sais quelle folie... J'ai envie de crier, c'est vrai, pour vous réveiller.

— Me réveiller de quoi ?... Vous disiez tout à l'heure qu'en ne partant pas autrefois j'ai maintenu un sens à nos vies. Et moi, si je suis persuadé que je dois disparaître d'une manière ou d'une autre — je pense que celle que j'imagine, cet accident, mettons ce simulacre d'accident de l'autre côté de la Terre, c'est encore la meilleure manière, comme cela je ne ferai pas mal, le moins de mal possible à ceux que j'aime — eh bien, précisément, c'est parce que ma vie n'a pas, n'a plus de sens... Lorsque Dargan, vous savez, le Vieux, le chef du maquis, lorsqu'il a jugé la partie perdue, après son procès, eh bien, hop ! il a disparu... Effacé du monde, Dargan. Et pourtant, pour moi, et pour bien d'autres, il reste présent, légendaire et présent.

Esther Zarev s'approcha, elle posa les mains sur mes épaules.

— Votre Dargan, je ne le connaissais pas, mais vous, Henri, vous, je vous connais : vous n'avez pas perdu la partie, vous ne l'avez pas perdue parce que ceux que vous aimez, à qui vous voulez faire le moins de mal possible comme vous dites, ceux que vous aimez ont besoin de vous, Henri, et ce besoin donne à votre vie, à votre présence, le sens le plus nécessaire.

— Oh ! Betty...

— Betty, Hélène, et François-Gérard et Sylvie... Vous ne pouvez tout de même pas ne point vous rendre à l'évidence ! Vous savez bien que les enfants, sans vous, sans votre présence de père, souffriraient, se verraient privés de toute une part du monde, seraient mutilés.

Il y avait dans sa voix un tel accent de prière, et dans son attitude, comme dans son regard, une telle tension que je me troublai.

— Enfin, Henri, souvenez-vous, appelez vos souvenirs, de votre enfance à ce jour, vous verrez, tant d'attente, tant d'effort, tant d'espoir, de joie, d'amour, de peine aussi bien sûr, de peine, et tout cela ce serait pour vous effacer vous-même d'un coup comme si rien de tout cela n'avait été !

— Mais, quand nous mourons...

— Quand nous mourons, nous avons lutté, aimé jusqu'au bout, nous n'avons pas déserté.

— Bien mon général.

En vain essayais-je de plaisanter pour détourner mon amie de ses pensées, de son émotion, et pour dissiper mon propre trouble.

— Je vous assure, Henri, appuyez-vous sur votre passé pour mieux comprendre ce que vous êtes aujourd'hui, ce que vous êtes en vous-même, et ce que vous êtes pour les autres, pour ceux qui vivent avec vous — elle appuya sur ces deux derniers mots.

— C'est drôle, j'aurais cru que vous... je pensais : Esther comprendra.

— Il n'y a rien à comprendre dans votre projet, sinon que vous traversez une phase de fatigue, de lassitude, nous connaissons tous cela et alors rien ne vous paraît intéressant, vous vous mésestimez, vous avez envie de vous faire du mal, et en même temps de vous venger sur ceux que vous aimez.

— Oh ! je me demande si vous ne vous faites pas plus raisonnable que nature, si vous ne vous bouchez pas les oreilles, je veux dire à l'intérieur de vous-même, pour ne pas m'entendre. Tenez, dans le temps, on admettait qu'un homme, au milieu de sa vie, puisse tout quitter pour un pèlerinage sans fin, une croisade d'où il ne reviendrait pas, un couvent, maintenant...

Esther Zarev prit un numéro du *Nouveau Messager de l'Ouest* qui traînait sur la table. Elle l'ouvrit, le feuilleta. En première page, mon nom figurait sous le titre d'un reportage que je venais d'entreprendre : « Dix ans déjà. » J'y interrogeais des survivants des camps de la mort.

— Tenez, Henri, interrogez-vous donc vous-même. Faites votre propre interview, écrivez un reportage sur votre vie, de votre jeunesse à aujourd'hui. Ainsi vous verrez plus clair, vous saurez mieux ce que représente votre existence, ce qu'elle vaut pour vous et pour les autres. Vous ne croyez pas ?

Du doigt, elle tapotait le journal à l'endroit où figurait mon texte.

— Je parle très sérieusement. Faites cet effort, faites ce bilan. Après nous reparlerons de vos projets de... (Elle parut effrayée par le mot qu'elle s'apprêtait à prononcer.) Nous reparlerons de vos projets de fuite.

— Un bilan ? Un bilan écrit ? Ce sera pire, Esther, pire que maintenant. Je reverrai tout ce que semblait promettre la vie et je ferai la différence. Je crains que ce ne soit un beau zéro la conclusion.

— Je suis sûre du contraire. Vous êtes un journaliste, enfin, quoi, vous êtes un reporter honnête et lucide, Henri : quand vous aurez pris le temps de constituer, de rédiger votre dossier, vous reconnaîtrez la part de l'ombre mais aussi celle de la lumière.

— Esther pourquoi ne faites-vous pas comme les autres ?

— Quels autres ?

— Ma femme, Hélène... Conseillez-moi donc une psychanalyse plutôt que ce... cette confession que vous voulez me faire écrire.

Mon ironie n'amena nul sourire sur son visage.

— Si vous deviez faire une analyse, vous n'auriez pas attendu jusqu'à présent.

Elle regarda une fois encore le titre de mon article sur le journal.

— Je suis persuadée que c'est dans votre métier, en appliquant à vous-même, à votre histoire, cette longue habitude de votre métier, en écrivant votre vie mot à mot, que vous verrez plus clair, que vous vous ressaisirez... (elle répéta avec lenteur) mot à mot.

Elle me tendit la main. Son visage redevint celui qui m'était cher et familier et qui aujourd'hui m'avait fait défaut.

— Allez, Henri, pensez à ce reportage...

— Lequel ?... Ah ! oui, et s'il vous plaît, quels seront mes lecteurs ?

— Vous.

— C'est peu.

— Orphée est descendu aux enfers et revenu pour une seule personne.

— Eurydice...

— C'est-à-dire : lui-même. Eurydice, c'était son âme perdue, recherchée, retrouvée.

— Et finalement perdue de nouveau. Moi, c'est en me perdant que j'aurais une chance de retrouver Eurydice.

Elle fit comme si elle n'entendait pas.

— Des lecteurs, Henri? Plus tard, beaucoup plus tard, vos enfants, je veux dire : votre fils, et Sylvie, ça les aidera à mieux comprendre la vie que vous ne le faites... Peut-être aussi Betty ? Hélène ?

Elle garda un faible sourire.

— Je n'ose dire que c'est un ordre que je vous donne, cher Henri, vous seriez capable de ne pas le suivre. En tout cas, c'est une ordonnance.

— Bien, docteur, on verra.

Elle pointa l'index vers moi.

— Je compte sur vous... Et surtout, je vous prie, et vous en conjure, oubliez ce mauvais fait divers, cette voiture qui plonge au fond d'un torrent ou d'un gouffre, là-bas, dans la Cordillère.

En sa qualité de médecin, Hélène était invitée cette année au chalet de Corbey où les enfants, pendant les vacances de Noël et de Pâques, allaient depuis trois ans déjà en groupe scolaire et universitaire. En faisant engager Elisabeth comme aide infirmière, elle avait obtenu que l'invitation s'étendît à nous deux. Le chalet se tenait à la lisière de la forêt. Il fallait marcher plus d'une heure dans la neige pour l'atteindre. Chaque jour, un groupe de jeunes skieurs était de corvée : ils descendaient au village, chargeaient sur des traîneaux les provisions qu'ils remontaient ensuite.

Sylvie et François-Gérard s'entraînaient pour devenir, à la prochaine saison, moniteurs au chalet. Nous essayions de les suivre des yeux, lorsqu'ils s'élançaient, dévalaient la pente, piquaient schuss, bondissaient du tremplin d'une bosse, ou semblaient glisser sur l'aile comme un oiseau bleu et un oiseau vert fonçant des cimes vers la vallée.

La gaieté, les chansons, les jurons à grosse voix des garçons, les rires des filles, la danse le soir, les repas, les goûters dévorés par de joyeux ogres, les retours à grands cris, à longues soufflées pour reprendre haleine, à joues rouges et dorées de froid et de soleil ,les amitiés, les clans, les premières amours, les premiers déboires, parfois dans un coin, en cachette, l'amère colère d'un garçon, les larmes d'une fille, les larmes d'enfant d'un casse-cou. Plus que rhumes, angines ou entorses, Hélène et Betty auraient eu à soigner peines de cœur, jalousies ou coups de foudre si les adolescents avaient eu l'audace de se confier à elles comme ils le faisaient à Sylvie.

Vers la fin du séjour, Betty organisa un bal costumé : draps, rideaux, papiers de couleur firent merveille : voici sur la neige bleue, verte, rouge, jaune de feux de Bengale :

Robinson et son nègre, Othello et Desdémone, Roméo et Juliette, et des pirates, des toréadors, des pierrots, des amiraux, des arlequins et des marquises. Sylvie (en infante), François-Gérard (en page) ne dissimulaient pas leur fierté d'avoir pour parents les promoteurs de la fête : à savoir Robinson (un bonnet à poils, une ombrelle, une fausse barbiche, une canne-à-ski-carabine permettaient de camper le personnage), son nègre Vendredi (Betty en collant noir, la figure barbouillée de noir de fumée) et la reine des fées, Titania-Hélène.

Travestis, peinturlurés, heureux dans le froid et le rire, tous et toutes, les enfants et nous-mêmes possédions pour une heure la même jeunesse.

En bas, dans la vallée, on devait lorgner nos feux multicolores et maugréer (envieux, admiratif, imaginant quelle fête là-haut plus fabuleuse encore que celle dont nous nous enchantions) : « Ceux de Corbey, quelle bande de fous... »

XXIX

J'écrivis à Lima, au rédacteur en chef du *Diario,* mon ami Juan Lopez. Il avait ses entrées au gouvernement, il obtiendrait pour moi cette invitation que je souhaitais voir adresser à mon journal afin d'être envoyé en mission au Pérou. Je me renseignai sur les assurances. Je passerais contrat pour une forte somme à verser à Betty si je venais à disparaître. Matériellement ni ma femme ni mon fils ne pâtiraient de mon « accident ». Je mesurais le risque : la compagnie entreprendrait des recherches avant de payer, mais j'avais confiance en l'habileté de Lopez et de ses amis : ils sauraient faire de telle sorte que nul, jamais plus, ne rencontrerait Henri Verrier. Je regrettais d'avoir parlé à Esther. Ne commettrait-elle pas d'indiscrétion ? Je comptais sur « l'affaire » de l'assurance pour la contraindre à garder le secret une fois que la prime aurait été versée à Betty. Esther Zarev serait condamnée au silence, sinon sa parole équivaudrait à me dénoncer comme un voleur et à ruiner ma femme et mon fils. Ma lettre à l'ami péruvien, mes démarches auprès des compagnies d'assurances me donnaient l'impression de simples formalités entreprises pour un étranger. Je continuais pendant ce temps mon reportage sur la vie des anciens déportés. Théo parfois m'en faisait rencontrer à qui elle parlait d'André Couderc dans l'espoir toujours de retrouver trace de notre ami... Etait-ce, malgré moi, l'idée de ma fuite prochaine qui me gouvernait : tous ces survivants me donnaient l'impression qu'ils feignaient seulement d'être parmi nous. Ce que peut-être leur famille même ne soupçonnait point, ils me le révélaient par un geste, un silence, une expression des yeux trahissant tantôt une absence, tantôt une panique. Cela pouvait être à propos de menus faits de la vie quotidienne (ainsi, le métro, avec son chargement humain, effrayait l'un de ces déportés, il lui fallait surmonter une épouvantable angoisse s'il devait monter dans un wagon aux heures où s'y entasse une foule hébétée ; pour un autre la vision des plats dans un restaurant provoquait à la fois une faim douloureuse et un dégoût qui l'empêchait de toucher au repas). Cela pouvait survenir aussi à propos de l'amour, de l'amitié, de la marche tâtonnante et sanglante de l'histoire (Théo me rapportait certaines confidences de ses amis, de celui par exemple qui ne pouvait plus s'approcher des femmes : la vue, le contact, l'odeur de leur corps dénudé le replongeaient parmi les « cadavres » nus qui s'alignaient sur la place du camp pour les appels à l'aube, ou bien, défaits enfin de leur maigre souffle, glissaient dans les charniers où lui devait, en attendant le jour de sa propre mort, les jeter sous le regard dédaigneux des SS ; de cet autre qui cherchait en vain à retrouver l'amour et par là même la chance de renaître au monde : il quittait une femme dès qu'elle lui disait l'aimer car il lui apparaissait alors avec une évidence insoutenable que ni cette amie qui prétendait se donner ni lui-même, objet de cette offrande, n'existaient, que rien d'ailleurs ne subsistait sinon la présence perpétuellement resurgie du cauchemar où des hommes arrachaient lentement à d'autres hommes soit la vie, soit à jamais la possibilité de vivre).

Je soupçonnais Théo de tenter des expériences amoureuses avec ces malheureux. Peut-être voulait-elle, à travers eux, s'imaginer qu'elle retrouvait le quincaillier. Cette confiance, ce bonheur qu'elle essayait de leur redonner, c'était la paix, la joie dont elle eût voulu combler Couderc si par miracle il était revenu. Elle me montrait des photos de ses amis prises au jour de leur libération. C'était toujours le même visage de l'au-delà du désespoir qu'il me semblait découvrir. Pourtant, lorsqu'il m'arrivait ensuite de rencontrer, en présence de Théo, l'homme qui avait été ce squelette halluciné hallucinant, et qui maintenant paraissait pareil à nous tous, j'avais l'impression, comme je l'ai dit, de ne voir, de n'écouter qu'un fantôme ; le vrai, le seul être véridique, c'était celui qui était resté là-bas, naguère, au seuil de la mort, et dont la photo avait fixé l'image accusatrice.

Un soir, dans le café où nous nous rencontrions, Théo vérifia que nul ne nous observait.

— Henri, je vais te montrer quelque chose.

Je connaissais bien ces airs mystérieux qu'elle prenait pour révéler des faits insignifiants ou pour montrer une simple photo ou quelque livre ; je ne pus cependant m'empêcher de sourire lorsqu'elle sortit de sa poche un morceau de bois gris, un éclat de planche de forme triangulaire.

— Ne riez pas, Henri, je vous assure.

Il y avait de la prière dans la sévérité du visage et de la voix.

— Regardez.

Du doigt, elle me montrait sur le bois, maladroitement gravées, deux lettres : EV

— EV, dis-je sans même y prendre garde.

— Comment, EV ? Vous ne lisez pas : une lettre, puis V ? Tu dis *ève*, comme la femme.

Elle répéta, s'interrogeant :

— Eve ? Eve ? Il aurait commencé à écrire ce mot, puis...

— De qui parlez-vous, Théo ? Et qu'est-ce que ce bout de bois ?

Au lieu de me répondre, elle me tendit de nouveau l'objet.

— Regarde bien, Henri... Quelle lettre lis-tu avant V ? N'est-ce pas T ? TV.

De toute évidence, la première lettre, malgré la gaucherie de son tracé, ne pouvait être qu'un E ; je me demandais comment mon amie pouvait avoir le moindre doute à ce sujet. Elle s'assombrit lorsque je l'eus assurée de son erreur. Elle faisait tourner le morceau de bois dans sa paume doucement. Elle leva les yeux vers moi, un pli ironique crispa un peu sa bouche.

— C'est un souvenir du quincaillier.

— Un souvenir d'André !

Elle posa sur la table, entre nous, l'éclat de planche grise.

Un ancien déporté, me dit-elle, venait de le lui donner. A ce nouvel ami elle avait parlé, comme elle le faisait toujours, de Couderc, de son surnom, de sa passion pour le jazz. Le rescapé du Loibl-Pass crut alors reconnaître dans ces descriptions son voisin de bagne : lui aussi s'appelait Couderc, il n'avait pas ce surnom de « quincaillier », mais lui aussi parlait de jazz. C'était même grâce à cette passion du jazz, estimait le déporté, que son voisin avait pu tenir longtemps, très longtemps. Couderc, disait-il encore — il ne pouvait manifestement s'agir que du nôtre, de notre « quincaillier » — chantonnait d'une voix éteinte des blues, et il les commentait pour ses compagnons qui ne l'écoutaient guère. Je croyais l'entendre encore : « Ta-tatata-ta, là, c'est Louis, cette vache de Louis, ce sacré Armstrong à la trompette... ta... tata — maintenant hop ! c'est le vieux Duke. » J'imaginais le squelette vivant matricule X gesticulant par faibles saccades devant ses compagnons de la danse macabre. Le jazz, le souvenir du jazz le tenait, l'avait tenu presque jusqu'au jour de la délivrance, « le jazz, et, ce bout de bois », ajoutait le confident de Théo, en lui remettant l'objet. « C'est mon amulette, les Noirs ont des amulettes sur eux, ça les protège. Tant que je posséderai ce bois, je tiendrai le coup. » Le quincaillier avait raconté cela à son voisin. Il portait sous la veste rayée le fragment de planchette suspendu à un fil qui faisait collier. Un matin, réveillés par les aboiements des Kapos pour une revue sur la place du camp, ils avaient reçu l'ordre de se présenter nus dans l'aube. Couderc s'était dépouillé de son amulette avec ses vêtements. Quand il rentra au baraquement, il chercha en vain le bout de bois : sans doute l'objet était-il tombé sur le sol et là, par mégarde, un coup de pied dut l'envoyer se perdre en quelque trou du plancher. Le quincaillier ne retrouva pas le fétiche. Il ne fit aucune remarque à ce sujet à ses compagnons. Il ne chantonnait plus les airs de jazz, ne mimait plus leur rythme ; sur le chantier, dans le tunnel que les déportés devaient creuser, il semblait ne plus prendre garde aux ordres ni aux réactions des Kapos. Un matin l'un d'eux se mit à l'injurier pour la lenteur avec laquelle il emplissait de pierres une brouette. Cependant que la brute vociférait, Couderc demeurait comme absent de lui-même, la pelle à la main. Exaspéré, le Kapo s'empara de la pelle, en frappa à la base du cou le quincaillier qui s'écroula. Ses voisins de chiourme purent l'emporter jusqu'au baraquement. Ils essayèrent de nettoyer la plaie sanglante. Toute la nuit, Couderc gémit, le lendemain on le porta à l'infirmerie : entre la tête décharnée couleur de brique et le corps squelettique, l'enflure du cou paraissait monstrueuse. Deux jours plus tard le quincaillier mourait. Les SS brûlèrent son cadavre sur un bûcher car le camp ne possédait pas de four crématoire. Peu de temps après, par hasard, sur un tas de détritus au fond du baraquement, l'ami de Couderc retrouva l'amulette perdue.

Avec Théo nous avions quitté le café ; nous déambulions dans une rue passagère. Je redemandai à mon amie le dérisoire et tragique souvenir, elle me le tendit. Je regardais, je lisais, je touchais l'inscription peu profonde des deux lettres, avec avidité, avec angoisse, comme si je devais retrouver toute la souffrance de notre ami et son vain espoir, dans cette écorchure du bois.

Brusquement je m'écriai : E V ! Emilie Verrier ! Emilie !

— Quoi ?

Elle m'arracha la plaquette.

Emilie : Couderc, là-bas, avait vécu par et pour son souvenir ! Qu'espérait-il ? Soupçonnait-il que son mariage avec Serge Valenkov ne pourrait tenir ? Pensait-il, s'il revenait un jour du Loibl-Pass, avoir de nouveau sa chance auprès d'Emilie ?

— Théo, que faites-vous !

Je saisis sa main au vol. Trop tard ! Elle lançait vers la bouche d'un égout le morceau de bois : il heurta l'extrémité du trottoir, je bondis pour le rattraper, mais déjà il glissait et disparut. Je restai sur place. Des voitures me frôlèrent. Loin devant moi, Théo, mains aux poches, s'en allait à grands pas.

Je revins lentement à la maison. Je ne pouvais me délivrer de cette image : Théo jetait au fond d'un charnier le corps squelettique mais vivant, encore vivant du quincaillier.

Le soir j'écrivis à ma sœur : « EV, les initiales de ton nom et de ton prénom, Emilie. »

J'étais en train d'inscrire sur cette lettre le nom de Théo Valenkova lorsque je compris soudain ce que celle-ci voulait absolument déchiffrer sur l'amulette, et quel coup j'avais dû lui porter en lui révélant ce qu'elle ne voulait pas voir ! TV, lisait-elle, et non pas EV : Théo, bien sûr.

Théo Valenkova et non Emilie Verrier... Que m'aurait-il coûté de mentir si alors j'avais compris ? Emilie, lorsque je lui apprendrai la fidélité de Couderc à son souvenir, cela ne lui donnera rien d'autre qu'une pensée affectueuse et triste, tandis que Théo, si j'avais dit : « Mais oui, je crois que vous avez raison, c'est peut-être, c'est sûrement un T », quel bonheur — un bonheur de peine infinie, de désespoir, mais un bonheur quand même — je lui aurais permis de garder désormais en elle jusqu'à la fin de ses jours.

Je déchirai la lettre que je destinais à ma sœur. Je repris la plume, ce fut pour écrire à Théo, pour lui dire combien je regrettais qu'elle eût jeté la planchette, car nous aurions dû l'étudier à la loupe, voir si notre ami n'y avait pas gravé d'autres signes que ces deux lettres, dont je me demandais à présent si je les avais bien lues, si elles n'étaient pas T et V comme elle-même le croyait.

Ma ruse venait trop tard. Ma lettre demeura sans réponse. Je ne revis plus Théo. En vain essayai-je plusieurs fois de passer chez elle. Toujours je trouvai porte close. La concierge de l'immeuble me dit que « la dame russe » était partie en voyage, elle ne savait ni son adresse ni la durée de son absence. Théo ne me pardonnerait plus d'avoir détruit le dernier mensonge qui la faisait vivre.

Les anciens déportés, ces témoins de l'innommable, comment peuvent-ils tolérer que le monde continue sa misérable course comme si leur géhenne n'avait pas été, et comme si elle ne s'apprêtait pas à rouvrir sur nous, en nous sa gueule pestilentielle ? Et comment pouvons-nous tolérer que tout ne soit pas, désespérément, tenté pour retourner de fond en comble (ainsi retourne-t-on une terre sauvage) un monde qui engendre de telles ténèbres ? Comment pouvons-nous tolérer une société satisfaite d'inscrire à l'horizon de l'homme, de l'homme à peine émergé des charniers et qu'il eût fallu soulever par un élan prodigieux vers un monde d'absolue jeunesse, ces dieux grotesques : le profit pour quelques-uns, le rendement pour tous, ou la prison au nom d'une liberté future.

XXX

Je reçus du Pérou le message attendu : l'invitation et la lettre de mission me concernant ne tarderaient pas à être envoyées à mon journal. Avant de « partir », j'aurais voulu revoir ma mère et Emilie, mais je craignais que l'émotion ne risquât d'affaiblir ma volonté, je craignais aussi, lorsque je parlerais avec ma sœur de la mort du quincaillier et de son secret, de trahir mon propre secret. Je demandai à Esther Zarev d'être ma messagère auprès d'Emilie après mon départ, et de lui dire ce que j'avais appris du sort et de l'amour du quincaillier. Elle me répondit que : le voudrait-elle, elle ne le pourrait pas. Puis, avec un rire saccadé qui lui était inhabituel, elle s'inquiéta de savoir si, « décidément l'idée de disparaître, de lancer ma voiture dans quelque abîme des Andes, me tenait toujours ».

Je lui montrai la réponse de mon ami de Lima, elle blêmit.

— Vous... avec... votre farce !...

Je ne reconnaissais pas la paisible, l'apaisante amie, la sage qui toujours gardait sens et bienfaisant pouvoir au milieu de nos égarements. Il est vrai qu'Hélène m'avait avertie : depuis quelque temps, la santé d'Esther Zarev l'inquiétait ; ma belle-sœur parlait de dépression, et une fois de plus rendait Falmer responsable de ces maux qui attaquaient son ancienne élève. « J'ai peur de la savoir seule là-bas à Manville », disait-elle. Betty ne partageait pas cette inquiétude : sans doute Esther était-elle fatiguée, mais c'était tout, elle reprendrait vite son équilibre. Je lui donnais raison ; pourtant sa certitude m'irritait. Toute d'anxiété, de tourment, éprise parfois du malheur même, ma femme n'avait-elle pas en revanche décidé, une fois pour toutes, que, de même qu'une Esther Zarev ne pouvait être que le bon sens et l'équilibre en personne, j'étais, moi, sans douleur, sans passion, sans désir.

Et c'était pour cela, étrangement, pour que mon visage au moins reprît vie à ses yeux et plus tard aux yeux des enfants, c'était pour ne pas rester à jamais cette chose familière, invisible, insensible que je devais être pour elle, c'était pour cela que je voulais, que j'allais « sortir » de son existence, comme parfois un acteur quitte la scène, et longtemps son souvenir, son personnage vous habitent plus fortement que ne le faisait sa présence.

C'était contre Betty que montait en moi, en ce moment même, une révolte sans espoir, mais ce fut contre Esther Zarev que mes paroles parurent dresser ma colère.

— Une farce ? Qu'en savez-vous ? De quel droit ?

La passivité de mon amie m'étonna. La tête penchée, les épaules lasses, elle répéta mes derniers mots.

— De quel droit ? De quel droit ?

Elle continua avec un filet de voix comme si elle perdait souffle (on eût dit, tant son visage, son regard donnaient une impression d'épuisement, qu'elle n'avait pas même la force de penser et que les mots venaient à ses lèvres sans qu'elle en prît conscience).

— De quel droit, quand il y a Sylvie, quand il y a un beau garçon qui vous ressemble et qui ressemble à votre femme, quand il y a votre femme et Hélène et votre sœur, et votre mère, quand il y a ce monde où il faut lutter, lutter pour un peu moins d'horreur, un peu moins d'ombre ; de quel droit vous disparaîtriez ? La voiture qu'on lance dans un fleuve de l'autre côté de la Terre, c'est vite dit, et pourquoi pas aussi, tant qu'on y est, rester dans la voiture ?

— Pourquoi pas en effet ?

Elle leva vers moi des yeux éteints. J'éprouvai un malaise, comme si un être inconnu m'eût regardé à travers les prunelles de mon amie.

Elle agita ses mains devant elle.

— Non... Non... murmurait-elle... pas ça... pas vous.

Elle baissa les paupières. Je la vis respirer profondément plusieurs fois. Elle n'eut pas le courage de me regarder de nouveau, mais son ton était plus assuré.

— Il faudra vous souvenir, Henri : je vous demande... (elle s'arrêta quelques secondes, et la phrase qui suivit m'emplit de stupeur par sa forme même), Esther Zarev vous demande de vous remémorer le plus possible, le plus possible n'est-ce pas, de votre vie, je veux dire, qu'il faut écrire cela, tout cela, ensuite vous saurez, devant ce livre de comptes, si, devant le doit et l'avoir, si vous pouvez (il y eut un fléchissement dans sa voix) fuir ou non.

Cet accablement de toute sa personne, le ton de tristesse solennelle qui marquait son dernier propos m'impressionnaient. En vain m'efforçais-je de sourire.

— Mais, chère Esther, il me faudrait des années pour faire cela... ce serait aussi long qu'une psychanalyse.

Au lieu de répondre à ma remarque, elle me parla de Nicolas Valenkov : il s'engloutissait chaque jour davantage dans son délire.

Comme elle s'apprêtait à me quitter, elle eut de nouveau ce petit rire saccadé qui lui ressemblait si peu.

— Entre Russes, n'est-ce pas, je le comprends, Nicolas Ivanovitch. C'est peut-être la seule façon pour lui de connaître enfin une sorte de... de délivrance.

Les jours qui suivirent, nous restâmes sans nouvelles de notre amie. Hélène et Betty s'étonnaient de ne pas la voir aux conférences et aux séminaires où elles avaient coutume de la retrouver.

Un soir, à l'un de ces cours, un collègue d'Hélène, psychiatre à Manville, lui apprit l'accident : la veille, Esther Zarev qui roulait à vive allure le long de la Seine avait manqué un virage, l'auto était tombée dans le fleuve. On l'avait hissée sur la berge quelques heures plus tard, le corps y demeurait prisonnier.

« Tu as tué Esther Zarev. » Je savais que notre amie était déprimée — Hélène nous l'avait dit et me le répétait — mais le projet que je lui ai confié de disparaître, sa crainte que je puisse le réaliser, quels chemins ont-ils tracés en son âme en ce moment affaiblie, quels chemins qui conduisaient à ce tournant au-dessus du fleuve ? Comme les autres, je parlais d'accident, et je devais m'enfoncer les ongles dans la paume pour ne pas crier, pour ne pas m'accuser de ce crime. Des phrases revenaient à ma mémoire, depuis longtemps oubliées et qu'Esther avait dû prononcer, voilà bien des années, à Saint-Ferréol ou à Manville. Je revoyais ses yeux, les globes brillants de ses yeux que voilait bientôt une ombre de songe alors qu'elle s'interrogeait : « Comment peut-on vivre, continuer à vivre, lorsqu'on se sent inutile ? lorsqu'en vivant on n'apporte rien à la vie des autres ? Il faudrait mourir alors. Et si du moins notre mort pouvait servir ou sauver quelqu'un, tout serait bien. » Se serait-elle tuée si je ne lui avais pas avoué mon propre sentiment de faillite, mon idée de fuite, d'accident simulé ? « Oui, me disais-je parfois, sans trouver apaisement dans cette réponse, oui, Esther voulait mourir, elle a puisé dans mes propos le moyen de cacher son suicide, elle a pu aussi agir par sa mort sur mon destin. Quelle aura été sa dernière pensée quand elle a choisi de braquer le volant vers le fleuve ? Aura-t-elle jugé son acte justifié parce qu'il allait peut-être me forcer à rester, me forcer à vivre ? » (Comment oserais-je répéter après elle le même « accident ».)

Malgré son chagrin — ou à cause de lui ? — Hélène se rapprochait de moi. Elle ne soupçonnait pas que notre amie eût provoqué elle-même sa mort, cependant, à la peine du deuil, se mêlait la tristesse d'avoir vu Esther Zarev achever ses jours dans un état de quasi étrangeté. Pour Hélène qui avait toujours trouvé auprès de la disparue des motifs de courage, de confiance en elle-même et en l'exercice de leur science, ces ténèbres et cette menace qui, en quelques semaines, changèrent si profondément Esther Zarev, demeuraient un sujet d'inquiétude et de crainte. En même temps, Hélène se montrait attentive à ma propre tristesse. Elle semblait prendre à cœur de remplacer auprès de moi la confidente, la conseillère qu'était devenue peu à peu, si discrètement, si efficacement, Esther. Parfois même, la sollicitude d'Hélène me pesait : ce regard dont elle suivait à la dérobée mes gestes, mes paroles ou mon silence, n'était-ce pas celui qu'elle posait sur ses malades ?

— C'est vrai, Henri, à force d'être côte à côte, on finit par ne plus se voir, par ne plus se connaître, par ignorer ceux qui vous sont chers. Je me reproche... C'est depuis ces dernières années, la vie à Paris, les études, les malades, toujours le temps qui manque. Je me reproche d'avoir laissé se distendre, s'estomper ce... cette, oui, c'est le mot, cette fraternité entre nous deux... (Oh ! belle, chère hypocrite, innocente hypocrite.) Finalement, les rapports de travail l'emportent sur ceux qui nous sont pourtant bien plus essentiels, c'est bête, c'est déplorable, non ?... Pourquoi je m'aperçois de cela aujourd'hui ?... Mais Henri parce que... Si vous voulez, j'ai l'impression que notre pauvre Esther maintenait, prenait la relève de ces dialogues, exprimés ou non vous comprenez, ces dialogues de l'affection entre vous et moi, elle était comme le dépositaire tacite de notre... de notre amitié, tout notre passé, notre long passé vivait en elle, en somme, à travers elle, était présent. Maintenant...

Elle me souriait. Rare sourire venu de quelle place, loin, tout au fond de son être, que recouvrait, depuis l'adolescence même, une austérité sans faille (presque sans faille).

— Me permettrez-vous d'être... oh ! un peu... auprès de vous, comme Esther ?

Je comprenais que son sourire était timidité et mélancolie et aussi qu'il naissait du souvenir de ces temps où nous demeurions attentifs l'un à l'autre, trop parfois, beaucoup trop.

Le sourire s'effaçait, Hélène détournait la tête comme si ce qu'il lui restait à dire lui coûtait plus encore.

— Et vous, Henri, vous pourriez m'apporter non seulement votre amitié, mais un peu aussi, un peu de celle que je trouvais auprès d'Esther.

Un cheveu blanc, là, deux, trois sur la tempe gauche perdus dans le gonflement de la chevelure. Et ce réseau de rides fines au coin des yeux, ce pli, ce trait aux commissures des lèvres. « On finit par ne plus se voir. » Depuis combien de semaines, de mois ne l'avais-je plus vue ? tout surpris, ému de découvrir sur elle ces blessures de l'âge. Dans une bouffée douce-amère, me revenait la chaleur merveilleuse, mauvaise, des quelques instants de notre jeunesse où Hélène et moi, de loin en loin, sentions entre nous, en nous, comme un gouffre qui soudain s'entrouvre, le désir.

De notre « amour », je ne sais ce qu'il restait pour elle. Sans doute avait-elle fini par l'oublier tout à fait (Loutremont suffisait à fixer les rêveries du cœur et de la chair, si elle daignait consentir encore à de telles nuées). Pour moi, les vestiges de cette passion honteusement enfouie contribuaient à nourrir, eux aussi, mon ressentiment à l'égard de la vie.

— Promettez-moi, Henri.

Quelle promesse attendait-elle de moi ? Aucune n'était possible ni nécessaire. N'étions-nous pas, depuis toujours, promis l'un à l'autre, promis à cette affection ambiguë, entre la tentation ensevelie de l'inceste et la fraternité double qu'avaient tissée pour nous mon frère et ma femme ?

— Promettez-moi de... enfin de me parler... de me dire... comme vous faisiez je suppose avec Esther, si un jour, pour vous, quelque chose ne va pas.

— Mais tout va, Hélène !

Pourquoi n'ai-je pas réprimé cette irritation dans ma voix ? Je n'avais pu supporter de me sentir de nouveau « observé » !

Une semaine après l'accident d'Esther, ma sœur, sans prévenir, est arrivée chez nous. J'appréhendais le moment où je lui parlerais de la mort et du message retrouvé puis aussitôt perdu de Couderc. En attendant, c'était elle qui m'entourait de tendres attentions. Alors que, toujours, elle s'était plu à me demander secours ou réconfort, elle me parlait, me semblait-il, comme à un malade à qui l'on veut redonner courage.

— Tu sais, mon petit Henri, tout compte fait, la vie... Tu as eu, et tu as des satisfactions dans l'existence, les enfants, votre réunion enfin à Paris, Betty et toi... D'ailleurs, même moi, et Dieu sait pourtant que l'épreuve ne m'a pas été épargnée, eh bien, la vie, c'est quelque chose, les joies, l'émerveillement qu'elle peut apporter.

Ses paroles, sa voix ne sonnaient pas juste. Cela m'agaçait. En même temps, je sentais bien que sa tendresse pour moi n'était pas feinte. Peut-être Emilie devait-elle avoir honte de ses « bonnes paroles », et, plus d'une fois, je m'attendis à ce qu'elle abandonnât les phrases toutes faites pour passer les bras à mon cou, pour m'embrasser en riant et pleurant, et son rire, ses larmes, son baiser auraient été sa meilleure, sa vraie façon de dire : « Voilà, mon vieux, nous deux, n'est-ce pas, la vie, on l'a toujours connue comme cela, fête et douleur, sourire et larmes, ce n'est pas maintenant qu'on va changer ni elle avec nous. Faut continuer quoi. Et que je t'aime bien, que tu m'aimes bien, loin des mots, comme dans l'enfance, c'est quelque chose, n'est-ce pas ? » Au lieu de cela, sa sagesse, ses sermons comme une leçon apprise par cœur. Pourtant le regard des yeux mauves (que voilaient souvent les paupières comme pour dérober un aveu silencieux), la jeunesse de ce regard, sa douceur (que n'altérait pas le cerne des années) me faisaient du bien. Même si, intérieurement, je pestais contre les bonnes, les trop bonnes intentions d'Hélène et d'Emilie à mon égard, j'étais touché par ces preuves de tendresse. Je n'en souffrais que plus de sentir s'aggraver encore la distance que l'attitude de Betty creusait entre nous deux. Ma femme s'ingéniait à se trouver une foule toujours croissante de travaux et d'obligations, aussi bien dans sa tâche de psychologue que dans son rôle de ménagère. Cela entraînait chez elle une fatigue alarmante et un état permanent d'hostilité à l'égard de tous, de moi-même, des enfants, et avant tout d'elle-même. Hélène m'assurait qu'Elisabeth se défendait ainsi contre le chagrin lié à la perte de son amie.

— J'ai été longtemps comme cela, remarquait encore Hélène. Je veux dire : tout ce qui me blessait provoquait en moi un repliement, un sentiment d'intolérable solitude, et, extérieurement, une agressivité à l'égard du monde, de ce monde toujours prêt à faire mal, et qu'il faut donc tenir à distance, essayer de repousser, d'intimider. Il faut comprendre cela, Henri, il faut comprendre Elisabeth.

Je n'osais lui répondre qu'elle-même, Hélène, continuait trop souvent à réagir de cette façon, et que c'était peut-être de rester depuis tant et tant d'années auprès d'elle qui poussait Betty inconsciemment à l'imiter. Je n'osais pas non plus lui dire que ces perpétuelles blessées infligeaient à leur entourage une perpétuelle blessure. Ce projet de fuite, dont Esther Zarev me détournait par sa mort, je me répétais qu'il s'était imposé à moi dans la mesure précisément où je me voyais impuissant à délivrer ma femme de son tourment, et plus encore, où il me semblait ne pouvoir être pour elle qu'une inaltérable source de déception, un intime ennemi. D'ailleurs, malgré le poids tragique jeté par Esther dans la balance du destin, ne partirais-je pas ? Mais, si Hélène disait vrai ? Si Elisabeth, sous son malheur, sous son hostilité, n'était que fragilité ? Et la nouvelle douceur d'Hélène à mon égard, la complicité fraternelle d'Emilie, comme le printemps quotidien des enfants tendaient d'invisibles liens autour de moi.

Ce cercle de l'affection, une lettre de Caroline vint le renforcer encore. Elle me parlait de ses enfants, elle remarquait qu'en grandissant, son fils, ses filles attendaient peut-être plus encore de leur père que d'elle-même. Elle pensait que Sylvie et François-Gérard avaient de la chance de me garder près d'eux, car je n'étais pas de « ceux que l'âge éloigne à jamais de la vraie jeunesse ». Je croyais lire entre les lignes un désenchantement à l'égard de ses propres enfants comme de son mari sans doute peu digne de la confiance ou de l'intérêt que lui portaient Patrick et ses sœurs, je comprenais encore que si m'était signalée la chance que ma présence offrait à Sylvie et à François-Gérard, je devais mesurer à mon tour le bonheur que tous deux m'apportaient. Je remerciais intérieurement Caroline de cette grâce qui paraissait ces temps-ci luire autour de moi comme pour me défendre de moi-même. Je songeais que de tels instants avaient dû jadis faire croire aux anges. J'imaginais Esther, ange invisible, revenue veiller sur moi.

Je fis part de cette impression à ma sœur, c'est alors qu'elle se trahit.

— Un ange, tu as raison plus que tu ne penses, dans sa lettre...

Elle s'arrêta, une rougeur était montée à ses tempes, ses paupières battaient.

— Quelle lettre ?

— Non rien, ce n'est pas ce que je voulais dire.

Je la pressai de questions. Elle finit par avouer. Une lettre d'Esther l'avait suppliée de venir me rejoindre : j'étais en danger, il fallait me faire sentir à tout prix que je n'étais pas seul, que ma vie était nécessaire à ceux qui m'aimaient, que j'aimais ; à elle, ma sœur, en particulier. Emilie était accourue. A son arrivée nous lui apprenions l'accident d'Esther. Le soir, dans sa chambre, elle avait repris la lettre : la date était celle du jour même de l'accident.

J'eus beau la prier, elle ne me montra point cette lettre ; elle prétendit, dans son émotion lorsqu'elle remarqua la date, l'avoir déchirée. J'allai chez Hélène, à brûle-pourpoint lui demandai :

— Pourquoi ne pas m'avoir parlé de la lettre qu'Esther vous avait envoyée

— Quelle lettre ?

Je ne savais si Hélène feignait l'étonnement ou si ma question et mon impatience étaient pour elle une énigme. Je continuais cependant comme si j'étais sûr de mon fait.

— Vous savez bien : la lettre où elle vous parlait de moi, juste avant sa mort.

Si je me trompais, du coup je révélais à Hélène l'inquiétude d'Esther à mon égard, je serais contraint de faire état du message reçu par Emilie. Mais non, mon audace payait : je vis Hélène se troubler. Manifestement, à présent elle mentait, et bien mal. Je le lui reprochai. Pour emporter la partie, je m'écriai :

— Une lettre datée du jour de l'accident !

— Non, de la veille.

Hélène venait de se trahir... Je lisais sur son visage le dépit qu'elle en ressentait. Ce fut à mon tour d'être gêné lorsqu'elle me demanda comment j'avais connaissance de l'envoi de cette lettre. Je préférai avouer mon stratagème. Je craignis qu'Hélène ne m'en tînt rigueur. Son visage se ferma, son regard reprit cette opacité qui donnait l'impression sinon d'une absence du moins d'un profond retrait. Puis les yeux de nouveau s'éclaircirent, le regard remonta à la prunelle comme d'un puits remonte quelque lueur à la surface du seau ruisselant.

— Esther vous aimait bien, dit-elle lentement.

Elle parut réfléchir, les yeux toujours tournés vers moi.

— Peut-être souffrait-elle de remarquer ce qui nous échappait, cette distance qui, sans que nous ne nous en doutions, s'installe entre nous jour après jour, entre vous et moi, entre votre sœur et vous, entre...

Je pensai qu'elle n'osait pas achever : « Entre Betty et vous. »

— Elle nous aimait bien, reprit-elle.

Un instant, son regard se posa sur moi comme pour implorer secours.

— C'est étrange, n'est-ce pas, ces lettres, qu'elle ait pris le soin d'écrire ces lettres juste avant son accident...

— Elle ne pouvait pas savoir...

Je sentais combien ma voix manquait de conviction.

— Evidemment... murmura Hélène.

— Ne pourrais-je lire sa lettre ?

La réplique vint, sèche.

— Je ne le pense pas.

Elle dit d'une voix plus douce, comme si la prière de la disparue lui demandait pour moi cette douceur.

— D'ailleurs, Henri, vous connaissez le désordre de mon bureau, je serais incapable de retrouver ce papier.

J'écrivis à Caroline, la remerciai de sa sollicitude. Je prétendis qu'Esther Zarev m'avait demandé son adresse pour lui écrire. Avait-elle eu le temps de le faire, puisque — je l'apprenais à Caroline — un accident mortel venait de lui arriver ? Ma belle-sœur tomba elle aussi dans le piège ; oui, la lettre d'Esther lui était bien parvenue. Quel malheur, cet accident ! Elle connaissait peu notre amie, aussi avait-elle été surprise de cette correspondance. Il est vrai, ajoutait-elle, qu'une rencontre avait suffi pour établir entre elles deux une réelle sympathie ; et puis je devais, supposait-elle, parler d'elle à Esther avec une bien grande amitié, si elle en jugeait d'après la lettre posthume.

Ainsi, je tenais la preuve de la volonté, des dernières volontés d'Esther. Avant de mourir, elle a voulu me sauver, me protéger contre moi-même, et contre moi-même encore protéger peut-être Betty et les enfants. Ce complot de l'amitié où elle entraînait, où elle faisait se liguer entre elles, sans qu'aucune d'elles pourtant n'ait pu s'en douter, Emilie, Hélène et Caroline, à la fois me bouleversait et m'irritait. Ou plutôt, je ne voulais pas reconnaître combien la présence de la morte derrière l'affection de ma sœur et de mes belles-sœurs me troublait, c'est pourquoi je m'élevais contre cette tyrannie fraternelle ; il me fallait, pensais-je, mettre à exécution mon projet de départ, ne serait-ce que pour me prouver ma liberté même devant l'interdit qu'une morte prétendait m'imposer.

Avant qu'Emilie ne nous quittât, je lui révélai la découverte de

Théo à propos du quincaillier. Je n'osai lui dire cependant que Théodora avait jeté l'amulette marquée au initiales EV. Ma sœur m'écouta sans rien dire. Nous marchions ce jour-là le long de la Seine vers Auteuil. Je me souviens du vent qui écorchait de courtes vagues le fleuve gris. Les cheveux d'Emilie voletaient sur ses tempes. Elle s'est arrêtée, s'est tournée vers moi à mon tour immobile.

— Ce n'est pas moi, Henri, que le quincaillier a aimée, c'est un rêve, son rêve, tellement plus beau et meilleur qu'Emilie Verrier.

Nous avons repris notre marche au bord du quai, elle appuyée à mon côté, les épaules sous mon bras. Elle a repris :

— Sans doute, c'est aussi pour un songe, un songe qui n'avait de Guillaume que l'apparence, que moi-même j'aurai laissé passer ma vie.

Je regardais l'eau striée d'ombres froides entre les lames. Je croyais voir mon amie morte étendue dans le lit du fleuve.

L'éternité plus un jour ? Qu'aurait-il fait, Orlando, de ce jour après *l'éternité ? Qu'aurait-il pu faire, sinon revivre en pensée, en souvenir, en rêve, cette éternité qu'il avait déjà vécue, et ainsi ajouter en un jour une éternité à une éternité ? Le jour du retour éternel, en somme.*

Esther, n'est-ce pas cela même que vous avez voulu pour moi ? N'est-ce pas ce jour-là, précisément, que je suis en train de vivre depuis... des années, depuis que je revis, par fidélité à votre vœu « l'éternité » de ma vie ?

Chez nous, auprès de Sylvie et de François-Gérard la Jeunesse du monde. Les « jeunes filles au pair » défilent, certaines restent pour les vacances. Pendant quelques mois, l'impression d'avoir un troisième enfant. Syl me raconte leurs amours, ou plutôt elle me parle de l'Allemand, du Suédois ou de l'Américain ou du Britannique qui flirte ou se fiance ou va se marier ou vient de rompre avec Randy, avec Elke, avec Juanita, avec Gisela, avec Joan, avec Guerlinde, avec Dorothy, avec Olivia. Parfois aussi la Juliette belge, suisse, anglaise, allemande, espa-

gnole ou new-yorkaise me fait ses confidences, et parfois en écoutant le doux ou rauque balbutiement, j'ai le vertige devant les yeux noirs, bleus, verts, gris, dorés, les peaux de neige ou de soleil, cette liberté du sourire, des corps, cette façon ambiguë de s'adresser à moi comme si j'étais le père absent, tout en gardant sur le visage, sur les bras, les seins, les jambes, je ne sais quelle expression, quelle attitude quasi amoureuse. O ! Faust, ô Ulysse, quelle tentation pour toi ce monde que submerge la jeunesse d'Eve, mais, hélas ! comme Dieu, Satan est mort !

Aux vacances viennent encore les amis et amies des enfants, ils sont aussi bien de Londres, de Cologne, de Montréal que de Paris : leurs chansons, leurs rythmes, leurs guitares sont les mêmes. En auto-stop ils arrivent jusqu'à la mer, débarquent, assiègent, investissent notre maison des dunes qu'ils transforment en réfectoire, en dortoir, en jam-session, en colloque international, en Babel, en surprise-party, en fiesta, en surboum permanente. (Randy la belle Américaine qui nageait, se laissait couler à pic, rebondissait, sirène dont le torse d'ambre ruisselant jaillissait tout droit jusqu'à la taille puis s'enfonçait de nouveau, émergeait encore, cependant que sur la plage, maigre, roux et barbu, Van Gogh de vingt ans, Klaus, le fils de l'officier allemand grattait sa guitare et chantait l'amour, la liberté, la révolte ; le soir, la danse à la fraîcheur, Guerlinde walkyrie tendre dans mes bras, elle ment si bien pour murmurer à Faust qu'il danse juste, qu'elle aime danser avec lui ; et plus tard, nous tous, vieux et jeunes, silencieux, comme arrêtés au fond d'une secrète panique pour regarder là-haut dans le ciel d'août la nouvelle, l'inquiétante étoile filante du satellite ; mais non, la panique c'est pour nous, pour Betty, pour Hélène et pour moi, à nos côtés les enfants de l'Europe et de l'Amérique se taisent seulement pour saluer au passage, là-haut, ce signal de leur monde nouveau.)

XXXI

Pour obéir à Esther, j'ai fait savoir à mes amis du Pérou que je renonçais à leur invitation. Pour obéir à Esther, j'ai commencé à écrire cette histoire, mon histoire, pour obéir au vœu d'une morte, et aussi, peut-être, avec le faible espoir qu'elle m'a donné de me guérir ainsi (de quoi ? de moi-même ?) J'ai commencé peu de temps après l'accident : voilà cinq ou six ans déjà. Et ma vie continuait pendant que je prétendais la saisir dans son passé et de là rejoindre le présent : la veille, le sommeil, la veille, le sommeil, comme si revenaient le même jour et la même nuit sans cesse répétés. Du moins était-ce l'impression que m'eût donnée la monotone saveur de notre existence, s'il n'y avait eu, autour de nous, parfois nous exaltant, parfois nous menaçant, le changement du monde, devant nous la métamorphose des enfants en adolescents pleins d'une rêveuse impatience, et, sous nos regards croisés (les miens, ceux de Betty, ceux d'Hélène), la lente, la dure inscription du temps sur nos visages, sur nos corps : Hélène épaissie, essoufflée, la peau parfois marbrée de couperose — pour aider son cœur, dit-elle et je crois qu'il faut l'entendre autant au moral qu'au physique, elle a pris l'habitude de boire à l'improviste, aussi bien au cours des nuits que des jours, des gorgées de whisky — je lui trouve parfois un air fixe, tendu, que je ne reconnais pas et qui me fait mal ; Elisabeth, maigre brindille que je tremble de voir craquer sous le moindre effort, et qui pourtant va, exténuée, forcenée, au-delà de toute fatigue, vouée corps et âme au salut — elle dirait seulement : à la santé — de ses patients (la flamme blanche s'étend dans ses cheveux qu'elle dédaigne de teindre, la flamme transparente dans ses yeux sombres monte parfois, comme jadis, pour un rire de notre fils, une nouvelle étude à entreprendre avec Hélène, la rencontre d'une sculpture ou d'une toile anciennes) ; moi enfin qui sursaute lorsqu'il m'arrive de surprendre dans un miroir cet homme chauve, las et gris que les autres prennent pour moi-même.

J'écrivais, et la voix de François-Gérard muait, tantôt dernier écho de cette musique de l'enfance, de cette source qui nous faisait hier encore frissonner de joie, d'un bonheur jusqu'aux larmes, lorsqu'il contait l'oiseau qu'il avait vu, la petite fille qu'il aimait, l'avenir de voyages dont il rêvait, tantôt présence dans le corps trop vite grandi d'un inconnu qui cherche son visage, sa voix, son regard avant d'apparaître tout à fait.

J'écrivais, et d'enfant Sylvie devenait femme, à la fois honteuse, apeurée et sournoisement ravie de sa chair qui changeait. Brusquement séparée de son « petit frère » — comme elle appelait encore François-Gérard — par une condescendance de dame à l'égard du galopin ; on eût dit que les quelques années entre leurs âges respectifs s'étaient multipliées. Puis les grosses joues, la grosse poitrine, les grosses jambes de Sylvie chrysalide s'affinaient, prenaient un contour léger et pur qui donnait envie à Betty de dessiner de nouveau — et quelques semaines, quelques mois peut-être de paix, d'une sérénité dont je percevais le chant silencieux, s'étendaient devant ma femme cependant qu'elle couvrait ses carnets de croquis de Sylvie-Sylphide, les uns esquissés comme un mot, un seul mot d'allégresse ou de surprise jeté au hasard d'une rencontre ou d'une pensée imprévue, les autres accomplis comme un amour attentif et patient. Sylvie bientôt à l'âge qu'avait Emilie — l'âge de Juliette de Vérone — au temps de notre jeunesse, au temps de l'Observatoire et de ses jeunes et joyeux habitants. Je cherchais à retrouver la grâce, à décrire pour moi la grâce d'Emilie à quinze ans, à seize ans, je levais les yeux et j'avais devant moi la grâce, la fragilité et l'élan de Sylvie, je notais la couleur bleue, la couleur mauve des yeux d'Emilie guettant de sa fenêtre les hôtes de l'Observatoire, et je souriais aux tendres yeux couleur de paille ou de noisette de Sylvie qui rentrait du lycée en riant ; ou bien je cherchais dans les yeux bleus de mon fils le souvenir de ce regard à la fois insolent et blessé qu'Emilie jetait sur ses soupirants, et voilà qu'un geste de François-Gérard, une façon de plier un peu sur le côté, faisaient surgir dans ma mémoire un même geste, une même façon de se pencher qu'avait eus Elisabeth, un jour, dans le parc ou le salon de l'Observatoire, et pour lesquels mon cœur s'était mis à battre plus vite.

Puisque j'avais cru devoir répondre au vœu d'Esther, j'irais jusqu'au bout, le souvenir appelait le souvenir, le présent appelait le passé, le passé tour à tour éclairait et assombrissait le présent. Je m'étais pris au piège que proposait Esther Zarev, d'abord volontairement, par respect de la morte, par remords ; ensuite il n'était plus possible de s'échapper, de m'échapper à moi-même. Je me traquais, je me réinventais au sens où quelque berger de jadis inventait, enfouie dans un buisson ou terrée sous un tumulus, la statue d'une idole oubliée, ou encore ainsi que le chasseur, conduit par son chien, invente par mégarde, derrière les ronces, au creux d'un éboulis, la fissure qui débouche sur un gouffre. Bien souvent, le présent que je vivais faisait un contrepoint tragique au passé que j'écrivais pour le revivre. Cette jeunesse de vingt ans, notre jeunesse au moment où l'Europe hésitait encore entre la plus grande espérance et la plus grande horreur, entre un « front » où les peuples rêvaient d'atteindre la paix, le pain, la liberté, et le front de la guerre pour la guerre, je commençais à la retrouver, à l'évoquer vingt ans plus tard, alors que la révolte de Budapest écrivait un nouveau chapitre de l'éternel appel à la liberté et au bonheur, et de leur éternelle agonie. Ainsi encore, pendant que j'écoute en moi hurler le bruit et la fureur où s'engloutit notre jeunesse, et que j'essaye de transcrire ces échos de la guerre d'Espagne, de la guerre nazie, un autre bruit, une autre fureur couvrent de leur tonnerre ou de leurs sanglots ces échos lointains ; dans le ciel, sur la mer, sous terre, l'explosion des bombes atomiques ponctue, gigantesque tam-tam, notre marche à l'abîme ; j'évoque les maquis de ma province, et déjà aux maquis du Viêt-nam ont succédé ceux d'Algérie, puis se rallument ceux du Viêt-nam autour des villages que flambe le napalm *made in U. S. A.* Ainsi les incendies et les meurtres font-ils la chaîne, jamais interrompue tout le long de la vie d'un homme, tout le long de toutes les vies de tous les hommes.

Cette tache claire, cette trace l'autre jour sur le crâne de mon fils, alors qu'il venait de faire couper très court ses cheveux que d'habitude il porte épais et longs, son embarras — et celui de ma femme — quand je me suis aperçu de cette entaille par où, blanche, apparaissait la peau... Betty a fini par répondre aux questions que je posais à mon fils. Ils n'avaient pas voulu m'inquiéter, j'étais en voyage, il y a de cela plusieurs mois, lorsque l'incident s'était produit. Au lycée, la classe de seconde se partageait entre O. A. S. et anti-O. A. S. à l'image des classes terminales, cependant, vu l'âge des élèves, la lutte gardait encore parmi les camarades de François-Gérard quelque allure de jeu : membre du Comité de vigilance du lycée, François-Gérard avait ainsi ses deux meilleurs amis qui eux s'exaltaient aux récits des complots, des plasticages, et brûlaient de participer à leur tour à de tels exploits. Mais un jour, fini de jouer : le bruit courut d'une manifestation prochaine contre des professeurs signataires d'un manifeste pour la paix en Algérie, le Comité de vigilance mobilisa ses troupes. Manifestation et contre-manifestation se changèrent vite en bagarre qui des cours déboucha sur la rue ; là, un groupe de pseudo-étudiants O. A. S., chaînes de bicyclettes et barres de plomb au poing, attendait. Au « philosophe » Algérie-française avec lequel se colletait mon fils, se trouva brusquement substitué un homme vociférant : il leva sur François-Gérard son bras armé d'une barre métallique. François-Gérard fit un bond en arrière et tendit le coude pour protéger sa tête, la barre l'atteignit pourtant, mais, au lieu de heurter le crâne de plein fouet, elle glissa, déchirant le cuir chevelu. Mon fils s'enfuit poursuivi par le tueur, il tourna dans une ruelle derrière le lycée, se jeta dans une petite épicerie où il venait autrefois se fournir en sucreries, les commerçants le cachèrent dans l'arrière-boutique, lavèrent la plaie, appelèrent un médecin. Les deux amis de François-Gérard auxquels l'O. A. S. inspirait des rêves romantiques n'étaient pas loin de lui lorsqu'il reçut le coup, ils furent peut-être plus horrifiés que lui-même par l'acte de la brute, et aussi par cette nappe de sang qui voila le profil de leur camarade. Le lendemain, ils vinrent voir François-Gérard dans sa chambre, lui demandèrent pardon de ne pas avoir été « de son côté » ; il accueillit leur prière par des bourrades et des rires. Plus tard, avec Hélène, ils accompagnèrent Betty chez le commissaire afin de témoigner. Ce fut tout juste si l'homme de police ne jeta pas ma femme et ses compagnons à la porte : « Déposer une plainte contre inconnu pour une bataille de collégiens ! Si les familles ne donnaient pas le mauvais exemple, si les parents étaient de bons Français, leurs enfant ne joueraient pas aux communistes ! » Hélène demanda au commissaire s'il était aux ordres de la République ou des factieux. Elle et Betty virent le moment où elles allaient se retrouver en prison. En tout cas on n'entendit plus parler de plainte ni d'enquête. Quelques garnements furent renvoyés du lycée. Quant aux tueurs qui attendaient les enfants à la sortie de l'école, ils courent toujours.

Pendant qu'Elisabeth parlait, je prenais dans mes mains la tête de mon fils, je passais doucement un doigt sur la trouée qui, à travers la chevelure, marquait l'ancienne blessure, et, sans même m'en rendre compte, à cet endroit je posai un baiser. Ce fut le rire de François-Gérard qui me fit prendre conscience de mes gestes, je m'en sentis gêné. Ensuite j'eus le sentiment que mon accolade était pareille à celle que jadis pouvait donner un père à son jeune fils sacré chevalier.

C'est bien à un beau chevalier de quinze ans, un jeune chevalier lancé de tout son élan contre la vilenie du monde, que me fait songer notre enfant lorsque, blouson de daim entrouvert, blue-jean moulant ses longues jambes, il saute sur un scooter et file, emportant derrière lui, accrochée des deux mains à sa poitrine, Sylvie. Lui, avec son regard bleu farouche enfoncé sous les sombres sourcils, paraît plus que son âge, elle, au contraire, l'air toujours de rêver à quelque histoire naïve et mélancolique, à peine lui donnerait-on dix-huit ans. La voici pourtant majeure. L'an dernier nous avons fêté ses vingt ans. Qu'elle était jolie dans sa robe de dentelle à fleurs rouges. Auprès d'elle se tenait François-Gérard, aussi grand qu'elle. Il était grave, comme si la fête de Sylvie le haussait au-dessus de son âge et de sa légèreté. La frange de ses cheveux bruns sur le front exaltait l'éclat bleu de ses yeux. La grâce de Sylvie, la gravité de son « frère » semblaient impressionner la vingtaine de filles et de garçons qui se pressaient autour d'eux. Sylvie dansait souvent avec les jeunes camarades de François-Gérard qui avaient renié, sous le choc de l'émotion, lorsqu'ils avaient vu leur ami blessé, leur sympathie pour l'O. A. S., et donnaient à présent l'un dans une anarchie quelque peu romantique, l'autre dans un communisme aussi rigide que zélé. Je voyais bien qu'elle jouait avec eux à la sœur aînée, ce qui les flattait tant elle régnait ce soir-là sur cette petite cour, mais je surprenais aussi les regards que, de loin en loin, elle jetait vers Christian, un étudiant en médecine, dont elle était, voici trois ans peut-être, amoureuse ; mais pour lui, sans doute, n'était-elle alors qu'une enfant qu'il éblouissait puis dont il s'était détourné. Sylvie l'avait invité sans nous le dire, ainsi que son frère cadet : Laurent, un grand, très mince adolescent au visage étonné sous les cheveux emmêlés comme les brindilles d'un nid. Laurent ne dansait pas ; Sylvie entre deux rocks venait lui parler en riant. Je pensais qu'elle tenait à piquer ainsi l'amour-propre de Christian. J'observais celui-ci de la porte du salon — il me semblait regarder une pièce, un ballet, des coulisses d'un théâtre. Je trouvais à l'étudiant en médecine un air faussement désinvolte. Je m'interrogeais : pourquoi lui ? pourquoi ce visage indécis, ces yeux dont le regard se laissait peu capter, cette allure gauche, avaient-ils pu attirer, blesser « ma petite Sylvie » ? Et lui, comment pouvait-il dédaigner cette chance d'être remarqué, d'être élu par la plus gracieuse, la plus tendre, la plus charmante. Je songeais à Emilie et à Guillaume Garou : j'avais cru comprendre que ce Christian demeurait, comme autrefois Guillaume, prisonnier dans l'ombre de sa mère. L'image de la jeune folle a surgi en moi. Je la revoyais mener sa danse dans le salon des Barbares autour d'Emilie, je l'entendais crier, en désignant du doigt la reine mère : « l'araignée ! l'araignée du ciel veut nous avaler ! » Je ne connaissais pas la mère de Christian, je l'imaginais sous les traits de la reine mère, de ma belle-mère. Comment réveiller Sylvie, comment l'arracher à cette toile tendue autour de ce jeune homme ? Comment empêcher qu'après avoir été blessée, elle ne demeure amoureuse de sa blessure ?

A la fin de l'été, non pas le dernier, mais le précédent, je la voyais solitaire, volontairement solitaire sur la plage, loin de nous, loin de ses amis, petite bête ramassée, recroquevillée sur sa souffrance. Oh ! ma douleur alors, ma déchirure. Du moins, à voir Sylvie le soir de ses vingt ans, nul, sinon moi, n'aurait pu soupçonner que sous la joie de sa danse, de ses paroles, de sa beauté, demeurait l'image d'un amour manqué. Cette nuit-là, j'ai voulu croire, malgré tout, que le monde nouveau de la jeunesse, ce monde que Sylvie, François-Gérard et leurs amis parcourent en tous sens d'un été à l'autre, apporterait à chacun d'eux plus de chances, plus de liberté dans le choix de son amour et de sa vie.

Je voudrais le croire plus encore au moment où mon fils et Sylvie vont s'envoler, s'envolent, ardents, gauches, lumineux. Mais déjà ils connaissent, sans pouvoir en estimer la démesure, la part maléfique de l'homme, la menace qu'elle ne cesse de dresser comme une vertigineuse lame noire (et mon fils a senti contre lui, sur lui, l'haleine pestilentielle de la Bête lorsque le truand, au nom de l'Ordre, l'a frappé), déjà ils se hasardent aux jeux piégés de l'amour — et pour être plus libres que nous ne l'étions à leur âge, je vois bien qu'ils n'en sont ni moins tendres ni moins vulnérables (les chagrins fous de François-Gérard lorsque les filles qu'il courtise encore à la manière garçonnière des moqueries et des nattes tirées lui préfèrent quelque séducteur chevronné ; et Sylvie, ma silencieuse, ma sauvageonne, combien je voudrais pouvoir la délivrer de toute peine, comme lorsque, petite, je soufflais sur son doigt, son front ou ses genoux blessés pour que s'effaçât la douleur). Comment ne pas se souvenir de ces garçons, de ces filles de vingt ans que nous avons été, de cet espoir que nous portions en nous ? Vous serez — oh ! je le veux — vous serez plus forts, Sylvie et toi mon fils, plus justes que nous, vous serez la lumière, n'est-ce pas, qui naît de notre ombre ! Avec Emilie et François, avec Elisabeth, Hélène, avec nos amis les Barbares, nous croyions à ces génies qui avant nous proclamaient qu'il fallait transformer le monde, changer la vie. Je n'ai pas, nous n'avons pas transformé le monde ni changé la vie, je n'ai pas réinventé l'amour, et j'ai honte de ce monde que je vous lègue. Nous pardonnerez-vous ? Puissiez-vous effacer nos défaites : mais quel don il faudra à votre génération, de sagesse en même temps que d'élan, de scepticisme en même temps que d'espoir, quel courage enfin, pour assumer à la fois cette lucidité, sans laquelle vos combats, vos victoires mêmes ne seraient comme les nôtres que pièges où vous vous détruiriez, et cet appel d'une beauté future inscrit au plus profond de votre regard, cet appel sans lequel vivre n'est plus qu'insignifiant remous.

Remous ou rumeurs, mouvements dont je n'appréhende que le désordre, bribes d'un langage qui me reste étranger : n'est-ce pas ainsi que m'apparaît ma propre vie maintenant que j'ai tenté d'en établir je ne sais quel bilan par fidélité au vœu d'une morte ? Un matin, voici trop d'années — bientôt un demi-siècle — j'ai ouvert les yeux sur le chaos. (Le mot « guerre » serait un des premiers qu'il me faudrait apprendre : « Ton père est à la guerre. ») Un autre matin, avec mon frère et ma sœur, au terme de notre enfance, nous avons découvert devant nous, dans un jardin, dans une maison ancienne, la jeunesse, la folie et l'amour. La folie bientôt s'est étendue à l'univers. La jeunesse est passée. L'amour ? j'ai l'impression d'avoir troqué sa face éphémère et radieuse contre son empreinte en creux au cœur même de mes jours. Mais cette absence, ce vide jamais comblé, ces déserts au centre de ma chair, de ma pensée, de mes espoirs et parfois ce puits de haine que je sentais s'enfoncer en moi-même, maintenant que sur la voie désignée par Esther, j'ai accepté de les traverser, de les connaître à nouveau, ils me semblent finalement témoigner, encore et toujours, de la présence — meurtrie sans doute, mais irrécusable — de l'amour, comme l'ombre autant que la lumière peut témoigner du soleil invisible et cependant présent. Esther Zarev saviez-vous cela ? Peut-être voyiez-vous ce que je ne pouvais découvrir, puisque cela demeurait enfoui au plus profond de mon être. Peut-être devinais-tu que si je suivais ta prière, si j'acceptais de revivre, en l'écrivant, ma vie, je pressentirais ainsi, au-delà ou en deçà du dérisoire désordre, cette fidélité au premier, au seul et même visage que l'amour et le monde ont pris pour mes yeux de vingt ans (ce visage mince où affleurait, comme à une source, l'élan de la vie ; ces yeux noirs mais limpides où je croyais lire déjà toute la suite de mes jours et de mes nuits). Oui, Esther, vous saviez, tu savais cela, et qu'ayant une fois retrouvé ce simple secret, comme un fil ténu mais tenace, tout au long de mes souvenirs, tout au long de mes joies et de mes doutes, de mes actes et de mes songes, dans les instants de plénitude comme dans les saisons de désarroi, même lorsque le cœur ne semble plus chargé que de deuil et de glace, je ne voudrais plus, je ne pourrais plus tenter de me perdre, d'autant plus que serait alors venu le temps où Sylvie et mon fils referaient, devant nous, devant Hélène, devant Elisabeth et moi, ce choix d'un destin et d'un amour pareil au sacre léger du premier matin de l'été.

La vie (chaque vie) n'est-elle que vaines répétitions d'une pièce jamais jouée ? ou plutôt qui s'est jouée sans que nous le sachions, et nous rêvions d'une autre pièce, d'une autre vie, et nous ignorons pour finir quel personnage aura été le nôtre.

Maintenant, le rideau se lève sur Sylvie et sur François-Gérard. Maintenant à vous de jouer, mes enfants, « comme il vous plaira ». Vous remettrai-je ce paquet de feuillets et de notes que j'ai accumulés sans savoir que leur obscur chemin me conduirait vers vous ? Qu'en feriez-vous ? Y apprendriez-vous à éviter les ornières, les sables où nous nous sommes trop souvent enlisés ? Ou bien n'y verriez-vous qu'un texte inutile, puisque celui que vous vous apprêtez à jouer, il vous faudra l'inventer vous-mêmes au fur et à mesure des scènes et des actes. Alors, ces papiers, si vous n'en devenez pas les destinataires, peut-être, un jour, irais-je les jeter, en offrande, dans le fleuve où Esther Zarev qui me les demandait pour faire échec à ma tentation de disparaître, elle-même a disparu. A moins que... Mais pourquoi les yeux d'eau sombre qui depuis si longtemps à travers la vie ne me voient plus, pourquoi leur regard, à travers ces pages, irait-il de nouveau à ma rencontre ?

Paris — Aix-les-Bains — Montréal — Paris
avril 1964 — novembre 1967.

UN HOMME À LA RECHERCHE DE SON TEMPS

Déjà, passées les premières années de la jeunesse, je m'interrogeais sur ce décalage que je voyais de plus en plus s'affirmer entre ce qu'avaient été les promesses de l'adolescence de mes amis (et de moi-même) et ce que, jour après jour, la vie semblait faire de chacun de nous.

LA GÉNÉRATION DE L'ESPÉRANCE

Me hantait la façon dont tel ou telle, consciemment ou à son insu, se montrait fidèle à l'image que nous avions prise de lui, ou d'elle, au cours des rencontres fraternelles ou coléreuses, enthousiastes ou pittoresques, de nos vingt ans, ou bien au contraire s'éloignait de cette image première, peut-être même la trahissait, par paresse, par malchance, par ambition ou par lâcheté, ou encore se révélait parfois supérieur à cette image. De même me tourmentaient les métamorphoses non plus des individus mais de l'époque : ma génération, celle de 1936, celle de l'espérance dans « le pain et la paix » du Front populaire, celle de la découverte de la jeunesse dans la nature, celle des conquêtes du jazz, de la poésie exaltée par le surréalisme, de la foi révolutionnaire, se heurte bientôt aux monstres : de la guerre d'Espagne, de la victoire nazie, du stalinisme, de la bombe atomique.

LA VIOLENCE, LE MARTYRE ET LA PAIX

A travers ces épreuves tragiques, une vision du monde s'impose, tout autre que celle qui éclairait ou qu'éclairaient nos jeunes regards.

Quant aux hommes et aux femmes que sont devenus les jeunes gens de naguère, les uns, à travers ces épreuves, ont sombré soit dans le dégoût, la violence ou le crime, les autres se sont haussés jusqu'à l'héroïsme ou au martyre (ni la bassesse ou le crime des uns, ni l'héroïsme ou la pure grandeur des autres ne semblaient pourtant promis dans les jeux, les sourires, les amours, les amitiés d'hier) ; la plupart enfin ont atteint les rivages de l'incertaine paix sans forfaitures, sans faits de gloire non plus ; mais que reste-t-il en eux, sous les blessures de leur cœur et de leur âme sinon de leur corps, de l'adolescent d'autrefois qui s'apprêtait à *changer la vie*, à transformer le monde, en une lumière toujours plus belle et plus juste ?

A peine l'après-guerre, dans son tohu-bohu économique et politique, leur aura-t-elle laissé le temps de se retourner et de s'interroger sur les causes et les aspects de ce gouffre derrière eux béant et du grand dérangement universel qui lui succède, que voici le tour venu, pour une nouvelle génération née de la leur, pour leurs fils et leurs filles, de prendre le départ et de préserver de leur mieux les promesses qu'ils pensent pressentir en eux-mêmes et dans la vie.

Mais que peut le temps d'une vie humaine, alors qu'il faudrait, semble-t-il, à l'impatience de nos vingt ans, « l'éternité plus un jour » pour vivre pleinement tout ce que semble promettre de découverte, d'amour, précisément, la vie ?

UN DIMANCHE D'AVRIL

Sur ce thème, ou ces thèmes, j'ai longuement rêvé d'écrire un livre, et ce désir s'est imposé à moi avec une force nouvelle lorsque, en 1960, j'ai eu terminé, avec *La Dernière Saison*, ma suite romanesque du *Pain noir* qui évoquait elle aussi l'histoire d'une génération (mais celle-ci née au lendemain de la guerre de 1870 – génération de mes aïeux). J'ai donc commencé – pendant près de dix ans – à noter des remarques, des souvenirs, des scènes, des portraits, des faits correspondant aux événements personnels ou collectifs qui depuis si longtemps nourrissaient ma réflexion personnelle, tantôt sereine, tantôt angoissée. Ces notes se sont faites toujours plus nombreuses, ainsi jusqu'en 1964 où, un dimanche d'avril, j'ai écrit les premières lignes de ce qui allait devenir ce roman. Ces premières lignes décrivaient une charmante maison ancienne, un « observatoire » du siècle dernier édifié dans ma ville natale et que, dans ma jeunesse, je me plaisais à imaginer habité par des personnages romanesques. Ce fut là sans doute un déclic qui joua de nouveau : l'Observatoire, décrit en quelques pages, attira et abrita les personnages auxquels je songeais depuis tant d'années sans les avoir jusqu'alors véritablement cernés ni avoir précisé les rapports qui pouvaient s'instaurer entre eux.

CES JEUNES HOMMES ET CES JEUNES FILLES

Ces jeunes hommes et ces jeunes filles nombreux, divers dans leurs goûts, leurs caractères, leurs espoirs et leurs ambitions, je les aurai suivis à travers le destin de chacun d'eux, et à travers l'histoire commune à toute une génération, des années qui précédèrent la « catastrophe » européenne puis mondiale que fut la guerre, à celle où une nouvelle génération s'apprêtait à prendre le relais cependant que notre monde encore désuni commençait pourtant « la conquête de l'espace », préparait le voyage vers les autres mondes, habités ou non.

J'ai parlé de thèmes autour desquels mon livre s'est lentement construit : thèmes de la jeunesse, de l'espérance et de la désespérance, du recours à la joie créatrice (par le théâtre, par l'art, par la poésie), thèmes de l'amour et de la mort, du voyage et de la solitude, thèmes de la folie et de la lutte contre la folie, thèmes de la guerre et de la paix, etc.

MUSIQUE ET PSYCHANALYSE

Mais il faut aussi entendre ce mot de thème dans son sens musical ; j'ai voulu en effet que la confession du narrateur, le journaliste, le reporter Henri Verrier, se rapproche quelque peu d'une composition musicale avec l'alternance et l'alliance des thèmes et de leurs variations, et aussi grâce à ces notes, à la fin de nombreux chapitres, qui jouent tantôt en contrepoint, tantôt en harmonie par rapport au texte qu'on vient de lire ou qu'on va lire. Si je fais allusion ainsi à la musique, à son déroulement temporel, à ses accords et à ses dissonances, à ses échos internes et au jeu de ses différents niveaux, je pourrais tout aussi bien, me semble-t-il, prendre pour référence, en ce qui concerne le propos et la composition de *L'Éternité plus un jour*, la psychanalyse dont il est beaucoup question dans le livre troisième du roman et dont les méthodes m'ont inspiré une certaine recherche dans le portrait des personnages par plans – et arrière-plans – successifs, par jeux de miroirs, par remontées fragmentaires du souvenir à la suite d'associations d'idées ou d'images.

REPORTER DANS LE TEMPS ET L'ESPACE Ce roman c'est en somme le *journal* d'un homme parti à la recherche de lui-même et de son temps. Ce voyageur – au sens réel, car Henri Verrier court le monde pour son métier de reporter, et au sens figuré : de qui erre à travers le présent et le passé –, ce voyageur tente de retrouver – et de refaire –, après coup, la ou les routes (ou peut-être l'absence de tout chemin ?) qui l'a conduit un jour à projeter un voyage d'où l'on ne revient pas.

Son propre périple bouclé, il regarde, avec une tendre attention, avec autant d'inquiétude que d'espérance, de nouveaux, de jeunes voyageurs, impatients et joyeux, prendre à leur tour le départ. Puisse ce regard se refléter dans celui du lecteur.

POST-SCRIPTUM En 2002, devant écrire pour France-Culture une adaptation radiophonique en vingt épisodes de L'Éternité plus un jour, je relus, plume à la main, mon roman dont l'édition était pratiquement épuisée et que je n'avais plus ouvert depuis longtemps.

J'éprouvai alors le besoin, au cours de cette lecture, d'apporter çà et là des « retouches » – dans l'écriture, parfois aussi dans le comportement de certains personnages.

Telle a été l'origine de cette *édition nouvelle* et (sans doute) *définitive*.

Georges-Emmanuel Clancier.

TABLE DES MATIÈRES

Cet ouvrage a été achevé d'imprimer
par CPI Bussière à Saint-Amand-Montrond (Cher)
pour le compte des Éditions de La Table Ronde
en avril 2013.

Dépôt légal : mars 2005.
N° d'édition : 255300.
N° d'impression : 2002603.

[R 2]

Imprimé en France.